헨드릭슨 패턴 주석 시리즈

헨드릭슨 성경주석

마태복음(상)

헨드릭슨 패턴 주석 시리즈

헨드릭슨 성경주석

마태복음(상)

윌리엄 헨드릭슨 지음

김만풍 옮김

AGAPE

[주]아가페출판사

「헨드릭슨 패턴 주석 시리즈」 개정판을 내면서

온전한 그리스도인이 되기 위해서는 하나님의 말씀에 바로 서야 한다. 성경을 가르치고 설교하고 연구하고 해석하고 묵상하는 모든 이들은 거룩한 계시의 말씀인 성경에 대한 신학적 이해를 바로 세워야 한다. 현대 사회는 세속적 인본주의 세계관, 뉴에이지 세계관, 포스트모더니즘 세계관 등 비기독교 문화와 사상에 잠식되어 있다. 그리스도인은 세상의 기준에 흔들리지 않는 올바른 기독교적 가치로 무장하고 이 시대에 예수 그리스도를 바로 증언할 수 있어야 한다. 기독교 신앙의 본질이 되는 것은 무엇보다도 성경 말씀에 대한 바른 이해와 적용이다.

아가페 출판사는 1988년에 소명의식을 갖고 다년간의 노력 끝에, 복음주의적인 주석으로서 권위를 인정받고 있는 「윌리엄 헨드릭슨 신약주석」 전 20권(원서는 전 11권) 초판본을 이미 한국 교계에 내어놓은 바 있다. 그러나 애석하게도 헨드릭슨 박사는 로마서 주석을 마지막으로 집필하고 1982년에 하나님의 부름을 받았다. 따라서 아가페 출판사는 헨드릭슨 박사가 미처 저술하지 못한 신약 주석–사도행전 · 고린도전후서 · 히브리서 · 야고보서 · 베드로전후서 · 유다서 · 요1 · 2 · 3서–을 그 분야의 고전적인 주석으로 평가받고 있는 책 중에서 엄선하여 10권을 번역해서 1988년에 헨드릭슨 신약주석 20권과 함께 전 30권으로 출간하였다.

1988년으로부터 주석서 발행 20여년이 지난 2014년에 본사는 「헨드릭슨 패턴 주석 시리즈」라는 이름으로 신약 주석 30권에 대한 재발행 작업을 추진하게 되었다. 새롭게 개정하는 「헨드릭슨 패턴 주석 시리즈」의 내용은 1988년 초판본과 동일하되, 기존의 우리말 번역에서 예스러운 표현이나 낯선 한자어는 현재의 한글맞춤법을 기준으로 순화하여 독자들이 읽기에 편하게 조정하였다.

2014년 개정판의 가장 큰 특징은 「개역개정판(4판)」으로 주석서의 성경 본문을 전면 교체하고, 본사의 원문번역성경인 「쉬운성경」 본문을 새롭게 추가하여 성경 본문에 대한 이해도를 높이고자 기획한 것이다. 그 결과로 2014년 「베드로전후서·유다서」, 「사도행전(상)」, 「사도행전(하)」를 한국 교계에 내놓았다. 그리고 2015년 「요한 1·2·3서」, 「요한계시록」, 「야고보서(상)」, 「야고보서(하)」를 출간하였다. 이제 「마태복음(상)」, 「마태복음(중)」, 「마태복음(하)」에 이어서 「헨드릭슨 패턴 주석 시리즈」는 신약 주석 30권 완간을 목표로 계속 발간될 예정이다.

「윌리엄 헨드릭슨 신약 주석」(*New Testament Commentary*)은 이제까지 출간된 신약 주석 가운데 가장 학문적이면서도 깊은 은혜가 담겨 있고, 가장 분량이 많으면서도 논리적이며, 가장 보수적이면서도 흠잡을 데가 없는 훌륭한 주석 가운데 하나이다. 헨드릭슨 박사의 주석은 본문 비평과 원문 번역에 있어서 세심한 주의를 기울였고, 각 성경의 저작자와 서론상의 문제점을 철저히 파헤쳤으며, 문법·문체·역사적 배경 등을 완벽에 가까울 정도로 다루고 있다. 그리고 각 대목의 주석 다음에는 그 내용을 종합하여 전체의 흐름과 결론을 한눈에 볼 수 있게 하였다.

윌리엄 헨드릭슨은 주석을 위해 특별한 은사를 부여받은 네덜란드계 미국인으로서 철저한 개혁주의자요 복음주의자였다. 또한 매우 근면하고 경건한 신약학자이자 탁월한 성경주석가였다. 헨드릭슨은 미국 기독개혁교회(Christian Reformed Church)에 속한 목사로 사역했으며, 칼빈신학교에서 신약학 강의를 맡아 많은 후진을 길러냈다. 고금의 모든 신학사상과 그 동향에 해박한 지식을 지닌 신학자인 그는 오랫동안 강단에 서서 강의와 설교를 통해 깊은 영적 감화를 끼쳤다.

「헨드릭슨 패턴 주석 시리즈」를 다시 새롭게 출간하도록 은혜를 베푸신 하나님께 우선 감사드리며, 아울러 이 시리즈가 출간되는 데 여러 분야에서 수고하고 봉사한 분들께 감사드린다. 그리고 아가페 출판사가 의도하며 기도하는 것 이상으로, 이 시리즈를 통하여 하나님의 말씀이 이 땅에 올바로 심어져 아름다운 꽃들을 활짝 피우고 좋은 열매들이 풍성히 맺히기를 바라는 마음 간절하다.

헨드릭슨 패턴 주석 시리즈 번역위원회

발행인 정 형 철

차 례

약 어 표

서적의 약칭은 마침표가 찍혀 있고, 정기 간행물의 약칭은 마침표가 없고 이탤릭체로 되어 있어서 한눈에 그 약칭만 보아도 서적인지 정기 간행물인지를 알 수 있다.

A. *Book Abbreviations*

A.R.V.	American Standard Revised Version
A.V.	Authorized Version (King James)
Gram.N.T.	A. T. Robertson, *Grammar of the Greek New Testament in the Light of Historical Research*
Gram.N.T. (Bl.-Debr)	F. Blass and A. Debrunner, *A Greek Grammar of the New Testament and Other Early Christian Literature*
Grk.N.T. (A-B-M-W)	*The Greek New Testament,* edited by Kurt Aland, Matthew Black, Bruce M. Metzger, and Allen Wikgren
I.S.B.E.	*International Standard Bible Encyclopedia*
L.N.T. (Th.)	Thayer's *Greek-English Lexicon of the New Testament*
L.N.T. (A. and G.)	W. F. Arndt and F. W. Gingrich, *A Greek-English Lexicon of the New Testament and Other Early Christian Literature*
M.M.	*The Vocabulary of the Greek New Testament Illustrated from the Papyri and Other Non-Literary Sources,* by James Hope Moulton and

	George Milligan
N.A.S.B. (N.T.)	New American Standard Bible (New Testament)
N.N.	*Novum Testamentum Graece,* edited by D. Eberhard Nestle, revised by Erwin Nestle and Kurt Aland
N.E.B.	New English Bible
N.T.C.	W. Hendriksen, New Testament Commentary
R.S.V.	Revised Standard Version
S.BK.	Strack and Billerbeck, *Kommentar zum Neuen Testament aus Talmud und Midrasch*
S.H.E.R.K.	*The New Schaff-Herzog Encyclopedia of Religious Knowledge*
Th.D.N.T.	*Theological Dictionary of the New Testament* (edited by G. Kittel and G. Friedrich, and translated from the German) by G. W. Bromiley
W.D.B.	*Westminster Dictionary of the Bible*
W.H.A.B.	*Westminster Historical Atlas to the Bible*

B. *Periodical Abbreviations*

ATR	*Anglican Theological Review*
BG	*Bible und Gemeinde*
BJRL	*Bulletin of the John Rylands Library*
BTr	*Bible Translator*
BW	*Biblical World*
BZ	*Biblische Zeitschrift*

CT	*Cuadernos teológicos*
CTM	*Concordia Theological Monthly*
EB	*Estudios biblicos*
EQ	*Evangelical Quarterly*
ET	*Expository Times*
Exp	*The Expositor*
GTT	*Gereformeerd theologisch tijdschrift*
JBL	*Journal of Biblical Literature*
JR	*Journal of Religion*
JTS	*Journal of Theological Studies*
NedTT	*Nederlands theologisch tijdschrift*
NTStud	*New Testament Studies; an International Journal published quarterly under the Auspices of Studiorum Novi Testamenti Societas*
PTR	*Princeton Theological Review*
RSR	*Recherches de science religieuse*
Th	*Theology: A Journal of Historic Christianity*
ThG	*Theologie und Glaube*
TR	*Theologia Reformata*
TS	*Theologische studiën*
TSK	*Theologische Studiën und Kritiken*
TT	*Theologisch tijdschrift*
WTJ	*Westminster Theological Journal*
ZNW	*Zeitschrift für die neutestamentliche Wissenschaft und die Kunde des Urchristentums*

Introduction

복음서 서론

복음서 서론

I. 4복음서 서론: 마태 · 마가 · 누가 · 요한

복음서의 서론에 들어가기 전에 먼저 우리가 이해해야 할 일은 '복음' (the gospel)과 '복음서' (the Gospels)의 차이를 구별하는 일이다.

'복음' 이란 인간에게 주시는 하나님의 메시지이다. 이 메시지는 **하나님의 말씀(*Godspell*)**, 곧 하나님께서 그의 독생자 예수 그리스도의 성육신과 지상에 거하심, 이적과 고난과 죽으심 그리고 부활에 의해 죄인들을 구원하셨다는 사실을 우리에게 알려 주시는 하나님의 말씀(spell), 또는 하나님의 이야기(story)이다. 그 이야기는 역사적 사실로서 복음 혹은 "기쁨의 좋은 소식"이며, 죄 중에 빠진 어두운 세상에 전해진 기쁜 소식이다. 이것이 바로 성경에서 사용되고 있는 "복음"이라는 용어의 의미이다.[1] 이 기쁜 소식의 가장 두드러진 부분은 우리 인간이 행해야 할 일이 아니라, 하나님께서 그리스도 안에서 우리 죄인을 위하여 행하신 일, 이미 다 성취하여 놓으신 일이다. 그러나 그 기쁜 소식에는 죄인이 구원을 얻기 위해 행해야 할 일과 그 이웃의 유익과 하나님의 영광을 위한 새 삶을 살기 위해 반드시 행해야 할 일도 역시 포함되어 있다(마 5:16; 11:25-30; 막 2:17; 8:34; 눅 5:32; 요 3:14-18).

이 "복음"이라는 용어의 이차적인 용법과 이후에 성경에서 사용된 용법에 의하면, 그 의미는 "복음" 혹은 "기쁜 소식"이라는 의미에서, 이 "기쁜 소식"을 권위 있게 기록하여 놓은 "복음서"(마태, 마가, 누가 혹은 요한복

1) "복음"의 개념에 대한 어휘 연구에 관하여는 필자의 주석 빌립보서 1:27-30을 보라.

음 중의 하나)로 확장된다. 이 경우 영어에서는 복음과 구별하기 위하여 흔히 그 철자의 첫자를 대문자로 표기한다. 곧 "복음"은 "gospel"로 "복음서"는 "Gospel"로 각각 표기한다.

신약성경에 나타난 교회의 역사 초기부터 널리 공인된 복음서는 네 권이 존재해 왔다. 이 4복음서가 모두 동일한 복음을 담고 있다는 사실을 강조하기 위하여 때로는 "사중 복음서"(fourfold Gospel) 혹은 "복음 문서"(evangelical instrument)라는 명칭을 붙여 사용하기도 했다. 그 일례로서 터툴리아누스(Tertullian)는 그의 저서 **〈마르키온을 반박함〉**(*Against Marcion*, A.D. 207년경에 시작)에서 말하기를, "우리는 그 **복음 문서**의 저작자들이 사도들이며, 또 주님께서 친히 이들을 지명하여 복음서들을 저작할 임무를 맡겨 주셨다는 사실을 우리의 제1원리로 삼는다…그러므로 이 사도들 가운데 요한과 마태가 먼저 우리에게 신앙을 가르쳐 주고, 한편 사도 격인 누가와 마가는 그 신앙을 새롭게 해 준다"(Ⅳ.2)라고 하였다.

이보다 다소 앞서 당대의 위대한 신학자요 여행가였던 이레니우스(Irenaeus A.D. 182-188년)의 저작으로 추정되는 한 저서에서, 그 당시 모든 교회의 일치된 견해였던 것이 분명한 바를 다음과 같이 요약하고 있다. 곧, "복음서는 실제로 존재하는 것보다 더 많을 수도 더 적을 수도 없다"(*Against Heresies*, Ⅲ. xi 8). 우리가 이러한 결론의 근거로 삼는 이레니우스의 몇몇 기본 견해들—예를 들면, 세계가 네 부분으로 나뉘어져 있으며, 또한 동서남북의 네 기본 방위가 있고, 구약성경에 나오는 그룹들(에스겔 1:4 이하를 보라)도 네 얼굴을 가지고 있으므로 복음서도 넷일 수밖에 없다는 견해들—의 정당성을 그대로 인정해서 받아들일 수는 없을지도 모른다. 그렇지만 우리는 이레니우스의 이 진술 가운데서 앞서 언급한 입장, 곧 기독교의 역사가 시작될 때부터 공인된 복음서는 오직 네 권이 존재했다는 사실을 발견할 수 있다.

고대 헬라어 사본들에서 발견되는 표제들도 역시 동일한 방향을 가리키고 있다. 이 표제들이 붙여진 연대가 아직 절대적으로 확실하게 밝혀지지는 않았고, 또 그것이 원본의 일부로 생각된다기보다는 후대의 필사자들이 덧붙여 적어 넣은 것으로 보이기는 한다. 그렇지만 그것들은 현재 우리가 논의 중에 있는 4복음서가 필시 A.D. 125년경에 교회에서 사용할 목적으로 한데 모아졌던, 또 각 복음서에 "마태에 의한 (복음서)", "마가에 의한 (복음서)", "누가에 의한 (복음서)", "요한에 의한 (복음서)"로 표제가 붙여졌던 사실을 보여 주고 있다. 엄밀히 말해서 "…에 의한"이라는 말이 반드시 그 복음서의 저작권을 가리키는 것으로 보기는 어렵다. 차라리 "…의 가르침에 따라 기록된"이 그 말의 의미에 더 적합할 것이다. 그러나 초창기 그리스도인들은 그 표제에 더욱 포괄적이고 광범위한 의미를 부여해서 사용했고, 또 그 표제에 나타난 인물을 그 복음서의 실제 저작자로 간주했던 사실을 보여 주는 증거는 풍부하다. 초창기 기독 교회는 네 저작자에 의해서 네 권의 복음서에 기록된 유일한 복음을 믿었던 것이 분명하다.

알려진 바로는 4복음서 중 마지막 책을 저작한 사람은 사도 요한이다. 알렉산드리아의 클레멘트(Clement of Alexandria: 활약기 A.D. 190-200)는 말하기를, "4복음서의 저작자 중 마지막 인물인 요한은 외적인 사실들이 복음서에 명백히 밝혀져 있음을 파악하고 그의 동료들의 독려와 성령의 감동을 받아 한 권의 영적인 복음서를 저작하였다"[2]라고 했다.

그런데 이 네 번째 복음서에는 다른 3복음서에서 발견되는 일반적인 구성이 그대로 반영되어 나타나고 있다. 곧 우리는 4복음서 모두에서 예수 그리스도의 오심이 세례 요한의 사역과 그의 증거와 관련하여 기록되어 있으며, 이어서 그리스도께서 갈릴리 지방으로 가신 일과 무리들의 열광적인 환영 및 점차 고조되는 원수들의 적대감, 큰 무리를 이적으로 먹이심, 베드로의 신앙고백, 예루살렘으로 올라가심, 승리의 입성, 제자들과 함께 최후의 만찬을 나누심, 겟세마네 동산에서의 고뇌의 체험—요한복음에는 겟세마네 동산에서의 **주님의 고뇌**에 대한 상세한 설명이 없다—, 죄인들의 손에 붙잡히심, 심문 받으심, 베드로의 부인, 십자가에 못 박히심, 죽으심, 장사되심 그리고 부활하심 등의 순서로 기록되어 있음을 보

2) 이것은 유세비우스(Eusebius)가 그의 저서 〈교회사〉(*Ecclesiastical History* Ⅵ. xiv.7)에 인용한 구절이다.

게 된다.

하나로 묶일 수 있는 첫 세 복음서와 마지막 복음서(요한복음)는 서로의 내용을 보충한다. 완전한 이해를 위해서 각각의 복음서는 서로 다른 복음서를 필요로 한다. 이같이 하여 우리는 빌립이 예수를 뵙고자 하던 헬라인 몇을 예수께로 인도하기를 주저했던 사실(요 12:20-22)을 마태복음 10:5("이방인의 길로도 가지 말고")에 비추어 설명할 수 있게 된다. 또한 우리는 "여자가 낳은 자 중에 세례 요한보다 큰 이가 일어남이 없도다"(마 11:11)라는 그리스도의 말씀을 "그는 흥하여야 하겠고 나는 쇠하여야 하리라"(요 1:15, 29, 30; 3:30)는 세례 요한 자신의 말에 비추어 바로 이해할 수 있다. 예수께서 예루살렘에 올라가신(막 10:32) 이유가 공관복음에서도 역시 밝혀지기는 하나(막 10:33 등) 요한복음 11:1 이하의 설명으로 더욱 분명해진다. 베드로가 어떻게 해서 대제사장의 집 뜰(마 26:58, 69 이하)에 들어가게 되었는가 하는 점은 요한복음 18:15, 16에 의해서 설명된다. 그처럼 슬픔에 잠겨 "예루살렘아 예루살렘아 선지자들을 죽이고 네게 파송된 자들을 돌로 치는 자여 암탉이 그 새끼를 날개 아래에 모음같이 내가 네 자녀를 모으려 한 일이 몇 번이더냐…"(마 23:37-39) 하신 그리스도의 탄식과, "내가 날마다 너희와 함께 성전에 있으면서 가르쳤으되"(막 14:49)라고 하신 그 자신에 대한 증거도, 비록 공관복음서에는 이 일들에 관한 언급이 별로 없으나 우리가 요한복음 2:14; 5:14; 7:14, 28 〔8:2〕, 그리고 10:22, 23 등을 연구할 때 분명히 밝혀지게 된다. "이 사람의 말이 내가 하나님의 성전을 헐고 사흘 동안에 지을 수 있다 하더라"(마 26:61, 참조. 막 14:58)라는 거짓 증인의 말은 요한복음 2:19과 연관시켜 읽을 때 분명해진다. 더욱이 요한복음에 기록된 예수 그리스도의 말씀과 설교의 어조는 공관복음서에 기록된 그것과 불일치하는 점이 전혀 없다(요 3:3과 마 18:3 비교. 요 4:35과 마 9:37 비교. 요 3:35; 10:15; 14:6과 마 11:27, 28 비교).[3)]

---

3) 공관복음서와 요한복음 사이의 관계에 대한 문제는 필자의 요한복음 주석 상권에서 더 충분히 다루어지고 있다. 이 주제에 관한 논문으로 F.C. Grant, *The Gospel of*

여러 반대 주장들이 있었음에도 불구하고[4] 요한복음과 다른 세 복음서, 곧 마태복음과 마가복음 및 누가복음 사이에 어떤 실제적인 모순점이 있다는 사실이 입증된 적은 없다. 그러나 문체와 그 내용에 있어서는 제4복음서와 첫 세 복음서 사이에 여러 가지 면에서 차이점이 발견된다. 그래서 몇몇 예외가 없는 것은 아니지만, 요한복음은 갈릴리 지방에서보다 유대 지방에서 행해진 그리스도의 사역을 더 중점적으로 다룬다. 또한 요한복음에서는 그리스도의 가르침을 비유의 형식보다는 제자들 혹은 그를 따르는 무리들 및 그를 적대하는 자들과의 자상한 대화나 토론 형식으로써 많은 지면을 할애하여 소개한다. 그러나 4복음서 모두에서 말씀하시는 분은 어디까지나 동일하신 한 분 주 예수 그리스도이시다.

St. John, New York and London, 1956; B.F. Westcott, *The Gospel according to St. John,* New York and London, 1956; B.F. Westcott, *The Gospel according to St. John,* Grand Rapids, 1954; 그리고 J.E. Davey, *The Jesus of St. John,* London, 1958의 해당 부분도 보라. 또한 Leon Morris, *Studies in the Fourth Gospel,* 1969에서도 아주 철저하게 설명한다. 특히 pp.15-63을 보라.

4) 그 예로 TJ. Baarda, *De Betrouwbaarheid van de Evangeliën,* Kampen, 1967, p.12 이하에 나오는 최근의 시도를 보라. 그 부분에서 Baarda는 지도(p.13)를 통해서, 요한복음의 첫 몇 장들을 마치 그 장들이 일련의 연속적인 여행들을 기록하듯이 다루고 있다. 또 마가복음에 의하면 예수께서 요단강 동편으로(오천 명을 먹이시기 위하여) 여행하신 것은 갈릴리에서부터였다고 되어 있으나, 요한복음에 의하면 예루살렘에서부터였다고 진술한다(p.16). Baarda는 요한복음과 공관복음 사이에 하나의 부적당한 대조를 제시하고 있지 않는가? 그는 분명히 사도 요한이 그의 복음서에 예수가 하나님의 아들 그리스도이신 사실을 보여 주는 어떤 중요한 사건들만을 선정하여 기록하고 있으며, 이 복음서 기자가 **그리스도의 전 생애**를 우리에게 제시하지 않는다는 사실(요 20:30, 31)을 알고 있다. 특별히 요한은 오병이어의 기사를 어떤 특정한 시간적 혹은 지리적 암시도 없이 매우 불분명한 표현인 "이 일들 후에"—단순히 "그 후에"를 의미—라는 말로 시작한다.

그리스도께서 십자가에 못 박히시던 날에 관해 공관복음과 요한복음 사이의 이른바 모순점이라고 하는 것에 대해서도 역시 마찬가지이다. 여기에 진정한 모순이 존재한다는 것은 결코 입증된 적이 없다.

Ⅱ. 3복음서 서론: 마태 · 마가 · 누가 (공관복음서)

A. 3복음서의 기원(공관복음서 문제)

신약성경의 첫 3복음서는 동일한 일반적 관점에서 예수 그리스도의 생애와 가르침을 제시하고 있다. 그러므로 그러한 점에서 이 3복음서는 **공관복음서**(共觀福音書; *The Synoptics*)라는 명칭으로 불린다. 이 3복음서는 관점이 서로 비슷하나 차이점이 없는 것은 아니다.

이 복음서들에 관한 상세한 연구에서 밝혀지겠으나 그 유사점의 범위는 어느 정도며 그 차이점은 또 어떤 것인가? 그리고 우리의 연구 결과 어떤 문제가 대두될 것인가? 그 문제들은 과연 해결될 수 있는 것들인가? 이러한 문제들을 고려할 때 우리가 택해야 할 주요 주제는 1. 공관복음서의 유사점; 2. 공관복음서의 차이점; 3. 결과적인 문제점; 4. 해결로 이끄는 제 요소 등 네 가지가 될 것이다.

1. 공관복음서의 유사점

a. 자료 내용 혹은 그 주제에 있어서의 유사점

우리가 공관복음서를 면밀히 조사해 보면, 마태복음은 마가복음의 내용을 거의 다 포함하고 있음을 알 수 있다. 사실 마가복음의 총 661절 가운데 606절(전체의 12분의 11에 해당되는 분량)이 마태복음의 내용과 병행을 이룬다. 또한 마가복음의 절반 이상의 많은 구절들(350절-전체의 약 53%)이 누가복음에서 중복되어 나타나는 것들이다.

그것을 좀 달리 표현하자면, 마태복음에서 발견되는 마가복음의 자료는 마태복음의 총 1,068절 가운데 약 500절에 압축되어 있다. 따라서 마가복음의 자료가 마태복음 전체의 절반에 조금 못 미치는 분량을 차지하는 셈이다. 누가복음의 총 1,149절은 마가복음의 총 661절 중 350절에 대해서만 여지를 남겨두고 있다. 사실상 누가복음의 3분의 2는 마가복음의 자료 내용을 포함하고 있지 않다.

마가복음의 총 661절 가운데서 단지 55절만이 마태복음에서 병행 구절을 갖고 있지 않다. 그러나 이 55절 가운데서 24절 가량은 누가복음에서 다시 나타난다. 이와 같이 자료 내용의 유사성이 매우 크므로 엄밀히 말하자면 마가복음에서 그 자체만의 고유한 것으로 볼 수 있는 구절은 단지 31절뿐이다. 이 31절의 내용은 다음과 같다.

1:1	복음의 시작에 관하여.
2:27	안식일이 사람을 위하여 있는 것이요, 사람이 안식일을 위하여 있는 것이 아니라는 말씀.
3:20, 21	예수가 미쳤다고 하는 어떤 사람의 견해.
4:26-29	은밀한 중에 자라나는 좋은 씨의 비유.
7:3, 4	바리새인들의 지키는 바, 먹기 전에 손을 씻어야 하는 장로들의 전통에 대한 괄호 안의 설명.
7:32-37	귀먹고 말 더듬는 자를 고치심.
8:22-26	벳새다에서 맹인을 고치심.
9:29	기도 외에 다른 것으로는 이런 종류가 나갈 수 없느니라 하신 말씀.
9:48, 49	죽지 않는 구더기와 꺼지지 않는 불 그리고 불로써 소금 치듯 하리라는 말씀.
13:33-37	(전적으로 병행 구절이 없는 것은 아니나) 깨어 있으라는 권면.
14:51, 52	벗은 몸으로 도망한 청년에 관한 기사.

다음 페이지의 도표는 이상의 사실을 마음속에 더 확실하게 새겨줄 것이다.

이제 이 세 공관복음서가 많은 공통점을 가지고 있다는 말을 오해해서는 안 된다. 그 말은 각 복음서에서 동일한 분량의 지면이 매 주제에 대해 똑같이 분배되어 있다는 의미가 아니다. 오히려 그와 반대로 우리 구주 예수 그리스도의 사역과 그의 가르치신 말씀에 대해 각기 다른 설명들이

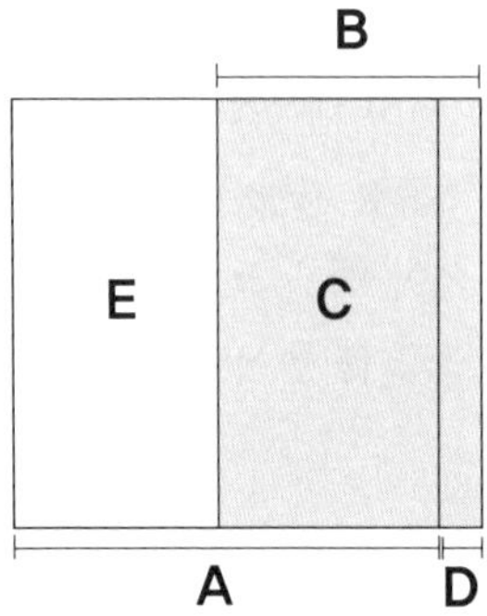

A : 마태복음
B : 마가복음
C : 마태복음에 병행 구절을 가진 마가복음 부분
D : 마태복음에 병행 구절이 없는 마가복음 부분
E : 마가복음에 병행 구절이 없는 마태복음 부분

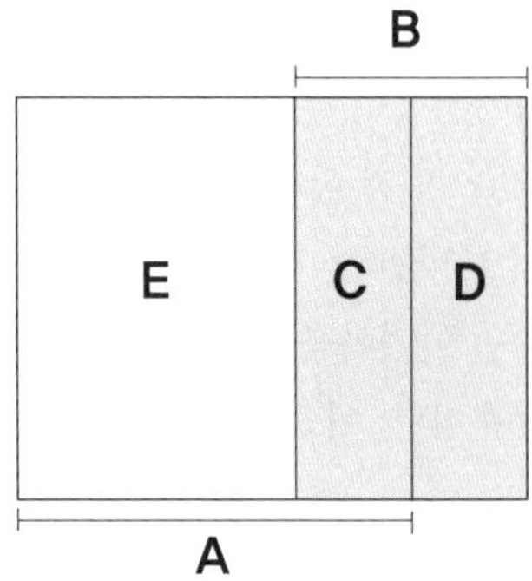

A : 누가복음
B : 마가복음
C : 누가복음에 병행 구절을 가진 마가복음 부분
D : 누가복음에 병행 구절이 없는 마가복음 부분
E : 마가복음에 병행 구절이 없는 누가복음 부분

아주 풍부하면서도 다양하게 기록되어 있다. 예를 들면, 그리스도의 시험에 관한 기사는 마가복음보다 마태복음과 누가복음에 더욱 상세하게 기록되어 있다. 마가복음은 단순히 그리스도께서 광야에서 시험받으신 사실만을 전달한다. 우리는 마가복음에서 단순히 "성령이 곧 예수를 광야로 몰아내신지라 광야에서 사십 일을 계시면서 사탄에게 시험을 받으시며 들짐승과 함께 계시니 천사들이 수종들더라"(막 1:12, 13)라는 내용만을 읽게 된다. 한편, 마태복음과 누가복음은 세 가지 서로 다른 시험에 대하여 상세한 설명을 덧붙이고 있다(마 4:1-11; 눅 4:1-13).

그러나 다른 면에서는 마가복음의 설명이 셋 중에서 가장 상세한 경우도 없지 않다. 그 예로서 마가복음 5:1-20에 기록된 더러운 귀신 들린 자를 고치신 기사를 읽어 보라. 그리고 이 내용을 더욱 압축하여 소개하는 마태복음 8:28-34과 누가복음 8:26-39을 그것과 비교해 보라. 또 다른 예는 마가복음 5:21-43이다. 마태복음 9:18-26; 누가복음 8:40-56을 참조하라.

우리는 이상의 사실들에 근거하여 3복음서 모두가 **각기 그 나름대로** 그리스도의 지상에 거하심, 특히 그의 갈릴리 대사역과 그 주변 지역에서의 사역(앞서 이미 지적한 바와 같이 그리스도의 유대 지방에서의 사역에 주안점을 두고 있는 요한복음에서와는 달리)에 관한 기사를 특징 있게 다루고 있다는 사실을 단언할 수 있다. 3복음서는 각기 우리의 중보자 예수 그리스도께서 성취하신 위대한 사역의 시작 또는 개시; 사역의 진행 또는 계속; 사역의 절정 또는 완성을 서술하고 있다.

(1) **사역의 시작 또는 개시**

3복음서에 공통되며 그리스도의 지상 사역의 초기 단계를 언급하는 내용은 막 1:1–13; 마 1:1–4:11; 눅 3:1–4:13에 포함되어 있다. 이곳에서 우리는 의도적으로 "…에 포함되어 있다"는 표현을 사용하였다. 이것은 위에서 언급한 구절들이 그 시기의 **범위**를 나타내고 있음을 뜻한다. 그 말은 이곳에서 인용한 구절들 안에 있는 모든 내용이 3복음서에 모두 공통된다는 의미는 아니다. 이는 그것이 사실이 아니기 때문이다. 그러나 지금 우리는 3복음서의 기사 내용 가운데서 서로 **공통되는 영역**을 다루고 있다. 그 **차이점**들은 뒤에서 별도로 논의할 것이다.

따라서 앞서 언급한 세 기사는 모두가 크고 작은 세부 사실들의 배열과 함께 그리스도에 앞서 온 자인 **세례 요한**의 출현과 그가 전파한 메시지, 그의 생활 양식, 군중들에게서 받은 환영 그리고 예수 그리스도에 대한 그의 증거들을 서술한다. 이 세 기사 가운데 광야에서 받으신 그리스도의 시험뿐만 아니라, 예수께서 요한에게 세례 받으신 기사도 역시 수록되어 있다. 그러나 이 점에 있어서도 마가복음에서 이 주제에 할애한 지면과 마태와 누가복음에서 각각 할애한 지면의 분량 차이는 매우 크다. 그러므로 이 자료는 마태복음과 누가복음에서 공통되며 마가복음에서는 공통되지 않는 부분에 속하는 것으로 간주할 수 있다. pp. 41–42를 보라.

(2) **사역의 진행 또는 계속**

공관복음서의 기사에 의하면, 예수 그리스도께서는 갈릴리 지방 특히 가버나움(막 1:21; 2:1 참조. 마 4:13; 8:5; 11:23; 눅 4:23, 31; 7:1)을 그 사역의 활동 근거지로 삼으셨다. 그러한 이유로 이 시기의 첫 단계를 종종 **갈릴리 대(大)사역기**라 부른다. 이 사역에 관한 내용은 마가복음 1:14-7:23; 마태복음 4:12-15:20; 누가복음 4:14-9:17에 포함되어 있다.

공관복음서는 모두 예수께서 어부들에게 자기를 따르라 명하시며, 병 고치는 이적을 행하시며, 풍랑을 잔잔하게 하시고, 귀신을 내쫓으시며, 가버나움 회당장의 어린 딸을 살리시는 내용의 기사들을 다루고 있다. 그리스도께서는 **많은 무리**에게 비유로 말씀하셨는데 그 가운데 많은 내용들이 이들 공관복음서에서 공통되고 있다. 예수께서는 열두 제자를 구별하여 세우시고 그의 사신으로 보내시며 오병이어로 오천 명을 먹이시는 이적을 보이셨다. 그러나 주께서는 이미 자기 백성에게 배척을 당하셨다(막 6:3; 마 13:57; 눅 4:28, 29).[5)]

이제 강조점은 무리들에게서부터 **제자들**에게로, 큰 성읍으로부터 작은 마을과 시골 변두리와 산으로 옮겨진다. 예수께서 자주 갈릴리의 변두리 지역과, 제자들과 더불어 홀로 있을 수 있는 한적한 곳으로 물러가셨기 때문에 이 둘째 단계는 **은거기**(隱居期)라 칭할 수 있다. 그러나 이것은 단지 강조점이 한 곳에서 다른 곳으로 바뀌는 것에 불과하다. 왜냐하면 이 시기에도 예수께서는 백성들 전체(막 8:1; 9:14 등)와 가버나움(막 9:33)에 대한 관심을 버리신 적이 없기 때문이다. 그러나 이제 곧 닥쳐올 기이한 사건들, 곧 메시아의 고난과 죽음과 그리고 부활에 관하여 마음을 쓰시며 서서히 그 준비를 하셨는데, 주께서는 특히 제자들을 준비시키시는 일에 관심을 가지셨다. 복음서에는 그리스도께서 어떤 가르침을 베푸신 시기와 장소, 혹은 주께서 이적을 행하신 시기와 장소가 종종 모호하게 언급되어 있다. 예를 들면, "빌립보 가이사랴 여러 마을"(막 8:27; 마 16:13 참조. 눅 9:18), "높은 산"(막 9:2; 마 17:1 참조. 눅 9:28) 그리고 "그

5) 누가복음에는 그리스도께서 고향 나사렛에서 배척당하신 일에 관한 기사가 이 문단의 첫 부분(4:16-31)에, 마가복음과 마태복음에서는 이 문단의 마지막 부분(막 6:1-6, 마 13:53-58)에 각각 나온다. 요한복음 1:11에 비추어 볼 때 누가복음의 이러한 배열은 그리 이상해 보이지 않는다.

들이 산에서 내려올 때"(막 9:9; 마 17:9 참조. 눅 9:37) 등이 그러하다.

이 긴 기간의 마지막 단계는 공관복음서에서 밝히고 있는 바와 같이 예수께서 갈릴리 지방에서부터 요단강 건너편 지역, 곧 베레아 지방(막 10:1, 마 19:1)으로 가셔서 활동하시는 시기이다. 그러므로 이 기간 동안의 그리스도의 활동과 그의 여행지를 서술하기 위해서 **베레아 사역기**라는 명칭을 사용한 것은 매우 자연스러운 일이다. 예수 그리스도를 지도자로 모신 적은 무리가 남쪽을 향해 내려가고 있다. 뒤이어 그리스도의 놀라운 능력으로 말미암은 이적이 여리고와 그 인근 지역에서 속속 일어난다. 사건의 시간과 장소에 관한 언급의 불확실성, 혹은 완전한 생략으로 인하여, 이 오랜 기간(두 번째 혹은 세 번째 시기) 동안에 어떠한 가르침이 베풀어졌으며 어떤 일들이 일어났었는가를 분명히 밝혀낼 수는 없다. 복음서 기자들이 그들의 복음서에 그날그날의 일기를 기록하지 않았기 때문이다. 그들은 매일매일의 계속적인 연대기를 제시하기보다는 차라리 예수께서 **무슨 일**을 행하셨고 **무슨 말씀**을 가르치셨는가 하는 것을 우리에게 전해 주는 일에 한층 더 관심을 기울였다.[6)]

두 번째와 세 번째 시기(은거기와 베레아 사역기)의 그리스도의 활동을 기록함에 있어서, 마태와 마가 및 누가복음에 공통되는 내용은 마가복음 7:24–10:52; 마태복음 15:21–20:34; 그리고 누가복음 9:18–19:28에 **포함되어 있다.** 그러나 누가복음의 이 부분은 다른 두 복음서와 현저한 차이가 있기 때문에 특별한 취급이 필요하다. pp. 36–38을 보라. 그럼에도 불구하고 다음과 같은 내용들, 곧 "사람들이 인자를 누구라 하느냐?"라고 제자들에게 물으신 그리스도의 질문과, 세 차례 각기 다른 때에 말씀하신 십자가와 부활에 관한 그리스도 자신의 예언과 교훈들(막 8:31; 9:31; 10:33, 34; 마 16:21; 17:22, 23; 20:17–19; 눅 9:22, 44; 18:31–34)은 앞

---

6) 바로 이러한 이유를 들어서, 한편으로 요한복음과 다른 한편으로 공관복음서 사이에 연대적 혹은 시간적 모순이 있음을 입증하려는 것은 불가능한 일이다. 그리스도의 **초기 사역**과 **갈릴리 대사역** 간에 **초기 유대 사역**이 끼어 있었을 여지가 있는 것과 마찬가지로 **은거**와 **베레아 사역** 간에 **후기 유대 사역**이 끼어 있을 여지가 있다(이에 관하여는 요한복음 7:2–10:39과 누가복음 9:51–13:21의 전체 혹은 일부를 비교하여 보라). 또한 각주 4)에서 앞서 언급한 바를 다시 참조하라.

서 언급한 세 부분들 모두에 기록되어 있다. 변화산 사건과 산 밑에서 제자들이 고칠 수 없었던 벙어리 귀신 들린 소년을 고치신 일에 관한 기사 역시 공관복음서에서 모두 발견된다. 또한 제자들이 길을 가는 중에 서로 "누가 크냐"고 쟁론한 일에 대하여 인상적인 실례를 들어서 말씀하신 그리스도의 답변과 "어린아이들을 용납하고 내게 오는 것을 금하지 말라 천국이 이런 자의 것이니라" 하신 큰 위로의 말씀도 역시 3복음서 모두에 기록되어 있다.

"한 부자 청년"이 소유한 재물에 눈이 어두워 예수께서 명하신 일을 거절한 사실에서 제자들은 재물의 위험을 생생하게 깨닫게 된다. 이같이 하여 그리스도의 전도여행은 그 극적인 결말을 향하여 나아간다. 그러나 여기서 우리가 주목한 바와 같이, 그리스도의 잊을 수 없는 사건들 중 몇몇은 3복음서에 모두 기록되어 있으나, 모두 연대적인 순서를 완벽하게 지켜서 기록된 것은 아니다. 예수께서는 여리고에서 다시 맹인의 눈을 뜨게 하신 일을 포함한 여러 이적들을 행하심으로써 자기의 능력을 드러내신다. 이런 일들이 거듭되는 동안 예수 그리스도를 지도자로 모신 이 적은 무리는 예루살렘과 골고다에 세워질 십자가를 향하여 차츰 가까이 나아간다.

(3) 사역의 절정 또는 완성

공관복음서 기자들 모두가 기록한 사건들은 마가복음 11-16장; 마태복음 21-28장; 누가복음 19:29-24:53에서 발견된다. 이 많은 부분은 수난주간에 일어난 여러 사건들과 뒤따라 일어난 부활 사건에 관한 내용을 담고 있다. 누가복음은 **승천**에 관한 설명을 덧붙이고 있다. 누가복음의 5분의 1 이상이 겟세마네 동산에서 골고다 언덕에 이르는[7] 그리스도의 극심한 고난에 관한 일련의 사건과 이 사건 바로 앞서 일어난 여러 사건들에 지면이 할애된다. 마가복음과 마태복음에서는 이 비율이 한층 더 커서 이 두 복음서 각각 약 3분의 1 정도의 분량이 이 사건들과 관련된 내용을 담

---

7) "겟세마네"란 명칭은 오직 마가복음 14:32과 마태복음 26:36에만 나오며 누가복음에서는 찾아볼 수 없다. 마찬가지로 "골고다"란 명칭은 마가복음 15:22과 마태복음

고 있다. 여기서 우리가 명심해야 할 것은 공관복음서에서 진리인 것은 요한복음서에서도 진리라는 점이다. 4복음서 모두가 다 "긴 서론을 가진 고난의 복음서들"이다.[8] "예수께서 그의 높은 보좌를 떠나 이 세상에 오신 것은 **죽으시기 위해서였다**"는 것은 참된 사실이다. 그러므로 공관복음에 관한 여러 잘못된 견해들과 대조해서, 우리가 여기서 단순히 그리스도의 생애를 다루는 것이 아니라 **복된 소식**, 곧 죄와 비참 가운데 빠진 인간에게 구원의 기쁜 소식을 전해 주는 책인 복음서를 다룬다는 사실은 아무리 강조해도 지나치지 않는다.

공관복음서가 가장 놀랍게 병행을 이루고 있는 곳은 특히 이 마지막 부분의 몇 장들이다. 다음의 여러 사건들이 공관복음 기자들에 의하여 기록되어 있다. 곧 평화의 왕인 예수 그리스도의 승리의 예루살렘 입성, 세속적인 영화에 대한 기대로 부푼 무리들의 열광적인 환영, 성전에 들어가서 강도의 소굴로 변한 성전에서 장사하는 자들과 돈 바꾸는 자들과 비둘기 파는 자들을 내쫓으심으로써 성전을 깨끗하게 하심 등. 예수께서는 자기를 비판하는 자들에게 요한의 세례—지금 장사하는 자들을 성전에서 내쫓으신 이에 대하여 증거한 세례 요한이 베풀었던 세례—가 하늘로서인지 사람으로서인지 반문하신다. 이 질문 후에 예수께서는 악한 농부들의 비유를 덧붙이신다. 예수께서는 대적자들의 계략적인 질문에 대답하시되 저들에게 또 하나의 질문을 던지심으로써 **다윗의 자손**은 다름 아닌 **다윗의 주**이신 사실을 분명히 암시하신다.

한 공개 강론—마가복음과 누가복음에서는 간략히 요약되어 있으나 마태복음에서는 매우 상세히 서술하고 있는 예수님의 다섯 번째 대강화—에서 주께서는 서기관들과 바리새인들을 책망하시며 그들에 대하여 무리에게 경고하신다. 이어서 예루살렘의 멸망과 세상의 종말에 관한 예언의 말씀이 나오고 있다.

대제사장들과 서기관들은 그리스도를 죽일 음모를 꾀한다. 돈 몇 푼 때

27:33에만 나온다.

8) M. Kähler, *Der sogenannte historische Jesus und der geschichtliche, biblische Christus, Munich,* 1956, p.591.

문에 유다는 자기 선생을 저들의 손에 넘겨줄 것에 동의한다. 이에 예수께서는 두 제자—마가복음에 의하면 "두 사람", 누가복음에 의하면 "베드로와 요한"—를 보내어 유월절 만찬을 예비하게 하신다. 유월절 만찬석상에서 배신자가 드러난다. 주께서는 베드로를 포함한 모든 제자들에게 자신이 버림받을 것을 예언하신다. 베드로의 불 같은 항의에도 불구하고 주께서는 끝내 이 예언의 주장을 강조하신다. 최후의 만찬에 이어 겟세마네 동산의 주의 고뇌가 뒤따른다. 유다는 입맞춤으로써 예수를 배신한다. 예수께서는 자신의 몸을 스스로 죄인들의 손에 넘기신다. 그는 대제사장의 집에 붙들려 가서 거기서 모욕과 조롱을 당하신다. 이어서 베드로의 세 차례에 걸친 부인이 뒤따른다. 아침 일찍 산헤드린 공회는 예수를 정죄한다. 주께서는 로마 총독 빌라도 앞으로 끌려가서 그의 왕권에 관하여 심문을 받으신다. 놓아줄 자를 택하라는 요구에 군중들은 예수보다는 오히려 유명한 살인범인 바라바를 택한다. 동시에 대제사장들과 장로들의 사주를 받은 저들은 예수를 십자가에 못 박을 것을 요구하고 나선다. 빌라도는 마침내 굴복한다. 처형 장소에 이르는 도중에 구레네 시몬이 그리스도의 십자가를 대신 지도록 강요당한다. 3복음서 모두가 그리스도의 십자가 위의 죄패와 그의 당하신 모욕 그리고 세 시간 동안의 어두움에 대하여 언급하고 있다. 크게 소리 지르신 후 예수께서는 고개를 숙이고 운명하신다. 이때 성전의 휘장이 찢어진다. 백부장이 증언한다. 예수께서 갈릴리에 계실 때에 그를 좇아 섬기던 여자들이 이 모든 일을 목격한다. 생전에 예수를 따르던 자 중 하나인 아리마대 요셉이 빌라도에게 허락을 받아 십자가에서 예수의 시체를 내려 새로 파 둔 자기의 무덤에 정중히 장사한다.

안식 후 첫날 아침 매우 일찍이 예수의 무덤에 도착한 여자들이 무덤 돌문이 굴려져 있음을 본다. 하늘의 사자—혹은 하늘의 사자들("찬란한 옷을 입은 두 사람이"-누가복음)—로부터 "그가 부활하셨다"는 놀라운 소식을 듣는다.

b. 병행 구절들에 사용된 동일한 혹은 거의 동일한 헬라어 어휘에 있

어서의 유사점

공관복음서의 기사에 있어서 사상과 내용뿐만 아니라 원문에 사용된 어휘와 심지어 번역본에 나타난 어휘들조차도 그것들이 얼마나 동일한지 혹은 거의 동일한지 놀라지 않을 수 없다. 이러한 사실은 나병 환자가 깨끗하게 된 사건을 다룬 3복음서의 본문(막 1:40-44; 마 8:2-4; 눅 5:12-14)이나 금식하지 않고 잔치를 베푼다고 하는 질문에 대하여 예수께서 제자들을 변호하신 사건을 다룬 내용의 병행 구절들(막 2:18-22; 마 9:14-17; 눅 5:33-39), 혹은 오병이어로 오천 명을 먹이신 이적을 다룬 3복음서의 본문(특히, 막 6:35-37; 마 14:15, 16; 눅 9:12, 13을 보라. 또는 막 6:41-43; 마 14:19 하반절, 20; 눅 9:16, 17)을 서로 나란히 놓고 비교할 때 쉽게 그리고 분명히 드러난다. 이것들은 우리가 찾아 볼 수 있는 수많은 예들 가운데 소수에 지나지 않는다.[9)]

c. 공관복음서에 기록된 사건들의 순서에 있어서의 유사점

사건들의 배열 순서에 있어서의 유사점은 앞의 **1. 공관복음서의 유사점** 중 a, (1), (2), (3)의 각 항에 이미 암시되어 있다. **매우 일반적인 의미에서** 공관복음서에 기록된 사건들의 순서는 모두 동일하다. 이것은 일례로서 마태복음에 대해서는 그 주제적인 방법과 여섯 편의 대강화(大講話)를 참작해야 한다는 사실을 염두에 두고, 그 내용의 순서를 마가복음의 내용 순서와 비교해 보면 누구나 쉽게 알 수 있다. pp. 48-59를 보라. 그러나 **어떤 이들**이 이에 대하여 문제점을 발견하는 것은 특히 누가복음에서이

9) B.H. Streeter는 그의 저서 *The Fourth Gospel*, pp.160, 161에서 마가복음 어휘의 30% 내지 60% 정도가 마태복음과 누가복음에서 동시에 발견되고 있는 한편, 마가복음의 나머지 어휘들 중 많은 숫자가 마가복음과 마태복음 혹은 마가복음과 누가복음에서 공통된다고 말하고 있다. De Solages는 그의 거작 *A Greek Synopsis of the Gospels*(1,129페이지에 달하는 대작), Leiden, 1959에서 상세한 목록에다 수많은 도표와 도해를 제시하고 있다. 또한 W.G. Rushbrook의 *Synopticon*과 A. Huck의 *Synopsis of the First Three Gospels*을 보라.

다.[10] 공관복음서의 문제점에 관하여 연구한 어떤 학자는 말하기를 "이 일을 연구해 본 사람들은 다 알겠지만 다른 복음서에서보다 누가복음에서는 사건들과 각 문단의 배열과 그 순서를 기억하는 것이 유별나게 어렵다"[11]고 하였다. 많은 사람들에게 있어서 4복음서 가운데 가장 긴 이 누가복음[12]에서 우리 주 예수 그리스도의 지상 체류 기간 초기의 사건들과 그의 많은 말씀들을 그 순서대로 정확히 기억하기란, 특히 그 기억을 지속하기란 참으로 어려운 것이 사실이다. 이를 더욱 어렵게 하는 것은 곧 "이 복음서에서 두 차례—한 번은 2장 이상 그리고 또 한 번은 8장 이상—나 누가는 자기의 자료를 제쳐 놓고 교묘하면서도 감쪽같이 마가복음 자료의 순서로 되돌아온다"[13]는 사실이다. 마지막으로 중요한 것은 누가복음 중간 부분의 사건들의 순서와 그리스도의 말씀들의 배열이 매우 산만해서, 언제 어디서 이들 사건이 일어났는지 혹은 주께서 언제 어디서 그 말씀들을 하셨는지 정확히 추정하는 것이 가끔 힘이 든다는 사실이다.

그러나 이 모든 사실들이 쉽게 받아들여진다 하더라도 마가와 누가가 기록한 사건들의 현저한 유사점을 찾아볼 수 있다. 사실상 우리가 해야 할 일이란 (1) 마가복음에 나오는 큰 사건들의 일반적인 순서를 기억할 것과 (2) 누가복음 7장과 10–17장은 마가복음 자료를 거의 포함하고 있지 않다는 사실을 명심할 것과 (3) 3과 8이라는 숫자에 주의를 집중할 것 등이

10) 그러나 누가복음을 "하모니스트(복음서 간의 일치점을 연구하는 학자: harmonist—역주)의 기쁨"이라 부르면서도, 마태복음은 "하모니스트의 절망"이라 부르고 있는 E.J. Goodspeed의 저서 *Matthew Apostle and Evangelist,* Philadelphia and Toronto, 1959, p.116의 논평과 대조하여 보라(이후로는 이 저자의 이름 다음에 *op. cit.*가 언급될 때 바로 이 책을 가리키는 것으로 알라).

11) J.H. Ropes, *The Synoptic Gospels,* Cambridge, 1960, p.72.

12) 비록 우리 성경에서 마태복음은 28장 그리고 누가복음은 24장으로 되어 있으나, 필자가 이 글을 쓰고 있는 책상 위에 놓인 영어 성경은 마태복음이 37페이지를 차지하는 반면에 누가복음은 39페이지 반이나 차지하고 있다. 또한 앞서 언급한 바와 같이 마태복음은 1,068절로 되어 있으나 누가복음은 1,149절로 되어 있다. 그러나 여기서 다양한 영역본들 가운데 어느 것을 선택하느냐에 따라 근소한 차이가 날 수도 있다는 사실에 대해서는 여지를 남겨 두어야만 한다.

13) 동일한 저서 p.73. Ropes는 분명히 눅 6:17–8:3과 9:51–18:14을 가리키고 있다.

다. 뒤에 가서 잠깐 언급할 몇몇 수정 사항이 있긴 하지만, 누가복음 어느 곳에 어떤 기사가 기록되어 있는가를 알기 위해서는, 우리가 누가복음 전반부의 장수에 대하여는 3이라는 숫자를 그리고 후반부의 장수에 대하여는 8이라는 숫자를 각각 마가복음의 장수에 더해야만 한다. 그러나 이것이 마가복음에 나타나 있는 **모든 내용**이 누가복음에서 그대로 다시 나타난다거나 또는 3이나 8이라는 숫자가 더하여졌을 때 언제나 **곧바로** 그 정확한 장수가 나온다는 사실을 의미하는 것은 아니다. 때로는 그 다음 장의 약간 뒷부분에서 발견되는 일도 있다. 그러나 마가복음 제1장에서 발견되는 내용의 약 3분의 1 이상이 누가복음 제4장(1+3=4)에서 역시 발견되고 있고, 마가복음 제2장의 약 4분의 3에 해당되는 내용이 누가복음 제5장(2+3=5)에서 다시 발견되고 있다. 이제 3이라는 숫자 대신에 8이라는 숫자가 더해져야 할 몇몇 실례들을 살펴보면, 마가복음 제10장의 절반 이상에 해당되는 부분이 누가복음 제18장(10+8=18)에서 다시 나타나고 있고, 마가복음 제11장의 약 3분의 2에 해당되는 부분이 누가복음 제19장(11+8=19)에 반영되어 있는 것 등이다.

따라서 마가복음과 누가복음 사이에서도 찾아볼 수 있는 사건들의 배열 순서에 있어서의 유사점은 다음 도표로 예시할 수 있다.[14)]

---

14) 물론 도표 중 두 번째 난의 설명이 마가복음의 완전한 개요는 아니다. 어떤 주제들은 그 공식("마가복음의 장수+3" 혹은 "마가복음의 장수+8")을 적용시킬 수 없기 때문에 의도적으로 생략되었다. 이는 그 주제들이 누가복음 **어딘가에** 병행되어 있거나 아니면 생략되었기 때문이다. 전자의 경우에 있어서 그 병행 부분은 때로 마가복음의 장수+3 혹은 +8의 합계가 되는 장 바로 이웃에 나오기도 한다. 예를 들면, 마가복음 4:1-20은 4+3=7의 규칙에 따라 누가복음 7장에 병행되어 나오지 않고 그 다음 장인 누가복음 8:4-15에 나온다. 또 마가복음 11:27-33은 11+8=19의 규칙에 따라 누가복음 19장에 병행되어 나오지 않고 그 다음 장인 누가복음 20:1-8에 나온다. 그러므로 우리 성경의 장 구분이 좀 더 일관적으로 이루어졌더라면 마가복음의 순서를 알 때 누가복음에서 그 병행 부분을 찾기가 훨씬 더 쉬웠을 것이다. 또한 자료 내용에 있어서뿐만 아니라 그 배열에 있어서도 공관복음서의 유사성의 범위가 한결 더 명료했을 것이다. 그러나 일반적으로 성경의 장 구분을 하여 공적을 이룩한 Stephen Langton이 **대체적으로** 보아 하나의 훌륭하고 유익한 과업을 이루었다는 데 대하여 누가 반박할 것인가? 누가 감히 매우 부지런했던 이 사람, 이 법과 질서의

마가복음과 누가복음 사이의 병행 관계

마가복음	주제	더하기	누가복음
다음 장에 취급된 주제를 알 때		다음 숫자를 더하고	다음 장에서 그 병행 구절을 찾으라.
1	예수께서 시험하는 자 곧 마귀를 이기심. 가버나움에서 귀신 들린 자를 고치시고, 시몬의 장모의 열병을 고치시고, 해질 무렵에 많은 각종 병자들을 고치시는 등 이적을 행하심. 한적한 곳으로 물러가심. 모두가 주를 찾음. 갈릴리 여러 회당에서 전도하심.	3	4
2	가버나움 집에서 한 중풍병자를 고치심. 레위(마태)를 부르심. 세리와 죄인들과 교제하는 일로 비판을 받으심. 금식에 관한 질문에 답하심.	3	5
3	회당에서 한쪽 손 마른 자를 고치심. 열두 제자를 택하심.	3	6 (누가복음 7장에는 마가복음의 자료가 없다) [15]

투사, 이 대헌장(the Magna Carta)의 영웅적인 옹호자에게 지나치게 가혹한 비판을 가하고자 할 것인가? 그 외에도 필자가 믿는 바로는 위의 도표가 다음 두 가지 유용한 역할을 해 줄 것이다. 곧, a. 이 도표는 공관복음서—이 경우는 마가복음과 누가복음—가 **사건들의 일반적인 순서**를 기록함에 있어서 매우 유사하다는 사실을 입증하는 우선적인 목적을 성취시켜 줄 것이며, b. 독자로 하여금 복음서들을 바로 보는 방법을 찾는 데 도움을 줄 것이다.

15) 제3복음서(누가복음)에서 6:12-16(열두 제자를 지명하여 세우심. 막 3:13-19 참조) 이후 한동안은 마가복음과의 병행을 그치고 있다. 바로 이곳(눅 6:17)부터 비(非)마가복음 자료(non-Marcan material)가 누가복음 8:3까지(혹은 어떤 이가 보는 바와 같이 누가복음 6:20부터 8:3까지) 전개되고 있다. 누가는 "산상설교"(6:17-19.

4	씨 뿌리는 자의 비유를 말씀하심. 풍랑을 잔잔하게 하심.	4	8
5	거라사인의 지방에서 귀신 들린 자를 고치심. 회당장 야이로의 어린 딸을 살리심. 도중에서 열두 해를 혈루증으로 앓던 여인을 고치심.	3	8
6	전도와 병 고침과 귀신을 내쫓는 사명을 주사 열두 제자를 두 사람씩 파송하심. 헤롯이 당황함. 열두 제자가	3	9[16]

참조. 마 5:1, 2)로 널리 알려진 그 내용을 소개한다. 그러나 마태복음 5:1("산에 올라가 앉으시니")과 누가복음 6:17("평지에 서시니")을 비교하여 보라. 누가는 팔복(6:20-26. 참조. 마 5:3-12)과 "네 원수를 사랑하라"(6:27-36. 마 5:43-48); "비판하지 말라"(6:37-42. 참조. 마 7:1-6); "나무는 각각 그 열매로 안다"(6:43-49. 마 7:13-29 참조) 등의 중심 주제들로 이루어진 여러 내용들에 대하여 자신의 해석을 덧붙인다. 누가복음 7:1-10은 백부장의 하인을 고치신 일에 대한 누가 자신의 설명(참조. 마 8:5-13)을; 7:11-17은 과부의 독자를 살리신 일에 대한 누가 자신의 설명을; 7:18-35은 세례 요한의 질문과 그리스도의 대답에 대한 누가 자신의 설명(마 11:2-19 참조)을; 7:36-50은 어떤 죄 많은 여자가 그리스도의 발에 향유를 부은 일에 대한 누가 자신의 설명을; 8:1-3은 예수께서 열두 제자와 또한 어떤 여자들과 함께 "각 성과 촌에 두루 다니신" 일에 대한 누가 자신의 설명을 각각 포함하고 있다. 누가복음 8:4(씨 뿌리는 자의 비유)에서부터 누가복음과 마가복음 사이의 병행 부분이 다시 한 번 시작된다. 사실상 이 "하늘의 의미를 지닌 지상의 이야기"는 3복음서 모두에서 찾아볼 수 있다(막 4:1 이하와 마 13:1 이하 참조).

16) 누가복음에서 9:18 이후에 나오는 내용(막 6:43 참조. 그리고 막 6:44에 관하여는 눅 9:14을 보라)은 마가복음 6:45 이하의 내용과 병행하지 않고, 마가복음 8:27 이하에서 논의되는 "사람들이 나를 누구라고 하느냐?" 하는 등의 주제로 "도약한다." 마가복음과 누가복음 9장에서는 그리스도의 변형, 귀신 들린 소년을 고치심, "누가 크냐?" 하는 변론, 그리고 주의 이름으로 귀신을 쫓아내는 어떤 자 등의 주제들을 다룬다. 누가복음 9:51에서는 누가복음에만 나오는 부분이 진지하게 시작되어 18:14까지 전개된다.

그리하여 마가복음 6:45-8:26에서 발견되는 마가의 기사들—예수께서 바다 위로 걸으심; 주께서 손을 씻지 아니한 일에 관한 질문에 답하심; 수로보니게 여자의 딸을 고치심; 귀먹고 말 더듬는 자를 고치심; 하늘로서 오는 표적을 구하는 바리새

	전도 여행에서 돌아옴. 오병이어로 오천 명을 먹이심.		
10	예수께서 어린아이들을 영접하심. 한 부자 청년(관원)의 이야기와 그 적용. 예수님이 예루살렘에서 장차 자기가 당할 일을 예언하심. 한 맹인의 눈을 뜨게 하심.	8	18
11	예수께서 예루살렘으로 입성하심. 성전을 깨끗하게 하심. 유대 종교 지도자들이 예수를 없애고자 함.	8	19[17]
12	악한 농부들(혹은 포도원)의 비유를 말씀하심. 자기를 책잡고자 하는 자들의 트집 잡는 질문에 답하심. 또한 반대 질문을 던지심으로써 다윗의 자손은 다름 아닌 다윗의 주이심을 증언하심.	8	20
13	세상 끝날에 관한 징조와 깨어 있으라는 권면의 말씀.	8	21
14	유월절이 가까웠을 때 유대 종교 지도자들이 예수를 죽이려는 음모를 꾸밈. 유월절 만찬이 준비됨. 주의 만찬 혹은 성만찬 예식을 제정하심. 제자에게 배신당하실 것과 부인당하실 것	8	22

인들의 요구에 답변하심; 벳새다에서 맹인을 고치심—은 누가복음에 중복되어 나오지 않는다. 기억하기 쉬운 것은 이것이다. 곧, **마가복음 7장은 누가복음에서 병행되지 않으며 또한 누가복음 7장도 마가복음에서 병행되지 않는다**는 사실이다.

17) 누가복음 19장의 절반 이상이 비마가복음 자료이다(삭개오에 관한 기사와 므나 비유).

	을 예언하심. 적은 무리가 다락방에서 나와 기드론 시내를 지나 겟세마네 동산(감람산)으로 감. 배신당하시고 죄인들의 손에 자신을 넘기심. 유대인의 산헤드린 공회 앞에서 심문받으심. 베드로에게 부인당하심.		
15	빌라도 앞에서 심문받으심. 무리들이 예수보다도 바라바의 석방을 요구함. 또한 예수를 십자가에 못박으라 소리지름. 구레네 시몬이 예수의 십자가를 억지로 대신 짐. 갈보리 언덕의 처참한 광경: 죄목을 쓴 명패, 조롱, 세 시간 동안의 어두움, 큰 소리로 부르짖으심, 운명하심, 성전 휘장이 찢어짐, 백부장의 증언, 여자들이 보인 관심, 예수의 시체를 십자가에서 내려서 새로 파 둔 자기 무덤에 장사지내는 아리마대 요셉의 역할.	8	23
16	안식 후 첫날 아침 새벽 미명에 무덤에 간 여자들이 무덤의 돌문이 굴려진 것을 봄. 빛난 옷을 입은 천사의 전하는 말: "그가 살아나셨고 여기 계시지 아니하니라"	8	24[18]

이렇게 해서 공관복음서의 특징이 되는 **유사성**이 확증되었으며, 3복음서를 좀 더 쉽게 대할 수 있는 길이 열리게 되었다. 마가복음에 대해서는 이것이 곧 분명해진다. 누가복음에 대해서는 제1장과 제2장이 예수 그리

18) 누가복음 24:9-53(예수께서 글로바 및 그의 동행자와 더불어 말씀하심, 예수께서 예루살렘에서 나타나심, 그리고 예수의 승천에 관한 기사)은 다른 공관복음서에 병행된 내용을 거의 포함하지 않는다.

스도의 탄생에 관한 기사를 포함하고 있으며, 제3장은 세례 요한에 관한 기사와 그리스도의 족보가 포함되어 있다는 사실은 누구나 다 잘 알고 있다. 우리가 누가복음에 나오는 여러 비유의 주제(pp. 45-46을 보라)를 기억하고 거기에다 누가복음 9:51-18:14을 자주 읽는다면, 누가복음의 중간 부분의 내용을 훨씬 더 쉽게 파악할 수 있다. 누가복음 전체의 내용에 관하여는 위의 도표에서 제시한 자료를 포함시켜서 참조하라. 마태복음에 관하여는 pp. 45-58을 보라.

2. 공관복음서의 차이점

a. 자료 내용 혹은 그 주제에 있어서의 차이점

비유들에 관하여는 아래 pp. 42-47의 (7)항을 보라.

앞에서 살펴본 바와 같이 공관복음서의 자료 내용은 넓은 의미에서 볼 때 대체로 유사한 것이 사실이다. 그렇지만 좁은 의미에서 볼 때 국부적으로 어떤 기사와 교훈은 오직 마태복음에만 나오고, 또 어떤 기사와 교훈은 오직 마가복음에만 나오며, 또 다른 어떤 기사와 교훈은 오직 누가복음에만 나온다. 더러는 마태와 마가복음에만 나오며, 더러는 마가와 누가복음에만 나오고, 더러는 마태와 누가복음에만 나오는 경우가 있는 것도 사실이다. 우리는 이상의 모든 경우들을 하나하나 살펴보는 것이 좋을 것이다.

(1) 마태복음에만 나오는 자료

마태복음에만 나오는 구절들과 기사들은 이러하다. 예수 그리스도의 족보(1:1-17의 족보; 누가복음 3:23-38의 족보와 대조하여 보라); 마태가 서술하는 예수 그리스도의 탄생 및 동방박사들의 방문(1:18-2:23); 세례 요한이 예수께 세례 베풀기를 주저함(3:14, 15); 예언의 말씀을 이루기 위하여 예수께서 가버나움에 가서 사심(4:13-16); 갈릴리 지방에서 가르치시며 병을 고치심(4:23-25, 부분적으로); 누가복음과 훨씬 더 범위가 좁게 마가복음에 병행되어 있는 부분을 제외한 산상설교 내용(5:1-8:1); 이사야 53:4의 인용(8:17); 두 맹인과 한 귀신 들린 자를 고치심(9:27-34); 열두 제자의 파송(9:35-10:42)에 관한 내용 중 마가와 누가복음에 병행되지 않은 부분; 세례 요한을 "엘리야"로 언급하심(11:14); 회개하지 않는 고을들에 대하여 화를 선언하신 사건에 대한 서언(11:20); "내게로 오라" 하신 초청(11:27-30; 눅 10:22); "나는 자비를 원하고 제사를 원하지 아니하노라" 하신 말씀(12:5-7); 안식일에 선을 행함이 옳다는 말씀(12:11, 12; 눅 14:5); "이는 다윗의 자손이 아니냐!" 하는 감탄을 유발시킨 이적(12:22, 23, 부분적으로); "새것과 옛것을 그 곳간에서 내오는 집주인"(13:51-53); 풍랑이 일 때의 베드로의 행동(14:28-31); "심은 것마다 내 하늘 아버지께서 심으시지 않은 것은 뽑힐 것이니"(15:12, 13); "그 여자가…보내소서…주여 저를 도우소서!"(15:23-25); 큰 무리를 고치심(15:30, 31); "시대의 표적은 분별할 수 없느냐?"(16:2, 3); 사두개인들의 누룩(16:11, 12); "바요나 시몬아, 네가 복이 있도다!"(16:17-19); "이 일이 결코 주께 미치지 아니하리이다"(16:22); 그리스도의 용모 변화와 관련한 제자들의 두려움(17:6, 7); 먼저 온 "엘리야"가 세례 요한이라는 사실을 제자들이 깨닫게 됨(17:13); 성전세(17:24-27); 작은 자들을 향하신 예수 그리스도와 아버지의 태도(18:3, 4, 10, 14); 죄를 범한 형제를 권고하는 규율과 그를 용서하라는 권면(18:15-20); 고자에 관한 말씀(19:10-12); 그리스도의 승리의 예루살렘 입성과 관련하여 스가랴 9:9의 인용(21:4, 5); "이는 선지자 예수라"(21:10, 11); 아이들의 찬송(21:14-16); "하나님의 나라를 너희는 빼앗기고"(21:43); 부분적으로 성전에서 행하신 그리스도의 마지막 설교(23장); 마지막 때의 일들에 관한 그리스도의 말씀 중 일부(24장); "칼을 가지는 자는 다 칼로 망하느니라"(26:52-54. 참조. 요 18:11); 배신자 가룟 유다의 후회와 자살(27:3-10. 참조. 행 1:18, 19); 빌라도의 아내의 꿈과 그 전언(27:19); 예수 그리스도를 죽인 책임을 백성들이 떠맡겠다는 주장을 포함한 빌라도 자신에 대한 책임 회피 시도(27:24-25); 원수들이 뜻밖에 시편 22:8을 인용함(27:43); "갈보리의 이적들" 중의 일부(27:51-53); 그리스도께서 부활 후 여자들에게 나타나심(28:9, 10); 파수꾼들이 무덤을 지킨 일과, 놀라서 떨며 죽은 자같이 되었던 일과, 뇌물을 받고 거짓 소문을 퍼뜨린 일(27:62-66; 28:2-4, 11-15); 마지막으로 제자들이 갈릴리로 간 일과 거기서 부활하신 주 예수 그리스도를 만난 일(28:16-18, 20).

(2) **마가복음에만 나오는 자료**

앞의 pp. 18-19를 보라.

(3) **누가복음에만 나오는 자료**

제3복음서는 그 시작 부분에 다음의 중요하고도 특이한 내용들을 포함하고 있다. 곧, 서언(1:1-4); 세례 요한의 탄생과 예수 그리스도의 탄생 그리고 예수 그리스도의 소년기에 관한 기사(1:5-2:52); 세례 요한의 전도활동의 시대적 배경에 관한 기사(3:1, 2); "우리가 무엇을 하리이까?" 하는 군중들의 질문에 대한 세례 요한의 대답(3:10-14); 메시아의 족보(3:23-38); 예수께서 갈릴리 지방으로 돌아오심(4:14, 15; 참조. 막 1:14, 15; 마 4:17); 거의 대부분의 내용이 누가복음에만 나오는 고기잡이 이적(5:1-11); 부요한 자와 칭찬 받는 자와 빌려주는 자에 관한 그리스도의 가르침(6:24-26, 34); 나인 성에서 과부의 독자를 살리심(7:11-17); 세례 요한에게서 세례 받은 자들과 그에게서 세례 받지 않은 자들이 가지는 그리스도에 대한 태도(7:29, 30); 바리새인인 시몬의 집에서 죄인인 한 여자가 예수 그리스도의 발에 향유를 부음(7:36-39); 예수 그리스도의 주위의 무리들(8:1-3); 변화산 상에서 그리스도와 함께 있던 제자들이 졸았던 일(9:31, 32).

누가복음은 특히 비유들을 많이 포함하고 있다. pp. 45-46의 (7)항을 보라. 이러한 비유들을 제쳐 놓고도 누가복음은 그 중간 부분에서 다음의 중복되지 않은 기사들과 교훈들을 포함하고 있다. 곧, 사마리아인들의 냉대에 관한 일례(9:51-56); "손에 쟁기를 잡고 뒤를 돌아보는 자는 하나님의 나라에 합당하지 아니하니라"(9:61, 62); 다른 두 복음서에 병행되지 않는 범위 내에서의 70인의 사명(10:1-24); 예수께서 마르다와 마리아의 집에서 환대를 받으심(10:38-42); "당신을 밴 태…복이 있나이다…오히려 하나님의 말씀을 듣고 지키는 자가 복이 있느니라"(11:27, 28); 한 바리새인의 집에서 그리스도의 책망을 받은 바리새인들과 율법교사들(11:37-54; 그러나 마가복음 7:1 이하와 마태복음 23장의 여러 구절 참조); 분쟁하게 하러 오셨다는 그리스도의 말씀(12:49-53; 그러나 마 10:34-36과 비교하여 보라); 천지의 기상은 분간할 줄 알면서도 시대는 분간하지 못하는 자들에 대한 그리스도의 책망(12:54-59; 참조. 마 16:1-3); 안식일에 18년 동안을 귀신 들려 고생한 한 여자와 수종병이 든 한 사람을 고치심(13:11-17; 14:1-6); "주여, 구원을 받는 자가 적으니이까?"(13:22, 23); 집주인이 일어나 일단 문을 닫은 후에는 다시 열어 주지 않는다는 경고의 말씀(13:25-27; 참조. 마 25:11, 12); "저 여우" 헤롯 안디바스에 대한 위협적인 선언(13:31-33); 돈을 좋아하는 바리새인들의 비웃음에 대한 그리스도의 책망(16:14, 15); 열 명의 나병 환자를 깨끗하게 하신 일과 그중 한 사람만이 돌아와서 그리스도께 감사한 일(17:11-19); "하나님의 나라가 어느 때에 임하나이까?" 한 바리새인들의 질문에 대한 그리스도의 답변(17:20-22, 28, 29, 32, 34; 그러나 17:20-37의 내용 중 많은 부분이 마태복음 24장에 중복되어 나온다).

누가가 그의 복음서 끝 부분에서 오직 그만 독점적으로—혹은 어떤 경우들에서는 거의 독점적으로— 보도하는 내용은 이러하다. 곧, 삭개오를 부르심(19:1-10); 예수께 대하여 제자들을 책망하라는 바리새인들의 요구와 그에 대한 그리스도의 답변(19:39, 40); 예루살렘을 향한 그리스도의 애도의 탄식과 그 멸망에 대한 예언의 말씀(19:41-44); 마지막 때의 일들에 관한 말씀 중 일부(21:19, 22, 24, 26, 28, 34-38; 그러나 21장의 많은 내용들이 다른 복음서 특히 마가복음 13장과 마태복음 24장에 반영되어 나타난다); 독점적으로—혹은 거의 독점적으로— 누가에 의해서만 보도되고 있는 성만찬 석상에서 행하신 그리스도의 말씀들(22:15-18; 22:28-32, 35-38; 참조. 마 26:29). 겟세마네 동산에서 그리스도께서 겪으신 일들에 관한 누가만의 특이한 기사는 22:43, 44, 48, 49, 51, 그리고 53절에서 발견된다. 주께서 돌이켜 베드로를 보심으로써 베드로가 주께서 하신 말씀을 기억하고 심히 통곡했다는 기사는 22:61에 보도되어 있다. 공회 앞에서 행하신 그리스도의 증언에 관한 누가만의 설명은 22:68, 70을 보라. 아침에 예수께서는 먼저 빌라도 앞으로, 다음으로 헤롯 앞으로 이끌려 가셨다(23:2, 4-12). 주께서는 다시 빌라도 앞으로 이끌려 오셨다(23:13-19; 막 15:6-9). 그 밖에 23장에 나오는 누가만의 주요 자료는 이러하다. "예루살렘의 딸들"에게 말씀한 그리스도의 훈계(27-36절; 참조. 막 15:22, 24; 마 27:33-35); 회개한 강도와 회개하지 않는 강도(39-41절); 회개한 강도의 기도와 그에 대한 그리스도의 응답(42, 43절); 그리스도께서 십자가 위에서 하신 마지막 "일곱 번째 말씀"(46절); 구경하러 모인 무리도 그 된 일을 보고 다 가슴을 두드리며 돌아간 일(48절); 그 외에 또 아리마대 요셉에 관한 누가만의 설명이 나온다(51절). 그리고 그의 친절한 행위에 관한 보도(53절; 막 15:46; 마 27:59, 60)와 예수의 시체가 십자가에서 내려져 무덤에 장사된 날에 대한 정확한 언급(54절)과 갈릴리에서 예수와 함께 온 여자들이 아리마대 요셉의 뒤를 좇아 그 무덤과 그 시체를 어떻게 둔 것을 보고 돌아가 향품과 향유(56절)를 준비하더라는 누가만의 언급이 나온다. 누가복음의 맨 끝장은 공관복음서 중 오직 이곳에만 나오는 다음 내용들을 포함하고 있다. 사도들에게 전해 준 그리스도의 부활에 관한 메시지의 효력(10, 11절); 베드로의 무덤 방문(12절; 참조. 요 20:2-10); 부활하신 그리스도께서 글로바와 그의 친구와 함께 나누신 말씀(24:13-27; 참조. 막 16:12, 13); 그리스도께서 안식 후 첫날 저녁에 제자들에게 나타나심(24:36-49; 참조. 막 16:14; 요 20:19-25); 그리고 그리스도의 승천(24:50-53; 참조. 막 16:19; 행 1:9-12).

(4) 마태복음과 마가복음에만 나오는 자료

다른 무엇보다도 먼저 세례 요한에게 나아오는 무리들과 세례 요한의 주식과 의복에 관한 언급이 있다(막 1:5, 6; 마 3:4, 5). 마가복음 3:7-12과 마태복음 12:15-21에 의하면, 예수께서 수많은 무리들을 고치시고 나서 그 일로 자기를 나타내지 말라고 경고하신다. 이 부분 역시 주로 마태복음과 마가복음에만 국한된 자료이다. 그러나 누가복음 4:41을 보라. 하지만 마가복음의 상세한 설명이 마태복음 12:15, 16에 간략히 서술되어 있는 것으로 보인다. 한편 마태복음 12:17-21은 이사야 42:1-4의 예언을 덧붙이고 있는데, 이 부분은 위의 (1)항에 해당된다고 볼 수 있다. 즉, 마태복음에만 나오는 자료이다. 그 다음에는 그리스도의 많은 비유에 관한 언급이 나온다(막 4:33, 34; 마 13:34). 오직 마태복음과 마가복음에만 속하는 것으로 알려진 기사는 헤롯의 사악한 생일 잔치와 이와 관련된 세례 요한의 참혹한 죽음에 관한 상세한 설명이다(막 6:17-29). 한편 마 14:3-12에는 더 간략히 서술되어 있다).

마가복음 6:45-8:26이 누가복음에서는 완전히 생략되어 있다는 사실에 관해서는 이미 앞서 살펴본 바 있다(pp. 31-32를 보라). 이 부분에서 두 차례의 병 고침에 관한 기사(막 7:32-37과 8:22-26; 이에 대하여는 pp. 18-19를 보라)를 제외한 나머지 내용이 마태복음과 마가복음의 병행 자료에 속한다. 이 병행 자료는 먼저 바다 위로 걸어오신 그리스도에 관한 생생하고도 위로가 되는 기사로 시작되고 있다(막 6:45-56; 마 14:22-36). 그러나 이러한 내용들 중 모든 부분이 정확히 다 병행되는 것은 아니다. 그 예를 들면 마태복음 14:28-31은 (1)항에 속하는 즉, 마태복음에만 나오는 내용이다. 그 외에도 의식에 관련된 부정에 대한 그리스도의 가르침(막 7:1-23; 마 15:1-20); 수로보니게 여자의 딸을 고치심(막 7:24-31; 마 15:21-29); 사천 명을 먹이심(막 8:1-9; 마 15:30-38); 바리새인들이 예수께 나와서 그를 시험하며 하늘로서 오는 표적을 구함(막 8:10-12; 마 15:39-16:4); 그리고 바리새인들의 누룩에 대한 경고(막 8:13-21; 마 16:5-12) 등이 있다.

마가복음 9:28, 29(마 17:19 참조)을 본 항목에 포함시키는 것이[19] 옳을지 어떨지는 의심스러우나, "우리는 어찌하여 능히 그 귀신을 쫓아내지 못하였나이까?"(막 9:28)라는 제자들의 질문이 마태복음 17:19에 다시 나오고 있음은 사실이다. 인자가 죽은 자 가운데서 다시 살아나리라는 그리

19) B.H. Streeter, op. cit, p.196에서 제시된 바와 같다. 그러나 바로 그 앞 페이지에서 그는 마가복음 9:29을 "마태복음과 누가복음 둘 다에 나오지 않는" 마가복음 구절들의 항목에 포함시킨다.

스도의 예언과 관련하여, 제자들은 예수께 엘리야에 대한 질문을 한다(막 9:10-13; 마 17:10-13). 이혼과 재혼 문제에 관한 그리스도의 가르침 역시 마가복음(10:1-12)과 마태복음(19:1-12)에만 거의 국한되어 있다. 그러나 누가복음 16:18 보라. 마태복음 20장에는 세베대의 아들들의 요구가 나온다(막 10:35-45; 마 20:20-28, 참조. 눅 9:48과 22:24). 이어서 21장에는 잎만 무성하고 열매가 없는 무화과나무에 대한 그리스도의 저주(막 11:12-14, 20-25; 마 21:18-22, 참조. 눅 11:9; 17:6)가 나온다. 예수께서는 여기서 엄청난 힘을 발휘하는 믿음의 중요성을 강조하신다. 비록 마지막 때의 일들에 관한 그리스도의 말씀이 3복음서 모두에 나오고 있음은 사실이나 이 말은 좀 더 구체적인 표현을 요구하고 있다. 그 예를 들면, 거짓 그리스도와 거짓 선지자들에 관한 예언은 첫 두 복음서에만 국한되어 있다(막 13:21-23; 마 24:23-25). 또한 그리스도의 재림의 날과 그 시기는 정확히 예언할 수 없다는 말씀도 역시 첫 두 복음서에만 국한되어 있다(막 13:32; 마 24:36).

예수께서 베다니의 나병 환자 시몬의 집에 계실 때에 한 여자가 값진 향유 한 옥합을 그리스도의 머리에 부은 사건은 누가복음에는 기록되지 않았다. 많은 사람들이 이 기사를 누가복음에서도 찾으려 하나 그 기사는 누가복음 7:36 이하에서 발견되지 않는다. 공관복음서에 있어서 그 기사는 오직 마가복음 14:3-9과 마태복음 26:6-13에서만 나타난다. 공관복음서 이외에서는 요한복음 12:1-8에서도 역시 그 기사를 읽을 수 있다. 의미심장한 예언들과 함께 감람산을 향한 출발 역시 오직 마가복음 14:26-28과 마태복음 26:30-32에서만 발견된다.[20] 예수께서 잡히신 직후에 있었던 대제사장의 뜰에서의 심문은 주로 첫 2복음서에 국한되어 있다(막 14:55-65; 마 26:59-66). 누가복음은 다만 거기서 예수께서 받으신 부당한 취급만을 서술한다. 빌라도 앞에서의 그리스도의 침묵에 관한 주제(막 15:2-5; 마 27:11-14)는 누가복음에서는 침묵한다. 예수 대신에 바라바를 택하여 석방을 요구한 무리들의 소동은 비록 3복음서 모두에서

20) 여기서 누가복음 22:39이 마가복음 14:32과 마태복음 26:36에 그 대응되는 병행 구절을 가진 것으로 추정된다.

찾아볼 수 있으나, 누가복음보다는 특히 첫 복음서에 더 상세한 설명이 나오고 있다(막 15:6-11; 마 27:15-21). 그 외에도 그리스도께서 십자가에 못 박히신 사건에 관한 두 가지 자세한 설명, 곧 그리스도께서 가시관을 쓰신 것(막 15:17-20; 마 27:29-31)과 그리스도의 고뇌의 절규(막 15:34-36; 마 27:46-49)에 관한 기사는 마가복음과 마태복음에만 국한되어 있다. 마지막으로, 누가복음 24:47을 제외하고 그리스도께서 제자들에게 주신 큰 사명은 첫 두 복음서에 국한되어 있다. 비록 본질적으로는 동일하나 두 진술은 어떤 세부 사항에 있어서 다소 차이를 보이고 있다(막 16:15, 16; 마 28:19, 20).

(5) 마가복음과 누가복음에만 나오는 자료

오직 누가복음에만 병행되어 있는 마가복음의 24개의 절은 이러하다. 가버나움에서 귀신을 내쫓으심(막 1:23-28; 눅 4:33-37); 예수께서 전도하고자 하시는 목적(막 1:35-38; 눅 4:42, 43); 등불은 빛을 비추기 위함이요, 귀는 듣기 위함이라는 말씀(막 4:21-24; 눅 8:16-18); 열두 제자들이 돌아옴(막 6:30; 눅 9:10); 주님의 제자들을 따르지 않으면서도 주의 이름으로 귀신을 쫓아내는 어떤 사람에 관한 기사(막 9:38-41; 눅 9:49, 50); "과부의 가산"과 "한 가난한 과부의 두 렙돈(곧, 한 고드란트)의 헌금"(막 12:40-44; 눅 20:47; 21:1-4).

(6) 마태복음과 누가복음에만 나오는 자료

마태복음	누가복음	주제
3:7-10, 12	3:7-9, 17	세례 요한이 전파한 내용의 실례.
4:1-11	4:1-13	그리스도의 시험에 관한 기사.
5:3, 4, 6, 11, 12	6:20-23	팔복의 내용 중 일부.
5:18	6:17	율법에 관한 말씀.
5:39-48(더 많은 부분에 대해서)	6:27-36 (대부분)	하나님께서 악인에 대해서도 자비를 베푸시는 만큼 원수들을 사랑하라는 말씀.
6:9-13	11:2-4	주기도문.

6:19-21, 25-33	12:22-34	염려하지 말라는 말씀.
7:7-11	11:9-13	기도에 대한 격려.
8:5-13	7:1-10	백부장의 믿음에 관한 기사.
8:19-22	9:57-60	그리스도의 제자가 되는 것이 무엇을 의미하는지에 대한 암시.
9:37, 38	10:2	"추수할 일꾼들을 보내 주소서" 하고 기도하라.
10:16-33	12:2-9	"너희는 공중의 참새보다 귀하니라."
11:2-11, 16-19	7:18-20, 22-28, 31-35	세례 요한의 의혹에 관한 기사와 요한에 대한 그리스도의 증거.

이 두 복음서의 공통되는 구절은 약 200절에 이르는 것으로 추산된다. 여기에서는 그 중 몇몇 예만을 골라 제시하기로 한다.

그리스도의 수난과 부활에 관한 기사에서는 마태복음과 누가복음에만 병행되어 나오는 내용이 없다.

(7) 비유들

우리 주 예수 그리스도의 비유는 다양한 방법으로 분류되어 왔다. 그뿐만 아니라 비유들의 숫자도 달리 계산되어 왔다. 부분적으로 이것은 "어떤 임금의 아들의 혼인 잔치"(마 22:1-14)와 "큰 잔치"(눅 14:15-24)가 어떤 이들에 의해서 본래 하나의 비유였던 것을 둘로 변형시킨 것으로 간주되는 사실에 기인한다. 그들의 설에 의하면 이 비유 중 더 오래된 본문이 누가복음에서 발견된다고 한다. 이 견해에 의하면 마태복음의 변형된 본문은 예루살렘 성의 멸망(A.D. 70)을 전제한다는 것이다.[21] 이와 마찬가

21) G.D. Kilpatrick, *The Origins of the Gospel according to St. Matthew*, Oxford, 1946, p.6을 보라. 이와 유사한 견해로서는 G. Bornkamm, *Jesus von Nazareth*, Stuttgart, 1956, pp.18, 그리고 C.H. Dodd, *The Parables of the Kingdom*, London, 1935, p.121 등이 있다. R.V.G. Tasker, *The Gospel according to St. Matthew(Tyndale New Testament Commentaries)*, p.206, 207. 역시 저들의 설을 하나의 가능성이 있는 견해로 간주하는 한 이에 포함된다. 비록 Tasker 자신은 두 비유설을 더 가능성이 있는 것으로 생각하고 있으나, 그는

지로 누가복음의 "므나" 비유(19:11-27)는 마태복음의 "달란트" 비유(25:14-30)의 변형이라고 말하는 이들이 있다.[22]

그러나 이 두 경우 모두에 있어서 그 비유가 지니고 있는 차이점이 유사점을 압도하므로, 본문에서 실제로 **두** 비유로 제시하는 것을 굳이 **하나**의 비유로 간주해야 할 정당한 근거가 있는 것으로 보이지는 않는다.

마태복음 22:1-14과 누가복음 14:15-24에 관하여, 우리가 그 내용을 "개조하려는" 모든 노력을 그만두고, 두 경우 모두에 있어서 가장 신빙성 있게 편집된 신약 헬라어 성경에서 최선의 본문을 택할 때, 우리는 안전한 기초 위에 서 있게 된다. 그렇게 할 때 우리는 이 두 비유 사이에는 사실상 상당한 유사 부분이 있음을 본다. 두 비유 모두에서 큰 잔치 자리가 예비되고 손님들이 청함을 받는다. 그런데 청함을 받은 손님들이 그 초청을 거절한다. 이에 길거리에서 사람을 만나는 대로 청하여 오니 그제서야 잔치 자리가 가득 메워진다. 그러나 두 비유 사이의 차이점은 이러한 유사점보다도 더 두드러진 것이 아니겠는가? 임금 아들의 혼인 예식—혹은 혼인 잔치—의 비유(마 22:1-14)는 서로 분명히 구분되는 세 부분으로 구성되어 있는데, 그중 마지막 부분이 누가복음의 큰 잔치 비유에는 완전히 빠져 있다(본 주석 본문의 해당 구절 부분을 보라). 이들 두 비유 중 첫 번

마태복음 22:5, 6을 예루살렘 멸망 이후에 그 본문의 일부가 되어 버린 하나의 추가적인 난외 설명 혹은 각주로 본다.

22) S. Machean Gilmour는 사실상 하나의 기사를 만들어 냈는데, 그는 그것을 "그 두 번역에 대하여 기본적인 것"이라 말하고 있다. 그의 저서 *The Gospel according to St. Luke(The Interpreter's Bible)*, New York and Nashville, 1952, Vol. VIII, p.327을 보라. 이 견해는 이런저런 형태로 여러 다른 사람들에 의해서 함께 공유되고 있는데, 그들 중에는 Jülicher-Fascher, Weiss, H. Holzmann, Bultmann 그리고 Klostermann 등이 있다.

한편 A. Plummer는 논평하기를 "이것(므나의 비유)은 달란트의 비유와는 성질이 다른 종류의 비유로 보는 것이 타당한 듯하다…마태와 누가가 그 비유의 전달 시기와 장소와 내용의 상세한 부분에 있어서 매우 심각한 혼동을 일으켰다기보다는 예수께서 서로 유사한 두 가지 비유를 각기 다른 시기와 장소에서 전해 주신 것으로 보는 것이 더욱 있음직한 일이다"라고 하였다. 그의 저서 *The Gospel according to St. Luke(International Critical Commentary)*, New York, 1910, p.437을 보라.

째 비유에서 우리는 아들의 혼인 예식을 위하여 연회를 베푸는 어떤 임금에 대해서 듣는다. 그 두 번째 비유에서 우리는 큰 잔치를 베푸는 어떤 사람에 대해서 듣는다. 첫 번째 비유에서 청함을 받은 손님들은 한결같이 그 초청을 단순히 무시 혹은 경시하여 지나쳐 버린다. 그러나 두 번째 비유에서 그들은 구구한 변명을 늘어놓는다. 첫 번째 비유에서 청함을 받은 어떤 자들은 그들을 청하기 위해 간 종들을 마구 때리고 심지어 죽이기까지 한다. 한편 둘째 비유에서는 이러한 내용이 완전히 빠져 있다. 그러므로 자연히 누가복음에 나오는 비유에는 마태복음에 나오는 비유 가운데 언급되어 있는 살인자들의 진멸과 그 동네를 불살랐다는 내용이 들어 있지 않다. 이 모든 것 외에도 두 비유의 역사적 배경에서 우리는 뚜렷한 차이점을 발견한다. 큰 잔치의 비유는 예수께서 자신이 청함을 받은 잔치자리에서 말씀하셨다. 한편 혼인 잔치의 비유는 그 이후의 시기에 속한다. 다시 말하면 예수께서 수난 주간에 예루살렘에서 활동하시던 어느 때에 속한다.

달란트의 비유와 비교해 볼 때 므나의 비유는 그 상황이 매우 유사하다. 그러나 자기의 열 종에게 각각 동일한 액수의 적은 돈을 나누어 준 한 귀인의 이야기와, 자기의 세 종을 불러 각기 액수의 차이가 크게 나는 비교도 할 수 없을 만큼 어마어마한 돈을 나누어 준 어떤 사람의 이야기가 어떻게 해서 관련이 있을 수 있는지 알기 어려운 일이 아니겠는가!

비유들의 숫자를 셈하는 일에 있어서 마지막 계산의 차이가 나는 또 다른 이유는 아직도 "비유가 과연 무엇인가?" 하는 질문에 모든 사람들이 다 만족할 만한 대답을 제시하지 못한다는 사실이다. 비유란 "하나의 광범위한 은유"인 풍유(allegory)와 구별하여 "하나의 광범위한 직유"라는 데에 의견을 모은다 할지라도—도움이 될지는 모르나 모두가 다 정확한 구분은 못될 것이다— 전혀 이의가 없는 만장일치의 동의는 얻을 수 없다. 그러나 견해의 차이가 그리 중요한 것은 아니며 그것은 단지 다음 목록에 포함된 몇몇 항목들에만 관계있을 뿐이다.

(a) 마태복음에만 나오는 비유

가라지 비유(13:24-30, 36-43).
감추인 보화의 비유(13:44).
값진 진주의 비유(13:45, 46).
그물의 비유(13:47-50).
악한 종의 비유(18:23-35).
포도원 품꾼의 비유(20:1-16).
두 아들의 비유(21:28-32).
어떤 임금 아들의 혼인 잔치 비유(혹은 임금 아들의 혼인 예식 비유, 혼인 잔치 비유, 22:1-14).
미련한 다섯 처녀와 슬기로운 다섯 처녀의 비유(25:1-13).
달란트 비유(25:14-30).

(b) 마가복음에만 나오는 비유

씨가 자라는 비유(4:26-29).

(c) 누가복음에만 나오는 비유

두 빚진 자의 비유(7:40-50).
선한 사마리아인의 비유(10:29-37).
난처하게 된 주인의 비유(혹은 한밤중에 찾아온 친구의 비유, 11:5-13).
어리석은 부자의 비유(12:13-21).
깨어 있는 종의 비유(12:35-40).
열매 없는 무화과나무의 비유(13:1-9).
높은 자리의 비유(14:7-11).
큰 잔치의 비유(혹은 무시당한 초청의 비유, 14:15-24).
성급한 건축자의 비유(14:28-30).
지혜 있는 임금의 비유(14:31-33).
잃은 드라크마 비유(15:8-10). 실상 이것은 어떤 여인이 자기의 잃은 드라크마 하나를 부지런히 찾다가, 찾고 나서 그로 인하여 기뻐하는 비유이다.
잃었던 아들(탕자)의 비유(그의 맏형을 포함하여, 15:11-32). 사실상 이것은 기다리는 아버지의 사랑의 비유이다.

선견지명이 있는 청지기의 비유(혹은 불의한 청지기의 비유, 16:1-13).

부자와 나사로의 비유(16:19-31).

종의 의무에 관한 비유(17:7-10).

끈질긴 과부의 비유(혹은 불의한 재판관의 비유, 18:1-8).

바리새인의 기도와 세리의 기도 비유(18:9-14).

므나 비유(19:11-27).

(d) 마태복음과 누가복음에만 나오는 비유

두 건축자의 비유(마 7:24-27; 눅 6:47-49).

장터에서 놀이하는 아이들의 비유(마 11:16-19; 눅 7:31-35).

더러운 귀신의 비유(마 12:43-45; 눅 11:24-26).

누룩 비유(마 13:33; 눅 13:20, 21).

잃은 양의 비유(마 18:12-14; 눅 15:1-7). 물론 이것은 잃은 양을 찾아 헤매다 찾아내고 기뻐하는 목자의 비유이다.

충성된 종과 악한 종의 비유(마 24:45-51; 눅 12:42-48).

(e) 3복음서에 공통으로 나오는 비유

씨 뿌리는 자의 비유(혹은 네 종류의 땅의 비유, 막 4:3-9, 14-20; 마 13:3-9, 18-23; 눅 8:4-15).

겨자씨 비유(막 4:30-32; 마 13:31, 32; 눅 13:18, 19).

악한 농부들의 비유(혹은 악한 소작인들의 비유, 혹은 포도원의 비유, 혹은 옛 표현을 빌리자면 악한 농사꾼의 비유, 막 12:1-9; 마 21:33-41; 눅 20:9-16).

이 모든 것으로부터 3복음서의 자료 내용 혹은 그 주제들을 구성하는 다른 요소들과 마찬가지로, 비유들에 관해서도 역시 그 분포에 있어서 매우 다양한 차이점을 보이고 있음이 분명해진다. 마가복음은 엄격히 말해서 마가복음 고유의 것이라 할 수 있는 비유는 단지 하나만을 가지고 있다. 마태복음은 열 개의 비유를, 누가복음은 열여덟 개[23]의 비유를 가지고 있다. 그리고 한 복음서 이상에 나오는 비유는 모두 아홉 개이다. 그러므로 여기에 언급된 비유의 수는 모두 합해서 38개가 된다. "비유"의 의미를 좀 더 광범위하게 생각하여 어떤 이들은 여기에 몇 가지의 비유를 덧붙이고 있다. 예를 들면, 등불을 켜서 등경 위에 두는 비유(마 5:14-16, 그리고 그 병행 구절들); 생베 조각을 낡은 옷에 붙이는 비유(마 9:16 등); 새 포도주를 낡은 가죽 부대에 담는 비유(마 9:17 등); 그리고 그와 비슷한 여러 다른 비유들이 그것이다. "비유"라는 용어의 이 같은 용법을 타당한 것으로 인정한다면, 어떤 학자들이 계수한 바와 같이 비유의 전체 수는 60개 혹은 심지어 80개에 달하게 된다. 여기서는 비유를 하나의 예화로 보는 일반적인 정의가 뒤따르고 있음을 볼 수 있다.

b. 어휘와 문체에 있어서의 차이점

공관복음서에서 가끔 사상의 내용뿐만 아니라 원문에 사용된 어휘들과 번역본들에 나타난 용어들까지도 동일하거나 혹은 거의 동일한 경우가 발견된다. 그렇지만 이것이 항상 그러한 것은 결코 아니다. 예수 그리스도의 말씀보다 그의 행적이 병행되어 나오는 곳에서는 **일반적으로**(항상 그런 것은 아니다!) 마가복음이 가장 분량이 많다. 따라서 풍랑을 잔잔하게 하신 일에 관한 기사(막 4:35-41; 마 8:18, 23-27; 눅 8:22-25)에 있어서 마가복음은 원문에서 118단어를, 누가복음은 94단어를, 마태복음은 85단어를 각각 사용하고 있다. A.R.V.에서는 마가복음이 151단어, 누가복음이 135단어 그리고 마태복음이 115단어를 각각 사용하고 있다. 앞서

23) 누가복음 역시 다른 공관복음에 기록되지 않은 여섯 가지의 고유한 이적을 갖고 있다. 한편 마태복음은 세 가지 고유한 이적을, 마가복음은 단지 두 가지 고유한 이적을 갖고 있을 뿐이다. 누가복음 고유의 여섯 가지 이적은 바다 깊은 데서 심히 많은 고기를 잡게 하심(5:1-11), 나인 성 과부의 독자를 살리심(7:11-17), 안식일에 두 병자를 고치심(열여덟 해 동안 귀신 들려 앓으며 꼬부라져 조금도 펴지 못하는 한 여자[13:11-17]와 수종병 든 한 사람[14:1-6]을 고치심), 나병 환자 열 사람을 깨끗하게 하심(17:11-19), 그리고 말고의 귀를 만져 낫게 하심(22:51) 등이다. 위의 (3)항 참조.

지적한(pp. 18-19) 바와 같이 마가복음 전체의 661절 가운데서 606절이 마태복음의 500절 안에 압축되어 있다.

어휘에 관한 이 같은 문제는 쉽게 문체에 관한 문제로 바뀐다. 그러나 마가복음과 마태복음에 관련하여 이 주제가 다시 거론될 것이므로[24] 본 문맥에서는 다만 간단히 요약하겠다. 마가복음의 문체는 가장 산만하지만 가장 생생하고, 마태복음의 문체는 더욱 간결하고 세련되었으며, 누가복음의 문체는 3복음서 중에서 가장 다양하다는 점만을 언급하는 것으로 충분할 것이다.

c. 사건의 배열과 그 기록 순서에 있어서의 차이점

매우 일반적인 의미에서 그리스도의 지상 체류 기간 동안에 일어났던 큰 사건들이 기록되어 있는 순서는 3복음서 모두에서 동일하다는 점은 이미 앞서 지적한 바 있다(pp. 21-26). 하지만 그러한 유사점에도 불구하고 3복음서 사이에는 중요한 차이점들이 있다. 이것은 먼저 마가복음에 기록된 사건들의 순서를 살펴본 다음, 그것을 마태복음과 누가복음에 기록되어 있는 사건들의 순서와 각각 대조하여 검토해 보면 밝혀지는 사실이다. 이 점은 실례를 들어 쉽게 설명할 수 있을 것이다. 3복음서는 다음의 세 강으로 비유하여 고찰할 수 있다.

그 첫 번째 강은 흐름이 매우 급한 강이다. 이 강은 매우 험한 지역을 요란스럽게 흘러 내려간다. 이 강의 물줄기는 매우 거세며 이쪽저쪽으로 급히 굽이쳐 흐른다. 이 강이 굽이쳐 흐르는 가장자리는 언제나 변화하는 모습을 보여 준다. **이것이 곧 마가복음이다.** 마가복음의 첫 다섯 장을 읽어 보라. 물론 말씀과 능력에 능하신 예수 그리스도께서 언제나 그 중심부에 위치하고 계시나 그 행동이 얼마나 급격히 바뀌고 있는지 주의하여 보라. 총천연색의 파노라마가 감동적인 한 장면에서 또 다른 장면으로 숨

24) 마가복음의 문체에 관하여는 각주 37)을 보라. 마태복음의 문체에 관하여는 pp.75, 141을 보라. 누가복음의 문체에 관하여는 그 복음서에 관한 여러 주석들을 참조하라.

가쁘게 바뀌고 있다. 우리는 한순간 약대 털옷을 입은 세례 요한을 본다. 세례 요한은 전파하며 회개의 세례를 베푼다. 요한은 자신보다 무한히 더 크신 이라고 시인한 그분에게도 세례를 베푼다. 그리고는 이내 장면이 바뀌어 우리는 사탄이 여자의 후손에게 패배당하는 광야의 한 광경을 대하게 된다. 이 장면 역시 소개되기가 무섭게 다른 장면으로 바뀐다. 우리는 이제 "천국 복음"을 전파하시는 주님을 대면하게 된다. 그리고는 네 명의 어부가 눈앞에 나타난다. 저들은 "사람을 낚는 어부"로 예수의 부르심을 받는다. 다음에는 저 위대하신 의사의 능력이 놀랍게 나타나는 경이적인 장면들이 무리를 놀라게 한다. 곧 더러운 귀신 들린 한 사람이 즉석에서 고침을 받고, 이어서 열병으로 누워 있던 시몬의 장모가 고침을 받는 장면이 나온다. 이제 해가 서산에 기운다. 서산에서만 아니라 슬픔과 비참 가운데 처하여 있던 많은 사람들의 마음속에서 괴로움의 날이 저무는 것이다. "저물어 해 질 때에 모든 병자와 귀신 들린 자를 예수께 데려오니… 예수께서 각종 병이 든 많은 사람을 고치시며 많은 귀신을 내쫓으시되"(막 1:32-34). 이것은 정말 잊을 수 없는 아름다운 황혼이다. 그 다음 장면에서 우리는 "새벽 아직도 밝기 전에" "한적한 곳에서" 그 크신 의사께서 기도에 온 마음을 쏟으시는 모습을 대하게 된다. 그의 기도는 곧 말씀 전파로 연결이 되고 다시 병 고침으로 이어진다. 이제 한 귀신 들린 자에게서 악한 병이 내쫓김을 당한다. 이어서 나병 환자가 깨끗함을 얻고 다음에 중풍병자가 고침을 받는다. 그리스도의 자비의 **행위** 뒤에는 그의 자비로운 **말씀**이 따른다. 곧 세리와 죄인들을 가까이하는 일에 대해 비방하는 바리새인과 서기관들에게 "건강한 자에게는 의사가 쓸 데 없고 병든 자에게라야 쓸 데 있느니라 나는…죄인을 부르러 왔노라"(막 2:17) 하신 말씀과, "안식일이 사람을 위하여 있는 것이요 사람이 안식일을 위하여 있는 것이 아니니"(막 2:27)라는 말씀이 따른다. 그 다음의 몇몇 이적들은 이내 열두 제자의 부르심으로 이어진다. 그리고는 "성령을 모독하는 죄"에 대한 설명과 몇몇 비유들, 풍랑을 잔잔하게 하심 그리고 죽은 자를 일으키신 것을 포함하여 몇 차례 병 고치시는 능력을 보여 주시는 이적이 뒤따른다. 이처럼 마가복음은 거친 흐름이긴 하나 경치가 장관을 이루는 강같이 계속 급히 흘러 16장에 이르러서는 결국 육중한 돌문이 굴려져 있는 무덤에 도달하기에 이른다. 생전에 예수 그리스도를 좇던 몇몇 여자들이 빛나는 옷을 입은 천사로부터 그 무덤에 장사지낸 바 되었던 바로 그분이 죽은 자 가운데서 이미 부활하여 그곳을 떠나셨다는 소식을 듣고는 급히 무덤을 떠나간다!

두 번째 강은 한결 고요하다. 이 강은 첫 번째 강처럼 급히 휘돌며 소용돌이치지 않고 잔잔히 그리고 유유히 흐른다. 때로는 그 흐름이 멈추기도 한다. 말하자면 중간에 호수를 이루어 잠시 거기에 머물기도 한다. 그러고 나서 다시금 또 다른 호수에 이를 때까지 흘러간다. 이러한 일이 그 최종 목적지에 다다를 때까지 몇 차례 계속해서 반복된다. 이것이 바로 마태복음이다!

마가복음이 이 장면 저 장면을 빠르게 비추어 주면서 계속 휙휙 지나쳐 돌진해 나아가는 반면에, 마태복음은 처음부터 끝까지 주요한 주제에 이를 때마다 잠시 머물다 넘어가곤 하는 것을 볼 때 참으로 훌륭한 구성을 갖추고 있다 하겠다. 마가복음은 그 서두에서 세례 요한을 소개한다(1:1-6). 마태복음도 역시 그러하다(3:1-6; 참조. 눅 3:1-6). 그러나 그 다음에서는 마가복음이 세례 요한의 전파에 대하여 단지 두 절을 할애하는 반면, 마태복음은 이 주제에 대하여 적어도 6절을 그리고 누가복음은 무려 12절을 할애한다. 예수께서 요한에게 친히 세례 받으신 사건을 간단히 소개한 연후에 마가복음은 그리스도의 시험을 요약한다(1:12, 13: 여기서도 단지 두 절만을 할애했음을 주의하라). 그러나 마태복음은 여기서 잠시 머물며 각각의 세 시험을 서술하는 데 11절을 할애하고 있다(4:1-11; 참조. 눅 4:1-13). 마가복음은 예수께서 갈릴리 지방에 오셔서 하나님 나라의 복음을 전파하신 사실을 언급한다(1:14, 15). 그러나 마태복음은 이 주제를 소개하고 나서(4:17, 23) 무려 3장이나 할애하여 예수께서 갈릴리에서 전파하신 여러 설교 중에 한 실례를 제시한다(산상설교; 5:1-8:1). 마가복음은 이미 앞서 지적한 바와 같이 생생한 필치로 예수 그리스도에 관한 기사들을 서술하되 이적에서 기도로, 기도에서 복음 전파로, 복음 전파에서 제자들을 부르신 사건으로…등등, 이렇게 한 주제에서 다른 주제로 쉴 새 없이 넘어간다. 한편 마태복음은 그리스도의 초기 이적에 관한 기사들을 무려 68절에 달하는(8:1-9:34) 하나의 설명으로 묶어서 소개하고 있는데, 이 사건들은 거의 계속되는 것처럼 서술되어 있다. 이 일련의 사건들 중간에는 모두 합해서 13절밖에 되지 않는 두 차례의 간격(8:19-22; 9:9-17)이 게재되어 있을 뿐이다. 마태복음이 또다시 하나의 중요한 주제에 이르러 그것을 길게 서술하고 있음이 분명하다. 다음의 병행 도표가 이것을 더욱 자세히 밝혀 줄 것이다. 먼저 마태복음으로 시작되는 첫째 난에서 이 복음서 기자가 마가복음에서는 무려 4장에 나뉘어서 별도로 기록되어 있는 여러 이적들을 어떻게 함께 묶어서 기록하고 있는지에 주의하라. 그는 누가복음에서도 발견되는 이적 하나(백부장의 종을 고치심)와 또 다른 이적을 덧붙이고 있다. 둘째 난과 셋째 난은 누가복음이 마가복음과 서로 병행하는 경우들에 있어서 그 병행 관계가 일반적으로 매우 밀접함을 보임으로써 앞에서 언급한 규칙(pp. 29-30)이 적용될 수 있음을 보여 준다. 곧, 여기서 마가복음의 장수에 3—때로는 4—을 더하면 누가복음의 장수와 같게 된다.

주　　제	마태복음	마가복음	누가복음
한 나병 환자	8:1-4	1:40-45	5:12-16
백부장의 종	8:5-13		7:1-10
베드로의 장모	8:14, 15	1:29-31	4:38, 39
해질 무렵에 나아온 많은 병자들	8:16, 17	1:32-34	4:40-41
풍랑	8:18, 23-27	4:35-41	8:22-25
거라사 지방의 귀신 들린 자	8:28-9:1	5:1-20	8:26-39
한 중풍병자	9:1-8	2:1-12	5:17-26
혈루병 앓는 여자	9:20-22	5:25-34	8:43-48
야이로의 딸	9:18, 19, 23-26	5:22-24, 35-43	8:40-42,49-56
두 맹인	9:27-31		
귀신 들려 말 못하는 자	9:32-34		

이와 동일한 주제의 특색이 마태복음 9:36-38에서도 분명히 드러난다. 여기에서는 추수할 일꾼들의 필요성이 강조되고 있는데, 바로 다음 장인 10장에는 그 일꾼들에게 맡겨질 상세한 임무가 포함되어 있다. 이것을 이와 관련하여 할애한 마가복음의 몇몇 구절들과 비교해 보라(6:7 하반절). 예수께서 비유들을 말씀하시는 것으로 소개되고 있다(막 4:1, 2, 참조. 마 13:1-3 상반절). 마가복음은 한 주제를 다루고 있다. 그리고 실제로 그 주제, 곧 비유들 가운데 몇몇을 언급한다(4:3-32). 그러나 마가복음의 기자는 매우 성급한 성격의 소유자여서 한 주제에 오래 머물지 못하고 이내 다음 주제로 넘어가 버린다. 그가 일반적으로 즐겨 언급하고자 하는 것은 예수 그리스도의 **말씀**이라기보다는 특별한 그리스도의 **행적**이다. 그러므로 마가는 몇몇 비유들을 언급한 끝에 이내 간략히 다음 말로 요약하여 결론을 맺어 버린다. 곧, "예수께서 이러한 많은 비유로 그들이 알아들을 수 있는 대로 말씀을 가르치시되 비유가 아니면 말씀하지 아니하시고 다만 혼자 계실 때에 그 제자들에게 모든 것을 해석하시더라"(4:33, 34). 그리고 나서 마가는 큰 풍랑을 잔잔하게 하시며 포악한 귀신 들린 자를 고치시는 등 **활동하시는**, 즉 이적을 행하시는 예수 그리스도의 주제로 되돌아간다. 이와는 대조적으로 마태복음의 비유에 관한 기사는 훨씬 더 길다(마 13:3-53). 이와 마찬가지로 마태복음 18장에서 "천국에서는 누가 크니이까?" 하는 질문은 그리스도께서 다시 작은 자들에 대한 친절에 관하여 긴 강화(講話)를 베푸실 기회를 마련해 주고 있고, 또 일반적으로 형제를 긍휼히 여기고 서로 용서해 줄 것에 관해서까지도 말씀하실 수 있게 했다. 여기에서도 역시 마가복음과 누가복음은 매우 간략히 압축하여 다루고 있다. 서기관과 바리새인들에 대한 그리스도의 책망이 마가복음에는 아주 간략히 요약되어 있으나(12:38-40), 마태복음은 다시 이 주제에 대하여 23장 전체를 할애하고 있다. 그리고 마지막 때에 관한 그리스도의 대강화도 마가복음에 기록된 내용(13장)보다 마태복음에 기록된 내용(24-25장)이 무려 두 배 반이나 더 길다. 마태는 한 **주제**를 발견할 때 그 주제의 내용을 깊이 그리고 폭넓게 다룬다. 한편 마가는 한 **행동**을 발견할 때 그 행동을 생생하게 묘사한다. 그리고 이 묘사가 아주 상세하고 매우 흥미진진한 필치로 전개되고 있으므로, 이미 앞서 언급한 바와 같이 그리스도의 행적을 다룬 몇몇 경우들에 있어서 그 내용이 가장 긴 기사는 마가복음에서 발견된다. 그러나 우리가 주의해야 할 점은 이러한 대조가 절대적인 것은 결코 아니라는 사실이다. 마가 역시 그의 복음서에서 예수 그리스도의 말씀을 극히 존중하고 있고 또 그 가운데 많은 내용을 전해 주고 있다. 두 복음서의 대조되는 점이 있다면, 다만 **마가**의 강조점은 그리스도의 행적 위에 놓여 있고, **마태**의 강조점은 그리스도의 강화(講話) 위에 놓여 있다는 것이다.

마태복음의 기본적인 구성 혹은 체계가 강 다음에 호수, 호수 다음에 강, 또 그 다음에 호수, 다시 그 다음에 …으로 파악될 때, 일단 마태복음의 주요 흐름을 기억하고 나면 마태복음을 이해하는 데 큰 도움이 될 것이다. 먼저 예수 그리스도의 족보와 탄생에 관한 기사는 마가복음에서 발견되지 않고, 이 기사들이 각각 마태복음 1:1-17(눅 3:23-38 참조)과 1:18-23(눅 1장과 2장 참조)에 기록되어 있다는 것은 이미 잘 알려진 사실이다. 마가복음은 갑작스럽게 세례 요한의 이야기로 시작된다. 따라서 이 기사는 마가복음 1장과 마태복음 3장에서 각각 발견된다. 마가복음이 세례 요한의 전파에 대하여 단지 두 절을 할애하는 데 반하여, 마태복음은 그 특징을 따라 이 주제에 대하여 실례를 들어가면서 훨씬 더 많은 지면을 할애한다는 사실은 이미 밝힌 바 있다. 그러므로 마가복음의 첫 장이 그리스도의 시험에 관한 기사를 다룰 여지를 가지고 있는 반면에, 마태복음에서는 4장에 가서 이 기사를 찾아야 한다는 것은 그리 놀랄 일이 못 된다. 이와 마찬가지로 네 명의 어부를 부르신 일에 관한 기사는 마가복음 제1장과 마태복음 제4장에서 각각 발견된다. **마태복음 제5-7장**은 거의 모두가 알고 있듯이 **천국 복음**이라는 주제의 **산상설교**를 포함하고 있다. 마태복음에 나오는 **여섯 편에 달하는 그리스도의 대강화** 가운데 **첫 번째 강화**인 이 산상설교는 마가복음 이곳저곳에 산발적으로 흩어져 소개되고 있을 뿐이다. 마태복음 제8장과 제9장의 내용은 위에서 언급한 바 있다. 이같이 놀라운 사역들을 통하여 예수 그리스도께서는 물질세계와 악의 영들과 질병과 사망의 영역에 대하여 그의 왕적인 권능을 나타내신다. 천국의 이적을 베푸시는 일과 함께 천국의 복음을 전파하시는 일은 마태복음 제10장에서 열두 제자를 천국의 사자로 파송하시는 사건과 그리스도의 **두 번째 대강화**로; 제11장에서 천국의 사자 세례 요한에 대한 그리스도의 칭찬의 말씀으로; 제12장에서 천국의 원수들에 대한 정죄[25]로; 그리고 마지막으로 제13장에서 천국 비유를 포함하는 **그리스도의 세 번째 대강화**로 이어지는 것은 놀랄 일이 못 된다.

이 세 번째 대강화는 우리를 마태복음의 열네 번째 장으로 이끌어 간다. 일반적으로 말해서-그러므로 여기에 예외가 있을 수 있다- 마태복음 14:13(막 6:32 참조) 이후로 마태복음의 기사 내용은 마가복음의 내용과 상당히 밀접하게 병행을 이룬다. 이것은 누가복음 끝 부분에 나오는 기사의 내용을 찾는 열쇠가 "마가복음의 장수+8"이었음을 기억나게 해 줄 것이다(pp. 29-33). 우리가 마태복음의 내용을 찾아내기 위해서도 역시 이와 동일한 공식으로 시작할 수 있다. 그러나 앞서 지적한 바와 같이, 마태복음은 매번 어떤 중요한 주제에 이를 때마다 예수 그리스도의 강화를 기록하기 위하여 잠시 진행을 멈추고 그 자리에 머문다(강줄기가 넓어져 호수가 된다). 마태는 마가나 누가보다도 훨씬 더 자주 그리고 더 광범위하게 이 같은 일을 되풀이하고 있다. 따라서 마태복음에 관하여서는 "마가복음의 장수+8"의 공식이 뒤로 갈수록 점차 "마가복음의 장수+9", "마가복음의 장수+10"… 등으로 증가되어야만 한다. 그러므로 다음 도표에서 매 장에 대하여 단지 하나의 주요 사건만을 지적하여 둔 사실에 주의하라.

마가복음	주 제	더하기	마태복음
다음 장에 취급된 주제를 알 때		다음 숫자를 더하라.	다음 장에서 그 병행 구절을 찾으라.
6	오병이어로 오천 명을 먹이심.[26]	8	14

25) 마태복음 16:1-12(막 8:11-21 참조)에서 이 주제가 계속된다.

26) 마가복음에서는 예수께서 오천 명과 사천 명을 먹이신 이적이 각각 6장과 8장에 나오나 마태복음에서는 각각 14장과 15장에 나온다.

7	수로보니게 여자의 딸을 고치심.	8	15
8	"사람들이 인자를 누구라 하느냐?"	8	16
9	변화산 사건.	8	17

이미 앞서 제시한 바와 같이—그리고 일반적으로 알려져 있는 바와 같이— **마태복음 제18장**은 그 복음서에 나오는 **여섯 편의 대강화 중 네 번째 강화**를 포함하고 있다. 이 네 번째 강화에서 예수 그리스도께서는 자기에게 나아오는 어린아이들을 친절히 영접해야 할 필요성과 형제들의 허물과 죄를 용서해야 할 필요성을 강조하신다. 이 장은 무자비한 종의 비유로 끝을 맺는다. 이 장의 어떤 구절들은 마가복음과 누가복음에 병행되어 있다. 그러나 단일 단위의 기사로 볼 때는 마태복음에만 나오는 자료임에 틀림없다.

이것은 물론 마가복음 제10장에서부터는 우리가 "마가복음의 장수+8" 대신에 "마가복음의 장수+9"의 공식을 대입해야만 마태복음에 나오는 마가복음의 병행 구절을 찾아낼 수 있다는 것을 의미한다. 사실상 마가복음 제10장이 매우 긴 장(52절)인 반면에 마태복음 제19장은 비교적 짧은 장(30절)이다. 그러므로 우리는 마가복음 제10장을 마치 그것이 두 장(마가복음 10:1-31 그리고 마가복음 10:32-52)으로 되어 있는 것처럼 취급할 수 있다.[27] 그렇게 된다면 마태복음에 나오는 마가복음의 병행 구절을 찾기 위해서 대입해야 할 공식은 "마가복음의 장수+10"이 되어야 한다. 따라서 마가복음과 마태복음의 병행 도표는 다음과 같이 계속된다.

---

27) 마태복음 19장과 마가복음 10장 전반부 사이의 유사성에 주의하라. 마태복음 19:1-6을 마가복음 10:1-9에, 마태복음 19:7-12을 마가복음 10:11, 12에, 마태복음 19:13-15을 마가복음 10:13-16에, 마태복음 19:16-22을 마가복음 10:17-22에, 마태복음 19:23-26을 마가복음 10:23-27에 그리고 마태복음 19:27-30을 마가복음 10:28-31에 각각 비교해 보라. 마태복음 20:1-16은 마태복음 고유의 포도원 품꾼의 비유를 담고 있다. 바로 그 비유가 끝나는 곳에서부터 마태복음 19장과 마가복음 10장 후반부 사이에 병행이 계속된다. 마태복음 20:17-19을 마가복음 10:32-34에, 마태복음 20:20-28을 마가복음 10:35-45에 그리고 마태복음 20:29-34을 마가복음 10:46-52에 각각 비교해 보라.

마가복음	주 제	더하기	마태복음
다음 장에 취급된 주제를 알 때		다음 숫자를 더하라.	다음 장에서 그 병행 구절을 찾으라.
10 전반부	이혼과 어린아이와 세상의 부자들("부자 청년인 관원")에 대한 그리스도의 가르침.	9	19
10 후반부	그리스도의 자기 희생("많은 사람을 위한 대속물")과 세베대의 아들들의 영광의 자리에 대한 요구.	10	20
11	승리의 예루살렘 입성 및 성전을 깨끗하게 하심.	10	21
12	계략적인 질문과 그에 대한 권위 있는 답변.	10	22

마태복음 제23장은 그리스도의 다섯 번째 대강화를 포함하고 있다. 이 강화는 일곱 가지 화를 그 내용으로 하고 있으며, 예루살렘아! 예루살렘아! 하신 그리스도의 애도의 탄식에서 감동적인 절정에 이르는 동시에 끝을 맺고 있다. 이 자료는 대부분 마가복음에 빠져 있다(그러나 마가복음 12:38-40을 보라). 따라서 마가복음을 출발점으로 할 때 다음 장인 마가복음 제13장을 마태복음의 병행 기사에 대응시키는 공식은 "마가복음의 장수+11"이 된다. 이것은 다음 도표와 같다.

13	마지막 때에 관한 표적과 깨어 있으라는 권면.	11	24

그러나 마태복음에서 깨어 있을 것에 관한 이 일반적인 주제, 곧 그리스도께서 심판주와 상급을 주실 자로 다시 오실 것에 대비하여 각자 맡은 일에 충성할 것에 관한 주제는 다음 장까지 계속되는데, 이 두 장(24장과 25장)은 함께 그리스도의 여섯 번째 대강화를 포함하고 있다. 마태복음 제25장의 내용(열 처녀의 비유와 달란트 비유 그리고 최후의 대심판

에 관한 엄숙한 서술)은 마가복음에나 누가복음에는 병행되어 있지 않다. 이것은 마태복음에 병행되어 있는 바, 마가복음 제14장, 제15장 그리고 제16장의 내용에 대한 대입 공식은 이제 "마가복음의 장수+12"가 되는 것을 의미한다. 그 결과는 다음과 같다.

14	겟세마네.	12	26
15	갈보리.	12	27
16	"그가 살아나셨느니라!"	12	28

세 번째 강이 가장 흥미진진하다. 이 강은 서로 교차되는 부분들로 이루어져 있어서 지표로 흐르는 부분이 이내 지하로 흘러갔다가, 그것이 또 다른 부분을 형성하면서 다시 지표로 솟아올라 한동안 흐르다가, 어느 사이에 지하로 숨어 들어간다. 이러한 과정을 지나는 중에 어떤 부분들이 지하로 흐른다는 사실은, 그 부분들이 지표로 흐르는 부분보다 관심을 덜 갖게 한다는 것을 의미하지는 않는다. 또 지하로 흐르는 부분들을 반드시 보이지 않는 부분들이라고 말할 필요도 없다. 동굴들 중에 어떤 것은 그림처럼 아름다운 경치 한가운데로 보트를 타고 저어 들어갈 수 있는 고요히 흐르는 냇물들을 포함하고 있지 않은가?

교차되는 부분들을 가진 이 강은 그 내용 자료가 서로 교차되는 여러 부분들을 가진 누가복음을 가리킨다. 이 점에서 누가복음은 마태복음과 차이가 있다. 마태복음은 마가복음을 결코 완전히 잊어버릴 수는 없는 듯하다. 마태복음은 한때 세리였던 저자 마태가 그 나름의 독창적인 필치로 마가복음의 개요에 살을 붙여 넣은 것으로 볼 수 있다. 하지만 누가복음은 이와 다르다. 대체적으로 우리는 누가가 마가복음 자료와 비마가복음 자료를 서로 교차하여 그의 복음서를 구성하고 있다고 볼 수 있다. 누가복음에 나오는 상당히 긴 분량의 마가복음 자료는[28] 누가복음 5:12-6:16

28) 누가복음 앞부분의 몇몇 장들에 관하여, 마가복음과 누가복음 사이에 명백히 일관되는 관계 도식이 정립되는 것은 아니다. 누가복음 1:1-3:2(예수의 탄생 및 세례 요한의 사역 시작에 관한 연대적 개요)은 다른 복음서에 병행되어 있지 않다. 누가복음 3:3-22(세례 요한의 사역)에 나오는 내용은 누가복음에만 나오는 것이 아니라

이다. 이 부분은 나병 환자와 중풍병자, 레위, 금식, 안식일에 밀밭 사이로 지나던 제자들, 한쪽 손 마른 자 그리고 열두 제자를 부르신 일에 관한 기사를 포함하고 있다. 이 모든 자료들은 또한 마가복음 1:40-3:19에서도 발견되며 거의 동일한 순서로 배열되어 있다.[29] 그 뒤에는 비마가복음 자료가 따라 나오며(눅 6:17-8:3) 그 다음에는 다시 마가복음 자료가 나오고 있다(눅 8:4-9:50; 참조. 막 3:31-6:44; 8:27-9:40). 다음에는 매우 긴, 거의 비마가복음 자료 부분이 나오고(눅 9:51-18:14) 또다시 마가복음 자료가 소개되고 있다(눅 18:15-43; 참조. 막 10:13-34, 46-52). 누가복음 19:1-28(삭개오와 므나 비유)은 비마가복음 자료이다. 누가복음의 마지막 장들에 나오는 대부분(결코 모두는 아니다!)의 자료는 마가복음에 병행되어 있으나, 누가복음 24:13-52(엠마오 도상의 두 제자와 부활하신 그리스도와의 대담 등 그리고 그리스도의 승천으로 끝맺는 결론)은 누가복음에만 나오는 내용이다(그러나 마가복음 16:12, 13에 나오는 간략한 요약을 보라).

마가복음과 비슷하고—때로는 그보다도 더— 마태복음과도 비슷하다. 누가복음에 나오는 예수 그리스도의 족보는 다른 복음서에서 그 진정한 병행 부분을 찾아볼 수가 없다(그러나 마 1:1-17을 참조하여 보라). 누가복음 4:1-15(예수께서 시험받으심)은 마가복음에 희미하게 반영되어 있고, 마태복음에는 훨씬 더 폭넓게 반영되어 있으나, 대부분 문체와 배열에 있어서는 누가복음이 보다 고유한 내용이라 할 수 있다. 누가복음 4:16-30(예수께서 고향 나사렛에서 배척당하심) 또한 (비록 그 내용 일부가 마가복음 6:1-6과 마태복음 13:53-58에 병행되어 나오긴 하나) 현저히 누가복음만의 고유한 내용이다. 누가복음 4:31-44(가버나움에서의 초기 이적)은 마가복음 1:21-39에 분명한 병행 부분을 갖고 있다. 그 이적에 관한 기사 다음에는 거의 비마가복음 자료인 누가복음 5:1-11(이적적인 고기잡이와 사람을 낚는 어부)이 뒤따라 나온다.

29) 그러나 마가복음 1:40-3:19은 더욱 많은 자료들을 포함하고 있는 것이 사실이다. 특히 한쪽 손 마른 사람에 관한 기사와 열두 제자를 부르신 일에 관한 기사 사이에 끼어 있는, 예수께서 병 고치신 일에 관한 기사(3:7-12; 마 12:15, 16 참조)가 그러하다. 또한 마가복음 3:11 같은 구절은 누가복음 5:12-6:16 사이에 어느 곳에 병행되어 있다기보다는 오히려 누가복음 4:41에 반영되어 있는 것이 사실이다. 그러나 여기서 우리가 묻고자 하는 질문은 "마가복음이 누가복음에서 어떻게 반영되어 있는가?"가 아니라, "누가복음이 마가복음에서 어떻게 반영되어 있는가?" 하는 것임을 명심해야 할 것이다.

공관복음에 기록되어 있는 다양한 사건들의 배열 순서에 있어서의 차이점에 관하여는 그 외에도 더 많은 것을 지적할 수 있겠으나, 문제점을 지적하기 위해서라면 모든 내용을 다 상세히 언급할 필요가 없이 다음의 약술로 충분할 것이다. 마가는 그의 복음서 2:23-28에서 이미 제자들이 안식일에 밀밭 사이로 지나던 길에 이삭을 자른 사건을 진술하고 있다. 한편 마태는 그의 복음서에서 거의 중반에 이르도록 이 사건을 언급하지 않는다(12:1-8; 참조. 눅 6:1-5). 이와 마찬가지로 마가는 그의 복음서 3:1-6에 그리스도께서 한쪽 손 마른 자를 고치신 사건을 언급하고 있으나, 마태는 그의 복음서 12:10-13(눅 6:6-10 참조)에 이르도록 이 사건을 언급하지 않는다. 그리스도께서 고향인 나사렛에서 배척 당하신 사건이 누가복음에서는 앞부분인 4:16-30에 기록되어 있으나, 마태복음에서는 중간 부분인 13:54-58에 이르러서야 비로소 언급되고 있다(막 6:1-6 참조).

마태복음에는 그리스도께서 받으신 세 가지 시험이 "이 돌들로 떡덩이가 되게 하라", "성전 꼭대기에서 뛰어내리라" 그리고 "내게 엎드려 경배하면 이 모든 것을 네게 주리라"(마태복음 4:3, 6, 9)의 순서로 기록되어 있다. 그러나 누가복음에는 두 번째와 세 번째 시험의 순서가 뒤바뀌어 있다(마태복음 4:7, 9). 그리고 그리스도의 말씀들이 기록된 순서에 있어서는 마태복음 제5-7장에 나오는 그리스도의 산상설교와 누가복음 6:20-49에 나오는 평지 설교는 하나의 단위로 묶여져 있다. 한편, 누가복음에서는 영감으로 된 산상설교의 구절들을 여러 다른 장들에 흩어 기록하고 있다. 그 예로 마태복음 5:13을 누가복음 14:34과; 마태복음 5:15을 누가복음 8:16과; 마태복음 6:22을 누가복음 11:34과; 그리고 마태복음 7:7을 누가복음 11:9과 각각 비교해 보라. 이와 비슷한 경우를 우리는 또한 마태복음 제10장에 관련해서도 역시 찾아볼 수 있다. 그 예로 마태복음 10:17을 누가복음 12:11과; 마태복음 10:21을 누가복음 21:16과; 마태복음 10:26을 누가복음 12:2과; 마태복음 10:24을 누가복음 6:40과; 그리고 마태복음 10:39을 누가복음 17:33과 각각 비교해 보라. 또한 마태복음 제18장에 관해서는 마태복음 18:5을 누가복음 9:48과; 그리고 마태복음

18:6, 7을 누가복음 17:1, 2과 각각 비교해 보라. 그 외에도 마태가 그의 복음서에서 (한 단위 혹은 그룹으로) **모아 놓은** 것을 누가는 그의 복음서에서 (각기 분리시켜) **흩어 놓고 있다**. 두 복음서 모두 그렇게 하는 것이 지극히 타당하다. 누구나 다 아는 바와 같이 연설가들, 특히 순회 여행하는 연설가들이 자신이 앞서 말했던 것 중에서 일부를 다시 반복하여 말하는 것은 흔히 있는 일이다.

3. 결과적인 문제점

이상 위에서 모든 사실들을 밝힌 바와 같이, 공관복음서의 문제점은 그 내용과 어휘와 배열에 있어서 상당한 유사점을 가지면서도 여전히 주목할 만한 차이점을 보인다는 사실이다. 만일 3복음서 사이의 유사점이 서로 거리가 먼 것이라면 아무런 문제가 안 될 것이다. 또 만일 3복음서 사이의 차이점이 미미한 것이라면 쉽게 해결될 것이다. 그러나 다른 어떤 것도 아니고 공관복음서 사이의 단일성과 다양성이 엄연히 공존하는 것이기에 문제는 실제적이며 또한 심각한 것이다. 위에서 제시한 요약은 다음 세 가지 사실을 보여 준다.

첫째, 복음서는 각기 특성 있는 구조를 가지고 있다.

둘째, 각 복음서의 특성 있는 구조들을 파악할 때 공관복음서를 대함에 있어서 어려운 점들이 훨씬 더 줄어든다. 앞의 여러 페이지들에서 발견되는 도표들은 이런 점에서 도움이 될 것이다. 물론 공관복음서를 거듭 읽고 부지런히 연구하는 일이 더욱 요긴할 것이다.

셋째, 이 복음서들을 기록한 저작자들은 단순한 편집자가 아니라 지은이요, 단순한 복사자가 아니라 참 저자이다.

4. 해결로 이끄는 모든 요소

여기서 주의해야 할 점은 우리가 "결정적인 해결" 혹은 "완벽한 해결"에는 이를 수 없다는 사실이다. 따라서 본 항에서는 우리가 이를 수 있는

"최선의 해결"을 위해서 "해결로 이끄는 모든 요소"에 관하여 고찰해 보기로 한다. "이 복음서들이 맨 처음 어디서 어떻게 기원했는가?" 하는 질문에 대한 상세한 답변은, 그 저작자들 중 아무도 우리에게 구전으로든 기록으로든 그 기원 자료의 목록을 전해 주지 않는다는 이 단순한 이유 때문에 제시하기가 불가능하다. 누가조차도 그의 복음서 서언(1:1-4)에서 이 점을 밝히고 있지 않다. 그러나 이것이 우리가 실망할 이유는 되지 못한다. 누구나 믿는 마음으로 이 거룩한 저작들을 대하는 사람이라면, 그 저작들이 성령의 지도하심 아래서 저작되었으며, 또 우리에게 예수는 역사상의 인물인 동시에 믿음의 주요 그리스도이심을 계시해 주고 있다는 사실을 확신하게 된다. 또한 이 복음서들이 가르치고 있는 바가 그것들이 어떻게 하여 역사상에 존재하게 되었는가 하는 것보다도 훨씬 더 중요하다는 사실을 깨닫게 될 것이다. 복음서에 대한 이 믿음의 자세는 우리로 하여금 적어도 하나의 폭넓은 해결책, 곧 비록 해결되지 않은 문제들이 아직 많이 남아 있긴 하지만 다른 문제들에 대한 답변을 제시해줌으로써, 알려져 있지 않은 그리고 알 수 없는 영역의 범위를 상당히 축소시킬 수 있는 해결책을 찾아낼 수 있게 해 줄 것이다.[30)]

a. 상호 의존설(*Theory of Mutual Dependence*)

전통적으로 두 번째 기록한 것으로 여겨지는 복음서의 저자가 첫 번째 기록된 복음서를 사용했고, 세 번째 기록한 것으로 여겨지는 복음서의 저자는 그 첫 번째와 두 번째 기록된 복음서를 사용했을 것으로 추정되었다. 어거스틴은 그의 저서 *The Harmony of the Gospels*(복음서들의 조화) Ⅰ. ii. 4에서 먼저 마태복음의 저자에 관해 간단히 평가하고 나서, 계

---

30) 이와 동일한 견해를 가진 학자로는 S. Greijdanus가 있다. 그는 *Bijbelsch Handboek*, Vol. Ⅱ, p.97 (Kampen, 1935)에서 말하기를, "복음서에 기술되어 있는 바가 진실된 것으로 받아들여진다면, 공관복음 사이에 있을 수 있는 관계에서 제기되는 모든 문제는 이차적인 의의를 가질 뿐만 아니라 또한 그 수가 감소되며 결국 그 나머지 문제들도 해결하기 쉽게 된다"고 하였다.

속하여 "마가는 마태를 밀접하게 따르고 있으며 그는 마태의 수행원인 동시에 마태의 복음서를 간략히 축소시킨 생략자처럼 보인다"라고 언급하고 있다.

평가 : 일반적으로 이 설은 보다 먼저 기록된 복음서에 빠져 있는 내용이 보다 뒤에 기록된 새 복음서에 어떻게 나타날 수 있는가에 대해서 설명해 주지 못한다. 구체적으로 마가복음과 마태복음 사이의 관계에 대하여 살펴볼 때, 만일 마태복음의 개요를 우리에게 전해 주는 것이 마가복음의 목적이었다면, 어찌하여 마가가 그처럼 많은 아름다운 마태복음의 자료들을 전혀 손대지 않은 채 남겨 두었겠는가? 그 외에도 마가가 그의 복음서를 저작함에 있어서 마태가 기록한 복음서보다는 오히려 베드로의 설교에 더욱 의존했다는 강력한 전승이 있지 않은가?[31] 마지막으로 마태복음과 마가복음 사이에 서로 병행을 이루는 구절들에 있어서 더욱 상세한 설명을 담고 있는 것은 주로 마가복음이라는 사실은 이미 앞서 지적한 바 있다(p. 20을 보라). 칼빈은 이 점을 알고 말하기를 "동일 사건에 관한 마가의 기사는 때로 더욱 상세히 기록되어 있다. 저자의 견해로는 … 마가가 그의 복음서를 기록할 때 마태의 복음서를 본 적이 없었을 가능성이 더 높다. 다시 말해서 마가가 의도적으로 어떤 요약된 복음서를 저작하고자 한 것과는 매우 거리가 멀다"라고 하였다.[32]

그러나 비록 이 상호 의존설이 어거스틴과 그 밖의 다른 이들에 의해서 제시된 그러한 형태로서는 받아들일 수 없다 하더라도, 그와 다른 어떤 형태로서는 받아들일 수 있을지도 모른다. 예를 들면, 마태는 열두 제자 중에 하나였고 마가는 그 핵심적인 무리 중에 속하지 않았다. 따라서 마태의 복음서가 마가의 복음서에 선행해야만 한다는 견해를 결정적인 것으로 받아들이지 않는다면, "마가가 마태의 복음서를 사용한 것이 아니었다면 마태가 마가의 복음서를 사용한 것일 수는 없을까?" 하고 물을 수 있

31) pp.76-82를 보라.

32) The Argumentum of *Commentarius in Harmoniam Evangelicam, Opera Omnia* (Brunswick, 1891), XLV. 3; 영역본(Grand Rapids, 1949) I. xxxviii에서 인용.

을 것이다. 또 누가가 마태의 복음서와 마가의 복음서를 사용할 수는 없었을 것인가?

b. 초기 복음서 가설(*Early Gospel Hypothesis*)

렛싱(G.E. Lessing, 1776년과 1778년에)과 아이크호른(J.G. Eichhorn, 1794년에)은 지금은 사라지고 없는 어떤 초기 아람어 복음서를 공관복음서 기자들이 각자 나름대로 활용했다는 주장을 내세웠다.

평가 : 이 설 또한 가치 있는 요소를 포함하고 있다. 그렇지만 이 초기 아람어 복음서에 관한 모든 것이 다 사실이고[33] 또 그 아람어 복음서가 후기의 헬라어 개역본에 어떤 영향을 미쳤을 가능성이 있다 하더라도, 위의 두 사람이 제의한 이 해결책이 완전한 답변은 될 수 없다. 이는 공관복음서의 내용과 어휘 그리고 그 배열 순서에 있어서의 광범위한 다양성을 설명해 주지 못하기 때문이다.

c. 단편설(*Fragments Theory*)

슐라이에르마허(F. Schleiermacher, 1832년에)는 그가 복음서의 말씀들, 강화(講話)들, 기사들 등과 같은 각각의 분리된 단편들을 인위적으로 서로 연결시켜서 하나로 엮었다고 생각하는 바에 주의를 환기시켰다. 이러한 개념으로부터 그는 공관복음서의 기자들이 사용한 원 자료들은 수없이 많은 단편들로 이루어져 있다는 결론을 이끌어 냈다. 그의 주장에 의하면, 복음서의 기자들은 예수에 관한 몇몇 항목들이 기록된 수많은 단편 자료들을 접했으며, 세 기자들에 의해서 이 단편들이 각기 다른 방법으로 결합되었기 때문에 결국 현저하게 차이가 나는 세 편의 각각 다른 복음서들이 나오게 되었다. 그럼에도 불구하고 많은 복사 부분들이 세 기자들 모두에 의해서 그 당시 널리 그리고 멀리 흩어져 있던 동일한 자료들에 그 기초를 두게 된 사실로 말미암아 이들 3복음서가 그처럼 다양한

33) p.150을 보라.

가운데서도 어느 정도 단일성을 보여 준다는 것이다.

평가 : 이 설 역시 부분적으로는 사실일 수 있다. 세리 마태가 예수 그리스도의 교훈과 행적에 관해서 메모해 두었고, 아직 복음서가 하나도 기록되기 전에 이 마태의 메모들이 마태의 아람어 기록으로부터 헬라어로 번역되어 복사되고, 그 자료 내용들이 아람어와 헬라어 이 두 언어로 널리 반포되었을 가능성이 다분하다. 아니면 마태 자신이 아람어와 헬라어 이 두 언어로 기록하였을지도 모른다. 마태는 또한 이 같은 메모의 형태로 그리스도 안에서 성취된 구약성경의 예언들에 관한 그 나름대로의 해설을 헬라어로 기록하여 널리 반포했던 것일까? 그리고 그러한 초기 자료들이 세 공관복음서 기자 모두에 의해서 사용되었던 것일까? 비록 공관복음서에서는 동일하나 문자적으로 번역한 히브리어 구약성경의 본문과 헬라어 역본(70인역)의 본문과는 모두 상이한 형태로 구약성경을 인용한 구절들이 있다는 사실에서, 세 기록들 사이에 어떤 문헌상의 연관점이 있음이 분명해짐을 발견할 수 있지 않은가? 그 실례는 마태복음 3:3; 마가복음 1:3; 그리고 누가복음 3:4이다. 이것은 이사야 40:3의 인용 구절이다. 신약성경의 세 공관복음서 모두에서 발견되는 인용 구절의 본문은 이러하다.

> "광야에 외치는 자의 소리가 있어 이르되
> 너희는 주의 길을 준비하라 그가 오실 길을 곧게 하라."

한편 **히브리어 성경 원문**의 문자적인 번역(2행과 3행을 보라)은 이러하다.

> "외치는 자의 소리여 이르되,
> 너희는 광야에서 여호와의 길을 예비하라,
> 사막에서 우리 하나님의 대로를 평탄하게 하라."

그리고 70인역의 본문은 이러하다.

> "광야에서 외치는 자의 소리여 이르되,
> 주의 길을 예비하라,
> 우리 하나님의 첩경을 평탄하게 하라."

그러나 비록 문헌상의 단편설이 부분적으로 사실이라 하더라도 그 설이 공관복음서 문제에 대한 하나의 적절한 해석으로 간주될 수는 없다. 이는 무엇보다도 이 단편설이 아무 확실한 근거가 없는 가정, 곧 "그 연결들"이 인위적이라는 가정에 기초하기 때문이다. 이 설은 결코 하나의 설명으로서는 적합한 것이 될 수 없다. 만일 예수의 어떤 말씀이 한 가지 이상의 기사에 관련되어 보도되고 있다면, 이것은 필연적으로 그러한 말씀을 소개하는 말이나 혹은 그 말씀을 다음에 나오는 구절 또는 문단에 연결시켜 주는 말이 보다 후기에 조작되어, 적어도 그 보도들 중 어느 하나에 삽입되었다는 것을 의미하겠는가? 오늘날에도 순회 여행을 하는 연설가들이 흔히 그러하듯이, 예수께서 친히 그러한 말씀을 되풀이하여 전파하신 것으로 보는 것이 훨씬 더 자연스럽지 않겠는가? 유사한 사건들 역시 각기 다른 장소와 시간을 배경으로 하여 일어났던 사건일지도 모른다. 그러므로 사건이나 강화 혹은 말씀 사이의 연결이 반드시 부자연스럽거나 인위적인 것은 결코 아니다. 그 외에도 이미 앞에서 언급한 바와 같이 모든 차이점들에도 불구하고 세 공관복음서는 다만 하나의 이야기, 곧 3복음서 모두에 나오는 일련의 주요 사건들이 결국 동일한 그리스도의 지상 생애에 관한 일관된 기사를 제시하고 있다. 만일 복음서 기자들이 단지 산만한 단편 자료들만을 가지고 그들의 복음서를 저작하였다면 이러한 일이 가능할 수 있었겠는가?

d. 이중 자료 가설(*The Double Source Hypothesis*)과 그 수정

(1) 개설

이 설은 라크만(K. Lachmann, 1835년에)과 홀츠만(H.H.J. Holzmann, 1863년)에 의해서 발전되었다. 이들 두 사람과 이들 이후의 다른 사람들이 본 바에 의하면, 마가가 정경 복음서를 최초로 기록한 인물이었다. 마태와 누가는 서로 의존하는 일이 없이 독자적으로 그들의 복음서에 그리스도의 행적에 관한 기사 부분에 대해서는 마가의 복음서를 사용하였다. 그리고 그리스도의 강화 혹은 말씀 자료에 대해서는 마태와 누가가 또 다른 기록을 사용하였다. 이 자료는 처음에 *L*(=Logia, 예수의 어록) 문서로 알려졌다. 이 문서는 마태복음과 누가복음에 공통으로 나오는 모든 비마가복음 자료를 담고 있는 것으로 설명되고 있다.

물론 실제로 그러한 "비마가복음 마태—누가복음의 자료"가 있다는 사실에 대해서는 의심의 여지가 있을 수 없다. 앞의 p. 41에 제시된 부분적인 목록을 보라. 그러므로 수학적 기호로서의 *L*의 사용에 대해서는 반대가 있을 수 없다. 그러나 이중 자료 가설은, 기호 *L*을 기호 *Q*(=Quelle, **자료**를 뜻하는 독일말)로 바꾸어 사용함으로써, 문제의 자료가 마태와 누가가 각기 그들의 복음서를 저작함에 있어서 사용하였던 바, 어떤 형태로 기록되어 존재한 자료였다는 사실을 단언하고 있다. 이 설에 의하면 그 자료는 처음에 아람어로 기록되었을지도 모른다. 만일 그랬다면 번역된 형태로서의 그것은 지금 우리가 아는 마태와 누가의 헬라어 복음서 저변에 깔려 있는 하나의 매우 중요한 헬라어 자료가 되었을 것이다. 이것이 바로 이중 자료설이다. 이 이중 자료 가설은 수많은 제한과 수정을 가하여 많은 사람들이 받아들여 왔다. 이 가설의 두 요소 곧 a. 마가복음 우선설과 b. "*Q*" 자료설은 각기 따로따로 논의할 가치가 있다.

(2) 마가복음 우선설(*The Priority of Mark Theory*)

마태와 누가가 그들의 복음서를 저작함에 있어서 각기 독자적으로 마가의 복음서를 사용하였다는 확신은 전 세계의 학자들이 공통적으로 인식하고 있다.[34] **우리가 가진 바 헬라어로 된 세 공관복음서에 관한 한 제**

34) 거의 끝이 없을 정도로 많은 서적들의 목록 가운데서 다만 다음의 몇 권을 선정하여 소개한다.

W.C. Allen, *A Critical and Exegetical Commentary on the Gospel according to St. Matthew (International Critical Commentary)*, New York, 1910, 특히 p.35를 보라.

B. De Solages, *A Greek Synopsis of the Gospels*, Leiden, 1959. 총 1,128페이지에 이르는 이 거작에서 저 유명한 로마 가톨릭 학자는 수학적인 방법을 적용하여 마태와 누가가 정말로 마가복음을 사용했다는 결론에 도달한다. 그는 교황청 성경 위원회(Pontifical Biblical Commission)의 확인(1911년 6월 19일)—"마태는 다

른 복음서 기자들보다 앞서 그의 복음서를 기록하였다"—에도 불구하고 이 같은 견해를 피력했다. 그러나 로마 가톨릭 교회 지도자들이 그러한 교령(敎令)을 한편으로는 신앙이나 도덕과 같은 문제와 관련된 교령과 또 다른 한편으로는 그러한 영역 이외의 문제와 관련된 교령으로 구분짓고 있음을 명심해야 한다.

F.F. Filson, "Gospel and Gospels" in S.H.E.R.K., Vol. I of *The Twentieth Century supplement,* Grand Rapids, p.470.

E.J. Goodspeed, *Matthew Apostle and Evangelist,* Philadelphia and Toronto, 1959; 특히 p.86, 87, 108, 109를 보라.

E.P. Groenewald, *Die Evangelie volgens Markus(Kommentaar op die Bybel, Nuwe Testament II),* Pretoria, 1948. p.13에서 그는 마가복음을 "grondslag en bron vir Mt. en Lk." ("마태복음과 누가복음을 위한 기초와 자료")로 부른다.

J.C. Hawkins, *Horae Synopticae,* Oxford, 1909.

A.M. Perry, *The Growth of the Gospels,* a chapter in *The Interpreter's Bible,* New York and Nashville, 1951; Vol. VII, p.63.

Herman Ridderbos, "Synopotische Kwestie," *Christelijke Encyclopedie,* Kampen, 1961; Vol. 6, p.305, 306.

A.T. Robertson, *Word Pictures in the New Testament,* New York and London, 1930; Vol. I, p.249.

J.H. Ropes, *The Synoptic Gospels,* London, 1934, p.92, 93.

N.B. Stonehouse, *Origins of the Synoptic Gospels,* Grand Rapids, 1963; 특히 p.73, 76, 115를 보라.

B.H. Streeter, *The Four Gospels,* New York, 1925, p.151.

H.G. Wood, "The Priority of Mark," *ET* (October, 1953).

이 견해와 뜻을 달리하는 이들 가운데는 다음의 학자들이 있다.

B.C. Butler, *The Originality of St. Matthew,* Cambridge, 1951.

J. Chapman, *Matthew, Mark and Luke,* London, 1937. 모든 전통과는 반대로 이 저자는 베드로를 마가복음의 "실제적인 저자"로 생각한다. 그는 베드로가 마태복음을 읽었다는 가정하에서 마태복음 우선설을 변호하고 있다.

John H. Ludlum, Jr., "More Light on the Synoptic Problem" and "Are We Sure of Mark's Priority?", articles in *Christianity Today;* 각각 Nov. 10 & 24, 1958. 그리고 Sept. 14 & 28, 1959.

베드로의 설교에 강조점을 두고 있는 구전설(the oral tradition theory)의 열렬한 지지자인 H. Mulder에게는, 그가 마가복음 우선설을 객관적으로 취급하였으며 그것을 적어도 *Q* 가설보다는 더욱 믿을 만한 것이라고 본 공적이 돌려져야만 한다. 그의 저서 *Het Synoptisch Vraagstuk,* Delft, 1952에 더하여 *Gids voor bet Nieuwe Testament,* Kampen, 1962, pp.71-74를 참조하라.

한된 어떤 의미(pp. 78–79, 93–96을 보라)에서 이 마가복음 우선설은 옳다고 볼 수 있다. 이것은 지금까지 이 마가복음 우선설을 옹호하기 위해서 발전시켜 왔던 모든 논쟁들이 다 반드시 옳았다는 것을 의미하지는 않는다.[35] 그러나 모든 의심스러운 점들을 다 제거하고 난 후에 남는 사실

---

35) B.M. Metzger는 그의 귀중한 저서 *The New Testament, Its Background, Growth, and Content*, New York and Nashville, 1965, pp.80–83에서 그보다 앞선 저자들의 저서들에서도 역시 발견되는 논증들을 요약한다. p.80 혹은 p.81의 (a) 항목에서 그가 이 주제에 관해 말하는 바에 대해서 어떤 흠을 찾아내기는 매우 힘들 것이다. (b)에서 (h)에 이르는 논증들에 관하여는 다음을 살펴보라. 그는 공관복음서 가운데 마가복음이 가장 최초의 복음서라는 견해가 다른 이유들로 미루어 옳다는 입장을 취하고 있다. 곧,

(b) 마가복음은 분명히 마태복음과 누가복음보다 덜 다듬어져 있다.

평가 : 이 문제는 정확히 "분명히…덜 다듬어져 있다"는 말이 의미하는 바에 달려 있다. 만일 그 말이 문체에 있어서 더 단순하다는 것을 의미한다면 필자는 이에 동의한다. 그러나 필자는 또한 Cecil S. Emden이 그의 유익한 논문 "St. Mark's Use of the Imperfect Tense" *Bible Translator*, Vol. V, Number 3(1954년 7월호)에서 마가복음의 문체가 결코 조야(粗野)한 것이 아니며 문학적인 기량과 세련미가 결여되지 않았다는 그의 논증을 뒷받침하기 위하여 제시한 증거에도 역시 의견을 같이한다. J.H. Ropes, *op. cit.*, p.98에 의하면, 마가는 "훌륭하고 폭넓은 헬라 어휘를 구사하며 또 적시 적소에 적절한 용어를 골라서 사용할 줄도 알고 있으나", 때로는 "조야한 헬라어 문체"로 보이는 "가장 색다른" 구문을 사용하고 있다. 마가복음의 문체에 관하여는 뒤에 나오는 각주 37을 보라. 다소 이와 비슷한 입장에서 해결책을 찾고자 한 시도에 관하여는 필자의 요한복음 주석 상권을 참조하라.

(c) 마가복음과 병행되는 구절들에 있어서 마태복음과 누가복음은 마가복음 2:26(삼상 21:1–7과 대조해 보라); 10:19(마태복음 19:18, 19; 누가복음 18:20과 대조해 보라) 등과 같은 난해 구절들을 생략한다.

평가 : 마가복음의 이러한 구절들이 과연 그토록 난해하여 그 이유만으로 마태와 누가가 각각 그들의 복음서에서 생략했단 말인가? 마가복음 2:26에 대하여는 마태복음 12:3 주석을, 마가복음 10:19에 대하여는 마태복음 19:18, 19 주석을 보라.

(d) 마가복음과 비교해 볼 때 마태복음과 누가복음에는 사도들에 대한 존경심의 점차적인 감소가 반영되어 있다. 마가복음의 교회 지도자들에 대한 퉁명스러운 진술들이 다른 두 공관복음서에서는 더 이상 발견되지 않는다.

평가 : 제자들 중에 누가 크냐 하는 논쟁에 대한 마가복음의 진술이 마태복음에는 전적으로 생략된 것이 사실인가? 그러한 불미스러운 다툼들이 마태복음 18:1–6; 23:1–11에 분명히 암시되지 않았는가? 또한 누가가 참으로 이 통탄할 충돌 사건들을 기록했다는 사실이 부인될 수 없으므로(눅 9:46–48; 22:24–30) 이 논증에 암시

된 추론은 누가복음 역시 마태복음에 선행한다는 결론으로 이끌어 주지 않겠는가? 또 제자들이 무지하여 예수의 가르침을 깨달을 수 없었던 것에 대한 마가복음의 언급(9:32)이 마태복음과 누가복음에 나오는 언급들보다도 지도자들에 대한 존경심이 더 낮은 사실을 나타내는 것이라 할 때, 제자들의 이해력 부족이 분명히 마태복음 16:5-12, 22, 23; 19:23-26; 26:8, 9과 같은 구절들에 지적되어 있다. 또 이해력 부족뿐만 아니라 완전히 성장한 믿음(14:31; 16:8)의 부족과 동정심의 부족(15:23; 19:13; 20:24; 26:8, 9) 역시 지적되어 있다는 것이 그 대답 아니겠는가? 누가복음은 베드로를 "사탄"으로 부르고 있는 마가복음의 언급(8:33)을 생략했다고 보는 견해도 있다. 그러나 그 언급은 마태복음에서도 역시 발견된다(마 16:23). 확실히 누가복음은 저주와 맹세로 예수를 모른다고 한 베드로의 부인에 대한 언급(막 14:71)을 생략하고 있으나 마태복음은 그 언급을 포함한다(26:74). 예수를 붙들고 만류한 베드로의 방자한 태도가 마태복음(16:22)에 기록되어 있으며, 예수의 길을 막은 사마리아인들을 보고 분을 이기지 못하여 "우리가 불을 명하여 하늘로 부터 내려 저들을 멸하라 하기를 원하시나이까?"라고 말한 우레의 아들들(야고보와 요한)의 경솔한 태도가 누가복음 9:54, 55에 기록되어 있다. 따라서 마가복음이 최초의 복음서라는 견해를 지지하는 이 논증은 오히려 미흡한 것이 아니겠는가?

(e) 마가복음이 기록되었을 때는 예수께 대한 경외심이 마태와 누가가 각각 그들의 복음서를 저작한 이후만큼 높지 않았다.

평가 : 다음 장 pp.103-105를 보라.

(f) 나중의 복음서들은 예수께서 전능하지 못하시며(막 1:45; 어떤 이들은 6:5을 첨가하기도 한다) 전지하지 못하신(막 6:38; 9:16, 21, 33) 것을 암시하는 것으로 해석될 수도 있는 진술들을 생략했다.

평가 : 마태복음은 예수께서 전지하지 못하다고 암시하는 내용으로 해석될 수 있는 다른 유사한 질문들을 기록하고 있다(13:51; 15:34; 16:13, 15). 어떤 질문들(막 5:9, 30; 14:14)은 마태복음에는 나오지 않지만 누가복음(각각 8:30, 45; 22:11)에는 병행되고 있다. 더욱이 만일 예수의 무지에 관한 언급들이 마태에 의해서 의도적으로 생략된 것이 사실이라면, 어찌하여 N.N.과 Grk. N.T.(A-B-M-W)가 다 예수께서 그의 정확한 재림의 때와 시를 모르고 계셨음을 암시하는 바 "아들도 모르고"라는 말을 마태복음 24:36의 **본문**에 여전히 포함시켰다는 말인가? 진술들이 생략되었다고 주장하는 여러 논증들이 본문의 충분한 지지를 받지 못한다는 것이 그 말을 포함시킨 이유가 아니겠는가? 그렇다면 마치 **마가**는 그리스도의 무지를 언급하고 있으나 마태는 그렇지 않은 것으로 말하고 있는 바, 마가복음 우선설을 위한 이 논증은 무너지고 만다.

인간의 불신앙은 은혜 사역의 진행에 대한 하나의 방해 요소가 되어 **인간적인 견지에서 볼 때** 그가 복을 받을 수 없음을 가르치는 구절들에 관하여, 마가복음 6:5은 마태복음 23:37 이상으로 놀라운 것이겠는가? 더욱이 예수께서 자신의 수치를 수반하는 여러 조건들을 기꺼이 수락하신 사실은, 그가 자주 그의 나아가시는 길에 장애물들이 던져지는 것을 허용하셨음을 암시하지 않는가? 그러기에 예수께서는 말

들이 오히려 다음과 같은 확실한 증거들을 제공해 준다. 곧,

(a) 주제상의 일치점

이미 앞서 지적한 바와 같이(pp. 18–20) 마가복음 거의 대부분의 내용이 마태복음에 병행되어 나오며, 마가복음의 절반보다 약간 많은 내용이 누가복음에서도 역시 발견되고 있다. 초기 복음서 가설이나 마가복음과 마태복음에 의존하고 있다는 형태의 상호 의존설 역시 이 일치점을 적절히 설명하지 못한다는 점은 이미 앞서 밝힌 바 있다. 그 외에도 전체 한 권의 책으로 놓고 볼 때 후기에 축소 요약되었다기보다는 확장 증보되었을 가능성이 더 높지 않겠는가?[36] 이제 이 모든 사실은 분명히 마가복음 우

씀보다 이적 보기를 더 좋아하는 동네 사람들의 죄된 생각을 그의 전능하신 능력으로 강압하시는 대신에 단순히 그 동네를 떠나셨다(막 1:45). 또 그와 마찬가지로 무리가 옹위하여 밀 때에도 예수께서는 이적적으로 무리들을 뒤로 물러가게 하시는 대신에 단순히 한 배에 올라 육지에서 조금 띄기를 청하시고 거기 앉으사 무리를 가르치기 시작하셨다(눅 5:1–3). 그러므로 어떤 사정에 처해 있을 때는 예수께서 아무것도 **행하실 수 없으셨는데,** 이는 예수께서 그 일을 **행하고자 아니하셨기 때문**이다. 여기서 마태와 마가와 누가는 완전히 의견을 같이한다.

(g) 마태복음은 마가복음보다 나중에 저작되었다. 이는 마태가 적어도 한번 이상 예수께서 병자들을 단순히 **고치시는** 데 그치지 않고 **즉석에서** 온전하게 하셨다고 주장함으로써 예수 인격의 위엄성을 더한층 고조시키기 때문이다.

평가 : 마태복음 15:28과 17:18에서 우리가 당시에 병 고침을 받은 자가 "그때부터" 나았다는 말씀을 읽을 수 있고, 또 "그 시로" 혹은 "즉시" 혹은 "곧"이라는 말을 그 비교되는 구절들에서 사용하는 것이 사실이나(8:3; 20:34), 마가는 예수께서 병자들을 고치신 구절들에서 그와 비슷한 부사를 마태보다 더 자주 사용한다(1:42; 2:12; 5:29, 42; 10:52). 따라서 마가복음 우선설을 위한 논증이라면 그것이 무엇이 되었든지 간에 그와 같은 구절들에 그 기초를 두는 것은 있을 수 없는 일이다.

(h)절 내용의 순서 변화—"이에 잡아 죽여 포도원 밖에 내던졌느니라"(막 12:8)가 "이에 잡아 포도원 밖에 내어쫓아 죽였느니라"(마 21:39; 눅 20:15)로—는 마가복음에서보다 마태복음과 누가복음에서 좀 더 후기의 신학적 이해의 한 단계를 반영하고 있다.

평가 : 마태복음 21:39 주석을 참조하라.

마가복음 우선설을 지지하는 논증들이 모두 다 한결같이 확실하고 정당한 근거가 있는 것은 아니라는 사실이 분명해질 것이다.

36) E.J. Goodspeed, *op. cit.*, p.142에서 이에 관하여 말한 바를 참조하라.

선설의 방향을 가리켜 주는 것처럼 보인다. 하지만 그 자체만을 놓고 볼 때는 이 논증이 실제적인 입증에 이르기가 불가능할지도 모른다. 예를 들면, 주제상의 현저한 일치점이 다른 자료에 대한 한 자료의 문헌적인 의존에 기인한다기보다는 오히려 정형화된 구전에 기인하는 것이라는 주장을 내세울 수 있는 것이다. 그러나 증거가 증가해 감—(b), (c) 그리고 (d)항을 보라—에 따라 그 해결책은 점차 가능성이 희박해지고 마가복음 우선설은 점차 신빙성을 더해 가고 있다.

(b) 어휘상의 일치점

복음서들에 사용된 어휘들에 관해서는 특히 마가복음 1:16-20과 마태복음 4:18-22, 또한 마가복음 2:18-22과 마태복음 9:14-17 사이의 현저한 일치를 주의하여 보라. 마가복음과 누가복음 사이의 비교에 있어서는, 특히 누가복음 4:31-37이 마가복음 1:21-28과 얼마나 밀접하게 병행을 이루고 있으며 또한 누가복음 19:29-35이 마가복음 11:1-7과 얼마나 유사한지 자세히 살펴보라. 이러한 경우들은 몇몇 예에 불과할 뿐이다. 이것은 마태복음과 누가복음이 단순히 마가복음의 내용을 복사한 것에 불과하다는 뜻은 아니다. 오히려 뚜렷한 일치점들 가운데서 우리는 어떤 특징적인 **문체상의 차이점들**[37]을 찾아낼 수 있다. 복음서 기자들은 각자 나름대로의 계획과 목적 그리고 독자적인 필치로 그들의 복음서를 저작했

37) 그중 중요한 것들에는 다음 몇 가지가 있다.

a. 마가는 마태복음이나 누가복음에서 발견되는 것과는 다른 시제를 사용한다. 그 예들 : *ἐγγίζουσιν*(저희가 가까이 온다, 막 11:1)와 *ἤγγισεν*(저희가 가까이 왔다, 눅 19:29); 또 그 같은 점에서 *ἀποστέγγει*(그가 보내신다)와 *ἀπέστειλεν*(그가 보내셨다). 마찬가지로 또한 *φέρουσιν*(저희가 끌고 온다, 막 11:7)과 *ἤγαγον*(저희가 끌고 왔다, 눅 19:35); 그리고 같은 절에서 *ἐπιβάλλοσιν*(저희가…위에 걸쳐 둔다)와 *ἐπιρίψαντες*(동의어…위에 걸쳐 두매). 일반적으로 마가가 현재시제를 사용하는 많은 경우들에서 마태와 누가는 단순 과거 혹은 미완료시제를 사용한다고 볼 수 있다. J.C. Hawkins, *Horae Synopticae*, pp.143-153을 참조하라.

b. 한편으로 마가복음과 다른 한편으로 마태복음과 누가복음 사이의 또 다른 뚜렷한 차이는 마가복음이 접속사 *καί*를 자주 사용하는 쪽으로 크게 기울어지는 데 반하여 마태복음과 누가복음은 *δέ*를 더 자주 사용한다는 점이다. 그래서 방금 위의

다. 그러나 서로의 병행 부분에 있어서는 이러한 문체상의 차이점들을 제외하고는, (ㄱ) 마태복음과 누가복음이 둘 다 마가복음과 계속적으로 병행하든가, (ㄴ) 마태복음 **혹은** 누가복음이 그 가장 짧은 복음서(마가복음)와 매우 유사하든가이다. 마태복음과 누가복음이 마가복음에 대해 **근본적으로** 상호 뒷받침해 주는 일은 결코 없다. 이것은 마태와 누가가 각기 독자적으로 마가의 복음서를 사용했다는 전제를 옹호하는 또 하나의 보다 강력한 논증처럼 보인다.

(c) 배열 순서상의 일치점

이것은 실로 마가복음 우선설을 지지하는 가장 강력한 논증 가운데 하나이다. 이 논증을 평가하기 위해서는 우리가 각자 직접 3복음서를 대조

---

a.항에서 시제의 차이를 보여 준 예들이 나오는 본문 전체 가운데서(막 11:1-7을 누가복음 19:29-35과 대조), 누가는 절이나 구를 도입하기 위하여 *καί*를 다섯 번 사용한 반면 마가는 열두 번이나 사용한다. 이 두 복음서의 각 7절 가운데서 누가는 *δέ*를 세 번(또한 36절에서 한 번 그리고 37절에서 또 한 번) 사용한 반면 마가는 단지 한 번(또한 8절에서 다시 한 번) 사용한다.

c. 마가가 일반적으로 *καί*를 자주 사용한 점에 관련하여, 마태와 누가가 자주 *καί*와 함께 나오는 마가복음의 정동사를 하나의 분사로 대치하는 점이, 또한 마태복음과 누가복음이 지닌 특징이라는 사실 역시 언급해 두어야 할 것이다. 다시 말하자면 그와 같은 경우들에 있어서 마태와 누가는 마가가 *καί*를 사용하여 등위절로 만드는 문장을 분사로 바꾸어 종속절로 대치하기를 더 좋아한다는 뜻이다.

d. 마태와 누가는 모두 종종 독자적으로 마가의 기사를 간략히 단축한다. 이들은 각기 그들의 복음서에서 마가의 기사 중 몇몇 단어나 구 그리고 (때로는) 문장 전체까지도 그것들을 생략하더라도 그 전체의 핵심 사상을 전달하는 데 손상이 되지 않는 경우라면 생략하고 있다. 그러나 이 점은 마가가 마치 하지 않아도 될 불필요한 말들을 덧붙여 기록하기라도 한 듯이 이해되어서는 안 된다. 성령께서는 마가가 이러한 말들을 사용하도록 지도하심에 있어서 합당한 이유를 갖고 계셨다. 그러나 분명히 이것은 마가복음의 한마디 한마디가 모두 다 마태복음과 누가복음에 반복되어 나온다는 것을 뜻하지는 않는다. 이 두 복음서의 기자들 역시 각기 동일한 성령의 지도하심 아래 그들의 긴 복음서들을 저작하도록 되어 있었다. 마가복음에서는 아예 나오지 않거나 혹은 전체가 **온전히 다** 소개되지 않는 여러 가지 많은 자료들(기사와 강화와 비유 등)을 기록하는 것이 바로 이들의 목적이었다. 제한된 지면에 각기 나름대로 그들의 대망의 계획을 수행하기 위해서 이들 두 기자는 마가의 설명을 매우 적절히 압축시킨 것이었다. B.H. Streeter, *op. cit.*, pp.179-181을 보라.

해 가면서 논증에 제시된 사실들을 세심히 살펴보아야만 한다. 그러다 보면 세례 요한의 전파에 관한 서술(막 1:3-8; 마 3:3-12; 눅 3:4-18) 바로 다음에서 공관복음서 모두가 구약성경 이사야 40:3을 인용하는 것으로 시작하고 있으나, 한편으로는 각기 상당한 차이를 보여 주는 기사가 나오고 있음을 분명히 알 수 있다. 배열 순서에 있어서 누가복음은 마가복음 및 마태복음과는 차이를 보인다. 마가복음과 마태복음이 **먼저** 예수께서 요한에게 세례 받으신 일에 관한 기사를 언급하는 반면에(막 1:9-11; 마 3:13-17), 누가복음은 **즉시** 세례 요한이 잡혀 옥에 갇힌 일에 관한 기사를 진술하고 있다(눅 3:19, 20). 그리스도의 세례에 관한 누가의 간략한 설명은 그 뒤에 나오고 있다(눅 3:21, 22). **주제**에 관하여는 마가복음과 마태복음이 그곳에서부터 계속 병행을 이루어 나가는데, 이는 두 복음서 모두 예수 그리스도의 시험에 관한 기사를 전개하기 때문이다. 그러나 자료의 내용면에서 볼 때 두 복음서 사이에는 그리스도의 이 시험에 관한 기사를 취급하는 분량이 현저한 차이를 보이기 때문에 과연 그것을 "병행" 부분으로 볼 수 있을지가 의문이라는 점은 이미 앞서 밝힌 바 있다. 그럼에도 불구하고 이것이 마가복음과 마태복음의 사건 배열 순서에 있어서는 서로 일치를 보인다는 사실을 뒤엎지는 않는다. 하지만 누가복음은 마가복음과 마태복음의 배열 순서를 따르지 않고 그 뒤에 바로 예수 그리스도의 족보를 소개하고 있다(3:23-38). 그러고 나서 누가는 다른 두 공관복음서의 기자들과 마찬가지로 그리스도의 시험에 관한 그의 독특한 기사를 전개하고 있다(4:1-13; 참조. 막 1:12, 13; 마 4:1-11). 다음에 3복음서 모두에서 그리스도의 갈릴리 대사역에 관한 간략한 소개(막 1:14, 15; 마 4:12 이하; 눅 4:14, 15)가 있은 후, 누가는 한 번 더 마가복음과 마태복음에서 발견되는 배열 순서를 벗어나서 그리스도께서 고향 동네 나사렛에서 배척당하신 사건을 진술하고 있다(눅 4:16-30). 마가복음과 마태복음의 사건 배열 순서는 병행을 계속해 나간다. 두 복음서 모두 다 네 명의 어부를 부르신 일에 관한 기사를 언급한다(막 1:16-20; 마 4:18-22). 이것은 누가복음 5:1-11과 비교될 수가 있는데, 누가의 기사는 실제에 있어 이적적인 고기잡이에 관한 것이다(pp. 400-401). 누가복음

4:31-37(막 1:21-28 참조)에 이르러서 우리는 마가복음과 누가복음이 다시 합류하고 있으며, 이번에는 마태복음이 이 배열 순서를 이탈하여 다른 순서를 따르고 있음을 주목하게 된다. 그러나 마가복음 1:39—그리스도께서 갈릴리 여러 회당에서 전도하시며 귀신을 내쫓으심—에 이르러서는 우리는 마태복음이 확대된 설명의 형태(4:23-25)로 마가복음과 다시 합류하고 있음을 보게 된다. 다음에 마태복음은 산상설교를 제시한다(제5-7장). **매우 놀랍게도 마태복음은 그 후에 즉시 마가복음의 배열 순서를 떠났던 바로 그 지점으로 되돌아오고 있다.** 그리하여 마가복음 1:40-45과 마태복음 8:1-4은 함께 그리스도께서 한 나병 환자를 고치신 일에 관한 기사를 전개해 나간다. 이 기사는 또한 누가복음 5:12-16에서도 역시 발견된다. 마가복음과 누가복음에서는 이 기사 다음에 한 중풍병자를 고치신 기사가 뒤따르고 있다(막 2:1-12; 눅 5:17-26). 그러나 여기서 또다시 사건 배열 순서를 달리하는 것은 마태복음이다. 마태복음은 이제 칭찬받은 백부장에 관한 기사를 소개한다(8:5-13; 또한 눅 7:1-10 참조).

그러므로 우리가 주의해야 할 점은 바로 이것이다. 곧, 마가는 "중간에 있는 인물"로 보인다는 것이다. 이는 누가가 마가를 떠날 때는 일반적으로 마태가 마가와 함께 머물러 있고, 마태가 마가를 떠날 때는 거의 언제나 누가가 마가의 곁에 남아 있기 때문이다.

의의 : 한때 교장을 지낸 바 있는 에보트(E.A. Abbott)는 그의 저서 *The Fourfold Gospel, Introduction*(**사중적 복음서 서론**), Cambridge, 1913, pp.11, 12에서 때때로 세 학생들—그는 그 세 학생들을 각각 프리무스(Primus), 세쿤두스(Secundus) 그리고 테르티우스(Tertius)로 불렀다—이 어떻게 해서 의심을 사기에 충분하리 만큼 서로 아주 비슷한 답안지를 제출하게 되었는가를 말하고 있다. 이들 세 학생들 중에 어느 하나가 나머지 둘을 도와준 것이었을까? 만일 그리하였다면 어떤 학생이 그리하였을까? 에보트의 빈틈없는 경험은 그 해답을 찾아내기가 그리 어렵지 않았음을 보여 준다. P와 T가 근본적으로 서로 일치되었을 때 이 둘은 또한 S와도 일치되었다. 또 P와 T가 서로 일치되지 않았을 때 그중 하나—때로는 P, 때로는 T—는 여전히 S와 일치되는 것이었다. 따라서 S는 "중

간에 있는 학생"이었고 동시에 나머지 두 학생을 도와준 장본인이었다. 이와 마찬가지로 주의 깊게 문자적인 대조를 해 본 결과는, 마태와 누가가 각기 나름대로의 방법으로 각기 나름대로의 목적을 위해서 각기 나름대로의 특징 있는 문체를 유지하면서 각기 나름대로의 복음서 구상에 조화시켜, 이미 앞서 보여 준 바와 같이, 마가의 책을 사용했다는 점을 가리키는 것처럼 보인다.

(d) 문체상의 문제점

마가복음의 문체에 관한 사실들에 대해서는 각주 37)을 보라. 이 사실들은 마가복음의 문체가 세 공관복음서 가운데 가장 생동감이 있고 활기가 넘치고 있음을 입증해 준다. 마가복음의 문체는 또한 가장 소박하고 때로는 반복되기까지도 하나 결코 부자연스럽거나 거칠거나 무의미할 정도는 아니다. 마가는 마치 그리스도의 영광스러운 행적을 목도한 열광적인 목격자가 거의 숨을 쉴 수 없을 정도로 열렬히 보고하는 내용에 그의 귀를 기울이고 들었던 적이 있는 듯이 그의 복음서를 기록하였다. 사실 마가는 사도 베드로에게서 직접 그리스도의 놀라우신 행적을 들은 바 있었다. 초기의 전승—파피아스, 이레니우스, 알렉산드리아의 클레멘트, 터툴리아누스, 오리겐, 제롬, 유세비우스 그리고 그 밖의 다른 이들에 의해서 제시된[38]—은 베드로와 마가 사이에 매우 밀접한 관계가 있었다는 데 의견이 일치되고 있다.

"이와 같이 너무나 위대한 신앙의 빛이 베드로의 메시지를 듣는 청중들 마음에 비추었으므로, 그들이 단순히 듣는 것으로나 성문화되지 않은 하나님의 말씀 선포(케리그마)의 가르침에 만족하지 않고, 간절한 마음으로 그들에게 구두로 전해 주었던 교훈을 글로 남기도록 마가를 권했으니, 이는 그들이 마가는 베드로를 따르는 자로 알았던 까닭이었다. 그들이 이 사람을 설복할 때까지 그 일 권함을 그치지 않았으니 마침내 그들이 마가

38) 교부들의 증거는 몇몇 백과사전과 주석들 중에서 찾아볼 수 있다. 그 예로 J.H. Farmer, "Mark, The Gospel According to," article in I.S.B.E., Vol. Ⅲ ; 특히 pp.1989-1991을 보라.

복음이라 불리는 성경에 대하여 공적을 세우게 되었다"(Eusebius, *op.cit.*, II. xv. 1).

베드로가 그의 두 번째 서신(벧후 1:15)에서 한 권의 복음서를 준비하리라는 약속을 한 것으로 생각하는 이들이 있다. 그들은 마가의 책이 바로 이 약속을 이행한 것이라는 견해를 취한다. 그러나 다른 주석가들은 이 견해를 배격한다. 우리의 현재 목적을 위해서는 이 문제에 대하여 구태여 어떤 결론을 내리고자 애쓸 필요가 없다.

베드로와 마가 사이의 "부자"와도 같은 관계는 성경에서 분명해진다(벧전 5:13; 참조. 행 12:12). 이 두 구절 가운데 첫 번째에서 베드로는 마가를 "내 아들"로 부르고 있다. 초기의 모든 증언들은 마가가 그의 복음서를 저작함에 있어 베드로에게 의존했다고 주장한다. 하지만 베드로에 대한 의존의 한도에 관해서는 의견의 일치를 보지 못하고 있다. 마가가 "베드로의 통역자"였다고(파피아스와 그 밖의 다른 이들과 더불어) 말하는 것이 필시 안전할 것이다. 마가는 그의 복음서에서 베드로의 설교 요지를 제시하고 있다. 베드로와 마가는 서로 많은 공통점을 가지고 있었다. 두 사람 다 행동파이며 열정과 열심의 사람이었다. 두 사람 모두가 곧고 협착한 "좁은 길"에서 일시적으로 이탈한 과거가 있었다(베드로의 부인, 마가의 제1차 전도 여행에서의 도중 이탈). 그러나 두 사람 모두 그들의 사랑하시는 주님의 놀라우신(회복시키시고 변화시키시는) 은혜를 또한 체험하였다(베드로에 관하여는 요한복음 21:15-17을; 마가에 관하여는 골로새서 4:10; 빌레몬서 24; 디모데후서 4:11을 참조). 그러므로 마가복음을 읽는 독자는 여기저기에서 마가가 사건의 현장에 매우 가까이 있었고, 마가의 배후에는 베드로가 서 있으며, 베드로의 배후에는 예수 그리스도께서 친히 그의 모든 권능과 지혜와 사랑 가운데 서 계심을 느끼게 된다.

이처럼 본래의 장면에 매우 근접한 마가복음의 특징은 더욱 중요한 한 가지 사실, 곧 마가가 여러 경우에서 우리에게 히브리 방언이 되었든 아니면 아람 방언이 되었든 예수께서 직접 말씀하신 바로 그 언어를 그대로 보존해서 전달해 주고 있다는 사실에 의해서 강조되고 있다. 이 점에서 한편으로는 마가복음과 다른 한편으로 마태복음과 누가복음 사이의 대조는 매우 현저한 차이를 드러내고 있다. 특히 거의 병행을 이루는 구절이 나오는 각 경우에 있어서 마태복음과 누가복음을 면밀히 살펴볼 때 더욱 그러하다. 따라서 다음을 주의하여 보라.

마가복음	마태복음	누가복음
보아너게 (3:17), 곧 "우레의 아들"	10:2	6:14
달리다굼 (5:41), 번역하면 "소녀야…일어나라"	9:25	8:54
고르반 (7:11), 곧 "드림"	15:5	
에바다 (7:34), 이는 "열리라"		
아빠 (14:36), 곧 "아버지"	26:39	22:42

그러므로 마가복음 우선설이 그처럼 광범위한 승인을 받고 있는 것은 놀라운 일이 못 된다. 문자적인 비교의 관점에서도 이 설을 지지하는 증거는 결정적인 것처럼 보인다. 그럼에도 불구하고 여러 반론에 부딪쳐 왔다. 비록 지금에 와서는 대부분의 학자들에 의해서 받아들여지고 있으나 이 설이 모든 사람들을 다 납득시키지는 못했다. 필자의 답변과 함께 그 주요 반론들을 열거하자면 다음과 같다.

(ㄱ) 만일 마태와 누가 이 두 저작자 모두가 현재 우리의 헬라어 복음서를 사용하였다면 어찌하여 그들이 마가복음 자료 중 어떤 것은 생략하였겠는가? 또 때때로 마태와 누가가 그들의 어구 표현에서 마가를 제쳐 두고 그들만 서로 일치한다는 사실을 어떻게 설명할 수 있겠는가? 이러한 사실들은 마태와 누가가 현재 우리의 헬라어 마가복음을 사용한 것이 아니라 보다 초기에 편집된 자료("Ur-Marcus")를 사용한 것이라는 결론을 보증해 주지 않는가?

답변 : 마태가 그의 복음서에 사용하지 않은 마가복음의 자료는 이미 앞서 보인 바와 같이 실로 극히 미미한 것이어서 보다 초기의 마가복음에 관한 가정의 기초로서는 분명히 불충분하다. 그리고 누가의 훨씬 더 광범위한 "생략"에 관하여는, 제3복음서의 저작자가 파피루스 두루마리 단권의 범위 내에서 다른 중요한 자료들—예를 들면, 누가 혼자만 보도하고 있는 수많은 아름다운 비유들—을 포함하여 넣기 위한 여백을 마련하고자 의도적으로 마가복음 자료의 어떤 부분들을 생략했을 것이라는 견해가, 초기 마가복음(Ur-Marcus)에 관한 가정보다는 훨씬 더 신빙성이 있는 것 같은 인상을 필자에게 주고 있다. 초기 마가복음에 관하여는 아무런 역사적 증거도 발견되지 않았다. 이른바 "마가를 제쳐 놓은 마태와 누가만의 일치점들"에 관하여는 "문체상의 다양성"이 진정한 해결이 되지 못할 때 누가가 마태의 복음서를 사용할 수가 있겠는가?[39)]

(ㄴ) 이 설은 "마태와 누가를 표절자라고까지는 말할 수 없다 하더라도 독창성이 없는 편집자의 위치로 격하시키고 있다."[40)]

답변 : 그것은 말도 안 되는 주장이다. 왜냐하면 이미 앞서 여러 차례나 살펴본 바와 같이, 마태와 누가는 마가의 복음서를 그대로 **따라 쓴 것**이 아니라, 그의 복음서를 **사용하였기** 때문이다. 앞서 지적한 바와 같이 문체와 목적, 어떤 자료를 포함시키거나 제외시킨 이유 그리고 기본적인 구상은 각기 마태와 누가 나름의 독창적인 생각이다.

그리고 "표절" 혹은 저작의 도용에 관하여는 오늘날 우리가 아는 저작권에 관한 법규들이 그 당시에는 존재하지 않았던 사실을 기억해야 할 것이다. 그 외에도 만일 우리가 마가가 베드로의 통역자였다는 사실을 명심한다면, 다음 질문은 "베드로가 어디서 그의 자료들을 얻었을까?"가 될 것이다. 베드로가 **전적으로** 자신의 기억에만 의존했을까? 어떤 제한된 범

39) "문체의 차이"에 대한 문제에 관하여는 B.H. Streeter, *op. cit.*, pp.179-181, N.B. Stonehouse, *Origins of the Synoptic Gospels*, pp.60, 61을 보라. 누가가 마태복음을 사용했을 가능성에 관하여는 A.W. Argyle의 "Evidence" in favor, *JBL* (1964년 12월호), pp.390-396을 보라.

40) John H. Kerr, *An Introduction to the Study of the Books of the New Testament*, Chicago, New York, Toronto, 1892, p.11을 보라.

위에서 그도 역시 그리스도의 지상 체류 기간 동안에 일어났던 일들을 기록해 둔 어떤 메모들을 사용했을 가능성—아마도 그랬음직하다—은 없는 것일까? 이 메모들을 취하여 아람어와 헬라어로 각각 필사한 논리적인 인물은 누구였을까? 그는 마태가 아니었을까? p. 64, 96, 152, 158을 보라. 만일 이 점을 명심한다면 현대의 표준들을 두고 판단한다 하더라도 마태에 대하여 시종일관 표절의 책임을 묻거나 그에 대한 비난을 퍼붓기는 어려울 것이다. 마태가 마가의 복음서에서 읽은 자료들 중 어떤 것에서 아마도 이전에 한때 세리였던 그는 자신의 메모 혹은 자료들의 흔적을 찾아낼 수 있었을 것이다. 따라서 마가복음 우선설을 말할 때 우리는 이 우선순위가 반드시 절대적인 것은 아니라는 사실을 명심해야만 한다. 복음서들을 전체의 단위로 비교할 때, 특히 자료들의 배열 순서를 놓고 볼 때는 이 우선순위가 앞서 보인 바와 같이 마가복음에 돌려지는 것이 확실하다. 특히 병행 부분들에 대하여서 그러하다. 하지만 어떤 특별한 말씀, 어떤 특별한 보도, 혹은 어떤 구약성경 구절에 대한 인용(자주 수식된 형태로)의 기원을 좀 더 철저하게 살펴볼 때, 우리는 이 설에 대해서 **어떤 제한된 범위 내에서** 이 우선순위를 마태복음으로 돌릴 여지를 남겨 두어야만 할 것이다! 이것은 결코 마태가 마가의 복음서를 사용했을 가능성을 아주 없애 버리지는 않는다.

마태는 믿음의 확증을 위해서 하나로 통일된 형태를 세상에 제시할 목적으로 마가의 복음서를 사용했을 것이다. 우리는 복음서들이 하나의 공통된 전통에서 나왔으며 따라서 그 복음서들이 공통된 요소를 많이 가지고 있다는 사실로 인하여 참으로 기뻐해야 할 것이다. 마태와 누가가 그보다 먼저 쓰인 초기의 헬라어 복음서를 그처럼 훌륭히 사용할 수 있었다는 것은 오히려 마가에게 돌려지는 찬사요, 또한 진정한 영예가 아니겠는가?

(ㄷ) 이 설은 복음서의 저작자들이 마땅히 기록해야 할 것은 무엇이나 일점일획도 오류가 없이 기록하도록 감동 감화하시고 지도하시는 성령의 역사를 정당하게 설명하는 일에 실패하고 있다.

답변 : 성령께서 성경 저작자들을 감화시키시고 지도하시되 또한 그들

이 구전과 **문헌적인** 자료들을 선택하고 사용하는 일에 있어서도 그리하실 수는 없으셨겠는가? 이 일이 누가복음 1:1-4에서 우리가 읽는 바에 의하여 배제되겠는가? 우리가 이미 구약성경에서 거듭 영감을 받은 성경 저작자들이 적어도 그들 자신의 것보다는 앞서 기록된 다른 자료들을 더 익히 알고 있었던 사실을 상기하고 있음이 사실이 아닌가? 민수기 21:14; 여호수아 10:13; 사무엘하 1:18; 열왕기상 11:41; 14:19, 29; 역대상 29:29; 역대하 9:29; 12:15; 13:22; 20:34; 32:32을 읽어 보라. 다니엘은 분명히 예레미야에 기록된 자료를 유효하게 사용했다(단 9:1, 2). 사도 요한이 공관복음서를 읽은 적이 있으며 또한 그의 복음서 자료를 선택함에 있어서 이 사실을 이용했을 가능성은 없겠는가? 그리고 베드로후서 3:16은 그 당시 순회 중에 있던 사도 바울의 모든 서신들을 베드로가 익히 알고 있었다는 사실을 비치고 있지 않는가? 분명히 하나님의 예정이 인간 편의 수고와 노력을 결코 배제하지 아니하듯이(빌 2:12, 13; 살후 2:13) 성령의 영감도 역시 마찬가지로 결코 인간 편의 지적인 탐구를 배제하지 않는다.

(ㄹ) 오늘날 우리의 영어(독일어, 불어 등) 성경에서 복음서들은 마태복음, 마가복음, 누가복음 그리고 요한복음의 순으로 편집되어 있다. 일반적으로 헬라어 성경 사본들과 고대 번역본들은 이 동일한 배열 순서에 대한 증거를 지니고 있다. 교부들 곧 예를 들면, 이레니우스와 오리겐에 의해서 대표되는 초대교회 시대의 교부들은 분명히 이 순서를 지지한다.[41] 사실상 비교적 근세에 이르기까지는 기독교 교회 전체를 통해서 마태복음 우선 순위의 입장이 거의 예외 없이 받아들여졌었다. 우리가 만일 이 순서를 정당한 것으로 간주한다면 마태는 마가복음을 사용할 수 없었을 것이다.

답변 : 무엇보다 첫째로, 우리는 우리가 보는 여러 번역 성경들에서 발견되는 마태복음, 마가복음, 누가복음 그리고 요한복음 순으로 된 배열에 대하여 아무런 잘못을 찾지 못한다. 그것은 뛰어난 배열이다. 우리가 명심해야 할 것은 성경의 **배열 순서**가 반드시 그 **기원의 순서**와 일치하는

41) "마태는 히브리인들 가운데 그들 자신의 모국어로 한 권의 기록된 복음서를 내어놓은 반면에 베드로와 바울은 로마에서 복음을 전파하며 교회를 세우고 있었다. 그들

것은 아니라는 점이다. 만일 그것이 그러하다면 우리는 이사야가 아모스보다 먼저 기록되었고, 다니엘이 호세아보다 먼저 기록되었으며, 로마서가 고린도전후서보다도 먼저 저작되었다는 결론을 내려야만 할 것이다. 오늘날에도 이러한 기원 혹은 저작 순서를 진지하게 변호하려 드는 학자가 있는가?

둘째로, 인용된 교부들은, 문자 그대로 받아들일 때, 히브리 방언으로 기록된 마태복음을 언급하고 있다. 이 점에 관하여는 다음 장 pp. 148-155를 보라. 여기서 우리가 마가복음 우선설을 변호하고자 할 때는 우리의 **헬라어** 복음서들에 국한시켜야 할 것이다,

셋째로, 이레니우스와 오리겐 그리고 그 밖의 다른 이들이 언급하고 있는 복음서들이 근본적으로 오늘날 우리의 헬라어 복음서들 및 그 충실한 현대의 번역본들과 동일하다는 가정에 기초한다 하더라도 문제는 여전히 그 순서에 있다. 곧, "**그 저작 순서에 있어서** 마태복음이 마가복음에 선행한다는 견해는 철저한 문헌상의 대조 혹은 문자적인 대조에 기초하고 있

이 세상을 떠난 후에 베드로의 제자요 통역자인 마가는 베드로가 전파했던 바를 글로써 기록하여 우리에게 전해 주었다. 또한 바울의 동료인 누가도 역시 바울이 전파했던 바 복음을 한 권의 책으로 기록하여 우리에게 전해 주었다. 그 후에 예수의 품에 기대어 누웠던 일도 있는 주의 제자 요한도 역시 아시아의 에베소에 체류하고 있을 동안에 한 권의 복음서를 펴냈다"(Irenaeus, *Against Heresies* Ⅲ. i. 1).

"오리겐은 그의 **마태복음**(주석) 첫 권에서 교회의 정경을 변호하면서 자기는 오직 4복음서만을 알고 있을 뿐임을 다음과 같이 기록하여 증언하고 있다. 곧 '…전통에 의해서 4복음서에 관하여 알 수 있는 바, 하늘 아래 하나님의 교회에는 오직 그 4권의 복음서들만 있을 뿐이라는 사실에 대해서는 논박할 여지가 없다. 그 첫 번째 복음서는 이전에 세리였다가 후에 예수 그리스도의 제자가 된 마태에 의하여 기록된 것으로서, 그는 유대교에서 기독교로 전향한 유대인들을 위하여 히브리 말로 복음서를 기록하였다. 두 번째 복음서는 마가에 의하여 기록된 것으로서, 그는 베드로의 교훈에 일치되게 그것을 기록하였다. 마가는 또한 베드로가 그의 공동서신에서 그의 아들로 인정하여 이르기를 '택하심을 함께 받은 바벨론에 있는 교회가 너희에게 문안하고 내 아들 마가도 그리하느니라' 한 자이다. 그리고 세 번째 복음서는 누가에 의하여 기록된 것으로서, 그는 이방인 가운데서 (믿음으로) 돌아온 자들을 위하여 그것을 기록하였으며 그의 복음서는 바울에게 칭찬을 받았다. 이상에서 말한 3복음서 다음에는 요한에 의하여 기록된 복음서가 있다"(Origen, as quoted by Eusebius, *Ecclesiastical History*, Ⅵ. xxv. 3-6).

는가? 만일 그렇지 않다면 그것이 현재 우리 앞에 놓여 있는 문제를 해결함에 있어서 얼마만큼의 중요성을 지니고 있는가?"[42]

넷째로, 마태복음, 마가복음, 누가복음 그리고 요한복음으로 언급된 배열 순서가 결코 모든 사람들에게 만장일치로 받아들여지는 것은 아니다. p. 14에 인용된 터툴리아누스의 진술은 차이가 나는 다른 순서를 전제로 하고 있다. 유세비우스(*op. cit.*, Ⅵ. xiv.5, 6)에 의하면, 알렉산드리아의 클레멘트는 마태복음뿐만 아니라 누가복음도 역시 마가복음보다 앞서 저작되었다는 견해를 가지고 있었다고 한다. 클레멘트의 견해에 따르면, 마태복음이 누가복음보다 앞서 기록되었는지 아니면 누가복음이 마태복음보다 앞서 기록되었는지 분명치 않다. 코덱스 베자(Codex Bezae)는 마태복음, 요한복음, 누가복음 그리고 마가복음의 순으로 되어 있다. 어떤 고대 문헌들은 4복음서 가운데서 요한복음에 우선순위를 두고 있다.

그러므로 마태복음, 마가복음, 누가복음 그리고 요한복음의 순서를 변호해 주는 만장일치의 전통은 존재하지 않음이 분명하다. 더욱이 교부들은 이 주제에 그들의 주된 관심을 쏟지 않았다. 그들은 저작권과 사도적 권위 그리고 교리적 의의를 다루는 문제에 보다 관심을 기울였다. 그러므로 반론 (d)도 역시 마가복음 우선설을 배격하는 기초로서는 거의 가치가 없는 것이라 하겠다.

(ㅁ) 열두 제자의 한 사람인 마태가 자신이 먼저 받았던 자료를 옹호하기 위해서 그 핵심 제자들의 수에 들지 않는 마가에 의해 기록된 책에 의지했다고 생각하는 것은 부자연스러운 추론이 아닌가?

답변 : 이것은 일종의 양날을 세운 검과도 같다. 그것은 정반대의 결론에 이르는 두 삼단논법의 전제로 사용되고 있다.

삼단논법 Ⅰ :

① 예수의 행적을 눈으로 보고 예수의 말씀을 귀로 들은 증인인 사도 마태는 그의 이름으로 불리는 복음서를 저작했다.

---

42) 전승은 주의 깊게 연구 검토해 봐야 한다. 그것을 분별없이 받아들이거나 쉽게 배격해서는 안 된다. N.B. Stonehouse, *Origins of the Synoptic Gospels*, p.56 참조.

② 한 복음서를 저작함에 있어서 직접 예수의 행적과 말씀을 보고 들은 예수와 친밀했던 증인은, 예수와의 관계가 친밀하지 못했던 사람에 의하여 기록된 복음서에서 어떤 자료를 빌리거나 혹은 그 복음서를 사용할 하등의 필요를 느끼지 않았다.

③ 그러므로 마태는 그의 복음서를 저작함에 있어서 마가의 복음서를 사용하지 않았다.[43]

삼단논법Ⅱ :

① 문자적인 세밀한 비교의 결과는 전통에 의해서 "마태"에게로 저작권을 돌리는 복음서가 그 내용 중 상당 부분이 마가복음에 의존하고 있음을 입증해 준다.

② 한 복음서를 저작함에 있어서 직접 예수의 행적과 말씀을 보고 들은 예수와 친밀했던 증인은, 예수와의 관계가 친밀하지 못했던 사람에 의하여 기록된 복음서에서 어떤 자료를 빌리거나 혹은 그 복음서를 사용할 하등의 필요를 느끼지 않았다.

③ 그러므로 예수의 행적을 눈으로 보고 그리스도의 말씀을 귀로 들은 증인인 사도 마태가 전승에 의거하여 복음서를 저작했을 리가 없다.[44]

양자의 경우에 있어서 모두 다 그 결론은 타당한 것이 못된다는 것이 필자의 소신이다. 그 이유는 두 번째 전제가 그릇된 것이기 때문이다. 두 번째 전제는, 강력하고 일관성 있는 전통에 의해서 확증된 마가는 성경에 나오는 열두 제자의 명단에서 그 이름이 맨 처음에 언급되고 있는 바로 그 사도의 "통역자"였으며, 사도 마태 역시 그에게 높은 경의를 표했음이

43) H.C. Thiessen, *Introduction to the New Testament,* p.122 참조. 이 특수한 관점에 있어서 Thiessen과 필자와의 의견 대립은 그의 저서에 대한 필자의 높은 존중심을 저하시키지는 않는다. 공관복음의 여러 문제를 취급함에 있어서도 필자가 진심으로 동의할 수 있는 자료는 필자가 전적으로 지지할 수 없는 자료들을 훨씬 더 능가하고 있다.

44) J.H. Ropes, *op. cit.*, p.37, 38 참조.

틀림없다는 사실을 부당하게 다루고 있다. 더욱이 마가의 복음서가 그리스도의 인격과 그의 행적과 그의 말씀을 진실되게 반영하고 있지 않은가? 그리고 매우 활기차고 흥미진진한 필치로 표현되고 있지 않은가? 굿스피드(E.J. Goodspeed)는, 마가복음의 사본이 마태의 수중에 들어왔을 때, 마태가 일반 사람들과 마찬가지로 그것에 매혹되었을 것으로 생각하고 있다.[45] 그러므로 마태가 그 나름대로의 독창적인 구상에 따라 마가의 복음서를 사용하고, 그것을 확대시키고, 또 자기 자신의 체험과 그 밖의 다른 자료들로부터 더 많은 내용을 추가시켰을 것으로 믿기는 그리 어렵지 않다. 그리고 복음서 저작자들이 그처럼 통일된 정신을 가지게 되고, 마태와 누가가 각기 자기 나름대로의 독창적인 방법으로 마가의 복음서를 사용하게 된 것을 우리가 감사하게 생각해야 하지 않겠는가?

그러므로 "마가복음 우선설"을 반박하는 논증들 중에 그 어느 것도 이 설을 지지하는 증거를 뒤집어엎는 일에 성공하지 못했음이 분명하다.

이 설에 대한 제한된 승인은 타당성이 있는 것으로 보인다. 이 마가복음 우선설에 대한 승인은 바로 최근에 일어났던 세계를 뒤흔든 사건에 의해서도 역시 지지를 받고 있다. 물론 필자는 여기서 지금 오콜리건 신부(Father O' Calligan)의 마가복음의 한 단편(6:52, 53 부분)에 대한 판독을 언급하고 있다. 그것은 "7Q" 단편들 곧 쿰란 공동체(Qumran Community) 거주지 부근의 7개의 동굴에서 발견된 단편들 가운데 하나이다. 그것을 발견한 당시(1955년)에 마가복음의 단편의 연대는 대략 A.D. 50년으로 추정되었다. 만일 이 연대가 옳은 것이라면, 그리스도의 죽으심과 부활 사건이 있은 지 20년이 지난 뒤에 마가복음의 사본이 이미 존재하고 있었음을 알 수 있다. 따라서 원본은 그보다 더 앞서 기록되었을 것으로 여겨진다.

(3) "Q" 자료설

마태와 누가가 마가복음 이외에 제2의 분명한 자료를 가지고 있었다는 설은 아직 일반적인 승인을 받지 못하고 있다. 심지어 마가복음을 마태복

45) *Op. cit.*, p.110.

음과 누가복음의 내용의 상당 부분에 대한 기록된 자료로서 받아들였던 이들 중 어떤 사람들까지도 "Q"자료설을 배격하거나 아니면 적어도 심각한 의문을 제기하고 있다.[46] "Q"자료설에 대한 이 같은 냉담한 태도의 원인은, 성경이나 혹은 보수적인 입장에 있어서의 어떤 내용이 성문화된 추가 자료들이 복음서 저작자들에 의하여 사용되었다는 견해를 배제한다는 데에 있는 것이 아니다. 그 원인은 다음에 있다.

(a) 우리는 마가복음을 가지고 있다. 그러나 비마가복음의 자료인 동시에 마태, 누가복음의 자료를 포함하고 있는 어떤 독립된 별개의 것으로 존재하는 문헌은 가지고 있지 않다. 또한 그것이 발견된 적이 있었다는 역사적인 언급 자료도 없다.[47]

(b) "Q"자료는 그 윤곽을 파악하기가 어렵다. 예를 들면 **주기도문**이 "Q"자료에 속해 있을까? 또 만일 그렇다면 마태복음의 주기도문(6:9 이하)과 누가복음의 주기도문(11:2 이하) 중 어느 형태일까? **팔복**(八福, *The Beatitudes*)도 "Q"자료에 속해 있을까? 그렇다면 또 마태복음의 팔복(5:3 이하)과 누가복음의 팔복(6:20 이하) 중 어느 형태일까? 그 밖에도 이와 비슷한 예를 많이 제시할 수 있다. "Q"자료의 내용을 추정해 정리하는 일은 불가능할 따름이다.[48]

(c) 이제 비마가복음의 자료인 동시에 마태—누가복음의 자료를 나타내 주는 구절들의 부분적인 목록으로 돌아가 볼 때(pp. 41–42의 목록을 보라), 만일 "Q"자료가 "예수의 말씀들"로 이루어져 있다고 주장된다면 어떻게 해서 사건에 관한 해설 자료 역시 포함될 수가 있겠는가? (마태복음

46) "현 단계의 지식으로는 그러한 문서가 과거에 실제로 존재했었는지의 여부에 대해 확실히 알 수 없다"(J.H. Ropes, *op. cit.*, p.68; p.93에 나오는 이와 비슷한 그의 평을 참조하여 보라). "이중 자료설(the double source theory)의 둘째 가정 곧 'Q' 문서의 존재에 관하여는 거의 무시될 정도의 증거가 있을 뿐이다"(Herman Ridderbos, "Synoptische Kwestie," article in *Christelijke Encyclopedie*, Vol. Ⅵ, p.305, 306).

47) "역사적 언급 자료"에 관하여, 여기서 "히브리어" 마태복음에 대한 상황과는 다르다. pp.147–151, 163–164를 보라.

48) 그러므로 또한 A.M. Farrer, "On Dispensing With Q," in D.E. Nineham(ed.) *Studies in the Gospels, Essays in Memory of R.H. Lightfoot*, Oxford, 1955,

4:1-11을 누가복음 4:1-13과; 마태복음 8:5-13을 누가복음 7:1-10과 그리고 또한 적어도 부분적으로 마태복음 11:2 이하와 누가복음 7:18 이하를 각각 비교해 보라.)

(d) 또 그 동일한 목록을 놓고 볼 때 그 구절들이 기록되어 있는 순서가 마태복음과 누가복음에서 매우 광범위하게 차이가 난다. 예를 들면, 마태복음 6장, 7장 그리고 8장에서 연속적으로 발견되는 것(각각 "염려하지 말라", 기도에 대한 격려 그리고 백부장의 믿음에 관한 기사)이 누가복음에서는 그 역순으로 12장, 11장 그리고 7장에서 각각 발견된다. 이 점은 어떻게 설명되어야 할 것인가?

(e) 만일 "Q"자료가—자주 그러하듯이— 하나의 초기 복음서였던 것으로 간주된다면 우리는 이에 대하여, "이것은 어떤 유의 복음서였겠는가? 무엇보다도 가장 핵심적인 부분 곧 그리스도의 십자가의 죽으심과 그의 부활 사건에 관한 기사가 빠져 있는 복음서였겠는가?" 하는 반문을 제기할 것이다. 이 반문에 대한 스트리터(Streeter)[49]의 두 답변 곧, (ㄱ) 그리스도의 수난에 관한 이야기는 구전으로 쉽게 가르쳐질 수 있었으나, 그리스도의 윤리적인 교훈은 성문화된 문헌을 요하였고; (ㄴ) 바울을 제외한 사도들에게는 십자가가 하나의 난제였다는 답변은 분명히 매우 빈약한 것이라 하지 않을 수 없다. 이러한 답변에 대하여 우리는 오늘날 우리가 아는 형태의 복음서 저작자들—혹은 어떤 이들에 의하면 "편집자들"—은 분명히 그리스도의 죽으심과 부활사건에 관한 어떤 성문화된 문헌을 불필요한 것으로 생각지는 않았다. 그런데 어찌하여 "Q"자료의 저작자는 그렇

---

p.57. "그 한계의 모호성과 고대로부터의 침묵이 그 실존재의 불확실성을 지적해 주고 있다." 이와 마찬가지로 Lewis Foster, "The 'Q' Myth in Synoptic Studies," in *The Seminary Review*, published by the Cincinnati Bible Seminary, Vol. X, No. 4(1964년 여름호), p.74. 이 뛰어난 논문에서 Foster는, 누가의 "Q"자료에 대한 가정적인 의존도에 관하여 의견들이 크게 갈라지고 있어서, "Q"자료를 지지하는 다섯 명의 신봉자들 가운데서도 "Q"자료설을 뒷받침해 주는 것으로 주장된 구절들의 절반에도 못 미치는 내용에 의견의 일치를 보일 뿐이라는 사실을 지적한다.

49) *Op. cit.*, p.292.

게 생각했을까 하고 반문함으로써 반박할 수 있다. "Q"자료의 저작자는 자신의 저작품이 머리가 없는 몸체, 열매가 없는 나무와도 같다는 사실을 알고는 충격을 받지 않았을까? 그리고 답변 (ㄴ)에 관하여는 바울과 사도들 사이에 그들이 그리스도의 십자가 교리와 부활 교리에 대하여 각각 할애한 상세한 설명에 대한 차이가 얼마나 되었든지 간에, 바울뿐만 아니라 다른 사도들도 역시 그리스도께서 이루신 죄인들의 소망의 유일한 기초인 중보 사역을 기뻐했음이 분명하지 않은가! (행 4:12; 벧전 1:3; 2:24; 요일 1:7; 계 5:9; 7:14. 참조. 히 9:22)

그러므로 소위 "Q"자료가 일반적으로 승인을 받지 못하고 있음은 이해할 만하다. "Q"자료를 살려내기 위하여 그와 비슷한 다른 자료들을 첨가하거나 아니면 수정과 제한을 가함으로써 이 설을 보충하고자 하는 시도들이 행해져 왔다. 예를 들면, 위에 언급한 반론들에 대한 답변—특히 (b)와 (d)항의 답변을 보라—에서 하나 이상의 "Q"자료 개정본이 있었음에 틀림없다고 언급된 바가 있다. 그래서 어떤 이는 "Q$^{M.}$"자료와 "Q$^{Lk.}$"자료에 관해서 말하고 있다. 또 어떤 이는 오늘날 우리가 가지고 있는 형태의 누가복음이 기록되기 이전에 "Q"자료가 이미 "L"자료와 결합하여 "원시 누가복음(proto-Luke)"이 되어 있었다고 말한다. 그러므로 우리에게 "마태에 의한" 것으로 알려져 있는 그 복음서를 기록한 이가 누구였든지 간에, 그는 그의 복음서를 기록하기에 앞서 "Q"자료의 한 형태를 가지고 있었으며, 누가복음의 저작자는 또 다른 형태의 "Q"자료를 사용했다는 것이다. 이들의 주장에 의하면 사실상 각 기독교 중심지는 서로 다른 "Q"자료의 개정본을 가지고 있었다는 결론이다.[50)]

---

50) B.H. Streeter의 설에 의하면, 어떤 사람 아마도 누가 자신이 기록되지 않은 자료들, 특히 설화와 비유들을 하나로 엮어서 문서화("L")하였다. 또 그는 "L"과 "Q"를 "원시 누가복음"으로 결합시킨 후에 다시 여기에 마가복음의 많은 부분을 삽입시켰다고 한다. 이렇게 하여 오늘날 우리의 제3복음서가 탄생하게 되었다는 것이다. 더 나아가 유대파 기독교 기원의 한 문서인 "M"이 오늘날 우리의 마태복음 원 자료 가운데 하나가 되었으며, 또한 마태복음의 다른 원 자료들은 마가복음과 "Q"자료였다고 한다. 그러므로 Streeter의 설은 다음과 같이 간단히 요약될 수 있다. 즉, 마태복음과 누가복음의 배후에는 네 개의 문서가 있으니, 예루살렘과 관련되어 있는—예

그러나 하나의 불확실한 가정 위에 또 다른 불확실한 가정을 겹쳐 놓는 것이 해결책이 될 수는 없다. 가설적인 출처 자료의 도입은 입증할 수 없는 그리고 종종 있음직하지도 않은 가설들로 이루어진, 길도 없고 황무한 광야로 통하는 문을 열어 줄 뿐이다. 그러므로 마태복음 내용의 절반 이상과 그보다도 상당히 더 많은 누가복음의 내용에 대하여는 —다시 말해서 마가복음에 병행되지 않은 모든 자료에 대하여는— 어떤 분명한 문헌적인 자료들을 사용했다는 설이 아무런 해결책을 제시하지 못한다는 사실은 거리낌 없이 받아들여져야 할 것이다. 로프스(Ropes, *op. cit.*, p.93)가 말한 바와 같이, 이것은 실로 "학문에 대한 하나의 작은 굴욕"이다. 복음서들의 문헌 분석에 대한 일방적인 강조는 결국 어떤 이가 "하찮은 보상"이라고 지적한 바를 이끌어 내는 데 그쳤다.

그 결과는 최근에 와서 학문의 관심이 다른 방향—우리는 그 반대편에서 말할 수도 있다—으로 바뀌는 현상으로 나타났다. 다시 말해서 관심의 초점은 기록된 문헌상의 자료에서 구전으로 옮겨지게 되었다. 비보수주의 계통의 그룹들 가운데서 나타난 결과가 무엇이었는지에 관해서는 다

루살렘의 전승들을 구체화시킨— "M"문서와, 로마와 연관되어 있는 마가복음과, 안디옥과 결합되어 있는 "Q", 그리고 가이사랴와 연관되어 있는 "L"이 그 문서들이다. 그 첫 세 문서—"M"과 마가복음 그리고 "Q"—는 마태복음을 탄생시켰고, 그 끝 세 문서—마가복음과 "Q" 그리고 "L"—는 누가복음을 탄생시켰다. 그러나 그것은 "Q"문서와 "L"문서가 이미 "원시 누가복음"("Proto-Luke")으로 결합된 이후의 일이었다. 만전을 기하기 위해 다음 사실이 첨가되어야 한다. 곧 Streeter의 설에 의하면, 마태복음의 첫 두 장을 필시 구전적인 자료들로부터 뽑아 왔을 것이고, 누가복음 1, 2장의 원 자료는 어쩌면 히브리어로 기록된 문서였을 것이다. Streeter의 저서에는 가치 있는 내용이 많이 있으며, 또한 가장 보수적인 학자들에게도 인정을 받을 수 있는 내용들 역시 많이 있다. 그러나 "사문서설"(The Four Document Theory) 자체만큼은 너무나 지나치게 사색적인 것이어서 신랄한 비판을 받아왔다. 이 비판에 필자는 의견을 같이한다. Streeter의 저서 전체를 다 읽는 것도 유익하겠으나 필자는 그의 설의 요지를 요약해서 포함하고 있는 바 특히 pp.150, 199-201, 207, 208, 218, 219, 223-272를 언급하고 싶다. 이와 관련해서 F.V. Filson의 논문 "Gospel and Gospels" in S.H.E.R.K.; *The Twentieth Century supplement*, Vol. I, pp.469-472 역시 매우 유익한 내용이 담겨 있으며, 또한 훌륭한 참고 문헌으로 끝을 맺고 있다.

음 장에서 소개될 것이다. 보수주의 계통 안에서는 "축자 영감설"에 대한 강조와 그와 관련하여 신실한 증인들과 그들의 동조자들—곧 "사도들과 준 사도들"—에 의해서 전달된 예수 그리스도의 말씀과 행적들에 대한 강조가 항상 주목받아 왔음은 이미 잘 알려져 있는 바이다. 최근에 이르러서도 구전에 대한 이러한 관심은 감소되지 않고 있다. 따라서 공관복음서 문제에 대한 해결책을 찾고자 하는 시도에서 우리는 이제 다음 장으로 넘어간다.

e. 구전설(*Oral Tradition Theory*)

기젤러(J.C.L. Gieseler, 1818)와 헤르더(J.C. Herder, 1796, 1797)는 공관복음서 사이의 유사점들을 구전의 원인으로 돌렸다. 다시 말해서 이들은 최초의 예수 그리스도의 말씀과 행적에 관한 구전들은 매우 분명한 형태로 고정된 것이었으리라는 추측을 하고 있다. 이들은 수많은 추종자들을 얻기에 이르렀는데 이들 가운데는 이 두 사람과 근본적인 신앙의 신념에 대하여 견해를 달리하는 자들까지도 상당수가 들어 있다. 그리하여 오늘날에도 어떤 보수주의 집단 내에서는 다음과 같은 논증이 일고 있다. 곧, 최초의 가르침은 구어가 아니었던가? 예수께서 사도들에게 하신 모든 말씀들을 그들로 다 생각나게 하도록 성령을 보내시겠다는 약속을 하지 않으셨던가?(요 14:26) 그렇다면 공관복음서가 서로 간에 그처럼 현저한 유사점을 보여 주는 것이 과연 이상스러운 일이겠는가? 만일 탈무드경을 철두철미하게 아는 유대교 학자들이 존재하고 있고, 신약성경 전체를 모두 다 기억하는 기독교 학자들이 존재하고 있음이 사실이라면, 어찌하여 최초의 증인들과 그들의 직계 추종자들이 우리에게 이와 같이 축어적으로 기억하고 있던 그리스도의 말씀들과 행적들을 전달해 주었다는 사실은 이상스럽게 생각해야 하겠는가? 마태가 개인적인 관찰에 의해서 기억할 수 있었던 그리스도의 말씀과 행적들을 거의 모두 다 그의 복음서에 기록할 수 있었고, 또 실제로 그리하였으며, 그리고 그가 필시 다른 최초의 증인들로부터 그가 중생하기 이전에 일어났었던 중요한 사건들에 관한 지식을 얻어낸 것은 사실이 아니겠는가? 사도 바울이 예수 그리스도의 구두상의 가르침을 매우 소중히 여겼던 것이 사실이 아닌가?(행 20:35; 고전 7:10; 9:14; 11:23-25; 살전 4:15) 그리고 사도들의 최초 제자들 가운데서 예수 그리스도의 말씀에 대한 관심과 그리스도의 직계 제자들의 말에 대한 관심이 지속되었다. 그리하여 이레니우스에 따르면, 사도 요한의 제자였던 파피아스의 말이 유세비우스에 의해서 다음과 같이 기록되어 전해지는 것이 아니겠는가.

"또 나는 내가 이제까지 장로들에게서 익히 배웠고 또 익히 기억하고 있는 바, 저들의 진리로 확신하는 모든 것들을 주석에 덧붙이는 일을 주저하지 않을 것이다. 이는 대부분의 사람들과는 달리 내가 말을 많이 하는 자들을 기뻐하지 아니하고 진리를 가르치는 자들을 기뻐하며, 다른 이들의 계율을 다시 해설하는 자를 기뻐하지 아니하고 주께서 참 믿음을 가진 자들에게 주신 계명들과 진리 그 자체에서 나오는 계율들을 다시 해설하는 자를 기뻐함이라. 그러나 만일 장로들을 따르던 자 중에 어느 누가 온다면, 나는 저에게 안드레나 베드로나 빌립이나 도마나 야고보나 요한이나 마태나 혹은 주의 제자 중 어떤 다른 자가 말하였던 바와 그리고 주의 제자들인 아리스티온(Aristion)과 장로 요한[51]이 말하고 있던 바를 캐물을 것이다. 이는 내가 책에서 얻는 지식은 나에게 살아 있고 변치 않는 지속적인 음성의 말씀만큼 큰 도움을 주리라고 생각지 않은 연고이다" (*op. cit.*, Ⅲ. xxxix. 3, 4).

구전설은 이 모든 것을 기초로 하여 전개되고 있다. 이 구전설은 한편으로 성문화된 간단한 어떤 문헌들을 마태와 마가 그리고 누가가 사용하였을지도 모른다는—예를 들면, 마태가 초기의 어떤 구약성경의 예언 성취 증거 문헌집을 입수했을지도 모른다는— 점을 인정하나, 이 세 공관복음서 저작자들 중 어느 한 사람이 나머지 두 저작자의 복음서들 중 어느 하나를 사용했을 것으로 믿을 만한 근거는 없는 것으로 진술한다.[52]

51) 혹은, "이미 언급된 요한." C.S. Petrie, "The Authorship of 'The Gospel according to Matthew': a Reconsideration of the External Evidence," *NTStud* 14 (1967년도 1월호), pp.15-32를 보라.

평가 : 이 설에 상당히 많은 사실이 포함되어 있다는 점은 부인할 수가 없다. 개인적인 관찰(마태와 요한의 편에서), 보고 들은 바의 축적인 전달 등과 같은 요소들은 복음서의 형성에 있어서 매우 중요한 역할을 했을 것임에 틀림이 없다. 이미 구약시대에 여호와께서는 자녀들에게 여호와의 율법을 가르치도록 명하셨다. 일단 분명한 진리 체계가 한 세대에서 다음 세대로 계속해서 전해 내려왔다. 이스라엘 자손들은 기억 공포증에 걸리지 않았다. 모세는 "하늘이여 귀를 기울이라 내가 말하리라 땅은 내 입의 말을 들을지어다…"(신 32:1 이하) 하는 노래를 써서 당일에 즉시 이스라엘 자손들에게 가르쳤다(신 31:22). 이와 마찬가지로 유다 자손들은 사울과 요나단의 죽음을 애도하는 노래 곧 활 노래를 배웠다(삼하 1:18). 아버지가 그들의 자녀에게 가르쳐 전한 일들은 그들의 손자들에게도 숨기지 않고 그대로 전해졌다(시 78:1 이하; 출 13:8; 신 6:7, 20-25; 11:19; 수 24:26-28도 보라).[53]

그러므로 공관복음서 문제는 모든 강조점을 공관복음서 사이의 문헌적인 관계 위에 두어서는 해결되지 않는다는 사실을 인정해야만 한다. 우리가 이제까지 아는 한, 예수께서는 그의 가르침 가운데 어떤 내용을 기록으로 남겨두신 일이 전혀 없다. 주께서는 직접 사람들에게 구두로 가르치셨다. 그리고 차례로 열두 제자와 그 밖의 다른 사람들도 역시 지명하여 구원의 기쁜 소식을 널리 그리고 멀리 전파하도록 파송하셨다. 그러므로 자연히 최초의 이러한 전달은 성격상 주로 구두상의 전달이었다(눅 6:12-16; 9:1, 2). 부활하신 후에 예수께서는 다시 제자들에게 말씀을 베푸셨다. 주께서는 저들에게 그가 분부한 모든 것을 사람들에게 가르쳐 지키게 함으로써 그의 증인이 될 것을 명하셨다(마 28:16-20; 행 1:1-3, 8). 바로 이 과업의 성취가 매우 중요하다는 사실이 가룟 유다의 자리를 대신하기 위하여 맛디아를 선택하여 사도의 수에 들게 한 사건에 관한 기사에

52) 이 설을 주장하는 자들로부터의 인용과 함께 구전설에 대한 뛰어난 요약이 H.C. Thiessen, *op. cit.*, pp.121-129에서 발견된다.

53) 유대인들 사이의 교육에 대한 간략한 요약과 참고 문헌에 관하여는 필자의 디모데후서 주석 3:14, 15을 보라.

서 분명해지고 있다(행 1:21-26). 그리스도의 증인이 되어야 할 필요성과 그 전통을 지켜야 할 가치를 강조하는 구절들은 사도행전 2:32; 3:15; 5:32; 10:39-43; 13:31; 22:15; 26:16; 로마서 6:17; 갈라디아서 1:9; 고린도전서 11:2, 23, 24; 15:8-11, 15; 빌립보서 4:9; 데살로니가전서 4:1; 데살로니가후서 2:15; 디모데후서 2:1, 2; 4:1-5; 히브리서 13:7, 8; 요한계시록 1:20(교회는 빛을 증거하는 자이다); 6:9; 11:1-13(두 **증인**); 그리고 20:4 등이다. 사도 마태 자신은 친히 눈으로 목격한 증인이었다. 사도 요한도 역시 마찬가지였다. 모든 자료들에 의하면, 마가는 그의 복음서 저작을 위한 정보와 지식을 친히 눈으로 목격한 증인인 사도 베드로에게서 제공받았다.[54] 누가도 역시 그의 정보와 지식 제공자들로서 친히 눈으로 목격한 증인들을 확보하고 있었다(그의 복음서 1:2을 보라). 누가는 가이사랴와 예루살렘에 각각 얼마 동안 머문 적이 있었다(행 21:8 이하). 그러므로 누가는 그의 복음서 저작을 위한 여러 세심한 조사를 할 수 있는 기회를 충분히 이용했음에 틀림없다. 누가는 예수를 친근히 따르던 수많은 사람들이 아직 살아 있을 때에 살았던 인물이라는 사실을 잊어서는 안 된다(고전 15:6).

다음으로, 친히 눈으로 목격한 증인들은 다른 이가 아닌 바로 예수 그리스도 그분에게서 그들의 메시지를 얻었다. 생명과 복의 말씀들을 하시고 또 친히 자신의 지상 체류와 죽으심과 부활, 그리고 승천에 의해서 그의 말씀들을 실증하여 보이신 이가 바로 그분이셨다. 예수께서는 **그 동일한** 기쁜 소식을 여러 **다른** 지방에서 그가 적합한 것으로 여기는 바에 따라 여러 **다양한** 어휘와 표현으로 전파하셨다. 이 어두운 세상에 휘황찬란한 빛이 비추인 것은 "세상의 빛" 되시는 바로 그분에게서였다. 예수의 제자들은 각기 다소 **다른** 목적을 가지고 서로 다른 형태로 그리고 각기 서로 다른 개성들을 살려서 이 **동일한** 메시지를 세상에 선포했다. 이러한 개인적인 관찰(어떤 이들의 편에서)과 구두상의 전달(모든 사람의 편에서) 요인이 복음서들—4복음서 **모두**이나 여기서는 우리의 목적을 위하여 특히

54) 앞의 pp.76-79를 보라.

공관복음서—에서 발견되는 다양성 중의 단일성을 설명함에 있어서 고려의 대상이 되어야만 할 것은 확실하다.

여기까지의 모든 내용은 받아들일 수가 있다. 그러나 그 모든 사실들이 구전설을 극단으로 몰고 가는 구실을 제공하지는 않는다. 누가가 구전과 성문화된 기사 자료들을 둘 다 인정하고 있음이 그의 복음서 1:1-4에서 밝혀진다. 세밀한 문헌상의 비교 결과들이 무시되거나 소홀히 다루어져서는 안 된다. 마태와 누가가 범위가 좁은 성문화된 자료들을 사용했을지는 몰라도 만일 저들이 보다 규모가 큰 자료—말하자면 전체의 완전한 복음서—를 사용하였다면, 이것은 저들의 지위를 단순한 편집자의 위치로 격하시킬 것이며, 이 견해가 성경 영감의 교리와 상충된다는 논증은 분명히 근거가 빈약하다. 또한 우리는 복음서 기자들이 각기 나름의 독특한 구상에 따라서 계속 그들의 주요 기사들을 중단시켰다가 그 후에 다시 그 중단하였던 지점에서부터 이어 나아가고 있음을 보았다. "구전설은 복음서 저작자들이 그들의 기록 순서를 다양하게 배열하고 있는 이 자유를 아무리 해도 도저히 설명해 낼 수가 없다."[55] 더욱이 요한복음 14:26에서 발견되는 그리스도의 약속이 복음서 저작자들에게 어떤 이적적인 기억력을 부여하리라는 것을 암시하는 것은 결코 아니다.[56]

공관복음서가 유래하게 된 양식을 설명함에 있어서 우리는 **구전**과 **성문화된 자료**들을 그것이 마치 양자택일의 문제나 되듯이 서로 상반되는 위치에 두고 보아서는 결코 안 된다. 각 복음서 저작자는 각기 나름의 목적에 적합한 양식으로 성령의 감동 감화와 지도하심 아래 구전상의 자료이든 문헌상의 자료이든 간에 최선의 자료들을 최선의 지혜로 사용하여 복음서를 저작했다. 따라서 다음의 인용들 속에는 상당한 지혜가 엿보이고 있다.

---

55) E.F. Scott, *The Literature of the New Testament*, p.28.

56) 마가복음 우선설에 대한 많은 반대자들이 마태의 기억력을 강조하는 반면에 베드로의 기억력 부족에 호소하여 마가복음에 마태복음의 긴 강화(講話)들이 빠져 있는 사실을 설명하는 이가 다소나마 있다는 것은 흥미로운 일이다! J. Chapman, *op. cit.*, p.38.

"그렇다면 비록 우리가 구전과 문헌에 각기 돌려야 할 영향력의 범위를 할당할 수는 없다 하더라도, 이들 두 전달 양식의 영향력만큼은 인정할 필요가 있어 보인다"(J.C. Hawkins. *op. cit.*, p.217).

"모르긴 해도 아마 그 자료들은 일부는 문헌이었고(누가복음 1:1-4을 보라) 일부는 구전이었을 것이다.… 이 복음서들은 이미 존재하던 문헌 조각들을 임의로 수집해서 엮은 편집물이 아니라, 예수 그리스도의 말씀과 행적, 죽으심 그리고 부활에 관한 풍부하고 다양한 전통을 어떤 목적을 가지고 구성한 저작물이다"(Herman Ridderbos, 이미 앞서 언급한 논문 중에서).

마지막으로 "마태복음과 마가복음 중 어느 것이 먼저 나왔을까?" 하는 질문은 다른 질문 곧 "공관복음서 저작자들이 어디서 그들의 자료를 얻었을까?" 하는 질문보다 결코 중요하지 않다. 오늘날 이 복음서 자료의 사도적 기원에 관한 증거는 점점 더 확실해지고 있다.

그 자신이 사도였던 마태에 관하여는 분명코 그가 자신의 "부르심" 이전에 있었던 사건들에 관한 지식은 그보다 앞서 부르심을 입었던 사도들이나 아니면 예수 그리스도로부터 직접 얻었을 것이다. 이 사실은 마태가 마가복음을 사용했을 가능성을 결코 배제하지 않는다.

마가에 관해서는 이미 앞서 지적한 바와 같이 그가 베드로의 동역자였다는 점에 전통적으로 의견의 일치를 보이고 있다. 또한 증거에 의하면 마가가 그의 복음서 자료 중 어떤 부분을 마태의 메모 자료에 의존하였음이 지적되고 있다. 베드로와 마태는 둘 다 열두 사도 중의 한 사람이었다.

누가에 관해서는 그가 간접적으로 사도들에 의존하고 있다는 사실—누가가 그의 복음서에서 제시하고 있는 바, 베드로에게서 마가에게로, 마가에게서 다시 누가에게로 전해진 자료—에 덧붙여 또한 마태의 메모 자료 역시 도움을 받았을 것임을 믿을 만한 충분한 이유가 있다. 어떤 이가 보는 바와 같이 누가는 마태의 복음서에서도 도움(각주 39) 참조)을 받았다. 크립스(F.L. Cribbs) "St. Luke and the Johannine Tradition," *JBL*, 90 (Dec. 1971)와 그보다 앞서 브룸필드(G.W. Broomfield)와 바틀리트(J.V. Bartlet), 핀들리(J.A. Findlay) 그리고 그 밖의 다른 이들은 누가복음과 또 다른 사도의 요한복음 사이에 축자적인 병행 부분이 존재하고 있음을 지적하였다. 하여튼 누가가 그의 복음서 자료를 그것이 구전이든, 문헌이든, 아니면 둘 다든 간에 처음부터 말씀의 목격자 된(눅 1:2) 자들에게서 얻었다는 사실에 대해서는 의심이 있을 수 없다.

강조점은 이 사실, 곧 복음서들에서 발견되는 자료는 최초의 증인들에게로 소급되어 올라갈 수가 있다는 사실 위에 놓여져야만 한다. 복음서에 사용된 언어의 특성과 거기에 서술 혹은 암시된 관습들 그리고 밝혀진 지명들과 생동감 넘치는 전개 등을 포함한 여러 증거들은, 우리가 여기서 매우 초기의 자료를 접하고 있다는 사실을 알려 주고 있다. 사실상 우리는 한 걸음 더 나아갈 수 있다. 곧, 이들 최초의 증인들을 통해서 모든 증거들이 다 살아 계신 주 예수 그리스도께로 소급하여 올라간다는 사실에 도달할 수 있다. 이 거룩한 기록들은 그 기원을 그리스도와 그를 보내신 성령께 두고 있다.

f. 결론적인 종합

문자적인 대조와 누가복음 1:1-4 그리고 고대 전승(예를 들면, 마가와 베드로 사이의 관계에 관한 전승)에 근거할 때, 다음의 종합은 공관복음서 문제의 부분적인 해결책을 포함하는 공정한 진술로 보인다.

(1) 3복음서가 그처럼 유사한 이유는 무엇인가?

(a) 동일한 원저작자이신 성령께서 3복음서 저작자들을 모두 감동시키셨기 때문이다. 또한 저들이 모두 다 동일하신 주 예수 그리스도의 말씀과 행적을 각각 그들의 복음서에 기록했기 때문이다.

(b) 세 저작자들 모두가 다 여러 동일한 사실에 대한 관찰을 기초로 하기 때문이다.

(c) 관찰된 사실들이 정확히 전달되었고 그리하여 3복음서가 전적으로 일치된 구전에 근거하여 저작되었기 때문이다.

(d) 또한 부분적으로 마태와 누가가 필시 마가의 복음서를 사용했을 것

이고, 세 저작자 모두가 다 마태의 초기 메모 자료들을 활용했을 것이다. 그리고 아마도 누가가 마태의 복음서도 역시 사용했을 것이므로 이로 말미암아 문헌상의 관계를 맺고 있기 때문이다.

(2) 3복음서가 그처럼 차이가 나는 이유는 무엇인가?

(a) 예수 그리스도 자신이 "천국 복음"을 여러 다른 장소에서 여러 다른 방법으로 선포하셨기 때문이다. 또한 예수께서 비슷한 일들을 여러 다양한 장소에서 행하셨기 때문이다.

(b) 동일한 예수 그리스도의 말씀과 행적을 각기 다른 증인들이 각기 다른 관찰을 했기 때문이다. 정직한 세 지성인이 예수 그리스도의 동일한 이적을 보거나 혹은 동일한 설교를 들을 때, 그들이 보고 들은 바는 일반적으로 정확히 동일한 것이 못 될 것이며, 그 세 증인들 각각의 독자적인 개성에 따라서 다양하게 받아들여질 것이다.

(c) 이들 증인들이 관찰한 바의 구두 전달은 비록 본질적으로 일치 조화를 이루기는 하겠으나 성격상 다양한 양상을 띠었을 것이기 때문이다.

(d) 마태의 메모 자료가 다소 광범위하게 사용되었을 가능성이 있다(pp. 64, 152, 157). 그리고 그 내용들이 복음서 저작자 각 개인의 판단에 따라 복음서의 다양한 위치에 삽입되었을 가능성이 있기 때문이다.

(e) 구전이었든 아니면 성문화된 문헌이었든 간에 자료들을 사용함에 있어서 각 복음서 저작자들이 각기 자신의 개성과 교육과 일반적인 배경에 따라서 각각 자신의 독자적인 구상과 목적에 맞도록 성령이 인도하시는 판단을 내렸기 때문이다.

B. 3복음서의 신빙성

1. 신앙과 낙관주의(*Faith and Optimism*)

성도들은 구두로든 문자로든 하나님의 말씀을 대할 때마다 항상 깊은 경외심으로 충만해진다. 이와 관련된 교훈적인 구절들을 우리는 열왕기하 22:8, 10-13; 23:1-3에서 찾아볼 수 있다. 곧, "대제사장 힐기야가 서기관 사반에게 이르되 내가 여호와의 성전에서 율법책을 발견하였노라 하고 힐기야가 그 책을 사반에게 주니 사반이 읽으니라 … 사반이 왕의 앞에서 읽으매 왕이 율법책의 말을 듣자 곧 그의 옷을 찢으니라. 왕이 제사장 힐기야와 사반의 아들 아히감과 미가야의 아들 악볼과 서기관 사반과 왕의 시종 아사야에게 명령하여 이르되 너희는 가서 나와 백성과 온 유다를 위하여 이 발견한 책의 말씀에 대하여 여호와께 물으라 우리 조상들이 이 책의 말씀을 듣지 아니하며 이 책에 우리를 위하여 기록된 모든 것을 행하지 아니하였으므로 여호와께서 우리에게 내리신 진노가 크도다 … 왕이 보내 유다와 예루살렘의 모든 장로를 자기에게로 모으고 이에 왕이 여호와의 성전에 올라가매 유다 모든 사람과 예루살렘 주민과 제사장들과 선지자들과 모든 백성이 노소를 막론하고 다 왕과 함께한지라 왕이 여호와의 성전 안에서 발견한 언약책의 모든 말씀을 읽어 무리의 귀에 들리고 왕이 단 위에 서서 여호와 앞에서 언약을 세우되 마음을 다하고 뜻을 다하여 여호와께 순종하고 그의 계명과 법도와 율례를 지켜 이 책에 기록된 이 언약의 말씀을 이루게 하리라 하매 백성이 다 그 언약을 따르기로 하니라."

우리는 또 다른 감명적인 예배에 관한 구절들을 느헤미야 8:1-6에서 발견한다. 곧, "이스라엘 자손이 자기들의 성읍에 거주하였더니 일곱째 달에 이르러 모든 백성이 일제히 수문 앞 광장에 모여 학사 에스라에게 여호와께서 이스라엘에게 명령하신 모세의 율법책을 가져오기를 청하매 일곱째 달 초하루에 제사장 에스라가 율법책을 가지고 회중 앞 곧 남자나 여자나 알아들을 만한 모든 사람 앞에 이르러 수문 앞 광장에서 새벽부터 정오까지 남자나 여자나 알아들을 만한 모든 사람 앞에서 읽으매 뭇 백성이 그 율법책에 귀를 기울였는데 그때에 학사 에스라가 특별히 지은 나무 강단에 서고 그의 곁 오른쪽에 선 자는 맛디댜와 스마와 아나야와 우리야와 힐기야와 마아세야요 그의 왼쪽에 선 자는 브다야와 미사엘과 말기야와 하숨과 하스밧다나와 스가랴와 므술람이라 에스라가 모든 백성 위에 서서 그들 목전에 책을 펴니 책을 펼 때에 모든 백성이 일어서니라 에스라가 위대하신 하나님 여호와를 송축하매 모든 백성이 손을 들고 아멘 아멘 하고 응답하고 몸을 굽혀 얼굴을 땅에 대고 여호와께 경배하니라."

이 본문들에서 성경이 낭독될 때에, 오늘날에도 많은 교회에서 그와 같이 행해지고 있듯이 청중들이 일제히 기립하여 주목하였다. 사람들은 하나님과 그의 영감으로 된 말씀 앞에 경외와 존경심의 발로에서 기립하였다. 이것은 구두이든 문자이든 간에 이 하나님의 메시지에 대한 청중들의 태도가 그들이 복을 받느냐 또는 받지 못하느냐 하는 문제를 크게 좌우하고 있음을 보여 주고 있다.

성경—여기에 복음서들도 포함된다—이 바로 하나님의 말씀인가 아닌가 하는 것은 하나님께서 친히 결정하신 문제이다. 출애굽기 20:1; 사무엘하 23:2; 이사야 8:20; 말라기 4:4; 마태복음 1:22; 사도행전 1:16; 7:38; 13:34; 로마서 1:2; 3:2; 4:23; 15:4; 고린도전서 2:4-10; 6:16; 9:10; 14:37; 갈라디아서 1:11, 12; 3:8, 16, 22; 4:30; 데살로니가전서 1:5; 2:13; 히브리서 1:1, 2; 3:7; 9:8; 10:15; 베드로후서 1:21; 3:16; 요한일서 4:6; 요한계시록 22:19을 보라. 그리고 마지막으로, 어느 구절 못지않게 중요한 디모데후서 3:16, 17의 "모든 성경은 하나님의 감동으로 된 것으로 교훈과 책망과 바르게 함과 의로 교육하기에 유익하니 이는 하나님의 사람으로 온전하게 하며 모든 선한 일을 행할 능력을 갖추게 하려 함이라"는 말씀을 보라. 이 거룩한 책들을 저작한 이들은 성령의 감동 감화와 "인도"를 받았다. 성경이 신자들에 의해서 믿는 마음으로 받아들여질 때는 항상 이 동일하신 성령께서 그 성경에 기록된 말씀으로 증거해 주신다. 그리하여 저들은 성경의 권위를 확신하게 되는 것이다. **웨스트민스터 신앙고백** 제1장 제5항을 참조하라.[57]

구두상으로든 문자상으로든 간에 하나님의 말씀에 대한 개인의 기본적인 태도는, 그 말씀을 대할 때 그에게 미치는 효력을 크게 좌우한다는 사실이, 나사렛에서의 그리스도의 전도에 관한 누가의 기사에서 매우 분명히 밝혀지고 있다. 나사렛의 청중들의 태도는 의혹과…불신이었다(눅 4:22). 그로 말미암은 결과는 생명의 말씀을 베푸신 바로 그분을 없이하고자 하는 시도로 나타났다(눅 4:28, 29). 그와 마찬가지로 또한 역사를 통하여 복음서들이 진리일 리가 없다는 **선입관**은 그 사람으로 하여금 오류와 모순점들을 찾도록 유도하였다. 이와 같은 내적인 정신 자세로 복음서들을 접하는 사람은 누구나 다 병행을 이루는 두 기사 사이에서 표면적으로 모순되는 것처럼 보이는 어떤 내용을 발견할 때마다 "모순이다!" 하고 소리치게 될 것이다. 그러한 사람들은 자주 그들이 모순점을 찾아내는 데만 혈안이 되어 있기 때문에 그러한 모순점들을 들추어내고 있다. 표면상으로 서로 모순되어 보이는 두 병행 기사를 억지로나 부자연스러운 해석을 가함이 없이 일치 조화시키고자 하는 정직한 시도는 그러한 자들에 의해서 **비학문적인 것으로 간주되어 배격을 받고 있다**. 머리 박사(Dr. J. Murray)는 기록하기를, "축자 영감 교리는 빈번히 반대자들에게 냉소를 받고, 기독교를 무감각하게 만들었던 중세 혹은 종교개혁 이후의 스콜라 주의의 잔여물로 간주되어 배격을 받는다"라고 하였다. 머리 박사는 이 교리가 자주 그것이 마치 기계적 영감설(성경은 그 기자가 기계적으로 받아 적은 것에 불과하다는 설)을 포함하고 있기나 한 듯이 잘못 해석되어, 결국에는 그것이 "복음서의 저작 과정에 있어서 인간편의 도구들이었던 저작자들 가운데 나타나는 다양성"을 설명할 여지를 남겨두지 않은 것으로 오해를 받는다는 사실에 주의를 환기시켰다.[58] 머리 박사는 "성경의 무오성을 배격하는 것은 성경에 대한 그리스도 자신의 증거를 배격하는

57) S.E. Anderson, *Our Dependable Bible,* Grand Rapids, 1960, pp.129-143과 또한 *The Infallible Word,* edited by N.B. Stonehouse and Paul Woolley, Grand Rapids, fourth printing, 1958, p.43, 44를 보라.

58) 각주 12)를 포함하여 *The Infallible Word,* p.39를 보라. 이러한 공격과 잘못된 주장이 아직도 계속되고 있음이 Warren Weaver의 훌륭한 논문 "Can a Scientist Believe in God?," *Reader's Digest,* May, 1968, p.131에서 분명해지고 있다.

것을 의미한다. 마지막으로 그리고 가장 날카롭게 지적한다면 바로 우리 주님의 증거의 완전 무결성은 이 신앙의 싸움에 있어서 결정적인 문제가 된다는 것이다" 하는 말로 결론을 맺고 있다.[59] 누가복음 24:44; 요한복음 5:39; 10:34, 35; 14:26; 16:13을 펴놓고 성경에 대한 그리스도의 증거의 성격과 그 내용에 관하여 자세히 살펴볼 시간을 갖는 사람이라면 누구나 다 머리 박사가 내린 이 결론의 말이 전적으로 옳다는 사실을 알게 될 것이다.

더욱이 불신앙은 **절망을** 낳는다. 반면에 신앙은 낙관주의를 낳는다. 복음서들은 죽은 자 가운데서 부활하사 영원히 사시는 그리스도를 신자들의 구주와 친구로 선언하고 있다. 세상을 이긴 이김은 참으로 이것을 믿는 믿음이다(요일 5:4). 구두상의 것이든 문자상의 것이든 하나님의 말씀을 거절하는 자들의 편에서는 그것이 **소각**(렘 36:22, 23)과 **왜곡**(막 14:57, 58; 롬 3:8; 6:1; 갈 1:8, 9)과 **경멸**(왕하 7:1, 2; 벧후 3:4)의 대상이 되어 왔다. 이는 성경의 시대들에 있어서 참으로 사실이었고 그와 같은 일들이 오늘날까지도 계속되고 있다. 그러나 때로는 저들의 거절이 단지 편파적인 것으로 보인다. 혹은 오랫동안 진리로 받아들여져 왔던 바를 버리는 과정에서, 성경에 대한 과학적인 이해를 증진시켜 주는 어떤 가치는 있으되 기본적인 시도는 결국 지지할 수 없는 주요 결론들에 이르게 하는 사상들을 가지고 여기저기서 출현하는 학식이 매우 많은 이들에 의해서 하나의 세련된 양태로 제시되고 있다. 그러한 경우들에 있어서 일어나는 일은 이러하다. 곧, 어떤 유명한 비평가에 의해서 대개 겉으로 보기에 도무지 거절할 수 없는 논증으로 신빙성 있게 확증된 바가 그 다음의 유명한 비평가에 의해서 공공연히 비난을 받게 된다. 이 두 번째 비평가 역시 전자와 마찬가지로 그 자신의 설을 학적인 연구를 토대로 하여 기초가 잘 다져진 결정적인 학설로 제시한다. 그러나 이 비평가 역시 사라질 때—혹은 그가 아직 사라지기도 전에!—는 다시 세 번째 비평가가 출현하여 전자의 설을 뒤엎고 또 다른 비판적인 견해를 아주 열정적으로 주장한다. 그러나 이 세 번째 설도 역시 한동안 크게 유행하다가 마치 별똥별과도

59) *Op. cit.*, p.40.

같이 순간적으로 반짝하고는 이내 사라져 버리고 만다. 지금 독자가 읽고 있는 본서는 하나의 주석서이지 복음서의 비평서가 아니므로, 여기서는 단지 필자가 염두에 두고 있는 바에 대한 몇몇 실례만을 소개하고자 한다. 그러나 그것만으로도 주요 주제는 분명해질 것으로 믿는다. 그 주요 주제는 "풀은 마르고 꽃은 시드나 우리 하나님의 말씀은 영원히 서리라!" 하는 말씀으로 끝맺고 있는 이사야 40:6-8에 아름답게 서술되어 있다.

2. 하르낙과 자유주의(*Harnack and Liberalism*)

a. 개설

독일의 루터파 교인 칼 구스타프 아돌프 하르낙(Karl Gustav Adolf Harnack, 1851-1930)은 교회사학 교수로, 도서관학자(베를린 왕립 도서관 관장)로, 그리고 저술가로 유명했다. 하르낙은 1899-1900년경 겨울 학기 동안에 베를린 대학교에서 강연을 했었는데, 이때 그는 뛰어난 강연으로 수많은 학생들을 매료시켰다. 이때 행하였던 그의 강연은 후에 먼저 독일어로(*Das Wesen des Christentums*), 다음에는 영어로(*What is Christianity?*, London, 1901) 각각 출판되었다. 이 강연들과 그 밖의 다른 강연들 그리고 하르낙의 생애와 그의 재능에 관한 수많은 사실들에서 비롯된 놀라운 영향은, 빌헬름 파우크(Wilhelm Pauck)가 그의 저서 *Harnack and Troeltsch: Two Historical Theologians* (Oxford, 1968)에서 아마 모르긴 해도 때로 지나치게 공감하여 객관성을 벗어날 정도로 묘사하고 있으나 아주 흥미롭다. 하르낙은 *The Origin of the New Testament*(London, 1925, *Die Entstehung des Neuen Testaments*의 영역본)와 모든 저서 중 가장 유명한 *History of Dogma*(7 Volumes, London, 1895-1900, *Lehrbuch der Dogmengeschichte*의 영역본)를 포함한 많은 저서들을 출간한 바 있다.[60]

---

60) 제목들의 열거에 관하여는 S.H.E.R.K., Vol. V, p.157, 158과 그 부록 *Twentieth Century Encyclopaedia*, Grand Rapids, p.492를 보라.

그러면 이 세계적으로 유명한 신학자가 예수 그리스도와 복음서 기자들의 신빙성에 관하여 무엇을 가르쳤던가? 그 대답은 하르낙이 당대의 "대표적 자유주의자"였다는 것이다. 자유주의의 견해에 의하면, 복음서 시대에 순수히 과학적으로 설명할 수 없는 사건들은 아무것도 실제로 일어나지 않았다. 자유주의적 견해에서는, 예수는 분명히 **고백적인 의미에서** 하나님의 아들이 아니라 단순한 인간이었다. 그러나 예수는 하나의 가장 놀라운 인간이요, 순수하고 겸손한 의의 교사요, 그와 정신적으로 하나 된 하늘 아버지에 대한 순전한 신뢰의 화신이었다. 그러므로 모든 사람들이 필요로 하는 바는 **예수를** 구속주와 부활하신 **주로 믿는** 믿음이 아니라 그가 행사한 믿음 곧 **예수의** 믿음이다. 이는 예수가 자신을 무리들에게 선포한 것이 아니라 아버지를 선포하였기 때문이다. 하르낙은 말하기를 "예수가 선포한 바 그 복음은 아버지에게만 연관시켜야 하며 아들과 연관시켜서는 안 된다"라고 하였다.[61] 이 자유주의의 견해에 의하면, 예수의 모범과 말씀을 깊이 생각하고 특히 마음에 새겨서 예수의 정신을 바로 파악하고 그리하여 고상하게 변화되어 하나님과의 친밀한 교제에 이르는 것은 어디까지나 인간이 성취해야 할 과업이다. 따라서 우리가 중요하게 생각해야 할 것은 예수가 무덤에서 실제로 육체의 부활을 하였다는 부활 **메시지**가 아니라 부활 **신앙**이다. 예수의 신앙은 우리의 생활 가운데서 지배적인 힘이 되어야만 한다. 이것이 자유주의의 입장이다.

복음서에 기록된 기사들의 신빙성에 관해서는 어떠한가? 하르낙이 보는 바에 의하면, 복음서들을 포함한 전 신약성경은 이미 실제의 역사적 사실들을 가리고 모호하게 만드는 하나의 전승에 불과하다.[62] 예수의 말씀과 행적 그리고 특히 그의 죽음의 독특한 양식과 그에 뒤따라 나오는 그의 부활에 관한 보도에 대한 자연적인 관심사는, 지상 교회를 그 죽음에 대하여 구원적인 의의를 부여하도록 이끌어 주는 여러 요인들 가운데 하나였다. 그러나 이와 같이 함으로써 그것은 예수 자신의 가르침의 핵심적인 강조점에서 벗어나고 있었다. 물론 이 새로운 발전—그것에 의하면

---

61) *What is Christianity?*, p.144.

62) *The Origin of the New Testament*, p.43. 44.

복음이 그리스도의 죽음과 부활을 통한 예언의 성취로 이루어진 하나님의 구원 계획에 관한 기쁜 소식을 의미하게 된 바—은 당장 갑자기 되어진 것이 아니었다. 그것은 점차적으로 발전하였다. 그것은 사도 바울에 의해서 전면에 부각되어 특수한 세력을 갖기에 이르렀다. 역사적으로 초대교회가 예수의 지상 생애로부터 분리되어 멀어지면 멀어질수록 오류들이 더욱더 그 진리를 가리웠다.

그러므로 이제 자유주의의 견해에 의하면, 우리가 **순수한 인간 예수**의 생애와 가르침에 관한 가장 참된 사실과 가장 생생한 모습을 보는 것은 베드로의 설교가 반영되어 있는 마가의 복음서에서이다. 이는 그 복음서에 기록된 **모든 것**이 신빙성을 지니고 있어서가 아니라, 그것이 우리로 하여금 역사적 예수와 그가 사시는 동안 행사하셨던 믿음에 관한 사실들의 핵심을 넘어 보다 정확하게 간파할 수 있도록 해 주기 때문이다. 그러므로 마가의 복음서는 교리적이기보다는 주로 역사적인 것이다. 마가의 복음서는 예수를 우리의 신앙의 대상으로서가 아니라 그 자신 한 사람의 신자로서 서술하고 있다.

b. 평가

자유주의의 성경에 기록된 역사에 대한 개조의 의심은 오늘날 모든 면에서 인정되고 있다. 그러나 그 **주요** 약점이 자유주의 자체에만 관계된 것이 아니라 그 주의의 어떤 부분에 반대해서 일어난 학파들까지도 관계되어 있으므로, 자유주의의 근본적인 결점에 관한 논의는 이들 상반되는 설을 다 개설하고 평가할 때까지 미루기로 한다. 하지만 한 가지 중대한 결점은 당장에 언급될 수 있다. 곧, 그것은 자유주의 입장의 개조설은 마가의 복음서를 크게 잘못 해석하고 있다는 점이다. 이는 그 복음서가 예수를 마치 단순한 인간에 불과한 분으로 묘사하는 것이 아니라 참으로 하나님의 아들이시요, 찬양과 경배의 대상이 되시는 분으로 서술하기 때문이다. 사실상 마가복음의 기독론은 **본질적으로** 마태와 누가, 요한 그리고 사도 바울의 기독론과 동일하다! 물론 마가복음에서 그리스도의 **인간적**

인 면이 전체를 통해서 분명히 가르쳐지고 있으며 또한 전제되어 있다는 사실은 부인되지 않는다(2:16; 3:9, 31; 4:38; 6:5; 13:32; 15:37). 그러나 이 복음서 저작자에 의하면, 그리스도의 인성과 신성, 이 두 품성(전문적인 신학 술어)은 전적으로 완전히 조화를 이룬다. 이것은 어떤 구절들을 연구할 때 우리가 틀림없이 발견하게 되는 사실이다(4:38, 39; 6:34, 41-43; 8:1-10; 14:32-41 등등). 마가의 복음서가 그리스도의 신성을 무시하고 그의 인성만을 강조하고 있다는 견해는 분명히 잘못된 것이다. 이 복음서 저작자는 예수를 참된 **하나님의 아들**로 서술하고 있다. 더욱이 이 명칭은 마가 자신에 의해서(1:1)[63]만이 아니다. 마가에 의하면 귀신들(3:11; 5:7)과 백부장(15:39)[64]과 하늘 아버지—아들의 세례(1:11) 및 그의 용모 변화(9:7)[65]와 관련하여—와 예수 자신(14:61, 62)에 의해서 그에게 적용되고 있다. 어떤 의미에서 그 명칭이 지극히 존귀한 것으로 받아들여져서, 그를 배격한 자들이 이 일을 다름 아닌 참람죄로 간주했던 것이다(막 14:63, 64).

그러나 예수에 관한 마가의 견해에 대하여 어떤 결론에 이르기 위해서는 우리가 이 복음서 저작자가 "하나님의 아들"이시요, 또한 사람의 아들("인자")이신 그리스도에게 돌린 **명칭들**만을 제한하여 고려해서는 안 된

63) 이 구절에서 *υἱοῦ Θεοῦ*라는 말의 확실성에 관한 논의는 여러 마가복음 주석들에서 찾아볼 수 있을 것이다. 여기서는 Grk. N.T. (A-B-M-W)가 비록 괄호 속이긴 하지만 그 본문에 이 말을 포함시키고 있다는 점을 말하는 것으로 충분하리라고 본다.

64) 백부장이 말한 이 칭호를 그리스도인들이 그 칭호 안에서 보는 바 온전한 의미—마치 그가 영원하고 본질적이며 동등하신 아들을 염두에 두고 있었던 것으로—로 해석하는 것이 잘못일진대, 그의 말을 단지 "확실히 이 사람에게서는 신성의 빛이 엿보였다"는 정도의 의미로 해석하는 것 역시 잘못이 아니겠는가? 후자의 해석은 그 문맥(막 15:39 **전체**)과 마태복음 27:54의 병행 구절을 완전히 무시하고 있다. 백부장은 참으로 초인간이 못 되는 그가 땅을 진동시키고 바위를 터지게 하고 무덤들이 열리게 하는 등의 일을 할 수 있다고 생각하였을까?

65) 더욱이 아버지께서는 예수가 세례를 받으신 이후 혹은 용모가 변형되신 일이 있은 후에야 **비로소** 하나님의 아들이 **되었다**고 선언하지 않으셨다. 아버지께서는 예수를 "내 사랑하는 아들," 그의 아들 따라서 독특한 의미의 아들로 선언하셨다.

다. 이 고귀하신 분의 말씀과 행적에 관한 마가의 **기사들** 역시 함께 연구되어야만 한다. 그리할 때 가장 고상한 의미의 아들의 신분이 여기에 언급되어 있음이 분명해지게 될 것이다. 마가에 의하면 그가 서술하고 있는 분은 **질병**과 **귀신**들과 **죽음**의 영역을 최고의 권능으로 다스리신다. 그리하여 그분은 여러 가지로 병든 모든 자들을 고치시고, 귀신을 내쫓으시고(1:32-34), 눈먼 자와 벙어리 등을 고치시며(8:22-26; 10:46-52), 나병 환자를 깨끗하게 하시고(1:40-45), 심지어는 죽은 자를 일으키시기도 하신다(5:21-24, 35-43). 그분은 또한 일반 자연의 영역에서도 권능을 행사하신다. 곧 그분은 바람과 바다를 잠잠하게 하시고(4:35-41), 바다 위로 걸으시고(6:48), 무화과나무를 시들게 하시며(11:13, 14, 20) 그리고 떡 몇 덩이로 수천 명의 주린 무리를 배불리신다(6:30-44; 8:1-10). 그분의 미래에 관한 지식은 매우 상세하고 포괄적이어서 장차 예루살렘과 세상과 그의 제자들(13장)과 그리고 그 자신에게(9:9, 31; 10:32-34; 14:17-21) 무슨 일이 일어날 것인지를 정확히 예언하신다. 그의 권세 또한 그처럼 뛰어나서 오직 하나님 한 분만 하실 수 있는 방식으로 죄 사함을 선언하신다(2:1-12, 특히 5절과 7절을 보라). 그의 위엄의 절정은 그가 죽으셨다가 다시 살아나신 부활 사건에서 드러나고 있다(16:6).

마가가 이 예수를 신앙의 대상으로 서술하고 있는지 어떤지에 관해서는 이 질문 역시 이미 위에서 언급된 바에 사실상 암시되어 있듯이 강력하게 긍정적으로 답변되어야만 한다. “하나님의 아들 예수 그리스도”는 곧 그의 오심이 예언에 따라 사자 혹은 길 예비자를 요하는 주로 소개되고 있다(1:1-3). 예수 그리스도는 다름 아닌 천사들의 수종을 받으시는 분이시다(1:13). 그는 성령으로 세례를 받으시고(1:8), 안식일에도 주인이 되시며(2:28), 친히 열두 제자를 지명하여 세우시고(3:13-19), “자기 고향 사람들”에 의해서도 **믿음 안에서** 영접 받으실 권리를 가지시고(6:6에 암시된 바와 같이), 사람들을 명하여 자기를 따르고 영접하도록 하시는 권세를 가지시고(8:34; 9:37), 다윗이 가리켜 “주”라 칭한 바로 그분이시다(12:37). 그리고 또한 “인자”로서 장차 어느 때에 구름을 타고 큰 권능과 영광으로 다시 오사 천사들을 보내어 자기가 택하신 자들을 땅 끝으로부

터 하늘 끝까지 사방에서 모으실 분이시다(13:26, 27).[66]

3. 브레데와 회의주의(*Wrede and Skepticism*)

a. 개설

그러므로 마가복음에 관한 자유주의의 견해가 그 명맥을 유지할 수 없었던 것은 놀랄 일이 못 된다. 그 견해의 주요 지지자들이 아직 살아 있을 때에 이미 공격을 받고 있었다. 그 주요 반대자들 가운데 한 사람이 바로 독일의 신약학자 빌헬름 브레데(Wilhelm Wrede)였다.[67] 브레데는 짧은 생애 중에(1859-1906) 마가의 복음서가 교리적이라기보다 주로 역사적이며, 예수를 경배의 대상으로 제시하는 일에 실패했다는 견해가 하나의 오류임을 거듭거듭 강조하였다. 브레데는 이 오류를 그의 잘 알려진 저서 *Das Messiasgeheimnis in den Evangelien*(1901년도 출판)과 또한 그의 사후에 출판된 저서 *The Origin of the New Testament* (London and New York, 1909, *Die Entstehung der Schriften des Neuen Testaments*의 영역본)에서 상술하고 있다. 이 책은 원래 평신도에게 행한 일련의 강연들을 수록하고 있다. 그 문체는 명쾌하고 알아듣기 쉽게 되어 있다. 브레데는 모든 사람이 다 쉽게 이해할 수 있는 말로 자신의 뜻을 표현하는 희귀한 재능을 가지고 있었다. 그는 마태와 누가만 아니라 마가도 역시 예수 그리스도를 신앙의 대상으로 서술하고 있다는 견해를 옹호하였다(pp. 50, 71 등).

만일 브레데가 여기서 그쳤더라면 그는 기독교 학문의 대의에 큰 공헌

66) 비록 "나를"("in me" 혹은 "on me")이란 구(句)에 관하여 본문상의 문제점이 있긴 하나 "나를 믿는 이 작은 자들"(막 9:42)이란 표현에도 역시 주목하라.

67) Wrede의 주요 저서 총 목록에 관하여는 S.H.E.R.K. Vol. XII, Grand Rapids, p.444를 보라. 그의 *Paul*(*Paulus*의 역서), London, 1907에서 Wrede는 예수와 바울을 뚜렷하게 대조시키고 있다. Wrede가 생각하는 바에 의하면 바울은 예수의 제자가 아니라 제2의 기독교 창시자였다. J. Gresham Machen은 그의 명저 *The Origin of Paul's Religion*, Grand Rapids, 1947에서 이 견해를 논박하고 있다.

을 끼쳤을 것이다. 그러나 그는 여기서 그치지 않고 더 나아가 비록 복음서들이 예수를 신앙의 대상으로 서술하고 있음은 사실이나, **복음서 저작자들이 이 일을 수행함에 있어서 오류를 범하였다**는 주장을 내세우기에 이르렀다. 그가 믿는 바로는 이 복음서들이 우리에게 초기 기독교 사회에 대한 주관적인 견해들을 서술해 준다는 것이다. 다시 말해서 복음서들이 예수의 실제 역사를 수록하고 있지 않다는 것이다. *The Origin of the New Testament*(p. 73)에서 브레데는 말하기를, "우리가 이렇게 말하는 것이 좀 애석한 듯이 보이기는 해도 마가복음 역시 예수의 생애를 결코 단순히 사실 그대로 서술하고 있지 않다"라고 하였다. 브레데는 자신의 저서 *Messiasgeheimnis*(메시아의 비밀)에서 마가의 책을 자가당착적이며 신빙성이 결여된 것으로 서술하고 있다. 마가의 복음서는 우리에게 예수께서 가장 경이적인 이적들을 베풀었으나 그 사실들을 사람들에게 알리는 것을 금하셨던 일을 들려준다. 예수께서는 제자들에게 자기 자신을 메시아로 나타내시나 이 사실을 다른 사람들에게 드러내지 못하도록 명하셨다. 어찌하여 그리하셨을까? 브레데의 견해에서 해결책은 이러하다. 곧, 처음에는—곧 예수의 생애 중에는— 제자들이 그를 메시아로 생각한 적이 결코 없었을 뿐더러 예수 자신도 자기를 메시아로 선언한 일이 없었다. 그러나 초기 기독교 사회는 부활에 의해서 예수가 메시아가 되었다고 믿었다. 브레데에 의하면, 이것이 바로 사도행전 2:36; 로마서 1:4에 반영되어 있는 신앙이었다. 따라서 초대교회는, 예수의 메시아 직분을 믿는 유리한 입장에서 과거의 사실들을 돌이켜 봄으로써, 만일 예수가 그의 생전에 사람들 가운데 다니실 당시에 장래의 메시아였다면, 그는 이 초기에도 이미 그의 미래의 위엄을 알고 있었으며 또한 그에 대한 어떤 증거들을 제시했을 것이 틀림없다는 추론을 하기에 이르렀다. 그리하여 마가(그리고 어느 정도 다른 복음서 저작자들 역시)에 의해서 메시아 직분이 이 십자가의 죽음 이전의 날들로 거슬러 올라가게 되었다. 그러나 예수 자신의 명령에 따라서 그의 메시아 직분이 그 당시에는 비밀로 지켜졌었던 것으로 서술하게 되었다. 예수의 부활 이후로 그의 메시아 직분은 공공연히 드러날 수 있게 되었다.

그러므로 브레데는 복음서들이 조작된 문서들임이 분명하다고 생각했다. 다시 말해서 신빙성이 없다는 것이다.

b. 평가

브레데는 그의 결론들을 단순한 신학적 견해나 편견 혹은 선입관에 물들지 않은 진지한 연구와 조사의 결과로 제시하는 습관을 가지고 있었다. 그의 저서 *The Origin of the New Testament*, p. 4를 보라. 이와 같이 듣는 사람 혹은 읽는 사람의 편에서 전개해 나가는 논리를 신뢰하도록 유도한 다음, 수많은 단순한 견해들을 마치 그것이 확증된 사실이기나 한 것처럼 제시하고 있다. 예를 들면 (1) 바울은 현상의 보다 밝은 면을 보지 못한 사람이었다(p. 16). (2) 갈라디아서 3:16에 나오는 바울의 추론은 순전히 랍비주의적인 것이다(p. 20). (3) 예수의 가르침과 바울의 가르침 사이에는 현저한 차이가 있다(p. 23). (4) 바울은 지금은 사라지고 없는 라오디게아서(a letter to the Laodiceans)를 저술하였다(p. 26). 그리고 (5) 에베소서는 바울이 저술하지 않은 서신으로 단순히 골로새서의 확대 서신에 불과하다(pp. 40, 43)[68] 등의 견해가 바로 그것이다.

그리고 그 동일한 책에서 복음서들의 기원과 신빙성을 논의하는 중에 브레데는 (6) 마태복음과 **마가복음**(그가 마태복음과 **누가복음**을 가리키고 있는 것인지?)에 나오는 예수의 어린 시절에 관한 역사들은 순전히 신화로 간주되어야 하며(p. 61), (7) 또한 인간의 모든 전승은 수정과 변경을 수반한다(p. 70)고 전제하고, 이것을 마가의 복음서와 그의 메시아 비밀을 포함한 우리의 복음서들이 신빙성이 있는 것으로 간주될 수 없는 이유들 중의 하나로 제시하고 있다. 이에 대하여 우리는 그러한 입증되지 않은 가설적인 주장들에 의문을 제기할 권리가 있다.

---

68) 필자는 이 모든 문제들을 필자의 신약 주석 각 권에서 논의한 바 있다. 그러므로 (1)에 관하여는 빌립보서 주석 서론을, (2)는 갈라디아서 주석 3:16, 17을, (3)은 갈라디아서 주석 2:12 이하; 5:1, (4)는 골로새서 주석 4:16을, 그리고 (5)는 에베소서 주석 서론을 각각 보라.

4. 슈바이처와 비관주의(*Schweitzer and Pessimism*)

a. 개설

보편적으로 독자적인 명료성과 활기를 띤 필치로 서술되어 있는 브레데의 철두철미한 회의주의는 그대로 간과될 수가 없었다. 이에 대한 반응들이 제기되었다. 그중 어떤 것은 브레데의 입장을 지지하는 우호적인 반응이었고 어떤 것은 반박하는 비우호적인 반응이었다. 이제 그 두 경우들의 예를 각각 살펴보도록 하자.

그러면 먼저 상당히 심한 **비우호적** 반응으로 간주될 수 있는 바, 알자스 카이제르스베르크에서 태어난 개신교 신학자 알베르트 슈바이처(Albert Schweitzer, 1875-1965)의 반응을 살펴보자. 슈바이처는 우리 시대에 낯선 사람이 아니다. 거듭거듭 신문과 잡지들이 그의 이름을 실어 일반 대중들의 주의를 끌게 하였다. 음악을 전공하는 사람들은 아직도 여전히 고전으로 간주되는 요한 세바스찬 바흐(Johann Sebastian Bach)에 관한 훌륭한 자서전과 해설서의 저작자로서 슈바이처를 기억할 것이다. 또 한편 대부분의 사람들은 슈바이처를 박애주의자요, 노벨상 수상자요, 그리고 아프리카 대륙에 건너가서 그곳의 가난하고 버림받은 비참한 사람들을 위하여 실제로 자신의 생애를 희생한 의료 선교사로 기억할 것이다. 슈바이처가 가봉(아프리카 적도 부근에 위치한 전 프랑스령, Gabon)에 있는 랑바레네(Lambarene)에 병원을 설립하기 위해서 자신의 목회직과 교수직을 떠난 것이 1913년도였다. 이 병원을 설립하기 위한 기금을 마련할 목적으로 몇 차례 강연과 연주 여행을 떠난 일 외에는 슈바이처는 90세를 일기로 세상을 뜨기까지 아프리카 사람들 가운데 머물러 있었다. 수면병과 말라리아, 상피병(象皮病, elephantiasis) 그리고 나병에 걸린 환자들을 포함한 거의 온갖 질병에 처하여 고통을 겪는 비참한 사람들을 위하여 그가 바친 봉사의 가치는 아무리 높이 평가해도 지나치지 않을 것이다. 슈바이처는 모든 사람이 다 각기 자기에게 주어진 시간을 다른 사람들을 위해서 봉사해야 한다는 신조를 가지고 일했고, 수많은 아프리카 사람들에게 크게 사랑을 받았다. 사실 그가 큰 강조점을 두었던 문제들 가운데 하나는 **인간**만이 아니라 **모든 생명체**의 존엄성이었다. 심지어는 병원에서도 모기들을 잡아 죽여서는 안 된다고 말할 정도였다.

그러나 우리의 목적하는 바를 위하여 조사 연구를 요하는 것은 특히 **신학자**로서의 슈바이처이다. 그의 간략한 논문 *The Secret of the Messiahship and the Passion*은 1901년도에 인쇄되어 나왔다. 그런데 바로 그날 브레데의 *Messianic Secret in the Gospels*도 역시 출판되었다. 슈바이처의 간략한 논문은 그 후에 *The Quest of the Historical Jesus*(*Von Reimarus zu Wrede*의 영역본, 1906)로 확대 출판되었다. 그의 여러 다른 저작들 가운데 특히 신학자들의 관심을 끌었던 것으로는 *Paul and His Interpreters*, 1912; *The Mystery of the Kingdom*, 1914; 그리고 *Christianity and the Religions of the World*, 1923이 있다.[69]

그런데 어떤 의미에서 슈바이처의 선구자는 브레데였다. 이것은 적어도 두 가지 면에서 사실이다. 즉, (1) 두 사람 다 앞서 개설한 바 있는 예수의 인격에 대한 자유주의의 개조된 견해를 배격하였다. 슈바이처는 말하기를, **그** 나사렛 예수는 "합리주의에 의해서 고안된 모습에, 자유주의에 의해서 생명이 부여되고, 현대 신학에 의해서 역사적인 의상이 입혀져 있다"라고 하였다.[70] (2) 두 사람 다 복음서에 나오는 종말론적인 요소를 강조하였다. 다시 말해서 둘 다 **복음서에 의하면** 예수의 생각은 아직 발생하지 않은 극적인 사건들로 가득 차 있었다는 사실을 강조하였다. 그러나 두 사람 사이의 차이점은 이것이다. 즉, 브레데는 이 예수의 생각 속에 있는 현저한 종말론적 요소를 **비역사적인 것**으로 간주한 반면에, 슈바이처는 그것을 **역사적인 것**으로 보았다는 점이다. 혹은 달리 표현하자면, 브

---

69) 홍미진진하면서도 신학적인 관심사가 있는 것이 좀 더 일반적인 주제들에 관한 그의 저서들이다. 그와 같은 저서들에는 *On the Edge of the Primeval Forest*, 1922; *The Decay and Restoration of Civilization*, 1923; *Out of My Life and Thought*, 1933; 그리고 *Indian Thought and Its Development*, 1936 등이 있다.

70) *The Quest of the Historical Jesus*, p.396.

레데가 **마가의 교리**, 곧 메시아의 비밀 교리로 간주한 바를 슈바이처는 **예수 자신의 신앙**으로 보았다는 점이다. 달리 말해서 슈바이처는 브레데의 철두철미한 회의주의를 참을 수가 없었다. 비록 슈바이처 자신은 이적들을 배격하고 있으나 복음서를 대개 역사적인 것으로 받아들이기를 거절하는 브레데의 입장에 대해서는 어떠한 정당성도 찾지 못하였다. 만일 마가가 예수를 장차 일어나게 될 일에 골몰한 분으로 제시하였다면 그 당시 분위기에 종말론이 배어들지 않았던 것이 무엇이겠는가? 그렇다면 어찌하여 예수께서 그의 **오심**의 위대성과 그의 **미래**의 나라에 관하여 말씀하는 것이 그처럼 이상스러운 일이 되어야 하는가? 결국 예수의 열렬한 소망에 관한 마가의 서술을, 초기 기독교 사회와 특히 마가에 의해서 조작된 하나의 왜곡에 지나지 않는 것으로 간주해야 할 어떤 충분한 이유가 있는가?

그러나 우리가 예수와 하나님의 나라에 관한 슈바이처 자신의 견해들이, 브레데의 신학 입장보다는 보수주의의 신학 노선에 더 일치된다는 생각을 갖지 않도록 하기 위해서, 만일 당장에 우리의 신의를 브레데에서 슈바이처에게로 옮긴다면, 우리가 단순히 오류에 대한 책임을 마가에게서 예수 자신에게로 전가시키는 결과밖에 되지 않는다는 사실이 분명히 언급되어야 할 것이다! 슈바이처에 의하면, 마가보다는 예수 자신이 훨씬 더 비극적인 오류를 범하였고 의혹을 당한 사람은 바로 예수 자신이었다는 것이다.

슈바이처의 신학적인 저서들—특히 *The Mystery of the Kingdom*—에서 우리는 의사요 음악가요 동시에 신학자(혹은 철학자)에 의해서 해석된 바, 복음서에 따른 예수의 생애에 대한 다음과 같은 요약을 이끌어낼 수 있다.

예수의 공생애는 매우 짧은 기간에 지나지 않았다. 예수는 여름, 씨 뿌리는 계절에 그의 사역을 시작하여 그 다음 해 유월절 절기 중에 십자가 위에서 사역을 마쳤다. 세례를 받을 때 예수는 자기가 장차 메시아가 되리라는 사실을 알게 되었다. 그러나 예수는 새날이 밝아올 때까지 그 일을 모르는 것으로 덮어두고 지내야만 했다. 산상설교를 통하여 예수는 온유한 자와 화평하게 하는 자 등이 복이 있다고 가르치고 있다. 그들은 장차 임할 천국을 위하여 예정된 자들이라는 의미에서 복이 있다고 가르쳤다. 이 설교의 정신이 모든 시대에 대해서 가치가 있다. 이는 윤리가 종교의 본질이기 때문이다.[71] 그럼에도 불구하고 이 땅에 새로운 도덕, 점진적으로 발전해 나아가는 안정된 윤리적 사회를 건설하는 것이 예수의 목적은 결코 아니었다. 반대로 예수가 생각하고 있던 나라는 바로 뜻밖에, 초자연적으로 그리고 악이 완전히 정복당하게 될 파국적인 우주의 격변에 의해서 도래할 것이었다. 따라서 예수가 선포한 윤리는 실제로 "잠정적인 윤리", 곧 초자연적으로 임하게 될 완전 상태를 목적으로 하는 윤리였다. 예수는 신적으로 세워지게 될 이 종말론적인 나라를 위한 준비로써 사람들에게 회개할 것을 선포하셨다. 그러나 그 나라의 도래에 앞서 신자들이 함께 나누어 져야 할 짧은 환난의 시기가 지나가야 했다. 이 환난은 일종의 시련일 뿐만 아니라 현시대에서 지은 죄에 대한 보상이요 속죄가 되는 것이었다. 예수는 제자들을 명하여 전도 여행을 떠나게 하고, 저들이 돌아오기 전에 그 나라가 갑자기 파국적으로 도래할 것을 기대한다. 소위 이적적인 먹이심에 의해서 그는 무리들을 성별하여 그 나라로 들어가게 한다. 변화산상에서 예수는 제자들 중 세 사람에게 그의 메시아 직분의 비밀을 나타낸다. 어떤 자는 그를 메시아의 사자로 간주한다. 그러나 예수는 이제 그 나라가 훨씬 더 가까이 다가왔고, 자기 자신이 메시아이며 세례 요한은 자신의 사자임을 지적한다. 제2 이사야(40-55장)의 예언을 통해서 예수는 그 나라가 보편적인 환난이 없이 이룩되는 대신에 자기 자신이 많은 사람들을 위하여 고난을 받아야 할 것임을 발견한다. 그러나 대부분의 그리스도의 추종자들은 메시아 직분의 비밀을 눈치채지 못한다. 그러므로 예수의 예루살렘 입성은 많은 무리들이 메시아로서가 아니라 한 사자 혹은 길 예비자로서 존경하고 따르는 이에게 베푼 개선식이다. 유다는 예수의

71) 비록 Schweitzer가 자유주의적 입장을 공격하긴 하였으나, 그럼에도 불구하고 어떤 점-핵심적인 면-에서는 여전히 자유주의자로 남아 있음이 특히 다음 저서에서 분명해지고 있다. 곧, *The Quest of the Historical Jesus*, p.397, 그리고 *My Life and Thought*, p.73 이하.

메시아 직분에 대한 선언의 비밀을 알아내어 그것을 대제사장들에게 밀고한다. 그들은 예수를 죽일 음모를 꾸민다. “니산월 열나흘 오후 해질녘에 그들이 유월절 어린 양을 먹을 때 그는 큰 소리를 지르고 운명하였다.” 그는 “새 하늘과 새 땅을 도래하게 하는 일에 절망하여” 죽었다. 그의 생애는 비극으로 끝났다. 철저한 비관과 환멸로 끝을 맺었다. 이는 그 나라가 임하지 않았기 때문이다.

b. 평가

위에서 제시한 내용 가운데는 어느 정도 평가할 가치가 있는 항목들이 있다. 곧, (1) 슈바이처는 브레데가 배격하는 복음서의 기사들 중 많은 부분을 역사적인 사실로 간주한다. (2) 슈바이처는 그 나라를 세우는 이는 사람이 아니라 하나님이며 그 나라는 곧 “하나님의 나라”라는 점을 강조한다(마 6:10 참조). 그리고 (3) 슈바이처는 예수의 가르침 가운데서 “하나님의 나라”는 궁극적으로 종말론적 실체, 곧 구속받은 모든 신자들의 뜻과 하나님의 뜻이 완전히 일치될 미래의 복된 상태라는 사실을 바로 인식하고 있다(마 13:40-43; 19:28, 29; 25:34; 막 9:47; 눅 12:32; 13:28, 29; 21:31을 보라. 참조. 고전 6:9, 10; 15:50; 갈 5:21; 엡 5:5; 살후 1:5).

그러나 이 점을 말한 다음에는 슈바이처가 범하고 있는 오류의 요소들 또한 반드시 지적해야 한다. 곧, (1) 복음서들의 절정적인 끝맺음을 슈바이처는 그의 철두철미한 비관주의적인 용두사미의 끝맺음으로 승리를 비극으로 대치시켜 놓았다. (2) 슈바이처는 그의 종말론적 예수가 어떻게 해서 그의 자유주의적 예수와 화해할 수 있게 되었는지를 설명하는 일에 실패하였다. (3) 슈바이처가 예수에 관해 서술하는 것처럼, 처음부터 거의 마지막에 이르기까지 강박 관념에 사로잡혀 고통을 받는 예수가 과연 완전하고 정상적인 정신을 가진 것으로 간주될 수 있을지에 대해서는 의문이다. 그러므로 슈바이처가 의학박사 학위를 취득하기 위해서 *The Psychiatric Estimate of Jesus*(Boston, 1948, *Die Psychiatrische Beurteilung Jesu*의 영역본)의 주제에 관한 논문을 쓴 것은 놀랄 만한 일이 못 된다. 그리고 (4) 그 나라의 종말론적인 국면이 마치 그 나라의 모든 국면을 대표하는 것처럼 거기에만 치중한 슈바이처의 일방적인 강조는 예수께서 그 나라(왕권 혹은 왕적 통치)는 현재적이며 계속적으로 발전하며 영적인 실체라는 사실을 강조하신 구절들(마 12:28; 19:14; 막 4:26 이하; 10:15; 12:34; 눅 7:28; 17:20, 21)의 전체적인 연결 관계를 무시하고 있다.

하르낙의 설이나 브레데의 설과 마찬가지로 슈바이처의 설도 역시 비교 검토되고 성경에 비추어 그 결함이 발견되었다. 앞서 언급한 바와 같이 이 견해와 그리고 앞의 견해들의 주요 약점이 무엇인지에 관한 논의는 뒤로 미루는 것이 좋을 것이다.

5. 불트만과 급진주의(*Bultmann and Radicalism*)

a. 개설

제1차 세계대전 직후 독일의 몇몇 학자들은 그리스도의 말씀의 구두 전달과 그의 행적들에 관한 기록들의 어휘에 그들의 관심을 집중시키기 시작하였다. 그들은 예수의 가르침과 그에 관한 기사들이 그의 죽음과 복음서들이 기록된 시기에 유포되었던 양식을 연구하기 시작하였다. 그들은 이 연구를 하는 중에 복음서들의 문헌 분석에 대한 일방적인 강조는 위의 제2장 A항에서 지적한 바와 같이 "사소한 보상"을 얻는 데 그쳤다는 사실로 인해 용기를 내게 되었다. 이 새로운 과업을 떠맡은 학자들 가운데 두 사람의 이름이 현저히 뛰어났는데, 그들은 곧 마르틴 디벨리우스(Martin Dibelius)[72)]와 루돌프 불트만(Rudolf Bultmann)이다. 만일 브레데가 회의주의자 혹은 불가지론자였다고 한다면 불트만은 급진주의자로 불려도 부당하지는 않을 것이다.

불트만은 1884년 8월 20일 독일의 비펠스테데(Wiefelstede, 그 당시에

72) Dibelius는 독일 Saxony Dresden에서 태어난 루터파 신학자(1883-1947)였다. Berlin에서 교수한 후(1908-1915) 그는 Heidelberg의 신약학 교수로 임명받고

는 the Grand Duchy of Oldenburg였다)에서 태어났다. 복음주의적 루터파 목사의 장남으로 태어난 불트만은 튀빙겐(Tübingen), 베를린(Berlin) 그리고 마르부르크(Marburg) 대학교에서 신학을 연구하였다. 불트만에게 강력한 영향을 끼쳤던 사람들 가운데는 **튀빙겐의** 교회사 학자인 칼 뮬러(Karl Müller)가 있었고 **베를린의** 그 유명한 아돌프 하르낙(앞서 논의된 바 있다)과 잘 알려진 구약학자 헤르만 궁켈(Herman Gunkel, 1862-1932)이 있었다. 부세트(J.F.W. Bousset)와 더불어 성경문학에 대한 "종교사적" 접근을 발전시킨 사람이 바로 궁켈이었다. 예를 들면, 그는 창세기를 설화 혹은 전설들을 모아 엮은 하나의 전설집 혹은 설화집으로 취급하고 있다. 이 같은 시도는 결국 오늘날 많은 사람들에 의해서 곧 바로 디벨리우스와 불트만에게로 연관지어지는 용어인 양식비평(Form Criticism)으로 발전되었다. **마르부르크에서** 불트만에게 영향을 끼친 인물은 요하네스 바이스(Johannes Weiss)였다. 불트만의 저서들에는 바이스의 종말론적인 강조가 반영되어 있고 또한 박사 학위를 목표로 그의 연구를 계속하도록 격려한 사람도 바이스였다. 불트만 자신이 사의를 표하고 있는 다른 마르부르크 대학교 교수로는 아돌프 율리허(Adolf Jülicher)와 빌헬름 헤르만(Wilhelm Hermann)이 있다.

불트만은 2년의 훈련을 거친 후에 신약성서를 강의하게 되었다. 그가 신학계를 그 근저까지 뒤흔들어 놓은 저서 *The History of the Synoptic Tradition*(**공관복음서 전승사**)[73]를 저작한 것은 브레슬라우(Breslau)에서 강사로 재직하는 동안이었다. 이 저작의 요약된 보급판이 바로 *The Study of the Synoptic Gospels*(**공관복음서 연구**)이다.[74] 불트만이 **양식**

(1915) 그곳에서 임종 시까지 재직하였다. Dibelius는 "양식사학파의 창시자"("The founder of the School of Form Criticism")로 불렸다. 바울의 소서신서 주석들과 예수와 바울에 관한 저서들, 그리고 몇몇 다른 저서들 외에도 그는 *From Tradition to Gospel* (*Die Formgeschichte des Evangeliums*의 역서), New York, 1935을 저술했다.

73) 독일어 명칭 *Die Geschichte der Synoptischen Tradition*, 1921. Göttingen에서 초판(1957년 3판). 그 영역본은 1963년에 New York과 Evanston에서 각각 출판되었다.

비평에 관한 자신의 소견들을 전개시키는 것이 바로 이 저서들에서이다.

1921년부터 그의 은퇴 시 곧 1951년까지 불트만은 마르부르크에서 신약학 및 초기 기독 교회사학 교수로 재직하였다. 거기서 재직하는 동안에 그는 독일 알피르스바흐(Alpirsbach)에서 개최되는 복음주의 신학회에서 강연해 달라는 초청을 수락하였다. 그의 논문 "New Testament and Mythololgy"("신약성경과 신화론")는 바로 이 강연에 기초를 두고 있다.[75] 불트만의 신약성경에 대한 두 번째 논점 곧 **비신화화**(Demythologization)가 일반적으로 연관을 맺는 것은 바로 이 논문(후기 저작들)과 더불어서이다. 그러나 불트만의 두 가지 논점—양식 비평과 비신화화—은 서로 밀접하게 연관되어 있다. 사실상 몇몇 저작자들의 견해에 의하면 불트만의 두 번째 논점의 요지가 이미 그의 첫 번째 논점에 암시되어 있다.[76]

그렇다면 신약성경 특히 복음서들에 대한 불트만의 입장은 어떠한 것

---

74) 이것은 속표지에 "*Form Criticism, A New Method of New Testament Research,* including *The Study of the Synoptic* Gospels by Rudolf Bultmann, and *Primitive Christianity in the Light of the Gospel Research* by Karl Kundsin, Translated by Frederick C. Grant"라고 되어 있는 책 pp.5-75에서 찾아볼 수 있다. 그 책은 1934년 Chicago와 New York에서 각각 출판되었다. Bultmann 부분의 독일어 원서 명칭은 *Die Erforschung der Synoptischen Evangelien*으로 되어 있다.

75) 그 논문은 1941년에 처음 발표되었고 1948년에 Hans-Werner Bartsch 편집으로 *Kerygma und Mythos I* 이라는 제목으로 재판되었으며, 1953년 London에서 *Kerygma and Myth:* A Theological Debate라는 제목으로 영역 출판되었다.

76) 그의 다른 저서들과 Bultmann에 관련된 저서들, 그리고 그 외에 Bultmann에 관한 설명적이며 비평적인 뛰어난 자료에 관하여 필자는 P.E. Hughes(편집), *Creative Minds in Contemporary Theology*, Grand Rapids, Michigan, 1966, pp.131-159에 나오는 R.D. Knudson의 기고 논문과 그 책 pp.160-162에 나오는 참고 문헌 목록을 추천한다. 또한 *Origins of the Synoptic Gospels*, pp.168-175에 나오는 N.B. Stonehouse의 가치있는 해설과 *Paul before the Areopagus*, Grand Rapids, 1957, 제5장에 나오는 그의 해설 역시 보라. 정기 간행물에 관하여는 Bruce M. Metzger(편집자), *Index to Periodical Literature on Christ and Gospels*, Grand Rapids, 1962, pp.171-177; 188-191을 보고 또 Bultmann 아래에 나오는 p.559의 Index를 보라. 그리고 가장 최근의 문헌들(서적과 논문들)에 관하여는 *New Testament Abstracts*의 최근 간행물을 보라.

인가? 불트만이 브레데의 저서 *Messianic Secret in the Gospels*(복음서들에 나타난 메시아 비밀)를 "의심할 여지 없이 이제 지나간 세대의 복음서 연구 분야에 있어서 가장 중요한 저서"[77]라 칭한 사실이 그 속내를 잘 드러내 주고 있다. 양식 비평에 관한 그의 저서들에서 불트만은 자신의 논증을 다음과 같이 전개시키고 있다. 불트만은 본래의 전승이 대부분 짧고 단편적인 단위들로 이루어져 있었으며, 이적에 관한 이야기들(그리고 예수에 관한 다른 이야기들)과, 경구들(지적된 말씀들에서 그 절정에 이르는 짧은 이야기들), 비유들, 잠언들, 예언들, 율법에 관한 말씀들 그리고 전설들과 같은 고정된 형식을 갖추고 있었으리라는 확신을 갖고 있다. 그 외에도 수난에 관한 좀 더 확대된 기사와 그 뒤에 나오는 부활에 관한 기사도 역시 있다. 더 나아가서 불트만은 이러한 단편적인 단위 중 많은 것들이 외부의 자료들, 곧 예수의 실제 역사적인 말씀이나 행적으로부터가 아니라 유대의 묵시 사상과 랍비적인 기원들 그리고 헬레니즘으로부터 유래된 것으로 믿는다. 이러한 본래의 자료들에 시간과 장소의 암시 그리고 그 밖에 다른 흥미 있는 내용들이 가미되었다. 자연히 그 이야기들은 불어나게 되었다. 예를 들면, 마가복음(9:17)은 한 아버지가 그의 귀신 들린 아들을 예수에게로 데리고 왔다고 진술하고 있다. 누가복음(9:38)은 이 아들이 **독자**였다는 말을 덧붙이고 있다. 또한 마가복음(3:1)은 예수에게 고침을 받은 한쪽 손 마른 자에 관하여 언급하고 있다. 그런데 누가복음(6:6)은 우리에게 이 사람의 고침 받은 손이 **오른편** 손이었다고 들려주고 있다.

이 단위들을 하나씩 논의해 본다면 먼저 **이적에 관한 이야기들**이 있다. 불트만은 이 이야기들을 헬레니즘의 설화와 관련시켜서 언급하고 있는데, 그 설화 중 하나에 의하면 무당이 귀신 들린 자의 코앞에 어떤 고리를 가져다 대고는 그에게 귀신을 내쫓는 효력을 가진 어떤 뿌리의 냄새를 맡게 하여 그 귀신을 내쫓는다는 것이다. 또 다른 어떤 설화에 따르면 뱀에 물린 발이 처녀 무덤의 비석 조각으로 치료될 수 있다는 이야기 등이다.

77) *The Study of the Synoptic Gospels*, p.22.

경구들(*Apothegms*)은 두 가지로 분류될 수 있다. 곧, (1) 유대적인 환경에서 형성된 것들과 (2) 후기 헬레니즘 시대에 속하는 것으로 나눌 수 있다. 첫 번째 부류에 속하는 경구들은 자주 질문과 반문 혹은 짧은 비유들(때로는 둘 다 동시에)로 이루어져 있다. 마가복음 2:19; 3:4, 24-26 등을 보라. 두 번째 부류에 속하는 경구들은 "…바리새인들이…묻거늘 예수께서 대답하여 이르시되…"(눅 17:20, 21)와 같은 형식으로 시작된다. 그러나 때로 언급된 말씀과 그 전체의 뼈대 사이의 느슨한 관계는 단지 **그 말씀**만 예수의 말씀인 반면에 **그 문맥**은 후기에 보충하여 넣은 것이었음(막 2:15-17; 7:1-23; 10:2-12)을 보여 주고 있다.

비유들 역시 불트만에 의하면 적어도 부분적으로는 그 기원을 후기의 상황에 두고 있다. 때로 본래는 하나의 단순한 핵심적인 교훈("비유의 3분의 1")을 지닌 아주 짧은 실제의 비유였던 것이 각각의 상징들이 별개의 의미를 가지는 확대된 은유로 바뀌었다. 예수에게 기원을 두지 않는 해석이 초대교회의 필요를 충족시키기 위해서 덧붙여졌다. **씨 뿌리는 자**의 비유(막 4:1-20)와 **가라지**의 비유(마 13:24-30, 36-43)를 보라.

이와 마찬가지로 많은 **잠언들**이 예수에게 그 기원을 둔다. 예를 들면, "마음에 가득한 것을 입으로 말함이라"(마 12:34 하반절)가 그러하다. 또한 마태복음 6:34 하반절; 24:28; 누가복음 12:2, 3, 16-20 등도 보라. 불트만이 보고 있는 바와 같이, 우리는 이 중에 많은 것들이 역시 예수에게 그 기원을 두지 않을 가능성이 있는 것으로 봐야 할 것이다. 그것들은 유대의 잠언적인 전승(지혜 문학)에서 나온 것이었을지도 모른다.

예언들에 관하여도 불트만이 주장하는 바에 의하면, 어떤 것은 의심할 여지 없이 틀림없는 예수의 말씀이나, 다른 어떤 것은 필시 그리스도의 죽음 이후에 일어난 초대교회의 기독교 선지자들에 의해서 말해진 예언일 것이라고 한다. 초기 기독교 선지자들이 말한 예언의 형식에는 "볼지어다, 내가 문밖에 서서 두드리노니…"(계 3:20), "보라 내가 도둑같이 오리니…"(계 16:15), 그리고 복음서에서도 "보라 내가 너희를 보냄이 양을 이리 가운데로 보냄과 같도다"(마 10:16 상반절)와 같은 말씀들이 속한다.

다음에는 **율법에 관한 말씀들**, 곧 정결(막 7:15, 16)과 이혼(막 10:11,

12)과 반론들("…하였다는 것을 너희가 들었으나 나는 너희에게 이르노니…," 마 5:21, 22 등)과 그리고 구제와 기도와 금식에 관한(마 6:2-18) 말씀들이 있다. 이 중에 많은 것들이 또한 예수에게 그 기원을 두지 않고 초기 기독교 사회에 기원을 두고 있을지도 모르나, 그 정신만큼은 예수의 정신이다. 불트만에 의하면, 예수를 말미암지 않고 초기 기독교 사회로 말미암은 구절들 가운데에는 또한 "내가 율법이나 선지자를 폐하러 온 줄로 생각하지 말라"(마 5:17); 훈련에 관한 규율들(마 16:18, 19; 18:15-22); 선교의 규칙들(마 10:5-16); 그리고 대사명(마 28:19, 20; 참조. 눅 24:49)까지도 포함된다.

전설들은 수난과 부활에 관한 기사들 가운데에 풍부하게 들어 있는 것으로 말하고 있다. 예수는 실제로 십자가 위에서 죽었으나 그가 육체적으로 다시 살아난 것은 결코 아니라고 말한다. 불트만에 의하면, 우는 여자들에 관한 이야기(눅 23:27-31)와 유다의 죽음에 관한 이야기(마 27:3-10)와 그리고 무덤을 지킨 파수꾼들에 관한 이야기(마 27:63-66)는 신앙적인 공상과 변증적인 관심의 산물들이다. 그 밖의 다른 전설들은 예수의 시험과 용모 변화에 관한 이야기들인 것으로 말하고 있다. 예수의 세례에 관한 기록도 역시 전설적인 요소에서 벗어난 것으로 간주되지 않는다.

이 모든 것으로부터 불트만에게는 복음서들이 예수의 말씀과 행적들에 대한 그리 큰 증거가 못 되고 있음이 분명해진다. 그에 의하면 복음서들은 오히려 초기 기독교 사회의 신앙에 대해서 증거하고 있다. 복음서들은 그 당시 기독교 사회의 생활환경, 특히 그 당시의 선교적 열심과 훈련, 예배의식 그리고 교리 문답식의 교훈에서 비롯되는 필요의 부산물로 간주되어야만 한다. 그러므로 대부분 예수 자신에 관한 역사적 사실들은 우리의 손이 닿지 않는 곳에 있다. 불트만은 예수의 단 한마디 말씀에 대해서도 그 진정성에 관한 확실한 증거를 제시하기가 불가능하다고 말한다.[78] 그럼에도 불구하고 불트만은 예수의 역사적인 메시지가 일련의 일관된

78) Bultmann에게는 예수의 말씀뿐만 아니라 그의 생애 역시 의문의 대상이 된다. 그는 자신의 의혹을 이렇게 표시하였다. 곧, "우리는 예수의 인격과 삶에 관하여 거의 아무것도 알 수가 없다"(*Jesus and the Word,* p.8).

구절들에서 분명히 드러난다고 주장한다. 그 예를 들면, "누구든지 자기 목숨을 구원하고자 하면 잃을 것이요 누구든지 나와 복음을 위하여 자기 목숨을 잃으면 구원하리라"(막 8:35)와 같은 구절이 그것이다. 또한 누가복음 9:60, 62; 11:31, 32; 12:54-56; 14:26, 27 등도 역시 보라.

그러므로 불트만의 양식 비평은, 실제로 예수 자신에게로 돌려질 수 있는 바—윤리적이며 종말론적인 그의 가르침의 본래 요소—를 찾아내기 위해서는, 우리가 그 기록에서부터 편집상 첨가된 요소 혹은 다듬어 놓은 요소뿐만 아니라 또한 십자가의 죽음 이후에 일어난 상황들을 반영하고 있는 요소들 역시 무엇이나 다 제거해야 한다는 것을 암시한다. 복음서들의 실질적인 부분은 그 기원을 팔레스타인 밖에 두고 있었던 것으로 말하고 있다.

그러므로 진정한 자료—예수의 실제적인 말씀과 행적—에 도달하기 위해서는 복음서들이 과감히 축소되어야만 할 것이다. 이미 암시된 가지치기가 민간전승과 그리고 문학적이며 역사적인 발전의 확립된 법칙들에 따라 행해져야만 한다. 그리할 때 예수가, 하나님 보시기에 인간은 전적으로 무가치한 존재라고 가르쳤다는 사실이 분명해질 것이다. 인간이 그의 아버지로부터 용서와 구원을 받아야 하는 것은 어린아이로서다. 하나님은 그의 앞에서는 모든 것이 무로 사라지는 궁극적인 실체이시다. 인간에게 구원을 가져올 수 있는 것은 오직 미래뿐이다. 이 미래를 바라보고 인간은 **지금** 세상이든 하나님이든 어느 한 편을 위한 결정을 내려야만 한다.

불트만의 양식 비평에 관한 저서들에서 그의 「신약성경과 신화론」에 이르는 길은 아주 작은 시작에 불과하다. 이 논문과 몇몇 그의 후기 저작들에 의하면, 신약성경은 그 자체가 신화적인 용어로 표현되어 있다는 것이다. 더욱이 그 신화들이 유대의 묵시문학과 영지주의의 구속 전설들(Gnostic redemption-legends)로부터 유래된 것이라는 주장이다. 불트만에 의하면, 신약성경 기자들은 그들이 살던 시대와 그들이 영향을 받은 사상들에 일치하여, 위로 하늘과 아래로 땅 그리고 땅 아래 지옥으로 이루어진 삼층 우주관을 받아들였다. 땅 위의 인간의 생활은 자연과 마찬가지로 초자연적인 행위자들, 곧 하나님, 천사들, 사탄 그리고 귀신들의 영향권 아래에 놓여 있는 것으로 간주되었다. 하늘 위의 한 존재가 인간에게 구원을 가져다주기 위하여 땅 위로 보냄을 받았다. 이 영광스러운 인물인 그리스도는 이적들을 행하고 인간의 죄를 위하여 대속을 행함으로써 악령들을 정복한다. 그런데 이 그리스도는 비록 죽임을 당하고 무덤에 장사까지 지낸 바 되었으나 다시 살아난다. 그는 하늘로 오르셔서 지극히 높임을 받아 아버지의 우편 보좌에 앉으시고, 그가 산 자와 죽은 자를 심판하기 위하여 권능과 위엄 가운데서 다시 이 땅 위에 임할 때까지 그 능력과 권세의 보좌에서 우주를 다스린다.

불트만은 오늘날 그러한 항목들을 **역사**로 간주하는 것은 불가능한 일로 생각한다. 과학적 세계관으로 교육을 받은 현대인들은 이러한 계획이 인과 관계에 역행한다는 점을 알고 있다. 불트만은 그러므로 육체적인 부활은 결코 일어나지 않았으며, 그러한 신앙은 필시 죽어가다가 다시 살아나는 신들에 관한 헬라의 관념에 그 기원을 두는 것으로 확신한다. 따라서 진정한 역사적 실체에 이르기 위해서는 그것을 가리고 있는 **껍질**을 벗겨냄으로써 신약성경의 교훈의 **핵심**을 간파할 필요가 있다. 다시 말하자면, 신약성경에 덧입혀져 있는 모든 신화적 요소들을 빠짐없이 다 제거하고 거기에 남는 것만을 붙잡아야 한다는 것이다. 그러므로 이러한 작업을 이름하여 **비신화화**(*Demythologization*)라고 한다. 자유주의는 확실히 이 작업부터 시작하였다. 그러나 불트만에 의하면 그 일이 만족스러울 정도에 이르려면 아직도 멀었다. 그것은 여기서 조금 저기서 조금 가지치기를 함으로써 실제적인 진정한 "예수의 생애"에 도달할 수 있으리라는 견해였다. 그러나 그것은 전적으로 불가능하다.

하지만 이제까지 말해 온 바는 다음의 두 가지 한정된 사실을 명심하지 않을 때 불트만의 실제적인 입장을 오해하는 데로 쉽게 빠지게 될 것이다.

(1) 불트만이 보는 비신화화는 전적으로 새로운 어떤 발견이 아니다. 고대의 철학자들 중에 어떤 이들이 이미 그들 자신의 종교에 대하여 비신화화를 적용시킨 바 있었다. 더욱이 그것은 "외부로부터" 성경에 적용시킨

해석상의 도구는 참으로 아니었다. 그 반대로 신약성경 저작자들 자신이 그 방법을 따랐다. 바울이 그것을 따르고 있다. 마찬가지로 그보다도 더욱 철두철미하게 요한도 그리하고 있다.

(2) 죽은 과거인 단순한 "역사"(Historie)와 살아 있는 현재인 "역사"(Geschichte) 사이의 구별을 이해하게 될 때, 우리는 비록 복음서들이 취하고 있는 신화론적인 양식이 우리에게 과거의 사실(Historie)을 되찾아 주는 일에는 실패하고 있다 하더라도, 그것이 현재 이 순간(Geschichte)에 우리에게 제시되고 우리로 어떤 결정을 내려야 할 필요성에 직면하게 할 때는 그것이 절대적인 중요성을 지니게 된다는 사실을 알 것이다. 이는 그것이 우리에게 하나님의 아들의 초자연적인 탄생과 죽음 그리고 그의 부활을 선포할 때, 그것은 실제로 우리에게 우리 자신의 경우에는 무슨 일이 일어나야 할 것인가를, 혹은 우리 자신의 경우에 반드시 일어나야 할 일을 실제로 말해 주기 때문이다. 새로운 탄생(혹은 중생)을 체험하고 그리스도와 함께 십자가에 못 박히고 그와 함께 다시 살리우심을 받아야 할 사람은 바로 **우리들**이다. 하나님의 은혜와 능력으로 우리의 전부, 우리의 전 **존재**를 그에게 완전히 복종시켜야 할 사람은 바로 **우리들**이다. 그러므로 신학(the doctrine of God)은 실제로 인간학(the doctrine of man)이다.

이 시점에서 우리는 아직 이름이 언급되지 않은 두 인물, 곧 덴마크의 철학자 키르케고르(Sören Kierkegaard)[79]와 독일의 철학자 하이데거(Martin Heidegger)가 불트만에게 끼친 영향을 발견한다. 하이데거는

---

79) Sören Kierkegaard는 덴마크의 영향력 있는 철학자였다. 그의 짧았던 비극적 생애는 우울증에 사로잡혀 있었는데, 이러한 성격은 아버지로부터 물려받았다고 전한다. Kierkegaard는 형식적인 기독교를 공격했다. 이러한 공격에서 그는 죽은 정통 종교를 배척하였을 뿐만 아니라 또한 모든 신조들 역시 거부하는 극단으로 치우쳤다. 더욱이 그는 조직화된 기독교와는 아무런 관계도 가지려 하지 않았다. 그는 자기 당대의 기독교를 소위 고상한 에피쿠로스주의("Refined Epicureanism")에 불과한 것으로 묘사하였다. 그는 진정한 신앙을 내적인 것, 곧 하나님께 대한 올바른 내적 관계로 보았다. 그에 의하면 **위기**의 순간에 인간은 하나님을 찾든가 아니면 대적하든가 어느 한 편을 택하게 된다. 이 **결정**은 항상 반복되는 것임에 틀림없다. 사

1922년부터 1928년까지 마르부르크에서 교수로 재직했다. 그러므로 하이데거가 마르부르크에서 재직한 기간은 불트만 자신이 그곳에서 교수로 재직하던 기간(1921-1951)의 일부가 된다. 다른 사람들 가운데 특히 이들 두 인물(키르케고르와 하이데거)이 계발, 발전시킨 철학 운동 혹은 사상 체계는 **실존주의**(Existentialism)로 불린다. 이 사상 체계는 인간의 **실존**이 순수한 과학적 용어 혹은 철학적 용어로 서술될 수 있는 영역을 벗어난다는 사실을 강조한다. 이 체계는 인간이 그의 전 **실존**으로 더불어 들어갈 수 있는 어떤 선택 혹은 결정을 내릴 필요성이 있음을 보여 주기 위하여 불안, 고통, 죄의식 등과 같은 강렬한 실제 현상을 강조한다. 예를 들면, 우리가 이민을 갈 것인지 가지 않을 것인지, 혹은 어떤 특정한 사람과 결혼해야 할 것인지 하지 않을 것인지, 혹은 죽음을 어떻게 대면해야 할 것인지, 혹은 복음의 부름에 어떻게 응해야 할 것인지에 대해서 어떤 결정을 내릴 때, 그 모든 경우에 있어서 우리의 사고(思考)는 우리가 단순한 이론상의 수학적인 문제를 풀고자 할 때와는 다른, 어떤 훨씬 더 고차원적인 수준에 올라선다는 것이다. 달리 말하자면 **실존적** 사고(existential thinking)는 **사변적** 사고(speculative thinking)보다 더 고차원적이라는 것이다.

실상 그리스도인의 삶이란 불안과 염려의 삶이다.

그 당시의 조직화된 기독교와 특히 기독교 지도자들에 대한 공격은 Kierkegaard를 극도로 과로에 빠지게 만들어 그의 몸을 허약하게 했고, 결국 그것이 원인이 되어 그는 스스로 자신의 죽음을 재촉하고 말았다. 당시 그의 공격의 대상이 되었던 바 종교에 관련된 것은 무엇이나 다 순전히 형식적인 것에 불과했다(예를 들면, 순전히 입술만 움직이는 기도와, 마음이 담겨 있지 않고 순전히 낭독에 그치는 설교와, 사랑을 잃어버리고 순전히 빈 껍질인 하나의 조직체로 변해 버린 교회 등). 반면에 그가 강조한 바 마음의 종교는 공감적인 반응을 불러일으키기도 하였다. 그러나 Kierkegaard가 객관적인 것들을 주관화시키고, 성경에 계시되어 있고 기독교 신조들 속에 요약되어 있는 진리 체계 자체를 경시한다는 사실을 깨닫게 될 때, 우리는 그가 위험스러운 방향으로 나아가고 있음을 본다. **참된** 객관성이 없는 주관적 종교란 도대체 무엇이란 말인가? S.H.E.R.K., Vol. Ⅵ, pp.330, 331에 나오는 F. Nielsen의 논문 *Kierkegaard, Sören Aaby*를 보라. 그리고 또한 *Christelijke Encyclopaedie*, Vol. Ⅲ, pp.383-387에 나오는 V. Hepp의 논문도 역시 보라.

따라서 이와 같은 영향을 받은 불트만은, 참신앙은 오직 하나의 실존적인 반응, 곧 하나님과의 **만남**에 의해서만 가능하다고 가르친다. 그 만남의 순간은 영원으로 채워진다. 구원 사건은 끊임없이 반복해서 일어나는 체험으로서, 말씀이 마음에 부딪치고 듣는 자가 위로부터 오는 능력에 의해서 자아로부터 하나님께로, 죄로부터 거룩으로 돌이켜 향할 때마다 일어난다. 불트만이 보는 바와 같이, 이것은 거듭거듭 하나님이 인간을 어떤 결정, 어떤 종말론적인 취지를 가진 선택, 곧 그 선택자의 전 미래에 대해서 의의를 가지는 결단을 내려야 할 필요성에 직면하게 하는 공공 예배의 중요성을 크게 부각시키고 있다. 복음서들이 **비록 그 신화적인 양식으로라도 적절히 해석된다면** 듣는 자들에게 부딪쳐 실제적인 의미에 이르게 하는 것은 이와 같기 때문이다. 교회 생활에 있어서 교인들이 그리스도와 더불어 죽고 그리스도와 더불어 다시 사는 것도 이와 같은 이유이다.[80)]

b. 평가

긍정적인 측면에서 다음과 같이 말할 수 있다.

(1) 비 보수적인 집단 내에서는 복음서 저작 이전 시기의 구전에 대한 관심의 집중이 뒤늦게야 이루어졌다. 입에서 입으로의 전달은 실로 항상 보수적인 입장이 되어 왔던 바 이처럼 새로이 강조될 가치가 있다.

(2) 복음서 자료들에 대한 유형별 혹은 양식별 분류는 구전 가능성 있는 경로 연구에 도움이 되는 외에도 다른 종교 문학과 세속 문학에 있어서의 "유사점"을 비교하는 일을 용이하게 해 준다.

---

80) Bultmann의 Karl Barth에 대한 관계를 말하자면, 이들은 참신앙을 하나님의 말씀에 대한 바른 반응(그들이 생각하고 있는 반응)으로 보는 점에서 의견의 일치를 보였다. 그러나 시간이 흐름에 따라 두 사람의 생각이 빗나가기 시작하였다. Knudsen (*op. cit.*, p.133)은 Barth의 Marburg 방문이 그 토론을 흥분의 도가니로 몰아넣었을 것이라는 점에 주의를 환기시키고 있다. Herman Ridderbos, "Rudolf Bultmann", *Torch and Trumpet*, Vol. XV, No. 9 (1965년 11월호) pp.12-15 역시 보라.

(3) 복음서들이 예수의 모든 말씀들을 그대로 녹음한 것이거나 그의 모든 권능의 행적들을 그대로 녹화한 것이라기보다는, 오히려 교회의 필요에 따라서 그리고 분명한 목적을 염두에 두고 저작한 요약서라는 사상은 요한복음 20:30, 31; 21:25에 의해서 확증된다.

(4) 참신앙은 전 인격이 포함된 태도와 활동이다. 따라서 참신앙이 어떤 결단에서 비롯되는 하나의 완전한 자기 복종이라는 진술은, 우리에게 여호수아 24:15과 마가복음 12:29-31에 기록되어 있는 예수의 말씀들을 상기시켜 준다.

이와 같은 문제들이 **성경에 계시된 바 예수 그리스도 안에서의 하나님의 완전한 객관적 계시**를 믿는 어린아이와 같은 참 믿음과 결합되었더라면 그것들은 매우 값진 공헌을 하였을 것이다. 그러나 애석하게도 현재 논의 중인 운동에 있어서는 '성경에 계시된 바 예수 그리스도 안에서의 하나님의 완전한 객관적 계시' 의 내용이 결여되어 있다. 그러므로 근본적으로 우리의 평가는 예리한 부정적인 평가가 될 것이다. 곧,

(1) 유사성은 그 출처를 입증해 주지 않는다. 주위 여러 나라의 민간 전승과 문학에 나타나는 표면적인 병행 자료들의 발견이, 복음서 단편들이 이러한 외부의 자료들에서 유래되었다거나 혹은 그것들과 본질상 동일하다는 사실을 입증해 주는 것은 아니다. 어느 정도 표면적인 유사점은 아주 당연한 것이다. 이는 복음서의 저작자들이 동시대를 살았던 인물들이라는 이 단순한 이유 때문에 그러하다. 그들의 저작들은 어떤 공백 상태에 그 기원을 두지 않았다. 그와 반대로 그 내적 본질을 간파하는 즉시 우리는 뚜렷한 대조를 보게 된다. 곧, 복음서들에 기록되어 있는 바 예수께서 행하신 이적들은 마술 행위가 아니었다는 것이다. 불트만이 언급하고 있는 바—예를 들면 뱀에게 물린 다리는 처녀 무덤의 비석 조각으로 치료될 수 있다는 등의 이야기— 바로 그 병행 자료들이 그의 설을 논박하고 있다. 불트만 스스로가 인정하듯이 과도하게 종교사학파(the history of religion school)의 영향을 받았던 것이 분명하다.

(2) 명확한 이유를 제시하지 않고 어떤 주어진 문맥으로부터 한 본문을 분리해 내서 그것을 다른 어떤 새 문맥에 끼워 넣는 일은 결코 용납될 수

없는 처사이다. 그 같은 처사는 건전한 해석을 위한 가장 중요한 규칙들 중에 하나를 위반하는 행위이다.

(3) **초대교회의 필요에 따라** 복음서에 어떤 자료들을 삽입하거나 혹은 복음서에서 어떤 자료들을 배제시키는 일이 왜곡을 암시한다는 것은 사실이 아니다. 또한 **다양한 적용도 역시** 반드시 **근본적인 변경 혹은 개조**를 암시하는 것이 아니다. 그와 반대로 교회의 가장 위대한 지도자들 중에 어떤 이들의 결점을 드러내는 수많은 구절들을 포함시킨 것은 복음서 저작자들의 정직성과 객관성을 강조하고 있다(마가복음 8:31-33; 9:34; 10:35-41; 14:37, 66-72과 다른 복음서들에 나오는 그 병행 구절들을 보라). 성령께서 이들을 지배하고 계신 것이다!

(4) 마가복음의 설명에 대한 누가복음의 첨가(예를 들면 **"독자(獨子), 오른손"** 등)는 결코 필연적으로 마가복음의 단순한 기사를 눈덩이 굴리듯이 굴려서 전설화해서 확대시킨 것을 의미하지는 않는다. 많은 주석가들에 의하면, 이 첨가는 누가가 매우 동정심이 많은 인물인 동시에 의사였으므로 다른 사람들보다 더욱더 그러한 상세한 점들을 세심히 관찰하여 그의 복음서에 밝혀 둘 만한 사람이었다는 사실에서 비롯된 것이다. 그밖에도 다른 이유들이 있었을지도 모른다. 불트만의 견해의 가치를 특히 감소시키고 있는 것은 아주 빈번하게 마가복음이 더욱더 상세한 설명을 하고 있다는 사실이다.

(5) 불트만은 비유들(이적들도 마찬가지로)이 그 본래의 것들보다 훨씬 더 확대되어 있다는 그의 설에 대한 확실한 근거를 제시하는 일에 실패하였다. 또한 그는 풍유의 요소들—각각의 상징에 대하여 별개의 의미가 부여되어 있는—을 가진 비유라 할지라도 하나의 단순한 핵심적 교훈을 가질 수 있다는 사실을 모르고 있다. 마가복음 4:9을 보라. 그리고 누가복음 8:8, 18을 참조하라.

(6) 앞문으로 "신화들"을 내쫓고는 그것들이 뒷문으로 다시 들어오도록 하는 처사는 실로 이상한 절차라고 하지 않을 수 없다.

(7) 우주는 사실상 하나의 폐쇄된 체계이며 그 안에 있는 모든 만물이 다 자연의 법칙에 의해 다스려지고 있으므로, 이적이란 불가능한 것이라는

사상은 현대적인 과학으로 보기 힘들다. 과학적인 발견에 있어서의 현저한 진보는, 아직 해명되어야 할 영역의 한계를 축소시키기보다는 신비의 영역을 확장시켜 나아가고 있으며, 무한히 위대하시고 살아 계시며 전능하신 하나님을 지향하고 있다. 진정한 과학도는 하나님의 무오(無誤)한 특별계시 안에 오직 믿음으로써만 이해될 일들이 있다는 사실을 알고 있다.

(8) 하나님을 절대 주권적인 창조자[81]시요 또한 구속자로 보는 성경적인 견해를 포함하여 초자연적인 영역에 속하는 거의 모든 것을 다 제거하고 나면 하나님에게 남는 것이 도대체 무엇이란 말인가? 그러한 하나님과의 "만남"이 과연 의미가 있는 만남이겠는가? 그것이 가능하기는 한 일이겠는가? 더욱이 "끊임없이 반복되는 결단," "만남" 등과 같은 용어에 포함된 참된 요소에 관해서는, 교회가 참으로 살아 있는 한 수세기를 거쳐 내려오면서 계속해서 매일매일의 근본적인 회개, 살아 있는 믿음, 신자들의 마음과 생활에 대한 그리스도의 공로의 끊임없는 적용, 혹은 달리 말하자면, 그리스도의 죽으심과 부활의 지속적인 적용의 필요성을 강조해 오지 않았던가? 또한 이 살아 있는 교회는 그들이 관여해야 할 바로 그 하나님, 곧 영감으로 된 기록에 의하면, 그리스도 안에서 계시된 하나님을 배격함으로써 이 강조의 효력을 말살시키지 않았다.

(9) 복음서들에 의하면(사실상 전 신약성경에 의하면) "신앙적 예수"는 "역사적 예수"이시며 "역사적 예수"는 또한 "신앙적 예수"이시다(요 20:31). 그런데 무슨 권리로 불트만은 이 둘을 서로 분리시켜 놓았는가?

(10) 하늘로서 오셨고(요 6:38); 자기 목숨을 많은 사람(죄인)의 대속물로 주셨고(마 20:28; 막 10:45); 장사한 지 삼일 만에 죽은 자 가운데서 다시 살아나셨고(막 16:6); 하늘로 올려지사 하나님의 우편에 앉으셨고(막 16:19; 행 2:34, 35); 그 보좌에서 그의 교회를 위하여 우주를 통치하고 계시며(마 28:18; 엡 1:22); 그리고 어느 날 산 자와 죽은 자를 심판하기 위하여 영광 중에 다시 오실(행 1:11; 빌 3:20, 21; 살전 4:13-18; 살후 1:7 이하; 딛 2:13; 계 1:7; 20:11-15); 죄 없으신(요 8:46) 이 그리스도 앞에 엎드

81) 이 점에 관하여는 N.B. Stonehouse, *Origins of the Synoptic Gospels*, p.174를 보라.

려 경의 표하기를 거절하는 철학은 그 이름에 기독교(철학, 신학 혹은 종교)라는 명칭을 붙일 자격도 없다. 불트만주의와 기독교는 근본적으로 상반된다.

6. 근본적인 결점

이제 우리는 하르낙과 자유주의로 시작하여 불트만과 급진주의로 끝을 맺는 바, 지금까지 요약하여 살펴본 네 가지 설 모두를 배격하는 근본적인 이유를 논의할 차례에 이르게 되었다. 그 네 가지 설 중에 어느 것도 다음 사실들에 대하여 만족할 만한 설명을 제시하지 못하고 있다. 곧,

a. 친히 눈으로 보고 귀로 들은 최초의 증인들과 그 제자들의 예수 그리스도는 실제로 부활하시고 살아 계신 주님이시라는 결과적 사실에 대한 증언.

b. 이 증언이 민간 전승으로 굳어지거나 이방 신화들이 부활하신 그리스도를 선포하는 자들의 설교에 영향을 끼치기에는 너무나 초기의 증언이라는 사실.

우리는 4복음서를 가지고 있다. 그 4복음서 가운데 첫 번째 것은 전통적으로 한결같이 그리스도의 열두 제자 중 하나인 마태의 저작으로 돌려지고 있다.[82] 수많은 초기의 증인들에 의해서 그의 이름이 두 번째 복음서와 연관되어 있는 마가는 최초의 사도요 목격자인 "베드로의 통역"으로 서술되고 있다. 베드로의 이름은 열두 사도의 모든 명단 초두에 언급되어 있다(마 10:2-4; 막 3:16-19; 눅 6:14-16; 행 1:13). 누가는 비록 그 자신이 예수에 관한 이야기의 실제 목격자는 아니었으나, 그가 "처음부터 목격자와 말씀의 일꾼 된 자들"(눅 1:1, 2)에게서 예수 그리스도에 관한 실제적인 자료를 얻은 여러 사람들의 무리에 속한다는 사실을 특별히 언급하고 있다. 그리고 4복음서 중 마지막 요한복음도 역시 분명히 팔레스타인에 거주하던 유대인이요, 목격자요, 팔레스타인의 지형과 풍토 그리고 특

82) 더 자세한 설명에 관하여는 pp.156-164를 보라.

히 예루살렘과 그 부근 지경과 성전에 관한 상세한 지식을 가진 인물에 의해서 저작되었다. 이 복음서의 초기 문자는 여러 고고학적인 발견에 의해서 확증되어 왔다. 필자의 요한복음 주석 상권을 참조해 보라. 더욱이 4복음서에 나타나 있는 아람어 방언은 그 복음서들의 초기 기원을 지지하는 하나의 전제를 만들어 주고 있다.[83] **4복음서 모두 다 부활하신 그리스도를 선포하고 있다!** 따라서 누구든지 이 복음서들이 예수 그리스도에 관하여—그의 기원, 그의 존귀하신 신분, 이적들, 대속적인 죽음, 부활 등—우리에게 들려주는 바를 배격할 권리를 행사하기에 앞서, 그는 최초의 목격자들의 증언이 이들 4복음서에 반영되어 있지 않다는 증거를 분명히 제시해야만 할 것이다.

그 외에도 부활하시고 또 영원히 살아 계신 그리스도에 관한 지식은 사도 바울의 증거와 완전한 일치를 보이고 있다. 그 예로서 우리는 고린도전서 15장에서 발견되는 내용을 들 수 있다. 고린도전서를 기록한 이가 참으로 사도 바울이었다는 사실은 일반적으로 받아들여지고 있다. 분명히 이 서신은 A.D. 53-57년경 어느 때, 곧 그리스도의 죽음 이후 단지 사반세기가 지났을 무렵에 저작되었을 것이다. 그럼에도 불구하고 이처럼 이른 시기에 사도 바울은 이미 부활하신 구주를 믿는 그의 신앙에 대하여 단호히 증거하였다(고전 15:20). 그뿐만 아니라 바울은 자기가 그보다 앞서(아마도 A.D. 51-53년경의 어느 때에)[84] 고린도를 방문하였을 때, 고린도 교인들이 부활하신 예수를 그들의 주와 그리스도로 벌써부터 영접하고 있었던 것도 역시 언급하고 있다(15:1). 거기에다 이 장에서(15:6) 사도 바울이 우리에게 부활하신 그리스도께서 "오백여 형제에게 일시에 보이신" 일을 포함하여 그 외에도 야고보와 모든 사도에게와 그리고 맨 나중에 자기 자신에게도 나타나신 일이 있었던 사실을 알려 주고 있음을 덧붙여 말해야 할 것이다. 사도 바울은 "그중에 지금까지 대다수는 살아 있고

83) 이 사실이 점점 더 인정을 받기 시작하고 있다. 그 예로서는 R.H. Gundry, "The Languago Milieu of First Century Palestine. Its Bearing on the Authenticity of the Gospel Tradition," *JBL* 83 (1964년 4월호), pp.404-408을 보라.

84) 이 연대의 증명에 관하여는 필자의 *Bible Survey*, pp.62, 63을 보라.

어떤 사람은 잠들었다"고 덧붙이고 있다.

c. 우리가 가진 모든 증거에 의하면, 최초의 증인들 중에 아무도 그리스도의 부활을 기대하지 않았다는 것은 부수적인 사실이다. 제자들은 그들의 선생님이 돌아가시자 모두 두려움과 완전한 절망에 휩싸였다. 그러나 며칠 후에 그들은 담대히 부활하신 주님을 선포하였다.

d. 그리스도의 몸된 교회의 돌연한 발생, 극적인 성장 그리고 세계를 뒤흔드는 능력과 그 영향(마 28:19; 요 11:48; 12:19; 행 1:8; 17:6; 엡 3:9-10; 살전 1:8-10; 요일 5:4).

이제 이 모든 사실은 분명히 그러한 놀라운 결과들을 적절히 설명해 줄 수 있는 **한 가지** 근거를 가리키고 있다. 그것은 하늘로서 이 땅에 잃어버린 죄인들을 찾아 구원하러 오사, 자기의 사자들인 사도들과 그들을 직접 따르던 자들을 파송하여, 하나님께서 그의 사랑하시는 아들의 고난과 죽음을 통하여 성취하신 영광스러운 구속을 증거하게 하신 바, 하나님의 아들 예수 그리스도라고 하는 분이 실제로 계셨으며 지금도 계시다는 사실을 가리키고 있다. 그것은 "고난받으신 후에 또한 그들에게 확실한 많은 증거로 친히 살아 계심을 나타내"(행 1:3) 보이신 바로 그분이 진실로 그리스도이셨다는 사실로 부합한다.

물론 최종적으로는, 우리가 신앙이라고 하는 가정에서부터 출발해야 한다는 것은 전적으로 사실이다. 만일 누가 사도행전이 말씀하고 있는 "증거들"을 받아들이는 일을 거절한다면 우리가 그 증거들의 유효성을 그에게 강요할 수 없다. 그와 마찬가지로 또한 초자연적인 요소들—그리스도의 신성과 이적 기사를 행하시는 능력 그리고 그의 부활을 포함하여—을 배격하는 사람은 하나의 분명한 가정, 곧 불신앙이라고 하는 가정에서부터 출발한다. 그러나 이 두 가정—신앙과 불신앙— 사이에는 엄청난 차이가 있다. **신앙을 전제로 할 때** 예수 그리스도와 그가 세우신 교회에 관한 기록들이 의미를 지닌다. 신앙의 터 위에서만 **그 이야기가 시종일관 조리가 맞는다.** 곧, 하나님의 아들이 그의 신성이 드러나는 일들을 행하신다. 그는 능히 죽음까지도 정복하신다. 하나님의 능력과 지혜와 사랑으로써 교회를 세우시고 그 교회를 예정된 목표로 인도하신다. 한편 **불신앙**

을 전제로 할 때는 모든 초자연적인 요소들이 배제된다. 불신앙의 전제 아래서는, 예수는 어쨌든 만일 그가 이 땅 위에 살았다고 한다면 단 한 건의 이적도 행하지 않았으며 죽은 자 가운데서 다시 살아나지도 않았다. 더 나아가서 이 설에 의하면 많은 증인들이 역사와 신화들로 뒤범벅이 된 예수의 초상화를 그렸다. 부활한 그리스도를 본 것으로 언급된 "오백여 형제"는 이 설에 의한 집단 환각 혹은 어떤 다른 형태의 집단 사기의 희생자들이었다. 교회의 돌연한 발생과 극적인 성장 그리고 세계를 뒤흔드는 능력은 완전히 설명되지 않은 상태로 남아 있다.

그러므로 회의주의와 불신앙의 여러 다양한 체계들이 하나씩 하나씩 자취를 감추어 버린 것은 놀랄 일이 못 된다. 사실들이 그러한 설들을 배척한다. 이것은 불트만주의에 대해서도 역시 적용된다. 불트만주의도 역시 한때 그 전성기가 있었다. 헨리(Carl F.H. Henry)는 그의 가장 흥미 있고 교훈적인 논문[85]에서 "후기 불트만 학파 사이에서의 역사적 예수의 의의에 대한 점증하는 의견 대립"에 관해서 말하고 있다. 헨리가 보는 바와 같이, "고전적 현대주의(classical modernism)가 1900년에서 1930년까지의 신학 사상과 1930년에서 1950년까지의 변증 신학 그리고 1950년에서 1960년까지의 실존주의 신학의 세력 형성 중심부를 지배하였다." 하나님의 말씀은 으깨질 수 없는 하나의 모루이다. 프랑스의 위그노 교도 희생자들을 기리는 기념비에 다음 구절이 새겨져 있다. "망치질을 해 보려므나, 너희 원수의 손들아. 너희 망치들은 부서지되 하나님의 모루는 견뎌내리라."

그러나 복음서들이 많은 "모순점들", 곧 한 복음서가 다른 복음서와 모순되거나 혹은 그 밖의 구약이나 신약성경의 어떤 다른 구절들과 상충되는 예들을 포함하고 있음은 사실이 아닌가? 우리가 그러한 경우들을 어떻게 처리해야 할 것인가? 우리가 복음서들을 조화시키고자 애써서는 결코 안 된다고 말하는 이들이 있다. 그들은 "조화시키는 것은 위험하다"고 주장한다.

---

85) "Where Is Modern Theology Going?" *Christianity Today,* Vol. XII, Number 11 (1968년 3월 1일), pp.3-7.

이에 대하여 필자는 다음과 같이 답변한다. 곧, 조화시키는 것이 사실 나쁠지도 모른다. 그러나 반드시 그런 것만은 아니다. 때로는 그것이 잘못일 수 있으나 또 어떤 때는 그것이 아주 자연스럽고 정당할 수 있다. 우리는 모든 경우를 일반화시켜 일률적으로 처리해서는 안 된다. 만일 필자에게 정직하고 지성적이며 훌륭한 판단력을 가졌다고 평판이 나 있는 믿을 만한 네 명의 친구가 있어 그들이 어떤 동일한 사건을 목격하고 돌아와 각기 나에게 그들의 독자적인 보고서를 전해 준다고 가정해 보자. 필자가 이들의 보고서에서 표면상으로는 서로 모순되어 보이는 것을 발견한다면, 그때 필자의 자연스러운 반응은 무엇이겠는가? 필자가 즉시 그 자리에서 친구들에게 잘못을 지적하겠는가? 거의 본능적으로 필자는 그 네 개의 보고서를 서로 조화시켜 보려고 하지 않겠는가? 그러므로 필자가 친구들이라도 그처럼 차이가 나는 보고서를 작성할 만한 이유나 근거가 있는 것으로 생각할진대, 어찌 영감으로 된 문서들(성경)을 보다 덜한 존경심을 가지고 대하겠는가? 확실히 개별적인 구절들 각각의 문맥을 마땅히 존중함이 없이 억지로 부자연스럽게 조화시키려 든다면 그것은 해로울 뿐이다. 만일 조화시키려는 자가 기꺼이 "이 어려운 문제에 대한 진정한 해결책은 아직도 발견되지 않았다"고 말하지 않는다면, 그것은 분명히 잘못이다. 또 다른 경우에는 해결책을 찾고 조화시키고자 하는 진지한 시도가 정확히 올바른 절차가 될 수도 있다. 성경 말씀의 무오성은 거부되어서는 안 되며 암시라도 그리되어서는 안 된다.

Matthew Introduction

마태복음 서론

서 론

I. 특징

본 마태복음의 특징은 다음과 같이 요약된다(여기서 저자는 마태라는 이름의 영문 철자 M-A-T-T-H-E-W의 각 자모를 머리글자로 하는 영어 단어로 본 복음서의 특징을 열거하고 있다—역주). 마태복음서는 :

조직적이다(Methodical), 곧 질서 정연한 것이 특징이다.

마태복음서의 저작자는 예수는 참으로 그리스도이신 사실을 제시하고자 하는 하나의 분명한 계획에 따라서 그의 복음서를 전개해 가고 있다. 다른 복음서 저작자들의 그것과 차이가 나는 본 복음서 저작자의 계획과 양식의 성질은 pp. 47-59에서 언급한 바 있다.

호소적이다(Appealing).

마태복음서는 "세상에서 가장 중요한 책"(Renan), "이제까지 저작된 가장 성공적인 책"(Goodspeed)으로 불려 왔다. 중요하고 성공적인 특징 이외에도 본 복음서는 또한 참으로 아름답다. 한자리에 앉아서 본 복음서를 처음부터 끝까지 쭉 읽어 나가는 것은 전율을 느끼게 하는 체험이 된다. 한마디로 이 책은 몸서리칠 만큼 매혹적이다. 독자는 이 책 초두에서부터 세 열네 대에 매료될 것이다(제1장). 다음에는 나신 어린 아기께 경배드리기 위해서 "동방으로부터" 찾아온 박사들에 관한 흥미진진한 기사가 나온다(제2장). 팔복의 말씀(5:3-12)과 주기도(6:9-13) 그리고 그 밖의 값진 구절들—예를 들면 5:13-16, 27 이하, 43-48; 6:19-34 그리고 마지막으로 중요한 7:24-27과 같은 구절들—이 포함되어 있는 산상설교(제5-7장)가 우리로 하여금 바로 주님의 마음속을 간파할 수 있도록 해 준다. 열두 제자에 대한 분부(제10장)는 솔직 담백함과 친밀함이 그 특징이다. 솔직 담백함은 사도들이 그들의 임무를 신실히 수행하는 것은 곧 핍박을 받게 됨을 의미한다는 사실을 분명히 들었기 때문이요(22절), 친밀함은 아버지의 끊임없는 돌보심과 아들의 변함없는 친근하신 사랑을 확신하였기 때문이다(40절).

제13장의 천국 비유들은 흥미진진한 동시에 계시적이다. 기독교인들의 권징에 관한 규칙(제18장)은 거듭거듭 인용되었고 지금도 인용되고 있으며 이미 헤아릴 수도 측량할 수도 없는 복된 열매를 가져다 주었다. 우리의 교훈을 위해서 제23장—일곱 가지 화—은 그리스도의 사랑이 항상 달콤하고 따뜻한 것만은 아니라는 사실을 보여 주고 있다. 그리스도의 사랑은 준엄한 면을 가지고 있다. 사람들을 독려하여 그의 아버지의 나라로 들어가게 하시는 이가 어찌, 그 나라의 문을 사람들 앞에서 닫고 자기도 들어가지 않고 들어가려 하는 자도 들어가지 못하게 하는 자들을 그의 특별하신 호의를 가지고 보실 수 있겠는가?(마 23:13) 과부들을 도와주시는 이가 과부들의 가산을 삼키는 자들을 기뻐하실 수 있겠는가?(막 12:40)

최후의 심판에 대한 극적인 서술을 포함하고 있는 복음서도 역시 마태의 복음서이다(제25장). 그리스도의 수난에 관한 매우 감동적인 기사는 바흐의 **성 마태수난곡**(St. Matthew's Passion)을 통해서 경건한 음악으로 표현되어 왔다. 한편 부활 기사에 대한 마태만의 독자적인 공헌—저자는 특히 무덤을 지킨 파수꾼에 관한 긴 구절을 언급하고 있다(27:62-66; 28:2-4, 11-15 주석을 보라)—은 아직도 음악과 화폭에 적절히 구체화되어 나타나게 되기를 기다리고 있다.

과거 지향적이다(Turned toward *the past*). 구약의 수많은 메시아 예언들을 지향하고 있으며, 또 현재 곧 예수 그리스도 안에서 그 예언들이 성취된 사실을 선포하고 있다.

마태복음은 적어도 40개의 공식적인 인용 구절 곧 자주 "이는 선지자로 하신 말씀을 이루려 하심이라. 이르시되…", "이는 선지자로 말씀하신 바…", "기록되었으되…", "이르시되" 등과 같은 서두로 소개되고 있는 구절들에서 즉시 분명한 인용 구절들을 포함하고 있다. 다음 도표를 주의하여 살펴보라.

마태복음의 인용 구절	구약성경의 구절	다음 구절 역시 보라
1:23	사 7:14	
2:6	미 5:2	
2:15	호 11:1(출 4:22 참조)	
2:18	렘 31:15	
2:23	사 11:1?(사 53:2, 3 참조)	요 1:46; 7:52
3:3	사 40:3	막 1:3; 눅 3:4
4:4	신 8:3	눅 4:4
4:6	시 91:11, 12	눅 4:10, 11
4:7	신 6:16	눅 4:12
4:10	신 5:9; 6:13	눅 4:8
4:15, 16	사 9:1, 2	
5:21	출 20:13; 신 5:17	
5:27(19:18 참조)	출 20:14; 신 5:18	막 10:19; 눅 18:20; 롬 2:22; 13:9; 약 2:11
5:31(19:7 참조)	신 24:1	막 10:4
5:33	레 19:12; 민 30:3; 신 23:21, 22	
5:38	출 21:24; 레 24:20; 신 19:21	
5:43(19:19; 22:39 참조)	레 19:18	막 12:31, 33; 눅 10:27; 롬 13:9; 갈 5:14; 약 2:8
8:17	사 53:4	
9:13(12:7 참조)	호 6:6	
11:10	말 3:1	막 1:2; 눅 7:27
12:7(9:13 참조)	호 6:6	
12:18-21	사 42:1-4	
13:14, 15	사 6:9, 10	요 12:39-41
13:35	시 78:2	
15:4 상반절(19:19 참조)	출 20:12; 신 5:16	막 7:10 상반절; 10:19; 눅 18:20; 엡 6:2
15:4 하반절	출 21:17; 레 20:9; 신 27:16; 잠 20:20; 30:17	막 7:10 하반절

15:8, 9	사 29:13	막 7:6, 7
19:4	창 1:27	막 10:6
19:5	창 2:24	막 10:7
19:7(5:31 참조)	신 24:1	막 10:4
19:18, 19(5:43; 22:39 참조)	출 20:12-16; 레 19:18; 신 5:16-20	마 19:18, 19 상반절에 관하여는 막 10:19; 눅 18:20을 역시 보고, 마 19:19 하반절에 관하여는 마 5:43에 관계된 인용 구절 목록을 보라.
21:5	슥 9:9	요 12:15
21:13 상반절	사 56:7	막 11:17 상반절; 눅 19:46 상반절
21:13 하반절	렘 7:11	막 11:17 하반절; 눅 19:46 하반절
21:16	시 8:2	
21:42	시 118:22, 23	막 12:10, 11; 눅 20:17; 행 4:11; 벧전 2:7
22:24	신 25:5	막 12:19; 눅 20:28
22:32	출 3:6	막 12:26
22:37	신 6:5	막 12:30; 눅 10:27 상반절
22:39(5:43; 19:18, 19 참조)	레 19:18	마 5:43에 관계된 인용 구절 목록을 보라.
22:44	시 110:1	막 12:36; 행 2:34, 35; 히 1:13
23:38, 39	시 118:26; 렘 22:5	눅 13:35
24:15	단 9:27; 11:31; 12:11	막 13:14
24:29-31	마 24:29-31의 주석을 보라.	
26:31	슥 13:7	막 14:27
26:64	시 110:1; 단 7:13, 14	막 14:62; 눅 21:27
27:9, 10	슥 11:12, 13(렘 32:6-15 참조)	
27:46	시 22:1	막 15:34

이처럼 분명히 확인된 인용 구절 이외에도 비록 그와 같은 형식으로 소개되지는 않으나 구약성경에서 인용한 것임을 바로 알아볼 수 있는 친숙한 여러 구절들이 또 있다. 마태복음 10:35, 36; 11:5, 23; 18:16; 21:9, 33; 26:15, 64; 27:34, 35을 보라. 어떤 것은 바로 알아볼 수는 없으나 그러한 구절들 가운데는 인용이라고 하기보다는 아마도 암시적인 언급 혹은 인유(引喩, allusion)라고 하는 것이 더 나을 표현들이 있다. 마태복음 8:4; 10:21; 12:4, 40; 27:39, 43, 48을 보라.

현재 지향적이며 동시에 **미래 지향적이다**(Turned toward *the present* and toward *the future*). 곧, 현재(현시점)에 대한 하나님의 뜻을 계시하고 있으며 하나님 자신의 현재와 미래(그리스도의 고난과 죽으심, 부활, 승천 등)와 그의 백성의 현재와 미래 그리고 이 세상의 현재와 미래를 지향하고 있다.

마태복음에서는 예수 그리스도가 예언의 성취로 오신 분일 뿐만 아니라 또한 그 자신이 매우 분명한 **선지자**이시다. 그는 **요나**보다도 더 크신 선지자로서(12:39-41. 참조. 눅 11:29-32) 우리에게 **이사야**(사 13:13-15)를 생생하게 상기시키시며, **모세**에게 주셨던 예언에 답변을 제시하신다. 사실 그는 지존하신 분이시요, 오실 분이었으며 또한 백성들이 그에게 유의해야 할 분이시다(신 18:15-19; 마 17:5).[86] 하나님의 선지자로서 예수는 그의 전 존재와 말씀과 행하시는 일로써 아버지의 뜻을 나타내신다. 우리가 우리 주요 구세주이신 예수 그리스도의 대강화(大講話)를 읽고 싶을 때는 언제나 자연스럽게 먼저 마태의 복음서로 돌아간다. 이는 다른 복음서들이 포함하고 있는 병행 구절은 무엇이나 다 가장 완전하고 가장 조직적인 형태로 우리에게 제시해 주는 것이 바로 이전에 한때 세리였던 마태의 복음서이기 때문이다(5-7; 10; 13; 18; 23; 24; 25장). 우리에게 그리스도의 자기 자신에 관한 예언들—면류관이 뒤따를 십자가에 관한 이 교훈들은 다른 복음서들에서도 역시 발견된다—을 보전해 주고 있을

86) 1961년 봄, 맨체스터 대학교(the University of Manchester)에서 인정받고 1964년 여름에 널리 알려지게 된 R.H. Gundry의 철학 박사 학위 논문 *The Use of the Old Testament in St. Matthew's Gospel*, Leiden, 1967, p.210을 보라.

뿐만 아니라, 온 인류를 양과 염소를 구분하는 것같이 두 무리로 판결하여 영벌과 영생에 들어가게 할 최후의 심판에 대한 장엄한 서술(25:31-46)에서 절정에 달하는 바, 예루살렘과 교회와 이 세상에 닥쳐올 일련의 미래사에 관한 가장 생생하고 상세한 예수의 예언을 전해 주는 것도 역시 마태복음서이다(23:37-25:30).

그러므로 비록 각 복음서에서, 예수 그리스도가 아버지께서 보내시고 성령께서 우리의 위대하신 선지자요, 동정이 많으신 대제사장이요 또한 영원한 왕으로 기름 부으신 바 오래 기다려 오던 메시아로 서술되고 있으나, 마태복음에서는 특히 그의 **선지자 직분**이, 마가복음에서는 특히 그의 **왕의 직분**이, 그리고 누가복음에서는 특히 그의 **대제사장 직분**이 각기 두드러지게 나타난다는 견해를 지지하는 말을 할 수 있을 것이다. 마가복음과 누가복음에 관해서는 그 논증이 이들 각 복음서 주석에 속하는 문제이다. 마태복음에 관해서는 필자의 견해로는 흐로쉐이드(F.W. Grosheide)가 다음과 같이 한 말이 옳았던 것으로 보인다. 곧,

"어떤 이들에 의하면, 마태는 예수를 특히 왕으로서 묘사한다고 한다. 우리는 예수께서 다윗 왕의 후손으로 나신 것을 보고, 유대인들과 빌라도에 의해 격하된 그의 왕권에 관해서 듣는 사실과, 예수께서 친히 자기 자신을 이스라엘의 참된 왕으로 주장하고 계신 사실과, (마태복음) 마지막에 예수께서 하늘과 땅의 모든 권세를 가지신 왕으로서 그의 직분을 행사하고 계신 사실을 부인할 수가 없다. 그럼에도 불구하고 우리가 보는 바와 같이 마태복음을 다른 복음서들과 구분지어 주는 것은 이 점이 아니다…그와는 달리 어떤 복음서에서도 예수 그리스도의 선지자직에 관한 면이 그 첫 번째 복음서에서만큼 분명하게 드러나고 있지는 않다. 예수가 예언의 성취인 것이 사실일 뿐만 아니라 또한 그가 친히 예수 자신의 사역, 특히 자신의 고난과 죽음에 관하여 선지자로서의 직분을 행하고 계신 것도 역시 사실이다. 다른 복음서에서보다 마태복음에서 그의 선지자직에 관계된 더 많은 강화를 목격하게 된다. 예수는 참 선지자 곧 신명기 18:18의 선지자이시다…이 복음서에서 그 내용과 조직이 모두 보여 주는 바와 같이, 강조되고 있는 것은 그리스도의 행적이라기보다는 그리스도

의 말씀이다."(*Commentaar op het Nieuwe Testament,* Kampen, 1954, p. 14, 15).

더욱이 예수 그리스도는 그의 **강화(講話)**들에 있어서뿐만 아니라 그 자신이 친히 성취하고 계신 **구약성경의 예언**에 있어서도 역시 하나님의 대선지자이신 것이다. 이것은 베드로전서 1:10, 11과 요한계시록 19:10 하반절에서 분명히 보여 주는 사실이 아닌가?

히브리적이다(Hebraistic). 곧, 히브리인들의 사고방식과 히브리인들의 정신에 의해서 특징지어진다.

어떤 이들에 의하면[87] 네 개의 헬라어 복음서들—요한복음 마지막 장과 누가복음의 서언을 제외한—이 본래 아람어로 기록된 책들이었으며 후에 헬라어로 번역된 것이라 한다. 이 견해를 확증하기 위해서 전개된 논증들은 주로 이러하다. 곧, a. 복음서의 헬라어는 아람어—혹은 적어도 셈어—문체의 특징이 두드러지게 나타나고 있다. b. 당장 보기에는 애매한 많은 구절들이 기초 아람어의 오역으로 간주되는 순간 그리고 바른 번역이 헬라어 본문에서 발견되는 졸역과 대치되는 순간 분명해지게 된다.

---

87) 우리의 복음서들 가운데 하나, 혹은 전부가 원래는 아람어로 기록되었다고 하는 설은 이미 19세기의 J.T. Marshall과 J. Wellhausen에 의하여 주장된 바 있다. 그 설은 20세기에 들어와서 더욱 강력히 강조되어 다시 나타났다. 특히 다음 저서들과 논문들을 보라.

C.F. Burney, *The Aramaic Origin of the Fourth Gospel,* Oxford, 1922.

C.C. Torrey, *The Four Gospels, a New Translation,* New York, 1933;
Our Translated Gospels, New York, 1936;
Documents of the Primitive Church, New York, 1941;
"The Aramaic of the Gospels," *JBL,* 61(1942), pp.71–85.

J.A. Montgomery, "Some Aramaisms in the Gospels and Acts," *JBL,* 46(1927), pp.69–73;
"Torrey' s Aramaic Gospels," *JBL,* 53(1934), pp.79–99.

88) Torrey와 그의 동료들에 대한 공격은 다른 누구보다도 다음 사람들이 주동적인 역할을 했다.

O.T. Allis, "The Alleged Aramaic Origin of the Fourth Gospel," *PTR,* 26(1928), pp.531–572.

E.C. Colwell, *The Greek of the Fourth Gospel,* Chicago, 1931.

이 설은 결코 모든 학자들을 설득시키지는 못했다.[88] 그것은 놀랄 일이 못 된다. 아람어가 헬라어 복음서 내용의 대부분 혹은 전부의 기초가 된다는 사실은 부인되지 않는다. 예수께서 일반적으로 아람어를 사용하셨다는 것은 이미 분명해졌다(pp. 76-77을 보라). 그러므로 예수의 말씀이 맨 처음 글로 옮겨질 때 그 당시에 통용되던 언어로(아니면 적어도 그 당시에 통용되던 언어로**도 역시**)도 기록되었을 가능성은 없겠는가? 셈어 계통의 특성을 띠거나 혹은 적어도 헬라어에서보다는 셈어에서 더 자주 나타나는 어떤 관용어구들이 복음서들 가운데서도 역시 거듭 반복되어 나타난다.[89]

E.J. Goodspeed, *New Solutions of New Testament Problems*, Chicago, 1927; *New Chapters in New Testament Study*, New York, 1937, pp.141-168.

D.W. Riddle, "The Aramaic Gospels and the Synoptic Problems," *JBL*, 54 (1935), pp.127-138.

활발한 논쟁이 서로 상반되는 양쪽 진영을 각각 대표하는 두 학자들 사이에 벌어진 바 있다. 곧, "The Riddle-Torrey Debate," *CC* (1934년도 7월 18일-10월 31일).

89) 이와 같이 아무런 질문이 선행되지 않은 경우에서도 사용된 도입화식(導入話式)인 "예수께서 대답하여 이르시되"(마 8:8; 11:4; 막 6:37; 7:6; 9:5; 눅 1:35; 4:8; 7:43; 요 1:48; 2:19; 3:3)는 우리에게 창세기 18:27; 24:50; 27:37, 39; 31:14, 31; 출애굽기 4:1 등(히브리어)과 다니엘서 2:15, 20, 26, 47; 3:9, 14, 25; 4:19; 5:17; 6:13 등(아람어)에 나오는 동일한 표현을 상기시켜 준다. 또한 헬라어 성경에서 보다 일반적으로 수동태 삼인칭 단수를 사용하고 능동태 동사의 목적어를 그 문장의 주어로 바꾸어 사용하는 곳에서의(눅 12:20) 능동태 삼인칭 복수의 사용은 구약성경에서의 그와 비슷한 용법과 병행을 이룬다. 여기에 *καί*의 매우 빈번한 중복적인 사용과 또한 반의적 용법이 덧붙여질 수 있다. L.N.T. (A. and G.), pp.392-394에 나오는 이 접속사에 관한 논문을 보라. 이미 언급된 것들 외에 또 나타나는 셈계 어휘들(Semitic words)에 관하여는 마태복음 27:16, 20, 46; 요한복음 5:2; 16:20 역시 보라. 구약성경에서 풍부한 대구법(시 1편; 19:2; 93:3; 잠 14:34 등등)은 복음서들 가운데서도 역시 자주 나온다(마 7:6; 10:24, 32, 33, 39, 40; 11:28, 29; 20:26, 27; 눅 1:46, 47, 52; 2:32; 요 1:3; 15:9, 10 등). 히브리어식 말 바꿈 형식인 *καί ἐγένετο*는 마태복음(7:28; 9:10; 11:1; 13:53; 19:1; 26:1)과 누가복음(1:23, 41, 59; 2:15, 46; 5:12, 17; 7:11; 8:1; 9:18, 33; 11:1; 14:1; 17:11; 19:15, 29; 20:1; 24:4, 15, 30, 51) 모두에서 매우 자주 나오고 있는데, 누가복음에서는 우리가 기대할 수 있는

토레이(Torrey)와 그의 동료들의 연구 결과가, 신약성경을 바로 이해하기 위해서는 헬라어만이 아니라 셈어(이 경우에는 특히 히브리어와 아람어)도 역시 불가피하게 연구해야 할 필요성을 분명히 드러내 준 사실은 부인할 수 없다. 셈계 언어들은 전공으로 하면서 헬라어는 초보 지식으로 만족하는 연구생은 신약성경 도처에서 셈계 언어투들을 볼 위험성이 있다. 한편 주로 헬라어 연구에 몰두하는 사람은 복음서들에서 셈계 언어의 문체와 운치를 보지 못하고 만다. 그러므로 두 언어에 대한 관심의 적절한 균형이 이루어져야만 한다. 이 일이 이루어질 때 복음서들의 셈어 혹은 히브리어 운치가 "그 복음서들이 초기 팔레스타인의 셈어로 된 전승을 보전하고 있다"라는 사실 역시 인식되어야만 할 것이다(F.V. Filson). 복음서들은 합리주의 비평가들이 큰 확신을 가지고 확증했듯이, 제2세기경에 나온 후기 저작들이 아니라 헬라어를 말하는 신자들이 아람어를 말하는 신자들과 밀접한 접촉을 가졌던, 그리고 많은 사람들이 두 언어(심지어는 세 언어 히브리어, 아람어 그리고 헬라어까지도) 모두에 정통했던 매우 이른 시기에 속하는 기록들이다. 따라서 이 복음서들은 예수와 그의 지상 체류, 이적들, 말씀들, 강화(講話)들, 대속적인 죽음, 부활 등에 관한 사실들이 아직 그의 사도들과 사도들을 따르는 직계 제자들의 마음속에 생생히 살아 있던 당시에 기록되었다. 이와 같이 하나님께서는 그의 섭리 가운데서 고등 비평 학파들 가운데 하나—토레이와 그의 동료들—의 저작을 다른 학파의 설들, 곧 신약성경 저작 후기 연대설들을 꺾는 데 사용하고 계신다.

긍정적인 면에 대해서는 이쯤 해 두기로 하자. 아람어설 역시 이미 앞서 암시된 바와 같이 분명한 부정적인 면을 가지고 있다. 첫째로, 이 설이 아람어로 기록된 복음서가 현재 우리의 헬라어 복음서들의 기초가 되었

바와 같이 *καί ἐγένετο* 대신에 *ἐγένετο δε*로 대치되는 경우가 종종 있다. 각주 37)을 보라. 마지막으로 신약성경으로 넘어온 구약성경 용법의 인상을 짙게 풍기는 또 다른 예는 '보라' 혹은 **'볼지어다'** 이다. 이 말은 구약성경의 거의 모든 책(창세기에서만 100번 정도)에서 '힌네' 혹은 '헨' 의 형태로 나오고 있고, 신약성경에서는 4복음서 모두(마태복음에서만 60번 정도)에서 *ἰδού* 혹은 *ἴδε*의 형태로 수없이 나오고 있다.

다는 사실을 입증하는 데 성공하지 못한 것으로 오늘날 상당히 일반적으로 인식되고 있다. 결국 이 복음서들의 아람어 운치를 설명하는 다른 방법이 있다는 것이다. 마태와 마가 그리고 요한은 유대인이었고, 이 세 사람만이 아니라 누가도 역시 유대인들과 밀접한 접촉을 가졌으며 유대인들의 구전과 기록된 문헌상의 자료들을 사용하였다. 유대인들이 헬라어로 말하거나 기록할 때 그들은 히브리적인 배경을 직접적으로 표출하지는 않았다. 그러므로 신약성경의 셈어투들은 부분적으로 **헬레니즘 문화권 헬라어의 지방 사투리들**로 설명될 수도 있을 것이다. 히브리어 구약성경에 관한 자세한 지식과 그 히브리어 성경의 헬라어 역본인 70인역에 관한 지식뿐만 아니라 아람어 구전과 아람어로 기록된 문헌상의 자료들과의 친밀한 접촉은 의심할 여지 없이 최종 저작의 산출에 그들의 몫을 담당했을 것이다. 그리고 이 모든 사실에 있어서 우리는 한때 어떤 초기 아람어 마태복음이 존재했을지도 모른다는 사실을 부인하지 않는다. 다만 우리는 모를 뿐이다. 이 점에 관하여는 뒤에 더 많이 논의될 것이다.

둘째로, 토레이와 그의 동료들은 우리의 헬라어 복음서들이 아람어 원본에서 번역된 **번역물들**이라고 주장하였을 뿐 아니라, 거기에 덧붙여 저들은 많은 경우에 있어서 그 번역들이 **졸역**이라는 점을 입증하고자 노력하였다. 그러나 그 견해 역시 단호하게 배격을 당했다. 예를 들면, 마태복음 5:48이 "그러므로…너희도 온전하라"로 번역될 때 그것은 하나의 오류이며, 그것이 "그러므로 모든 것을 포괄하라"로 번역되어야 한다는 토레이의 주장은 **그 자체가 하나의 오류**인 것이 지적되었다.[90] 헬라어와 히브리어에 친숙하지 못한 독자라 하더라도 마태복음 5:48을 레위기 19:2과 신명기 18:13에 비교해 보면, 그가 익숙한 번역본들(그것이 A.V., A.R.V., N.A.S.B., R.S.V., 혹은 Berkeley의 번역본 중 어느 것이 되었든지)에 의한 번역이 잘못된 것이 아니며, 일반적으로 표현될 때 이 구절이 예수 그리스도의 핵심 사상, 곧 아버지가 그러하시니 그의 자녀들도 그러하여야 한다는 사상과 일치된다는 사실을 알 수 있을 것이다. 누가복음

90) Torrey, *Our Translated Gospel*, p.93 이하와 *BJRL*, 29(1945), p.31 이하에 나오는 D. Daube의 논박을 보라.

6:35을 참조하라. 이와 유사한 여러 잘못된 번역들이 토레이의 저작들에서 논의되고 있다. 주의 깊게 살펴보면 그것들은 전혀 잘못이 아니라는 사실이 드러난다. 흥미 있는 사실은 각주 88)에 언급된 문헌들이 지적해 주는 바와 같이 여러 특수한 경우들에 있어서 아람어설을 그 극단적인 형태로 지지하는 자들은 오역에 관한 상호 간의 결론을 배격하고 있다는 점이다.[91)]

이 모든 것이 어떻게 마태의 복음서에 특수하게 적용이 되는가? 전체적으로 볼 때 마태복음의 헬라어는 마가복음보다 더 유창하며 아람어 어휘들도 보다 적게 포함하고 있음은 이미 앞서 지적된 바이다. 이 점을 고려할 때 만일 우리가 "히브리적"이라는 형용사를 어학상의 좁은 의미로 정의한다면 이 말을 본 마태복음에 적용하기조차 어렵게 될 것이다. 한편 "히브리적"이라는 말을 좀 더 넓은 의미로 취할 때, 곧 유대인들의 관념세계와 그들의 구약성경 배경으로 인하여 그들 가운데 특출하였던 신앙사상들 그리고 이러한 사상들을 표현하였던 어법을 가리키는 것으로 받아들일 때 그 형용사는 적절히 적용이 된다.

마태복음의 유대적인 성격은 다소간에 그것이 다른 복음서들과 공통으로 가지는 어떤 특징에만 국한되는 것은 결코 아니다. 그것은 이보다 훨씬 더 깊은 경지에까지 이르고 있다. 예를 들면, 하나님의 목적론(하나님의 계획과 역사 가운데서의 그 계획의 실현)에 관한 사상이 강조되고 있다. 즉, 이미 앞서 지적한 바와 같이 다른 복음서에서 발견되는 것보다도

91) 필자로서는 Torrey의 주장을 반박하는 학자들의 저서만이 아니라 Torrey와 그의 동료들의 저서에 관한 보다 철저한 연구, 곧 필자가 프린스턴 신학교에서 대학원 과정 중에 바로 이 주제에 관한 장편의 학기 논문 자료로서 필요했던 연구를 마친 후에, 성경의 무오성—이 용어가 제대로 해석이 된다면—에 대한 필자의 신앙은 전혀 흔들리지 않았으며 오히려 확고해졌던 사실을 밝혀둔다. Torrey에 의하면 모두가 다 오역들인(혹은 오역들을 포함하고 있는) 요한계시록 10:7; 15:2; 18:23 그리고 19:17과 같은 구절들은, 필자가 필자의 요한계시록 주석(*More than Conqueror*, 17판, Grand Rapids, 1970)에서 제시한 바와 같이, 그 구절들을 각기 문맥에 비추어 해석하면 아름답게 조화가 되며 또한 매우 훌륭하게 뜻이 통하게 된다. 그중 어떤 구절도 오역으로 드러나지 않는다. 이것은 또한 복음서들과 사도행전의 경우에도 마찬가지이다.

더욱 강력한 강조점이 예언과 그 예언의 성취 사실 위에 놓여져 있음을 우리는 마태의 복음서에서 볼 수 있다. 우리는 또한 마태가 **일곱**이라는 숫자의 개념에서 발견하는 희열을 역시 찾아볼 수 있다. 제1장에서부터 벌써 마태는 그리스도를 세 열네 대에서 그 절정에 이르는 일곱 번째 일곱의 창시자로 제시하고 있다. 마태가 그의 복음서에 기록하고 있는 주기도는 비록 **여섯** 항목의 간구만을 가지고 있으나(6:9-13), 마태에 의하면 예수께서는 일곱 편으로 된 천국 비유들을 베푸셨으며(제13장), 서기관과 바리새인들에게 일곱 화를 선언하셨다(제23장).[92] 이 모든 것은 우리에게 일곱 날로 이루어진 한 주일(창 2:2; 출 20:10; 신 5:14)과 그 주일들의 안식일(오순절, 레 23:15)과 칠월 일일의 성회(레 23:24)와 일곱 칠년의 끝 다음 해인 희년(레 25:8)에 관한 하나님의 율례를 강력하게 상기시켜 준다. 그 밖에 다른 구약성경의 일곱 수에 관하여는 창세기 4:24; 출애굽기 25:37; 여호수아 6:4, 6, 8, 13, 15; 욥기 1:2; 다니엘 4:16, 23, 25; 9:25; 스가랴 4:2을 보라. 이것은 다만 몇몇 예들을 언급한 것에 지나지 않는다.

마태는 또한 다른 복음서 기자들이 채용한 "하나님 나라"라는 용어 대신에 "천국"이라는 용어를 사용하고 있다. 확실히 마태는 "하나님의 나

---

92) 필자는 의도적으로 마태복음이 공관복음서의 나머지 하나, 혹은 둘 모두에서 공동으로 가지고 있는 바 "저보다 더 악한 귀신 일곱"(12:45), "일곱 개(의 떡)"(15:34이하), "일곱 광주리"(15:37), "일곱 번까지…일곱 번을 일흔 번까지라도"(18:21, 22) 그리고 "우리 중에 칠 형제"(22:25)와 같은 일곱 숫자에 관한 것들은 고려의 대상에서 제외시켰다. 앞서 지적한 바와 같이 마태복음에는 마태복음 고유의 특징으로 간주할 수 있을 만큼 일곱 숫자에 관련된 **독특한** 자료들이 충분히 나오고 있다. 필자는 의도적으로 마태복음의 숫자 3과 숫자 5에 관련된 자료들에 대하여는 일체 아무런 언급도 하지 않았다(W.C. Allen. *op. cit.*, p.lxv에 나오는 목록을 보라. 이 목록에는 몇몇 항목들을 더 추가할 수 있다). 완벽한 용어 색인의 해당 항목들을 살펴보면 이 숫자 3과 숫자 5에 관련된 자료들이 3공관복음, 특히 마태복음과 누가복음에 고루 퍼져 있음을 잘 알 수 있다. 그러한 이유로 필자는 E.J. Goodspeed가 제1정경 복음서에서 찾아낸 숫자적인 강조점을, 숫자와 계산속이 빠른 세리 마태가 그 복음서를 기록하였을 가능성이—그 복음서에 숫자가 강조된 점으로 미루어— 높다는 견해와 연결시키려는 그의 시도에 그리 감명을 받지 않는다. *op. cit.*, pp.21, 22, 24, 25, 36, 58, 59, 70, 71, 76, 112, 113, 133-135를 보라. 그 문제에 대하여 Goodspeed는 자기 주장의 근거가 희박하다는 사실을 스스로 잘 알고 있는 듯이 보인다.

라"라는 용어를 피하고 있지는 않다(12:28; 21:31). 그리고 그 두 용어 사이에 근본적인 차이점은 없다. 그러나 마태가 훨씬 더 많이 사용하고 있는 "하늘"로 번역된 헬라어 명칭이 복수로 되어 있고(원문에서 창 1:1 참조) 하늘에 관한 언급이 우리에게 다니엘 2:44; 7:13, 14을 상기시켜 주는 사실은 이 복음서를 쓰고 있는 이가 히브리인이라는 결론을 가리키고 있지 않은가? 바로 그 히브리인에 의해 예수 그리스도는 "다윗의 자손, 아브라함의 자손"으로 주장되고 있다(마태복음 1:1과 누가복음 3:38을 비교해 보라). 시간을 가리키는 부사 *τότε*(그때에)라는 말이 마태복음에서 약 90회(마가복음 6회와 누가복음 15회, 그리고 요한복음 10회와 비교해 보라)나 나온다는 사실은 또 다른 면에서 이 복음서를 셈어계의 특징과 연결시켜 준다.

또 이 복음서의 율법에 대한 끊임없는 강조(5:17–48. 참조. 7:12; 12:5; 23:23)는 이 결론을 강화시켜 주지 않는가? 그리고 만일 이보다 더 많은 증거를 요한다면, 예수를 가리키는 "유대인의 왕"이라는 칭호가 마지막 장들에서만이 아니라 처음 시작하는 장(2:2)에서 발견되는 것은 오직 이 복음서뿐이라는 사실을 잊지 말아야 할 것이다. 예수께서 "이방인의 길로도 가지 말고 사마리아인의 고을에도 들어가지 말고 오히려 이스라엘 집의 잃어버린 양에게로 가라" 하신 분부(10:5, 6)를 기록하는 것도 역시 이 복음서뿐이다. 또 "나는 이스라엘 집의 잃어버린 양 외에는 다른 데로 보내심을 받지 아니하였노라"(15:24) 하신 말씀을 기록하는 것도 오직 이 복음서뿐이다. 이 복음서는 예루살렘을 "거룩한 성"으로 칭하고 있는 유일한 복음서이다(4:5; 27:53; 참조. 계 21:2).

마지막으로, 이것은 유대인들의 관습에 대하여 따로 설명이 필요 없는(15:2과 막 7:3, 4을 비교) 유일한 복음서이다. 이는 유대인들은 그들 고유의 관습에 익숙하기 때문이다. "마태복음서는 다른 공관복음서들보다 더 많은 유대적인 면을 지니고 있다"[93]는 말은 전적으로 옳다. 우리가 마태복음을 "히브리적이다"라고 말하는 것은 바로 그러한 의미에서이다.

93) L. Berkhof, *New Testament Introduction,* Grand Rapids, 1915, p.64.

이 동일한 저자에 의해서 셈어(히브리어든 아니면 아람어든 간에)로 된 복음서가 기록된 적이 있었는가? 이 설에 의하면 마태가 후에 그 복음서를 오늘날 우리가 "마태에 의한 복음서"로 부르는 헬라어 복음서로 만들어 냈다고 한다. 유세비우스는 우리에게 (지금은 없어진 어떤 저작에서)[94] "마태가 성경 말씀들을 (그) 히브리어로 정리하고 그것들을 각각 그의 역량을 발휘하여 번역하니라"라고 기록한 사람은 파피아스(Papias)라고 전해준다.[95]

이 진술에 대한 여러 다양한 평가와 해석들

1. 파피아스는 분명히 오해하였다. 파피아스는 마태가 누구보다도 먼저 유대인들을 위하여 그의 복음서를 저작했다는 사실 위에 그의 견해의 기초를 두고 있다. 그 외에도 그는 제롬(Jerome)이 그리하였듯이 우리의 헬라어 마태복음을 또 다른 어떤 문서와 혼동했을지도 모른다. 제롬은 **히브리인들에 의한 복음서** 외경을 히브리어 마태복음 원본으로 간주하였다. 헬라어 마태복음보다 연대가 앞서는 것으로 추정되는 아람어 마태복음은 이제까지 발견된 것이 없다. 만일 그러한 복음서가 존재했었다고 한다면 그것은 물론 구약성경으로부터의 인용 구절에 있어서 히브리어 원문을 따랐을 것이다. 그러나 저희의 전통으로 하나님의 말씀을 폐하는 바리새

---

94) *Interpretation of the Oracles of the Lord, in five treatises; op. cit.*, Ⅲ. xxxix. 3-5.

95) 동일한 책, Ⅲ. xxxix. 16. 그 헬라어는 다음과 같다.

Ματθαῖος μὲν οὖν Ἑβραΐδι διαλέκτῳ τὰ λόγια συνετάξατο, ἡρμήνευσεν δ' αὐτὰ ὡς ἦν δυνατὸς ἕκαστος.

대체로 Papias의 이 진술을 읽은 각 독자도 역시 마치 "자기의 능력이 닿은 데까지" 혹은 아마도 어떤 경우에 있어서는 "자기의 견해에 적합하게" 번역했을 것으로 보인다. 위에 제시한 문장의 내용을 각기 달리 번역한 예들은 다음과 같다.

Ἑβραΐδι: "아람어로", "히브리 방언으로" 그리고 "히브리어 문체로"
τὰ λόγια: "그 말씀들"
συνετάξατο: "저작하였다", "수집하였다", "기록하였다"
ἡρμήνευσεν: "해석하였다"

인들과 서기관들을 책망하신, 예수 그리스도의 정죄의 요지(마 15:6 이하; 막 7:8 이하)는, 만일 히브리어 성경의 본문(사 29:13)에 따랐었다고 한다면 그것은 없어지고 말았을 것이다. 예수 그리스도와 마태가 여기서 **헬라어로 번역된**(곧 70인역의) 구약성경 본문을 따르고 있음이 분명하다. 그러므로 그 증거는 본래 히브리어(혹은 아람어)가 아니라 헬라어로 기록된 복음서를 가리키고 있다.[96)]

2. 바로 위에서 기술한 것이긴 하나 파피아스에 의하면, 그가 잘못 판단하여 마태의 저작으로 돌리는 그 복음서가 기록된 본래의 언어가 분명히 히브리어였으며, 몇몇 번역들이 헬라어가 아니라 아람어로 번역되었다는 견해에 강조점을 두는 이들이 있다.[97)]

3. 파피아스는 옳았다. 마태는 히브리인들의 언어로 그의 복음서를 저작한 후—헬라인들과 말함에 있어서 각 사람은 자기 자신의 역량에 따라 그 내용을 자기의 언어로 해석할 것이라는 생각에서— 팔레스타인을 떠나 어떤 다른 곳에 사역하러 가서 "흩어져 있는 유대인들"(Berkhof) 혹은 "이방 민족들"(Thiessen)을 염두에 두고 헬라어로 된 복음서를 만들어 냈다.[98)]

4. 파피아스는 **로기아**(logia)에 대하여 말할 때 "예수의 언행록"을 생각하고 있었다. 마태는 이를 아람어로 기록하여 두었다. 마가의 복음서가 이전에 한때 세리였던 마태의 수중에 들어 왔을 때, 마태는 그 내용을 거의 전부 다 사용하여 그가 필요하다고 생각하는 곳에 바꾸어 넣고, 거기에 마태 자신이 앞서 적어 두었던 예수의 말씀들, 담화들, 혹은 가르침을 결합시켰다. 시간이 경과함에 따라 그 결과는 그것이 헬라어로 된 **마태에 의한 복음서**가 되어 나왔다.[99)]

5. 파피아스의 견해는 마태가 한 권의 히브리어 복음서를 저작하였음을

---

96) 이 견해에 관하여는 N.B. Stonehouse, *Origins of the Synoptic Gospels,* pp.87–92를 보라.

97) H. Mulder, "Het Synoptisch Vraagstuk," *Exegetica*(1952), p.17.

98) L. Berkhof, *New Testament Introduction,* pp.66–69; H.C. Thiessen, *op. cit.*, p.137 참조.

99) E.J. Goodspeed, *op. cit.*, pp.16, 108–110, 144.

의미한 것이 아니라 마태가 **히브리어 문체**로 기록하였음을 의미한 것이었다.[100]

필자는 이 모든 견해들을 하나씩 특별히 평가할 시간을 내지는 못하고 몇 마디 간추린 평으로 족할 것이다. 먼저 **마가**와 그의 복음서[101]에 관하여 말할 때, 파피아스는 분명히 "말씀들"(logia)[102]이라는 말을 "말씀하신 것들" 뿐만 아니라 "주께서 말씀하신 **혹은 행하신** 일들"을 가리키는 것으로 정의하고 있다. 그러므로 파피아스는 그가 이 용어를 사용할 때 행위 혹은 행적들과는 별개의 말씀들 혹은 언행들을 생각하지 않는다. 파피아스는 복음서 전체를 두고 생각하고 있다. 따라서 또한 "마태가 말씀들을 정리하였다"라고 말할 때, 그가 마태의 **복음서**에 대해서 언급하는 것으로 보는 것은 논리적이다.

둘째로, 우리는 다음의 두 질문 곧, a. "우리의 헬라어 마태복음은 보다 앞선 연대의 셈어(히브리어이든 아람어이든) 저작의 **번역본**인가?"와 b. "히브리인들의 언어로 기록된 보다 앞선 연대의 저작 곧 헬라어 마태복음보다 연대적으로 앞서고 또 그것과 어떤 관련을 맺고 있는, 다시 말하자면 마태복음의 모형이 되었거나 아니면 아마도 다소 제한된 의미에 있어서 마태복음의 내용이 어떤 부분에 대한 자료가 되었던 저작물이 있었던가?" 하는 질문 사이를 주의 깊게 구분해야 한다. 이들 두 질문이 혼동되어서는 안 된다. 이론상으로 첫 번째 질문에 대해서는 부정적으로 대답할 수 있으나 두 번째 질문에 대해서는 긍정적으로 대답할 수 있다고 생각해야 한다. 두 번째 질문에 관해서는 확실한 의견을 말하지 않은 채로 남겨놓을 가능성 역시 배제시켜서는 안 된다.

첫 번째 질문에 관해서는, 복음서들과 신약성경의 어떤 다른 부분들을, 아람어로 기록된 문헌들로부터 번역된 번역본들로 보는 이들의 입장이 이미 앞서 논의되었고 또한 반박된 바 있다(pp. 141-144). 헬라어 마태복

100) J. Kürzinger, *BZ* 4 (1960), pp.19-38.

101) Eusebius, *op. cit.*, Ⅲ xxxix. 15.

102) Th.D.N.T., Vol. Ⅳ, pp.137-141에 나오는 *λόγιον*을 보라. 특별히 pp.140, 141을 보라.

음 역시 아람어로부터 옮겨 놓은 단순한 **번역본**이 아니다. 마태복음의 헬라어와 그 관용어구들은 번역본으로 보기에는 너무나 뛰어난 역할을 하고 있다. 마태복음 15:6에서 발견되는 견책에 대한 증거로서 취한 바(위의 견해 1항을 보라) 마태복음 15:8, 9에 기초한 논증은 타당성이 있다. 비록 예수께서 말씀하고 계신 바가 히브리어 성경에도 역시 **암시되어** 있다 하더라도 그것은 확실히 70인역에 더욱 분명히 **표현되어** 있다. 서기관과 바리새인들이 사람의 계명 곧, 저들이 사람들을 **가르치는** 그 교훈을 하나님의 말씀과 대치시켜 놓음으로 인하여 저들의 전통으로 하나님의 말씀을 폐하였다는 사실은, 우리에게 구약 히브리어 성경 원문에 기록되어 있는 것보다는 그 구약성경을 헬라어로 옮겨 놓은 번역본(70인역)에 기록되어 있는 이사야서의 구절을 상기시켜 준다.

히브리어 성경(사 29:13)
"이 백성이 저들의 입으로는 나를 가까이 하며 저들의 입술로는 나를 공경하나 그들의 마음은 내게서 멀리 떠났나니 그들이 나를 경외함은 사람의 계명으로 가르침을 받았을 (뿐)이라."

70인역(사 29:13)
"이 백성이 내게 가까이 하며 (그리고) 저들의 입술로는 나를 공경하되 그 마음은 내게서 멀도다. 사람의 계명과 (저들의) 교훈을 가르치니 저들이 나를 헛되이 경배하는도다."

마태복음 15:8, 9(막 7:6, 7 참조)
"이 백성이 입술로는 나를 공경하되 마음은 내게서 멀도다. 사람의 계명으로 교훈을 삼아 가르치니 나를 헛되이 경배하는도다."

헬라어 마태복음의 기초가 되는 아람어로 기록된 복음서가 있었으리라는 가정을 반드시 요구하는 것은 아무것도 없다. 그러한 기록은 이제까지 발견된 적이 없었다. 이제까지 그러한 기록으로부터 어떤 내용을 인용한 고대의 증거물도 발견되지 않았다. 그러한 문서가 과연 이전 어느 때에 존재하였었는지의 여부는 지금 당장에 어느 정도 확실성을 가지고 확증할 수가 없다. 3공관복음서에 나오는 여러 인용 구절들의 형식은 모두 다 공통의 기초를 가리키고 있다. 이 자료는 마태의 **메모들**일 수 있다.[103)]

동일 인물에 의해서 기록된 유사한 메모 자료들은 다른(곧, 인용되지 않은) 복음서 자료의 어떤 부분 역시 잘 설명해 줄 수 있을 것이다. 이미 앞서 살펴본 바와 같이 마태도 필시 마가의 복음서를 사용하였을 것이다. 전승에 의하면 마가의 복음서는 베드로의 설교에서 비롯된 것이며, 또한 많은 경우들에 있어서 마태의 메모 자료들에 의존했을지도 모른다. 그리고 물론 그 자신이 친히 보고 듣고, 또 다른 사람들이 전해 주는 말(구전)을 들었던 마태 자신의 기억도 남아 있었을 것이다. 이 모든 자료들을 손에 들고도 헬라어 복음서의 기초가 될 만한 어떤 아람어 복음서를 **필요로** 했다는 점은 아무래도 증명하기 어려울 것이다.

그러나 이것이 그러한 복음서가 결코 존재하지 않았으며 파피아스와 그의 지도에 따랐을지도 모르는 자들의 잘못된 판단이었다는 사실을 절대적으로 입증해 주는 것은 아니다. 저들이 잘못 판단했을지도 **모른다**. 그러나 이 점에 관한 마지막 말은 아직 기록되지 않은 채로 남아 있다. 파피아스가 실수를 범했다는 것을 증명하고자 했던 논증들은 모든 사람들을 다 납득시키지는 못하였다. 그중에 어떤 이유는 다음과 같다. 곧 사도들 중에 마지막 사도마저 죽은 지 매우 오랜 후에 살았던 인물인 제롬(Jerome, A.D. 340?-420)의 오류가 어떻게 해서 파피아스의 진술을 반박하는 강력한 논증이 될 수 있는지는 이해하기 어렵다. 이 파피아스는 **아주 초기의** 증인으로 분명히 A.D. 125년과 140년 어간의 어느 때에 그 글을 기록했을 것이다. 이레니우스에 의하면, 파피아스는 사도 요한의 말

---

103) 마태의 주(註)에 관한 언급은 또한 A.T. Robertson, *Word Pictures in the New Testament*, New York and London, 1930, Vol. I, p. xii; E.J. Goodspeed, *op. cit.*, p.80, 86, 88, 108, 142; W. Hendriksen, *Bible Survey*, Grand Rapids, 1961, p.384.; R.H. Gundry, *The Use of the Old Testament in St. Matthew's Gospel*, pp. xii,181, 182 등에서도 찾아볼 수 있다.

을 직접 들은 자요, 폴리갑의 동료였던 것으로 기술되고 있다.

헬라어 마태복음보다 앞서 있었던 아람어 마태복음이 이제까지 발견된 적도 없거니와 인용된 적도 없다는 사실이 다음의 두 가지 점을 고려하지 않았더라면, 한때 그러한 문서가 있었다는 입장을 반박하는 논증으로서는 거의 무력했을 것이다. 곧, a. 한때 그러한 문서가 있었다는 것을 증언하는 파피아스와 그 뒤의 다른 사람들의 진술이 발견되고 있다는 점, 그리고 b. 시간이 흘러감에 따라 그러한 책의 필요성이 줄어들었을 것이라는 점이다. 그 책이 궁극적으로 없어지게 된 경위를 이렇게 설명하는 이가 있다. 곧, "…손에 아람어 책을 든 기독교 선교사들은 사실상 헬라 세계나 다름없는 혹은 상당히 헬라 문명화된 세계에서 전도 활동을 하는 데 무력함을 느꼈을 것이다."[104)]

파피아스가 오류를 범했다는 설에 대한 또 다른 반대는 이 말로 표현되어 왔다. 곧, "어떤 학자들이 그리하듯이, 마태가 그 복음서를 저작했다고 파피아스가 말할 때는 그를 믿으면서도, 더 나아가서 그 사도가 히브리어로 저작했다고 증언할 때는 그를 불신하는 것은 모순이라는 사실을 또한 기억해야 한다. 판티누스(Pantaenus, Eusebius, *op.cit.*, V. x, 1-4)가 자기 자신이 인도에서 히브리어 복음서를 발견했다고 생각했을 때 오판을 했었던 것이 거의 확실하다. 또한 제롬이 자기 자신이 그 히브리어 복음서를 가이사랴에서 번역했다고 생각했을 때 망상에 사로잡혀 있었던 것도 역시 거의 확실하다. 저들이 보았던 것은 분명히 '히브리인들에 의한 복음서' 로 알려진 바 히브리어 원문의 한 변조품이었을 것이다. 그러나 있을 수 있는 이 실수가 제롬의 그 밖의 다른 독자적인 증언과 마태가 히브리어로 복음서를 저작했다는 취지의 모든 초대 교부들의 증언을 무효로 만들지는 않는다."[105)] 그 동일한 저자는 헬라어 마태복음이 "그 복음서의 새 개정본"이었을 것으로 시사하고 있다.[106)] 그리고 최근의 연구에서

104) A. Deissmann, *Light from the Ancient East* (L.R.M. Strachan이 독일어에서 영어로 번역), New York, 1922, p.65.

105) L. Berkhof, *New Testament Introduction*, pp.69, 70.

106) 동일한 책 p.70. R.V.G. Tasker도 그의 저서 *The Gospel according to St.*

페트리(C.S. Petrie)는 마태의 복음서에 관한 파피아스의 증언이 오늘날의 가장 훌륭한 추측들보다도 더욱 확고한 터 위에 기초하고 있다는 결론에 도달하였다.[107]

분명히 반대 논증을 이끌어 내기가 그리 어렵지는 않을 것이다. 필자에게는 히브리인들의 언어로 기록된 초기의 마태에 의한 복음서가 한때 존재했다는 사실을 입증하거나 혹은 반증할 만한 증거가 아무것도 없는 것으로 보인다. 마태가 셈어 복음서를 저작하였을까? 헬라어 마태복음이 "하나의 새로운 개정본"일까? 필자의 대답은 "나는 알지 못한다"라는 것이다. 마태복음이 히브리어나 혹은 아람어로 기록된 복음서의 **번역본**이 아닌 점은 분명하다. 그 나머지 문제에 관하여 필자가 **알고** 있는 한 가지 사실은, 곧 헬라어 마태복음이 이미 앞서 설명한 바 있는 그러한 의미에서 히브리적이라는 것이다.

복음주의적이다(Evangelistic). 즉, 광범위한 선교적 목적을 지니고 있다.

마태는 이 예언된 메시아가 온 세상과 관련되어 있다는 사실을 매우 분명히 밝히고 있다. 메시아의 족보에는 수많은 아브라함의 직계 자손들만 언급된 것이 아니라, 다말과 라합 그리고 룻(1:3, 5)과 같은 "이방인들"도 역시 언급되어 있다. 동방으로부터 박사들이 이르러 나신 아기께 경배하고 예물을 드린다(제2장). 값없이 주시는 온전한 구원의 복음이 이스라엘 변방 외곽 지대에까지 미치는 사실은, 그리스도의 말씀 곧 "또 너희에게 이르노니 동서로부터 많은 사람이 이르러 아브라함과 이삭과 야곱과 함께 천국에 앉으려니와 그 나라의 본 자손들은 바깥 어두운 데 쫓겨나 거기서 울며 이를 갈게 되리라"(8:11, 12) 하신 말씀에서 분명해진다.

백부장의 종을 고치시고(8:5–13), 가나안 여자의 믿음을 칭찬하시고 그 여자의 딸을 고치신(15:21–28) 이도 이 동일한 그리스도이시다. "하나님

Matthew, p.13에서 이와 비슷한 말을 하고 있다.

107) C.S. Petrie, "The Authorship of 'The Gospel according to Matthew': a Reconsideration of the External Evidence," *NTStud* 14(1967년 1월호), pp.15–32.

의 나라를 너희는 빼앗기고 그 나라의 열매 맺는 백성이 받으리라"(21:43) 말씀하신 이도 바로 그리스도이시다. 그는 또 말씀하시기를 "네거리 길에 가서 사람을 만나는 대로 혼인 잔치에 청하여 오라 한대 종들이 길에 나가 악한 자나 선한 자나 만나는 대로 모두 데려오니 혼인 잔치에 손님들이 가득한지라"(22:9, 10) 하셨다.

아마도 세계를 가장 포용하는 명령은 맨 끝장에서 발견되는 바, "그러므로 너희는 가서 모든 민족을 제자로 삼아 아버지와 아들과 성령의 이름으로 세례를 베풀고 내가 너희에게 분부한 모든 것을 가르쳐 지키게 하라"고 하신 마태복음 28:19–20의 말씀이다.

"그러나 한 사람의 동일한 복음서 저작자—혹은 그리스도, 혹은 복음(구원의 기쁜 소식), 혹은 복음서(마태의 저작으로 돌리는 책)—에 대해서 동시에 히브리적이며 복음주의적인 양면이 어떻게 적용될 수 있는가?" 하는 질문이 제기될지도 모른다. 이에 대한 답변은 사도행전 13:46과 로마서 1:16 등과 같은 구절들에서 발견된다.

골고다 이후에는 바로 앞선 시기에서도 어렴풋이 예측되었듯이, 선택받은 **한** 인류가 있으니 이들은 곧 그들의 인종과 국적에 상관 없이 "그리스도 안에" 있는 모든 자들로 이루어진다. 구약시대를 특징지었던 구별들은 완전히 사라지게 되었다. 로마서 10:12; 고린도전서 7:19; 갈라디아서 3:9, 28, 29; 에베소서 2:14, 18; 골로새서 3:11; 베드로전서 2:9; 요한계시록 7:9; 22:17을 참조하라.

마태복음의 마지막 특징은 앞서 지적한 모든 특징들에 부합되는 자질들을 갖추고 있는 사람에 의해서 **기록되었다**(written)는 데 있다. 그 사람은 누구였는가? 이 문제는 우리를 다음 주제로 이끌어 준다.

Ⅱ. 저자, 저작 연대 및 장소

신약성경의 보고(寶庫)의 문을 여는 책의 저작자는 "분명히 사도 마태가 아니었다"는 것이 많은 이들의 견해이다.[108] 영감의 교리(the doctrine of inspiration)에 관한 한 이 견해에 대한 이의가 있을 수 없다. 어느 곳에서도 저작자는 자신의 신원을 밝히고 있지 않다. 그가 기록한 바는 익명으로 되어 있고 여전히 익명인 채로 남아 있다. 이 점에 있어서는 바울과 달랐다. 빌레몬에게 편지를 쓸 때 바울은 "나 바울이…편지하노니"라는 말을 적어 넣었다. 사실상 매 서신 첫 줄에서 바울은 저작자로서의 자신의 이름을 밝히고 있다. 확실히 마태의 이름이 그의 복음서 9:9과 10:3에 나오고 있으나, 이러한 구절들 어느 곳에서도 그는 자신을 이 복음서의 저작자로 밝히고 있지 않다. 더욱이 앞서 지적했던 바와 같이 비록 엄격하게 해석되지는 않았으나, 일반적으로 마태를 이 책의 저작자로 돌리

---

108) A.H. McNeile, *The Gospel According to St. Matthew*, London, 1915, p. xxviii. 이와 동일한 견해가 B.M. Metzger, *The New Testament, Its Background, Growth, and Content*, p.96, 97에도 역시 진술되어 있다. E.J. Goodspeed, *op. cit.*, p.20도 역시 그가 오랫동안 그 견해를 가지고 있었음을 시인하고 있다. 그의 저서는 하나의 완전한 방향 전환을 가리킨다. 비록 마태가 완성된 복음서의 저자는 아니었으나 그 복음서와는 어떤 관련을 가지고 있다는 견해가 상당히 널리 주장되고 있다. 이 견해에 의하면 "주의 언행록" 등을 대강대강 기록해 둠으로써 마태는 하나의 복음서를 위한 기본적인 구조를 제공하였으며, 실제로 마태 자신이 기록했던 것은 무엇이나 다 후에 이름이 잊힌 어떤 편집자 혹은 편찬자에 의해서 활용되고 확대되고 조직되었다는 것이다. 그리고 그 전체가 "마태에 의한 복음서"로 불리게 되었다는 것이다. 어떤 저술가에 의하면, 이 복음서를 마태의 저작으로 돌린 이유는 "그 복음서에 대하여 사도적 승인을 얻고자 하는 어쩔 수 없는 경향이 있었을 것"(W.C. Allen, *A Critical and Exegetical Commentary on the Gospel according to Matthew* [*International Critical Commentary*], p. lxxxi)이기 때문이라고 한다. 이러한 이유는 그리 납득이 가지 않는다. 만일 문제의 복음서가 단지 "사도적 승인을 얻기 위하여" 마태에게 저작권이 돌려졌다면, 어찌하여 가장 긴 복음서가 누가에게 돌려지는 대신에 사도 바울에게 돌려지지 않았는가? 또한 가장 짧은 복음서가 마가에게 돌려지는 대신에 사도 베드로에게 돌려지지 않았단 말인가? A. Plummer에 의하면, 이 복음서의 저작자는 사도 마태가 아니라 "자신의 이름을 복음서에 밝힐 정도로 중요한 인물이 못 되는 어떤 초대 유대인 기독교 신자"였다고 한다. 이 알려지지 않은 저작자는 마태의 초기 언행록("예수에 관한 사실들을 수집하여 기록해 놓은 것으로서 주로 예수의 말씀과 그 말씀을 할 당시의 상황들을 중심으로 엮어져 있다")을 하나의 자료로써 사용하였다는 것이다(*An Exegetical Commentary on the Gospel according to St. Matthew*, reprint Grand Rapids, 1953, pp.viii–x).

는 표제는 A.D. 125년에 와서야 비로소 첨가되었다. 그러므로 그 표제(마태에 의한 복음서)는 영감으로 된 책 자체에 속하지 않는다.

한 복음서의 표제가 추측컨대 그 복음서 내용의 유일한 부분에 대하여 책임이 있는 사람의 이름을 가리키고 있을 가능성은 허용되어야 한다. 훌륭한 보수주의 학자들은, 비록 그들이 이전에 한때 세리였던 사도 마태가 그 복음서 전체의 저작자였을 것으로 보는 전통적인 견해를 받아들이지는 않으나, 그 표제에 어떤 잘못이 있는 것으로는 보지 않는다. 그들이 보는 바와 같이, 이 복음서에 대한 마태의 관계는, 다른 공관복음서들에 공통되는 바에 덧붙여, 이 복음서가 자료와 목적과 그 구성에 있어서 본래 저작자의 독자적인 면을 많이 포함하고 있다는 의미에서 이해되어야 한다. 이 참신하고 독창적인 시도에서 그들은 분명한 목격자 곧 사도 마태의 영속적인 영향을 분별해 내고 있다.[109)]

그럼에도 불구하고 모든 학자들이 이전에 한때 세리였던 마태가 이 복음서 자료의 어떤 부분에 대하여서 책임이 있다는 그러한 의미에서만 이 책의 저작자라는 견해에 만족하는 것은 결코 아니다. 그 대신 저들은 마태가 그의 복음서를 저작함에 있어서 비록 여러 자료들을 풍부히 사용하긴 하였으나, 마태는 진정한 의미에서 그 책 전체의 저작자 혹은 편집자였다고 믿는다.[110)]

---

109) 예를 들면 H.N. Ridderbos, *Het Evangelie naar Mattheus (Korte Verklaring der Heilige Schrift)*, Kampen, 1952, pp.13-15가 그러하다. 이후부터 이 저자의 이름 뒤에 *op. cit.*,가 나올 때 그것은 그의 마태복음 주석을 가리킨다.

110) A.T. Robertson이 보듯이 "만일 우리가, 마태가 마가의 저작을 자기의 그것과 동등하게 사용하였을 것으로 믿기를 꺼리지 않는다면, 마태가 아람어로 된 언행록과 헬라어로 된 마태복음을 둘 다 기록할 수 없었을 진정한 이유는 없다"(*Word Pictures*, Vol. I, p. xi). R.C.H. Lenski는 마태를 그 복음서 전체의 저작자로 생각하고 있으며, 또한 마태가 그의 복음서에 히브리어로 된 어떤 언행록을 포함시킨 것으로 본다(*Interpretation of St. Matthew's Gospel*, Columbus, Ohio, 1932, p.18. 이후부터 이 저자의 이름 뒤에 *op. cit.*,가 나올 때 그것은 그의 마태복음 주석을 가리킨다). S. Greijdanus는 마태를 아람어 복음서의 저작자로 보고 있으며, 다른 어떤 사람이 그것을 헬라어로 번역한 것으로 믿고 있다(*Bijbelsch Handboek*, Kampen, 1935, Vol. Ⅱ, p.104). N.B. Stonehouse는 "마태복음의

그 전직 세리와 그에게 저작권을 돌리는 책 사이에 별다른 관계가 없다고 생각하는 이들의 논증[111]은 다음과 같다.

1. 마태 자신이 첫 정경 복음서 전체의 저작자였다는 주장을 지지해 주는 초기 전승에 대한 호소는 정당한 것으로 볼 수 없다. 왜냐하면 전승이 한 아람어 저작을 언급하고 있고 또한 헬라어 마태복음이 아람어로 기록된 복음서의 번역본도 아니기 때문이다.

답변 : 만일 초기 전승의 대표적인 인물들이 헬라어 마태복음을 하나의 의역으로 보았고, 그리하여 그들에 의해서 그 가상적인 아람어 원본과 새 문헌이 그들이 마태에게로 저작권을 돌렸던 한 권의 책으로 간주되었다면, 이 논증은 그 힘을 잃게 되지 않겠는가? 만일 이 초기의 증인들(파피아스, 이레니우스, 오리겐 등)이 그렇게 간주하지 않았다면, 우리는 그들 중에 어떤 이가 비록 헬라어 마태복음은 자주 인용했다 할지라도, 그 복음서의 저작권에 관해서는 결코 논의한 적이 없었다는 결론을 내려야 하지 않겠는가? 그 외에도 "마태에 의한"이라는 **표제**가 최초 전승을 구체화시키고 있지 않은가? 그 표제의 초기 연대에 대한 증거에 관하여는 굿스피드(Goodspeed, *op. cit.*, p. 37, 38)의 글을 찾아보면 확실히 알게 될 것이다.

2. 목격자인 마태가 열두 제자의 수에 들지도 않았던 마가에 의해서 기록된 복음서를 그처럼 광범위하게 사용하였는지는 매우 의심스러운 일이 아닐 수 없다.

답변 : 이 논증에 대해서는 이미 앞서 답변한 바 있다. pp. 81, 84를 보라.

사도적 저작권은 고대 교회 역사상의 어떤 사실만큼이나 강력하게 입증되는 것"으로 믿는다(*Origins of the Synoptic Gospels*, pp.46, 47). 이미 앞서 언급한 바와 같이 이것은 Goodspeed가 앞서 기록한 바와 일치한다. 하지만 Goodspeed가 그의 견해의 기초로 삼는 이유들의 전부를 Stonehouse가 받아들인 것은 아니다. 마지막으로 R.H. Gundry 역시 마태가 그 복음서의 저작자였다는 견해를 변호하고 있다(*op. cit.*, pp.181-185). p.182에서 그는 Goodspeed의 논증에 대한 자신의 평가를 제시하고 있다. Gundry의 이 평가에 필자는 전적으로 의견을 같이한다.

111) 이러한 논증에 관해서는 특히 H.N. Ridderbos. *op. cit.*, p.13을 보라.

3. 첫 정경 복음서는 그것이 만일 한 목격자에 의해서 저작된 것이었을 경우 우리가 기대하는 생생함에 도무지 미치지 못하고 있다. 사실상 그것은 마가(혹은 요한)복음만큼도 생생하지 못하다.

답변 : 공관복음서들 가운데, 우리가 또한 **베드로**의 통역자에 의해서 기록된 복음서에서 기대할 수 있는 바와 같이, 마가복음이 일반적으로 가장 생동감이 있다는 점은 즉시 수긍이 간다. 그러나 생동감이 있는 서술을 설명하기 위해서는 사건 현장에 얼마나 가까이 있었느냐 하는 점이 고려되어야 할 뿐만 아니라, 그 저작자의 개성 혹은 성격 또한 고려되어야 한다. 베드로는 필시 마태보다도 열정적이며 감동을 잘하는 인물이었을 것이다. 마가가 그의 어떤 성품에 있어서는 베드로를 닮았었는지도 모른다(pp. 75–77을 보라). 마태는 좀 더 차분하고 좀 더 사려 깊은 인물이었을 것이다. 하지만 생동감에 있어서의 이러한 개연성이 있는 차이가 과장되어서는 안 된다. 마태복음 역시 생생한 필치가 결여되어 있지는 않기 때문이다. 그 증거로서 1:20; 2장; 7:24–27; 8:23–27; 14:28–31; 20:1–16; 22:1–14; 23:1–39; 25장; 27:3–10, 19–21, 24, 25, 50–56, 62–66; 28:2–4, 11–15을 보라.

이제까지 바로 앞서 논의된 바는 "마태에 의한 복음서"로 알려진 책의 저작권에 관한 보수주의적인 주장이다. 보수주의자들은 이러저러한 이유로 그 표제가 옳다는 데에 동의한다. 이들은 또한 그 책 전체를 영감을 받은 하나님의 말씀의 일부로 믿는 데 있어서도 역시 의견을 같이한다. 이들 가운데에서의 견해 차이는 비교적 사소한 문제에 관한 것들이다. 그러나 진정한 보수주의자라면 아무도 이 복음서의 저작권과 특성 그리고 내용에 관한 급진주의 학문의 입장을 승인할 수 없을 것이다. 이 입장은 사실상 복음서들의 신빙성을 공격하는 것인 만큼 이미 앞서 다소 길게 다룬 바 있는 주제(pp. 97–132를 보라)에 덧붙여 설명할 필요가 없다고 본다.

마태복음에 관한 급진적인 견해의 전형적인 예는 하버드 신학교(Harvard Divinity School)의 쾨스터(H.H. Koester)가 쓴 논문[112)]에서

---

112) "Matthew, Gospel according to Saint," *Encyclopaedia Britanica*, Chicago, London, etc., 1969 edition, Vol. XIV, p.1117–1118.

발견된다. 쾨스터는 이 복음서에 포함되어 있는 자료의 어떤 부분을 전설적인 성격을 띠고 있는 것으로 간주하고, 예수의 한 직계 제자가 책을 쓸 수 있었으리라는 점을 단호히 부인한다. 또한 마태복음 22:6, 7에서 예루살렘의 멸망을 이미 일어난 사건으로 보는 것을 그의 견해로 표명하고 있다. 그는 또한 발전된 기독론과 교리와 의식에 관한 규례들이, 그 복음서가 A.D. 75-100년 이전으로는 거슬러 올라가지 않는 제3세대에 속하는 인물에 의해서 기록되었음을 입증해 주는 것으로 확신하고 있다.

그러나 어떤 기사—예를 들면 동정녀 탄생에 관한 기사—를 배제한 것은 그 특정 사건이 결코 일어난 적이 없음을 입증해 주지는 않는다. 마 22:6, 7에 기초를 둔 논증은 이미 앞서 살펴본 바와 같이(pp. 42-43을 보라) 매우 근거가 박약하다. 그리고 일관성이 있는 추론대로라면, 만일 A.D. 75년 이전에 발전된 기독론과 교리와 의식에 관한 규례들이 존재했을 가능성을 배격하고자 할 경우, 우리가 사도 바울의 모든 서신들(사실상 신약성경의 대부분)의 진정성까지도 그것과 함께 부인해야 할 것인가!

"마태에 의한 복음서"를 열두 사도 중의 하나인 마태의 저작으로 돌리는 일을 옹호하는 논증들

1. 레위(막 2:14; 눅 5:27, 29)라고도 하는 마태(마 9:9; 10:3; 막 3:18; 눅 6:15; 행 1:13)는 바로 그 자신의 이름에서 분명해지는 바와 같이 유대인이었다.[113] 이 사실은 마태의 복음서가 유대적인 성격을 띠고 있다는 사실을 설명해 줄 수 있다.

113) 마태의 부친 이름은 알패오였다(막 2:14). 알패오는 또한 작은 야고보와 요세의 부친 이름이기도 하다(마 10:3; 막 15:40). Goodspeed는 후자 알패오를 마태의 부친과 동일시한다. Goodspeed가 보는 바에 의하면, 알패오의 모친은 신약의 여러 마리아 가운데 하나였으며 마태의 계모였다. 그는 또한 이 주목할 만한 가족에 마태가 끼어 있었던 사실 자체가 그가 사도로 부르심을 입은 배경이 되었을지도 모른다고 말하고 있다(*op. cit.*, pp.2, 6, 7). 이 모든 이야기는 상당히 가공적으로 들린다. 필자는 성경에서 Goodspeed의 주장을 지지해 주는 근거를 전혀 찾아볼 수가 없다. 복음서들이 마태와 작은 야고보 사이에(야고보와 요한 사이와, 베드로와 안드

2. 예수 그리스도를 따르라는 부르심을 받았을 당시에 마태는 세리였다. 곧 가버나움 세관에서 세금을 징수하는 일을 하고 있었다. 이때에 그는 헤롯 안디바스(Herod Antipas)를 위하여 일했을 가능성이 높다. "이방의 갈릴리"에서 일하고 있던 마태로서는 아람어뿐만 아니라 헬라어도 역시 능통해야 했을 것이다.[114] 마태에 의한 복음서는 그 저작자가 실로 한 가지 언어 이상에 익숙한 사람이었음을 보여 준다. 그래서 이 복음서에서 발견되는 인용 구절들은, 자주 헬라어 70인역에서 온 요소들이 아람어 및 히브리어에서 온 파생어들과 결합된 일종의 의역을 제시하고 있음이 드러나고 있다.[115]

또 세리로서 마태는 그가 징수하는 세금을 기록해 두는 장부와 보고서들을 작성할 의무가 있었다. 마태는 속기법까지 알고 있었을지도 모른다.[116] 그러므로 마태는 그리스도의 말씀과 행적들에 관한 메모들을 적어 둘 만한 논리적인 인물이었다.

3. 마태는 지성적인 유대인이었을 뿐만 아니라 또한 예수께서 부르실

레 사이처럼) 어떤 가족적인 관계가 있었음을 언급하고 있지 않으므로 그러한 관계가 없었을 가능성이 훨씬 더 높지 않겠는가? 따라서 성경이 한 사람 이상의 골리앗과 헤롯, 야고보, 여로보암, 요한, 여호수아, 유다, 노아, 빌립, 시몬 등을 언급하는 것같이 필시 한 사람 이상의 알패오를 언급하고 있을 것이다. 필자는 어떤 면에서 Goodspeed의 저서 *Matthew, Apostle and Evangelist*가 매우 자극적이고 유익하다는 사실을 발견하나 다른 면에서는 다소 장황하고 공상적인 점을 발견한다.

114) E. Schürer, *Geschichte des jüdischen Volkes in Zeitaltar Jesu Christi*, Leipzig, 1901-1909, Vol. I, pp.57 이하; 84 이하를 보라.

115) 이것은 R.H. Gundry, *The Use of the Old Testament in St. Matthew's Gospel*, pp.174-178에 의해서 분명해진다.

116) Goodspeed는 발견된 파피루스들에 근거하여 본 주제에 관해서 해결의 실마리를 던져 준다. *op. cit.*, pp.57-76. 고대의 수기에 관한 주제에 대해서는 G. Milligan, *The N.T. Documents*, London, 1913, pp.241-247 역시 보라. 마태가 태어나기 이전부터 속기법이 잘 알려져 있었고, 또 널리 보급되어 있었다. 이미 B.C. 63년에 Cicero의 친구 Marcus Tullius Tiro가 속기법 체제를 창안해서 당시 로마 제국의 여러 학교에서 가르쳤으며, 또한 로마 원로원에서 연사의 연설 내용을 받아 적어 기록으로 남기기 위해서 공증인들이 사용했다는 사실에 의해서도 역시 확증된다. 그리고 헬라 세계도 이 점에 있어서 Milligan과 다른 이들이 보여 준 바와 같이 로마에 뒤지지 않았다.

때에 즉시 순종하여 따른 사실에서 분명해지는 바와 같이 신앙이 깊은 사람이었다. 그것만으로도 우리는 마태가 히브리어 구약성경과 그 번역본인 헬라어 70인역 모두를 철저히 잘 알고 있었을 것으로 충분히 믿을 수 있다. 마태는 분명히 성경에 능통한 사람이었다. 그러므로 마태는 성령의 지도하심을 받아서 구약성경의 구절들을 새로운 상황들에 적용시키는 방식으로 해석할 수 있었던 그러한 인물이었다. 마태에 의한 복음서는 마태 편에서의 이러한 능력과 일치된다. 우리는 다른 복음서들의 저작자들이 마태의 메모 자료를 사용할 수 있었을 것으로 생각할 수 있다. 그와 마찬가지로 마태도 또한 마가복음을 사용할 수 있었다.

4. 전승은 마태를 마태복음서의 저작자로 가리키는 데 일치를 보이고 있다. 그 밖의 다른 이는 아무도 언급한 적이 없다.

유세비우스는 제4세기 초엽에 이렇게 기록하였다. 즉, "먼저 히브리인들에게 전파한 마태는 그가 다른 사람들에게로 떠날 시기에 이르러 그의 모국어로 그 자신에 의한 복음서를 기록하여 남겼다. 마태가 이처럼 글로 남김으로써 자기 자신이 떠나 그곳에 있지 않게 될 공백을 메웠다"(*op. cit.*, III. xxiv. 6).

그보다 조금 앞서 오리겐(활약기 A.D. 210–250년)은 이와 비슷하게 자신의 의견을 표명하였고, 또 그보다 앞서(A.D. 182–188년경) 이레니우스도 역시 그리하였다(각주 41)을 보라). 이 같은 일련의 증인들 중에 최초의 인물(125년과 140년경의 어느 때)은 파피아스로서, 그의 마태복음에 관한 언급은 이미 앞서 인용하고 논의한 바 있다(pp. 148–151). 이레니우스에 따르면, 파피아스는 (사도) 요한에게서 직접 들은 인물이요 또한 폴리캅의 동료였던 것으로 서술되고 있다.

이제까지 보존되어 온 초대 교부들의 문헌들(Barnabas, Clement of Rome, Ignatius, 그리고 Polycarp이 저작한 문헌들)에 있어서의 이 복음서에 대한 인용 혹은 사용은 충분히 입증되고 있다. **디다케**(Didache, 열두 사도의 가르침) 역시 그 증거를 덧붙여 주고 있다. 사실상 이 복음서의 초기 사용과 그 저작권을 마태에게로 돌린 데 대한 외적인 증거는 모두 일치되고 있다는 점을 우리는 과장 없이 말할 수 있다.

5. 이 복음서가 저작된 지 어쩌면 60년밖에 안 되었을 짧은 기간 내에 어떻게 해서 그 복음서의 참 저작자의 이름이 사라지고 하나의 가상적인 이름으로 대치되는지는 설명하기가 어려울 것이다.

6. 그처럼 구상이 아름답고, 그처럼 문체가 일관적이며, 그처럼 내용이 장엄한 저서의 저작자가 시야에서 사라지게 되었을 리 만무하다.

7. 이 복음서의 저작권이 열두 사도 중에 가장 눈에 띄지 않는 인물 중의 하나 곧 그에 관하여는 어떤 것을 알기 힘든 사람에게로 돌려진다는 사실은 이 귀속("마태에 의한 복음서"를 마태의 저작으로 돌리는)의 진실성을 지지하는 또 하나의 논증이 된다.

마태복음의 저작 연대와 장소에 관해서는 정확히 알려져 있지 않다. 히브리어 구약성경에 관한 마태의 지식과 그 히브리어 두루마리 성경들을 접촉할 수 있었던 환경은 그러한 두루마리 성경들이 보관된 회당과의 관계가 아직 완전히 끊어지지 않았던 시기의 **어떤 연대와 그 저작 장소 혹은 일반적인 지역**으로서의 팔레스타인을 필요로 하는 것처럼 보인다. 또한 마태에 의해서만 독점적으로 기록된 예루살렘과 그 주변 지역에서 일어났던 사건들과 그 상황에 관한 여러 언급들(2:3, 16; 21:10; 27:3-8, 24, 25, 52, 53, 62-66; 28:4, 11-15)은 그 저작 장소가 팔레스타인이었음을 뒷받침하고 있다. 그 연대는 A.D. 70년 이후였을 리가 없다. 이는 예루살렘과 그 성전이 아직 파괴되지 않았기 때문이다(24:2, 15-28). 하지만 마태가 마가의 복음서를 접하여 읽고 그것을 사용할 시간적 여유는 충분히 허용해야 할 것이다. 그런데 우리는 마가가 정확히 언제 그의 복음서를 기록했는지 모른다. 그러나 pp. 81-82를 보라. 마태가 그의 복음서를 "베드로와 바울이 로마에서 전도하며 교회를 세우고 있는 동안에"[117] 저작했다는 이레니우스의 다각적으로 검토되고 해석된 진술(각주

117) 많은 견해들이 아직도 여전히 모호한 채로 남아 있다. 곧, a. Irenaeus가 이 복음서는 "히브리인들 가운데서 그들의 모국어로" 기록되었다고 말할 때 이것은 Irenaeus 자신의 견해였을까? 아니면 Papias의 견해를 그대로 따른 것에 불과했을까? b. Irenaeus가, 이 복음서가 기록된 것은 베드로와 바울이 로마에서 교회를

41) 참조)은 A.D. 63년보다 그리 이르지 않은, 그리고 필시 유대 전쟁이 발발되기 이전 시기의 어떤 연대를 가리키는 것처럼 보인다. 필자는 A.D. 63-66년경으로 잡으면 그리 큰 오차가 없을 것으로 본다. 그보다 훨씬 더 앞선 연대였을 리는 없다. 이는 마태복음 27:8과 28:15이 갈보리 이후에 긴 시간이 경과하였음을 암시하기 때문이다.

Ⅲ. 목적

일반적으로 마태복음서의 목적은 유대인들을 온전히 예수 그리스도에게로 돌아오게 하려는 데 있었다고 말할 수 있다. 다시 말하자면, 아직 회개하지 않은 자들을 돌아오게 하고 이미 회개한 자들을 굳게 하려는 데 그 목적이 있었다. 마태복음의 히브리적 성격은 앞 페이지들에서 서술한 바와 같이 이것을 그 목적으로 가리키고 있다. 이 목적을 성취하기 위해서 시종일관 예수는 히브리어 성경에서 대망하는 참 메시아시라는 사실에 강조점을 두고 있다.

그러므로 하나님의 섭리적인 지도에 의하여 구약성경의 예언서들 바로 뒤에 예언의 성취서, 곧 마태복음이 뒤따르게 된 것이다. 또한 "먼저는 유대인에게요 그리고 헬라인에게로다"(롬 1:16), 그리고 "예루살렘과 온 유대와 사마리아와 땅끝까지 이르러 내 증인이 되리라"(행 1:8; 참조. 눅 24:47) 하신 규칙에 따라 가장 유대적인 복음서요, 유대인들을 위하여 유대인에 의해서 저작된 복음서인 마태복음이 맨 앞에 놓이게 되었다. 그 다음에는 마가의 복음서가 나온다. 마가 역시 유대인이긴 하였으나 그는 특히 로마인들을 위하여 그의 복음서를 저작하였다. 그 다음에 누가복음

세우고 있을" 그때였다고 진술할 때, 로마의 교회가 바울에 의해서 설립된 것이 아니었다는 사실에 비추어 보아 이것이 오류일까? 아니면 "세우고 있었다"는 말에 좀 더 비유적인 의미를 덧붙여서 "크게 강화시키고 있었다"는 말처럼 해석해야 할까? 빌립보서 1:12-18을 보라. c. 로마에서의 바울의 제1차 투옥과 제2차 투옥 기간에 베드로가 로마에 있었을까? 베드로전서 5:13을 보라.

이 나온다. 누가는 비록 유대인은 아니었으나 헬라인들을 겨냥하여 그의 복음서를 저작하였다. 이들 3공관복음서에서 공히 예수가 죄인의 유일한 구속자로 제시되고 있지만, 이 구속자가 **"세상**의 구주" 곧 **온** 천하 만민으로부터 모아진 하나님의 선택받은 백성의 구주시라는 숭고한 진리는 특히 **요한**의 복음서에서 강조되고 있다(1:13; 3:16; 4:42; 10:16; 17:20, 21). 이와 같이 정경 복음서들의 순서는 매우 아름답게 특징적인 면에서 보편적인 면으로 나아가고 있다. 하지만 그 특징적인 면은 이미 보편적인 면을 포함하고 있으며, 보편적인 면은 어떤 의미에서 언제나 특징적인 면으로 남아 있다. 곧, 복음은 **모든 믿는 자들에게**, 그들 **모두에게**, **단지** 그들 에게**만** 구원을 주시는 하나님의 능력이 된다.

마태복음에서는 예수가 구약성경의 예언의 참 그리스도시라는 사실을 특별히 강조한다. 이는 유대인들이 이 다윗의 자손을 그들의 구주로 영접함으로써 그의 이름 안에서 생명을 얻게 하기 위해서만이 아니라 또한 그들이 원수의 공격으로부터 스스로 자신들을 보호하고 더 나아가 이방인들을 얻을 수 있도록 하기 위함이다.

"마태복음서의 목적이 무엇인가?" 하고 묻는 이가 있다면, 그는 이 복음서 전체를 읽고 또 읽음으로써 그 질문에 대한 가장 훌륭한 답을 발견할 수 있을 것이다. **특별히** 그 답은 다음과 같다.

마태복음의 목적

1. 흑암의 세계에서 빛의 세계로 **옮김** : 아직 근본적인 영적 변화를 체험하지 못한 유대인들의 회개. 이것은 하나님께서 저들에게 부여해 주셨던 큰 특권임을 기억해야 한다. 또한 하나님의 부르심에 귀 기울이기를 거절하는 일로 말미암는 결과가 얼마나 무거운 것인가 하는 점도 잊지 말아야 한다(10:5 이하; 11:25-29; 23:37-39).

2. **변화** : 성령의 능력으로 이미 자신을 그리스도께 복종시킨 (대부분의) 유대인들 편에서의 끊임없는 생활의 새로운 변화. 이것이 하늘에 계

신 아버지의 영광을 위하여 저들이 다른 사람들에게 대해서 복이 되도록 스스로 어떻게 행해야 할 것을 가리킨다(4:19; 5:16, 43-48; 6:19 이하; 7:1 이하, 24-27 등).

3. 악한 대적자들의 공격에 맞서서 하나님의 진리 **수호**(5:17 이하; 6:2 이하; 12장; 13:10 이하, 54-58절; 15:1-20; 16:1-4; 제23장 등).

4. 만민의 **복음화**(8:5-13; 15:21-28; 28:16-20).

Ⅳ. 주제와 개요

앞서 언급한 바와 같이, 예수 그리스도의 지상 체류는 주로 그에게 일어났던 일련의 사건들로 볼 것이 아니라, 더 정확히 말하자면 그에게 맡겨진 사역의 성취로 보아야 한다. 다른 아이들도 이 세상에 태어난다. 그 아이들은 그들의 탄생에 있어서 전적으로 수동적이다. 예수도 역시 탄생하셨다. 그러나 그는 또한 능동적으로 **오셨다**. 더욱이 예수는 한 가지 목적, 곧 받고자 함이 아니라 자기 목숨을 많은 사람의 대속물로 주고자(마 20:28; 막 10:45), 잃어버린 자를 찾아 구원하고자(눅 19:10) 하는 분명한 목적을 가지고 이 땅에 오셨다.

이 땅 위에서 그리스도의 생애의 이 **의도적**인 면은 4복음서 모두에서 강조되고 있다. 곧 마태복음에서는 예수 그리스도의 지상 생애에 관한 모든 예언 성취 구절들과 함께 강조되고 있으며(10:34-36; 20:22), 마가복음(10:38)과 누가복음(9:51; 12:50; 22:22, 42)과 그리고 요한복음(4:4, 34; 9:4; 17:4; 19:30)에서도 역시 그리스도의 지상 생애의 의도적인 면이 강조되고 있다. 따라서 어떤 복음서 혹은 모든 복음서들에 나오는 이야기에 대한 총괄적인 하나의 훌륭한 주제(요 17:4 하반절)는 다음과 같이 말할 수 있다.

아버지께서 아들에게 맡기신 사역

다음의 광범위한 구분은 이미 언급한 바와 같이 공관복음서 모두—곧, 이 사역(또는 "아버지께서 아들에게 하라고 주신 일")—에 대하여 동일한 구분이 될 것이다.

Ⅰ. 시 작
Ⅱ. 계 속
Ⅲ. 완 성

혹은 약간 표현을 달리해서

Ⅰ. 사역의 시작 또는 개시
Ⅱ. 사역의 진행 또는 계속
Ⅲ. 사역의 절정 또는 완성

이 주요 제목들 밑에 나오는 소제목들은 많은 경우에 있어서 3공관복음서에서 각각 차이가 있다. 위의 각 제목들 밑에 나오는 마태복음의 소제목에 관하여는 본 마태복음 주석 목차와 각 장 머리에 나오는 개요를 보라.[118]

---

118) 다소 이와 비슷한 일반적 개요가 필자의 요한복음 주석에 제시되어 있다.

Matthew

마태복음 주석

Matthew

아버지께서 아들에게 맡기신 사역

I. 사역의 시작 또는 개시

1장 1절-4장 11절

제1장의 개요

Matthew

1

주제 : 아버지께서 아들에게 맡기신 사역

1:1-17 예수 그리스도의 족보

1:18-25 예수 그리스도의 탄생

제 1 장

예수 그리스도의 족보 (1:1-17)

누 3:23-38 참조

1-17절

1 아브라함과 다윗의 자손 예수 그리스도의 계보라 2 아브라함이 이삭을 낳고[119] 이
삭은 야곱을 낳고 야곱은 유다와 그의 형제들을 낳고 3 유다는 다말에게서 베레스
와 세라를 낳고 베레스는 헤스론을 낳고 헤스론은 람을 낳고 4 람은 아미나답을 낳
고 아미나답은 나손을 낳고 나손은 살몬을 낳고 5 살몬은 라합에게서 보아스를 낳
고 보아스는 룻에게서 오벳을 낳고 오벳은 이새를 낳고 6 이새는 다윗 왕을 낳으니
라 다윗은 우리야의 아내에게서 솔로몬을 낳고 7 솔로몬은 르호보암을 낳고 르호보
암은 아비야를 낳고 아비야는 아사를 낳고 8 아사는 여호사밧을 낳고 여호사밧은

---

119) 여기서 이 동사는 아버지가 그 씨를 봄으로써 자손을 얻는 것을 의미한다. 아버지 아브라함과 아들 이삭의 경우처럼 아버지로부터 아들에게로, 혹은 아버지로부터 아들을 거쳐 손자에게로, 아니면 아버지로부터 아들을 거쳐 그 뒤의 먼 후손에게로 이어지든지 간에 **혈육적인** 후손을 가리킨다. 세련된 현대 영어가 원문에 사용된 동사(*ἐγέννησεν*)에 해당하는 어휘를 가지고 있지 않은 점은 유감스러운 일이다. *begat*라는 번역(A.V.; A.R.V.)은 분명히 고어체이다. *was the father of*라는 번역(Beck, Williams, Phillips, R.S.V., N.E.B. 등)은 원문의 과거 **사건**의 관계로부터 과거 **상태**의 설명으로 그 강조점을 옮겨 놓는다. 독일어 번역본에는 "Abraham zeugete Isaak"으로 되어 있고, 네덜란드어 번역본에는 "Abraham verwekte-or gewon-Izak"로 되어 있다. 아마도 가장 이의가 적은 영어 번역들—비록 이 중 어느 하나도 완전히 만족스러운 것은 없으나—은 다음과 같다.

"To Abraham was born Isaac" (N.A.S).

"Abraham begot Isaac" (그러나 Williams의 번역본에 있는 이 구절에 관한 각주를 보라).

"Abraham became the father of Isaac" (L.N.T. (A. and G.) p.154에 채택되어 있다). 이상의 세 번역들 중 어느 하나를 선택한다는 것은 매우 어려운 일이 아닐 수 없다(저자는 L.N.T.의 번역을 취한다—역주).

요람을 낳고 요람은 웃시야를 낳고 9 웃시야는 요담을 낳고 요담은 아하스를 낳고 아하스는 히스기야를 낳고 10 히스기야는 므낫세를 낳고 므낫세는 아몬을 낳고 아몬은 요시야를 낳고 11 바벨론으로 사로잡혀 갈 때에 요시야는 여고냐와 그의 형제들을 낳으니라 12 바벨론으로 사로잡혀 간 후에 여고냐는 스알디엘을 낳고 스알디엘은 스룹바벨을 낳고 13 스룹바벨은 아비훗을 낳고 아비훗은 엘리아김을 낳고 엘리아김은 아소르를 낳고 14 아소르는 사독을 낳고 사독은 아킴을 낳고 아킴은 엘리웃을 낳고 15 엘리웃은 엘르아살을 낳고 엘르아살은 맛단을 낳고 맛단은 야곱을 낳고 16 야곱은 마리아의 남편 요셉을 낳았으니 마리아에게서 그리스도라 칭하는 예수가 나시니라 17 그런즉 모든 대 수가 아브라함부터 다윗까지 열네 대요 다윗부터 바벨론으로 사로잡혀 갈 때까지 열네 대요 바벨론으로 사로잡혀 간 후부터 그리스도까지 열네 대더라

---

1 아브라함의 후손이며, 다윗의 후손인 예수 그리스도의 족보입니다. 2 아브라함은 이삭을 낳고, 이삭은 야곱을 낳았습니다. 야곱은 유다와 그의 형제들을 낳았습니다. 3 유다는 베레스와 세라를 낳았는데, 이들의 어머니는 다말입니다. 베레스는 헤스론을 낳고, 헤스론은 람을 낳았습니다. 4 람은 아미나답을 낳고, 아미나답은 나손을 낳았습니다. 나손은 살몬을 낳았습니다. 5 살몬은 보아스를 낳았는데, 보아스의 어머니는 라합입니다. 보아스는 오벳을 낳았는데 오벳의 어머니는 룻입니다. 오벳은 이새를 낳았습니다. 6 이새는 다윗 왕을 낳고, 다윗은 솔로몬을 낳았습니다. 솔로몬의 어머니는 우리야의 아내 밧세바였습니다. 7 솔로몬은 르호보암을 낳고, 르호보암은 아비야를 낳았습니다. 아비야는 아사를 낳았습니다. 8 아사는 여호사밧을 낳고, 여호사밧은 요람을 낳았습니다. 요람은 웃시야를 낳았습니다. 9 웃시야는 요담을 낳고, 요담은 아하스를 낳았습니다. 아하스는 히스기야를 낳았습니다. 10 히스기야는 므낫세를 낳고, 므낫세는 아몬을 낳았습니다. 아몬은 요시야를 낳았습니다. 11 요시야는 여고냐와 그 형제들을 낳았는데, 이때는 백성들이 바빌론으로 끌려갈 무렵이었습니다. 12 백성들이 바빌론에 포로로 끌려간 후에 여고냐는 스알디엘을 낳고, 스알디엘은 스룹바벨을 낳았습니다. 13 스룹바벨은 아비훗을 낳고, 아비훗은 엘리아김을 낳았습니다. 엘리아김은 아소르를 낳았습니다. 14 아소르는 사독을 낳고, 사독은 아킴을 낳았습니다. 아킴은 엘리웃을 낳았습니다. 15 엘리웃은 엘르아살을 낳고, 엘르아살은 맛단을 낳았습니다. 맛단은 야곱을 낳았습니다. 16 야곱은 마리아의 남편이 되는 요셉을 낳았습니다. 그리스도라고 하는 예수님은 마리아에게서 태어났습니다. 17 그래서 아브라함부터 다윗까지 십사 대이고, 다윗부터 바빌론으로 끌려간 때까지 십사 대입니다. 그리고 바빌론으로 끌려간 때부터 그리스도가 태어난 때까지 십사 대입니다.

_아가페 쉬운성경

마태복음은 예수 그리스도의 족보로 시작된다. 그런데 오늘날 많은 사

람들은 이 족보를 몹시 지루하게 생각하여 읽지도 않고 넘어가 버린다. 그러나 이미 살펴본 바와 같이 우리는 마태복음이 주로 유대인들을 위해서 쓰였다는 사실을 명심해야 한다. 이 점은 마태가 그리스도의 족보를 왜 아브라함에서부터 시작하는지, 또 마태가 왜 누가처럼 아담까지 거슬러 올라가지 않는지를 설명해 준다. 유대인들이 그들의 족보를 소홀히 다루는 일은 결코 없다. 가나안 땅 정복 이후 그들의 족보는 각 지파의 기업을 결정하는 데 매우 중요한 역할을 했다. 이는 하나님의 율법에 명한 대로 가나안 땅이 각 지파와 각 가족에 따라 기업으로 분배되었기 때문이다(민 26:52-56; 33:54). 만일 누가 자기 기업의 땅이 아닌 다른 어떤 곳에 가서 정착하는 경우에는 그가 **"도망한 자"**(삿 12:4)로 불리기도 했다. 어떤 상황하에서는 기업을 이전하기 위하여 족보에 대한 정확한 지식이 요구되었다(룻 3:9, 12, 13; 4:1-10). 그 후 유다 왕국에서의 왕위 계승은 다윗의 족보와 연결되었다(왕상 11:36; 15:4). 바벨론에서 귀환한 후부터는 제사장의 권한을 주장하는 사람은 자신이 제사장의 후손임을 증명해야 했다. 그렇지 않으면 그의 제사장 직분을 수행하지 못하게 하였다(스 2:62). 신약 시대 초기에 이르러 누가복음 2:1-4에 언급된 주민등록 또는 "호적"을 신고하기 위해서는 각자 자기 족보를 반드시 알아야만 했다.

이상 여러 가지 점들을 고려하면, 성경에서 족보에 관한 자료가 풍부하게 기록되어 있다는 사실은 놀랄 일이 못 된다. 구약성경에서 족보가 발견되는 장들은 다음과 같다. 곧, 창세기 5, 10, 11, 22, 25, 29, 30, 35, 46장; 출애굽기 6장; 민수기 1, 2, 7, 10, 13, 26, 34장; 여호수아 7, 13장; 룻기 4장; 사무엘상 1, 14장; 사무엘하 3, 5, 23장; 열왕기상 4장; 역대상 1-9, 11, 12, 15, 23-27장; 역대하 23, 29장; 에스라 2, 7, 8, 10장; 느헤미야 3, 7, 10, 11, 12장 등이다.

신약성경에는 여기 마태복음 1:1-17에 요셉을 거쳐 예수 그리스도에 이르는 **하향 족보**(下向 族譜)가 나오고, 누가복음 3:23-38에 **상향 족보**(上向 族譜)가 나온다. 비록 많은 사람들이 주장하는 바와 같이, 누가복음의 족보는 요셉 대신에 마리아를 거치고 있으나, 위에서부터 내려오면 결국 예수 그리스도에서 끝을 맺는다. 마태복음과 누가복음에 나오는 이 부분이 족보에 관한 신약성경의 언급 전부는 아니다. 사도 바울은 그러한 족보 문제에 대한 지나친 관심, 곧 그리스도의 오심과 그의 사명의 성취와 더불어 구약성경의 규례들이 폐지 혹은 완성되었으며 또한 모든 예언들이 대부분 성취되었다는 사실을 경시하는 데서 비롯되는 잘못된 관심을 경계해야만 하지 않았던가?(딤전 1:4; 딛 3:9)

마태복음 1:1–17에 제시되어 있는 족보는 단지 하나의 부록에 불과한 것이 아니다. 그것은 제1장 전체의 요지와 밀접하게 관계되어 있으며, 좀 더 넓은 의미에서 본다면 마태복음 전체의 내용과도 밀접한 관계를 가진다.[120] 그런 까닭에 이 족보의 표제(1절)에서 예수 그리스도는 "다윗의 자손"으로 불린다(6절 참조). "다윗의 자손"이라는 이 표현은 20절에서 다시 나타나는데, 그곳에서는 예수의 "아버지"(눅 2:48 참조)인 요셉에 대하여 적용된다. 그러나 예수에 대한 요셉의 관계가 16절에서 매우 조심스럽게 서술되는 점에 주의하라. 요셉을 그리스도의 **육신의** 아버지로 생각할 수 있는 가능성을 의도적으로 배제하였음이 이 구절에서 분명히 밝혀진다. 이 족보에서 마태가 암시하는 바는, 곧 마리아는 예수의 참 어머니였지만 요셉은 생물학적인 의미에서가 아니라 오직 법적인 의미에서만 예수의 아버지였다는 사실이다. 18–25절에 뒤따라 나오는 아름다운 기사에서 상세히 설명되는 것이 바로 이 점이다. 그러므로 우리는 사람의 아들[人子]이신 예수가 또한 하나님의 아들이신 사실을 보게 된다. 예수 그리스도는 예언의 성취로 이 땅에 오신 분으로서 아브라함과 다윗의 참자손이시다. 오직 그만 홀로 이스라엘과 인류의 참 소망이시다.

더욱이 이 핵심 사상이 마태복음 제1장에만 국한되는 것은 결코 아니다. 오히려 마태는 그의 복음서 전체에서 그리스도의 지극히 높으신 기원을 드러내고, 아버지께서 자기에게 맡기신 사역을 이루어 나가시는 그리스도의 경이적인 모습을 분명히 보여줌으로써 그의 위대하심을 나타내고 있다. 그러므로 다윗의 **자손**은 또한 분명히 다윗의 **주**가 되신다(22:41–46). 이 사실을 염두에 두고 이제 마태복음 제1장 제1절을 살펴보

120) M.D. Johnson, *The Purpose of the Biblical Genealogies*, Cambridge, 1969 역시 보라.

도록 하자.

[1] 아브라함과 다윗의 자손 예수 그리스도의 계보라.

여기 1절에서 우리가 하나의 표제를 대하고 있음이 분명하다. 이것이 마태복음 전체의 표제로 해석되어야 할까? 분명히 알려진 바와 같이, 이 복음서에 어떤 다른 표제가 붙어 있던 아주 초기에는 그렇게 해석되지 않았다. 혹시 그것이 제1장 전체의 제목이 아닐까? 분명히 아닐 것이다. 이는 1:18이 비록 1:1–17에 매우 밀접하게 관계되었으나 그것이 또 다른 제목으로 보이기 때문이다. 나 자신은 1:1을 그 **족보** 전체(1:2–17) 위에 붙은 제목으로 보는 것이 최선의 해석으로 여겨진다. 이 제목은 창세기에 나오는 여러 제목들 혹은 서언들 중 하나를 강력히 연상시킨다. 그 가운데서도 특히 마태복음의 경우와 유사하게 한 족보를 소개하는 창세기 5:1의 제목을 상기시켜 준다.

따라서 2–17절에 뒤따라 나오는 내용은 이 제목에서 아브라함과 다윗의 자손 예수 그리스도의 **비블로스 게네세오스**(계보의 책)로 불리고 있다. 헬라어 **비블로스**(이 말에서 Bible이라는 용어가 파생되었다)는 요세푸스나 파피루스 등의 문헌에서와 같이 한 혹은 **어떤 거룩한 책**, 예를 들면 "생명책"(빌 4:3; 계 3:5)을 가리킬 수 있다. 그러나 그 말은 또한 우리가 한 권의 책으로 생각할 수 있는 것보다도 분량과 부피가 적은 어떤 기록 혹은 문서를 가리킬 수도 있다. 마태복음서의 경우, 그 말은 분명히 인명의 **기록** 혹은 **명단**을 가리킨다. 그 다음 헬라어 **게네세오스**는 **게네시스**의 속격이다. 이 **게네시스**(*genesis*)의 철자는 모든 영어 독자에게 아주 친숙한 것으로서, 성경의 "기원의 책"(창세기)을 가리킬 때는 그 첫 자를 대문자로 하여 *Genesis*로 표기한다. 그러므로 **비블로스 게네세오스**라는 전체적인 표현은 **시작**, 혹은 **기원**, 혹은 **계보의 기록**을 의미한다.

그것은 예수 그리스도라 칭하는 그분의 족보이다. 영어의 *Jesus*는 실제로는 그와 아주 유사한 헬라어 'Ἰησοῦς(예수스)에서 온 라틴어이다. 또한 이것은 **여호수아**(*Jehoshua*, 수 1:1; 슥 3:1)의 단축형인 후기 히브리어 **예수아**(*Jeshua*)의 헬라화된 형태이다. **여호수아**는 **"여호와는 구원이시다"**

의 의미이다. 보다 단축된 형태의 **예수아**는 강조점이 동사 위에 놓여져 있다. 그러므로 그 의미는 "**그가 확실히 구원하시리라**"이다. 이것은 우리에게 마태복음 1:21의 "아들을 낳으리니 이름을 예수라 하라 이는 그가 자기 백성을 그들의 죄에서 구원할 자이심이라" 하신 말씀을 연상시켜 준다. 또한 마태복음 11:27-30; 요한복음 14:6; 사도행전 4:12을 보라. 동사 위에 놓여진 강조점에 관하여는 구약 외경 집회서(Ecclesiasticus) 46:1을 보라.

개인의 이름 **예수**(*Jesus*)에는 직분상의 이름 **그리스도**(*Christ*)가 덧붙여 있다. **그리스도**는 히브리어 **메시아**(*Messiah*)에 해당하는 헬라어이다. 이 명칭은 그 이름으로 칭함을 받는 이가 자기 백성을 구원할 과업을 성취하기 위하여 성령에 의해서 기름부음을 받았다(지명하여 따로 세우심을 입고 자격을 부여받았다)는 사실을 가리킨다(사 61:1; 눅 4:18; 히 1:9 참조). 그는 우리의 대선지자(신 18:15; 사 55:4; 행 3:22; 7:37)와 유일하신 대제사장(시 110:4; 히 10:12, 14)과 영원하신 왕(시 2:6; 슥 9:9; 마 21:5; 28:18; 눅 1:33)으로 기름부음을 받으셨다. 물론 여기서 사용되는 예수와 그리스도라는 명칭은 동일인을 가리킨다. 이 명칭들은 실로 영광스러운 하나의 명칭을 이루어 우리의 구세주에게 적용된다.

이제 이 족보의 서언에서 예수 그리스도는 "아브라함과 다윗의 자손"으로 불린다. 이것은 우리에게 예언을 연상시켜 준다. 족보에 대한 관심은, 장차 오실 구세주는 여자(창 3:15)와 아브라함(창 22:18)과 유다(창 49:10)와 다윗(삼하 7:12, 13)의 씨가 되리라는 메시아 예언으로 말미암아 특히 고조된다.

예수를 "아브라함의 씨 혹은 자손"으로 칭하는 예언에 관해서는 요한복음 8:56; 히브리서 11:13, 17-19 등의 구절에 아브라함 자신이 독자 이삭을 인류의 소망이 될 것으로 기대하지는 않았다는 사실이 분명히 암시된 것으로 보인다. 오히려 그 하나님의 벗(약 2:23)은 이삭의 탄생이 메시아의 오심을 위한 길을 예비하는 것임을 알고 있었다. 복음서들과 서신서들에 의하면 메시아는 "아브라함보다 탁월한 자손"이 될 것이었다. 이것은 원수들의 악의에 찬 비난에 맞서 거듭 반복하여 강조된 진리이다(요

8:39-41; 참조. 갈 3:16). 그렇다. 실로 메시아는 아브라함보다 훨씬 더 크신 자이시다(요 8:58). 메시아는 하나님께서 은혜로 말미암아 아브라함의 믿음을 행사하는 모든 자들에게 하나님의 복을 주시기 위하여 세우시는 이가 될 것이었다(창 15:6; 롬 4:3; 갈 3:6; 요 3:16 참조).

장차 오실 그분이 "다윗의 씨 혹은 자손"이 되리라는 예언에 관해서는 "나는 그의 나라 왕위를 영원히 견고하게 하리라"(삼하 7:13)는 말씀이 솔로몬보다 크신 자를 가리키고 있음이 틀림없다는 사실은 언뜻 보기에도 분명하지 않은가? 달리 말하자면 그 구절의 의미가 솔로몬에 대한 언급만으로는 다 설명될 수 없다는 것이다. 그러므로 메시아 예언 성취 시기의 문턱에 서 있는 경건한 사람들이 "이스라엘의 위로를 기다리고" 있었던 것(눅 2:25)은 놀랄 일이 못 된다. 여기 마태복음 1:1에서 마태는, 예수 그리스도가 참으로 그의 이름이 가리키는 바로 그분, 곧 하나님께서 친히 기름 부어 세우신 구주요, 예언의 성취요, 다윗의 왕위를 이어받으실 합법적인 상속자시요, 또한—더 거슬러 올라가자면— 아브라함의 참 씨라는 사실을 강조한다.

적어도 어느 정도까지 예수 그리스도와 다윗의 관계를 부인하고자 하는 시도들이 행해져 왔다. 확실히 **요셉**이 다윗 집안의 혈통(마 1:20; 눅 1:27; 2:4, 5)이라는 사실은 인정이 되었으나, 마리아가 실제로 다윗 집안의 딸이었는지는 의문시되었다.[121] 그렇지만 사무엘하 7:12, 13; 누가복음 1:32, 69; 사도행전 2:30; 로마서 1:3; 디모데후서 2:8; 요한계시록 5:5을 주의 깊게 연구해 보면 의심의 여지가 없을 것이다.

여기 마태복음 족보의 구조 자체는 예수를 다윗과 관련시킨다. 그것은 열네 대씩 세 부분으로 구성된다.[122] 우리는 그 첫 부분에서 다윗 집안의 **기원**을, 그 둘째 부분에서 다윗 집안의 **흥왕**과 **쇠잔**을 그리고 그 마지막

121) 그것을 의심하는 이들은, 자신들의 견해를 누가복음 1:5,36에 대한 잘못된 해석에 기초하기 때문인 것으로 생각된다. Zahn의 입장에 대한 Lenski의 신랄한 비평을 보라(*Interpretation of Luke*, p.49). 이 비평의 주요 공격에 대하여 필자는 의견을 같이한다.

122) **다윗**(*David*)이란 이름의 히브리어 자음들 하나하나가 지닌 숫자를 합하면 열 넷이 되는데(4+6+4=14), 이 사실이 복음서 기자의 마음속에 있었는지는 알 수 없다.

부분에서 다윗 집안의 **소멸**을 본다. 하지만 그 소멸은 꼭 완전히 소멸되었다거나 멸절되었다는 것을 뜻할 필요는 없다. 바꾸어 말하면, 나무가 베임을 당하나 그 그루터기는 남는 것과도 같다. 현재의 경우에 있어서는 이 그루터기에서 한 가지가 나와서 한 그루의 큰 나무를 이룬다(사 11:1; 롬 15:12 참조). 다윗 안에서 아브라함의 가문이 왕위를 얻었다(6절 상반절의 "다윗 왕을 낳으니라"에 주의하라). 그런데 바벨론으로 사로잡혀 갈 때에 이 왕위는 상실되고 말았다. 하지만 그리스도 안에서 그 왕위는 훨씬 더 영광스러운 의미로 회복된다.

그러므로 마태에 의하면, 예수 그리스도는, 아브라함부터 다윗까지의 열네 대(代)와, 다윗부터 바벨론으로 사로잡혀 갈 때까지의 열네 대와, 바벨론으로 사로잡혀 간 후부터 그리스도까지의 열네 대인 이 세(三) 열네 대의 절정이 되신다. 이 세 열네 대가 어떤 상징을 뜻한다는 것은 부인할 수 없는 사실이다. 이 주제에 관한 글을 많이 읽고 나서 필자는 일찍이 이 문제를 해결하고자 수고한 여러 학자들에게 힘입은 데 대하여 사의를 표하면서 다음의 해석을 제안하는 바이다. 곧, 일곱은 **셋**과 **넷**을 합한 숫자이며 **셋**과 **넷**은 각기 나름대로 **완전**을 의미한다. **셋**이라는 숫자는 그것이 상징적으로 사용될 때, 시작과 중간과 끝을 가진 것, 그러므로 완전한 것을 의미한다. 성경에서 **셋**이라는 숫자는 영광이 충만하시며 인간에 대하여 복의 근원이 되신 하나님과 연관이 있는 숫자이다. 그러므로 **세 번** 거듭한 아론의 축도(민 6:24-26)와 이사야의 환상 가운데서 **세 번** 거듭하여 "거룩하다" 한 천사들의 창화(唱和, 사 6:1-3)와 고린도후서 끝 부분에서 하나님의 백성에게 선포한 사도 바울의 **삼중적인** 축도 그리고 밧모섬에서 환상을 본 사도 요한이 **삼위일체** 하나님께로부터 말미암는 은혜로 형제들을 위로하는(계 1:4, 5) 것에서 그 예를 들 수 있다.

넷이라는 숫자는 그것이 상징적으로 사용될 때, 때때로 땅과 혹은 하늘이 그 네 바람으로 충만함을 가리킨다(렘 49:36; 단 8:8; 11:4; 슥 2:6; 막 13:27; 계 7:1).

그런데 이제 이 셋 혹은 넷이라는 숫자가 각각 개별적으로 사용될 경우에 완전을 의미할 수 있듯이, 이 둘을 합한 숫자인 **일곱**도 역시 그것이 상징적으로 사용될 때는 같은 의미를 강조적으로 나타낸다. 사실상 유대인들 혹은 일반적으로 셈계 문화권에서뿐만 아니라, 고대 애굽인들과 헬라인들 그리고 게르만인들 사이에서도 역시 이 숫자에 특수한 상징적인 의미가 덧붙여져 사용되었다. 이들 모두가 달의 네 위상(位相: 초승달, 반달, 보름달, 그믐달 등)의 7일 주기를 알고 있었다.

성경에서 일곱 숫자는 자주 하나님께서 정하신 바 전체를 가리킨다. 일곱의 두 곱인 **열 넷**이라는 숫자도 역시 같은 개념을 나타낸다. 또한 열 넷의 세 곱인 **마흔 둘**이라는 숫자도 역시 마찬가지인 것으로 보인다. 이 마흔 둘이라는 숫자는 여섯 일곱(6×7)에 해당하며, 이어서 바로 **일곱 번째의 일곱**, 곧 **이중적인 완성인 완전**을 소개한다. 마태가 제시하는 족보에서 예수 그리스도가, 세 열네 대 혹은 여섯 일곱 대의 전체 명단 맨 끝에 언급되었고, 또한 거기서 그치지 않고 이 구세주에 관한 아름다운 이야기가 계속되기 때문에, 마태가 이 예수 그리스도를 옛 것을 완성 혹은 성취시키실 뿐만 아니라 분명히 새 것으로도 인도해 주시는 분으로 서술하고 있다고 말할지라도, 그리 크게 빗나간 생각은 아닐 것이다(9:16, 17; 26:28, 29; 참조. 요 3:34; 고전 11:25; 고후 3:6; 5:17; 히 9:15; 10:20; 12:24; 계 21:5). 그리스도 안에서 옛 것과 새 것이 서로 만난다. 그리스도는 알파와 오메가요, 처음과 나중이요, 만물의 핵심이요, 또한 중심이시다. 그를 떠나서는 구원이 있을 수 없다. 그리스도는 메시아시요, 다윗의 참된 원형(Antitype)이시다. 그리고 구속사의 과정에 있어서, 여기 그 세 큰 단계에 상징되어 있는 바와 같이, 영원 전에 세우신 하나님의 계획이 완전히 실현되고 있었다.[123]

마태 당시만 아니라 그 이후에 있어서도 역시 그리스도의 원수들은 예수의 기원 혹은 혈통에 대하여 끊임없이 비난의 화살을 퍼부어 왔다. 본질적으로 저들은 예수가 그의 비천한 탄생으로 인하여 자신이 선언한 바

123) *ἑπτά*와 그 파생어들의 의미에 관하여는 특히 다음을 보라. 곧, I.S.B.E., pp.2157-2163; Th.D.N.T., Vol. Ⅱ, pp.627-635; 그리고 S.BK., Vol. I, p.43; Ⅳ, pp.994,995. 마태가 일곱 숫자를 즐겨 사용한 일에 관하여는 이미 앞서 언급한 바를 주의하여 보라. 앞의 p.146을 보라.

그러한 존재가 될 수 없었을 것이라고 말하여 왔다. 그는 목수의 아들이 아니었던가? 저들이 그의 아버지와 어머니 그리고 그의 형제들과 누이들을 알고 있지 않았던가?(마 13:54-58; 막 6:3; 눅 4:22) 어떤 이들은 주장하기를, "그러나 우리는 이 사람이 어디서 왔는지 아노라. 그리스도께서 오실 때에는 어디서 오시는지 아는 자가 없으리라"(요 7:27)고 하였다. 또 다른 자들은 말하기를, "그리스도가 어찌 갈릴리에서 나오겠느냐? 성경에 이르기를 그리스도는 다윗의 씨로 또 다윗이 살던 마을 베들레헴에서 나오리라 하지 아니하였느냐?"(요 7:41, 42)라고 하였다. 때때로 대적자들은 예수를 비난하는 말 중에, 심지어 예수가 그의 탄생에 있어서 사생자였다는 것을 넌지시 비췄을지도 모른다. 그들은 "우리가 음란한 데서 나지 아니하였고 아버지는 한 분뿐이시니 곧 하나님이시로다"(요 8:41)라고 말하였다. 이것은 마치 "**우리가** 아니라 **네가** 음란한 데서 난 자로다. 우리의 친자 관계(parentage)에 대해서는 법적 하자가 없으나 **네게** 대하여서는 문제가 다르도다" 하고 말하는 것과도 같다. 사악한 풍자나 비꼼은 때때로 공공연하고 고의적이며 악의에 가득 찬 모독으로 바뀌었다. 곧, 저들은 말하기를, "우리가 너를 사마리아 사람이라 또는 귀신이 들렸다 하는 말이 옳지 아니하냐"(요 8:48) 하고 예수의 다윗 혈통뿐만 아니라 그의 합법적인 탄생까지도 부인하는 그러한 적대적인 비난들이 유대인들 가운데서 계속되었다.[124)]

---

124) T. Walker, *Jewish Views of Jesus*, New York, 1931, 특히 pp.14-23을 보라. Laible, *Jesus Christus im Talmud*; Herford, *Christianity in Talmud and Midrash*; Krauss, *Das Leben Jesu nach Jüdischen Quellen* 역시 참조하라. **토셉타**(*Tosefta*)—유대인들의 탄나이 문학(the tannaitic literature)에 속하는—로 불리는 이전의 기록되지 않은 구전적 율법의 한 모음집에는 예수가 "판데라의 아들"("son of Panthera")로 불리는 이야기가 나온다. 이교도 철학자들 역시 이 같은 비방적인 표현에 영향을 받았다. 특히 Origen, *Against Celsus*, I. xxviii를 보라. 오늘날 H.J. Schonfield(*The Passover Plot*, p.42, 48, 49, 241)는 그리스도의 동정녀 탄생 기사를 여러 다양한 이교 신화들과 연관시킨다. 예를 들면, 그는 뱀으로 변신하여 Olympias를 범해서 결국 Alexander 대제를 낳게 하였다는 Jupiter Ammon 신의 전설과 그리스도의 동정녀 탄생 기사를 연관시킨다. 그는 마치 이 두 인물(그리스도와 알렉산더)의 탄생이 본질적으로 무슨 공통점이라도

그러므로 마태는 이 족보와 그 후편 기사(동정녀 탄생에 관한 기사, 18-25절)로써 예수가 그의 인성으로는 참으로 예언의 성취로 말미암은 다윗의 합법적인 씨이신 사실을 보여 주고자 한다. 예수는 그의 법적인 아버지 요셉—따라서 요셉의 조상인 다윗—으로부터 다윗의 왕위에 대한 계승권을 물려받으신다. 그리고 또한 예수는 그의 어머니 마리아(16절)—그리고 마리아를 거쳐 또한 다윗—로부터 다윗의 피와 살을 물려받으신다.

그러나 그 영광은 요셉의 것도 마리아의 것도 아니다. 요셉은 다윗의 한 후손으로 자신의 출생을 인정받을 만한 자격이 없으며, 또 그 자신이 예수의 잉태와는 전혀 아무런 관련이 없었다는 사실을 너무나 잘 알고 있다. 그와 마찬가지로 마리아 역시 자신의 태 속에 일어난 일이 성령의 사역으로 이루어진 것임을 잘 알고 있다. 마리아는 기꺼이 "주의 여종"이 되고자 한다(눅 1:34, 35, 38). **영광은 오직 하나님께만 속한 것이다!** 사람이 믿음을 통해서 구원을 얻는 것은 하나님의 은혜로 말미암음이다. 이 구원은 우리에게서 난 것이 아니요 하나님의 선물이다(엡 2:8 참조).

제목을 쓰고 난 후 마태는 이제 다음의 족보를 제시한다.[125] 곧,

있다는 듯이 그의 견해를 피력한다!

125) 대부분의 경우 이름들에 관한 마태의 철자법은 70인역의 역대상 1-3장에서 발견되는 것과 동일하거나 거의 비슷하다. 역대상 1:34의 경우 히브리어 성경에는 **이스라엘**로 되어 있으나 70인역엔 **야곱**으로 되어 있다. 마태복음 1:2 역시 야곱으로 되어 있다. 또한 70인역(역대상 3:17)과 마태복음(1:12)은 히브리어 성경이 **스알디엘**로 철자한 이름을 **살라디엘**로 철자하고 있다. 그러므로 직접적이든 간접적이든 마태복음이 70인역의 역대상 1-3장에 의존했을 가능성이 높아 보인다. 마태복음 1장에 마태가 제시한 완전한 명단이 나온다. 그가 사용한 헬라어 형태가 히브리어 철자법과 상당한 차이가 날 때는 마태복음의 철자법이 괄호 안에 제시되어 있다. 초기의 형태—곧, 히브리어(영어로 음역된)—는 본 주석에서 사용되는 것들이다(예를 들면 A.R.V.에서도 역시 사용되는 것들이다). 두 번째 단 제5번에서 헬라어 *'Ιωσαφάτ*은 물론 여호사밧을 가리킨다. 그 단 제7번에서도 마찬가지로 헬라어 *Οζίας*는 분명히 웃시야(왕하 15:13, 30; 대하 26:1 하반절 등)를 가리킨다. 그 밖의 다른 곳에서는 아사랴(왕하 14:21; 대상 3:12 등)로 불린다. 마지막으로 마태복음 1:11, 12; 역대상 3:16, 17; 에스더 2:6; 예레미야 24:1; 27:20; 28:4; 29:2의 여고냐는 열왕기하 24:6, 8 등, 역대하 36:8, 9; 그리고 예레미야 52:31의 여호야긴이며, 예레미야 22:24, 28; 37:1의 고니야와도 동일 인물이다.

세[三] 열네 대

마태복음에 소개된 족보	역대상의 족보	다음 구절도 보라
첫 번째 열네 대		
1. 아브라함 1:1, 2	1:27	창 11:26
2. 이삭 1:2	1:28, 34	창 21:1-5
3. 야곱 1:2	1:34; 2:1	창 25:26
4. 유다와 그의 형제들 1:2	2:1, 2	창 29:31-35; 30:1-24; 35:16-18; 49장; 출 1:1-6
5. 베레스와 세라 1:3	2:4	창 38:24-30; 룻 4:18
6. 헤스론 1:3	2:5	창 46:12; 민 26:21; 룻 4:18
7. 람(헬라명: 아람) 1:3	2:9, 25	룻 4:19
8. 아미나답 1:4	2:10	룻 4:19
9. 나손 1:4	2:10	룻 4:20
10. 살몬 1:4	2:11	룻 4:20
11. 보아스 1:5	2:11	룻 4:13, 21
12. 오벳 1:5	2:12	룻 4:21
13. 이새 1:5	2:12	룻 4:22
14. 다윗 왕 1:1, 6	2:15	룻 4:22; 삼상 13:11-13
두 번째 열네 대		
1. 솔로몬 1:6	3:5	삼하 12:24
2. 르호보암 1:7	3:10	왕상 11:43
3. 아비야 1:7	3:10	왕상 14:31
4. 아사(헬라명: 아삽) 1:7	3:10	왕상 15:8
5. 여호사밧 1:8	3:10	왕상 15:24
6. 요람 1:8	3:11	왕상 22:50
7. 웃시야 1:8	3:12	왕하 14:21; 15:1

8. 요담 1:9	3:12	왕하 15:32
9. 아하스 1:9	3:13	왕하 16:1
10. 히스기야 1:9	3:13	왕하 18:1
11. 므낫세 1:10	3:13	왕하 20:21; 21:1
12. 아몬(헬라명: 아모스) 1:10	3:14	왕하 21:18, 19
13. 요시야 1:10	3:14	왕하 21:24; 22:1
14. 여고냐와 그의 형제들 1:11	3:16	왕하 24:6, 8, 12; 렘 22:30
세 번째 열네 대		
1. 여고냐 1:12(이 이름의 반복에 관하여는 1:12 주석 참조)	3:17	왕하 25:27-30
2. 스알디엘 1:12	3:17	스 3:2, 8; 5:2; 느 12:1; 학 1:1, 12, 14; 2:2-4, 20-23
3. 스룹바벨 1:12	3:19	스 3:2, 8; 5:2; 느 12:1; 학 1:1, 12, 14; 2:2-4, 20-23; 슥 4:6-10
4. 아비훗 1:13		
5. 엘리아김 1:13		
6. 아소르 1:13		
7. 사독 1:14		
8. 아킴 1:14		
9. 엘리웃 1:14		
10. 엘르아살 1:15		
11. 맛단 1:15		
12. 야곱 1:15		
13. 마리아의 남편 요셉 1:16		마 1:18-25; 2:13-15; 눅 2:4, 16, 33, 48
14. 그리스도라 칭하는 예수 1:16		

[2] 첫 번째 열네 대의 명단은 이렇게 시작된다. 곧, **아브라함이 이삭을 낳고 이삭은 야곱을 낳고 야곱은 유다와 그의 형제들을 낳고.**

주로 유대인들을 위하여 그의 복음서를 기록하는 마태로서는 아브라함으로 더불어 시작하는 것이 당연했다는 논점은 이미 앞에서 살펴본 바이다. 아브라함이 이삭을 낳음에 있어서 거기에는 두 가지 요소, 곧 초자연적인 요소와 자연적인 요소가 있었다. 그 초자연적인 요소는 사도 바울에 의해서 갈라디아서 4:23에 강조되었고, 자연적인 요소는 본문에서 마태에 의하여 강조되었다. 초자연적인 요소는 이삭이 "약속으로 말미암아" 탄생한 사실이다. 약속을 믿은 아브라함의 믿음에 대한 상급으로 하나님께서 이적적인 섭리로 아브라함의 "몸이 죽은 것 같고 사라의 태가 죽은 것 같음"에도 불구하고 사라의 태를 열어 잉태하게 하시고 이들 노부부에게 이삭을 허락하셔서 그들로 참 씨를 얻게 하셨다(롬 4:19; 히 11:11, 12). 그러므로 마태에 의해서 기록된 족보는 초자연적인 탄생—곧 이삭의 탄생—으로 **시작하여** 또 다른 초자연적인 탄생—곧 예수 그리스도의 탄생—으로 **끝을 맺었다.** 그러나 이 이삭의 탄생과 예수 그리스도의 탄생은 결코 동일시될 수 없다. 이는 이삭의 탄생은 예수 그리스도의 경우처럼 동정녀 탄생이 아니기 때문이다. 이삭의 탄생에 관하여는, 이 족보 전체에서 그러하듯이 모든 곳에서 동일한 동사들이 사용되었는데, 이삭의 경우에 있어서는 보통 생육법에 의한 수태, 곧 사람인 아버지와 사람인 어머니에 의한 정자와 난자의 정상적인 결합이 있었다. 이삭의 수태에 있어서는 두 가지 요소—a. 노경에 이른 아브라함과 사라의 생식 기능을 소생하게 함에 있어서의 하나님의 초자연적인 개입, 그리고 b. 그 결과로서의 **자연적인 수태**—를 혼동해서는 안 된다. 이 점을 혼동하면 마태복음 1:2과 갈라디아서 4:23이 상충될 것이다.

이스마엘도 역시 아브라함의 아들이었으나 그의 이름이 여기에 언급조차 되지 않은 사실을 주목하라. 아브라함에게는 그 밖에도 또 다른 아들들이 있었다(창 25:2). 마태는 메시아의 혈통을 고수했다. 몇몇 경우들에 있어서는 그 형제들이 언급되었는데(2, 3, 11절), 각 경우 그 이유가 정확히 무엇인지는 알 수 없으나 아무튼 거기에 상당한 이유가 있음에는 틀림이 없다.

이삭은 야곱의 아비가 되었고 야곱은 또한 유다와 그의 형제들의 아비가 되었다. 유다의 이름은 야곱의 모든 자녀들 이름 가운데서 따로 뽑혀 있다. 이는 메시아의 혈통이 유다를 통해서 이어지기 때문이다. 어찌하여 이렇게 되었을까? 르우벤이 장자가 아니었던가? 유다 위로 세 형제나 더 있지 않았던가? 메시아의 혈통에 포함되거나 배제되는 일은 나이에 의해서 결정되지 않았음이 분명하다. 그 일은 또한 인간의 공로나 어떤 장점에 의해서도 결정되지 않았다(8-10절을 보라). 그렇다면 도대체 무엇에 의하여 결정되었을까? 오직 하나님의 절대 주권적인 선택 의지와 그의 은혜로 말미암아 결정되었다(롬 9:16). 그런데 메시아의 혈통이 유다를 통하여 이어짐에도 불구하고 "그의 형제들"이라는 말이 덧붙여 있다. 이 형제들에 대한 언급은, 구약 시대에 이스라엘은 그 전체가 하나님의 백성인 민족으로서 만민에게 **복이 되도록**, 특히 그리스도 안에서 **복이 되도록**, 세상의 모든 족속으로부터 구별함을 입었다는 사실에서 비롯된 것이었을지도 모른다(출 19:3-6; 왕상 8:41-43; 사 53, 54, 60장). 따라서 이스라엘 민족 전체는 메시아적 의의를 지니고 있었다.

[3] 그 혈통은 이렇게 이어진다. 곧, **유다는 다말에게서 베레스와 세라를 낳고 베레스는 헤스론을 낳고 헤스론은 람을 낳고.**

이 사람 유다에 관하여는 "너는 네 형제의 찬송이 될지라…규가 유다를 떠나지 아니하며…실로가 오시기까지 이르리니 그에게 모든 백성이 복종하리로다"(창 49:8-10) 하는 말씀이 기록되어 있다. 유다는 막내 동생 베냐민을 구하기 위하여 자기가 대신 애굽에 남아 종이 되겠다는 감동적인 말을 한 일이 있었다. 그러나 마태가 염두에 두는 바는 유다에 관한 그러한 언급들이 아니라, 유다가 **며느리 다말에게서** 베레스와 세라를 낳은 부도덕한 행위였다. 그 당시에 다말이 너울로 얼굴을 가리고 몸을 휩쌌기 때문에, 유다는 그 여자가 자기의 며느리인 줄 알아보지 못하고 그를 창녀로 여겨 그에게로 들어가 그로 임신하게 하였다. 유다는 후에 다말이 행음하였고 그 행음함으로 말미암아 임신하였다는 말을 듣고, 그의 며느리를 끌어내어 불사르라 명하였다. 그러나 다말이 그 시아버지 유다로 말미암아 임신한 사실을 보여 주는 증거물들을 제시하자 그 명령은 취소되었다.

이처럼 부정한 혈통—"유다는 다말에게서 베레스와 세라를 낳고"–을 거쳐 구세주는 그의 인성을 따라 하늘 영광을 떠나 육신의 몸을 입고 자기 백성을 위하여 십자가를 지시기까지 기꺼이 자신의 길을 걸어가셨다. 이 점을 충분히 이해하게 된다면, 이 마태복음의 족보에 관한 연구는 심령에 큰 은혜를 끼치게 될 것이다.

우리는 베레스의 형제 세라가 왜 이 족보에 언급되었는지 알 수가 없다. 그 형제가 쌍둥이였고 또 이들이 태어날 때 처음 기대하던 것과는 반대로 베레스보다 세라가 나중에 나옴으로써, 장자의 권리가 예측을 불허하는 하나님의 섭리에 의하여 베레스에게 주어졌기 때문이었을까(창 38:29, 30)? 그러나 이것은 너무 성급한 생각이다. 야곱과 에서도 역시 쌍둥이였고 이들 형제에 대해서도 역시 하나님께서 인간적으로는 기대할 수 없는 일—"큰 자가 어린 자를 섬기리라"(창 25:23)—을 예정하셨는데도 이 족보에 에서의 이름이 언급된 일이 전혀 없지 않은가!

혈통은 베레스에서 헤스론으로, 헤스론에서 람으로 이어진다. 헤스론과 람에 관하여는 이 족보의 언급을 제외하고는 아무것도 알려진 바가 없다. 그렇다면 헤스론과 람이 어떤 가공적인 인물일까? 이렇게 결론짓는 것은 전적으로 부당한 일이다. 마태는 성령의 지도하심을 따라 주님의 족보를 조심스럽게 연구했다. 직접 혹은 간접으로 그가 모은 지식들은 pp. 184–185에 열거된 바 그러한 자료들로 소급하여 생각할 수가 있다. 더욱이 베레스, 헤스론, 람, 아미나답, 나손, 살몬, 보아스, 오벳, 이새 그리고 다윗에 이르는 명단(마 1:3–5)이 구약 룻기 4:18–22에서 역시 그와 동일한 순서로 나타난다. 따라서 마태는 그가 제시한 족보에 대하여 훌륭한 근거 자료들—창세기, 출애굽기, 민수기, 룻기, 역대상 · 하, 열왕기상 · 하 등—을 가지고 있는 셈이다. 그 외에도 분명히 따로 별개의 족보들[126]을 구전 혹은 기록된 문서 형태로 가지고 있었을 것이다. 마태복음의 족보는 전적으로 신빙성이 있다.

헤스론과 람! 우리에게 이들은 그저 단순한 이름에 지나지 않는다. 우리는 이들이 훌륭한 자들이었는지 아니면 좋지 못한 자들이었는지 알 길이 없다. 그러나 죄인의 구속을 위하여 이 세상에 구주를 보내시고자 하신 하나님에게는 그의 계획을 역사적으로 실현함에 있어서 이들이 매우 중요하였다. 이와 마찬가지로 전혀 우리에게 알려지지는 않았으나 하나님께는 매우 중요한 인물들이 교회 안에도 역시 많이 있다. 비록 저들이 이 세상에서는 무명한 자 같으나 천국에서는 유명한 자인 것이다(고후 6:9). 언젠가는 "나중 된 자로서 먼저 되고 먼저 된 자로서 나중 되리라" (마 20:16)는 진리가 밝히 드러날 날이 있을 것이다.

[4] 족보의 명단이 계속됨에 따라 우리는 다시 또 다소 친숙한 부분에 들어서게 된다. 곧, **람은 아미나답을 낳고 아미나답은 나손을 낳고 나손은 살몬을 낳고.**

출애굽기와 민수기의 병행 구절들이 제시해 주는 바와 같이 이스라엘 백성들은 이제 출애굽과 광야 여행 시기에 이르게 되었다. 아미나답은 아론과 결혼한 엘리세바의 아버지였다(출 6:23). 광야 생활을 하는 동안, 아미나답의 아들 나손은 유다 지파의 족장(민 1:7; 대상 2:10)의 자리에 있었으며, 이 유다 지파는 "동방 해 돋는 쪽"(민 2:3)에 진을 쳤다. 성막이 완성되어 세워졌을 때 유다 지파를 대표하여 첫 예물을 드린 사람이 바로 나손이었다(민 7:12-17). 나손을 지휘자로 세운 유다 지파 군대는 이스라엘 모든 지파의 선두로서 진행하였다(민 10:14). 나손의 아들 살몬은 라합과 결혼하였는데, 라합은 가나안 땅을 탐지하기 위하여 여호수아가 보낸 두 명의 정탐꾼에 관한 이야기에서 그 모습이 두드러지게 나타난다. 이제 이 점에 관한 족보상의 지식을 얻기 위하여 다음 절로 가 보자.

126) 그와 같은 명단들이 많이 있었음에 틀림없다. 한 제사장의 족보가 사해사본 동굴 제6호에서 발견된 바 있다(M. Burrows, *More Light on the Dead Sea Scrolls*, New York, 1958, p.407).

[5] [6상] 살몬은 라합에게서 보아스를 낳고 보아스는 룻에게서 오벳을 낳고 오벳은 이새를 낳고 이새는 다윗 왕을 낳으니라.

여기에 언급된 이름들은 모든 성경 연구가들에게 친숙할 것이다. 기독교 사회에서 교육을 받고 자라난 사람이라면 누구나 기생 라합과 두 정탐꾼에 관한 이야기(수 2, 6장; 히 11:31; 약 2:25)와, 보아스와 룻 그리고 이들의 아들 오벳에 관한 이야기(룻기)와, 이새와 그의 아들들에 관한 이야기(삼상 16장)와, 그리고 끝으로 중요한 다윗 왕에 관한 이야기(삼상 17-31장; 삼하 전체; 왕상 1:1-2:11)에 감동을 받지 않았겠는가?

그럼에도 불구하고, 마태의 의도는 주로 이 감동적인 이야기들을 독자들에게 상기시키고자 하는 것이 아니라, 조상들의 계보를 열거함으로써 예수 그리스도가 예언과 일치하는 다윗의 자손이시요, 또한 동시에 다윗의 주로서 인식되도록 하는 것이었다. 그 외의 모든 것은 비록 의의가 있기는 하나 부수적인 의의에 지나지 않는다.

이것은 또한 이 족보의 명단이 어떤 연대적인 결론을 내릴 목적으로 사용되어서는 안될 것을 의미하기도 한다. 예를 들면, 라합과 다윗 사이에 경과된 정확한 시간을 계산하려는 목적으로 사용되어서는 안 된다는 뜻이다. 만일 본 5절이 메시아의 혈통 중에 한 세대의 조상도 생략되지 않았다는 가정하에서 그러한 목적으로 사용된다면, 이스라엘의 가나안 정복 시기에 살았던 라합(수 2, 6장)이 다윗의 고조할머니가 된다는 결론에 도달하고 말 것이다. 이는 여기에 제시된 연결 관계가 라합(살몬의 아내), 보아스, 오벳, 이새 그리고 다윗으로 이어지기 때문이다. 이 결론을 열왕기상 6:1과 조화시키기는 매우 어려운 일이다. 양자의 기간을 서로 대치시켜 삭제한 후에도 열왕기상 6:1에는 여전히 상당히 오랜 기간이 남는다. 마태는 분명히 각 세대의 모든 조상들을 빠짐없이 다 언급할 필요가 없다고 생각했음에 틀림없다(스 7:3과 대상 6:7-9 비교). 이 사실은 앞으로 언급되겠지만 마태복음 족보의 두 번째 열네 대(6절 하반절-11절)와 세 번째 열네 대(12-16절)의 연구에서도 분명히 드러난다. 이 복음서 저작자가 관심을 두는 것은 연대기가 아니라 기독론이다. 그는 메시아의 선조들 명단을 담은 세 목록, 곧 다윗 왕조의 큰 역사적 전환점에 따라 논리적으로 정돈된 족보가 그리스도 안에서 그 완성을 보았다는 사실을 보여 주는 것으로 만족한다. 마태뿐만 아니라 영감을 받은 룻기의 저작자도 역시 이러한 목적을 성취하는 데 있어서 조상들의 족보 가운데 모든 세대의 인물들을 낱낱이 다 언급할 필요가 있다고는 생각지 않았다.

다윗 집안의 기원이 이제 기록되었다. 솔로몬에서부터 여고냐에 이르는, 다음 열네 대의 명단은 다윗 왕조의 영화와 그 몰락을 상기시켜 준다. 이 두 번째 명단은 솔로몬조차도 그의 모든 영화로써 구원을 베풀 수는 없었던 사실을 보여 준다. 구원을 베푸시는 이는 그리스도이시며 오직 그만 홀로 구원을 베푸실 수 있다.

[6하] 다윗은 우리야의 아내에게서 솔로몬을 낳고.

주석가들 사이에서는 이 족보 안에 모든 유형의 인물이 다 실려 있음을 지적하는 것이 통례로 되어 있다. 예를 들면, 유대인들의 관례와는 달리 이 세 열네 대의 족보에는 남자의 이름뿐만 아니라 여자의 이름도 포함되어 있다. 또한 다말, 라합, 룻[127] 등과 같은 이방인들과 넓은 의미 혹은 다소 제한된 의미의 유대인들의 명단이 포함되어 있다. 그리고 또한 선한 자들—예를 들면 아브라함, 이삭, 야곱 등—뿐만 아니라, 악한 자들—예를 들면 요람, 아하스, 아몬 등—도 포함되어 있다는 사실이 일반적으로 특히 강조된다. 이들 가운데 어떤 자는 거의 믿어지지 않을 정도로 사악했다.

필자가 보는 바로는 이 같은 견해들이 사실에 부합됨과 동시에 다음의 결론을 뒷받침해 준다.

1. 아브라함의 자손임을 내세우는 유대인들의 자랑은 정당화될 수 없는 한낱 썩어 없어질 육체의 영광에 불과한 것이다. 이 자랑은 어리석고 악

127) 라합이 이스라엘 여자가 아니었음은 분명한 사실이다(수 2:2-21). 또한 룻은 "모압 지방에서 돌아온 모압 소녀"(룻 2:6)였다. 창세기 38장은 다말이 가나안 여자였다는 것을 특별히 지적하여 언급하지는 않는다. 그러나 다말이 가나안 여자였을 가능성은 창세기의 문맥(38:1, 2, 6, 11-13을 보라)에 암시되어 있다. G. Ch. Aalders, *Genesis (Korte Verklaring)*; Vol. 3, p.94 참조.

한 것이다. 이스라엘은 자기 자신을 자랑할 하등의 이유도 없다. 구원은 아래로 사람으로 좇아 나는 것이 아니라, 위로 하나님으로 좇아 나는 것이다(고후 11:17; 빌 3:1-8 참조).

2. 예수 그리스도는 참으로 죄인을 구속하기 위하여 하나님께로부터 보내심을 받은 분이시며 이스라엘이 오랫동안 기다려 왔던 분이시다. 이는 메시아의 비천한 출생에 관한 예언을 성취하신 이가 바로 그분이기 때문이다(사 11:1; 53:2, 참조. 마 2:23; 요 1:46; 7:52).

3. 이 예수 그리스도는 오직 유대인들만의 구주가 아니라 세상의 구주이시다(요 3:16; 4:42). 참으로 "하나님의 은혜는 광대하시다." 믿음으로 말미암아 구원받기로 예정된 자들은 모든 나라와 민족들로부터 이끌어냄을 받게 되었다.

6절은 이 모든 것 위에 강조를 더하고 있다. 위의 1항에 관하여는, 독자들은 여기서 저 유명한 다윗 왕이 그리스도의 한 조상으로서 혹은 자기 민족 역대의 한 왕으로서 자랑할 만한 것이 아무것도 없음을 기억할 것이다. 이는 다윗이 다른 사람의 아내, 곧 그의 충신 우리야를 죽이고 그에게서 빼앗은 아내 밧세바에게서 왕위를 이을 태자를 얻었기 때문이다. 다윗의 이 부정한 행위로 얻은 첫 아이는 죽었고 두 번째 얻은 아이가 곧 우리에게 잘 알려진 솔로몬이었다. 다윗이 이미 부정한 관계를 맺었던 우리야의 아내 밧세바를 자기의 처로 삼기 위해서 그 충신을 죽여 없애고자 꾸민 사악한 음모에 관하여 읽어 보자(삼하 11장).

다윗의 생애에 있어서 이 사건은 또한 위의 2항을 강화시켜 준다. 예수의 "아버지"(다만 법적인 의미에 있어서의 "아버지")에 관하여—물론 예수의 어머니에 관해서도 역시(16, 18-25절, 눅 3:23-38)— 살펴볼 때, 예수 그리스도께서는 다윗과 같은 큰 죄인으로부터 그 혈통을 이어받으셨다. 마지막으로 이 사실은 위의 3항의 내용을 강화시켜 준다. 심지어 다윗과 같은 중한 죄인에게도 자비가 베풀어졌는데 하물며 다윗의 원형(Antitype)인 그리스도 안에서 피난처를 구하는 모든 자들에게는 더욱 그리하지 않겠는가.

따라서 그리스도의 전체 족보(1-17절)를 연구함에 있어서 우리는 선한 사람들에게도 역시 하나님의 은혜가 필요하다는 사실에 감명을 받게 된다. 이는 아무리 선한 자라 할지라도 그 역시 죄인임에는 틀림이 없기 때문이다. 아브라함에 관하여는 칭찬 받을 만한 많은 일들이 기록되어 있다(창 13:8, 9; 14:13-16; 15:6; 18:22-23; 22:1-9). 그러나 수치스러운 일들에 관하여서도 역시 기록되어 있다(창 12:10-20; 16:1-6; 20장). 이것은 이삭에 관하여서도 역시 마찬가지이다. 이삭의 선한 일에 대하여는 창세기 24:63, 67; 26:18-25을, 그리고 그의 좋지 못한 일에 대하여는 창세기 25:28; 26:1-11을 각각 보라. 야곱도 역시 예외가 아니다. 야곱의 선한 일에 관하여는 창세기 28:18-22; 32:1, 2, 22-32; 35:1-7; 49:18을, 그리고 그의 좋지 못한 일에 관하여는 창세기 25:27-34; 27:18-24; 37:3을 각각 찾아보라. 유다도 역시 우리가 본받아야 할 모범자(창 43:8, 9; 44:18-34)이나 또한 우리가 멀리해야 할 본보기(창 38장)이기도 하다. 다윗은 하나님의 마음에 맞는 사람(삼상 13:14; 17장; 18:5; 24:1-7; 25:32-35, 39-42; 26장; 삼하 7:18-29; 9장; 12:13; 18:5, 33; 23:5; 시 51편을 비롯한 그의 여러 다른 시편들)이었으나 또 한편으로는 큰 죄인(삼하 11장; 삼상 24:21, 22; 삼하 5:13; 8:2; 12:31; 21:8, 9; 24장)이었다.

끝으로 한 사람 더 언급하자면, 히스기야 왕은 "그의 조상 다윗의 모든 행위와 같이 여호와께서 보시기에 정직하게 행한 자"(왕하 18:3; 왕하 19:14-19; 20:2, 3; 대하 29:2, 29-30, 31장)였다. 그러나 그도 역시 흠이 없는 자는 결코 아니었다(왕하 20:12-15; 대하 32:25). 그 어느 누구도 자기 자신을 스스로 구원할 수는 없다. 모든 사람들, 아니 이 족보에 실린 자 중에 가장 훌륭한 인물이라 할지라도 약속된 구속자 예수 그리스도의 보혈로 말미암아 얻어지는 구속을 필요로 한다. 이것은 또한 그들 스스로가 놀라우리만큼 감동적이며 겸손한 고백으로써 친히 확증한 사실이기도 하다(창 49:18; 삼하 23:5; 왕하 19:14-19; 시 51편; 참조. 단 9:17-19; 눅 18:13; 롬 7:24, 25).

[7]-[11] 솔로몬은 르호보암을 낳고 르호보암은 아비야를 낳고 아비야는 아사를 낳고 아사는 여호사밧을 낳고 여호사밧은 요람을 낳고 요람은

웃시야를 낳고 웃시야는 요담을 낳고 요담은 아하스를 낳고 아하스는 히스기야를 낳고 히스기야는 므낫세를 낳고 므낫세는 아몬을 낳고 아몬은 요시야를 낳고 바벨론으로 사로잡혀 갈 때에 요시야는 여고냐와 그의 형제들을 낳으니라.

우리는 성경에서 "솔로몬이 여호와를 사랑하고"(왕상 3:3 상반절)라는 구절을 본다. 그러나 조금 뒤에 가서 보면, 그가 "이방의 많은 여인을 사랑하였으며" 그 일로 인하여 그가 여호와를 저버리고 우상 숭배의 미로에서 방황하게 되었음을 알게 된다(왕상 11:1-14). 그처럼 시작이 유망해 보이던 사람이 말년에 가서는 여호와 하나님의 목전에서 악으로 여겨지는 일을 행하였다. 영적인 면에서 솔로몬은 자신이 범한 죄를 철저히 회개하고 거듭거듭 그 죄를 슬퍼하며 마음 아프게 생각했던 그의 아버지 다윗에게는 미치지 못하는 인물이었다. 솔로몬에 관하여는 그의 진실된 회개의 증거들을 부지런히 찾아보아야만 한다. 그럴지라도 그가 죽기 전에 실제로 하나님께로 다시 돌아왔다는 희망이 전혀 없는 것은 아니다. 다음의 구절들은 우리의 그러한 기대를 뒷받침해 준다. 곧 사무엘하 12:24, 25; 열왕기상 3:5-15; 8:22-53; 느헤미야 13:26; 전도서 2:1-11; 12:13, 14; 참조. 요한복음 10:28; 로마서 8:29, 30; 빌립보서 1:6. 그러나 무엇보다도 전통은 솔로몬의 신앙보다는 오히려 그가 통치 시에 누렸던 부귀영화와 그의 "지혜"에 관심을 두었다. 후대의 열왕들이 영적인 표준에 따라 판단을 받을 때, 그 판단의 척도는 언제나 다윗의 생애(왕하 16:2; 18:3; 대하 17:3; 28:1; 29:2 등)였지 결코 솔로몬의 생애가 아니었다.[128] 그러므로 우리는 다윗 왕조의 권세가 발흥한 후에 곧 쇠퇴의 징조를 보이기 시작하는 것을 보게 된다.

더욱이 그 몰락은 영적인 것이었을 뿐만 아니라 또한 정치적이며 물질적인 것이었다. 솔로몬의 사후에 다윗 왕국은 북쪽 이스라엘 왕국과 남쪽 유다 왕국의 두 나라로 분열되고 말았다. 그러므로 여기서 마태가 언급하는 이름들은 예전의 이스라엘 열두 지파 가운데 단지 두 지파(유다 지파

128) 필자가 솔로몬에 관해 연구하던 중 가장 큰 기쁨을 맛보았던 책들 중 하나는 네덜란드어로 된 J. Schoneveld의 *Salomo*(Baarn, The Netherlands, no date)였다.

와 베냐민 지파)만을 다스렸던 유다 왕국의 열왕들을 가리킨다. 여러 훌륭한 치적들이 아사, 여호사밧, 웃시야, 요람, 히스기야, 그리고 요시야 등에 관하여 기록되어 있다. 비록 므낫세는 그의 말년에 가서 회개했다고 말하는 것이 옳겠으나, 위에 언급한 왕들을 제외한 나머지 왕들에 관하여는 그들이 저지른 사악한 행위들이 기록되어 있다. 여고냐(혹은 여호야긴)와 함께 유다 왕국의 남은 영화는 모두 다 소멸되고 말았다(11절 주석을 보라).

요람과 웃시야 사이[129]에 세 왕의 이름이 생략되었음은 얼른 보아 알 수 있는 사실이다. 그 생략된 세 왕의 이름은 아하시야(왕하 8:25; 대하 22:1)와 요아스(히브리어 원문의 왕하 11:21; 12:1; 대하 24:1)와 아마샤(왕하 14:1; 대하 25:1)이다. 이처럼 인물들의 이름이 중간에 생략된 이유는 이미 앞서 밝힌 바 있다(5, 6절 상반절 주석을 보라). 마태가 이 복음서에서 우리에게 연대기를 제시하는 것이 아니라, 예수가 참 그리스도이신 증거를 제시하고 있음을 우리가 잠시라도 잊어서는 안 된다.

마태가 그의 복음서를 저작함에 있어서 선정하여 사용할 풍부한 자료들을 가지고 있었다는 점은 이미 앞서 언급한 바이다. 더욱이 그의 복음서 전체에서 분명히 드러나듯이 마태는 구약성경에 철저히 정통한 사람이었다. 따라서 마태에게 있어서는 그 족보에 있는 인물들의 이름이 단순한 **명목** 이상의 무엇을 의미하였다. 그들은 성경과 전승을 통해서 마태가 익히 잘 아는 인물들이었다. 그와 마찬가지로 오늘날에 있어서도 이 족보를 그 목적에 비추어서 이해하기를 원하는 사람이라면 누구나, 그것을 보잘것없는 것으로 여겨 그냥 지나쳐 버리지 말고 잠시 멈추고 깊이 생각한 다음에 넘어가야 할 것이다. 이 족보를 더욱더 깊이 연구하면 연구할수록, 이 족보가 진실로 구속자의 오실 필요성을 강조하고 있음을 깨닫게 될 것이다. 예수 그리스도의 오심을 위하여 길이 예비되고 있었다.

무엇보다도 먼저 **역사적인** 준비가 있었다. 곧, 우리가 르호보암에게 두 지파가 남고 여로보암에게 열 지파가 귀속되어 버린 솔로몬 왕국의 분열

---

129) Lenski가 *op. cit.*, p.30에서 말하고 있는 바 웃시야와 요담 사이가 아니다.

에서 그 예를 보는 바와 같이, 하나님께서는 모든 역사적 사건들의 흐름을 그의 섭리대로 주관하셨다. 다윗 왕국의 분열은 얼마나 애석한 사건이었던가! 다윗이 그처럼 애써 이룩해 놓은 강대한 중앙집권적 통치 체제가 허무하게 무너지고 말았다. 솔로몬이 다져 놓은 신앙적인 통일 체제—모든 지파를 위한 **하나의** 성전—도 역시 무너지고 말았다. 보석이 그 광채를 잃어버렸다! 왕국의 영광이 사라져 버렸다!

이것이 역사적인 준비 과정을 보는 한 관점이다. 우리는 이러한 고찰에서의 참된 요소를 충분히 옹호하는 한편, 열왕기상 11:12, 13; 12:15, 24 하반절, 특히 11:36에 진술되어 있는 바 **하나님의** 관점도 역시 잊어서는 안 된다. 우리는 그곳에서 "그의 아들에게는 내가 한 지파를 주어서 내가 거기에 내 **이름을** 두고자 하여 택한 성읍 예루살렘에서 내 종 다윗이 항상 내 앞에 **등불**(후손, 왕상 15:4 참조)을 가지고 있게 하리라"는 말씀을 볼 수 있다.

왕국을 둘로 갈라놓으신 이는 하나님 자신이었다. 그것은 하나님께서 저들을 구원하시기 위한 하나의 준비 작업이었다. 나라가 "깨어진 것"은 하나님의 은혜의 빛이 그 갈라진 틈으로 "밝게 비취도록" 하기 위한 계획이었다.

여기서 우리는 일련의 **구별**에 대한 또 하나의 예를 대하게 되는데, 이것으로써 여호와께서는 적은 무리를 자기에게로 택하사 그의 메시아 계획을 실현하기 위한 목적으로 사용하셨다. 여러 이방 신들과 타협하는 솔로몬의 마음은 백성들에게 점차 그 사악한 영향력을 행사하기 시작하였다. 따라서 결국 아브라함의 경우에서와 같은 이유로 인하여 거룩히 구별하는 일이 다시금 필요하게 되었다. 이 구별 뒤에는 시간이 흐름에 따라 앗수르와 바벨론 포로 생활이 뒤따르게 될 것이었다. 그때에 유다는 한 하나님을 섬길 것이며 이방인들 가운데서 유일신 예배를 전파할 것이었다. 이방인들 가운데 많은 무리가 다신교로부터 유일신교를 거쳐 기독교로 이르는 구원의 길로 인도될 것이었다.

또한 **상징적인** 준비가 있었다. 솔로몬이 재위 전반기 거의 전 기간에 걸쳐 예루살렘에 세웠던 성전의 성물들(속죄소, 번제단, 기명들 등) 자체가

"피흘림이 없은즉 사함이 없다"(히브리서 9:22)라는 사실을 증거해 주지 않았는가? 그뿐만 아니라 또한 사려 깊은 경건한 유대인이라면, 동물의 피 그 자체로는 인간의 영혼을 위한 참 속전(贖錢)이 결코 될 수 없다는 사실을 분명히 알고 있지 않았는가? 이것에 대하여는 시편 40:6-8을 참조해 보라.

그 다음에 **예언적인** 준비가 있었다. 곧, 이 기간 동안에 소임을 맡아 장차 올 약속된 구속자를 백성들에게 예언했던 모든 참 선지자들의 사역이 있었다. 경건한 왕들은 신실하고 불같이 뜨거운 하나님의 참 선지자들과 손잡고 일하였다. 히스기야 왕과 이사야 선지자는 친구였다(대하 32:20). 요시야 왕과 예레미야 선지자도 역시 친구였다(대하 35:25). 이 오랜 기간에 걸쳐 선포된 수많은 메시아 예언들 가운데는 다음과 같은 구절들이 포함되어 있다. 곧, 이사야 7:14; 8:8; 9:1, 2, 6; 11:1-10; 42:1-7; 49:1-10; 50:4-9; 52:13-53:12; 61:1-3; 62:11; 예레미야 23:5; 31:15; 호세아 11:1; 미가서 5:2 등이다.

마지막으로 **심리적인** 준비가 있었다는 점을 잊어서는 안 된다. 하나의 진리가 점점 더 풍부하게 밝혀졌는데, 그 진리는 곧 아무도 하나님 앞에서 스스로 의를 이룰 수가 없다는 것이었다.

역대 왕들과 그 백성들의 생활에서 드러나듯이, 이스라엘은 스스로의 의를 세우는 이 일에 완전히 실패하였다. 율법도 그 자체에 있어서는 완전하였으나 죄인을 구원할 수는 없었다. 인간은 실패할 따름이다. 오직 하나님만 홀로 죄인을 구원하실 수 있으시다. 하나님은 장차 올 중보자를 통해서 이 일을 이루실 작정이었다.

이 같은 모든 점들을 고려해 볼 때, 마태복음 족보의 메시아적 특징은 이미 앞에서 설명한 바와 같이, 세 열네 대의 수학적인 공식(3×14)에서뿐만 아니라 족보에 언급된 인물들이 대표하는 그 당시의 모든 역사적 상황에서도 역시 분명히 드러나고 있음이 명백하다.

연관된 교훈들에 관하여는 다음 장에 있는 도표를 살펴보라.

왕 이름	인물 및 혹은 그의 통치의 특징	그의 생애에서 배우게 되는 교훈들 중의 하나	
		성경에 나타난 것	다른 문헌에 나타난 것
르호보암	"내 아버지는 너희의 멍에를 무겁게 하였으나 나는 너희의 멍에를 더욱 무겁게 할지라"(왕상 12:14).	"가난한 백성을 압제하는 악한 관원은 부르짖는 사자와 주린 곰 같으니라"(잠 28:15; 참조 20:28).	"왕들은 그들의 신하의 이(利)를 추구하나 폭군들은 자신의 이(利)를 탐한다" (Herrick).
아비야와 아몬	"(아비야가) 예루살렘에서 삼 년 동안 다스리니라…그의 아버지가 이미 행한 모든 죄를 행하고…"(왕상 15:2, 3). "아몬이…이 년간 다스리니라…그의 조상들의 하나님 여호와를 버리고 그 길로 행하지 아니하더니 그의 신복들이 그에게 반역하여 왕을 궁중에서 죽이매"(왕하 21:19-23).	"주께서 참으로 그들을 미끄러운 곳에 두시며 파멸에 던지시니 그들이 어찌하여 그리 갑자기 황폐되었는가!"(시 73:18, 19).	"왕관을 쓴 머리 위에는 언제나 불안이 감돈다" (Shakespeare).
개혁가요 중재자인 아사와 여호사밧 그리고 히스기야	"아사가 그의 하나님 여호와께 부르짖어 이르되…"(대하 14:11). "여호사밧이 (기도하여)이르되…오직 주만 바라보나이	"환난 날에 나를 부르라. 내가 너를 건지리니 네가 나를 영화롭게 하리로다"(시 50:15).	"사탄은 가장 약한 성도가 그의 무릎 꿇는 것을 볼 때 두려워 떤다" (Cowper).

	다"(대하 20:5, 12). "그 앞에서 히스기야가 기도하여 이르되…우리 하나님 여호와여 원하건대 이제 우리를 그의 손에서 구원하옵소서"(왕하 19:15, 19).		
요람	"그가 이스라엘 왕들의 길로 행하여 아합의 집과 같이 하였으니 이는 아합의 딸이 그의 아내가 되었음이라"(대하 21:6).	"어진 여인은 그 지아비의 면류관이나 욕을 끼치는 여인은 그 지아비의 뼈가 썩음 같게 하느니라"(잠 12:4).	"악한 여자보다 더 사악한 악은 없느니라" (Euripides).
웃시야	"그가 강성하여지매 그의 마음이 교만하여…여호와의 성전에 들어가서 향단에 분향하려 한지라"(대하 26:16).	"순종이 제사보다 낫고 듣는 것이 숫양의 기름보다 나으니"(삼상 15:22). 잠언 16:18 참조.	"오! 어찌하여 죽을 인생의 마음이 그리 교만할꼬?" (Knox).
요담	"그가 여호와의 전 윗문을 건축하고 또 오벨 성벽을 많이 증축하고 유다 산중에 성읍들을 건축하며 수풀 가운데에 견고한 진영들과 망대를 건축하고"(대하 27:3, 4).	"너희는 시온을 돌면서 그곳을 둘러보고 그 망대들을 세어보라. 그의 성벽을 자세히 보고 그의 궁전을 살펴서 후대에 전하라"(시 48:12, 13).	"아, 건축, 건축! 그것은 모든 예술 중에 가장 고상한 것이어라" (Longfellow).

아하스	“이 아하스 왕이 곤고할 때에 더욱 여호와께 범죄하여”(대하 28:22).	“스스로 속이지 말라 하나님은 업신여김을 받지 아니하시나니 사람이 무엇으로 심든지 그대로 거두리라”(갈 6:7).	“하나님의 보응이 때로는 늦으나 반드시 임한다”(다양한 형태로 표현되는 여러 저자의 교훈).
므낫세	“여호와께서…말씀하여 이르시되 유다 왕 므낫세가 이 가증한 일과 악을 행함이 그 전에 있던 아모리 사람들의 행위보다 더욱 심하였고 또 그들의 우상으로 유다를 범죄하게 하였도다…내가 이제 예루살렘과 유다에 재앙을 내리리니 듣는 자마다 두 귀가 울리리라”(왕하 21:10-12). “그가 환난을 당하여 그의 하나님 여호와께 간구하고 그의 조상들의 하나님 앞에 크게 겸손하여”(대하 33:12).	“너는 청년의 때에 너의 창조주를 기억하라 곧 곤고한 날이 이르기 전에, 나는 아무 낙이 없다고 할 해들이 가깝기 전에”(전 12:1).	“혀와 붓으로 표현할 수 있는 모든 비참한 말 가운데 가장 비참한 것은 ‘그랬더라면 좋았을 걸’ 하는 후회이다” (Whittier).
요시야	“요시야가 여호와 보시기에 정직히 행하여 그의 조상 다윗의	“나 여호와가 말하노라…나를 존중히 여기는 자를 내가 존중	“위대한 사람들의 모든 생애가 우리를 일깨워 주는 바는

	모든 길로 행하고 좌우로 치우치지 아니하였더라"(왕하 22:2).	히 여기고"(삼상 2:30).	우리도 우리 자신의 인생을 숭고하게 만들 수 있다는 것이다…" (Longfellow).
여고냐	"여호야긴(혹은 여고냐)이 그의 아버지의 모든 행위를 따라서 여호와께서 보시기에 악을 행하였더라…바벨론 왕에게 나아가매…그가 여호야긴(여고냐)을 바벨론으로 사로잡아 가고"(왕하 24:9, 12, 15).	"…나를 멸시하는 자를 내가 경멸하리라"(삼상 2:30).	"내가 거두어들인 가시들은 바로 내가 심은 나무의 것들이로구나, 내가 심었더니 그것들이 나를 찔렀고 내가 피를 흘리게 되었도다! 내가 그 씨에서 어떤 열매가 나올 줄을 알았어야 했던 것을" (Byron).

앞에서 이미 진술한 바와 같이, 8절에서 세 왕의 이름이 생략된 것과 마찬가지로 11절에서도 역시 요시야와 여고냐(혹은 여호야긴) 사이에 여호야김이 빠져 있다(5, 6 상반절 주석을 보라). 11절에서 우리는 "요시야는 여고냐와 그의 형제들을 낳으니라" 하는 말을 본다. **낳으니라**는 말은 여기에서 아버지 대신에 할아버지에게 연결되었다. 그 증거에 관하여는 역대상 3:15, 16을 보라. 그 구절들을 보면 요시야와 그의 아들 여호야김과 그리고 여호야김의 아들 여호야긴(여고냐)이 순서대로 언급되어 있다. 앞의 여러 구절들에 일치시켜 그 구절을 "요시야는 여고냐를 **낳으니라**" 혹은 "요시야는 여고냐의 **아비가 되니라**"라고 번역하는 것은 잘못이 아니다. 이는 성경에서 **아버지**(*father*)라는 용어가 매우 광범위한 용법으로 사용되기 때문이다. 그 말이 항상 "**직계** 남자 선조"만을 가리키는 것은 아니다. 경우에 따라서는 한 세대 곧 한 아버지를 건너뛴 선조를 가리킬 수도 있다. 그러므로 열왕기하 18:3[father]에서 다윗은 히스기야의 "조상"으로 불린다. 또한 신약성경에 관하여는 마태복음 3:9; 누가복음 1:73; 16:24(아버지); 요한복음 8:39(아버지), 53, 56 등을 보라. **형제**라는 용어에 관해서도 위의 경우와 마찬가지이다("여고냐와 그의 형제"). 롯이 사실상 자기의 조카(창 11:27)였음에도 불구하고 아브라함이 그를 자기의 "형제"(창 14:14[relative], 16[brother])라 부른 사실이 상기될 것이다. 여기 마태복음 1:11에서도 역시 "그의 형제들"이라는 언급이 보다 넓은 의미에서 친척들 곧 요시야의 아들들, 그러므로 여호야김의 문자 그대로의 형제들, 따라서 여호야긴의 삼촌들인 여호아하스(대하 36:2)와 시드기야(대하 36:10, 11; 참조. 왕하 24:17)를 가리킬 수도 있음은 전적으로 가능성이 있는 일이다. 이들이 여기에 간단히 언급된 것은 이들도 역시 잠시 동안 예루살렘을 다스렸기 때문이었을지도 모른다. 여호아하스는 석 달간, 시드기야는 11년간 예루살렘을 다스렸다. 만일 여호야긴 자신이 문자적인 의미의 친형제가 한 명 이상 있었다면 우리가 성경에서 이 같은 지식을 유추해 낼 수 없다.

바벨론으로 사로잡혀 감과 동시에 다윗 집에 대한 하나님의 약속은 빛을 잃어버렸다. 여호야긴의 운명은 참담하고 어둡기만 하였다. 그는 다윗의 왕위에 앉힐 아무 씨도 얻지 못할 운명(렘 22:30)이었을 뿐만 아니라 또한 그 자신 열여덟 살의 아직 나이 어린 소년의 몸으로 낯선 타국에 붙잡혀 가서 적어도 37년간의 모진 세월 동안 옥고를 치러야 할 기구한 운명이었다!(왕하 24:8-12; 참조. 25:27)

여호야긴을 수행했던 귀족들과 제사장들, 용사, 장인 그리고 대장장이 등에 관하여 살펴볼 때, 이들의 강제 이거 역시 비참하고 쓰라린 것이었음이 틀림없다. 요시야의 셋째 아들인 시드기야는 유다의 마지막 왕이었다. 선지자 예레미야와 에스겔의 경고를 무시하고 애굽을 신뢰했던 시드기야는 끝내 바벨론 왕을 배반했다. 그 결과 갈대아 군대가 이르러 솔로몬의 아름다운 성전을 포함한 예루살렘 성을 파괴했다. 시드기야의 비극적인 최후가 열왕기하 25:4-7에 처절하게 서술되어 있다. 비천한 자들을 제외한 나머지 백성들은 바벨론으로 사로잡혀 갔다(왕하 25:11). 바벨론 포로의 주요 원인은 역대하 36:14 이하에 제시되어 있다. 그 원인은 한마디로 이스라엘이 모든 선지자들의 경고에도 불구하고 완악하고 교만해져서 고의로 하나님의 말씀을 공공연히 무시하고 **회개하지 않았기 때문**이었다.

바벨론 압제의 전 기간 곧 B.C. 605년에 있었던 강제 이거로부터 시작하여 B.C. 597년과 586년에 각각 있었던 강제 이거를 포함하여, B.C. 536년에 끝나는—따라서 모두 합하여 총 "70년"에 이르는(렘 25:11, 12; 29:10; 단 9:2)— 기간은 (부분적으로) 다음과 같이 특징지을 수 있다.

첫째로, 그 포로 기간에는 **거짓된 소망**에 부풀었던 시기가 있었다. 초기의 포로들은 상황이 바뀌게 되면 그들이 곧 고국으로 돌아갈 수 있을 것으로 확신하였다. 예루살렘에 여호와의 성전이 아직 서 있지 않은가? 그러나 예레미야는 이 헛된 꿈에 들뜬 백성들에게 서신을 보내어 거짓 선지자들의 말을 믿지 말고 집을 짓고 텃밭을 가꾸라, 곧 바벨론에서 오랜 기간 동안 거주할 계획을 세우라고 충고하였다(렘 29장; 참조. 겔 17:11-24).

둘째로 전혀 **소망이 없는** 해(年)들이 있었다. B.C. 586년에는 예루살렘이 멸망하고 성전이 파괴되며 백성의 태반이 강제 이거되는 비극이 일어났다. 마치 여호와께서 자기 백성을 영영 버리신 것처럼 보이는 여러 해가 해방과 귀환의 아무런 징조도 없이 흘러갔다. 시편 137편은 그 당시 백성들의 처지를 생생히 나타내 준다.

다윗으로부터 여호야긴에 이르기까지 그 쇠잔이 어떠한 것이었던가! 유다가 얼마나 구원을 갈망하였던가! 마침내 소망이 되살아난 시기가 도래하였다. 어두움이 영원히 계속되지는 않았다. 비록 그 밤이 참담하고 어둡기는 하였으나 포로 기간 동안에도 어렴풋이 빛은 비치고 있었다. 혹은 달리 비유하자면, 비록 다윗의 태양이 일식(日蝕)을 맞이하였으나 그것이 개기일식(皆旣日蝕)은 아니었다. 이것은 세 번째 열네 대를 소개하는 다음 절에서 분명해진다.

[12] 바벨론으로 사로잡혀 간 후에 여고냐는 스알디엘을 낳고 스알디엘은 스룹바벨을 낳고.

여기서 여고냐가 두 번이나 계수되어야만 할 충분한 이유가 있다. 이는 곧 여고냐가 두 번째 열네 대의 마지막 인물이요 동시에 또한 마지막 열네 대의 첫 번째 인물이기 때문이다. 얼른 생각하기에 여고냐를 두 번 셈하는 것은 복음서의 "모순"을 제거하고자 하는 전적으로 그릇된 방법으로 보일 수도 있다. 그 모순이란 이것이다. 곧, 만일 여고냐를 두 번 셈하지 않는다면 두 번째 열네 대의 인물을 열 넷으로 볼 때(17절), 세 번째 열 네 대의 인물 중 앞에서 중복된 여고냐를 제외시키면 단지 열 세 인물밖에 남지 않는다는 사실이다.[130] 그러나 성경이 여고냐에 관하여 우리에게 말

130) 어떤 학자들은 원래(헬라어 원본, 혹은 추측건대 후기 헬라어 개역본의 원본이었던 초기 히브리어 마태복음에서) 11절에 "요시야는 여호야김을 낳고"("여고냐를 낳고" 대신에)로 기록되었을 것이라는 추측에 의하여 그 문제를 해결하려고 시도했다. 이들의 견해에 의하면, 뒤의 12절에서 여호야긴이라는 이름이 그 동일 인물을 가리키는 여고냐로 바뀌어 있으며, 여호야긴이라는 이름과 여호야김이라는 이름이 서로 매우 흡사하기 때문에 11절의 여호야김 역시 여고냐로 바뀌어 있다는 것이다. 이제 우리가 만일 원문을 복구하고자 한다면, 11절의 여고냐라는 이름이 여호야김으로 대치되어야만 한다. 만일 이와 같은 수정안이 채택된다면, 여고냐의 이름은 12절에 이르기 전에는 언급되지 않을 것이다. 그 이름은 단 한번만 계수되어

씀하는 바를 좀 더 주의 깊게 연구해 보면, 이 왕이 겪은 체험을 두고 생각할 때 서로 날카롭게 대조되는 두 가지 모습이 나타난다는 사실을 곧 알게 된다. 이미 앞서 지적한 바와 같이, 열왕기하 24:8-12에 이르러서는 모든 것이 암담하기만 하였다. 자식을 볼 수 없게 되는 저주가 여고냐에게 임하였다(렘 22:30). 그러나 그의 포로 기간 중에 형세는 호전되었다. 포로 된 여고냐는 자녀들을 얻게 되었고 그중 한 아들 안에서 메시아의 혈통이 이어지게 되었다(대상 3:17, 18). 예레미야 22:30을 여러 번 숙독할 때, 우리는 그 어린 왕에게 임한 자식이 없다는 예언이, 그의 자손 중에 이 세상에서 다윗의 왕위에 앉아 유다를 다스릴 자가 나지 않을 것이라는 사실 이상의 어떤 것을 의미하지는 않음을 차츰 깨닫게 된다. 바벨론 이거 **전**과 이거 **후**의 여고냐 사이에 있었던 형세의 호전은 그 자체만으로도 그가 두 번씩 계수될 수 있는 정당성을 보여 준다. 만일 여기에서 그 이상의 설명이 필요하다면 열왕기하 25:27-30을 숙독하고 예레미야 52:31-34을 참조하라. 여고냐는 감옥에서 풀려 나와 바벨론 왕 에윌므로닥의 궁전에서 남은 생애 동안 왕의 식탁에서 식사하였으며 날마다 쓸 것을 정량대로 공급받는 등 융숭한 대접을 받고 지냈다. 더욱이 여호야긴은 "그와

야 할 것이며, 그와 같은 이름의 대치는 세 열네 대의 각 대에 열네 이름들이 정확히 배치되는 결과를 가져올 것이다. 이상이 그들의 논증 내역이다. 이 해결책은 특히 요시야 왕의 왕자 이름과 왕손 이름이 매우 흡사하기 때문에 솔깃하기는 하지만, 이것을 채택한다면 많은 난제들에 봉착하게 된다. 먼저 최선의 본문의 증거는 어디까지나 본문은 본문 그대로가 옳다는 사실을 지지하고 있다. 다시 말하자면 11절의 여고냐를 여호야김으로 대치하지 않는 것이 옳은 처사라는 것이다. 또한 11절에 대하여 제시한 그 수정안은 그 11절 한 절로 그치지 않고 훨씬 더 광범위한 수정 작업을 요구한다. 왜냐하면 선행하는 모든 예들에 있어서 2절의 이삭으로부터 시작하여 10절과 11절의 요시야에 이르기까지 **각 이름이 두 번씩 언급되어 있기 때문이다**. 두 번씩 언급된 이름들은 각기 처음에는 아들로서 그리고 다음에는 아버지로서 두 번씩 언급되었다. 이와 똑같은 사실이 요셉의 아버지 야곱으로 끝이 나는 12-16절에 나오는 명단에도 적용이 된다. 그러므로 일관성 있게 하기 위하여는 현재 우리의 "요시야는 여고냐와 그의 형제들을 낳으니라" 대신에 그 "복구된"(?) 본문은 "요시야는 여호야김과 그의 형제를 낳고 여호야김은 여고냐를 낳으니라"로 읽혀야 할 것이다. 오히려 그것은 전체 구절의 추가를 의미할 것이다. 그러한 근본적인 수정은 전적으로 적절하지 않다고 생각한다.

함께 바벨론에 있는 왕들의 자리보다 높은 자리"에서 대접을 받았다. 이보다 더 분명한 대조는 상상하기 어렵다. 물론 마태는 이 모든 사실을 알고 있었다. 복음서 전체를 통해서 마태는 항상 자기가 사용한 원 자료들을 익히 잘 알고 있었던 사실을 입증하고 있다. 따라서 마태가 여고냐를 두 번씩 셈하는 것은 명확히 대조되는 여고냐의 이 두 모습 때문이었다고 보는 것이 자연스럽지 않겠는가?

미국의 역사도 한 인물을 두 번 셈하는 이와 유사한 실례를 우리에게 제시하고 있다. 우리는 닉슨(Mr. Nixon)을 미국의 "제37대 대통령"으로 부르지 않는가? 그럼에도 불구하고 워싱턴(Washington)으로 시작하여 이 높은 지위에 당선된 인물은 다만 36명뿐이라는 사실을 우리는 곧 깨닫게 된다. 이는 우리가 클리블랜드(Cleveland) 대통령을 그의 두 차례 재임 기간(1885-1889; 1893-1897)으로 인하여 두 번씩 셈하게 되기 때문이다. 그의 첫 임기를 마친 후 재선에 실패한 클리블랜드는 그 다음 기회에 다시금 이 공직에 피선되었다. 그 자신의 제반 상황이 다시 뒤바뀌게 된 것이었다. 물론 여고냐의 경우와 클리블랜드의 경우가 동일했던 것은 아니다. 예를 들면, 여고냐는 유다의 자기 보좌로 결코 다시 복귀하지 못했다. 그러나 이 두 실례에 있어서 그 순서는 다 같이 **높은 지위—패배—높은 지위**가 된다.

메시아의 혈통에 있어서 여고냐의 아들은 스알디엘이었다. 스알디엘의 "아들"(손자?, 대상 3:17-19 참조)은 스룹바벨이었다(스 3:2). 마태와 누가(눅 3:27)는 모두 복음서의 족보에 각기 스알디엘과 스룹바벨을 포함시켰다. 이 두 인물 안에서 마태가 제시하는 요셉의 혈통과 누가가 전해 주는 마리아의 혈통이 서로 만났다가는 다시 갈라지고 있음을 본다.[131]

B.C. 536년 직전에 바벨론 제국이 무너지고, 바사 제국이 무너진 바벨론 제국을 대신하게 되었다. 바사 제국의 새 통치자는 히브리 포로들을

---

131) 스알디엘과 스룹바벨과 관련하여 이 일이 정확히 어떻게 일어났는지 확인하는 것은 매우 어렵다. 아마도 그것을 확인하는 일은 불가능할 것이다. R.D. Wilson의 논문, Zerubbabel, I.S.B.E., Vol. V, p.3147; 그리고 필자의 *Bible Survey*, pp.136-138을 참조하라.

그들의 본국으로 돌아가도록 허락하였다(스 1장). 고레스 왕이 그 칙령을 내렸을 때 단지 남아 있는 자들만이 유다로 돌아갔다(스 2:64). 대제사장 요수아(혹은 예수아)가 그 당시 제사장들의 우두머리였다. 신약성경의 두 족보에 언급되어 있는 인물인 스룹바벨은 그 당시 시민 행정의 우두머리로 임명을 받았다. 다시 말하자면 그 당시 유대 민족의 **통치자**로 세움을 입었다. 그리하여 스룹바벨은 유대인들과 바사 제국 지도자들 사이의 중재자 역할을 하였다. 이 두 놀라운 위정자들(예수아와 스룹바벨)의 지시에 따라 귀환자들은 번제단을 세우고 성전의 기초를 놓았다(스 3:1-6). 사마리아인들과 그 동맹자들이 시기하여 이 일을 방해했다(스 4장). 그러나 다리오 왕 제2년—곧 B.C. 520년—에 선지자 학개가 성전 건물의 재건을 촉구했다. 선지자 스가랴도 이 일에 합세했는데, 그가 전해 준 매우 아름다운 메시아 예언들(슥 3:6-10; 6:9-13; 9:9; 11:12, 13; 12:10)은 성전을 건축하는 자들에게 큰 격려와 위안이 되었다. 스가랴가 전해 준 이 메시아 예언들 가운데 하나(6:9-13)에서, 우리는 그리스도의 오심을 위한 **예언적인** 준비뿐만 아니라 **예표적(豫表的)**인 준비도 볼 수 있다. 이는 여호수아 대제사장이 분명히 "많은 면류관을 쓰시기에" 합당하신 이의 한 예표자였기 때문이다. 그러나 **역사적인** 준비 또한 없지는 않았다. 바사 제국 통치자들의 마음을 감동시켜서 피정복민들에 대한 현명한 정책의 하나로서 유대 백성들을 그들의 고국으로 돌아가도록 허락한 것도 확고한 하나님의 섭리였다. 이로 말미암아 메시아가 유대 땅 베들레헴에서 태어나시게 되었다(미 5:2). 이 점이 귀환의 필연성을 설명해 준다. 여고냐의 후손인 스룹바벨은 그의 조상들이 쫓겨나야 했던 그 땅에서 그리고 그의 씨의 혈통에서 요셉과 마리아가 태어나도록 하기 위하여 고국에 돌아가 그곳에 그의 집을 세우고 가정을 이루어야만 했던 것이다.

[13]-[16상] 족보는 이렇게 계속된다. **스룹바벨은 아비훗을 낳고 아비훗은 엘리아김을 낳고 엘리아김은 아소르를 낳고 아소르는 사독을 낳고 사독은 아킴을 낳고 아킴은 엘리웃을 낳고 엘리웃은 엘르아살을 낳고 엘르아살은 맛단을 낳고 맛단은 야곱을 낳고 야곱은 마리아의 남편 요셉을**

낳았으니.

이미 앞에서 언급한 바와 같이 바벨론 포로 시기 후에 메대-바사 통치(Medo-Persian Rule, B.C. 536-333)가 있었다. 메대-바사 통치 다음에 다시 헬라-마게도냐와 애굽의 종주권(the Greco-Macedonian and Egyptian sovereignty, B.C. 333-200), 그리고 그 다음은 수리아와 (격렬한 전투가 있은 후) 마카비 지배권(Syrian and Maccabean hegemony, B.C. 200-63)이 이어졌다. 그 후에 로마인들이 팔레스타인을 지배했다. 13-16절을 포함하는 그 기간의 대부분은 신구약 중간사(Inter-Testamentary History)에 속하므로, 여기에 언급된 조상들의 이름이 마태복음 이외에는 성경의 다른 곳에서 전혀 언급되지 않는 사실은 놀랄 것이 못 된다. 이들은 이방의 통치자와 적대적 세력이 이웃한 어려운 환경 가운데서 살았다. 때때로 핍박을 받았는데 마카비가(家)의 전투 기간 중에는 특히 심하였다. 여기에 열거된 조상들 모두가 그들의 신앙을 진실히 고수하였는지 않았는지는 우리가 알 길이 없다. 좋은 뜻을 지닌 이름—예를 들면, 엘리웃="하나님은 나의 찬송이시다" 또는 엘르아살="하나님은 나의 돕는 자이시다"—은 흔히 신앙심이 깊은 부모들의 자기 자녀에 대한 경건한 바람을 나타내 주는 것이 사실이나, 그 이름을 가진 본인이 반드시 유일하신 참 하나님만 의지하는 참 신앙을 가진 자였음을 뜻하는 것은 아니다. 그러나 우리는 12절과 13절에 언급된 스룹바벨이 성경에서 높이 칭송을 받고 있음을 잘 안다(스 5:1, 2; 학 1:12-15; 2:20-23; 슥 4:1-10). "만군의 여호와가 말하노라 스알디엘의 아들 내 종 스룹바벨아 여호와가 말하노라 그날에 내가 너를 세우고 너를 인장으로 삼으리니 이는 내가 너를 택하였음이니라 만군의 여호와의 말이니라"(학 2:23) 하신 말씀은, 하나님을 경외하는 이 유대 통치자를 하나님의 특별하신 보호 아래 감싸 주었고 온 주위 사방에서 소동과 난리가 일어날 때에도 그의 안전을 보장해 주었다. 이 말씀은 또한 이 택함을 입은 하나님의 종이 아버지의 사랑하시는 메시아의 한 모형 혹은 예표자임을 암시하는 것은 아닐까?

그리고 이 명단의 맨 마지막 인물인 요셉에 관하여, 마태는 그가 하나님을 의뢰하며 항상 그의 분부에 순종할 준비가 되어 있는 경건한 사람일 뿐만 아니라 마리아의 남편으로서의 진정한 자격을 갖추고 있다는 점을 보여주려 한다.

앞에서 그 사실을 밝혀 둔 이상(pp. 191-196), 누가가 스알디엘의 아버지로 간주하는 그 인물로 시작하여 예수에 이르는 그 기간 사이에 스물세 명의 이름을 제시하는 것은 놀랄 일이 못 된다. 한편 마태는 같은(혹은 거의 같은) 기간 사이에 단지 열네 인물의 이름만을 제시한다. 마태는 여기서 다시금 어떤 조상들의 이름을 의도적으로 생략한다. "마태가 어디서 그 자료를 얻었을까?" 하는 문제는 이미 답변이 되었다(pp. 183-189). 족보 명단의 보존(구전과 기록, 양자 모두에 의한 보존이었을 것이다)에 대한 그 이상의 증거는, 누가가 세례 요한의 아버지인 사가랴가 "아비야 반열"에 속한 제사장이었으며, 그의 아내는 "아론의 자손"이었다는 것(눅 1:5)을 알고 있었던 사실에 의해서 제시된다는 점을 덧붙여 말할 수 있다. 누가는 또한 요셉이 "다윗의 집 족속"이었으며(눅 2:4), 선지자 안나가 "아셀 지파 바누엘의 딸"인 사실(눅 2:36)도 역시 알고 있었다. 이와 마찬가지로 사도 바울 역시 그 자신이 "베냐민 지파"에 속함을 알고 있었다(롬 11:1; 빌 3:5). 그러므로 이스라엘 각 지파들 간의 구별 의식은 신약시대까지도 계속되었으며, 백성들은 각기 자신들이 개별적으로 어느 지파 어느 집안에 속하는지를 알고 있었음이 분명하다. 제사장들과 그 밖의 사람들도 역시 이 족보들을 보존해야만 했고 이 기록들은 대대로 전해 내려왔다.[132] 요세푸스는 그 자신의 족보를 제시할 수 있었다. 그는 자기가 그 족보를 "공문서들" 가운데서 찾아냈다고 말했다(*The Life* I. 6). 또한 요세푸스의 저서 *Against Apion* I. 30을 보라.

[16하] "야곱은 마리아의 남편 요셉을 낳았으니" 다음에 마태는 덧붙여

132) 이러한 족보의 보존은 결코 유대인에게만 국한되는 습속이 아니라 일반적으로 매우 오래된 하나의 관례이다. 앗수르 사람들은 그들의 왕의 계보를 보존했고 바벨론 사람들도 역시 그러하였다. C.W. Ceram, *Gods, Graves, and Scholars*, New York, 1968, pp.272, 314, 315를 보라.

마리아에게서 그리스도라 칭하는 예수가 나시니라라고 쓰고 있다.

간단명료한 말로 구주의 동정녀 탄생에 관한 진리가 소개되고 있다. 그 진리가 밝히 드러나 있다기보다는 오히려 **암시되어** 있다고 말하는 것이 옳다. 마태는 지금 요셉이 **예수의 아버지가 되었다**거나 혹은 **예수를 낳았다**고 말하고 있지 않다. "낳고…낳고…낳고"의 긴 연속과 여기 1:16에서의 이 말의 갑작스러운 생략 사이의 현저한 대조는 매우 힘있게 다음의 사실을 말해 준다. 곧, 마리아의 맏아들의 출생에 관련해서는 요셉이나 그 밖의 다른 어떤 남자에 의해서도 마리아의 태중에 자연적인 수태를 시킨 행위가 전혀 없었다는 사실이 그것이다. 우리는 여기에서 창세기 5장을 생각하게 된다. 거기 보면 5절로부터 시작하여 매3절마다 "죽었더라" 하는 말이 여섯 번 반복하여 계속적으로 나타나는데, 에녹에 이르러서는 갑자기 그 말이 없이 "하나님이 그를 데려가시므로 세상에 있지 아니하였더라"(24절) 하는 말씀만 나타난다.

요셉은 "마리아의 남편"으로 불리고 있다. 요셉이 마리아의 남편이 된 내력은 18-25절에 진술되어 있다. 현재 여기에서는 나사렛의 목수 요셉(마 13:55; 막 6:3)이 참으로 마리아의 남편이었으나, 그가 예수의 잉태와는 전혀 아무런 관련도 없었다는 사실을 아는 것으로 충분하다. 육신적인 의미에 있어서 예수가 태어나신 것은 "마리아에게서"였지 "요셉에게서"는 아니었다. 요셉은 단지 법적인 의미에서만 그 나신 아기의 "아버지"였다. 다윗의 자손 요셉을 통하여 마리아의 아기 예수에게 다윗의 왕위가 이어지게 되었고 또한 "그가 자기 백성을 그들의 죄에서 구원할 자"이시기에 예수라는 이름으로 칭하시게 되었다(1:21). 이 큰 과업을 수행하실 수 있도록 하나님께서는 그를 구별하여 따로 세우고 자격을 부여하여 하나님의 기름부음을 받으신 자 곧 그리스도로 삼으셨다(사 61:1; 참조. 눅 4:18-21. 마 1:1 주석).

[17] 그리스도의 족보는 이 말로 요약되고 있다. **그런즉 모든 대 수가 아브라함부터 다윗까지 열네 대요 다윗부터 바벨론으로 사로잡혀 갈 때까지 열네 대요 바벨론으로 사로잡혀 간 후부터 그리스도까지 열네 대더라.**

이 세 열네 대 각각의 의의는 이미 설명이 되었고, 세 번째 열네 대에 있어서 열세 대 대신에 열네 대로 계수한 일의 정당성도 역시 입증이 되었으므로, 여기에 더 덧붙일 말은 별로 없다. 그러나 한 가지 우리가 주의해야 할 점은 **모든**이라는 말은 여기서뿐만 아니라 성경 어느 곳에서나 그 말이 나오는 전후 문맥에 비추어서 해석되어야 한다는 사실이다. 그러므로 여기에서 그 의미는 "이 족보에 포함된 모든 대수"이다.

마태복음에서는 처음으로 여기에 "세대"라는 말이 나온다. 그것은 자연적인 혈통의 계승에 있어서의 "단계" 혹은 조상들의 "무리"를 의미한다. 마태복음 11:16; 12:39, 41, 42, 45; 16:4; 17:17; 23:36에 나오는 "세대"의 의미는 분명히 "동시대 사람들 전체"일 것이다. 이 의미로부터 한 (유대) **민족 혹은 백성**(24:34)의 뜻이 파생되기는 쉽다. 또 **한 세대에 걸치는 기간**의 뜻이 파생되기도 쉽다. 필자의 에베소서 주석 3:20, 21 부분을 보라.

예수 그리스도의 탄생 (1:18-25)

누 2:1-7 참조

18-25절

18 예수 그리스도의 나심은 이러하니라 그의 어머니 마리아가 요셉과 약혼하고 동
거하기 전에 성령으로 잉태된 것이 나타났더니 19 그의 남편 요셉은 의로운 사람이
라 그를 드러내지 아니하고 가만히 끊고자 하여 20 이 일을 생각할 때에 주의 사자
가 현몽하여 이르되 다윗의 자손 요셉아 네 아내 마리아 데려오기를 무서워하지 말
라 그에게 잉태된 자는 성령으로 된 것이라 21 아들을 낳으리니 이름을 예수라 하라
이는 그가 자기 백성을 그들의 죄에서 구원할 자이심이라 하니라 22 이 모든 일이
된 것은 주께서 선지자로 하신 말씀을 이루려 하심이니 이르시되 23 보라 처녀가 잉
태하여 아들을 낳을 것이요 그의 이름은 임마누엘이라 하리라 하셨으니 이를 번역
한즉 하나님이 우리와 함께 계시다 함이라 24 요셉이 잠에서 깨어 일어나 주의 사자
의 분부대로 행하여 그의 아내를 데려왔으나 25 아들을 낳기까지 동침하지 아니하
더니 낳으매 이름을 예수라 하니라

18 예수 그리스도는 이렇게 태어나셨습니다. 예수님의 어머니인 마리아는 요셉과
약혼을 했는데, 두 사람이 결혼도 하기 전에 성령에 의해서 마리아가 임신하게 된
사실이 밝혀졌습니다. 19 마리아의 남편 요셉은 의로운 사람이었습니다. 그는 마리
아를 창피하게 만들고 싶지 않아서 조용히 파혼하려고 하였습니다. 20 요셉이 이 일
을 생각하고 있을 때, 꿈에 주의 천사가 나타났습니다. 천사는 요셉에게 이렇게 말
했습니다. "다윗의 자손 요셉아, 마리아를 아내로 삼는 것을 두려워하지 마라. 마리
아가 아기를 가진 것은 성령께서 하신 일이다. 21 마리아가 아들을 낳을 것인데, 이
름을 예수라고 하여라. 그가 자기의 백성을 죄에서 구원해 낼 것이다." 22 이렇게
하여, 주께서 예언자를 통해서 예언하신 말씀이 이루어졌습니다. 23 "보라! 처녀가
임신하여 아들을 낳을 것이며, 사람들이 그의 이름을 임마누엘이라고 부를 것이
다." 임마누엘은 '우리와 함께 계시는 하나님' 이라는 뜻입니다. 24 요셉은 잠에서
깬 후, 주의 천사가 명령한 대로 했습니다. 요셉은 마리아와 결혼하였습니다. 25 그
러나 마리아가 아들을 낳을 때까지 요셉은 잠자리를 같이하지 않았습니다. 그리고
아들을 낳자 이름을 예수라고 불렀습니다. _아가페 쉬운성경

---

[18] 족보에서 이미 암시되었던 사실이 여기에서 분명히 밝혀진다. 곧, **예수 그리스도의 나심은 이러하니라 그의 어머니 마리아가 요셉과 약혼하고 동거하기 전에 성령으로 잉태된 것이 나타났더니.**

마리아는 요셉과 "약혼한 사이"였다. 곧 이들은 결혼하기로 엄숙히 서약한 사이였다. 혼인 잔치와 동거 생활은 아직 차후의 문제였다. 마태는 그의 출발점을 약혼 직후의 어느 시점에 두고 있다. 유대인 사이의 약혼은 오늘날의 약혼과 혼동해서는 안 된다. 그것은 한층 더 신중하고 결속력이 있는 약속이었다. 신부와 신랑은 자기들의 혼약을 여러 증인들 앞에서 서로 맹세했는데, **한정된 의미에서** 이것은 본질적으로 결혼에 해당되는 것이었다. 그것은 여기에서 바로 약혼한 순간부터 요셉을 마리아의 **남편**(19절)이라 부르고 마리아를 요셉의 **아내**(20절)로 부르는 사실에서도 분명히 드러난다. 구약성경의 규례에 따르면 약혼한 여자의 부정한 행위는 죽일 죄에 해당하였다(신 22:23, 24). 두 사람이 지금 법적으로는 "부부" 사이가 되었으나 한 가정을 이루어 동거하기까지는 얼마의 시간이 경과한 후에야 가능했을 것이다. 마리아가 자신이 임신한 사실을 안 것은 요셉과 동거하기 이전이었다. 이것은 마리아가 요셉과 한 번도 동침하지 않았음을 의미한다. 마리아는 아직 성적 관계를 가진 일이 없는 처녀였으

며 완전한 의미에서 아직 결혼하지 않은 여자였다. 마리아는 자신의 잉태가 생명을 주시는 성령의 능력에 의한 것임을 천사를 통해서 알았다(눅 1:26-35).

자연히 요셉은 마리아가 임신한 사실을 알게 되었다. 이 일을 안 요셉이 어떤 행동을 취했는지에 관하여 다음 구절이 밝혀 준다.

[19] 그의 남편 요셉은 의로운 사람이라 그를 드러내지 아니하고 가만히 끊고자 하여.

마리아가 어떻게 해서 잉태하게 되었는지를 잘 모르는 요셉으로서는, 마리아가 자기와의 서약을 저버린 것이라는 지극히 당연한 결론을 내리고, 마리아를 자기 집으로 데려다가 정상적인 결혼 생활을 시작할 수는 없을 것으로 생각했다. 만일 마리아가 그 엄숙한 서약을 깨뜨린 것이 아니었다면 어떻게 할 것인가? 요셉은 이러한 상황하에서 자신이 마땅히 취해야 할 행동에 대하여 번민했을 것이 틀림없다. 그는 마리아를 사랑하고 또 아내로 맞기를 원했다. 그러나 그는 무엇보다도 의로운 사람이었고(욥 1:8; 눅 1:6 참조), 결혼 서약의 파기를 매우 신중히 여기시는 그 하나님의 뜻을 따라 살기 원하는 신실한 사람이었다. 또한 요셉은 마음씨가 고운 사람이었다. 당시의 관습에 따라 그는 두 가지 방법을 취할 수 있었다. 즉 a. 마리아에 대해 소송을 제기하는 것과 b. 마리아에게 이혼 증서를 써 주고 어떠한 법적 소송도 제기하지 않고 조용히 끊는 것(신 24:1, 3; 마 5:32)이었다. 마리아에게 소송을 제기하는 것이 반드시 돌로 쳐죽이는 사형을 뜻하지는 않았다. 이는 사람이 만든 수많은 제한 규정에 따라 이 율법에 수정이 가해져서 이 죽음을 면할 수 있었기 때문이다. 그럼에도 불구하고, 그 방법을 택하는 것은 마리아에게 공공연한 망신과 조롱과 수치를 당하게 하는 것이 되므로, 요셉은 어떻게 해서든지 이 방법은 피하기를 바랐다. 결국 요셉은 비록 자신의 마음속 깊이 우러나오는 마리아에 대한 강한 연민의 정에 일치되지 않는 일이었으나 가만히 끊고자 하는 후자의 방법을 택했다.

이것은 다음 절에서 분명히 나타난다.

[20] 이 일을 생각할 때에 (어찌 되었는가?)[133] 주의 사자가 현몽하여 이르되 다윗의 자손 요셉아 네 아내 마리아 데려오기를 무서워하지 말라 그에게 잉태된 자는 성령으로 된 것이라.

요셉은 비록 자신이 취해야 할 행동을 결정했으나 그가 그 결정을 행동으로 옮기는 일은 거의 불가능해 보였다. 요셉은 이 일을 마음속에 곰곰이 생각하다가 그만 잠이 들었다. 그런데 이때 갑자기 꿈에 한 천사—여기에 그 천사의 이름이 밝혀지지는 않았다(2:13, 19에서도 역시 그러하다). 누가복음 1:19, 26과 비교하여 보라—가 그에게 나타나서 이미 마리아에게 알려 주었던 사실(눅 1:35), 곧 마리아가 잉태한 것은 사람에 의한 자연적인 수태로 된 것이 아니라 성령으로 된 것임을 밝혀 주었다. 요셉을 격려하고 위로하기 위하여 천사는 그를 **다윗의 자손**으로 부른다. 메시아 언약의 성취에 있어서 다윗의 법적인 상속자로서 그리고 동시에 이 명예를 예수에게 전하는 자로서 묘사된 요셉을, 여기서뿐만 아니라 어떤 의미에서는 진정한 **요셉의 족보**이기도 한 바로 앞의 족보에서도 간과하지 않았다. 천사는 요셉에게 그의 아내 마리아를 집으로 데려오는 일을 두려워하거나 혹은 주저하지 말라고 한다. "무서워하지 말라"는 이 말은 요셉이 그 마음 한 구석으로는 진정 원하면서도 뭔가 거리낌이 있어서 감히 그리하지 못하는 어떤 일이 있었음을 암시하지 않는가? 그렇다면 이제 요셉은 자신이 원하는 바인 동시에 마리아의 원하는 바이기도 한 그 일을

---

133) 원문의 *ἰδού*는 문제를 제시하고 있다. 현대의 많은 번역가들은 이 말을 완전히 무시한다. 어떤 이는 그것을 시종일관하여 영어의 "lo" 혹은 "behold"("보라")로 번역한다. 많은 사람들이 고어체로 간주하는 그러한 감탄사의 **연발적인 사용**은 필시 최선의 해결책이 못 될 것이다. 하지만 그것이 단순히 무시될 경우, 특히 여기 1:20에서처럼 갑자기 천사가 나타나 극적인 장면을 연출할 때에도 무시될 경우는 원문의 생동감을 잃게 된다. *ἰδού*를 어떤 주어진 문맥에서 암시하는 그 생동감의 정도에 따라 여러 가지로 다양하게 번역하는 것이 안전한 해결책이 될 수는 없을까? 이 경우에 있어서 필자의 번역("What happened!")—질문과 응답의 형식—은 원문의 뚜렷한 성격을 유지시키고 재생시키는 방법 중의 하나이다. 이 방법은 "lo"와 "behold"를 포함하여 각 구절들의 문맥에 따라 "lo and behold", "look", "see", "listen" 그리고 도치된 문장에서는 "suddenly", "once upon a time" 등 관심을 불러일으킬 수 있는 거의 모든 말들을 동원할 수 있는 여지를 충분히 남겨 둔다.

주저할 필요가 없게 되었다. 이는 그 일을 막는 장애가 제거되었기 때문이다. 마리아는 결코 부정한 신부가 아니었다! 요셉은 안심하고 자기 아내를 집으로 데려올 수 있었다. 하물며 마리아를 집으로 데려오라는 천사의 지시를 받고 난 다음에랴!

천사가 전해 준 말의 내용은 다음과 같았을 것이 분명하다.

a. 깜짝 놀랄 소식

이는 특별계시 이외에는 동정녀 탄생의 개념이 유대 고문학(古文學) 아무 곳에서도 발견되지 않기 때문이다.[134] 이사야 7:14에 관하여는 pp. 218-229를 보라. 유대인들은 결혼과 가족의 의의를 확신하였고 또한 그 제도와 축복을 중시하는 민족이었다(창 1:27, 28; 9:1; 24:60; 25:21; 30:1; 시 127:3-5; 잠 5:18). 동정녀 탄생의 개념이 이교적 자료에서 취해 온 것이라는 견해에 관하여는 p. 232를 보라. 이러한 파생설은 그것을 뒷받침해 줄 만한 확고한 증거를 제시하지 못한다. 그렇다면 요셉에게 있어서 동정녀 탄생의 개념은 아주 새로운 것이었다. 하나님께서 보내신 천사가 이 지식을 전해 주지 않았다면, 요셉은 결코 그 사실을 인정하지 않았을 것이다.

b. 큰 위로의 소식

요셉은 마리아뿐만 아니라 자기 자신을 생각할 때 기쁨으로 충만했을 것이 분명하다. 요셉은 이제 마리아의 보호자로서 당당히 물심양면으로 필요한 것을 제공해 주며 모든 악의에 찬 비방과 조롱으로부터 마리아의 명예를 지켜줄 수 있게 되었음을 알았다. 마리아의 아이도 이제는 어엿한 법적 "아버지"를 갖게 되었다. 이 동정녀 탄생의 진리에는 무엇보다도 하나님의 백성을 위한 구원의 보증이 포함되어 있다. 왜냐하면 동정녀 탄생 외에 다른 어떤 방법, 곧 일반 자연 생육법에 따라서는 그리스도께서 죄인들을 구원하실 구주의 자격을 갖추실 수 없기 때문이다. pp. 234-235

134) 이것에 관해서는 S.BK., Vol. Ⅳ, p.49를 보라.

를 보라.

천사의 메시지는 다음과 같이 계속된다.

[21] 아들을 낳으리니 이름을 예수라 하라 이는 그가 자기 백성을 그들의 죄에서 구원할 자이심이라 하니라.

모두가 이 아이의 탄생에 관심을 기울이고 있다. 곧, a. **성령**께서는 그 능력을 행사하심으로써 이 아이가 잉태되게 하셨다. b. **마리아**는 이 아이를 잉태하고 낳음에 있어 성령의 기뻐하시는 도구가 되어 “여자 중에 복이 있는 자”(마 1:21과 눅 1:42 비교)가 되었다. c. **요셉**은 마리아와 함께(눅 1:31) 그 아이에게 바로 **예수**라는 이름을 지어 주라는 지시를 받았다. 그 이름에 관하여는 이미 설명이 되었다(1:1 주석을 보라). 그러나 그 설명이 없었다 하더라도, “그가 자기 백성을 그들의 죄에서 구원할 자”라 전한 천사의 설명보다 더 훌륭한 것은 있을 수 없다. 그가 구원하실 자는 누구인가? 모든 인류가 아니라 “자기 백성”(요 3:16 참조)이요 “자기 양”(요 10:11)이다.

아들 안에서 그리고 아들로 말미암아 자기 백성을 그들의 죄에서 구원하시는 분은 영원하신 하나님 오직 한 분뿐이시다. 어떤 사람은 병거, 어떤 사람은 말을 의지하며(시 20:7) 혹은 육체의 힘 혹은 지식, 명성, 지위, 훌륭하고 정교한 기계, 영향력 있는 친구 또는 무용이 뛰어난 장수들을 의지한다. 그러나 이들 가운데 그 어느 것도 단독으로 혹은 전체의 힘을 합한다 하더라도, 인간을 그 최대의 원수, 곧 마음을 좀먹어 들어가 파괴시키는 죄, 이 마음에서 나오는 생각과 말과 행위의 죄 또는 부작위의 죄와 작위의 죄와 내적 성향의 죄 또는 인간이 하나님의 영광의 표적을 잃어버리게 하는 여러 방면의 모든 죄들에서 구원해 낼 수가 없다. 인간의 마음과 생활을 깨끗하게 할 수 있는 것은 다름 아닌 예수 그리스도의 대속적인 희생의 피와 성령의 거룩하게 성화시키는 능력이다.

이미 구약성경에서 하나님은 지고하시며 오직 그분만이 인간을 죄에서 구속하실 수 있다는 사실이 분명하고 확실하게 강조되고 있음이 다음 구절들에서 밝혀진다. 곧 창세기 49:18; 열왕기하 19:15-19; 역대하 14:11;

20:5–12; 시편 3:8; 25:5; 37:39; 62:1; 81:1; 이사야 12:2; 예레미야 3:23; 예레미야애가 3:26; 다니엘 4:35; 미가 7:7; 하박국 3:18; 스가랴 4:6; 그리고 기타 분명하고도 중요한 여러 구절들. 신약성경에서도 그 사실이 역시 확실히 제시되고 있다. 곧, 마태복음 19:28; 28:18; 누가복음 12:32; 18:13, 27; 요한복음 14:6; 사도행전 4:12; 에베소서 2:8; 빌립보서 2:12, 13; 계시록 1:18; 3:7; 5:9; 19:1, 6, 16 등.

구원을 받는다는 것은 a. 가장 큰 악—죄와 죄책, 죄의 오염, 죄의 세력, 죄의 형벌—에서 해방되어 b. 가장 큰 선을 소유하게 되는 것을 의미한다. 21절에는 구원의 소극적인 면 곧 **죄로부터의 구원**만 언급되어 있다. 그러나 이 말 속에는 구원의 적극적인 면도 역시 포함되어 있다. 사람이 **무엇으로부터** 구원을 받는다는 것은, 또한 **무엇을 위하여** 구원을 받는다는 것이 된다. 그리스도 안에서의 구원은 참된 행복과 모든 지각에 뛰어난 하나님의 평강, 참 자유, 영광으로 충만한 형언할 수 없는 기쁨, 기도의 응답, 영향력 있는 간증, 구원의 확신을 얻도록 하기 위한 구원이다. 구원의 개념에 관하여는 또한 필자의 디모데전서 1:15 주석을 보라.

천사가 요셉에게 따르도록 한 약속은 이 마리아의 아이가 **예수**—한 마디로 **구주**를 의미하는—라는 이름으로 불려야 한다는 것이었다. 이는 가장 완전하고 가장 영광스런 의미에서, 이 아이가 장차 자기 백성을 그들의 죄에서 구원하실 것이기 때문이었다.

천사의 메시지는 끝났다. 마태는 장차 구주가 되실 이 아이의 동정녀 탄생이 하나의 예언의 성취였다는 사실을 보여 주면서, 그의 설명을 다음과 같이 마무리 짓고 있다.

[22] [23] 이 모든 일이 된 것은 주께서 선지자로 하신 말씀을 이루려 하심이니 이르시되 보라 처녀가 잉태하여 아들을 낳을 것이요 그의 이름을 임마누엘이라 하리라 하셨으니 이를 번역한즉 하나님이 우리와 함께 계시다 함이라.

이것이 예수가 진정 그처럼 오래 기다려 오던 메시아이신 사실을 보여 주기 위하여 마태가 언급하고 있는 구약의 여러 메시아 예언들 중 첫 번째 예언이다. 메시아 예언의 전체 목록에 관하여는 pp. 137-138을 보라. 이미 앞에서 지적한 바와 같이, 주로 유대인 독자들의 마음속에 이 예언들을 회상시키는 마태의 의도와 목적은, 저들로 산 믿음을 가지고 예수를 영접하도록 하며 이들 유대인뿐만 아니라 이방인에게도 이 중보자로 말미암는 구원의 기쁜 소식을 전파하려는 것이었다.

"이 모든 일이 된 것은…을 이루려 하심이니"(22절)라는 도입화식(導入話式)은, 마태가 영감으로 알고 있듯이 이 메시아 예언들이 구약시대 당시에 어떠한 선행적인 성취를 보았든지 간에 오직 예수 그리스도 한 분 안에서만 그 온전한 성취의 절정에 이른다는 사실을 분명히 해 주고 있다. 그러나 이 모든 예언들이 다 그 절정 혹은 궁극적인 성취뿐만 아니라 그 시작까지도 포함하지는 않고, 각 경우에 따라 양자 다 포함되기도 하고, 후자가 생략되기도 할 것이었다.

앞에서 언급한 마태의 도입화식은 또한 인용하고자 하는 그 예언이 구약 선지자의 마음속에 그 기원을 두는 것이 아니라 하나님께 그 기원을 두고 있다는 사실을 분명히 하고 있다. 사실상 본 22절의 경우에는 선지자의 이름이 언급조차 되지 않았다. 그 예언의 말씀은 **주께서** 친히 그의 선지자를 **통하여** 말씀하신 것이었다. 선지자는 다만 하나님의 입 혹은 대언자 역할을 했을 뿐이었다.

이사야서의 배경

이제 인용 구절(23절)로 돌아가 보자. 이 구절은 분명히 이사야 7:14에서 인용되었다.[135] 그 역사적 배경을 먼저 간략히 살펴보는 것이 바른 순서일 것이다.

주전 7세기 초에 유다 왕 아하스의 왕좌는 이스라엘 왕 베가와 아람 왕 르신의 동맹군에게 위협을 받았다. 이 두 음모자의 위협은 다윗의 왕위를

135) 70인역과 마찬가지로 마태는 하알마(*ha-almah*)를 ἡ παρθένος로 번역하고 있다. 70인역의 καλέσεις, "네가 부를 것이다"와 카라드(*qara'th*), "그녀가 부를 것이다"(이것이 여성 분사로 해석되는 경우를 제외하고) 대신에, 마태는 가장 확정

무너뜨리고 대신 그들이 선택한 "다브엘의 아들"(사 7:6)을 그 왕위에 앉히고자 하는 것이었다. 만일 이 음모가 성공했다면 그 영광스런 메시아 약속은 어떻게 되었겠는가! 또 사무엘하 7:12, 13의 메시아 예언은 어떻게 되었겠는가! 그 오실 구속자가 과연 다윗의 자손, 곧 다윗의 왕위를 이어받을 법적 상속자로 태어날 수 있었을 것인가? 모든 형세가 위태로웠다(계 12:4).

이 위급한 때에 이사야는 아하스에게로 보내심을 받고 그를 권하여 여호와를 의뢰하고 그에게 보호의 징조를 구하도록 했다. 아하스는 여호와께 한 징조를 구하되 깊은 데서든지 높은 데서든지 구해야만 했다. 그러나 여호와보다 앗수르를 의지한 사악한 아하스는 경건한 변명을 가장하여 거짓 겸손으로 여호와께 징조 구하기를 거절했다. 그때 이사야는 노를 발하며 아하스에게 여호와 하나님의 뜻을 밝혔다. 곧 "그러므로 주께서 친히 징조를 너희에게[136] 주실 것이라 보라 (그)[137] 처녀 (알마[*'almah*])가 잉태하여 아들을 낳을 것이요."

그리스도의 동정녀 탄생을 믿는 주석가들은 이사야 7:14에 관하여 두 가지 견해로 갈린다. 그 한 견해는 **이중 언급설**(*double reference theory*)이며, 또 한 견해는 **단일 언급설**(*single reference theory*)이다.

적인 원전에 의하면 *καλέσουσιν*, "그들이 부를 것이다"="그것(그의 이름)이 불릴 것이다"로 기록하고 있다. 마태는 마리아의 의중에서뿐만 아니라 모든 믿는 자들의 의중에서도 역시, 예수는 "하나님이 우리와 함께 계시다"라는 의미임을 이해하고 있다. 마태의 인용 방식은 히브리어 원문에서 아무런 근본적인 이탈을 보이지 않는다. 만일 마태의 *καλέσουσιν*의 사용이 그러한 이탈로 간주되지 않는다면, 마태의 인용 구절은 히브리어 원문에서 근본적으로 벗어나지 않은 것이 확실하다. 필자로서는 그것이 이탈이라고는 생각하지 않는다.

136) 복수에 주의하라. 그 징조는 단지 아하스 한 사람에게만 해당되는 것이 아니라 "다윗 집" 전체에 해당된다. 그리고 어떤 의미에서는 그것을 읽거나 보고 듣는 모든 사람들에게도 해당된다.

137) 히브리어 성경과 헬라어 번역본(70인역, 이사야 7:14과 마태복음 1:23 둘 다)에 모두 나오는 관사가 영어에서는 부정관사 "a(n)" 대신에 정관사 "the"로 번역되어야 하는지 어떤지의 여부는 결정짓기가 힘들다. 왜냐하면 관용적 용법은 히브리어나 헬라어에 있어서와 마찬가지로 영어에서도 항상 일정하지가 않기 때문이다. 이사야 7:14의 전 문맥과 또 분명히 마태복음 1:23에서도 여기 한 사람의 분명하게 지

이중 언급설에 의하면, 그 예언은 **직접적으로는** 당시의 시대적 사건들과 여러 상황 곧 아하스와 이사야 당시의 시대에 일어났던 여러 사건들과 관계가 있으며, **간접적으로** 동시에 **궁극적으로는** 그리스도의 동정녀 탄생에서 그 성취를 보게 되었다는 것이다. 한편 단일 언급설에 의하면, 그 구절은 다만 한 가지 사실, 곧 그리스도의 "동정녀 탄생"을 곧바로 직접 가리킨다는 것이다. 더 엄밀히 말하자면, 그리스도께서 동정녀의 태중에 어떠한 성적 결합과도 무관하게 잉태하여 탄생하게 될 것을 가리킨다는 것이다.

이중 언급설[138]

이 설에 의하면, 이사야서의 문맥에는 어떤 경이적인 탄생 혹은 "동정녀" 탄생에 관한 언급이 없다는 것이다. 한 처녀(**알마**)에 관하여 말하는 가운데, 선지자 이사야는 결혼할 나이가 찬 젊은 여자가 결혼하여 잉태하고 아들을 낳을 것이며, 그 이름을 임마누엘 곧 "하나님이 우리와 함께 계시다"라는 의미의 이름으로 일컬어지리라 언급했다는 것이다. 이 아이의 이

정된 알마('*almah*)를 언급하는 것이지 어떤 **막연한 알마**를 언급하는 것이 아님이 밝혀지고 있다. 그러므로 다른 여러 번역가들과 함께 필자는 정관사 "the"를 채택한다. 하지만 필자가 이 논증에 결정적인 비중을 두는 것은 아니다.

138) 이름을 열거할 수 있는 많은 학자들—이것은 매우 널리 알려진 견해이므로— 가운데서 필자는 다음의 몇몇 사람들만 언급해 둔다. 그러나 여러 세부 사항들에 있어서 이 저술가들이 매우 다양한 관점들을 제시하고 있음을 명심해야 할 것이다.

Charles R. Erdman, *Exposition of the Gospel according to Matthew*, Philadelphia, 1920, p.26.

A.W. Evans, art. *Immanuel*, I.S.B.E., Vol. Ⅲ, p.1457, 1458.

G.H.A. Ewald, *The Prophets of the Old Testament*, London, 1875–1881, Vol. Ⅱ, p.84 이하.

J. Ridderbos, *Jesaja (Korte Verklaring)*, Kampen, 1952, Vol. I, p.64.

H.N. Ridderbos, *Mattheus (Korte Verklaring)*, Kampen, 1954, Vol. I, pp.35, 36.

R.V.G. Tasker, *The Gospel according to St. Matthew (Tyndale New Testament Commentaries)*, Grand Rapids, 1961.

름을 임마누엘이라 함으로써 그 여자는 하나님께 대한 자기의 신뢰를 고백하는 듯하다. 또한 그 여자는 어려움 중에 처하게 될 때에라도 하나님께서 자기 백성을 버리지 않으시고 원수들의 손에서부터 안전히 보호해 주실 것을 확신한다고 말하는 듯하다. 이 설에 따르면, 임마누엘이라는 이름은 그 아이를 가리킨다기보다 그 어머니의 신앙을 묘사하고 있음이 분명하다. 이 설은 그녀가 하나님을 깊이 신뢰하는 믿음의 딸이라고 특징짓고 있다.

아무튼 이 설은 다음과 같이 전개된다. 곧 마태가 선지자 이사야의 이 예언을 그보다 훨씬 뒤에 임마누엘이신 그분의 이적적인 탄생 사건에 적용시킨 것은 아주 당연한 일이었다. 혹은 달리 말하자면, 이사야 7:14이 메시아의 이적적 잉태와 탄생을 직접적으로 언급하는 것은 아니나, 가장 깊은 의미에서 그 구절은 메시아 안에서 성취를 볼 때까지는 진정한 성취에 이르지 못했다는 것이다.

이중 언급설을 지지하는 논증들

1. 태어날 아이 어머니의 처녀성을 강조하는 것이 이사야의 의도였다면, 그는 분명히 **알마** 대신에 **베툴라**(*bethulah*)라는 단어를 사용했을 것이다. **알마**는 결혼 적령기의 젊은 여자를 가리키는 말이다. 우리는 먼저 이사야 7:14의 이 젊은 여자를 아직 미혼인 여자로 생각할 수 있는데, 이것이 그 용어보다 일반적인 의미이다. 다음에 이 여자는 결혼하여 결국 자연적인 방법으로 잉태하게 될 것이고 달 수가 차면 아이를 낳을 것으로 생각할 수 있다. 그 어느 곳에서도 이사야는 이 아이의 어머니를 **베툴라**, 곧 "동정녀"로 칭하지 않았다.

2. 마태가 이사야 7:14을 헬라어로 번역함에 있어서 "동정녀"라는 말을 사용하고 있음은 사실이다. 하지만 마태가 구약성경의 예언들을 인용 또는 언급할 때 자주 그 문자적인 정확한 번역에서 벗어나고 있음을 명심해야 할 것이다. 그 예로서 마태복음 4:15, 16과 이사야 9:1, 2을 비교해 보라. 따라서 마태가 "동정녀" 혹은 "처녀"라는 말을 사용했다고 해서, 그것

이 이사야가 당시 그의 심중에 한 "동정녀"를 생각하고 있었다는 것을 증명해 주지는 못한다. 물론 마태는 이 구절을 그리스도의 동정녀 탄생에 적용시킬 수 있는 타당한 근거를 가지고 있었다. 그리스도 안에서 이사야 7:14은 그 완전한 성취를 보았다.

3. 이사야가 언급한 임마누엘이라는 이름은 그 아이의 역할이나 생애의 특징을 나타내기보다는 그 아이 어머니의 생각이나 바람 혹은 하나님께 대한 신뢰를 나타내고 있다고 보는 것이 자연스럽다. 이와 동일한 예를 다른 이름에서도 찾아볼 수 있지 않은가? 그중에 몇몇을 들어본다면 르우벤, 시므온, 레위, 유다(창 29:31-35), 요셉(창 30:24), 베노니와 베냐민(창 35:18) 등이 있다. 이 모든 경우에 있어서 그 이름들은 그 이름을 가진 본인보다도 이름을 지어 준 부모의 바람을 나타내고 있다. 그러므로 이사야 7:14에서도 그와 마찬가지로 임마누엘이라는 이름을 마치 메시아와 동의어이거나 그의 어머니가 동정녀 마리아인 것처럼 여겨서, 그 이름이 아이 자신의 무엇을 나타내고 있는 것으로 간주할 필요가 전혀 없다. 그것이 이 말들의 **일차적인** 의미가 될 수는 없었다. 그것은 후대의 해석이나 적용, 다시 말하자면 마태의 적용으로 보는 것이 매우 당연하다.

4. 이사야 7:16은 이사야의 예언이 먼 미래가 아닌 아하스 왕의 때를 가리키고 있음을 보여 준다. 이사야 당시에 그리고 직후에 그가 미워하는 통치자들의 나라와 그 통치가 폐하게 될 것이었다. 그런데 이제 16절(15절도 역시)이 14절에 가장 밀접하게 관련되어 있는 이상 어떻게 해서 14절이 7세기 이상이나 뒤에 일어난 사건인 그리스도의 동정녀 탄생을 가리켜 말한 것이 될 수 있겠는가?

단일 언급설

이 설은 이사야 7:14의 예언이 아하스 왕 때에 의미가 있었던 사실을 부인하지는 않는다. 사실상 이 설은 그것을 주장하고 있다. 그러나 이 설은 이사야서의 문맥에서도 그 아이의 어머니가 분명히 한 처녀(혹은 동정녀), 곧 마리아이며 그 아이는 바로 메시아라는 사실을 가리키는 것으로 믿는다.

"선지자 이사야의 이 환상은 그 당대의 사건들을 훨씬 지나서 먼 미래를 내다본다…이사야는 장차 반드시 태어날 이 아이, 장차 필히 오셔야 할 이 아이—메시아적인 왕 외에 다른 이가 될 수 없는 이 아이— 안에서 다윗에게 주신 하나님의 약속의 성취에 대한 보증과 세상에 주는 미래에 대한 소망을 바라보는 것이다."[139]

"만일 결혼한 여자가 이사야 7:14에 언급되고 있다면, 당연히 **알마**가 아닌 다른 어떤 말이 사용되었어야 할 것으로 보인다…어찌하여 평범한 탄생이 하나의 '징조'로 간주되어야만 하겠는가?…그러나 이사야가 알리고자 하는 어떤 이적적인 사건을 기대하게 만드는 것은 단지 '징조'라는 말의 사용에만 있는 것이 아니다. 그 '징조'가 소개되는 섬세한 방식도 역시 우리에게 그러한 기대를 갖도록 해 준다. 그 전체 구절은 독자가 그 젊은 여자와 그의 아이를 이해하게 될 때 깊은 신비감에 도취되도록 해 주는 그러한 말들로 엮어져 있다."[140]

이 두 번째 설, 곧 단일 언급설은 그 자체의 입장을 뒷받침해 주는 것으로 다음 사항을 제시하고 있다.

이중 언급설의 논증들에 대한 답변

1에 대한 답변. 알마('*almah*)와 **베툴라**(*bethulah*)에 대하여: **베툴라**가 창세기 24:16; 레위기 21:3; 사사기 21:12에서는 **처녀**를 의미한다. 한편 요엘서 1:8에서는 분명히 결혼 생활 초기에 남편을 잃고 그 죽은 남편을 인하여 애곡하는 **처녀 아닌 과부**를 언급한다.[141] 그러나 **알마**는 이 말이 사용된 모든 문맥에서 분명히 **미혼 여자**를 의미한다(창 24:43; 출 2:8; 시

139) James Orr, *The Virgin Birth of Christ*, New York, 1924, pp.133-136을 보라.

140) J. Gresham Machen, *The Virgin Birth of Christ*, New York and London, 1930(Grand Rapids, 1965), pp.288-291을 보라. 제2세기 중엽에 씌어진 Jutsin Martyr의 *Dialogue with Trypho*, ch. 84에서 "징조"라는 말의 사용에 기초한 동일한 논증을 발견할 수 있다.

68:25; 잠 30:19; 아 1:3; 6:8). 또한 그 용어는 이삭을 알기 전의 리브가와 모세의 누이 미리암 같은 **처녀**를 지칭하기도 한다. 논리적으로 추론해 볼 때, 여기 이사야 7:14에서도 역시 그 의미가 근본적으로 이와 동일한 것으로 생각된다. 루터의 도전은 아직도 건재하다. 루터는 "비록 오직 하나님께서만 내가 그 돈을 어디서 얻을 수 있을지 아실 터이나, 만일 유대인이나 기독교인이 성경의 어떤 구절에서 **알마**라는 용어가 결혼한 여자를 의미하고 있음을 나에게 증명해 줄 수가 있다면, 나는 그에게 100플로린(florin: 루터 당시에 통용되던 화폐 단위로서 14세기 Edward Ⅲ 시대에 발행한 옛 영국의 플로린 금화—역주)을 줄 것이다"라고 하였다.

이제 결혼하지 않은 **처녀**가 잉태하여 아들을 낳게 되리라는 사실이 여기 이사야 7:14에 전혀 들어보지 못했던 경이적인 어떤 것으로 소개되었다. 지금까지 이사야가 알리고자 하는 모든 것을 다 이적적인 어떤 사실로 기대하도록 독자들은 고무되어 왔다. 분명히 그 누구도 이사야 7:14을 해석함에 있어서, 여기에 언급되는 처녀가 부도덕한 행위에 의하여 잉태했다고 믿지 않을 것이다.[142] 이 처녀가 잉태했을 때 **동정녀**였다는 사실은 불가피한 결론이다. 다시 말해서 이 처녀가 어떤 남자로 말미암아 잉태한 것이 아니라는 사실이다.

이 입장을 더욱 강화시키기 위하여 잘 알려진 두 구약학자의 견해를 덧붙일 수 있다.

"**알마**라는 말은 성경에서나 그 외의 다른 문서에서 결혼한 여자에게 대해서는 결코 사용되는 법이 없다. 라스 샤마라(Ras Shamara)에서 나온 새로운 증거는 이 점에 있어 매우 흥미롭다." **베툴라**에 관하여 이 저자는

---

141) R.C. Foster, *Studies in the Life of Christ, Introduction and Early Ministry*, Grand Rapids, 1966, p.165 역시 마찬가지이다. 모세 이전의 문헌에서는 그 두 용어가 때로는 서로 바뀌어 사용되었다. R.H. Gundry, *The Use of the Old Testament in St. Matthew's Gospel*, p.227을 보라.

142) 그러나 이 견해조차도 Dr. Naegelsbach 같은 이에 의해서 심각하게 제기되었다. Lange's *Commentary on the Holy Scriptures*, New York, 1878, reprint Grand Rapids, no date, volume on *Isaiah*, pp.123-125을 보라. 그는 "한 타락한 여자"와 "한 사생아"에 대하여 말한다. 이에 대한 논박은 불필요하다.

기록하기를, "문제의 이 단어가 처녀를 의미하는지, 약혼한 여자를 의미하는지, 아니면 결혼한 여자를 의미하는지는 매우 애매모호하다. 나는 그 용어가 이 셋 중의 어느 경우도 의미할 수 있다고 확신한다"라고 하였다. 또 계속하여 말하기를, "이사야(7:14)는 히브리어에 있어서 결코 결혼한 여자에게는 사용하지 않는 **알마**를 사용하였다. **알마**라는 말은 영어의 damsel(처녀, 소녀) 혹은 maid(소녀, 처녀, 미혼 여성)에 가장 흡사한 용어이다. 그러나 그리스도의 탄생의 초자연성을 강조하기 위하여 virgin(동정녀, 처녀)이라는 용어가 선택되었다. 그 어떤 경우에 있어서도 이 구절의 **알마**라는 말이 애매모호하고도 불충분한 용어인 *young woman*(젊은 여자)으로 번역되어서는 안 된다"[143]고 하였다.

"이제 나는 당장 (사 7:14의) *young woman*이라는 번역이 폐기되어야 한다고 말하고 싶다." 이 말을 한 저자는, **알마**라는 말이 구약성경 어느 곳에서나 모두 일반적으로 결혼과 관련된 성적 관계를 아직 가지지 않은 여성을 가리키고 있음을 보여 준다. 그는 시편 46편과 역대상 15:20과 같은 구절들이 그와 상반된 사실을 입증해 주지 못함을 지적한다. 이는 이 구절들에 사용된 용어가 "충분히 분명하지 않기" 때문이다. 나아가서 그는 **베툴라**가 **동정녀**를 의미해야 한다는 주장이 실제 사실들에 부합되지 못함을 보여 준다. 그는 이것과 관련하여 요엘 1:8을 언급한다(이 문제는 앞에서 설명되었다. 앞의 p. 224를 보라). 그는 계속하여 말하기를, "이러한 이유로 이사야 7:14의 **알마**라는 말을 *young woman*으로 번역하는 것은 극히 위험스러운 일이다"[144]라고 주장했다.

결론 : "처녀성을 강조하는 것이 이사야의 의도였다면 그가 **알마** 대신에 **베툴라**라는 말을 사용했을 것이다"라는 주장은 설득력이 없다. "동정녀(virgin)"가 그 문맥에 가장 적합한 번역이다.

---

143) Edward J. Young, article on "The Virgin Birth" in *The Banner*, April 15, 1955. *Studies in Isaiah*, Grand Rapids, 1954, pp.161-185에 나오는 그의 논평을 참조하라.

144) G. Ch. Aalders, *GTT* No. 5 (1953), p.132, 133. 또한 R.D. Wilson, *PTR* No. 24 (1926), pp.308-316 역시 보라.

2에 대한 답변. 이사야 7:14에 대한 마태의 언급에 관하여 생각해 볼 때, 앞의 답변에서 보았듯이, 만일 이사야가 진정 동정녀를 언급한 것이었다면 이사야 7:14과 마태복음 1:23 사이에는 하등의 모순이 있을 수 없다. 그러나 만일 이사야가 자기 남편으로 말미암아 잉태하여 아들을 낳은 젊은 여자를 염두에 두었다고 한다면, 마태가 어떻게 해서 "동정녀 마리아"를 통한 그리스도의 탄생을 이사야 7:14의 예언에 대한 성취로 간주할 수 있었는가 하는 것은 몹시 이해하기 힘든 사실이다. 이사야 7:14에 언급된 **알마**는 처녀인 동시에 처녀가 아닐 수는 없는 노릇이다. 더구나 그녀가 잉태하여 아들을 낳는 것은 분명히 **알마**로서인 것이다.[145] 때때로 그러하듯이 주석가가 처음에는 그녀를 결혼하지 않은 여자로 소개하였다가, 그 다음에는 잉태하여 아들을 낳기 전에 슬쩍 결혼시키는 그런 권리는 없다.

성령의 인도하심을 따라 마태와 그 밖의 다른 신약성경 기자들이 가끔 구약성경의 어떤 구절을 원래의 상태보다 약간 다른 형태로 인용하거나 언급하고 있으나, 그렇다고 해서 새로운 상황에 대한 그와 같은 참신한 적용이 모순이 되지는 않는다는 사실을 자유롭게 인정해야 한다. 마태복음 4:15(사 9:1과 비교)에 관한 주석을 보라.

3에 대한 답변. 이름이 a. 그 이름을 갖게 되는 본인보다는 b. 이름을 지어 주는 자와 더욱 밀접한 관계가 있다는 주장을 살펴볼 때, 물론 b의 경우도 종종 발견되기는 하나, a의 경우도 역시 성경에서 많이 발견되고 있음을 명심해야 한다. 그 예로 하와(창 3:20), 노아(창 5:29), 아브람과 아브라함(창 17:5), 사래와 사라(창 17:15), 에서(창 25:25), 야곱과 이스라엘(창 27:36, 32:28), 나오미와 마라(룻 1:20), 나발(삼상 25:3, 25), 예수(마 1:21), 베드로(마 16:18) 그리고 바나바(행 4:36) 등을 들 수 있다. 그렇다면 임마누엘이 "이 두 가지 유형의 이름[146] 중 어느 쪽에 속하는가?" 하는

145) 또한 R.H. Gundry, *op. cit.*, p.226, 227 역시 그러하다.

146) 이 둘이 이름 자료의 유일한 유형은 아니다. 어떤 이름은 어떤 특정한 사건에 의하여(그 예로서 "이가봇"), 혹은 그 아이의 탄생에 수반되는 상황에 의하여("구하였다"를 의미하는 사울, 혹은 "하나님이 들으셨다"를 의미하는 엘리사마) 붙여지기도 하였다. 아버지의 이름을 따서 붙인 이름도 역시 자주 나타난다(바예수). 어머니

질문은 있을 수 있다. 이사야 7:14 및 8:8과 9:6 사이의 연관성이 보여 주듯이 그것은 분명히 a의 경우에 속한다. 이사야 7:14과 8:8의 임마누엘은 "나신 바 된 그 아기"이며, "주신 바 된 그 아들"이요, "그의 어깨에는 정사를 메었고, 그의 이름은 기묘자라, 모사라, 전능하신 하나님이라, 영존하시는 아버지라, 평강의 왕이라"(사 9:6) 칭하실 분이시다. 이사야 11:1 이하도 보라.

이러한 이사야서의 구절들과 미가서 5:2(사 7:14을 미 5:3과 비교) 사이에도 역시 밀접한 관계가 있다. 그 구절에 보면 동일하신 분이 그의 근본을 "상고에, 영원에" 두신 자로 묘사되어 있고, 또한 그가 베들레헴에서 탄생하실 것이 예언되어 있다. **분명히 임마누엘이라는 이름은 그 이름의 소유자인 메시아를 묘사하고 있다!** "성경에 나오는 대부분의 이름들에는 자주 특수한 의미가 부여되었다. 이것은 특히 인간에 대한 하나님의 계시와 관련하여 두드러지게 나타난다. 그리고 점점 확연해진 메시아의 오심에 대한 계시도 분명히 예외는 아니다. "여자의 후손"(창 3:15)이라는 이름으로 시작하여 "주 예수"(계 22:20)라는 이름에 이르기까지 메시아는 그의 가진 이름들에 의하여 끊임없이 계시되었다. 이 같은 계시의 일반적 경향을 염두에 두고, 이사야 7:14을 8:8 및 9:6과 연관시켜 생각하고 또한 그 강조적인 어법에 주의하여 볼 때, '하나님이 우리와 함께 계시다'는 의미의 "임마누엘"이라는 이름은 그 아이의 성격을 나타내 주고 있다. 따라서 결과적으로 메시아의 신성을 증거해 주는 또 하나의 이름이라는 사실이 분명해진다."[147]

의 이름을 따서 붙인 경우도 있다(밧수아). 많은 이름들이 여호와와의 특별한 관계를 나타내기 위하여(여호수아를 비롯한 여러 다른 이름들), 또는 하나님과의 특별한 관계를 나타내기 위하여(엘리 등) 지어졌다. 어떤 이름에는 엘(하나님)과 여호와가 결합되어 있다(엘리야:"여호와는 하나님이시다"). 그 밖의 몇몇 이름에서는 그 기원에 관련된 동기들이 서로 결합되어 있다. 이것은 광범위한 논제이다. 이에 대한 더 상세한 내용에 관해서는 필자의 빌립보서 주석을 보라. 또한 J.D. Davis, art. *Names, Proper*, I.S.B.E, Vol. Ⅳ, pp.2113–2117; A.F. Key, "The Giving of Proper Names in the Old Testament", *JBL* (March, 1964), pp.55–59 역시 보라.

지금까지 확증하여 본 바와 같이, 이제 만일 이사야 7:14에 언급된 임마누엘이라는 이름이 메시아를 가리키는 것이 사실이라면, 성령의 능력으로 잉태하여 아들을 낳은 동정녀가 진정 마리아였다는 것도 사실이 아니겠는가?

4에 대한 답변. 14절과 16절 사이의 관계에 대하여, 이사야가 "보라 처녀가 잉태하여 아들을 낳을 것이요…선지자의 눈앞에 이미 이르러 있는 이 아이가 악을 버리며 선을 택할 줄 알기 전에—곧 매우 짧은 기간 내에— 네가 미워하는 두 왕의 땅이 황폐하게 되리라" 하고 말하는 것으로 이해될 수 있다.

"우리의 생각으로는 이 해석이 결코 불가능한 것은 아니다.…이에 대한 모든 반대 의견은 이사야 선지자의 고조된 어투를 예언적 환상의 말로 읽을 때 사라지게 된다. 사실 우리는 이렇게 읽어야 한다."[148]

미래사를 마치 현재사인 것처럼 기술하는 것이 이사야서의 특징이다. 하나님의 감화하심을 입은 선지자 이사야가 그리스도의 낮아지심과 그 결과적인 승귀(높아지심)의 신분에 대한 상세한 양상들이 마치 그의 눈앞에서 전개되는 것처럼 생생하게 기록했다. 그 누가 이사야 53장을 감동 없이 읽을 수 있겠는가!

그러나 비록 이 "4에 대한 답변"이 어떤 이에게 근거가 불충분한 듯한 인상을 줄지는 몰라도, 마태가 이사야 7:16이 아닌 7:14을 인용했다는 사실만큼은 명심해야 한다. 16절에 대한 바른 해석이 무엇이든지 간에 아무튼 14절은 분명히 메시아를 가리키는 말씀이라는 결론은 불가피하다. 서로 단단히 연결되어 끊을 수 없는 하나의 사슬을 이루는 일련의 구절들—사 8:8; 9:6; 11:1-5; 미 5:2 이하—은 너무나 강조적으로 메시아를 가리켜 말씀하기 때문에 달리 주장할 도리가 없다.

---

147) Earl S. Kalland, *The Deity of the Old Testament Messiah, with Special Reference to His Fulfilment in Jesus of Nazareth*, 1942년 Gordon College of Theology and Missions 교수회에 제출된 박사 학위 논문(on file in the Gordon-Conwell Theological Seminary) p.104.

148) J. Gresham, *The Virgin Birth*, p.292; J. Orr, *op. cit.*, p.135도 이와 비슷하다.

(주께서 친히 징조를 주신) 이사야 7:16의 예언은 성취되었다. 그 사실이 예언된 후 얼마 안 되어 디글랏 빌레셀이 그 땅에 이르렀다. 그는 베가의 영토에 거주하는 일부 주민들을 사로잡았고 베가가 호세아에게 살해당했을 때도 전혀 개의치 않았다(왕하 15:29, 30). 그는 또한 르신의 왕국을 쳐서 그 수도 다메섹을 취하고 그 백성을 사로잡아 기르로 옮기고 또 르신을 죽였다(왕하 16:9).

이 정확한 예언의 성취는, 아하스와 온 다윗 집이 주께서 메시아 약속에 관한 그의 계획을 실현하시는 일을 보증하신 사실을 확신할 수 있었던 하나의 **표증**이 아니었던가? 다윗 왕조를 무너뜨리려는 두 원수 베가와 르신의 죽음은 메시아의 다윗 혈통을 보호하신 명백한 표시가 아니었던가? 그리하여 사무엘하 7:12, 13과 그 외의 메시아 예언 곧 오실 구속주가 다윗의 자손으로서 다윗의 합법적인 후사가 되시리라는 예언이 성취될 수 있었다. 이렇게 볼 때 이사야 7:14의 예언이 그 문맥에 매우 아름답게 조화되고 있음이 분명해진다. 이 구절을 아하스의 아내 아비와 그 아들 히스기야(왕하 18:2)나 혹은 이사야의 아내와 그 자녀 중 하나나 혹은 그들 당시의 어떤 인물로 상상하는 것은 불필요한 일이다.[149] 이사야 7:14에 언급된 **(그) 처녀는 동정녀 마리아이며, (그) 임마누엘은 예수 그리스도를 의미한다.**

이사야 7:14에 대한 마태의 인용

149) 이 중에 누가 정당하게 **알마**로 불릴 수 있는지 보여 주기란 매우 힘든 일일 뿐만 아니라, 이사야 7:14의 **알마**를 아하스와 이사야 당대의 어떤 인물에 적용시키려는 이들의 경우에 있어서도 역시 다른 많은 난제들에 봉착된다. 이러한 어려움들은 J.G. Machen, *op. cit.*, p.289, 290; J. Orr, *op. cit.*, p.135; 그리고 E.S. Kalland, *op. cit.*, pp.105-107에 분명히 지적되었다. 이중 언급설의 모든 지지자들이 다 그 일차적인 **알마**, 혹은 그의 아들을 확인하려 든 것은 아니었다고 말하는 것이 적절하다. 하지만 어떤 이들은 그것을 시도했다. 이에 대한 최근의 한 예를 우리는 R.V.G. Tasker, *op. cit.*, p.34에서 찾아 볼 수 있는데, 여기서 Tasker는 히스기야가 그 **알마**의 아들이라는 견해를 제시했다.

그렇다면 마태는 이사야 7:14에 호소할 모든 근거를 갖고 있으며, 따라서 요셉과 상관없이 성령의 능력으로 된 동정녀 마리아의 잉태가 이 예언의 완전한 성취였다고 말할 근거를 갖는다. 이 아들의 이름이 임마누엘인 사실이 그 예언 속에 포함되었으며, 실제로 이사야 9:6에서 다음과 같이 재확인되었다. "이는 한 아기가 우리에게 났고 한 아들을 우리에게 주신 바 되었는데…그의 이름은…전능하신 하나님이라." "우리에게…전능하신 하나님이라"와 임마누엘의 문자적인 의미인 "우리와 함께 계신 하나님" 사이에 의미상의 차이는 거의 없다.

그러므로 요셉은 마리아의 태중에 잉태된 이 아이가 바로 하나님이신 사실을 확신하게 된다. "육신에 가려진 신성을 보라." 그는 "육신으로 나타난 바 되신"(딤전 3:16) 하나님이시다. "그 안에는 신성의 모든 충만이 육체로 거하신다"(골 2:9).

임마누엘 안에서 하나님은 우리와 함께 거하시게 되었다. "말씀이 육신이 되어 우리 가운데 거하시매 우리가 그의 영광을 보니 아버지의 독생자의 영광이요 은혜와 진리가 충만하더라"(요 1:14). 그 누구도 임마누엘로 말미암아 하나님이 죄인과 함께 거하시게 된 이 은혜의 풍성함을 다 헤아릴 수는 없으리라! 적어도 이 점에 대해서 어떤 사실을 더 설명하기 위해서는 마태복음 자체 안에서 그 자료를 얻는 것이 아마 최선책일 것이다. 임마누엘이란 그리스도 안에서 하나님이,

> 병자를 고치시기 위하여 그들과 함께 거하시며 (4:23),
> 귀신 들린 자를 자유하게 하시기 위하여 그들과 함께 거하시며 (4:24),
> 심령이 가난한 자 등에게 복 주시기 위하여 그들과 함께 거하시며 (5:1–12),
> 염려하는 자의 염려를 없애 주시기 위하여 그들과 함께 거하시며 (6:25–34),
> 비판하기 좋아하는 자를 경고하시기 위하여 그들과 함께 거하시며 (7:1–5),
> 나병 환자를 깨끗하게 하시기 위하여 그들과 함께 거하시며 (8:1–4),
> 앓는 자를 고치시기 위하여 그들과 함께 거하시며 (8:14–17),

> 주린 자를 배불리 먹이시기 위하여 그들과 함께 거하시며 (14:13-21; 15:32-39),
> 손 마른 자를 회복시키시기 위하여 그들과 함께 거하시며 (12:13; 15:31),
> 그리고 그 밖의 모든 문제들을 해결하시기 위하여 우리와 함께 거하시며,
> 무엇보다도 잃어버린 자들을 찾아 구원하시기 위하여 죄인들과 함께 거하시는 것(18:12)을 의미한다.

억눌린 자들을 돕기 위해서 기꺼이 그들 편에 서서 함께 생활하고 함께 일하며 그들의 운명을 함께 나누어야 한다는 거룩한 가르침은, 사명감과 동정심에 불타는 수많은 일꾼들을 감동시켜 그들로 영웅적인 헌신을 가능하게 하였다. 아시시의 프란체스코(Francis of Assisi)를 감동시켜 처음에는 무서워 벌벌 떨며 멀리 피하던 나병 환자들을 사랑으로 안을 수 있게 한 것이 바로 이 숭고한 정신이 아니었던가? 또 윌리엄 부스(William Booth)로 하여금 런던 빈민가의 빈민들에게 복음을 전하며 그들을 백방으로 돕게 한 것이 바로 이 정신이 아니었던가? 노예들을 그리스도 앞으로 인도하기 위하여 자신이 실제로 노예가 되었던 어떤 선교사에 대해서는 더 이상 말할 필요가 없지 않겠는가? 그리고 바울로 하여금 어떻게 해서든지 얼마의 사람들을 구원하기 위하여 여러 방면에 능통한 사람이 되도록 했던 것은 무엇이었는가? 이들이야말로 우리가 충심으로 찬사를 돌릴 만한 일꾼이다. 그러나 이들의 자기를 부인하는 데서 비롯된 희생적 행위들이 아무리 훌륭하다 하더라도 임마누엘의 그것과는 도무지 비교할 수가 없다. 그는 더할 나위 없는 부한 자이시나 가난하게 되시어서 우리의 인성을 입으셨으며, 그 자신이 죄에 오염됨이 없이 우리의 죄로 더럽혀진 세상에 오시어 우리의 죄를 대신 그의 몸에 담당하셨으며, 우리의 허물을 인하여 찔리셨고 우리의 죄를 인하여 상하셨으며, 우리를 위하여 처소를 예비하러 하늘로 가셨으며, 우리 안에 그의 영 곧 보혜사 성령을 보내셨으며, 우리를 위하여 온 우주를 통치하시고 우리를 위하여 중재하

실 뿐만 아니라 또한 "항상 살아 계셔서 그들을 위하여 간구하신다"(히 7:25). 그리고 그는 우리를 단지 "하늘로"가 아니라 훨씬 더 친절하게 "그에게로" 영접하여 "그가 계신 곳"에 함께 있도록 하기 위하여 다시 오실 것이다(요 14:3). 진실로 그는 가난하게 되셨으며 그가 가난하게 되심으로 말미암아 우리가 부요하게 되었다. 이분이 바로 임마누엘 곧 우리와 함께 계시는 하나님이시다.

동정녀 탄생 개념의 기원

지금까지 설명해 온 그리스도의 동정녀 탄생에 관한 진리는 "그 개념의 기원을 어디에 두고 있는가?" 하는 질문을 야기시킨다. 특별계시와는 별개로 그 개념이 유대인들 사이에서 발생되었을 것으로 보기는 힘들다는 사실은 이미 앞에서 지적한 바이다. "그것이 혹 이교 신화에서 유래되지 않았을까?" 하는 의문이 있을 법하다. 우리는 선지자들과 사도들의 시대에 이미 사방에 동정녀 탄생에 관한 이야기들이 파다하게 퍼져 있었으므로 그러한 전설 중 하나가 성경에 포함되었다고 해서 그것을 놀랍게 생각할 것까지는 없다는 말을 듣는다. 그러나 터툴리아누스와 오리겐으로부터 시작하여 오늘날에 이르기까지 수많은 학자들에 의해서 증명되어 왔듯이, 이방인들의 음란한 설화와 마태 및 누가에 의해서 성경에 기록된 순수한 동정녀 탄생에 관한 기사 사이에는 본질적으로 유사성이 없다. 전자는 추잡한 외설과 졸렬성 그리고 지나친 수식 등으로 특징지어지나, 후자는 흠 없는 거룩성과 매혹적인 섬세성 그리고 더할 나위 없는 단순성 등으로 특징지어진다. 준비에 의한 것이지 강제에 의한 것은 아니다. 신이 욕정에 불타서 소녀를 강간하거나 혹은 결혼한 부인을 능욕하거나 하여 잉태하게 한다면 분명히 동정녀 탄생으로 볼 수 없다. 전에 아무리 처녀였다 하더라도 그러한 일을 당한 이상 이미 처녀가 아니기 때문이다. 소위 알렉산더 대제의 동정녀 탄생에 대하여 한번 더—앞선 언급은 p. 182를 보라— 언급한다면 이러하다. 곧, 마게도냐의 빌립(Philip of Macedonia)의 아내인 올림피아스(Olympias)가 한번은 뱀과 잠자리를 같이하였다고 한다. (그와 같은 악을 범하는 주범인 제우스와 다른 신들이 때때로 기어다니는 짐승이나 새나 심지어는 바다의 물거품 형상으로까지 변신한다는 것을 우리가 여기서 알고 있어야 한다.) 빌립이 그 일어난 사실을 알았을 때 그의 성욕은 무뎌지고 말았다. 그리하여 결국 해괴한 결합으로 생겨난 알렉산더는 빌립의 아들이 아니라 제우스 신의 아들이 되었다는 것이다. 여기에 이르러는 그 설화가 나뉜다. 어떤 설에 의하면, 올림피아스가 그의 아들을 대원정에 보낼 때, 아들의 탄생에 관한 비밀을 말함으로써, 제우스의 아들로서의 긍지를 갖게 하고 또한 용기와 사명감을 불어넣어 주었다고 한다. 또 다른 설에 의하면, 올림피아스가 그 추잡한 사실을 수치스럽게 여겨 그 일을 부인하며 "알렉산더는 나를 헤라(Hera: 제우스의 본처)에게 중상하는 일을 그쳐야만 한다"라고 말했다고 전한다.[150] 그 누가 제정신을 가지고서야 그리스도의 동정녀 탄생에 관한 그처럼 순결하고도 아름다운 기사가, 이같이 우매하고 추잡한 이교 설화에서 유래되었다거나 또는 심지어 거기서 암시를 받았다는 이 어리석은 낭설을 믿겠는가? 설혹 백번 양보하여 그 이야기를 사실로 받아들인다 하더라도, 올림피아스는 알렉산더를 잉태하기 이전에도 "동정녀"가 결코 아니었으며 그 이후에도 결코 "처녀"일 수는 없는 노릇이다. 그러한 유추는 완전히 무너진 것이므로 다시 세울 수가 없다.

그렇다면 그리스도의 동정녀 탄생 개념의 참된 기원은 어디에 있는가? 이 질문에는 오직 하나의 대답이 있을 뿐이다. 곧 마태와 누가는 **그것이 실제로 일어난 사건이기 때문에** 성경에 기록했을 뿐이다. 이 두 복음서 기자들은 마리아에게서 직접 혹은 간접으로 정확한 지식을 얻었다. 누가의 경우는 마리아와 매우 가까운 어떤 소식통에게서 얻었을 것이다. 성령께서는 동정녀 탄생에 관한 지식이 무오하게 이 두 복음서 기자들에게 각각 전달되게 하셨고, 또 이 두 기자들에 의해서 그 지식이 서로 완전히 일치되는 두 개의 기사(마 1:18–23과 눅 1:26–38)로 정확하게 기록하도록 하셨으며, 또한 신약성경 나머지 부분에서도 그 진리와 모순되지 않도록 지

150) Plutarch, *Lives* (Vol. Ⅶ of *Loeb Classical Library*), *Alexander* Ⅱ and Ⅲ. 1, 2.

키셨다. 마가는 예수 그리스도를 "하나님의 아들"(1:1)로서, 요한은 "육신이 되신(인성을 취하신) 말씀" 및 "은혜와 진리가 충만하신 하나님의 독생자"(1:14)로서, 그리고 바울은 "하늘에서 난 둘째 사람"(고전 15:47)으로서 각기 소개하고 있다. 로마서 8:3; 빌립보서 2:7도 참조해 보라.[151]

마태로서는 이사야 7:14과 예수님의 가족에게서 얻은 지식 사이에 하나의 확실한 연결이 성립된다는 사실을 깨닫는 것이 극히 당연한 일이었다. B.C. 2세기경 70인역으로 알려지게 된 구약성경 번역본의 주요 부분인 구약 선지서들의 초기 번역본들이 나왔을 때, 거기에는 히브리어 하 알마(*ha-'almah*)가 헬라어 헤 파르데노스(*ἡ παρθένος*) 곧 "그 처녀(the virgin)"로 번역되어 있었다. 이것은 기독교 역사가 시작되기 이전에 시도된 알마라는 히브리어에 대한 최초의 번역으로서 우리에게 알려졌다. 마태가 이 70인역에 영향을 받았던가? 그렇다면 이것이 마태에게 문제가 될 리는 없다. 그러나 이 복음서 기자가 수많은 곳에서 그가 이 70인역에 맹목적으로 의존하지 않았다는 사실을 특히 강조하여 보여 준다는 점을 우리가 또한 명심해야만 한다. 그는 히브리어 원문을 읽고 그 뜻을 이해할 수 있었으며, 그 주어진 문맥에서 히브리어 하 알마가 "동정녀" 혹은 "처녀"를 의미한다는 사실을 확실히 알고 있었다.

교리적 의의

때때로 우리는 동정녀 탄생 교리가 본질적인 것이 아니라는 말을 듣는다. 이는 만일 하나님께서 원하셨다면 그의 아들을 다른 방법으로 잉태시켜 태어나게 하실 수도 있었기 때문이라는 것이다.

답변 : 하나님께서 무엇을 하실 수 있었다, 혹은 하실 수 없었다고 가정하는 것은 하등의 개입할 이유가 없는 하나의 사색적인 문제이다. 어쨌든 예수께서 "성령으로 말미암아 잉태하사 동정녀 마리아에게서 탄생하셨

151) 갈라디아서 4:4에 관해서는 필자의 갈라디아서 주석 해당 부분을 보라.

다"는 것은 어디까지나 사실이다. 이미 지적한 바와 같이, 사도신경의 동정녀 탄생 조항은 성경에 확실한 기초를 두고 있다. 더욱이 그 교리는 성경에 계시된 다른 진리들과 떼려야 뗄 수 없을 만큼 밀접하게 연결되어 있다. "초자연적인 그리스도와 초자연적인 구원은 그 필연적 결과로서 초자연적인 탄생을 수반하였다."[152] 만일 그리스도가 일반 생육법에 따라 마리아와 요셉 사이에 태어난 아들이었다면, 그는 한 인간에 불과하며 따라서 아담의 죄를 지닌 자가 되어 결국 자기 자신뿐만 아니라 다른 사람도 구원할 수 없는 죄인이 아니었겠는가? 우리 죄인들을 구원하실 구주는 한 인격 안에서 하나님이신 동시에 또한 인간, 곧 죄 없는 인간이신 분이어야만 한다. 동정녀 탄생의 교리는 이 두 요구를 동시에 만족시켜 준다. 그 교리는 우리에게 예수 그리스도께서 삼위의 한 분이시며 신성과 무죄한 인성의 양면성을 지닌 분임을 나타내 준다.

초자연적인 기원 혹은 탄생을 인정하지 않고는 예수께서 이루어 놓으신 모든 경이적인 사역들을 설명하기가 참으로 어려울 것이다! 그리고 예수의 전 생애는 죄 없는 것이었다. 어떤 불신자가 한번은 어떤 그리스도인에게 묻기를, "만일 내가 당신에게 이 도시에서 어떤 아이가 아버지 없이 태어났다고 한다면 당신을 그 사실을 믿겠소?" 하였더니, 그 신자는 대답하기를 "그렇소, 만일 그 아이가 예수께서 사신 것처럼 산다면 말이오" 하였다는 이야기가 있다.

마태는 예수의 동정녀 탄생에 관한 그의 기사의 결론을 이렇게 맺는다.

[24] [25] 요셉이 잠에서 깨어 일어나 주의 사자의 분부대로 행하여 그의 아내를 데려왔으나 아들을 낳기까지 동침하지 아니하더니 낳으매 이름을 예수라 하니라.

"그의 아내를 데려왔다"라는 말의 의미는 이것을 18절의 "그의 어머니 마리아가 요셉과 약혼하고 동거하기 전에"라는 말과 대조시켜 볼 때 더욱 분명히 드러난다. 그 구절과 20절 주석을 보라. 이제 비록 요셉과 마리아

152) B.B. Warfield, *Christology and Criticism*, New York, 1929, p.452.

가 한 집에서 동거하게 되었으나, 마리아가 예수를 낳기까지는 이들 부부가 동침하지 않았다. 그 이유가 무엇이었는지는 본문에 밝혀져 있지 않다. 성령으로 말미암아 마리아의 태중에 잉태하게 된 아이를 존경하는 마음에서였을까? 아니면 요셉이 그 아이의 실제 아버지였다는 풍문을 반박하기 위해서였을까? 이들 부부 사이의 성생활을 막은 것이 무엇이었든지 간에 예수의 탄생 이후에는 그와 같은 금욕 생활이 계속되지 않았다고 생각할 만한 충분한 근거가 있다. 이 결론은 단순히 본 25절의 "…까지 … 아니하더니"라는 말에만 그 근거를 둘 수는 없다. 그러한 어법이 항상 그 이전의 상황(마리아와 요셉이 동침하지 않은 상황)을 뒤바꾸어 놓는(이들 부부가 이제 동침하기 시작하는 상황으로) 어떤 사건(여기서는 마리아가 예수를 낳은 사건)을 소개하는 것은 아니다.[153] 그러나 그러한 경우들에 있어서 흔히 그 전후 상황의 완전한 전도가 암시되는 것도 사실이다. 그러므로 개개의 경우 각기 따로 그 문맥에 따라 판단되어야만 한다. 현재의 경우에 있어서 마리아의 영원한 처녀성, 곧 마리아가 요셉과 전혀 동침하는 일 없이 여생을 처녀로 지냈다는 주장에 대한 반증은 다음 사실들에 의하여 강화된다. 곧, a. 신구약 성경에 따르면, 정당하게 결혼한 부부의 성생활은 하나님께서 인정하시는 일이다(창 1:28; 9:1; 24:60; 잠 5:18; 시 127:3; 고전 7:5, 9 등). 물론 다른 모든 경우에서처럼 성생활에 있어서도 절제가 필요하다. 무절제는 분명히 성경에서 정죄의 대상이 된다(고전 7:5; 갈 5:22, 23). 그러나 금욕 생활 혹은 독신 생활에 어떤 특별한 거룩성이 부여되는 것은 아니다. b. 우리는 분명히 예수께서 한 가족의 일원이셨으며 그 가족 안에 동생들과 누이들이 있었음을 보여 주는 많은 구절들을 본다(마 12:46, 47; 막 3:31, 32; 6:3; 눅 8:19, 20; 요 2:12; 7:3, 5, 10; 행 1:14 등). c. 누가복음 2:7은 예수가 마리아의 첫아들인 사실을 언급하고 있다. 비록 이 구절 자체만으로는 예수가 다른 형제들—요셉과 마리아 사이의 결혼 생활의 열매들—이 있었음을 입증하기가 불충분하나, 이 구절을 a와 b에 비추어 볼 때 그 결론은 결정적인 사실인 것이 분명하다. 이

153) "아들을 낳기까지 동침하지 아니하더니"의 "…까지"에 관하여는 W. Hendriksen, *Israel and the Bible*, Grand Rapids, 1968, pp.27, 28 역시 보라.

제 증명해야 될 책임은 전적으로 예수 그리스도의 탄생 이후에 요셉과 마리아가 정상적인 결혼 생활—가정생활, 성생활, 기타 등등—을 한 사실을 부인하는 자들에게 놓여져 있다.

요셉은 잠에서 깨어 주의 사자가 분부한 대로 행하였다. 요셉은 그 아내 마리아를 데려왔을 뿐만 아니라, 마리아가 아들을 낳았을 때 그 아이 이름을 예수라 지어 불렀다. 물론 이 모든 일에 있어서 요셉과 마리아는 온전히 마음을 합하여 행동을 취하였다(눅 1:31, 38 참조).

1장의 종합

마태복음 1장은 1-17절과 18-25절, 이렇게 두 부분으로 구성되어 있다. 첫 부분은 예수 그리스도의 족보를 담고 있다. 이 족보는 우리에게 단지 법적 의미에 있어서만 예수의 "아버지"인 요셉이 다윗과 아브라함의 자손인 사실을 보여 준다. "다윗의 자손" 요셉(20절)을 통하여 다윗의 왕위에 대한 권리가 훨씬 더 영광스러운 "다윗의 자손" 예수 그리스도(1절)에게 전해졌다.

이 족보는 세 열네 대로 구성되어 있다. 그 첫 번째 열네 대의 계보에서 우리는 다윗 집의 기원과 그 왕가의 영광을 본다. 그리고 두 번째 열네 대의 계보에서는 다윗 집안의 흥망성쇠를 보며, 세 번째 열네 대의 계보에서는 그 몰락을 본다. 그러나 이 몰락은 완전한 멸절을 뜻하는 것이 아니며 또 그 상태가 영구히 계속되는 것도 아니다. 세 번째 열네 대의 끝에 이르러서는 이전보다 태양이 한층 더 밝게 빛나고 있다. 곧 다윗의 자손이신 동시에 또한 다윗의 주가 되시는 예수 그리스도 안에서 한줄기 밝은 빛이 비치고 있다. 여기서 구주는 옛 것을 성취하실 뿐만 아니라 새 것을 세우시는 분으로 묘사된다. 예수 그리스도는 여섯 번째의 7을 완성시키시며 동시에 또한 일곱 번째의 7을 소개하신다(p. 181). 그는 소망의 성취이시며 동시에 행동의 동기가 되신다.

마태는 모든 비방에 대항하여 이 족보로써 예수가 진실로 다윗의 합법적인 씨 혹은 자손이신 사실을 보여 준다. 이 족보는 다양한 계층의 개인

이름들을 포함하고 있다. 곧 그 안에는 남자뿐만 아니라 여자도 포함되었으며, 유대인뿐만 아니라 태생이 이방인인 자도 포함되었으며, 주님 보시기에 선을 행한 자들뿐만 아니라 악을 행한 자들도 역시 포함되었다. 예수 그리스도는 유대인뿐만 아니라 온 인류 곧 나라와 민족과 인종, 피부색, 지역, 기후 풍토를 초월한 모든 사람들에게 대하여 중요한 의미가 되시는 분이시다. 그는 진실로 "세상의 구주"(참조. 요 4:42; 요일 4:14)시며, 그의 지극히 풍성하신 은혜로써 그에게 의지하는 모든 자들을 구원하시는 분이시다(요 3:16; 엡 2:8).

요셉이 예수의 육체적(생물학적) 의미의 아버지가 되는 것을 주의 깊게 피하는 이 족보와 엄격한 일치를 유지시키면서, 본 장의 두 번째 부분에서 마태는 예수 그리스도의 동정녀 탄생에 관한 기사를 소개하고 있다. 마태는, 요셉과 마리아가 약혼 중에 그러나 요셉이 그 아내 마리아를 아직 자기 집으로 데려오지 않았을 때, 곧 동거하기 전에 마리아가 "성령으로 잉태된 것이 나타난" 사실을 진술한다. 요셉은 마리아가 잉태한 사실까지는 알았으나 그 잉태하게 된 원인이 무엇이었는지는 몰랐다. 그는 의로운 사람이라 마리아의 부정한 행실이 드러난 이상, 그녀와는 파혼할 것을 결심했다. 그러나 요셉은 또한 온유한 마음을 가진 사람이라 마리아를 즉시 법정에 소송할 생각을 하지 않았다. 그래서 그는 마리아가 사람들 앞에 끌려 나가 수욕을 당하지 않도록 이혼 증서를 주어 가만히 끊고자 했다. 요셉은 마음속에 이 일을 놓고 이런저런 생각을 하다가 그만 잠이 들었다. 이때 주의 사자인 천사가 꿈에 나타나서, 마리아에게 잉태된 자는 성령으로 된 것이며, 따라서 요셉이 자기 아내 마리아 데려오기를 무서워하거나 주저하지 말고, 장차 마리아에게서 태어날 아기의 이름을 예수라고 부를 것인데, 이는 그가 자기 백성을 그들의 죄에서 구원할 자이시라는 놀라운 소식을 전했다.

성령의 인도하심을 받아 마태는 예수의 동정녀 탄생을 이사야 7:14의 "보라 처녀가 잉태하여 아들을 낳을 것이요 그의 이름은 임마누엘이라 하리라"는 예언의 성취로 본다. 예수 그리스도 안에서 하나님은 진실로 자기 백성들과 함께 거하시면서 구원의 기쁨과 그것이 내포하는 모든 복을 그들에게 베풀어 주신다(pp. 230-231).

요셉은 잠에서 깨어 일어나 주의 사자가 분부한 대로 행했다. 그는 마리아를 자기 집으로 데려오나, 예수라 이름할 그 아기가 태어날 때까지 동침하지 않았다.

예수 그리스도의 초자연적 기원 혹은 탄생을 부인하는 것은 곧 그의 초자연적 생애와 사역들을 설명할 수 없게 만드는 일이다. 그것은 또한 인간의 구원의 가능성을 설명할 수 없게 만든다. 구원의 주도권은 인간에게 있는 것이 아니라 오직 하나님께서 그 주도권을 갖고 계신다.

제2장의 개요 *Matthew*

주제 : 아버지께서 아들에게 맡기신 사역

2:1-12 동방 박사들

2:13-15 애굽으로의 피신

2:16-18 유아들의 살육

2:19-23 애굽으로부터의 귀환과 나사렛 정착

2

제 2 장

동방 박사들 (2:1-12)

1-12절

1 헤롯 왕 때에 예수께서 유대 베들레헴에서 나시매 동방으로부터 박사들이 예루살
렘에 이르러 말하되 2 유대인의 왕으로 나신 이가 어디 계시냐 우리가 동방에서 그
의 별을 보고 그에게 경배하러 왔노라 하니 3 헤롯 왕과 온 예루살렘이 듣고 소동한
지라 4 왕이 모든 대제사장과 백성의 서기관들을 모아 그리스도가 어디서 나겠느냐
물으니 5 이르되 유대 베들레헴이오니 이는 선지자로 이렇게 기록된 바 6 또 유대
땅 베들레헴아 너는 유대 고을 중에서 가장 작지 아니하도다 네게서 한 다스리는
자가 나와서 내 백성 이스라엘의 목자가 되리라 하였음이니이다 7 이에 헤롯이 가
만히 박사들을 불러 별이 나타난 때를 자세히 묻고 8 베들레헴으로 보내며 이르되
가서 아기에 대하여 자세히 알아보고 찾거든 내게 고하여 나도 가서 그에게 경배하
게 하라 9 박사들이 왕의 말을 듣고 갈새 동방에서 보던 그 별이 문득 앞서 인도하
여 가다가 아기 있는 곳 위에 머물러 서 있는지라 10 그들이 별을 보고 매우 크게 기
뻐하고 기뻐하더라 11 집에 들어가 아기와 그의 어머니 마리아가 함께 있는 것을 보
고 엎드려 아기께 경배하고 보배합을 열어 황금과 유향과 몰약을 예물로 드리니라
12 그들은 꿈에 헤롯에게로 돌아가지 말라 지시하심을 받아 다른 길로 고국에 돌아
가니라

1 예수님께서는 헤롯이 왕으로 있던 시대에 유대의 베들레헴이라는 마을에서 태어
나셨습니다. 그때, 동쪽 나라에서 몇 명의 박사들이 예루살렘으로 왔습니다. 2 그들
은 이렇게 물었습니다. "유대인의 왕으로 태어나신 아기가 어디 계십니까? 우리는
동쪽에서 그 아기의 별을 보고, 아기에게 경배하러 왔습니다." 3 헤롯 왕은 이 소리
를 듣고 깜짝 놀랐습니다. 예루살렘 사람들도 모두 놀랐습니다. 4 헤롯은 모든 대제
사장들과 율법학자들을 불러 모으고, 그리스도가 어디에서 태어나실 것인지 물었
습니다. 5 그들은 대답하였습니다. "유대의 베들레헴이란 마을입니다. 예언자들이
이렇게 기록해 놓았습니다. 6 '그러나 유대 지방에 있는 너 베들레헴아, 너는 유대
의 통치자들 가운데서 결코 작지 않다. 네게서 한 통치자가 나올 것이다. 그가 나의
백성 이스라엘을 돌볼 것이다.' 7 그 소리를 듣고 헤롯은 박사들을 조용히 불렀습

> 니다. 그리고 별이 처음 나타난 때를 알아냈습니다. 8 그리고 박사들을 베들레헴으
> 로 보내면서 말했습니다. “가서 아기를 잘 찾아보시오. 아기를 찾으면 나에게도 알
> 려 주시오. 그러면 나도 가서 그 아기에게 경배하겠소.” 9 박사들은 왕의 말을 듣고
> 출발했습니다. 그러자 동쪽 나라에서 보았던 바로 그 별이 박사들 앞에 나타나 그
> 들을 안내해 주었습니다. 그러다가 아기가 있는 곳 위에서 멈추어 섰습니다. 10 박
> 사들은 별을 보자, 매우 기뻤습니다. 11 그들은 아기가 있는 집에 들어가서 어머니
> 마리아와 함께 있는 아기를 보았습니다. 그들은 아기에게 무릎을 꿇어 경배를 드리
> 고 보물함을 열어 아기에게 황금과 유향과 몰약을 예물로 드렸습니다. 12 그리고서
> 그들은 꿈에 “헤롯에게 돌아가지 마라” 하는 명령을 받고, 다른 길로 자기 나라에
> 돌아갔습니다.
>
> _아가페 쉬운성경

하나님의 약속(삼하 7:12, 13)에 의하면, 예수는 다윗의 왕위를 이어받을 **합법적인 후사**이시다. 제1장은 이 점을 분명히 해 주었다. 예수는 그의 나라의 왕위가 “영원히 견고하게 될”(삼하 7:13과 눅 1:32, 33을 비교) 바로 그 아들이시다. 그러므로 유대인뿐만 아니라 이방인들도 역시 그에게 충성의 맹세를 드려야 하는 것이 마땅한 일이다. 이는 예수 그리스도가 만민의 주이시며 그의 복음을 통해서 인종과 민족을 초월하여 모든 족속 가운데서 자기 백성을 불러내시기 때문이다(마 28:16-20). 이같이 우리는 마태복음의 제1장과 제2장 사이에 서로 밀접한 연관 관계가 있음을 본다. 곧, 제1장은 예수가 왕적 존귀와 영광을 받으실 분이신 사실을 보여 주었고, 제2장은 그가 그러한 영광을 받고 계신 사실을 보여 주고 있다. 제2장은 이렇게 시작된다.

[1] 헤롯 왕 때에 예수께서 유대 베들레헴에서 나시매 동방으로부터 박사들이 예루살렘에 이르러 말하되.

아직 기록되지 않은 예수 탄생에 관한 두 가지 사실, 곧 a. 그가 베들레헴에서 나셨다는 사실과 b.이 일이 헤롯 왕 때에 있었다는 사실이 여기 2장에서 밝혀진다. 이 베들레헴이 유대에 있는 고을임을 여기서 명시하는 것은, 그 고을을 스불론 지파의 나사렛 서쪽(곧 갈릴리 지방)에 위치한 고을과 구별하기 위한 것이 아니라, 미가의 예언이 예수 그리스도의 탄생에서 진실로 성취되었다는 사실을 보여 주기 위한 것이다. 5, 6절을 보라.

2:1과 2:19을 서로 비교해 보면 그 구절들이 예수께서 헤롯이 죽기 바로 얼마 전에 태어나셨다는 견해를 지지해 주고 있음을 알 수 있다. 헤롯이 B.C. 4년 3월 말이나 4월 초 월식이 있은 직후에 죽었으므로[154] 그리스도의 탄생 시기를 B.C. 5년 말경이었을 것으로 보는 견해는 아마 틀림없을 것이다.[155]

예수의 탄생 직후에 어떤 "박사들"이 예루살렘에 도착했다. 예기치 않았던 이들의 출현은 예루살렘에 큰 파문을 일으켰는데, 마태는 이들에 대한 관심을 독자들과 함께 나누기를 원했다. 그래서 마태는 "보라(Behold)"[156](우리말 성경에서는 간과되어 번역에서 제외되었다—역주)라는 말로 시작한다. 문자적으로 먼 데서 온 이 낯선 여행자들은 헬라어 원문에서 **마고이**(단수는 **마고스**)로 불리고 있다. 라틴어의 **마기**(단수 **마구스**)는 이 말에서 파생된 것으로, 몇몇 영역본에서도 역시 이 말이 자주 대문자(Magi)로 나타나고 있다. 그런데 이 박사들은 어떤 사람들이었을까? 또 어디서 왔던 것일까? "동방으로부터"라는 말은 좀 애매한 데가 있다. 몇몇 학자들이 생각하듯이 메대 바사 사람들이 거주하던 지역에서 온 것이었을까? 아니면 또 다른 어떤 학자들이 자신 있게 주장하듯이 바벨론으로부터 온 것이었을까?

마고이(*magoi*)(단수 **마고스** *magos*)라는 헬라어는 실제로 이란어에서 음역한 것이다. 이 말이 헤로도투스(Herodotus)에게서 처음 나타났을 때는 그것이 메대 족속들 가운데 어느 한 족속을 가리켰었다. 그런데 이 족속들이 점성술을 연구했었던 이유로 해서 점차 **마기**(*magi*)라는 명칭은 메대-바사 사람들 중 점성술을 연구하는 모든 승려 계급에 대해서 일반적으로 사용되기에 이르렀다. 이러한 박사들은 별에 관하여 그리고 그것

---

154) Josephus, *Antiquities* XVII. 167을 보라.

155) 이 연대를 지지하는 다른 논증들은 W. Hendriksen, *Bible Survey*, pp.59-62에서 찾아볼 수 있다. 그리스도의 탄생 연대와 그의 십자가에 못박힌 사건의 연대는 그 연대의 산정에 있어 어느 정도 상호 의존적이므로 M.H. Shepherd의 논문 "Are Both the Synoptics and John Correct about the Date of Jesus' Death?", *JBL* 80 (1961년 6월호), pp.123-132를 보라.

156) 각주 133)을 보라.

이 인간사에 미치는 영향에 관하여 깊은 지식을 탐구함과 동시에, 종교 및 그와 관련된 몇몇 인문 분야에까지도 매우 진지한 관심을 기울였다. 여러 분야에 걸친 이들의 다양한 이론들이 비록 오늘날의 과학적인 지식 수준에 미치지 못하고, 어떤 점에서는 오히려 미신에 더 가까운 것이 사실이다. 또한 그들의 종교가 기독교를 이해했었던 것으로는 볼 수 없는데, 그들의 종교에는 대속적인 희생을 통한 죄에서의 구속에 대한 진리가 설 곳이 없기 때문이다. 그러나 이들이 한낱 엉터리 박사에 불과했던 것은 결코 아니었다. 이들은 일반적으로 유일하신 하나님과 선을 행하고 악을 버려야 하는 인간의 의무, 기도의 필요성 그리고 손으로 하는, 특히 농사에 관계되는 노동의 신성함을 믿었다.

그러나 여기 마태복음 2장에 나오는 박사들(**마기**) 역시 그러한 사람들을 가리키는 것일까? 이에 대하여 어떤 이들은 긍정적으로 답한다. 그들은 동방으로부터 예루살렘에 도착한 이 박사들이 메대 혹은 바사인들이었을 것으로 믿는다. 이들은 그러한 주장을 뒷받침하는 근거로서 **마고이** 혹은 **마기**라는 말이 이란어에 그 기원을 둔다는 사실과, 오늘날까지 보존되어 내려온 초기 기독교 회화에 나타난 바와 같이, 멀리서 온 그 여행자들이 바사 사람들의 옷을 입었다는 사실을 제시한다. 더욱이 알렉산드리아의 클레멘트(Clement of Alexandria), 다소의 디오도루스(Diodorus of Tarsus), 크리소스톰(Chrysostom), 알렉산드리아의 시릴(Cyril of Alexandria), 유벤쿠스(Juvencus), 프루덴티우스(Prudentius) 그리고 그 밖의 몇몇 초기 저작가들 역시 마태복음 2장에 나오는 박사들이 바사로부터 왔다는 데에 의견의 일치를 보였다. 또한 B.C. 8세기에서 6세기에 이르는 어간에 일어났던 여러 사건들로 말미암아, 유대인들이 세계 여러 곳으로 널리 흩어질 때, 적지 않은 무리들이 메대와 그 주변 나라들의 성읍들로 이거했던 것도 역시 사실이 아닌가?(왕하 17:6; 대상 5:26; 에 1:1; 9:2; 행 2:9-11 참조). 그러므로 유일신을 섬기는 유대인들이 그들 주변의 유일신 신봉자들에게 그들의 메시아를 기다리는 소망을 전파했을 것이다. 그 결과 메시아의 탄생을 알려 주는 한 별이 몇몇 메대 혹은 바사의 박사들에게 나타나자, 그들이 새로 나신 "유대인의 왕"께 경배드리기 위해서 유대 땅을 향하여 길을 떠났을 것으로 보는 것은 가능성이 있지 않은가?

이것은 전승에 의해서 유력한 지지를 받는 하나의 흥미 있는 설이기는 하나 보편적인 승인을 얻지는 못했다. 오리겐(Origen)은 그 박사들이 갈대아로부터 온 것으로 믿었다. 그가 그렇게 믿은 이유 중 하나는 갈대아인들이나 바벨론 사람들도 역시 그들의 "박사들"이 있었다는 사실이다(단 2:2, 10, 27 등). 다니엘과 그의 세 친구들의 영향(단 2:48, 49; 5:11)으로 말미암아 이 박사들과 그들의 동료들—박사이든 아니든 관계없이—은 살아 계시며 유일하신 참 하나님과 메시아 소망과도 접촉을 가지게 되었다. 다니엘이 분명히 밝히고 있듯이, 이들 바벨론 왕의 고문관들이 말하는 지혜나 지식이 대부분 헛된 것들이었고, 또한 유대인 사이에 "누구를 막론하고 이 박사들로부터 무엇이든 배우는 자는 죽일 것이니라"[157]는 금령이 내렸던 것도 사실이다. 그럼에도 불구하고 태양계, 시간 계산 그리고 달력 등에 대한 기초를 이룩한 공은 (비록 곳곳에서 오류가 발견되긴 해도) 이 바벨론 점성가들—아마도 이들을 천문학자로 불러야 할 것이다—의 별에 대한 연구 덕분으로 돌려야 한다.[158]

결론 : 우리는 마태복음 2장에 언급된 박사들에 관하여 거의 아는 바가 없다. 그러나 여기에 언급되어 있는 바, 그들이 취한 행동은 과연 그들이 "박사(wise men)"라는 칭호를 받을 만한 자격이 있음을 보여 주었다. 우리가 택할 최선의 방침은 엄격히 본문에 충실해야 할 것이다. 그리고 이 박사들이 "동방으로부터", 곧 앞서 지적한 두 지역 중 어느 한 곳으로부터 왔을 가능성이 높다는 데는 동의해야 할 것이다.[159]

박사들이 몇 명이나 그곳에 왔었는지는 본문에 밝혀져 있지 않다. 그들이 아기에게 세 가지 예물을 드렸다(2:11)는 데서 세 사람이 그곳에 왔었

---

157) S.BK., Vol.I, p.76.

158) C.W. Ceram, *Gods, Graves, and Scholars,* p.317.

159) 참고 자료들 가운데서 필자는 "메대-바사는 이 지역의 박사 계급이 별의 연구에 의하여 구분되지 않았기 때문에 여기서 제외된다"라고 한 Lenski의 부적합한 진술(*op.cit.*, p.58)에 대해서도, 또한 "이 박사들은 바벨론으로부터 왔다"라고 한 그의 단언적인 주장에 대해서도 역시 아무런 실증을 찾을 수 없었다. 필자는 *Loeb*

다는 설이 나왔다. 정말로 그곳에 정확히 세 사람이 왔었을 수도 있지만, 그 추론이 정당화될 수 있을지는 의문이다. 우리는 그저 모를 따름이다. 이 박사들이 "왕들"이었다는 생각에 대해서는 시편 72:10과 이사야 60:3에서도 아무런 근거가 제시되지 않는다. "우리 동방의 세 왕들은…"이라는 구절은 크리스마스에 관한 터무니없는 전승들을 모아 놓은 책에 들어있을 뿐이다. 그 책에 보면 "그 어린 주 예수 우시지 않네"라는 구절과 이와 비슷한 상상적인 이야기들이 많이 나온다. 그뿐만 아니라 거기에는 이 박사들에게 멜키올(Melchior), 발다살(Balthasar) 그리고 카스팔(Caspar)이라는 이름이 각각 덧붙여져 있으며, 또한 이 박사들이 각기 하나는 인도에서, 하나는 애굽에서, 하나는 헬라에서 왔다고 전한다. 이들은 모두 그 뒤로 도마에게서 세례를 받았다. 그리고 후에 이들의 뼈가 세인트 헬레나(Saint Helena)에서 발견되어, 콘스탄티노플에 있는 세인트 소피아 교회(the church of Saint Sophia)에 얼마 동안 맡겨졌다가, 뒤에 다시 밀라노로 옮겨졌으며, 마지막에 가서는 쾰른 대성당에 안치되었다는 등의 이야기들이 나오고 있다. 이 모든 내용들을 사실로 받아들인다면, 그는 정말로 아둔한 사람임에 틀림없다.

이 주제를 떠나기 전에 원문의 **마고스**(라틴어로는 **마구스**)라는 단어가 "박사" 혹은 "점성가"와 밀접하게 관련되었으나, 다른 의미 곧 "술객" 혹은 "마술을 행하는 자"의 의미로도 사용된다는 사실을 밝혀두어야만 할 것이다. 영어의 **마술사**(*magician*)와 **마술**(*magic*)이라는 이 두 단어가 헬라어의 **마고스**와 관련되었음은 즉시 분명해지는 사실이다. **마고스**라는 말은 사도행전 13:6, 8에서 좋지 못한 의미(마술사, 박수)로 바예수라는 한 유대인 거짓 선지자에 대해서 사용되었다. 헬라어 **마고스**로 음역된 이 란어 어원은 본래 "크다" 혹은 "위대하다"라는 의미를 지니고 있었다. 이

---

*Classical Library*에 언급되어 있는 *Herodotus*의 모든 구절들을 다 참고했다. *Herodotus,* Vol. I, Index p.502와 더 나아가서 앞 각주에서 언급한 C.W. Ceram의 책과 S.H.E.R.K., Vol. 12, pp.522-535의 *Zoroaster & Zoroastrianism*에 관한 논문과 *Encyclopedia Britanica*, 1969 edition, Vol. 23, pp.1011-1016에 나오는 논문 그리고 그 동일한 책 Vol. 14, pp.469-470의 *Magi*에 관한 논문 역시 참조하라.

이란어 어원은 헬라어 **메가스**(*megas*)와 라틴어 **마그누스**(*magnus*)와 동족이며, 그것은 또한 몇몇 영어 단어에도 반영되어 있다. 그 한 예로서 **메가폰**(*megaphone*: **확성기**)을 들 수 있다. 사람이 스스로 판단하기에는 위대하다고 생각할 수 있다. 또 자신을 속이는 아첨자의 눈에는 **위대하게** 보일 수도 있다. 바예수가 바로 그런 자였다. 사람은 또한 **참으로 위대할** 수 있다. 곧 하나님 보시기에 위대할 수 있다는 뜻이다. 마태복음 2장에 언급된 박사들이 바로 그러한 사람들이다. 우리는 지금 그 박사들에 관하여 듣는 것이다. 곧, 그들은 말하기를

[2] 유대인의 왕으로 나신 이가 어디 계시냐.

이 낯선 사람들의 갑작스런 **출현**이 예루살렘을 소동케 하였다면 만나는 사람마다 붙잡고 거듭 반복해서 물었을 이들의 **질문은** 더더욱 소동케 하였을 것이다. 박사들은 그들이 "유대인의 왕"으로 부르는 새 아기의 **탄생 사실**에 대해서는 한순간도 전혀 의심을 표하지 않았다. 이들에게 있어서 그 아기의 탄생은 사실적인 것이었으며, 그 아기에 대하여 붙인 그 칭호 역시 진실된 것이었다. 박사들이 원하는 바는 "그가 어디 계시냐?" 하는 물음에 대한 대답이었다. 이들이 만일 그 대답을 얻지 못한다면 그처럼 힘이 들었던 기나긴 여행의 목적을 이룰 수 없게 되는 것이었다. 박사들의 여행 목적은 다음 말에서 분명해졌다. 곧, **"우리가 동방에서 그의 별을 보고 그에게 경배하러 왔노라."** 여기서 우리는 두 가지 질문을 피하기가 어렵다. 곧, 첫째는 "이 별의 정체가 무엇이었을까?" 하는 질문이요, 둘째는 "이 동방 박사들이 어떻게 해서 이 별의 출현을 유대인의 왕의 탄생과 직결시켜 생각하게 되었을까?" 하는 질문이다.

첫 번째 질문에 관하여는 여러 다양한 해답들이 제시되었다. 곧, a. 그것은 유난히 밝게 빛나는 실제의 "별"(태양도 역시 하나의 별이라는 의미)이었다. b. 자주 왕들의 탄생과 결부되어 있어서 왕의 별이라고도 불리는 목성이었다. c. 목성과 토성이 물고기 모양을 표시하며 결합된 것이었다. d. 정상 궤도에서 벗어난 혜성이었다. e. 하늘에 낮게 떠 있던 하나의 발광체였다. f. 사람의 마음속에서 길을 인도하여 주는 길잡이별, 곧 운명과

소망의 별이었다.

이 중에서 f.의 대답은 즉시 기각될 수 있다. 왜냐하면 마태복음 2장에 나타난 별은 사람의 육안으로 보고 관찰할 수 있었던 뚜렷한 발광물체였기 때문이다(2, 7, 9, 10절). 그것은 주관적인 충고자나 시각적인 환상이 아니었다. a.-e.의 대답에 대해서는 각기 개별적으로 반론을 제기할 수 있으나 그 모든 대답에 나타난 별의 성질이 성경 본문에는 아무것도 언급되지 않았다는 한마디로 충분할 것이다. 우리는 그 별의 정체가 무엇이었는지 전혀 모른다. "하늘에 낮게 떠 있던 하나의 발광체"였다는 e.의 대답도 비록 그것이 a.-d.의 대답보다는 분명히 9절에 더욱 밀접하게 조화되고 있으나, 2절, 특히 헬라어에 있어서 지평선 위로 별이 처음 뜨는 모양을 나타내는 일반적 표현인 "동방에서"(in its rising-"별이 뜨는 곳에서")라는 어구와는 조화되기가 매우 어렵다.[160] 그러므로 우리는 박사들이 본 그 별의 정체가 무엇이었든지 간에 그것이 2절에서는 우리가 일반적으로 별에 대해서 기대하는 바와 같이 움직이고 있으나, 9절에 가 보면 그것이 우리의 일반적인 기대와는 매우 다르게 움직이고 또 심지어 일정한 위치에 머물러 서는 것을 알게 된다. 우리는 그 이유에 관하여 아직 아는 바 없다. 우리는 그 문제를 하나님의 비밀로 돌려야 하며, 성경에 밝혀져 있지 않은 그 천문학적 현상의 원인은 더 이상 추구하지 않는 것이 좋겠다. 다만 우리는 하나님께서 별을 연구하는 이 학자들에게 그들이 이해할 수 있는 언어, 곧 "별"의 언어로 "말씀하셨던" 사실에서 그의 지혜와 친절하신 은혜가 분명히 드러난다는 말로 만족해야 할 것이다.

두 번째 질문에 관해서도 우리는 더 나은 대답을 찾지 못하고 있다. 비록 이 박사들이 유대인들에 의해서 한 구원자의 오심을 기대하도록 가르침을 받았을 것으로 보는 것이 한결 안전하기는 하나, 당시에 분명히 그러한 구원자에 대한 소망은 상당히 널리 퍼져 있었을 것이고, 또 그것이 결코 유대인들에게만 국한된 기대는 아니었을 것으로 보인다(요 4:25 참조).[161] 이 박사들이 그 구원자의 탄생을 어떻게 해서 "그의 별"이라 불리

160) "그 떠오르는 곳에서"로 번역될 수 있는 *ἐν τῇ ἀνατολῃ*(2절)는 "동방에서"로 번역될 수 있는 *ἀπὸ ἀνατολῶν*(1절)과 동일하지 않은 점에 주의하라.

는 분명한 한 별의 출현에 연관시켰는지의 문제는 여전히 미해결 상태로 남아 있다. 이들이 다니엘 9:25의 해석에 근거하여 유대인들이 대망하고 있던 그분의 탄생 시기에 관한 어떤 지식을 얻었던 것일까? 그리고 여기서 얻은 지식이 이들로 하여금 그 두드러진 별의 출현과 메시아의 오심에 대한 기대의 성취를 서로 연결짓도록 하는 일을 더욱 용이하게 만들었던 것일까? 그 별은 이들 박사들이 유대 땅에서 일어나는 일들과 연관시켜서 구분해 두었던 하늘의 그 특정한 위치에 나타났던 것일까? 이들이 "한 별이 야곱에게서 나오며 한 규가 이스라엘에게서 일어나서…"(민 24:17)라고 한 발람의 예언에 대하여 들었던 것일까? 박사들이 지금도 문제시하는 그 구절에 대하여 들었다 치더라도, 그 예언에 나오는 "별이"라는 말이 빛

---

161) 수많은 예언들(창 3:15; 9:26; 22:18; 49:10; 신 18:15-18; 삼하 7:12, 13; 시 72편을 비롯한 여러 다른 시편들 그리고 사 7:14; 8:8; 9:6; 11:1을 비롯한 여러 다른 이사야서의 구절들과 다른 선지서들의 예언들)에 근거하여 유대인들이 메시아를 대망했다는 사실은 명백하다(마 11:3; 눅 1:68-79; 2:25, 30, 38; 3:15; 요 7:42). 구약 외경의 구절들, 예를 들면 Similitudes of Enoch, 37-71장: Psalms of Solomon 14:2; 18:5 등도 역시 보라(그러나 어떤 이들은 Similitudes의 서술적인 예언들은 후기 기독교인들이 삽입한 것으로 본다. 하지만 이 견해가 지금까지 입증된 일은 없었다).

그 밖에 다른 성경 외적인 자료들에 관하여는 Josephus, *Wars* VI. 312; Suetonius, *Vespasian* IV ; Tacitus, *Histories* V.13 ; 그리고 Virgil, *Eclogue* IV에서 메시아 소망에 관하여 언급된 바를 보라. 하지만 이 모두가 한 가지 이상의 해석이 가능하고, 또한 이 중 어떤 것들에 대해서는 그 신빙성이 논란의 대상이 되었다. 한편, 유대인들이 그들의 메시아 대망을 비밀로 간직하지는 않았음은 분명한 사실로 보인다. 신약시대 이전과 그리고 신약시대 초기에 있어서 한 위대한 구원자와 관련하여 다가올 보다 나은 미래에 대한 소망은 사마리아 여자와 그 이웃들만의 전유물은 아니었다. 그러한 소망은 훨씬 더 널리 퍼져 있었음에 틀림없다.

그러나 유대인들 사이에서조차도 이 소망에 대한 성격이 결코 모두에게 동일한 것은 아니었다. 많은 유대인들이 기대한 "다윗의 자손"은 본질적으로 이 세상의 압제와 슬픔에서 벗어나게 해 줄 한 구원자를 의미했다(눅 19:38, 41, 42 참조). 한편, 다른 유대인들은 그 구원자로 말미암아 그들의 죄에서 놓이기를 고대하고 있었다(눅 1:77).

이 마지막 고찰은 사해사본에 의한 메시아 대망에 관한 몇몇 간단한 논평들로 이끌어 간다. 사해사본의 발견 직후, 그 사본들이 기원을 둔 쿰란 수도원(Qumran monastery)은 기독교 신앙의 근원지로 공공연히 선언되었다. E. Wilson은 그의

이 나는 하늘의 광명체가 아닌 어떤 인물을 가리키는 하나의 비유적 의미로 사용되기 때문에 아무런 영향을 주지 않았을 것으로 말하는 이들이 있다. 이 추론이 옳은 것일까? 원래는 비유적으로 해석하도록 의도된 표현들이 때로는 문자 그대로 해석된 사례가 적지 않다는 사실 또한 우리가 명심해야 한다. 신약성경은 그러한 사례들로 가득 차 있다. 역시 이 박사들도 민수기 24:17의 예언을 유대인의 왕의 탄생을 알리는 문자 그대로의 의미인 "별"의 출현에 연결시켰을 수도 있다. 이 구절은 그러한 논증의 어느 면에서도 합법적으로 사용될 수 없다.

저서, *The Scrolls from the Dead Sea*, New York, 1955, p. 97에서 말하기를, "이 수도원은…아마도 기독교의 요람인 베들레헴이나 혹은 나사렛보다도 더 중요한 의미를 지니고 있을지도 모른다"라고 하였다. 그러나 다른 논평들은 좀 더 신중을 기한다. 그 예로서 Dupont-Sommer의 *The Jewish Sect of Qumran and the Essenes, New Studies on the Dead Sea Scrolls*(영역본), London, 1954를 보라. 이 저서 p.161 이하에서 저자는 자기가 예수 그리스도와 (쿰란의) 의의 교사를 결코 동일시하지 않는다는 사실을 신중히 밝힌다. 이 점과 관련하여 Millar Burrows의 *The Dead Sea Scrolls*, New York, 1956, 그리고 *More Light on the Dead Sea Scrolls*, New York, 1958 역시 큰 가치를 지닌다. *More Light on the Dead Sea Scrolls*, p.60 이하에서 저자는 쿰란 공동체의 메시아 소망과 세례 요한의 가르침에 있어서의 이 소망 사이의 가능성이 있는 연관성에 관한 설을 검토하고 있다.

쿰란 공동체의 메시아 대망에 관하여, 쿰란 공동체의 "의의 교사"는 어떤 의미에서도 결코 그리스도에 관한 예언적 서술이 아니라는 것은 분명히 제시된 바 있다. E.J. Young이 그의 훌륭한 논문 "The Teacher of Righteousness and Jesus Christ," *WTJ* 18(1956년 5월호), p.145에서, "기독교와 사해사본 사이에, 혹은 그리스도와 의의 교사 사이에 어떤 형식상의 유사점이 존재할지는 몰라도, 그 둘 사이에 너무나 심원한 차이점이 존재하며, 그 차이점을 어떤 식으로든 가능하게 설명해 낼 재간이 없다. 예수께서는 그가 다른 사람들과 같지 아니하셨다는 이 단순한 이유로 인하여 다른 사람들과는 다르게 말씀하신 것이었다"라고 말한 것은 전적으로 옳았다. 여기에 J. Jeremias가 도달한 결론을 덧붙일 수 있다. Jeremias는 그의 논문, "The Theological Significance of the Dead Sea Scrolls"(영역본), *CTM* 39(1968년 8월호), pp.557-571에서 사해사본의 교훈과 예수의 교훈 사이의 주요 차이점을 지적했다. 곧 예수의 교훈에 의하면, 하나님은 인간적인 수단 혹은 방편에 의해서 의를 얻고자 노력하는 자들에게 관심을 갖고 계신 것이 아니라, 죄인들에 대해서 관심을 갖고 계신다는 것이다.

또 어떤 랍비의 전설에 따르면, 아브라함이 태어난 날 밤에 데라의 종들과 니므롯의 박사들이 그의 탄생을 축하하기 위하여 도착했다고 한다. 그런데 그들이 그 밤에 데라의 집을 떠날 때 한 빛나는 별을 보았는데, 그 별이 하늘을 가로질러 운행하던 중 다른 네 별을 차례로 삼켰다는 것이다. 그것을 보고 이들 일행은 이 갓난아이가 장차 강대하게 되리라는 의미로 해석했다고 한다.[162] 따라서 어떤 이들은, 수세기 뒤에 또 다른 빛나는 한 별이, 아브라함 탄생 당시에 찾아왔던 무리와 비슷한 이 동방의 박사들에게 나타났을 때, 그들은 이 별에서 또 하나의 고귀한 인물, 곧 "유대인의 왕"의 나심을 알려 주는 분명한 징조를 본 것이었다고 주장할 것이다.

그러나 동방 박사들이 어떻게 해서 그리고 무슨 근거로 이 별의 출현을 메시아의 탄생에 연관시켰는가를 보여 주는 이 모든 견해들은 분명히 단순한 억측에 지나지 않는다. 우리는 그에 대한 올바른 대답을 얻지 못하고 있다. 우리는 다만 추측할 뿐이다.

하지만 이 점이 바로 마태의 기사를 더욱 아름답고 유익하게 만들어 주는 것이다. **오직 한 가지 사실, 곧 "우리가 그에게 경배하러 왔노라"는 이 한 가지만을 완전히 강조하기 위하여 그 밖의 나머지 사실들은 본문에 기록하지 않았다.** 우리는 본문에서 그 별에 관한 상세한 설명을 보지 못한다. 그리고 이 박사들이 어떻게 해서 그 별을 그리스도의 탄생에 연관시켰는지에 관해서도 본문에 언급된 바 없다. 그뿐만 아니라 박사들이 몇 명이나 그곳에 왔으며, 어떤 복장을 하고 있었으며, 어떻게 죽었으며, 어느 장소에 묻혔는지에 관해서도 본문은 침묵을 지킨다. 본문은 이 모든 사실들이 어두움 속에 묻히게 함으로써 어두움을 배경으로 하여 그 빛이 더욱더 찬란하게 비치도록 하였다. 이 박사들은 그들이 누구였든 또 어디서 왔든 상관없이 아무튼 **그에게 경배드리기 위해서** 온 것이었다! 2절에 있어서 "우리가 그에게 경배하러 왔노라"는 박사들의 말은, 11절에 분명히 나타나 있듯이, 그들이 메시아이신 왕 앞에 겸손히 꿇어 경배할 목적

162) S.BK., Vol.1, p.77, 78.

으로 왔다는 것 이외의 다른 뜻을 지니고 있지 않다. 마태는 이 기사를 읽거나 혹은 듣는 자도 역시 이 박사들을 본받아 그와 같이 행해야 할 것을 말하고 있다. 이방인들까지도 그에게 경배를 드릴진대, 하나님의 말씀을 맡은 유대인들이야말로 더욱 그리해야 할 것이 아닌가? 이방인들을 위하여는 이러한 격려가 있다. 곧, "유대인들의 왕은 또한 너희 이방인들의 왕이 되기를 원하신다"라는 사실이다. **더 나이트 워치**(*The Night Watch*: 야경)로 널리 알려진 렘브란트(Rembrandt)의 대 걸작에 나타난 명암 대조("chiaroscuro" 효과)를 놓고 누가 감히 흠을 잡을 수 있는가? 렘브란트는 자신의 뛰어난 모든 작품에서 영감으로 복음서를 기록한 기자들의 정신을 가장 잘 구현한 화가이다. 다음 구절을 계속 살펴보자.

[3] 헤롯 왕과 온 예루살렘이 듣고 소동한지라.

2절과 3절 사이의 연결 관계를 살펴볼 때 박사들이 곧장 헤롯 궁으로 가지 않았음이 분명하다. 헤롯 왕은 그 이야기를 간접적으로 **전해 들었다**. 먼 데서 온 이국인들이 최근에 "유대인의 왕"으로 태어난 아기의 행방을 묻는다고 그에게 보고되었다. 이러한 보고를 받을 때 헤롯 왕은 놀라고 두려워하였다. 원문에 사용된 동사(he was troubled)는 매우 사실적이다. 이 동사(trouble)의 능동태의 **문자적 의미는 뒤흔들다, 흥분시키다, 근심하다, 요동하다** 등이다. 우리는 그 한 예를 에스겔 32:2의 "인자야 너는 애굽의 바로 왕에 대하여 슬픈 노래를 불러 그에게 이르라 너를 여러 나라에서 사자로 생각하였더니 실상은 바다 가운데의 큰 악어라 강에서 튀어 일어나 **발로 물을 휘저어**(troubled) 그 강을 더럽혔도다" 하는 말씀 가운데서 본다. **비유적인 의미**로 사용될 때, 그 동사는 정신 혹은 마음이 당황과 경악으로 휩싸여 혼란에 빠진 상태를 가리킨다. 여기 마태복음 2:3에서 그 동사는 물론 몹시 놀라서 마음이 혼란에 빠져 두근거리는 상태를 뜻한다. 마찬가지로 후에 제자들 역시 그들이 유령을 본 것이라는 생각이 들었을 때 마음이 마구 요동했다(were troubled)(마 14:26). 또한 사가랴 역시 천사를 보았을 때 그랬다(he was troubled)(눅 1:12). 그 밖에도 요한복음 14:1(not let be trouble)을 보라.

헤롯 왕 역시 사람의 성품을 가진 자였기에 자기 외에 또 다른 유대인의 왕이 탄생했다는 말에 경악을 금치 못했던 점은 이상한 일이 아니다. 유일한 "유대인의 왕"은 헤롯 자신이 아닌가? 그는 또 이 칭호를 로마로부터 수여받지 않았던가? 헤롯이 이 지위를 얻기까지 몇 달 아니 몇 년의 투쟁을 겪었던가? 그렇다면 이것은 자기의 왕위를 찬탈하려는 또 다른 시도가 아니고 무엇이란 말인가? 제2의 유대인의 왕에 대한 소문이 혹시 증오에 불타서 이미 여러 차례나 괴로움을 안겨다 준 유대 광분자들 가운데 퍼져 또다시 민란이 일어나지 않을까? 헤롯은 분노와 불안에 휩싸여 안절부절못하고 있었다. 그는 자기가 만일 비상조치를 취하지 않는다면 최악의 사태가 일어날 것이 틀림없다고 생각했다. 헤롯은 가만히 앉아서 화를 당하려 하지는 않았다. 그의 비열한 마음속에서는 사악한 간계가 꾸며지기 시작했다.

헤롯 왕은 뭔가 오해하고 있었다. 마태의 설명에서는 예루살렘 거민들이 동방 박사들의 질문에 심히 큰 영향을 받은 것으로 보이지 않는다. 헤롯이 염려하는 바 "우리가 기필코 승리하리라"는 폭동의 무리 가운데서는 아무런 음모도 계획되지 않았다. 그럼에도 불구하고 온 예루살렘이 소동하였다. 이는 그 백성들이 오랫동안 겪어온 비극적인 체험을 통해서 그처럼 놀라고 불안해하는 헤롯 왕의 격노와 복수심에는 한이 없다는 사실을 잘 알고 있었기 때문이었다. 백성들은 그들 앞에 또 무슨 잔악무도한 일들이 기다리는지 생각하기조차 두려워했었음이 분명하다. 그 결과가 잘 보여 주듯이 백성들이 그처럼 공포와 불안에 싸여 소동할 만한 충분한 이유가 있었다.

이제 틀림없이 그가 지녔을 것으로 생각되는 위대한 재능과 수완들을 인정하고, 또한 그와 동일한 이름을 가졌던 다른 모든 왕들과 구별하기 위하여, 자주 "헤롯 대제"("Herod *the Great*")로 불리는 이 인물의 특징은 무엇이었던가 하는 질문에 답할 입장에 이르렀다. 마카비가의 반란에 관하여는 이미 앞에서 언급한 바 있다(p. 208). B.C. 198년에 팔레스타인은 수리아에 예속되었다. 지배국이 된 수리아는 로마와 충돌하여 티베르 강(the Tiber) 연안에 세워진 도시의 내정을 간섭하려다 실패함으로써 로

마에 대하여 막대한 벌금을 물게 되었다. 수리아는 이 벌금을 충당하기 위하여 다시 유대인들에게 과중한 조공을 바치도록 압력을 넣었다. B.C. 175년 안티오쿠스 에피파네스(Antiochus Epiphanes)가 수리아의 왕이 되었을 때는 상황이 더욱 악화되었다. 안티오쿠스 왕이 애굽 원정을 떠나 있는 공백 기간에 왕이 죽었다는 소문이 돌자 이에 유대인들은 말할 수 없이 기뻐했다. 그러나 소문과는 달리 살아서 돌아온 안티오쿠스는 수천 명의 유대인들을 학살하고 그 밖의 사람들은 노예로 팔아 넘겼다. 그 후 다시 알렉산드리아에 출정한 안티오쿠스는 승리를 거의 확보한 듯 했으나 로마의 위협에 의해 좌절되고 말았다. 그는 이에 대한 분노를 다시금 유대인들에게 쏟기로 마음먹었다. B.C. 168년에 그의 휘하 장군 아폴로니우스(Apollonius)는 안식일이 되기를 기다렸다가 무방비 상태의 성읍을 덮쳐 황폐하게 만들고 닥치는 대로 사람을 죽였다. 안티오쿠스 에피파네스와 그의 동조자들은 유대인들의 신앙을 뿌리째 뽑으려고 작정하였다. 그들의 목적을 달성하기 위해서 온갖 수단 방법을 다 동원하였다. 번제단 위에서 돼지를 죽임으로써 제단을 부정하게 만들었고 또 손에 닥치는 대로 모든 거룩한 기록들을 없애 버렸다.

이 쓰라린 재난과 고통으로 말미암아 유대의 성자들은 여호와께 도움을 부르짖었다. 이들의 부르짖음은 하늘에 상달되었다. 혁명이 일어나게 된 것이었다. 예루살렘에서 그리 멀지 않은 모데인(Modein)에 나이 많은 제사장 맛타디아스(Mattathias)가 살았다. 안티오쿠스가 보낸 한 칙사가 제단에서 이교식으로 희생제물 드리는 일을 주관할 것을 요구했을 때 맛타디아스는 그 요구를 일축했을 뿐만 아니라 그 칙사와 그의 요구에 응하려 했던 유대인 배교자들을 모두 죽여 버렸다. 이 사건이 그 당시에 일어났던 반란의 발단이 되었다.

맛타디아스가 전사한 후 하나님의 겸손한 자녀요 전략과 무술에 뛰어난 용사인 그의 아들 유다스(Judas)가 뒤를 이어 반란군의 지도자가 되었다. 유다스는 전술학에 있어서 하나의 전통을 이룩할 만한 놀라운 승리를 동족에게 안겨 주었다. 그는 항상 매우 강한 군대들과 마주쳐 싸웠다. 그의 용맹은 사자 같았고 그의 민첩함은 믿어지지 않을 정도였다. B.C. 165

년경에 그의 승전의 결과로 간악한 안티오쿠스가 제우스 신에게 바쳤던 예루살렘 성전이 거룩하게 구별되어 다시금 여호와 하나님께 봉헌되었다. 이 성전 재봉헌이 유대인들의 하누카("빛의 축제")의 기원이 되었다. 필자의 요한복음 10:22 주석을 보라. 유대인들은 신앙의 자유를 다시 찾게 되었다. 유다스가 싸움에서 죽은 뒤에는 형 못지않게 용감무쌍했던 동생 요나단(Jonathan)이 뒤를 이어 지도자가 되었고, 그 역시 눈부신 승리를 그의 동족에게 안겨 주었다. 요나단은 수리아 군대의 허를 찌르려다가 자신이 오히려 말려들어 사로잡혔고 끝내는 처형당하고 말았다.

제사장 맛타디아스의 셋째 아들인 시몬(Simon)은 매우 현명한 집정관이었는데, 그의 지도하에서 유대인들은 참으로 영광스러운 시기를 맞이했다. 마카비전서 1:14을 보라. 그러나 시몬은 B.C. 135년에 그의 사위에게 그만 어처구니없이 살해당하고 말았다. 그 뒤를 이은 마카비의 통치자들은 헬레니즘 문물을 받아들였다. 그리하여 이들은 점차 영적인 일보다도 세속적인 일에 더욱 열심을 내었다. 시몬의 아들인 요한 힐카누스(John Hyrcanus)가 이런 유의 통치자 중 첫 번째 인물이었다. 그는 백성을 다스리는 통치자였을 뿐만 아니라 대제사장이었으며 동시에 또한 일급 용사였다. 힐카누스는 북으로 사마리아를 정복하고 그리심 산 위에 세워진 사마리아인들의 성전을 파괴했다. 또 남으로는 에돔을 쳐서 속국으로 만들었다.

만일 힐카누스의 공적이 의문시된다면 그의 아들 알렉산더 얀네우스(Alexander Janneaus: Jonathan)는 더욱 미심쩍은 인물이라 할 것이다. 그의 통치 기간 동안에 있었던 한 사건은 그냥 지나칠 수가 없다. 이는 그 사건이 광범위한 결과를 빚어냈기 때문이다. 이미 앞에서 언급한 바와 같이 그의 아버지가 정복한 에돔에 대하여 알렉산더는 안티파스(Antipas)를 총독으로 임명했는데, 안티파스의 아들 안티파테르(Antipater)는 유대 역사에 있어서 매우 중요한 역할을 맡은 인물이었다. 그리고 안티파테르의 아들 헤롯(Herod), 곧 신약성경 마태복음 2장과 누가복음 1장에만 나오고 다른 곳에서는 찾아볼 수 없는 바로 **이 헤롯**은 유대 역사에 큰 족적을 남겼다.

알렉산더가 죽은 후에는 그의 미망인 알렉산드라(Alexandra)가 통치권을 물려받았다. 알렉산드라가 죽은 후에는 그의 두 아들 힐카누스 2세와 아리스토불루스(Aristobulus)가 왕위를 놓고 치열한 싸움을 벌였다. 백성 중 일부는 둘 중에 형인 힐카누스 2세를 지지하였다. 다른 일부는 세력이 더 강한 동생 아리스토불루스를 지지하였다. 또한 군주 정치를 폐지하고 여호와의 율법에 따라 제사장이 다스리는 나라로 다시 회복시키기를 희망하는 제3의 무리도 있었다. 이 세 무리들은 각기 나름대로 그들의 주장을 로마에 간청했다.

아리스토불루스는 로마로부터 최종 결정의 회보가 지연되자 더 참지 못하고 자기 손에서 스스로 일을 처리하기로 결정했다. 그 결과는 로마의 폼페이(Pompey) 장군이 군대를 이끌고 팔레스타인에 출정하여 B.C. 63년 예루살렘을 함락시키는 것으로 끝났다. 힐카누스 2세와 아리스토불루스 형제가 왕위를 놓고 승부를 다투는 사이에 앞에 언급한 바 있는 에돔의 총독 안티파테르는 그러한 혼란을 틈타서 교묘히 로마로부터 완전한 이권을 얻어낼 수 있었다. 안티파테르와 그의 아들 헤롯은 간교한 인물들이었다. 그들은 로마의 최고 지위에 누가 앉게 되든 상관없이 그의 비위를 유감없이 맞출 수 있는 소질을 가졌다. 이들은 통치자가 바뀌자마자 즉시 이제까지의 그들의 충성을 바꾸어 "어제까지만 해도" 그들이 대적했던 새 통치자에게 온갖 아첨을 다하며 예물을 진상했다. 그리하여 힐카누스 2세와 아리스토불루스, 이 두 유대인 형제가 그들 자신의 문제를 결말짓지 못하는 사이에, 에돔 사람 안티파테르는 교활하게 로마로부터 유대 땅을 관할하는 위임 통치자 지위를 얻어냈고, 그의 아들 헤롯은 갈릴리 지방을 관할하는 분봉왕으로 임명을 받았다. 이것은 B.C. 47년의 일이었다. B.C. 40년에는 팔레스타인이 팔디아인들(Parthians)에게 침공을 당했고, 이어서 내란이 일어나게 되자 헤롯은 로마로 도망하였다. 그때 로마 원로원은 헤롯을 유대 왕으로 임명했다. 그리하여 헤롯에게는 군대가 제공되었고, 그 군대를 이용하여 헤롯은 자신의 왕국을 칼로써 평정시킬 수 있었다. 이 모든 일이 결코 쉽게 이루어졌던 것은 아니었다. 그러나 헤롯의 큰 야망이 이 일을 가능하게 만들었다. 그는 도처에서 지칠 줄 모르는 격렬한 전투를 수없이 치른 후 마침내 B.C. 37년에는 승리를 거둘 수 있었다. 요세푸스에 의하면, 헤롯이 70세에 죽었으므로(B.C. 4년) 그가 태어난 것은 B.C. 74년 어느 때가 될 것이다. 동방 박사들이 예루살렘에 이르렀을 때, 헤롯이 이미 그의 69회째 생일을 보낸 뒤였을지도 모르지만, 박사들의 도착 시기가 정확히 어느 때였는지는 분명하지 않다.

B.C. 37년 이후에 로마 황제 아우구스투스(Augustus)는 헤롯의 영토를 팔레스타인의 전 지역 외에도 오늘날의 요르단과 시리아 그리고 레바논으로 알려진 나라에 이르는 광범위한 지역에까지 확장시켜 주었다. 이리하여 헤롯은 과연 "유대인의 왕"이 되었다. 헤롯은 격렬하고도 기나긴 투쟁의 와중에서도 죽는 날까지 자신의 권좌 유지를 위한 경계를 게을리 하지 않았다.

비록 헤롯이 때로 정치적인 이유로 그 자신이 돈 많은 유대인 귀족 집안의 출신이라는 어떤 자들의 견해를 받아들여 자신을 유대인으로 내세우기도 했으나, 민족 혹은 국적상으로 그는 유대인이 아니었다. 이미 앞서 밝힌 바와 같이 그의 아버지 안티파테르는 에돔 사람이었다. 또한 그의 어머니 키프로스(Cypros) 역시 나바테아 여자(Nabatean)였다. 다시 말하자면 그의 어머니는 팔레스타인 남동부에 위치한 아랍 왕국 출신이었다. 에돔 족속(혹은 이두매 족속)이 요한 힐카누스에게 정복당했을 때, 어떤 면에서는 유대교 신앙이 그들에게 강요되었다. 그러므로 헤롯이 "이따금씩 유대교 의식을 행하였다"라는 말은 놀라운 것이 못 된다. 이 "유대교"라는 용어를 헬레니즘 문화에 대한 깊은 헌신을 포함할 정도로 넓은 의미로 해석한다면 아마도 옳을 것이다.

요세푸스가 묘사한 바와 같이,[163] 헤롯은 **유능하고 간교하며 잔인한** 인물이었다. 그가 유능한 인물이었다는 사실은 아무 의심 없이 인정된다.

---

163) 헤롯에 관한 자료들로서는 Flavius Josephus, *The Jewish War*, Book I ; 또한 동일 저자의 *The Antiquities of the Jews*, Books XIV, XV, XVI, 그리고 XVII를 필히 읽어야 한다. 헤롯을 참으로 이해하는 데는 Josephus의 저서들이 필수적인 동시에 또한 때로는 간파하기가 힘들다. 특히 수많은 불일치점들과 편견적인 결론으로 치우치는 점들을 놓고 볼 때는 더욱 그러하다. S.H. Perowne, *The Life and Time of Herod the Great*, New York, 1956; G.J.D. Aalders, *Het*

갈릴리 지방의 젊은 통치자로 있을 때도 헤롯은 성읍을 공략하고 촌락을 약탈하는 게릴라 무리들을 쳐부순 기민성, 로마를 위하여 조공을 징수하는 능력, 휘하 군대 또는 백성들 앞에서 유감없이 실력을 발휘한 웅변술, 누구도 따르기 힘든 교활한 외교술 그리고 패배를 승리로 뒤바꾸는 결단력 등 로마 황제도 탄복할 만한 재질을 가졌다.

헤롯은 또한 대건축가였다. 그는 예루살렘에 극장을 건축한 인물이었다. 그는 예루살렘 성 밖에 대형 극장과 경기장을 건설했다. 헤롯은 또 예루살렘 성 서쪽 끝 부분에 각각 히피쿠스(Hippicus), 파사엘(Phasael), 마리암네(Mariamne)라 이름하는 유명한 망대가 세워진 세 개의 화려한 궁전을 건축했다. 헤롯은 자기가 세운 경기장에서 그의 은인인 아우구스투스 황제를 기념하기 위하여 매 5년마다 경기 대회를 열었다. 이것은 또한 그가 운동 애호가였던 일면을 보여 주는 사실이기도 하다. 이 시점에서 볼 때는 헤롯이 결코 모든 유대인들의 환심을 사려고 하지 않았던 것이 분명하다. 사실상 운동 경기에 대한 그의 열광은 수많은 신앙인들을 격분시켰다. 이들 신앙인들에게는 그것이 세속적인 마음 자세의 표현으로 생각되었고, 젊은이들이 본받아서는 안 될 나쁜 본보기이며, 참 종교에 대한 극악한 모독으로 보였다. 경기장의 높은 자리에 세워진 거대한 황제상과 경기장 벽에 조각된 수많은 전승 기념비들은 우상을 금하는 하나님의 율법과 상충되는 것들이었다. 결국 헤롯 왕을 살해하기 위한 음모가 꾸며졌으나 실패로 돌아가고 말았다. 열 명의 음모자들은 고문을 당하고 난 후에 처형되었다.

Romeinsche Imperium en het Nieuwe Testament, Kampen, 1936; S. Sandmel, *Herod, Profile of a Tyrant,* Philadelphia and New York, 1967 역시 보라. 비록 Sandmel의 저서가 여러 주제들에 관하여 실마리를 던져 주며 읽기에 편하고 훌륭하게 배열되어 있긴 하나, 그것은 기독교의 관점과는 반대—그는 유대인이다—가 된다. Sandmel은 말하기를, "이해는 가지만 헤롯의 기독교의 교훈에 대한 중상모략은 너무나 터무니없는 것이다"라고 지적했다(p.270). 그 외에도 더 많은 참고 문헌들을 성경과 종교사전 그리고 일반 백과 사전들의 관련 항목의 권말 색인과 마지막 권말 표제에서도 역시 찾아 볼 수 있을 것이다. 필자는 여기서 요약하여 제시한 모든 자료들, 특히 Josephus의 저서들에 신세를 진 일로 각 저자들에게 감사의 뜻을 표한다.

자신의 명성을 높이기 위하여 그리고 가능하다면 유대 백성들을 자기 편으로 끌어들이기 위하여 헤롯은 예루살렘 성전, 곧 "솔로몬 성전"이라 불리는 **제1성전**이 파괴된 지 70년 후인 B.C. 516년에 세워진 "스룹바벨 성전"이라 불리는 **제2성전**을 재건하고 크게 증축하여 더욱 아름답게 꾸몄다. (**제2성전**에 관하여는 스 5:2 이하; 학 1:13-15을 보라.) 우리가 만일 요세푸스의 말을 믿을 수 있다면, 헤롯 왕이 백성들 앞에서 행한 그의 웅변적인 연설을 통해서, "내가 받은 바 복을 인하여 내가 할 수 있는 한 가장 완전하게 하나님의 성전을 건축하여 봉헌함으로써 나에게 이 나라를 주신 하나님께 가장 경건한 예의를 갖추어 감사하며 그에게로 돌아가리라"는 그의 계획을 밝힌 것이 틀림없을 것이다. B.C. 19년 경에 헤롯은 예루살렘 성전 건축을 시작했다. 이 성전은 헤롯이 죽은 후 상당한 시간이 지날 때까지도 완전한 준공을 보지 못했다. 헤롯이 건축을 시작하여 상당히 많이 진척시켜 놓았던 이 성전의 웅장함과 미려함에 대해서는 마태복음 24:1, 2과 마가복음 13:1, 2, 누가복음 21:5, 6에 분명히 암시되어 있다. 더욱 자세한 내용에 관하여는 마태복음 4:5; 21:12, 13, 23; 24:1-3을 보라.

헤롯 왕의 건축 활동은 결코 예루살렘과 그 주변 지역에만 국한된 것이 아니었다. 헤롯은 옛 사마리아 성읍을 거대한 규모로 재건하여 말끔히 단장하고 로마 황제를 기념하기 위하여 그 황제의 이름을 따서 그 성 이름을 세바스테(Sebaste)라고 불렀다. 또 그는 사마리아에 세운 성전을 로마 황제에게 바쳤고 성 꼭대기에는 아우구스투스의 거대한 조상을 세웠다. 헤롯은 또 욥바(지금은 야파)와 하이파(Haifa) 중간에 위치한 지중해 해안에 가이사랴 대항구를 건설했다. 가이사랴는 그 후 곧 로마령 팔레스타인의 수도가 되었다.

헤롯은 자기 영토 안에 있는 그 밖의 여러 성읍들을 재건하고 아름답게 가꾸었다. 팔레스타인 외에도 안디옥, 베이루트, 다메섹(다마스커스), 두로, 시돈, 로데스 그리고 심지어는 아테네 같은 도시들까지도 헤롯 왕의 도시를 아름답게 가꾸고자 하는 강렬한 욕구와 그의 뛰어난 재능과 건축술의 영향을 받았다.

통치자로서의 헤롯의 능력을 말함에 있어서 그의 재위 13년과 14년에 있었던 중요한 사건을 언급함이 옳을 것이다. 이때에 유대와 수리아에 막대한 피해를 입힌 가뭄이 발생했는데, 기록에 의하면 아합의 때에 있었던 가뭄 이래 가장 극심한 가뭄이었다고 한다. 그 결과 헤롯 왕의 국고는 바닥이 나고 말았다. 헤롯 왕은 거대한 건축 사업에 막대한 예산을 투입하고 있던 터라 그의 재정 형편은 이루 말할 수 없이 핍절하였다. 그리 부유하지 못했던 대부분의 백성들은 그들 대부분의 소유지를 잃었다. 그 결과 이들을 구제해야만 하는 헤롯의 책임과 능력은 그 한계점에 이르렀다. 그러나 여기서 다시 한 번 그의 지략이 실력을 발휘하였다. 요세푸스는 말하기를, "헤롯은 자기 궁전의 값진 가구들에 장식된 은, 금들을 떼어내어…그 돈을 페트로니우스(Petronius)에게 보냈는데, 페트로니우스는 가이사가 애굽의 총독으로 세운 자였다"라고 하였다. 페트로니우스와 헤롯은 친구 사이였다. 옛적에 그러하였듯이(창세기 41, 42장) 팔레스타인에 기근이 계속되는 동안 애굽으로부터 양식이 보내져 왔다. 헤롯 왕은 모든 백성들에게 상환할 수 있는 능력에 따라 현명하게 구분하여, 모든 가족이 골고루 다 받을 수 있는 조건으로 양식을 분배해 주었다. 그런데 기근으로 인하여 많은 양과 염소 떼들이 죽어 없어지게 되자 겨울옷을 구해 입기가 매우 어렵게 되었다. 이에 헤롯은 또한 필요한 옷들을 구입하여 백성들에게 나누어 주었다. 더욱이 그는 농부들이 파종기에 씨앗을 확보할 수 있도록 주선하는 데까지 세심한 주의를 기울였다. 자연히 헤롯은 이러한 복지사업에서 많은 득을 얻었다. 일시적인 것이기는 하였으나 그는 백성들에게 인기를 얻었다. 헤롯은 백성들이 "자기의 덕으로" 기근을 무사히 넘겼다고 생각하고 있는지에 대해 주시하였다! 누구나 헤롯이 그러고도 남음이 있다고 기대했을 것이다.

그러나 헤롯은 유능한 데다 또한 간교한 자였다. 그는 교활하여 신뢰를 받지 못했다. 주께서 헤롯 안디바스(Herod Antipas)를 가리켜 말씀하신 바 "저 여우"(눅 13:32)라는 별명은 또한 그의 아버지 헤롯 대왕(Herod the Great)에 대해서도 역시 사용될 수 있었다. 그는 유대인들이 자기를 이방인 취급한다는 사실을 알았다. 헤롯은 자기 궁정의 신하들이 그 자신보다는 오히려 정통 마카비 가문의 후예인 하스모니아 자손을 훨씬 더 잘 따른다는 사실을 뼈아프게 인식했다. 그래서 헤롯은 뛰어난 하스모니아 후손들의 존재를 자신과 그의 왕위에 대한 위협물로 간주하였다. 헤롯은 적어도 열 명 가량의 부인에게서 열두 명 이상의 자식들을 보았다. 그의 부인들 중 진정한 하스모니아 가문인 마리암네 1세(이후부터는 단순히 마리암네로 부르기로 한다)[164]가 가장 눈에 띄었다. 헤롯이 뒤에 마리암네에게 행한 여러 일들로 미루어 볼 때, 그가 이 여인을 깊이 사랑했다는 말은 사실과 다르다. 차라리 그가 마리암네에게 잠시 홀딱 반했다거나 아니면 일시적으로 마음이 쏠렸다고 말하는 편이 더 정확하다. 아무튼 헤롯이 마리암네와 결혼한 것은 영리한 처사였다. 왜냐하면 이 결혼을 계기로 헤롯이 유대인들 가운데서 확고한 지위를 얻고자 했으며, 유대인들에 대한 자신의 통치를 합법화하려고 노력했기 때문이다. 그러나 헤롯은 자기 궁정의 신하들이 자기를 좋아하지도 신뢰하지도 않는다는 사실을 깨닫고 나서 모든 하스모니아 집안을 파괴하려고 작정했다. 그는 이러한 목적을 이루기 위해서 매우 야비하고 비겁한 방법을 사용했다.

이 문제에 더 깊이 들어가기 전에 독자들은 pp. 255-257에 언급된 내용들을 염두에 두고 마리암네의 족보를 살펴보는 것이 좋을 것이다. 여기서는 다만 앞으로 설명할 내용을 이해하는 데 필요한 부분만을 소개하기로 한다.

맛타디아스(Mattathias)

↓

시몬(Simon)

↓

요한 힐카누스(John Hyrcanus)

↓

164) 이 여인을 Mariamne II와 구별하기 위하여 Mariamne I로 부르고 있다. Mariamne II는 Mariamne I가 죽은 이후에 왕과 결혼했다. p.309의 도표를 보라.

↓
알렉산드라와 결혼한 알렉산더 얀네우스
(Alexander Jannaeus who married Alexandra)

힐카누스 2세(Hyrcanus II) | 아리스토불루스(Aristobulus)

알렉산드라(Alexandra)와 결혼한 알렉산더(Alexander)

안티고누스(Antigonus)

알렉산드라와 알렉산더 사이의 자녀들:
마리암네(Mariamne)와 아리스토불루스(Aristobulus)

헤롯은 그의 부인 마리암네와 장모 알렉산드라의 간청으로 마침내 처남인 마리암네의 남동생 아리스토불루스를 대제사장으로 임명하였다. 준수한 용모와 풍채를 가진 아리스토불루스가 특히 그의 거룩한 대제사장의 직분을 수행할 때는 유대 백성들의 마음을 온통 사로잡았으므로 이내 그들의 총애를 한몸에 받는 자가 되었다. 요세푸스에 의하면 이때 백성들은 "그에 대한 소망과 기쁨에 찬 환호성으로 온통 넘쳐흘렀다." 헤롯은 이러한 사실을 예의 주시하기 시작했다. 결국 헤롯은 이 일을 심히 불쾌하게 생각하여 그의 처남을 처치하기로 결심했다. 그러나 문제는 어떻게 하면 헤롯 자신이 범인이라는 사실을 아무도 모르게 감쪽같이 위장하느냐 하는 것이었다. 헤롯의 계략에 따라 젊고 뛰어난 대제사장 아리스토불루스는 그 외의 많은 사람들과 함께 여리고 근처 요단강에서 열린 수영 파티에 초청되었다. 그날 따라 날씨는 몹시 더웠다. 처음에 왕과 대제사장은 마치 일반 백성들과 함께 물에 들어가 섞이는 것이 그들의 체면을 손상시키는 일이나 되는 것처럼 그대로 강둑에 남아 있었다. 그러나 헤롯은 마침내 미리 계획한 대로 대제사장을 설득하여 물에 들어가게 만들었다. 잠시 후 대제사장을 처치하도록 미리 지시를 받은(요세푸스에 의하면) 몇몇 청년들이 그에게로 접근하여 마치 장난을 치는 것처럼 하면서 슬그머니 그를 물속에 잠기게 만들었다. 이 청년들은 대제사장이 완전히 익사할 때까지 물속에 잡아두었다. 헤롯은 엄숙히 장례식을 치르는 자리에서 많은 사람들이 보는 가운데 몹시 슬퍼하며 눈물을 흘렸다. 이처럼 이율배반적인 헤롯의 처사에 관하여는 그 밖에도 많은 예들을 들 수 있다. 이 같은 기만적인 습성은 헤롯의 본성에 깊이 뿌리박혀 있었다.

마리암네의 남동생인 아리스토불루스 살해 사건은 헤롯이 얼마나 잔인한 인물이었는가를 보여 준다. 헤롯의 거만한 이기주의와 스스로의 생각에 자기를 갈아 치우기를 열망하는 것처럼 여겨지는 자들에 대한 병적인 불신감이 끊임없이 그의 잔인한 성격을 불붙게 격동시켰다. 헤롯은 많은 유대인들이 자기에 대하여 증오심을 품고 있음을 알았다. 유대인들은 헤롯을 외국 세력, 곧 로마의 세력을 의지하여 자기들을 속박 아래 가두고 재산을 갈취하여 로마로 보낼 뿐만 아니라 자기 배까지 채우는 압제자로 생각했다. 그들은 헤롯이 자기를 유대인으로 가장하는 것이 한낱 속임수에 불과하며, 그가 마음과 정신뿐만 아니라 혈통적으로도 이방인이라는 사실을 철저히 간파했다. 헤롯은 무엇보다도 **권력을** 좋아했다. 그래서 그는 자기에게서 왕위를 찬탈하려는 자가 나타났을 것이라는 의혹이 조금만 들어도 즉각적인 반응을 나타내 보였다. 헤롯이 마음에 품고 있는 기본적인 생각은 "그러한 자는 반드시 죽여 버려야만 한다"라는 것이었다. 헤롯의 본성에서 나오는 이러한 어둡고 냉혹한 충동은 점차 강렬해졌다. 이는 그가 그러한 악을 제거할 은혜와 영적인 힘을 구하지 않았기 때문이었다. 그래서 헤롯은 나이가 들어감에 따라 점점 정신적뿐만 아니라 도덕적으로도 타락하여 결국 완전히 패역한 자가 되고 말았다.

헤롯이 하스모니아 가문에 분노를 쏟은 데는 그럴 만한 이유가 있었다. 그것은 유대 백성들이 공공연히 혹은 은밀히 이들에게 해방에 대한 소망을 품고 있었기 때문이었다. 앞에서 소개된 족보에서 마리암네의 가문에 무슨 일이 있었는가를 살펴보기로 하자.

이 족보의 맨 위에서부터 차례로 살펴보자면 우리는 먼저 맛타디아스(p. 254를 보라)를 대하게 된다. 맛타디아스가 엄숙히 기치를 들었던 반란이 맹렬한 전투로 확대되어, 그는 B.C. 167년에 처절한 싸움에서 장렬히 전사하고 말았다. 한 세대 아래로 내려오면 우리는 맛타디아스의 아들 시몬을 보게 되는데, 그 역시 사위에게 배신당하여 B.C. 135년에 살해당한 사실에 관해서는 이미 앞서 살펴본 바 있다. 그 아래 요한 힐카누스는 거의 30년 동안을 다스린 후 B.C. 105년경에 평안히 죽었다. 그의 아들이자 잔인무도하고 피에 굶주린 인물인 알렉산더 얀네우스—한때 그는 자기 백성 5만여 명을 처형하도록 명령한 바 있었다—는 B.C. 78년에 불치의 병으로 신음하다가 죽었다. 그의 뒤를 이어받은 미망인 알렉산드라는 9년 동안 통치하다가 B.C. 69년에 죽었다. 그 다음 우리는 로마의 **제1차 삼두정치 시대**로 내려오게 된다. 당시 크라수스(Crassus), 폼페이우스(Pompey) 그리고 율리우스 카이사르(Julius Caesar)는 로마 대제국의 통치권을 그들 사이에 분할해서 행사했다. 이들은 맨처음 크라수스, 다음에 폼페이우스, 그 다음에 카이사르의 순으로 "이어받았다." B.C. 49년에 얀네우스의 아들 아리스토불루스는 폼페이 일당에 의하여 독살되었다. 또한 아리스토불루스의 아들 알렉산더는 참수형을 당했다.

이제 헤롯이 역사의 무대에 등장한다. 이때는 로마의 **제2차 삼두정치 시대**였다. 이때의 세 거두는 레피두스(Lepidus), 안토니우스(Antony) 그리고 옥타비아누스(Octavian)였다. 예루살렘을 점유하기 위한 격렬한 싸움이 계속되는 동안에, B.C. 37년 헤롯은 자기의 오랜 친구 안토니우스에게 예물을 보내고 하스모니아 가문의 또 다른 인물인 안티고누스(Antigonus)를 처형하도록 조치했다. 아리스토불루스의 아들 안티고누스는 그의 삼촌인 무력한 대제사장 힐카누스 2세(족보 참조)를 불구자로 만듦으로써 그에게서 대제사장의 직분을 행할 자격을 박탈했다. 동시에 그 자신이나 혹은 다른 어떤 자가 그를 이용하여 행사할 수 있는 확고한 정치적 영향력을 배제시켰다. 그 후 얼마 안 되어 B.C. 35년에 마리암네의 남동생인 아리스토불루스(알렉산더 얀네우스의 아들과 혼동하지 않도록 하라)는 바로 앞에서 언급한 바와 같이 익사당했다. 알렉산드라와 마리암네가 이 사건에 대해서 어떻게 느꼈을 것인가는 쉽게 짐작하고도 남음이 있다. 과연 헤롯 왕이 그 책임을 자기에 대한 저들의 불신 탓으로 돌릴 수 있을 것인가?

알렉산드라는 이집트 여왕 클레오파트라(Cleopatra)에게 아리스토불루스의 살해에 관해서 알리는 편지를 썼다. 이 편지를 받은 클레오파트라는 그 사실을 안토니우스에게 말하고 안토니우스는 다시 헤롯을 명하여 자기를 만나서 그 경위를 해명하도록 조처를 취했다. 떠나기에 앞서 헤롯은 그의 숙부이자 자형(헤롯의 누이 살로메의 남편)인 요셉(Joseph)에게 만일 자기가 살아서 돌아오지 못할 경우에는 마리암네를 죽일 것을 지시했다. 헤롯이 무사히 돌아오게 되자 자기 남편이 싫어진 살로메(Salome)는 오라비 헤롯에게 남편 요셉이 마리암네에게 부정한 관심을 품은 일을 고해바쳤다. 이에 헤롯은 요셉을 죽여 없앴다. 마리암네는 결백을 주장했다. 그리하여 얼마 동안 마리암네와 헤롯은 화목하게 지냈다. 그러나 이 상태가 오래 지속되지는 못했다.

B.C. 30년에 헤롯은 나이 많고 불구자가 된 힐카누스 2세가 자기 왕좌에 위협적인 존재가 되고 있음을 알고는 그를 처형했다. 이때 마리암네가 혹시 남편 헤롯에게 품었을지도 모를 사랑이라는 사랑은 모두 다 무서운 증오로 변했다. 이는 마리암네가 그제서야 남동생 아리스토불루스와 할아버지 힐카누스 2세를 죽인 진범이 바로 자신의 남편 헤롯이었음을 알았기 때문이었다.

B.C. 31년 9월에 역사적인 악티움 해전(naval battle of Actium)이 일어났다. 이 싸움에서, 옥타비아누스의 누이 옥타비아(Octavia)와 이혼하고, 매혹적이고 냉혹하며 탐욕스런 이집트 여왕 클레오파트라(이전에는 율리우스 카이사르의 정부였던)와 결혼하여 그녀를 위하여 싸우던 안토니우스가 패하였다. 그 이듬해인 B.C. 30년 8월에 안토니우스와 클레오파트라는 둘 다 자살하여 죽었다. 영국의 대문호 셰익스피어(Shakespeare)의 생동감과 상상력이 넘치는 작품 **〈안토니우스와 클레오파트라〉***(Antony and Cleopatra)*를 글로 읽든지 아니면 기회가 되면 연극으로 보라. 이들의 죽음은, 항시 이들의 편에 섰고 또 이들의 도움을 적지 않게 입었던 헤롯에게 있어서 크나큰 타격이 아닐 수 없었다. 이 유대인의 왕 헤롯은 이제 아우구스투스 황제가 된 옥타비아누스가 혹시 자기의 왕위를 박탈하고 죽여 없애지 않을까 하여 두려워했다. 그래서 헤롯은 자기가 지금까지 적대시해 왔던 옥타비아누스에게 겸허한 청원을 하기 위하여 먼 길을 떠났다. 떠나기에 앞서 헤롯은 그의 부하 소헤무스

(Sohemus)에게 자신이 죽임을 당할 경우 마리암네와 알렉산드라 두 사람을 죽여 없애 버릴 것을 지시했다.[165] 아우구스투스 황제 앞에 선 헤롯은 매우 약삭빠르게 안토니우스에 대한 자신의 옛 충성을 저버리려 하지 않고 오히려 그것을 강조해 보이기까지 했다. 그의 청원은 "소인은 폐하에게도 역시 똑같이 충성스런 친구가 되기를 원하나이다" 하는 말에서 절정에 이르렀다. 결국 헤롯은 계략을 성공시켰다. 로마 황제는 헤롯에게 왕의 칭호를 재가해 주었다. 이에 헤롯은 아내가 두 팔을 벌리고 자기를 맞아주리라는 부푼 기대 속에 의기양양하게 돌아왔다. 그러나 그 사이에 마리암네는 소헤무스가 헤롯에게서 자기에 대하여 무슨 지시를 받았는지를 알게 되었다. 그래서 마리암네는 헤롯이 돌아올 때 열광적인 환영의 태도를 취하지 않았다. 이 냉랭한 분위기의 원인을 캐내려 애쓰는 가운데, 헤롯은 자기가 떠나 있는 동안 마리암네와 소헤무스 사이에 불륜 관계가 있었음을 듣게 되었다. 그 결과 소헤무스가 처형되고 말았다. B.C. 29년에 모의 재판이 있은 후 마리암네는 간통 혐의를 받고 죽임을 당했다. 때늦은 헤롯의 감상적인 후회는 마리암네를 살려 내지 못했다. 그 다음 해인 B.C. 28년에 마리암네의 교활한 친정 어머니 알렉산드라 역시 처형되었다. 이렇게 해서 헤롯의 병적인 착각으로 말미암아 그의 왕좌에 도전한 인물로 간주되었던 모든 하스모니아 가문의 이름이 지워지고 말았다. 그러나 마리암네에게서 난 헤롯의 두 아들 곧 알렉산더와 아리스토불루스가 아직 살아 남았다. 앞의 도표를 보라. 분명히 헤롯이 자기의 핏줄을 이어받은 자식들을 해치지는 않았을 것이다! 그러나 헤롯은 친자식들이라 하더라도 만일 그들이 "유대인의 왕"이라고 하는 자신의 칭호에 추호라도 위협적인 존재라는 생각이 들 때는 결코 용서하지 않을 것이었다. 결국 이러한 예상이 맞아떨어져서 B.C. 8년에 여러 차례 집안 내부의 음

165) 이 사건과 앞 부분에 언급된 사건 사이의 병행 관계에 주의하라. 바로 이 병행 관계가 Josephus의 설명에 어떤 혼란을 일으키게 했다. *The Jewish War* I. 441–444를 *Antiquities* XV. 62–87과 대조하여 보라. 또한 S. Sandmel, *op. cit.*, pp.164, 165 역시 보라. Sandmel과 함께 필자는, 헤롯이 황제 Augustus 앞에 출두하는 것과 관련하여, Mariamne가 자기 남편이 살아서 돌아오지 못할 경우 자기가 죽임을 당하리라는 지령에 대하여 알고 있었을 것으로 보고 있다.

모와 반대 음모가 있은 후에 이 두 아들 역시 죽임을 당하고 말았다.[166] 그러나 이것으로써 그 공포의 비극이 끝난 것은 아니었다. **헤롯은 날이 갈수록 점점 더 악독해져 갔다.** 권력에 대한 욕심, 맹목적인 사악한 의심 그리고 거의 미치다시피 한 복수심의 노예가 된 헤롯은 끝내 그러한 심리 상태에서 벗어나지 못하다가 그것이 올무가 되어 죽었다. 헤롯이 죽기 5일 전에 다시 한 번 아들 하나를 죽이는 비극이 일어났다. 그러나 이 사건이 동방 박사들의 방문 **이후**에 발생한 만큼 좀 더 상세한 설명은 뒤로 미루기로 한다.

그처럼 더욱더 야비하게 자기의 권력에 대해 위협적인 인물로 여겨지는 자들을 예외 없이 처치해 버리는 헤롯을, 이른바 잔인무도하고 피에 굶주린 폭군이라고 말하는 것은 부당한 평가가 아닐까? 정상을 참작할 만한 여지는 없는 것일까? 의학적인 견지에서 볼 때 그의 죽음을 앞두고 동맥이 굳어 가는 고통으로 심한 괴로움을 받았던 것은 아닐까? 혹은 뇌로 흘러가는 피가 감소됨으로써 청년기의 왕성했던 능력도 잃게 되고 사악했던 성질도 점차 약화된 것은 아닐까? 다시 말해서 헤롯은 파괴적인 의도에 있어서 헤롯 못지않게 사악한 누이 살로메[167]에게 끊임없이 부추김을 받지 않았을까? 더욱이 탐욕스런 이집트 여왕 클레오파트라가 월권적으로 간섭함으로써 사태를 더욱 악화시킨 데 잘못이 있지 않았을까? 헤롯의 맏아들 안티파테르는 간교한 음모자가 아니었던가? 마리암네가 낳은 헤롯의 두 아들 역시 처형당하지 않았던가? 헤롯 왕의 궁전은 음모의 진정한 온상이 아니었던가? 헤롯을 대죄인이라 하더라도 그 역시 또한 다른

166) 그러나 아리스토불루스로 말미암아 하스모니아 가문—이제 헤롯 가문에 의하여 더럽혀진—이 다시 명맥을 잇게 되어 헤롯이 생각한 대로 그의 계획이 성공하지 못한 사실을 살펴보는 일은 자못 흥미진진하다. p.309의 도표를 보라.

167) 마태복음 14:3-11과 마가복음 6:17-28에서 언급은 되었으나 그 이름은 밝히지 않은 살로메의 큰 조카딸 곧 헤로디아의 딸과 혼동해서는 안 된다. Josephus, *Antiquities* XVIII. 133을 보라. 이 후자 살로메는 춤을 춘 일에 대한 보상으로 세례 요한의 머리를 얻은 여자였다. 이 살로메에 관하여는 p.309의 도표를 보라. 그 외에 또 한 사람의 살로메가 있는데, 이 살로메는 앞서 언급한 무리에 속하지 않는다. 이 살로메는 갈릴리에서부터 예수를 따르며 수종 든 경건한 여인이었다(막 16:1, 2; 마 27:56 주석을 보라).

사람들의 죄의 희생물이 아니었던가?

이 모든 점에 대하여 어느 정도 정상을 참작해야 할 것이다. 그러나 헤롯은 자신의 책임을 도말시키거나 변명할 수 없다. 성경에 따르면 절제는 기본적인 덕성의 하나이며, 성령께서 우리 마음에 역사하시는 결과로 맺어지는 열매이다(잠 25:28; 행 24:25; 갈 5:23; 벧후 1:6). 특히 로마서 6:12의 "그러므로 너희는 죄가 너희 죽을 몸을 지배하지 못하게 하여 몸의 사욕에 순종하지 말고"라는 말씀은 매우 감동적이며 또한 영원히 유효한 진리이다. 왕이 되고자 했고 또 왕의 권좌를 영원히 지키고자 광분했던 헤롯은, 실제에 있어서 육신의 정욕에 매인 하나의 노예에 불과했으며, 이것은 또한 그가 스스로 선택한 길이었다!

필시 헤롯의 통치 말년, 즉 그가 죽음을 얼마 앞둔 때였을 것이다. 하루는 동방으로부터 박사들이 예루살렘에 이르러 말하기를, "유대인의 왕으로 나신 이가 어디 계시냐? 우리가 동방에서 그의 별을 보고 그에게 경배하러 왔노라" 하는 물음에 헤롯은 적잖이 놀랐다. 온 예루살렘 역시 두려워 소동한 것은 이해할 만하다. 나이 많아 노쇠해진 헤롯 왕은 이 불길한 소식을 듣고, 자기의 시들어 가는 마지막 안간힘을 다하여 행동을 취했다. 사실상 헤롯은 매우 활기를 되찾았다. 헤롯은 회의를 열고, 사람을 호출하여 보내고, 진상을 파악하고, 격분하고, 죽이고 그리고는 최후로 자신도 그 모진 생애의 최후를 맞이했다. 마태복음 2:4, 7, 8, 16, 19, 22을 보라. 여기에 언급된 내용이 성경의 외적 자료에서 발견되는 바와 일치되고 있음이 당장에 분명해진다. 그러므로 본질적으로 성경의 외적 자료가 옳은 것임에 틀림없다! 헤롯은 결코 꾸물거리는 인물이 아니었다. 그는 살인자였다. 헤롯이 취한 **철저한 조치**는 그의 이글거리는 분노를 잘 보여주었다. "나도 가서 그에게 경배하게 하라"(8절)는 이 **위선을** 보라. 그리고 또한 베들레헴과 그 모든 지경 안에 있는 두 살 아래의 사내아이를 무참히 죽인 그의 **잔인한 처사**(16절)도 역시 주목하여 보라. 이러한 배경을 염두에 두면서 우리는 이제 다음 절에 들어갈 준비가 되었다. 헤롯 왕의 그러한 면모를 직접 대해 보라.

[4] 왕이 모든 대제사장과 백성의 서기관들을 모아 그리스도가 어디서 나겠느냐 물으니.

헤롯은 메시아가 오시리라는 약속과 그 메시아의 사역으로 말미암는 구원에 대한 소망이, 당시 수많은 사람들의 마음과 입술에 오르내리던 시대에 살았던 까닭에, 그는 "유대인의 왕"과 "메시아"가 동일 인물임을 깨달았다.

박사들의 질문 때문에 헤롯은 크게 동요했다. 그러나 헤롯은 이 박사들을 잡아 죽이거나 추방시키게 되면, 아직 발견되지 않은 채 안전한 곳에 있을 그 아이—지금 그가 자기의 왕좌를 노리게 될 위험인물로 생각하는 메시아—를 놓아주게 되는 결과가 되리라는 사실을 알아채지 못할 정도로 어리석은 자는 아니었다. 문제는 박사들이 아니라 그들이 찾고 있는 아이였다. 헤롯이 찾아서 없애야 할 자는 박사들이 아니라 메시아였다. 이 목적을 수행하기 위하여 해야 할 것은 무엇보다도 먼저 이 비밀에 싸인 인물의 정체를 확인하는 일이었다. 헤롯은 메시아가 태어날 장소에 대한 직접적인 예언이, 유대인들의 성경 어디엔가 있다는 사실을 알 정도로 유대교에 정통했다. 따라서 헤롯은 그 장소가 어디일 것인가를 알아내는 문제가 급선무였다. 이는 그 정보를 알아내는 일이 그 아이를 찾아내어 죽이는 첫 번째 조치가 될 것이기 때문이었다.

헤롯은 그가 바라는 정보를 얻을 수 있는 방법을 정확히 알았다. 그래서 헤롯은 유대인의 공식 대표자들 곧 "모든 대제사장과 백성의 서기관들"—필시 산헤드린 공회원 전체였을 것이다—을 불러 모았다.[168] 산헤드린 공회는 유대인의 최고 법정이었다. 이 공회에서는 로마 정부의 대권,

168) E. Johnson, *Interpreter's Bible,* New York and Nashville, 1951, Vol. VII, *on Matthew and Mark,* p.258의 견해. 이 견해에 의하면, 헤롯이 다만 몇몇 산헤드린 공회원들에게 의논했을 뿐이지 그 일을 위임한 것이 아니었다고 한다. 이 사실을 전달하고자 한 것이 마태의 의도였다면, 그가 충분히 그리할 수 있었을 것이다 (요 1:19, 24 참조). 그 어법은 매우 공식적인 것으로 들린다. 곧 헤롯이 대제사장을 경유해서 산헤드린 공식 회의를 소집한 것처럼 보인다. "모든"에 주의하라. 여기에 사용된 동사는 대제사장들과 바리새인들이 특별히 산헤드린 공회를 소집한 혹은 불러 모은 요한복음 11:47에서 사용된 동사와 동일하다.

곧 예를 들면, 사형에 대한 최종 확정 판결권 등을 침범하지 않는 범위 내에서 엄격히 종교적인 문제만 아니라 민사, 형사상의 제반 문제까지도 다룰 수 있는 최고의 권위를 가지는 기관이었다.[169)]

대제사장들은 이전에 이 높은 직분을 맡아 행하였던 자들로서 당시의 지배 계급에 있는 대제사장들과 및 일반적으로 대제사장을 선출하는 다른 고위 성직자들의 무리로 구성되었다. **서기관들**은 전문적으로 하나님의 율법을 연구하여 가르치는 일을 맡았던 자들로서 유대교에 정통한 학자들이었다. 따라서 헤롯은 이 무리들에게 성경에 의하면 그리스도가 어디서 나겠느냐 물었다.

[5] [6] 이르되 유대 베들레헴이오니 이는 선지자로 이렇게 기록된 바 또 유대 땅 베들레헴아 너는 유대 고을 중에서 가장 작지 아니하도다 네게서 한 다스리는 자가 나와서 내 백성 이스라엘의 목자가 되리라 하였음이니이다.

이 최고 회의에서는 주저하거나 머뭇거리는 일이 없었다. 유대인들 사이에는 메시아가 베들레헴에서 나시리라는 사실이 잘 알려져 있었다(요 7:42). 마태복음 2:6의 말씀은 미가 5:2에서 인용되었다(부분적으로).

비록 미가 5:2에서의 인용이 **문자 그대로의** 인용은 아니나 그것은 **본질적인 의미에** 따른 인용이다. 미가서 본문과 마태복음 인용 구절 사이의 주요 차이점은 "유다 족속 중에 작을지라도"가 "가장 작지 아니하도다"로 변화한 것이다. 왜냐하면 양자의 경우에 있어서 그 의미는 모두 "베들레헴아 네가 비록 작을지라도[170)] 네가 결코 가장 작지 아니하도다. 이는 이스라엘의 다스리는 자가 네게서 나올 것임이로다"가 되기 때문이다. 미가가 보았듯이 그리고 유대 관원들이 지금 그것을 해석하고 있듯이, 또 마

169) M. Wolff, "De Samenstelling en het Karakter van het groote *συνέδριον* te Jeruzalem voor het jaar 70 n. Chr." *TT* 51 (1917), pp.299-320을 보라. 또한 16:21 주석 역시 보라.

170) 헤롯 대제 당시에도 베들레헴은 단지 소수의 주민들이 모여 사는 소읍에 불과했다. L.H. Grollenberg, *Atlas of the Bible,* New York 등, 1956, p.125를 보라.

태 역시 의견을 일치하고 있듯이, 각 성읍과 그 주변 동리들을 대표하는 두령 혹은 족장 회의에 있어서 베들레헴은 비록 작은 성읍에 불과하나, 이스라엘의 위대한 지도자가 거기서 나실 것으로 예정되었기 때문에 매우 중요한 고을이 되었던 것이다.

마태복음 2:6의 마지막 부분은 사무엘하 5:2에서 발견되는 내용과 매우 비슷하다. 사무엘하의 문맥을 살펴보면, 이스라엘의 모든 지파가 다윗이 그들의 왕이 되어줄 것을 한결같이 바라는 마음으로 그에게 나아왔다. 그들은 자기들의 간청을 더욱 간절하게 하기 위하여 하나님께서 예전에 다윗에게 하신 바 "네가 내 백성 이스라엘의 목자가 되리라"는 말씀을 인용했다. 산헤드린 공회에 의하여—동시에 마태도 역시 그 의견에 완전히 일치하여— 이 말씀은 이제 다윗의 위대한 자손이며 또한 다윗의 주가 되시는 메시아에게 적용되었다. 성경에 의하면 다윗은 여러 면에서 그리스도의 모형이었다. 그 예로서 **a. 베들레헴에서의 탄생**(삼상 16:4, 12, 13 참조. 눅 2:4, 7), **b. 하나님의 사랑을 받음.** 이것이 곧 '다윗'의 이름의 뜻이다(삼상 13:14 참조. 마 3:17), **c. 하나님의 기름부음을 받음**(삼상 16:13 참조. 시 2:2; 사 61:1; 눅 4:18, 21), **d.** 이미 기름부음을 받음에서 암시된 바 **왕위와 그 영광을 받음**(삼하 7:13 참조. 눅 1:32, 33), **e. 각기 지극히 낮아짐에서 지극히 영광스럽게 높아지기까지 겪어야 했던 과정**(삼하 15:23; 22:17-20 참조. 요 18:1; 마 28:18) 등을 들 수 있다. 그러므로 사무엘하 5:2을 메시아에 대하여 적용시키는 것은 참으로 합당하다.

자주 침묵 가운데 그냥 지나쳐 버리는 것은, 헤롯 왕뿐만 아니라 유대의 산헤드린 공회 역시 미가 5:2의 언급과 사무엘하 5:2의 **궁극적인** 언급이 한 **인물**(한 나라가 아니라), 곧 메시아를 가리켜 한 말씀이었다는 사실을 한순간도 의심하지 않았다는 것이다. 누구라도 그와 같이 귀중한 구약성경의 구절들—동시에 또한 창 3:15; 22:18; 49:10; 삼하 7:12, 13; 사 7:14; 8:8; 9:6과 그 밖의 다른 여러 구절들을 포함하여—을 읽을 때, 그곳에서 그리스도를 보지 못한다면, 그는 성경을 무턱대고 맹목적으로 읽는다는 결과가 되지 않겠는가? 누가복음 24:25-27, 32을 보라. 하기야 신령한 눈이 열리지 않은 사람에게 진정한 메시아가 보일 리는 만무할 것이다.

"네가 내 백성 이스라엘의 목자가 되리라"는 구절에서 메시아, 곧 그리스도에 대하여 언급되는 바는 매우 아름답고 또한 위로가 된다. 목자는 여기서 왕을 가리킨다. 그러나 이 왕은 잔인한 폭군이 아니다. 하나님께서 "내 백성"(요 21:5-17 참조)이라 친근히 부르신 말씀을 고려해 볼 때, 이 왕은 뛰어난 왕일 뿐만 아니라 또한 선견지명이 있는 왕이다. 그 백성들에게 있어서 "목자"라는 말은 그의 위엄 있고 엄숙한 모습뿐만 아니라 또한 부드럽고 친근하며 양들을 염려하고 사랑으로 돌보는 인자하고 온화한 모습도 역시 떠오르게 한다(사 40:11; 마 18:12, 13; 눅 15:3-7; 요 10:11, 14, 27-29; 히 13:20; 벧전 2:25; 5:4; 계 7:17).

[7] 이에 헤롯이 가만히 박사들을 불러 별이 나타난 때를 자세히 묻고.

제1차 회의인 헤롯 왕과 산헤드린 공회와의 회합에서 다루어진 내용은 그 성질상 비밀로 지켜질 수 없었다. 그러나 제1차 회의에 이어 가진 제2차 공개 회합은 백성들에게 먼저번보다 더욱 큰 공포와 의혹이 일어나게 했을 것이다. 이것이 바로 헤롯이 가만히 박사들을 부른 이유가 될 수 있었다. 헤롯이 박사들을 남의 눈에 띄지 않게 가만히 그의 앞에 오도록 했을 뿐만 아니라 박사들과의 실제적인 회합도 역시 은밀히 했던 사실이 본문에 암시되어 있다. a. 이미 앞서 지적한 바(p. 263 이하를 보라) 헤롯 왕의 표리부동한 성격과 b. 8절과 16절의 대조에서 나타나는 결과에 근거해 볼 때, 박사들과의 은밀한 회합에서 헤롯이 그의 진정한 본심과 의도를 위장하고 있음은 분명하다. 헤롯은 박사들에게 "지금쯤 그 아기가 몇 살이나 된다고 생각하시오?" 하고 묻지 않고, "그 별이 처음 나타난 때가 정확히 언제였소?" 하고 물었다. 헤롯은 한편으로는 박사들의 편에 서서 그들의 전문적인 식견, 곧 별이 나타난 때에 대해서 매우 관심이 있는 척해 보이면서도, 다른 한편으로는 그 아기를 죽여 없애고자 하는 저의를 품고 있었다. 그러므로 헤롯이 잠재적인 경쟁 상대에 대한 정보를 많이 입수하면 할수록 그의 정체를 파악하여 처치하기가 용이했을 것은 당연한 일이었다. 헤롯은 이미 그 아기의 출생지를 알아냈다(4-6절). 헤롯은 또 이제 그 별이 나타난 시기를 표준으로 하여 아기의 나이를 스스로 짐작할 수 있었다.

[8] 베들레헴으로 보내며 이르되 가서 아기에 대하여 자세히 알아보고 찾거든 내게 고하여.

헤롯은 이제 박사들을 자기의 개인적인 염탐꾼으로 이용할 목적으로 그들을 베들레헴에 보내며 a. 철저히 수색하여 그 아기를 찾아낼 것과 그 수색이 성공적일 것이라는 생각에서 b. 그 결과를 자기에게 보고할 것을 명했다. 악마적이고도 교활한 혀를 놀려서 헤롯은 **나도 가서 그에게 경배하게 하라**고 말했다.

이야기는 이제 박사들에게로 되돌아간다.

[9] 박사들이 왕의 말을 듣고 갈새 동방에서 보던 그 별이 문득 앞서 인도하여 가다가.

박사들이 아직 자기 나라에 있었을 때 그들은 이 놀라운 별을 그 떠오른 곳에서 보았었다(2절). 그런데 이제 다시(9절) 극적으로 (원문의 "그리고 보라"에 주의하라. 한글 개역 개정 성경에는 나타나 있지 않음) 박사들은 그 별을 보게 되었다. 이 별이 그때(2절)와 지금(9절) 사이에는 어디에 있었을까? 그 점에 대하여 본문은 침묵을 지킨다. 만일 매일 밤 그 별이 계속 나타나서 이 박사들을 동방에서부터 예루살렘까지 내내 인도했다고 말한다면 우리는 상상적인 사변에 빠지고 말 것이다. 만일 그런 것이라면, 본문에 "그리고 보라! 그들이 동방에서 보았던 그 별이…" 대신에 "그리고 보라! 그들을 예루살렘까지 줄곧 인도해 오던 그 별이"라고 기록되었을 것이다. 아무튼 타당한 결론이 내려진다면, 그것은 박사들이 동방에서 보던 그 별이 이제 다시 문득 **처음으로** 나타났다는 것이 될 것이다.

그 일이야 어찌 되었든 간에 한 가지 사실만은 본문에 명백히 밝혀져 있다. 그것은 곧 이 별이 지금 박사들을 인도해 간다는 사실이다. 그 빛나는 이상한 물체가 실제로 북에서 남으로, 예루살렘에서 베들레헴 방향으로 움직였던 것이다. 그 별은 참으로 기이하게 움직이고 있었다. 별의 운행

코스로서는 얼마나 기이한 항로란 말인가! 그럼에도 불구하고 이것이 바로 마태가 진술하는 사실인 것이다. 주석가들은 이 구절에 대한 그들의 해석에 있어서 광범위하게 견해 차이를 보였다. 어떤 이들은 그 별이 실제로는 그 방향으로 움직인 것이 아니었다고 주장한다. 이들의 견해에 따르면, 마태는 과학을 떠나서 단순히 그 별이 우리에게 주는 인상을 말할 뿐이라는 것이다. 이러한 주장을 뒷받침해 주는 것으로서 어떤 이들은 우리가 여행을 할 때 밤하늘을 쳐다보면 별들이 우리의 가는 방향을 따라 움직이듯이 착시 현상을 빚어낸다는 사실을 제시한다. 또 어떤 이들은 박사들에게 베들레헴으로 가는 길을 가르쳐 준 것은 그 별이 아니라 헤롯 왕이었음을 상기시킨다.[171] 또 다른 주석가들은 이와 정반대의 견해를 피력한다. 그중에 렌스키는 이렇게 주장한다. 곧 "그 별이 인도자로 움직였고, 그 별이 도착했으며, 그 별이 멈추어 섰다. 그 별은 예전에 있었던 별과는 달리 완벽하게 분명하고 절대적으로 이적적인 별이었다. 그러나 이 별에 무슨 일이 있었던가? 우리가 알기로 그 별은 전혀 움직이지 않았으며…박사들이 조용히 머물러 섰을 때 그 별이 머물러 서 있는 것으로 보였을 따름이다."[172]

헤롯 왕이 박사들을 베들레헴으로 보냈던 것은 사실이다(8절). 또 여기에 하나님께서 유대 산헤드린 공회가 인용한 바 미가서 5:2을 통하여 헤롯의 주의를 메시아의 탄생지로 베들레헴에 고정시키셨다는 말을 덧붙일 수 있다(4-6절). 이 점에 관하여 필자는 우연히 렌스키와 의견을 같이하고 있다. 그러나 자주 그러하듯이 하나님께서는 여기서 두 가지 방편, 곧 일반 계시(별)와 특별 계시(미가서 5:2의 예언)를 모두 다 사용하셨다. 하나님께서 사용하시는 이 두 가지 방편은 모순됨이 없이 언제나 일치한다.

더 나아가서 필자는, 그 별이 박사들에게 한 역할은 일반 다른 별들이 늘 우리에게 보여 주는 것과 똑같은 역할을 했으리라고는 생각지 않는다. 만일 이것이 본문이 의미하고 있는 내용의 전부라면, 여행하는 동안 별이 박사들을 인도하였다기보다는 박사들이 별을 인도하였다고 말하는 편이

---

171) Herman Ridderbos, *op. cit.*, p.42 참조.

172) *Op. cit.*, pp.67, 68.

더 낫지 않겠는가? 우리는 그 문제를 설명할 수 없다. 그러나 이 별이 실제로 박사들 앞에서 그들을 **인도하여 가다가 아기 있는 곳 위에 머물러서 있다는** 것만큼은 부인할 수 없는 사실로 남아 있다. 마태는 문자적으로 "…**인도하여 가다가 아기 있는 곳 위에 (이르러서는 그 위에) 머물러서 있는지라**"라고 말하고 있다. 그 별은 막연히가 아니라 정확하게 그 집을 가리켜 준 것이었다! 그러므로 9절에 기술된 바와 같이, 이 지점 위에 그 기이하고 놀라운 발광체가 낮게 머물러 있었던 것이 틀림없다. 필자가 보기에, 박사들이 다른 방법으로 아기가 있는 집의 위치를 알아냈다고 말하는 것[173]은 본문을 제대로 평가하지 못하는 것이다.

[10] 그들이 별을 보고 매우 크게 기뻐하고 기뻐하더라.

문자적으로는 "그들이 큰 기쁨으로 대단히 기뻐하더라"이다. 이와 비슷한 표현으로 이사야 66:10, 요한복음 3:29 그리고 데살로니가전서 3:9을 보라. 박사들의 기쁨의 잔은 흘러넘치고 있었다. 아마도 이처럼 넘쳐흐르는 기쁨의 원인으로는 다음 몇 가지 사실을 제시할 수 있을 것이다. a. 이들은 "옛 친구"를 다시 만났다. 곧 박사들이 동방에서 보던 그 별을 다시 만났던 것이다. 정확하게 해석한다면, 이 동방의 박사들은 새로 나신 유대인의 왕 메시아를 맞이하기 위해 그들로 먼 길을 떠나게 했던 바로 그 별을 다시 보게 되었다. b. 이제 박사들은 하나님께서 이 두 가지 방편 곧 별과 예언자의 말씀을 통해서 자기들을 인도하셨다는 사실을 아주 명백하게 깨달았다. c. 박사들은 헤매지 않고 곧장 목적지에 도착할 수 있었다. 박사들은 메시아, 곧 유대인의 왕의 오심은 유대인뿐만 아니라 이방인들에게도 역시 관계가 있으며 따라서 자기들도 그 새 왕께 경배할 수 있다는 사실을 깨달았다. 아무튼 박사들의 기쁨은 이들이 찾아온 그 아기를 대했을 때 더욱 벅찼을 것이다.

박사들의 여행은 다음 절에서 그 절정에 이르렀다.

---

173) Herman Ridderbos, *op. cit.*, p.42. 여기서도 역시 필자는 Lenski와 의견을 같이 한다.

[11] 집에 들어가 아기와 그의 어머니 마리아가 함께 있는 것을 보고 엎드려 아기께 경배하고.

예수의 탄생 장면을 그린 그림에는 박사들이 도착해서 아기께 경배하며 예물을 드리는 모습이 나타나 있다. 그러나 때로는 박사들이 마구간 안에서 목자들과 함께 서 있거나, 혹은 무릎을 꿇고 앉은 모습으로 발견되기도 한다. 복음서 기자 누가에 의하면, 목자들이 도착했을 때 그 아기는 아직도 여전히 "구유에 뉘어" 있었다(눅 2:16). 목자들은 아기가 탄생한 그 밤에 바로 왔었다(눅 2:8, 15). 누가복음 2:22-24(레 12:2-8 참조)에서 분명해지는 바와 같이, 요셉과 마리아 그리고 갓난아기 이렇게 세 식구로 이루어진 이 작은 가족은 적어도 40일 동안은 가난하게 지냈다. 만일 값진 예물을 준비한 동방 박사들이 이 40일 기간 내에 도착했다면, 탄생 후 제40일째 되는 날에 예루살렘 성전에 올라가 드린 정결 예식의 제물이 "산비둘기 한 쌍이나 혹은 어린 집비둘기 둘"(눅 2:24)보다는 더 나은 것이었으리라! 마리아가 아기를 낳은 직후 목자들의 방문을 받고 나서, 분명히 박사들이 도착하기 이전에, 요셉이 곧 그의 가족을 데리고 마구간을 떠났음이 확실하다. 그들이 이제는 더 이상 가축이 기거하는 마구간에 머물지 않고 사람이 사는 집(어떤 친척들과 함께?)에서 지냈을 것이다. 거의 대부분의 번역자들은 "(동방 박사들이) **그 마구간**에 들어가" 대신에 "**그 집**에 들어가"[174] 혹은 그와 비슷한 번역[175]에 의견의 일치를 보인다.

---

174) A.T. Robertson은 이 "집"을 "언덕 곁에 자리잡고 있었을지도 모르는 여관 밑의 소와 나귀들이 거처하는 마구간"과 구별하여 **어떤 여관**이었을 것으로 본다. *Word Pictures*, Vol. I, p.19. 만일 그렇다면 마태가 그 "집" 대신에 "여관"(누가가 그리하였듯이, 2:7을 보라)으로 기록했을 것이 아니겠는가?

175) 그러나 최근에 들어와서는 여기 2:11에 사용된 헬라어 *οἰκία*가 "집" 대신에 "마을" 혹은 "동리"로 번역되어야 한다는 견해가 제안되었다. S. Bartina, "Casa o caserio? Los magos en Belen (마 2:11; 10:12-14)" *EstBib* (1966년 3-4월호), p.355-357을 보라. 필자로서는 이 새로운 제안을 받아들일 수 없다. 마태는, 박사들이 아기와 그 모친 마리아가 함께 있는 것을 본 것은, 그들이 **그 마을**에 들어갔을 때라기보다는 **그 집**에 들어갔을 때였음을 말하고자 한 것으로 보는 것이 훨씬 더 논리적이다. 또한 아기께 드린 경배와 보배합을 열어 예물을 드렸다는 사실은

그 집에 들어가서 박사들은 "아기와 그의 어머니 마리아가 함께 있는 것"을 보았다. 어머니와 아기가 함께 언급된 곳(11, 13, 14, 20, 21절)마다 아기가 먼저 나오고 있음을 주목하라. 모든 주요 관심은 마리아가 아니라 이 아기에게 집중된다는 사실을 명심해야 한다. 이것은 마땅히 그렇게 되어야만 한다. 왜냐하면 이 아기 안에 하나님의 성육신이 이루어졌기 때문이다.

육신을 입으신 하나님을 보니
성육하신 하나님을 찬송할지로다.
(찰스 웨슬레)

박사들이 이 진리에 관하여 얼마나 이해했는지는 알 수 없다. 하지만 그들이 아기를 보자마자 엎드려 아기께 경배하였던 사실을 알 수 있다. 문자적으로는 "그리고 몸을 던져 그들은 그들(아기와 그의 어머니) 앞에 엎드렸다"이다.

여기에 "경배하고"로 번역된 원문의 동사는 언제나 창조주요 구속자이신 하나님께 대한 경배 행위를 가리키는 것은 아니다. 그 말은 창조주가 아닌 피조물—예로서 베드로(행 10:25)나 혹은 빌라델비아 교회(계 3:9)—에 대해서도 사용된다. 그러나 이때는 하나님께서 그들을 통하여 말씀하시고 또한 그들 안에서 역사하시므로, 이 행위는 하나님께 밀접하게 관련된 것으로 간주된다. 그러나 만일 그러한 경우에 있어서, 경배하

집 밖의 야외라기보다는 오히려 집 안의 분위기를 연상시킨다. 박사들이 집에 들어갔다는 말의 숨은 뜻을 찾아내어 읽어야만 한다는 주장이 반대에 부딪쳐서, 그 개념이 "박사들이 동리에 들어가서 그들이 들어가…볼 그 집에 대하여 알아보았다"가 된다면, 필자는 "일반 독자들이 관연 본문을 그렇게 해석할 것인가? 만일 마태처럼 유능하고 명석한 복음서 기자가 이러한 개념을 전달하고자 했던 것이라면, 그가 그 개념을 분명히 밝혀서 기록하지 않았겠는가?"라고 반문할 것이다. 그 외에도 신약성경에서 헬라어 *οἰκία*의 일반적인 의미는 **건축물**, 곧 **집**(마 7:24-27; 24:43; 막 10:29, 30; 13:34 등) ; **장막 집** 혹은 **처소**(고후 5:1) ; 혹은 **식구**, **가족**, **집**(household, family: 마 12:25; 막 3:25; 요 4:53 등)이다. 필자로서는 이 경우에 있어서 이러한 일반적 의미를 떠나 그 대신에 **마을** 혹은 **동리**라는 번역을 채택해야 할 하등의 정당한 이유가 없다고 생각한다.

는 자들이 그것을 분간하지 못하여, 한낱 인간에 불과한 자를 마치 그가 하나님과 동등한 존재나 되는 것처럼 착각하게 된다면, 그는 책망을 받아 마땅할 것이다. 그래서 고넬료가 베드로의 발 앞에 엎드려 절할 때, 베드로에게서 "일어서라. 나도 사람이라" 하는 말을 들은 것이었다(행 10:26). 계시록 기자인 사도 요한도, 역시 그에게 기이한 일들을 보이던 천사의 발 앞에 경배하려고 엎드렸을 때 그와 비슷한 말을 들었다(계 22:8, 9 참조. 19:10). 그러나 박사들은 아기께 엎드려 경배하는 일을 그만두라는 말을 듣지 않았다. 아무도 이들의 행위를 제지하지 않았다. 이들은 우리가 아는 것보다 훨씬 더 참된 믿음으로 발전해 나갔을 것이다. 마태복음 2:12에 의하면, 이들에게 이미 별을 통하여 그리고 (간접적으로) 미가를 통하여 말씀하신 하나님께서, 이번에는 또한 꿈을 통하여 말씀하셨다. 그 밖에도 이미 앞서 지적한 바와 같이, 신약시대 초기에 살던 유대교 신자들 역시 이들에게 오실 메시아에 관한 이야기를 들려 주었을 것이 분명하다. 이제까지의 전체 설명에서 확실해지듯이, 우리는 박사들이 이 모든 지식을 얻고 마음을 깨끗이 하여 아기 예수 그리스도께 진정한 의미에서 하나님이 받으실 만한 참된 경배를 드렸던 것으로 생각함이 마땅하다. 여하튼 이 아기 안에서 그들은 하나님을 보고 또한 그에게 경배드렸던 것이다!

박사들은 온전히 합당한 경배를 드렸다. 그러고 나서 이제 그들은 또한 주께서 받으시기에 합당한 예물을 드렸다(시 72:10 참조. 사 60:3; 시 87편 등). 마태는 이렇게 말하고 있다. 곧, **보배합을 열어 황금과 유향과 몰약을 예물로 드리니라.** 여기서 박사들은 부유할 뿐만 아니라 따뜻한 마음씨와 훌륭한 경배심을 가진 자들로 묘사되었다. 박사들은 준비해 온 예물을 정성스럽게 아기께 드렸다. 이 아기에게 있어서 그러한 예물은 이 아기를 존귀케 하는 의미를 지녔다.

여러 주석들 가운데서 때로는 이 각각의 예물들에 대하여 한 가지 용도만을 지적하는 것을 본다. 아마도 여기에는 그럴 만한 충분한 이유가 있을 것이다. 그러나 일반적으로 성경은 이 각각의 예물들에 대하여 한 가지 이상의 용도를 언급한다는 사실을 보여줌으로써, 본 구절에 대한 주석을 전개해 나가는 것도 틀린 일은 아닐 것이다.

예를 들면, **황금**은 모세 당시에 성막과 그 제구들(출 25-31, 35-40장)을 만드는 데 널리 사용되었으며, 또한 솔로몬 당시에 성전과 그 내용물들(왕상 5-7장; 대하 2-5장)을 만드는 데 널리 사용되었다. 그러나 황금이 결코 그처럼 거룩한 용도로만 사용된 것은 아니었다. 그것은 팔찌(창 24:22), 목걸이(민 31:50) 그리고 귀걸이(출 32:2, 3) 등의 재료로도 역시 사용되었다. 우리는 성경에서 "금 신상"(출 20:23)에 관한 구절을 보는데, 그중의 하나가 아론이 만든 "금송아지"(출 32:4) 우상이었다. 아론이 비록 자기가 직접 "만든" 사실을 부인하며, 자기는 다만 금을 불에 넣었을 뿐인데 "이 송아지가 나왔나이다!" 하고 궁색한 변명을 하였으나, 사실은 그가 손수 새겨서 만든 것이었다(출 32:24). 야고보는 부자들을 향하여 그들의 금과 은이 녹슬었다고 말했다(약 5:3). 사도 요한이 본 환상 가운데서는 황금이 큰 음녀를 꾸미는 거룩하지 못한 용도로 사용되었음을 알 수 있다(계 17:4, 5). 금이라는 말은 그것보다 더욱 귀중한 것이 있음을 사람에게 가르치기 위한 목적을 가지고 비교적인 용법으로 자주 사용되었다(시 19:10; 119:72, 127; 잠 8:10, 19).

유향(문자적으로는 **순수한 향**)에 관하여 살펴보면, 구약성경에서 사용되었던 용어는 **희다**를 의미하는 어근에서 유래되었다. 이 향은 남아라비아와 소말리아(동아프리카)의 석회암벽에서 자라는 보스웰리아 속(the genus Boswellia)의 어떤 나무 줄기에서 채집된 진액으로 만들어졌다. 이 나무에서 채집된 싱싱한 진액은 흰 빛 혹은 우유빛을 띤다. 그러므로 그 색을 따서 이름 붙게 된 것이었다.[176] 그런데 이 유향은 여러 가지 다양한 용도로 사용된다. 구약성경에서 유향은 소제(레 2:1, 2, 15, 16)와 그리고 결혼 행렬(아 3:6)에 관련하여 언급되었다. 신약성경에서는 유향이 상인들의 상품 목록 가운데 하나로 언급되었다(계 18:13).

몰약은 필시 향내가 나는 목질을 가진 작은 나무인 아라비아 산 발사모덴드론(Balsamodendron)에서 얻어지는 향품이었을 것이다. 몰약은 침

176) **라반**(야곱의 외삼촌이자 장인)과 **레바논** 산(그 동쪽 봉우리가 눈으로 덮여 있어 희다는 데에서 유래된)이란 이름에서와 같은 히브리어 어근 *lbn*. 헬라어도 이와 유사하다: *λίβανος*(마 2:11; 계 18:13).

상(잠 7:17) 혹은 옷(시 45:8)을 향긋하게 하기 위하여 사용되었다. 또 그것은 어떤 젊은 여인들의 몸을 치장하는 데도 역시 사용되었다(에 2:12). 그뿐만 아니라 신부의 행렬에도 널리 사용되었다(아 3:6). 그리고 술에 타서 마취제로 사용되기도 하였다(막 15:23). 마지막으로, 몰약은 시체를 장사하는 데 사용되었다(요 19:39-40).

어떤 콘코던스(concordance: 성경 용어 색인)를 찾아보더라도 마찬가지이겠지만, 앞에서 제시한 바 다양한 용법에 관한 목록은 다소 불완전한 감이 없지 않다. 그러나 이러한 목록은 우리가 주의해야 할 점을 분명히 지적해 준다. 그것은 다름이 아니라 신구약 성경에 의하면 박사들이 가져온 세 가지 예물은 각기 한 가지 이상의 목적으로 사용된다는 사실이다. 만일 그것이 사실이라면, 박사들이 "왕에게 드릴 예물로서 황금을, 죽은 자에게 드릴 예물로서 몰약을 그리고 하나님께 드릴 예물로서 유향을" 각각 가져왔다고 한 오리겐(그리고 그 후의 많은 사람들)의 말에는 어떤 정당성이 있겠는가?[177] 그의 이러한 설명은 지나치게 단순화한 것이 아니겠는가? 겉으로는 그러한 것처럼 보일 것이다. 그러나 이 세 품목이 언급된 구절들의 전체 목록을 다시 한 번 자세히 살펴보면, 적어도 오리겐의 말에는 중요한 진리의 요소가 담겨 있음이 판명된다. 먼저 **황금**에 관하여 살펴보자면, 이 값진 금속이 성경에서 얼마나 빈번히 왕권과 관련하여 언급되었는지 놀라울 정도이다. 왕과 여왕, 총리대신 그리고 왕자들과 관련하여 황금이 함께 언급된 구절들을 우리는 성경에서 자주 대하게 된다. 애굽의 총리 대신이 된 요셉은 그의 목에 금사슬 곧 황금 목걸이를 걸고 있었다(창 41:42). 바벨론의 셋째 치리자인 다니엘도 그러하였다(단 5:7, 29). 바벨론 통치자 이름 중 맨 앞에 나오는 제일인자 느부갓네살 왕은 거대한 우상의 금 머리로 상징되었다(단 2:32, 38). 랍바 왕은 그의 머리에 금 면류관을 썼다(삼하 12:30). 표제에 다윗으로 밝혀져 있는 시편 21편의 저자 역시 그의 머리에 정금 면류관을 썼다. 방백들은 그들의 집에 금을 보유했다(욥 3:15). 시편 45:9은 "오빌의 금으로 꾸민 왕후"에 관하여 언급했다. 자신을 "다윗의 아들 예루살렘 왕"으로 밝히고 있는 전도서 저자

177) *Against Celsus* I. 60.

는 그의 궁에 은, 금을 쌓아두었다(전 2:8). 그리고 아하수에로 왕은 그의 왕비 에스더를 향하여 그의 손에 들고 있던 "금 규"를 내밀었다(에 4:11; 5:2; 8:4). 이상에 든 실례들로 만족할 수 없다면, 여기에 다시, 솔로몬 왕은 금 그릇들과 금을 입힌 상아 보좌를 소유했다는 사실과 또한 그의 재산에 관하여 서술하는 열왕기상 10:14-18, 21, 22의 7절 가운데서 **황금**이 열 번이나 언급되었다는 사실을 덧붙일 수 있을 것이다! 그러므로 구약성경에 친숙한 사람이라면 누구나 황금이 곧 왕권을 암시하고 있음을 알 수 있을 것이다.

유향에 관하여 살펴보자면, 이 품목이 나타나는 구약성경의 거의 모든 구절들은 유향을 여호와께 예배하는 것과 관련하여 언급했다. 유향은 성소의 한 방에 보관되었다(대상 9:29; 느 13:5). 그리고 다른 제물과 함께 드리는 첨가물로 소제와 관련하여 구약성경에 빈번히 언급되었다(레 2:1, 2, 15, 16; 6:15). 출애굽기 30:37-38에 의하면, 유향은 백성들이 사용할 수 없고 **오직 여호와를 위하여만 사용할 지극히 거룩한 향**을 제조할 때 들어가는 재료 중 한 가지였음을 분명히 알 수 있다. 구약성경에서 **향**이라는 기본 용어는 모두 합하여 대략 100번 이상 나온다.[178] 신약성경에서는 그 용어가 누가복음 1:9-11과 요한계시록 8:3, 4에서만 나타난다. 향이라는 말이 나올 때마다 그것은 하나님께 대한 예배(제사)와 관련되었다. 여호와께 향을 드릴 때는 번제단에서 타는 숯불을 취하여 지성소 바로 앞 성소에 놓여 있는 금 향로 위에 두었다. 그리고 이 타는 숯불 위에 여호와께 드리기 위하여 특별한 제조법으로 만든 그 지극히 거룩한 향을 뿌렸다. 하늘로 올라가는 그 향기로운 연기는 백성들과 제사장들이 하나님께 드리는 감사와 기도를 상징하였다. 그 향은 분명히 하나님께 바쳐진 제물이었다(누가복음 1:9-10을 보라. 또한 계시록 5:8; 8:3). 그러므로 유향 및 일반 향들은 곧 하나님을 암시하는 것이다. 그것은 **오직 하나님 한 분에게만** 속한 것이다. 심지어 그것이 우상에게 바쳐질 때도 하나님께서

---

178) 그러나 A.V.가 이사야 43:23; 66:3; 예레미야 6:20; 17:26; 41:5에서 "향"(incenese)으로 번역한 **르보나**(*lebhonah*)는 후기의 번역본들에서 "유향"(frankincense)으로 정확하게 번역되었다.

는 그것을 여전히 "나의 향"(겔 16:18)이라 부르신다. 그러므로 **황금**과 **왕**이 하나로 묶이듯이 **향**과 **하나님**도 역시 하나로 묶이는 것이 마땅하다.

몰약에 관하여 살펴보자면, 이 품목이 나타나는 구약성경의 열두 구절 이상의 경우에 있어서, 그것이 여호와께 대한 제사에 관련하여 언급된 일은 단 한 번 밖에 없다. 우리는 그 유일한 예를 출애굽기 30:22-33에서 발견한다. 그곳에서 몰약은 관유를 만들 때 들어가는 여러 재료들 가운데 한 가지로 사용되었다. 그 나머지 예들로서는 이미 앞서 지적한 바와 같이, 유향은 **품행이 단정한 사람**에 의해서, 또는 그런 사람을 위하여, 인생을 더 즐겁게 하고 사람의 무서운 고통을 경감시키기 위하여 그리고 사람의 시신을 장사함에 있어서 악취를 제거하기 위하여 향료로 사용되었다.

그러므로 오리겐이 "왕에게 드릴 예물로서 황금을, 죽은 자에게 드릴 예물로서 유향을", 박사들이 각각 가져왔다고 말한 데는 충분한 이유가 있었다는 사실이 입증된 셈이다.

어느 유명한 시인은 이렇게 노래했다. 곧,

> "선물이란 주는 것이 아니요 함께 나누는 것이니,
> 이는 주는 자 없는 선물은 공허한 까닭이라." (로웰)

여기 마태복음 2장에서 우리는 주는 자의 참 모습을 본다. 박사들은 주저하지 않고 대부분의 사람들이 그저 **단순한** 아기로 생각했을 것이 틀림없는 그에게 경배드리기 위하여 멀고도 험한 여행을 떠나 결국 이곳 베들레헴에 도착한 것이었다. 더욱이 이들이 찾아와 본 아기는 자유를 잃은지 이미 오랜 민족에 속한, 그것도 초라하게 태어난 아기였다. 그런데도 이 귀인들은 그 아기께 엎드려 경배했을 뿐만 아니라 또한 예물까지도 드렸다. 이들이 아기께 드린 예물은 값지고 귀한 것이었을 뿐만 아니라 확실히 그가 받으실 만한 것이었다. 곧, 박사들은 **황금**을 아기께 예물로 드렸다. 이는 그가 참으로 왕이시었고 지금도 왕이시기 때문이다. 그렇다, 그는 "만왕의 왕이시요 만주의 주"이시다. 박사들은 또한 **유향**을 예물로 드렸다. 이는 그가 신성의 충만함이 그 안에 거하시는 참 하나님이시기 때문이다. 그리고 또한 **몰약**을 예물로 드렸다. 이는 그가 하나님이신 동시에 사람이시며, 죄인들을 대신하여 죽으시되, 누가 그에게서 목숨을 빼앗는 것이 아니요 그가 스스로 자기 목숨을 버리실 것이기 때문이었다.

이러한 사실을 박사들 자신이 얼마나 이해하고 예물을 드렸는지는 우리가 알 수 없다. 다만 이들이 찾아와 엎드려 경배하고 귀한 예물을 드린 일이 하나님 보시기에 받으실 만한 것이었다는 사실을 말하는 것으로 충분할 것이다. 마태의 복음서를 처음 읽거나 혹은 읽어 주는 것을 듣는 유대인들에 대한 마태의 주된 교훈은, 구원이 비록 유대인들에게서 시작이 되긴 하나 거기서 그치지 않는다는 사실을 저들에게 명심시키는 것이었음이 틀림없다. 이방인들도 역시 그리스도께로 인도되어야 한다. 박사들의 방문은 유대인들에게 주는 하나의 참된 교훈이었다. 그리고 그뿐만 아니라 모든 나라와 족속들에 대해서도 역시 마음에 새겨야 할 하나의 진정한 교훈이었다. 박사들이 그들의 제한된 지식을 가지고서도 그리스도께 이같이 행하였거든, 하물며 그들보다 얼마나 더 큰 특권을 받고서도 우리는 왜 그처럼 행하지 못한단 말인가?

[12] 그들은 꿈에 헤롯에게로 돌아가지 말라 지시하심을 받아 다른 길로 고국에 돌아가니라.

순전하고 정직한 사람들에게는 위선자들의 본심을 알아차리는 일이, 그리고 관대한 사람들에게는 이기주의자들의 간계를 파악하는 일이 때로는 어렵다. 그러므로 헤롯이 "내게 고하여 나도 가서 그에게 경배하게 하라"는 말을 했을 때, 그가 실제로 무슨 짓을 하고자 했는지를 박사들이 눈치채지 못한 것은 그리 놀라운 일이 못 된다. 그러나 비록 박사들이 예리한 눈을 갖지 못하여 헤롯 왕의 위선과 간계를 꿰뚫어 보는 일에 실패했으나, 여우 같은 헤롯도 하나님 앞에서는 아무것도 숨길 수 없었다(히 4:13 참조). 하나님께서는 박사들에게 헤롯의 화가 조금이라도 미치는 것을 원치 않으셨고, 또 "아버지께서 아들에게 맡기신 사역"을 다 이루기도 전에 아들이 죽는 것도 원치 않으셨다. 그래서 박사들은 지시를 받아야만 했다(12절). 그리고 요셉도 역시 마찬가지였다(13절). 두 경우 모두 꿈을 통해서 하나님의 지시가 내려졌다.

꿈에 헤롯에게로 돌아가지 말라 지시하심을 받은 박사들은 다른 길로 고국에 돌아갔다. 박사들이 돌아간 일을 생각할 때 여리고와 요단강을 지나는 길이 쉽게 떠오르지만 이것은 어디까지나 추측에 지나지 않는다.

그리스도의 탄생에 관한 기사에서, 마태는 꿈을 a. 요셉에게(1:20; 2:13, 19, 22)와 b. 박사들에게(2:12) 나타내 보여 주신 하나님의 계시의 한 방편으로 언급했다. 그리스도의 수난에 관한 기사도 역시 빌라도의 아내가 꾼 특별한 꿈에 관하여 언급했다(27:19). 구약성경은 아비멜렉(창 20:3, 6, 7), 야곱(창 28:10-17; 31:10, 11), 라반(창 31:24), 베냐민의 형 요셉(창 37:5-11), 애굽 왕 바로의 술 맡은 관원장과 떡 굽는 관원장(창 40장), 바로(창 41장), 미디안 군사(삿 7:13-15), 솔로몬 왕(왕상 3:5-15), 느부갓네살 왕(단 2, 4장), 그리고 다니엘(단 7장) 등의 꿈에 관하여 언급했다.[179] 빈번히 꿈에 나타나는 것—곧 환상—은 중요한 것이다.

지금 우리가 꿈에 대하여 알고 있는 지식에 비추어 볼 때, 박사들이 꿈에서 실제로 하나님의 "지시하심을 받은" 것으로 믿는 것이 타당한가? 일반적으로 우리는 꿈을 우리가 전적으로 책임져야 할 어떤 것으로 생각한다. 다시 말하자면 꿈이란 일반적으로 이전에 우리의 마음속에 품고 있던 잠재의식이 다소 왜곡된, 곧 비현실적인 형태로 나타나는 현상으로 여겨지는 것이다. 좀처럼 사라지지 않는 감정이나 영상 그리고 생각이 꿈속에서 하나의 체험적인 현상으로 나타난다. 꿈은 그 내용이 기쁘든지 아니면 깜짝 놀랄 것이든지 간에 매우 생동적이며 강렬한 체험이 될 수 있다. 대부분 꿈은 우리가 잠에 깊이 빠진 직후나 깨어나기 직전에 많이 나타나는 것으로 알려져 있다. 꿈속에서는 깨어 있는 동안의 의식활동이 정지되어 무의식 휴면 상태에 들어가고, 상상적인 추측활동이 불규칙적으로 나타나기 때문에, 갖가지 감정과 영상 그리고 생각이 자주 괴기하게 뒤얽힌다. 많은 경우에 있어서 짧은 동안의 꿈은 이내 잊혀지고 만다.[180] 이것으

179) 창세기 15:12-16에 기록된 아브라함의 체험이 덧붙여져야 할 것이나, 어떤 이는 이것을 꿈으로 부르기를 꺼린다.

180) 이 점을 실증함에 있어서, 기자들은 때때로 "그 꿈이 나의 생각으로부터 모르는 사이에 사라져, 나는 그것을 잊어버리고 말았다"는 의미로 해석되는, 다니엘서 2:8의 "너희가 그것이 내게서 사라진 것을 보았다"(A.V.)-"너희가 나의 명령이 내

로 우리가 괴로워할 것까지는 없다. 어떤 어원학자들은 **트로이멘**(träumen: **꿈꾸다**)과 **트뤼겐**(trügen: **속이다**)이라는 말이 동일한 어원에서 나왔다고 주장하지 않는가? 성경도 역시 "꿈이 많으면 헛된 일들이 많아지고"(전 5:7)라고 가르치지 않는가? 만일 **그 당시에도** 이것이 참된 사실이었다면 **오늘날에는** 얼마나 더 참된 사실이겠는가?

꿈에 대한 이 같은 과소평가를 반박하기 위하여 어떤 이들은 초감각적 감지(ESP=Extrasensory Perception)를 뒷받침해 온 주장들을 제시한다. 그 예로서, 어떤 부인이 꿈에 오빠가 자살하는 것을 보고 나서, 불길한 생각에 그 남편과 함께 밤중에 차를 몰고 찾아가 보니, 오빠가 실제로 집에 죽어 있더라는 이야기를 들 수 있다.[181] 그 밖에도 이와 비슷한 사례들이 수없이 보고된 바 있다. 그러나 이러한 사례들에 근거하여 어떤 결론을 내리기 전에 먼저 이와 비슷한 꿈을 꾸었음에도 불구하고 그 꿈의 내용이 실제의 사실과는 **전혀 달랐던 사람들**의 모든 사례들 역시 보고되어야 한다. 분명히 모든 악몽이 실제의 사실들을 반영하는 것은 아니다. 먼저 그러한 보고들을 아무런 편견 없이 공정하게 판단할 수 있는, 과학적으로 인정받을 적정 기준이 설정되어야 한다.

이러한 질문이 제기될 수 있을 것이다. 곧, "그러나 만일 성경시대에 꿈이 그처럼 자주 의미를 지녔었다면 어찌하여 오늘날은 그렇지 않을까(혹은, 어찌하여 오늘날은 분명하고 강조적인 의미를 지니지 않을까)?" 이 질문에 대한 답은 곧 우리가 지금은 예수 그리스도 안에서 하나님의 완전한 계시를 밝히 다 보고 있으므로, 하나님의 계시의 방편으로서의 꿈이 이제는 더 이상 필요 없게 되었다는 것이다. 옛적에는 하나님께서 선지자들을 통하여 여러 부분과 여러 모양으로 그의 백성들에게 말씀하셨다. 하나님

렸음을 보았다"(개역 개정 한글 성경)-는 말을 인용하여 언급할 것이다. 더 나은 번역은 "너희가 나에 의해서 그 명령이 확실히 내려져 있음을 보았으므로…너희가 만일 이 꿈을 나로 알게 하지 아니하면…"이 될 것이다. 다니엘서 2장의 아무 곳에서도 느부갓네살 왕이 그의 꾼 꿈을 **잊어버렸다**는 것을 입증할 만한 증거를 찾아볼 수 없다.

181) J.B. Rhine, *New Frontiers of the Mind,* New York and Toronto, 1937; 특히 pp.10, 11, 255-259를 보라.

께서 자기 자신을 계시하시는 방편, 곧 여러 부분과 여러 모양들 가운데 하나가 바로 꿈이었다. 그러나 이 모든 날 마지막에는 하나님께서 단번에 그의 아들을 통하여 우리에게 말씀하셨다(히 1:1, 2). 오늘날에는 그리스도 예수 안에서 밝히 나타난 하나님의 완전한 계시가 성경에 기록되어 있고, 또한 보혜사 성령인 진리의 영께서 강림하셔서 하나님의 참된 백성들 안에 내주하시며 역사하고 계신다. 그러므로 이전에 오늘날의 우리보다 특권을 덜 입었던 박사들은 실제로 꿈에 하나님의 지시를 받았으나, 우리에게는 꿈이 이전에 지녔던 의미를 대부분 상실했다고 믿는 것이 타당하다.

이 모든 것에 한 가지 사실이 덧붙여져야 한다. 앞서 언급한 바 흥미 있는 꿈에 관한 기사들 거의 대부분의 경우에서, 성경은 그 꿈들이 결코 한낱 개인의 백일몽이 아니라 하나님의 메시지라는 것을 지적한다는 사실을 우리는 명심해야 한다. 경우에 따라서는 꿈꾸는 자가 꿈 중에서도 그 사실을 알아차리는 것처럼 보인다. 또 어떤 경우에서는 꿈에서 깨어난 후에 그 사실을 깨닫기도 한다. 또 다른 경우에서는 꿈을 꾼 자는 아무것도 모르지만, 그 꾼 꿈을 해석하는 자가 그에게 하나님의 메시지라는 사실을 말해주기도 한다. 그래서 우리는 "아비멜렉이 꿈을 꾸었다" 대신에 "하나님이 아비멜렉에게 현몽하시고"(창 20:3)라는 구절을 보게 된다. 하나님께서 또한 라반에게도 역시 현몽하셨던 사실을 우리는 본다(창 31:24). 야곱은 벧엘에서 노숙할 때 꿈에 하나님께서 그에게 하시는 말씀을 들었다. 그 꿈 중에 하나님께서 야곱에게 "나는 여호와니 너의 조부 아브라함의 하나님이요 이삭의 하나님이라…" 말씀하신 내용이 창세기 28:13-15에 기록되어 있다. 꿈을 통해서 하나님은 바로에게 그가 해야 할 일을 나타내 보이셨다. 기브온에서 밤에 여호와께서 솔로몬의 꿈에 나타나사 이르시기를 "내가 네게 무엇을 줄꼬 너는 구하라"(왕상 3:5) 하셨다. 느부갓네살의 한 나무에 관한 꿈에서 그에게 나타내신 바는 지극히 높으신 자의 섭리적인 결정이었다(단 4:10 이하). 다니엘의 꿈을 그에게 해석해 준 이는 천사였을 가능성이 높다(단 7:16). 이 경우에 있어서도 역시 그 꿈 내용이 **전적으로** 그에게 책임이 있었던 것은 아니었다. 마지막으로, 마리아의 남편 요셉이 꾼 네 번의 꿈(마 1:20; 2:13; 2:19; 2:22) 가운데 세 번이나 꿈에 그에게 말한 자가 주의 사자 곧 천사였다고 기록되어 있다. 이와 같이 박사들 역시 꿈에 하나님의 지시를 받았다.

만일 이제까지 살펴본 사례들에도 불구하고, 또 이러한 성경의 꿈들이 완전히 성취된 사실에도 불구하고, 어떤 회의주의자가 성경에 언급된 꿈들을 전부 다 우리의 보통 꿈과 동일한 수준의 것으로 간주하기를 고집한다면 그 책임은 전적으로 그에게 있다. 그가 회의주의자로 남아 있는 한 그는 해결이 불가능한 문제를 스스로 만들어내는 것이다.

애굽으로의 피신 (2:13-15)

13-15절

13 그들이 떠난 후에 주의 사자가 요셉에게 현몽하여 이르되 헤롯이 아기를 찾아 죽이려 하니 일어나 아기와 그의 어머니를 데리고 애굽으로 피하여 내가 네게 이르기까지 거기 있으라 하시니 14 요셉이 일어나서 밤에 아기와 그의 어머니를 데리고 애굽으로 떠나가 15 헤롯이 죽기까지 거기 있었으니 이는 주께서 선지자를 통하여 말씀하신 바 애굽으로부터 내 아들을 불렀다 함을 이루려 하심이라

13 박사들이 떠난 뒤에 주의 천사가 요셉의 꿈에 나타나 말했습니다. "일어나라! 아기와 아기 엄마를 데리고 이집트로 도망가거라. 헤롯이 아기를 죽이려고 하니, 내가 지시할 때까지 이집트에 머물러 있어라." 14 그래서 요셉은 한밤중에 일어나 아기와 아기 엄마를 데리고 이집트로 떠났습니다. 15 요셉은 헤롯이 죽을 때까지 이집트에 있었습니다. 이것은 주께서 예언자를 통하여 하신 말씀을 이루신 것입니다. "내가 나의 아들을 이집트에서 불러내었다."
_아가페 쉬운성경

[13] 그들이 떠난 후에[182] 주의 사자가 요셉에게 현몽하여 이르되 헤롯이 아기를 찾아 죽이려 하니 일어나 아기와 그의 어머니를 데리고 애

182) ἰδού에 관하여는 각주 133)을 보라.

굽으로 피하여 내가 네게 이르기까지 거기 있으라 하시니.

요셉과 마리아가 박사들의 방문과 그들이 행한 일로 말미암아 크게 위로를 받았을 것이 틀림없다. 그것은 앞서 요셉에게 나타났던 주의 사자(마 1:20, 21)와, 마리아에게 나타났던 천사 가브리엘(눅 1:26-35), 마리아에게 말한 엘리사벳(눅 1:42), 베들레헴 지역에 밤에 밖에서 양을 지킬 때 주의 사자에게서 들은 바를 마리아와 요셉에게 전해 준 목자들(눅 2:8-19) 그리고 마리아와 요셉에게 말한 시므온(눅 2:25-33) 등에 의해서 그 아기께 관하여 언급된 바 모든 기이한 일들에 대한 하나의 확증이었다.

그러나 시므온은 마리아의 마음을 찌르듯이 아프게 할 칼에 관해서도 역시 말하였다(눅 2:34, 35). 이 칼은 벌써부터 마리아의 마음을 찌르고 있었다. 이는 요셉이 꿈에 "헤롯이 아기를 찾아 죽이려 하니 일어나 아기와 그의 어머니를 데리고 애굽으로 피하라"(마 2:13)는 주의 사자의 지시를 받았기 때문이었다. 이제 갓 태어난 아기가 사악한 왕 헤롯의 칼에 위협을 받게 되다니 그의 어머니 마리아의 심정이 어떠했겠는가!

급히 일어나 애굽으로 피하라는 지시에서 하나님의 **보호적인 관심**과 **헤롯의 잔인성** 그리고 **그 아기의 낮아지심**에 있어서 또 하나의 단계—이에 앞선 단계들에 관하여는 요한복음 1:14; 고린도후서 8:9; 누가복음 2:7, 24 등을 보라—가 나타나고 있다. 왜 하필이면 **애굽**으로 피해야 했을까? 그 답은 이러하다. 곧, a. 애굽은 바벨론이나 바사(오늘날의 이란)에 비하여 팔레스타인에서 그리 멀지 않은 거리에 위치했다. b. 애굽에는 많은 유대인 동포들이 거주하고 있었으므로(렘 43:7; 44:1; 행 2:10), 이 거룩한 가족이 그곳 친지들 가운데서 잠시 동안 함께 지낼 수 있었으리라는 가능성이 간과될 수는 없다. c. 애굽으로 피함으로 호세아 11:1의 예언이 그 궁극적인 성취를 볼 수 있었다(주석 15절 참조).

본 절에 관하여 이러한 의문을 제기할 수도 있을 것이다. 곧 "어찌하여 하나님께서 어떤 다른 수단을 사용하여 헤롯의 끔찍한 계획을 저지시키지 않으셨을까? 예를 들면, 어찌하여 하나님께서 헤롯을 당장 죽이지 않으셨을까?" 그 답은 곧 "우리는 하나님의 절대주권적인 섭리의 방법들에 대하여 질문할 권한이 없다"(롬 9:19, 20 참조. 단 4:35 그리고 롬 8:28)는 것이다.

[14] 요셉이 일어나서 밤에 아기와 그의 어머니를 데리고 애굽으로 떠나가.

1:24에서와 마찬가지로 여기서 다시 요셉은 "주의 사자의 분부대로" 행했다. 밤에 일어나서 아기와 그의 어머니를 데리고 애굽으로 떠나가 주의 사자가 다시 그곳에서 나타나 새로운 지시를 내릴 때까지 거기 머물러 산다는 것은 매우 어려운 일이었을 것이 틀림없다. 그러나 요셉은 이유를 묻지 않고 말없이 순종하는 사람이었다. 그래서 요셉은 주의 사자가 분부한 대로 어두운 밤중에 일어나 가족을 데리고 무사히 베들레헴을 빠져나와 애굽으로 향했다.

[15] 헤롯이 죽기까지 거기 있었으니.

요셉 일행이 어떤 길로 해서 애굽에 내려갔는지, 또 애굽에 도착하여 어떤 곳에 유숙했는지 그리고 그 밖의 상세한 내용에 관하여는 본문에 아무런 언급이 없다. 우리는 또한 그 거룩한 가족이 그곳에 얼마나 오랫동안 머물러 있었는지에 대해서도 역시 아는 바 없다. 이 주제에 관하여 이제까지 표명되어 온 모든 견해들 가운데, 헤롯 생애의 마지막 해에 있은 예수의 탄생[183]과 헤롯의 사망 직후에 있은("헤롯이 죽기까지 거기 있었으니") 애굽으로부터의 귀환 사이의 기간을 그리 길지 않은 기간으로 보는 견해가 최선의 것으로 보인다. 박사들이 떠난 직후에 있었을 것이 틀림없는 두 살 아래 사내아이들의 살육에 관한 기사(16-18절) 바로 다음에 "헤롯이 죽은 후에"라는 말이 나온다는 사실에 주의하라.

다음에 이 말이 덧붙여 있다.

이는 주께서 선지자를 통하여 말씀하신 바 애굽으로부터 내 아들을 불렀다 함을 이루려 하심이라.

호세아의 예언은 하나님의 놀라운 사랑, 곧 다시 찾아 회복시키시는 사랑을 매우 아름답게 보여 준다. 우리는 선지자 호세아가 고멜이라 이름하는 여인과 결혼한 사실을 본다. 그러나 호세아의 아내는 남편에 대한 정절을 지키지 않았다. 그의 아내는 "음부"가 되었다. 그 여인은 남편을 저버리고 자기와 연애하는 자들을 따라갔고, 그 결과 음란한 자식들을 잉태하였다. 만일 호세아 3장에 언급되는 "그 여자"가 고멜이라고 한다면—이것은 온당한 추측이다— 그 나머지 이야기는 이러하다. 곧, 호세아는 자기의 부정한 아내를 영원히 버리는 대신에, 수치의 소굴로 가서 은 열다섯 개와 보리 한 호멜 반으로 고멜을 다시 사서 이전의 영예로운 위치 곧 아내의 위치로 자비롭게 복귀시켜 주었다.

호세아의 예언에서 호세아와 그의 아내 고멜 사이의 관계에 대한 주요 개념들은 이스라엘 백성에게 적용되었다. 호세아가 고멜과 결혼하였듯이,여호와께서도 역시 이스라엘 백성의 남편이 되셨다. 고멜이 호세아에게 부정한 아내였듯이, 이스라엘 백성도 역시 여호와께 부정한 자들이었다. 고멜이 그 연애하던 자들에게 결국 노예가 되고 말았듯이, 이스라엘 백성도 역시 그들의 신뢰를 두었던 타국 백성에게 결국 노예가 되고 말았다. 무한한 사랑으로 호세아가 고멜을 다시 찾아오듯이, 여호와께서도 역시 이스라엘의 남은 자들을 다시 찾아 구원하실 것이었다. 이 위대한 사랑을 보여 주시기 위하여 여호와께서는 호세아의 입을 대신하셔서, "이스라엘이 어렸을 때에 내가 사랑하여 내 아들을 애굽에서 불러냈거늘"(호 11:1) 말씀하심으로써 저들이 아직 애굽 사람들의 압제 밑에서 신음했을 때부터 이미 그가 저들에게 사랑을 쏟으셨던 사실을 상기시키신다. 이 놀라운 사랑이 아름답게 표현된 다른 예들을 우리는 신명기 32:9, 10의 "여호와의 분깃은 자기 백성이라 야곱은 그가 택하신 기업이로다. 여호와께서 그를 황무지에서, 짐승이 부르짖는 광야에서 만나시고 호위하시며 보호하시며 자기의 눈동자같이 지키셨도다" 하는 말씀과, 또한 이사야 63:9의 "(여호와께서) 그들의 모든 환난에 동참하사 자기 앞의 사자로 하여금 그들을 구원하시며 그의 사랑과 그의 자비로 그들을 구원하시고 옛적 모든 날에 그들을 드시며 안으셨으나" 하는 말씀에서도 역시 찾아볼 수 있다. 아마도 호세아 11:1과 마태복음 2:15에 모두 관련된 가장 적합한 구절은 출애굽기 4:22의 "이스라엘은 내 아들 내 장자라"는 말씀일 것이다.

---

183) Sandmel, *op. cit.*, p.261을 보라.

또한 에스겔 16:8의 "내가 네 곁으로 지나며 보니 네 때가 사랑을 할 만한 때라, 내 옷으로 너를 덮어 벌거벗은 것을 가리고 네게 맹세하고 언약하여 **너를 내게 속하게** 하였느니라 나 주 여호와의 말이니라"는 말씀을 참조해 보라.

마태가 호세아 11:1을 인용하여 그 말씀을 그리스도에게 적용시킴에 있어서, 그가 이스라엘 백성 전체를 메시아의 한 모형으로 보고 있음이 분명하다. 예수 그리스도도 역시 하나님의 아들이시다. 이것은 그 용어의 가장 깊은 의미, 곧 삼위일체의 의미에 있어서 그러하다(요 1:14 참조). 저 잔인하고 강퍅한 왕 바로가 이스라엘 백성을 멸하고자 행하였던 것과 마찬가지로 또 다른 왕, 곧 적어도 바로 못지않게 잔인한 왕 헤롯은 그리스도를 멸하고자 하였다. 그러나 하나님께서는 요셉의 때에 이스라엘 백성(혹은 가족)이 애굽으로 내려가는 길에서와 애굽에서 거하는 동안, 특히 출애굽 직전의 박해를 당하는 동안과 애굽에서 나와 홍해를 건너는 길에서 저들을 안전하게 지켜 보호해 주셨던 것과 마찬가지로, 자기 아들 예수 그리스도가 요셉과 마리아와 함께 애굽으로 피신하는 길에서와 애굽에 잠시 머무는 동안에, 다시 고국으로 돌아오는 길에서 안전하게 지켜 보호해 주셨다. 말하자면 메시아께서는 그의 백성 이스라엘의 역사를 재현하셨다.

그럼에도 불구하고 이스라엘 백성이 그리스도의 **모형**(type)이었다고 말하는 것으로 만족하기는 힘들다. 양자 사이의 유대는 이 "모형"이라는 말이 암시하는 것보다 더 밀접하다. 그리스도께서 그의 인성을 취하여 세상에 오신 것은 이스라엘 백성에게서였다. 만일 이스라엘 백성이 애굽에서 망했더라면 메시아에 관한 예언들(창 22:18; 26:4; 28:14; 49:10)이 그 성취를 볼 수 없었을 것이다. 그러므로 이스라엘 백성이 애굽에서 실제로 불러냄을 받았을 때 그리스도도 역시 불러냄을 받았던 것이 참으로 사실이었다. 따라서 마태는 "이는 주께서 선지자를 통하여 말씀하신 바 애굽으로부터 내 아들을 불렀다 함을 이루려 하심이라"고 말할 충분한 근거가 있었다. 그리스도와 그의 백성이 서로 매우 밀접하게 함께 묘사되는 뚜렷한 구절들 가운데 사도행전 22:7의 "사울아 사울아 네가 왜 나를 박해하느냐?" 하는 말씀이 있다. 또한 마태복음 10:25; 마가복음 13:13; 요한복음 15:18-21; 고린도후서 1:5, 10; 갈라디아서 6:17; 골로새서 1:24; 히브리서 11:26 그리고 요한계시록 3:12, 21; 4:4 등을 보라. 그 밖에도 요한계시록 14:14; 12:13; 14:1; 17:14; 19:11, 14; 20:4 등을 참조하라.

유아들의 살육 (2:16-18)

16-18절

16 이에 헤롯이 박사들에게 속은 줄 알고 심히 노하여 사람을 보내어 베들레헴과 그 모든 지경 안에 있는 사내아이를 박사들에게 자세히 알아본 그때를 기준하여 두 살부터 그 아래로 다 죽이니 17 이에 선지자 예레미야를 통하여 말씀하신 바 18 라마에서 슬퍼하며 크게 통곡하는 소리가 들리니 라헬이 그 자식을 위하여 애곡하는 것이라 그가 자식이 없으므로 위로받기를 거절하였도다 함이 이루어졌느니라

16 헤롯은 박사들에게 속은 것을 알고 매우 화가 났습니다. 그래서 사람을 보내어 베들레헴과 그 주변에 있는 두 살 아래의 모든 사내아이들을 죽였습니다. 이것은 그가 박사들로부터 알아낸 때를 기준으로 한 것입니다. 17 그래서 하나님께서 예언자 예레미야를 통해 말씀하신 것이 이루어졌습니다. 18 "라마에서 소리가 들려왔다. 슬피 울며 통곡하는 소리다. 라헬이 자기 아이들을 위해 우는데, 자식이 없으므로 위로받으려 하지 않는다."
_아가페 쉬운성경

헤롯이 결코 다시는 박사들을 보지 못할 것이라는 결론을 내리는 데는 여러 날이 걸리지 않았을 것이다. 박사들을 베들레헴으로 보낸 뒤에 헤롯은 아마도 하루나 이틀쯤 기다려 보았을 것이다. 헤롯은 "가서 아기에 대하여 자세히 알아보고 찾거든 내게 고하여 나도 가서 그에게 경배하게 하라"고 말한 자기의 명령이 이행되지 않은 사실을 그때 깨닫게 되었다.

[16] 이에 헤롯이 박사들에게 속은 줄 알고 심히 노하여 사람을 보내어 베들레헴과 그 모든 지경 안에 있는 사내아이를 박사들에게 자세히

알아본 그때를 기준하여 두 살부터 그 아래로 다 죽이니.

헤롯은 자기가 박사들에게 속은[184] 것으로 확신했다. 그래서 그는 분노를 터뜨렸다. 수년 동안 자제하는 일을 모르고 지내오던 터라 헤롯은 속에서 치밀어 오르는 울화를 더 이상 억제할 수 없는 상태에 이르렀다. 그래서 결국 헤롯은 베들레헴과 그 모든 지경 안에 있는 사내아이를 두 살부터 그 아래로 다 죽이라 명령했다. 그 명령은 수행되었다. 헤롯의 군병들은 집집마다 들어가서 그들의 손에 든 예리한 단검으로 그 어린아이들을 무참히 죽여 버렸다.

죄가 어떻게 사람을 노예로 만드는가! 또 얼마나 어처구니없는 모순에 빠지게 만드는가! 헤롯은 다름 아닌 **자기 자신**에게 대해서 분노를 터뜨렸어야 옳았다. 이는 속인 사람은 박사들이 아니라 바로 헤롯 자신이었고 결국 헤롯은 자기가 자기 자신을 속인 셈이 되었기 때문이다. "가서 아기에 대하여 자세히 알아보고 찾거든 내게 고하여 나도 가서 그에게 경배하게 하라"는 헤롯의 말을 박사들은 그의 진심에서 나온 것으로 받아들였음이 분명하다. 이에 헤롯은 내심 "이런 어리석은 박사들 같으니, 이 위대한 헤롯 대왕이 정말 베들레헴에 가서 한낱 보잘것없는 유대인 아기에게, 더구나 왕좌를 노리는 자에게 엎드려 경배할 것으로 믿다니!"라고 생각하며 박사들의 순진한 면을 보고 속으로 비웃고 있었을지도 모른다. 그런데 이제 박사들이 돌아오지 않자 자기 꾀에 자기가 넘어갔다는 것을 알고 자존심이 몹시 상한 그 폭군은 오히려 박사들에게 화를 내었다.

죄가 인간을 얼마나 어리석게 만드는가! 헤롯이 정말 그보다 더 높으신 이의 손이 생명의 장기판 위에서 말을 움직이고 계신다는 사실을 이해할 수 없었던 것일까? 박사들에게 다른 길로 고국에 돌아가도록 지시하심으로써 헤롯의 첫 시도(8절)를 실패로 돌아가게 하신 하나님께서, 그의 두

184) 복음서에서 *ἐμπαίζω*라는 말은 보통 **조롱하다**, **놀리다**, **비웃다** 등의 의미를 가진다(마 27:29, 31; 막 10:34; 15:20; 눅 14:29; 22:63; 23:36). 그러나 70인역에서는 그 말을 **미혹하다**, 혹은 **속이다**의 의미로 번역하여 예레미야 10:15에서 우상들을 "망령되이 만든 것"으로 말한다. 여기 마태복음 2:16에서는 아마도 두 개념이 결합되었을 것이다. "속이다"라는 말은 기만하다는 의미와 조종하다는 의미를 모두 포함하고 있으므로 그것이 아마도 최선의 번역일 것이다.

번째 시도(16절) 역시 실패로 돌아가게 하실 것이라는 사실을 헤롯은 진정 깨닫지 못했단 말인가? 자신이 보낸 군병들이 베들레헴과 그 모든 지경 안에 있는 사내아이를 두 살 아래로 다 죽이는 동안에도, 그가 정작 죽이고자 한 그 아기는 이미 그 위험한 지경에서 벗어나 안전하게 애굽을 향해 내려가고 있었다는 사실을 헤롯은 알지 못했단 말인가? 헤롯은 결국 목적을 이루지도 못하면서 메시아를 죽이고자 한 죄악에다 숱한 어린 생명들을 무참히 학살하는 죄악을 더하는 것으로 그쳤다. 헤롯이 만일 이전에 시편 2편을 읽은 적이 있었다면, 그 내용을 마음에 새겨 두지 않았던 것이 분명하다. 요한계시록 17:14도 참조하라.

유아들의 살육에 관한 이 기사에 관련된 몇 가지 오류 혹은 자주 논란이 되어 온 바를 현재의 논의에서 제외시켜서는 안 될 것이다.

1. 의심스러운 표제들

몇몇 성경에서 이 부분(마 2:16-18)의 서두에는 "**무죄한** 자들의 살육"이라는 표제가 붙어 있다. 이 "무죄하다"는 말의 넓은 의미는, "간사한 것이 없는"(요 1:47 참조) "남을 해치지 아니하는" 자들, 혹은 "범죄 사실에 대한 죄책감이 없는" 자들을 가리킨다. 이와 관계된 의미로 우리는 "순진한" 혹은 "천진난만한" 아이들이라는 말을 자주 사용하는데, 이것도 역시 옳은 표현이며, "무죄하다"는 말을 이 같은 용법으로 사용하는 것을 막을 수는 없다. 한편 그 말이 만일 어떠한 죄 혹은 어떠한 죄책과도 상관이 없는 자들 곧 죄에서 떠나 있는 자들을 가리키게 될 경우에는, 그러한 표제가 성경의 가르침과 정면으로 충돌하게 된다. 어린아이도 역시 아담 안에서 죄가 있다. 어린아이에게도 역시 원죄와 자범죄가 있는 것이다(욥 14:4; 시 51:5; 롬 5:12, 18, 19; 고전 15:22; 엡 2:3). 만일 어린아이들이 구원을 얻게 된다고 하더라도, 그 구원은 그들에게 예수 그리스도의 공로를 적용시킴으로써만 얻어지는 것이지, 결코 그들의 가상적인 무죄로 말미암아 얻어지는 것은 아니다.[185] 따라서 **무죄한 자**들이라는 말에 상당히 애매모호한 점이 있기 때문에, 표제를 "무죄한 자들의 살육" 대신에 "유아들의 살육"으로 바꾸는 것이 더 낫지 않겠는가? 전자가 좋은 표제라면 후자는 더 좋은 표제가 아니겠는가?

"첫 순교자들의 살육"이라는 표제 역시 논의할 가치가 있다. 이레니우스는 말하기를, "이러한 이유로 그(주님)는 다윗 집에 속한 이 유아들을 갑자기 사라지게 하셨는데, 그가 이들을 그의 나라에 앞서 보내실 수 있도록 이들이 그때에 태어났던 것은 행운이었다. 그 자신도 역시 유아였던 까닭에, 그는 사람의 유아들을 성경에 따라 다윗 성 유대 베들레헴에서 탄생한 그리스도를 위하여 죽임을 당한 순교자들이 되게 하셨다"[186]라고 하였다.

기독교 역사의 초창기에 교회는 이 유아들을 **첫 순교자**들로 간주하게 되었다. 그리하여 **거룩한 무죄자들의 축제**(*the Feast of the Holy Innocents*)가 생겨났다. 헬라 교회에서는 이 축제를 12월 29일에 지켰고 라틴 교회에서는 12월 28일에 지켰다. 그러나 우리는 일반적으로 "그리스도인으로서 확신하는 바 신념을 위해서 고난이나 죽음을 당하는 자들"을 **순교자**로 생각한다. 따라서 **순교자**라는 명칭이 유아들에게 적용되기란 힘든 일이다.

2. 잘못된 개념

역사상에 헤롯이 수천 명의 유아들을 죽였다고 주장하는 이들이 있었다. 사실상 심지어는 그때 죽임을 당한 유아들의 수효가 요한계시록 14:1에 언급된 144,000의 수효와 동일시된 적도 있었다.[187] 그러나 이 같은 주장들에는 하등의 정당한 근거가 없다. 그 당시 베들레헴 같은 작은 성읍에서 그리고 그 모든 지경까지 다 합한다 하더라도—물론 다 합해서 계

185) 그 이상의 질문 "유아 시절에 죽은 자들은 모두 다 구원을 받는가?"에 관하여는 필자의 저서 *The Bible the Life Hereafter*, Grand Rapids, 1971 (paperback), pp. 100-104를 보라.

186) *Against Heresies* III. xvi. 4.

187) L.M. Sweet, art. "Innocents, Massacre of the," I.S.B.E., Vol. III, p.1471을 보라.

산해야 하겠지만(2:16을 보라)— 그때 죽임을 당한 유아들의 전체 수효가 고작해야 열 다섯 혹은 스물을 넘을 수 있었을까?

3. 그릇된 평

이 유아들이 죽임을 당한 것은 그 부모들이 그리스도께 경배드리지 않은 데 대한 징계였다는 견해가 표명된 적이 있었다.

이에 대한 반대: 성경 본문에 이 같은 사실에 대하여는 한 마디의 언급도 없다.

4. 공인되지 않은 추론

"박사들에게 자세히 알아본 그때를 기준하여 두 살부터 그 아래로 다 죽이니"라는 말로부터 유아들이 살육될 그 당시에 예수께서는 이미 약 두 살이 되었음이 틀림없다는 추론이 제시되어 왔다. 그러나 그러한 추론은 매우 의심스럽다. 에델샤임(A. Edersheim)은 말하기를, "우리 주님은 헤롯이 죽기 **전** 그리고 우리가 복음서 역사로 미루어 판단해 보건대 그 사건 **직전**에 탄생하셨다"[188]라고 하였다. 이 진술이 필시 옳을 것이다. 다음의 자료들은 그의 말을 뒷받침해 준다. 곧, 요한복음 2:20에서 보면, 예수께서 첫 유월절에 예루살렘에 올라가셔서(2:13) 성전을 깨끗하게 하실 때(2:14-16), 그 성전 건물은 46년 동안에 걸쳐 완성된 것이었다. 요세푸스로부터 우리는 그 성전 건축이 B.C. 19년경에 시작되었음을 추측할 수 있다.[189] 이것은 우리에게 그 첫 유월절의 해가 A.D. 27년 봄이었음을 알려준다. 그러나 예수께서 세례 받으신 일과 그의 공식적인 첫 출현은 그보다 조금 앞선 어느 때(요 1:32-2:12), 곧 필시 A.D. 26년 12월경에 있었을 것이다. 누가복음 3:23은 우리에게 이때 예수의 나이가 30세쯤 되었다는

---

188) *The Life and Times of Jesus the Messiah,* New York, London, and Bombay, 1898, Vol. II, p.704.

189) *Antiquities* XV. 380.

사실을 알려 준다. 그러므로 이 모든 사실들을 종합해 볼 때, 예수께서는 B.C. 5년 12월의 어느 날에 탄생하셨을 가능성이 매우 높다. 우리는 1년 이상의 오차의 한계를 허용할 수는 없다. 더욱이 앞서 진술한 바와 같이, 마태복음 2장은 예수의 탄생과 박사들의 방문, 애굽으로의 피신 그리고 유아들의 살육 등 일련의 사건들이 B.C. 4년 4월 4일 혹은 그 이전 헤롯이 죽기 직전에 일어났었다는 인상을 짙게 풍기고 있다.

이상의 진술은 성탄절을 12월 25일로 지키는 관습에 대해서 반박의 여지가 없음을 변호하는 것으로 해석되어서는 안 된다.[190] 성탄절을 12월 25일로 지키는 관습이 A.D. 3세기 혹은 4세기까지도 기독교 역사상에 나타나지 않았던 것은 이미 잘 알려진 사실이다. 우리 모두가 알고 있듯이, 예수께서 12월이 아닌 다른 달에 태어나셨을 가능성은 얼마든지 있다. 10월? 11월? 우리는 모른다. 한편, 일 년 중 그때에는 "그 지역에 목자들이 밤에 밖에서 자기 양 떼를 지킬"(눅 2:8) 수 없었을 것이라는 생각에서 12월 하순이 배제되어서는 안 될 것이다.

1967년 1월 16일로 날짜가 기재된 한 편지에서 네덜란드의 신약학자 해리 멀더 박사(Dr. Harry Mulder)는 다음과 같이 쓰고 있다(이것은 필자가 네덜란드어에서 직접 번역한 내용이다).

"짧은 크리스마스 휴가를 이용해서 아내와 나는 베이루트(그는 당시 이곳에서 교수하고 있었다)에서 예루살렘으로 여행했습니다. 이 여행과 관련해서 나는 또한 12월 달에 과연 베들레헴 지경에서 양들을 볼 수 있을 것인가에 관한 귀하의 질문에 대답해 드릴 수 있습니다. 크리스마스 이브에 "목자의 들"에는 한 무리의 사람들이 모여 크리스마스 캐롤을 부르고 있었습니다. 우리는 이 무리에 섞여 함께 노래를 불렀습니다. 바로 우리

190) 그럼에도 불구하고 24반차로 나뉘어진 제사장의 반열(대상 24장)—세례 요한의 아버지 사가랴는 여덟 번째 반열에 속한다(눅 1:5; 대상 24:10 참조)—과 Talmud에 의하면, 예루살렘 성전의 멸망이 A.D. 70년 8월 4/5일, 곧 168일간(24×7)의 제사장 직분의 한 주기가 끝나는 순간에 일어났다는 사실에 근거하여 산정한 이 연대에 대한 변호는 자못 흥미롭다. A. Fahling, *The Life of Christ*, St. Louis, 1936, p.732를 보라. 그러나 모르긴 해도 이 연대 산정은 한두 가지 입증할 수 없는 가정들에 기초할 것이다.

가까이에는 몇몇 양 떼들이 쉬고 있었습니다. 어린 양들도 적지 않았습니다. 그것은 감동적인 광경이었습니다. 그러므로 분명히 예수께서 12월에 탄생하셨다는 것이 불가능하지는 않습니다. 그러나 이와 관련해서 그 옛 성 중심부에 위치한 초라한 집에서 거처하는 피부색이 검은 콥트교회의 수도사들이 성묘 교회(the Church of Holy Sepulchre: 예수의 묘지(?) 위에 세운 교회)의 지붕에서 매달—그 이유는 우리가 예수께서 어느 달에 탄생하셨는지 알 수 없기 때문이라고 합니다— 크리스마스 의식을 행한다는 이야기를 언급하는 것이 아마도 흥미 있으리라 생각됩니다. 예루살렘의 날씨는 매우 좋았습니다. 그것은 베들레헴도 역시 마찬가지였습니다. 우리는 에브라다 들(the Fields of Ephrata)에서 몇 시간을 보냈으나 춥다는 느낌이 든 적은 전혀 없었습니다."[191]

이것은 다시 우리를 "마태복음 2:16이 과연 유아 살육 사건이 일어났을 당시 예수께서 두 살쯤 되셨을 것이 틀림없다는 사실을 암시하는가?" 하는 질문으로 되돌아가게 한다. 아마도 이 질문에 대하여는 다음과 같이 반문하는 것이 그 최선의 답변이 될 수 있을 것이다. 헤롯은 자기 권력에 대해서 위협적인 인물이라는 생각이 들 때는, 그가 누가 되었든지 간에 언제라도 죽여 없애 버릴 준비를 갖추고 있었고, 그의 가공할 충격적인 잔인성으로 인하여 로마 정부로부터 여러 차례나 힐책을 받았다. 특히 이 순간에는 박사들에게 속은 줄 알고 심히 노했던 저 오만하고 잔인하며 시기 질투로 가득 찬 폭군 헤롯 왕에 대하여, 우리가 살펴본 바(pp. 252-273을 보라)에 우리 대답의 기초를 둔다면, 군병들에게 내린 그의 명령에 대한 다음 두 가지 해석 중 어느 것이 그가 의미한 바를 더 잘 표현한 것이겠는가?

---

191) Paul L. Maier는 그의 가장 흥미진진한 자서전적인 소설 *Pontius Pilate*, Garden city, New York, 1968-독자에게 기쁨을 가져다 주는 책 p.364에서, 필자가 다른 여러 학자들과 의견을 같이하는 연대기와는 정반대로 누가복음 3:1, 2에 호소하고 있다. 그러나 이 구절들에 관한 상세한 논의는 누가복음 주석에 속한다. 그렇게 때문에 필자는 본인의 해결책을 위한 시도에 대해서만 언급을 제한할 것이다. 필자의 *Bible Survey*, Grand Rapids, 1961, p.415를 보라. 또한 그 동일 저서 pp.59-62를 보라.

a. "나는 박사들로부터 소위 '유대인의 왕' 이라는 자가 **두 살쯤** 되었다는 사실을 알아냈다. 그러니 모든 사내아이를 **두 살부터 그 아래로** 다 죽이도록 하라!"

b. "나는 확실한 소식통으로부터 나의 권좌를 노리는 잠재적인 위험인물이 이제 태어난 지 **두 달** 정도 되었다는 말을 들었다. 그러나 만약을 위해서, 혹시라도 피하여 살아남지 못하도록, 모든 사내아이를 아예 **두 살부터 그 아래로** 다 죽이도록 하라!"

그 대답은 분명하다. 위험 인물을 처치하여 없애게 될 때 헤롯은 항상 매우 넓은 범위를 허락하였다. 따라서 마태복음 2:16에는 마태복음 2장의 나머지 부분과 누가복음 3:23, 요한복음 2:20에서 수집된 바 연대적으로 일치되는 증거와 모순되는 점이 아무것도 없다.[192]

5. 변명의 여지가 없는 배제

어떤 이들은 유아 살육에 관한 전체 기사를 완전히 배제한다. 그들은 그 이야기를 헤롯에 대한 편견적인 묘사, 곧 초대교회가 헤롯에 대해 가진 적대 감정의 표현으로 간주한다.[193] 그러나 이제까지 분명히 밝혀진 바와 같이, 그 기사는 모든 면에서 헤롯의 전 생애가 보여 주는 바와 그리고 특히 그의 최후의 날들을 특징지어 준 그의 가공할 정신적, 도덕적 착란 증세와 일치를 보인다. 헤롯은 분명히 자기의 권좌를 노리는 위협적인 인물이라는 생각이 들었을 때, 자기의 피를 이어받은 자식들 가운데서도 몇몇을 거침없이 죽여 없앴던 폭군이었다. 그런 헤롯이기에 다른 사람들의 자식들—누구인지 확실히는 몰랐으나 그 가운데 위험인물이 한 명 섞여 있어서, 만일 죽여 없애지 않을 경우 언젠가는 또 전과 같은 불상사가 일

192) 앞에서 언급한 바와 같이 1년 정도의 오차 한계는 허용되어야만 한다. 따라서 질문 b에서 "2개월"은 "1년 2개월"로 바뀌어질 수 있어야 할 것이다. 필자로서는 이보다 더 큰 오차의 범위가 성경의 다른 자료들에 근거하여 가능한지 알 수가 없다. 마태복음 2장이 다른 이들에게만 아니라, 필자에게 주는 강한 인상에 근거하여 필자 역시 "1년 2개월"보다는 "2개월"을 택한다.

193) 예를 들면, Sandmel, *op. cit.*, pp.261, 262가 그러하다.

어날 것이라는 생각이 들어서—을 죽이는 일은 더욱 주저하지 않았을 것이다.

이 기사는 예레미야 31:15을 다음과 같이 인용함으로써 끝을 맺는다.

[17] [18] 이에 선지자 예레미야를 통하여 말씀하신 바 라마에서 슬퍼하며 크게 통곡하는 소리가 들리니 라헬이 그 자식을 위하여 애곡하는 것이라 그가 자식이 없으므로 위로받기를 거절하였도다 함이 이루어졌느니라.

이 인용 구절을 이해하기 위해서는 먼저 구약시대에 라마(현대의 *er-Ram*)가 이스라엘과 유다 이 두 왕국 사이의 경계 지역에 위치해 있었다는 사실을 명심해 두어야 한다(왕상 15:17; 대하 16:1). 라마는 예루살렘 북방 5마일 지점에 위치했다. 그곳은 외국의 정복자들이 패배한 무리들을 먼 곳으로 이송하기 위하여 집결시킨 장소였다. 그 위치로 인해서 라마는 두 왕국을 대표할 수도 있었다. 이 마지막 구절의 말씀은 야곱이 가장 소중히 여기던 아내 라헬에게도 역시 해당이 된다. 라헬도 역시 에브라임과 므낫세의 아비 요셉을 낳았으므로 열 지파(때로는 단순히 "에브라임"으로 통칭되기도 한다)의 왕국 이스라엘을 대표할 수 있을 것이다. 동시에 또한 베냐민을 낳았으므로 두 지파(유다와 베냐민)의 왕국 유대를 상징할 수 있을 것이다.

여기 예레미야 31:15에서 라헬은 비유적으로 아직도 여전히 살아 있는 것으로 묘사된다. 말하자면 라헬은 라마에 집결한 비참한 무리들을 바라보고 있다. 그 무리들의 통곡 소리를 듣고 있던 라헬은 끝내 자기도 울음을 터뜨리고 만다. 자기 자식들을 빼앗긴 연고로 라헬은 심히 슬퍼하며 통곡한다. 먼저 그의 자식 이스라엘이 포로로 잡혀가고(왕하 17:5, 6), 다음에 그의 자식 유다가 사로잡혀 간다(대하 36:17, 20). 자식 갖기를 그처럼 갈망했던 라헬—"내게 자식을 낳게 하라 그렇지 아니하면 내가 죽겠노라"(창 30:1)—은 이제 그 자식들 몇이 어떻게 무참히 죽임을 당하고 그 남은 자식들이 어떻게 타국으로 사로잡혀 가는지를 목격한다. 라헬의 눈물은 그 얼마나 쓰라린 것이었겠는가! 라헬의 애곡하는 소리가 얼마나 크게 그리고 얼마나 한없이 계속되었겠는가! 이 세상의 권세 잡은 자—처음에 앗수르, 다음에 바벨론—가 라헬에게서 가장 귀하고 값진 것을 빼앗아 버린 것이었다.

그럼에도 불구하고 기뻐해야 할 이유가 있었다. 사실상, 여기서 마태가 인용한[194] 예레미야 31장은 위로의 말씀으로 가득 차 있다. 그 위로의 말씀은 이스라엘과 유다 모두를 위한 것이었다(렘 31:27, 31; 참조. 33:14). 다시 말하자면 주의 백성의 모든 남은 자들을 위한 것이었다(31:7). 여호와께서는 자기 백성을 영원한 사랑으로 사랑하셨다(31:3). 그러므로 그들을 열국에 흩으신 그가 다시 그들을 모으실 것이었다(31:10). 따라서 라헬은 애곡을 그치고 눈물을 거두어야 했다(31:16). 에브라임은 주의 사랑하시는 아들, 기뻐하시는 자식이 아니었던가?(31:20) 주께서는 자기 백성과 새 언약을 맺으시고(31:31) 그들의 죄악을 사하고 다시는 그 죄를 기억하지 않으신다(31:34). 남은 자들은 참으로 돌아올 것이었다. 그런데 이들이 돌아오는 목적은 무엇이었는가? 단순히 성을 건축하기 위해서였는가?(31:38) 아니다. 다윗에게 "한 의로운 가지가 나게" 하기 위해서였다. 이 땅에 공평과 정의를 실행하실 자는 바로 그 "한 공의로운 가지"였다(33:14, 15).

마태가 인용한 병행 구절은 매우 분명하다. 마태는 베들레헴 유아들의 살육으로 말미암아 라헬이 다시 한 번 통곡하는 것으로 묘사했다. 라헬이 통곡한 원인은 두 경우에 있어서 본질적으로 동일한 것이었다. 베들레헴에도 역시 자식이 없었다. 이번에는 자식들을 죽인 이 세상의 권세를 잡은 자가 앗수르나 바벨론이 아니라 저 잔인한 왕 헤롯이 대표하는 에돔이었다. 베들레헴의 유아들은 두 살부터 그 아래로 다 죽임을 당했다. 헤롯으로 하여금 분노를 발하게 한 그 아기는 먼 나라로 추방(혹은 피신)당했

194) 그 인용 구절은 거의 문자 그대로 히브리어 정경에서 따온 것이다. 그 중요한 차이는 히브리어 원문(히브리어 본문 예레미야 31:14)에서는 "그 자식을 위하여"라는 말이 반복되었다는 점이다. 그러므로 히브리어 본문은 "라헬이 그 자식을 위하여 애곡하는 것이라. 그가 자식을 위하여 위로받기를 거절하였도다"가 된다. 이 차이는 본질적인 것이 아니다. 이는 문제의 그 말이 마태복음 2:18 마지막 부분에도 역시 함축되어 있기 때문이다.

다. 그 아기는 애굽으로 피신하는 중이었다. 그러나 자식을 빼앗긴 자가 마음에 받아들이기만 한다면 지금의 경우에도 역시 충만한 위로가 있었다. 그 위로는 예레미야가 말한 바와 동일하게 "공의로운 가지"에 중심을 두고 있다. 그 "공의로운 가지"는 지금 애굽으로 피하는 중에 계시나, 그에게 신뢰를 두는 모든 자들을 구원하기 위하여 곧 다시 돌아오실 것이었다. 그러므로 라헬은 더 이상 낙담해서는 안 되었다. 베들레헴에서 탄생하신 그 통치자는 언젠가 곧 돌아오셔서 이 위로의 말씀을 하실 것이었다. 곧, "수고하고 무거운 짐 진 자들아 다 내게로 오라 내가 너희를 쉬게 하리라"(마 11:28). 그는 또 이 말씀도 하실 것이다. 곧, "어린아이들을 용납하고 내게 오는 것을 금하지 말라 천국이 이런 사람의 것이니라"(마 19:14).

애굽으로부터의 귀환과 나사렛 정착 (2:19-23)

19-23절

19 헤롯이 죽은 후에 주의 사자가 애굽에서 요셉에게 현몽하여 이르되 20 일어나 아
기와 그의 어머니를 데리고 이스라엘 땅으로 가라 아기의 목숨을 찾던 자들이 죽었
느니라 하시니 21 요셉이 일어나 아기와 그의 어머니를 데리고 이스라엘 땅으로 들
어가니라 22 그러나 아켈라오가 그의 아버지 헤롯을 이어 유대의 임금 됨을 듣고 거
기로 가기를 무서워하더니 꿈에 지시하심을 받아 갈릴리 지방으로 떠나가 23 나사
렛이란 동네에 가서 사니 이는 선지자로 하신 말씀에 나사렛 사람이라 칭하리라 하
심을 이루려 함이러라

19 헤롯이 죽자, 주의 천사가 이집트에 있는 요셉의 꿈 속에 나타났습니다. 20 "일어
나라! 아기와 아기 엄마를 데리고 이스라엘 땅으로 돌아가거라. 아기의 목숨을 노
리던 사람들이 죽었다." 21 그래서 요셉은 아기와 아기 엄마를 데리고 이스라엘 땅
으로 갔습니다. 22 그러나 아켈라오가 아버지 헤롯의 뒤를 이어 유대의 왕이 되었다
는 소식을 듣고, 요셉은 그곳으로 가는 것을 두려워했습니다. 꿈에서 지시를 받고
나서 요셉은 갈릴리 지방으로 갔습니다. 23 그는 나사렛이라는 마을로 가서, 거기서
살았습니다. 그래서 예언자를 통해서 "그는 나사렛 사람이라 불릴 것이다"라고 말
씀하신 것이 이루어졌습니다.

_아가페 쉬운성경

[19] [20] 헤롯이 죽은 후에.

그 거룩한 가족은 헤롯이 죽기 전에 애굽에서 오랫동안 머물렀던 것 같지는 않다. 교회사가 요세푸스는 헤롯의 마지막 와병 기간 중에 일어났던 사건들을 매우 상세히 진술했다. 그 당시에는 병리학적인 진단 방법이 아직 미개한 상태에 있었으므로, 현대적인 의학 용어로 그 폭군의 죽음을 초래하게 한 **병명** 혹은 **병발증**을 밝혀서 말하는 것은 상당히 위험스러운 일이 될 것이다. 어떤 이들은 그가 열렬한 운동가였다는 사실을 우리에게 상기시키고 그의 죽음이 심장병과 관련이 있지 않을까 추측한다. 이와 밀접하게 관련하여 다른 어떤 이들은 그의 병을 매우 악화된 상태의 동맥경화증으로 풀이한다. 또 다른 어떤 이들은 신장의 기능 저하로 인한 심장 질환 혹은 수종증(水腫症)으로 말한다. 또 간경변증을 언급하는 이도 있다. 요세푸스는 헤롯의 병증세에 관하여 기술하기를, 썩어 문드러진 내장, 곪아서 구더기가 생긴 음낭, 악취가 진동하는 숨, 끊임없이 일어나는 경련 등을 상세히 언급했다. 의사나 온탕 요법, 그 어떤 것으로도 헤롯을 회복시키지 못했다.

죽기 직전에 헤롯은 유대인들이 자기를 얼마나 증오하고 있으며, 그가 죽은 사실이 공포되면 그들이 환호성을 울리며 기뻐할 것이라는 사실을 알고는, "전 유대 민족의 주요 인사들"을 자기 앞으로 소집하도록 명을 내렸다. 그 명령에 따라 그에게 나아온 자들은 모조리 다 여리고의 경기장에 감금시키도록 했다. 그러고 나서 헤롯은 자기의 간악한 누이 살로메와 그 남편 알렉사스(Alexas)에게, 무엇보다도 가장 괴로운 것은 애도를 받지 못하고 죽게 되는 일이므로, 두 사람은 자기가 죽을 때 경기장 안에 감금해 놓은 유대 지도자들을 모두 다 죽이라고 명령하였다. 그래서 비록 자기의 죽음을 **애도하는 곡**이 되지는 않겠지만 아무튼 자기가 죽는 **그때**, 누구를 위한 곡이 되었든 애곡 소리가 들리게 해 달라고 일러두었다. 두 사람은 그렇게 할 것을 약속하였다. 그러나 일단 헤롯이 죽고 나자 그 끔찍한 학살 계획은 중단되었다.

헤롯이 그의 아내 도리스(Doris: p. 309의 도표를 보라)에게서 얻은 장자 안티파테르는, 아버지 헤롯이 너무나 오랫동안 권좌를 지키고 있기 때문에, 자기는 그 자리에 오르기도 전에 늙어 버릴 것이라고 그의 어머니에게 불평을 해왔었다. 그 후에 확보된 증언에 의하면, 안티파테르가 그의 아버지 헤롯을 독살하려는 음모에 깊이 관련되었다는 것이었다. 재판이 열린 자리에서 안티파테르는 그 사실을 부인했으나 그의 유죄가 입증되었다. 살로메는 오라비 헤롯을 부추겨서 안티파테르를 죽일 것을 간하였다. 로마는 그것을 허가했다. 이 모든 일들이 헤롯이 임종을 눈 앞에 두었을 때 일어났다. 집안 싸움과 육체적 고통 그리고 정신적인 갈등 속에서 헤롯은 갑자기 손에 쥐고 사과를 깎던 칼로 자살하려고 했다. 민첩한 조카 하나가 그것을 알아차리고는 재빨리 손을 써서 막았다. 그 조카의 고함 소리가 궁전 안에 요란하게 울렸기 때문에 헤롯이 실제로 죽은 것으로 오인되었다. 안티파테르는 그 소식을 사실로 믿고 대담해져서 자기를 지키던 간수에게 후일에 큰 보상을 약속하며 풀어줄 것을 설득하였다. 다 죽어가던 헤롯 왕은 이 사실을 알고 당장에 아들 안티파테르를 처형하도록 명하였다. 그 명령은 즉시 시행되었다. 이리하여 헤롯은 자기 혈통 중 직접 명령하여 처형시킨 자의 명단에 또 하나의 이름을 추가시켰다. 이 일이 있은 지 닷새 만에 헤롯 자신도 숨을 거두고 말았다.

헤롯의 장례식은 헤롯과 말다게(Malthace) 사이에서 태어난 아켈라오(마 2:22. p. 309 도표를 보라)가 맡아서 성대하게 치렀다. 헤롯의 시체는 붉은 천으로 싸였다. 그의 머리에는 금관이 씌워졌고 그의 손에는 규가 들렸다. 그의 시체를 안치한 관은 줄줄이 값진 보석들이 박힌 튼튼한 금제 관이었다. 500명의 종들이 향품을 지고 따라갔다. 지금도 사막을 가로질러 베들레헴에서 여리고로 향하는 길을 따라가다 보면 그의 장지였던 쓸쓸한 헤로데이온의 폐허가 눈에 띈다.

요세푸스는 헤롯의 생애를 다음과 같이 요약했다. "헤롯은 모든 사람에 대해서 똑같이 극도로 잔혹한 인간이었으며, 자기의 분노에 얽매여 살았던 노예였다."

본문은 계속된다. 헤롯이 죽은 후에

주의 사자가 애굽에서 요셉에게 현몽하여 이르되 일어나 아기와 그의 어머니를 데리고.

여기서 "애굽에서"라는 말만 빼내면 마태복음 2:13의 내용과 동일한 구절이 된다. 마태복음 2:13에서 천사는, 요셉이 애굽에서 떠날 때가 이르면 그가 다시 와서 지시하리라는 약속을 하였었다. 그 약속이 이제 이루어지게 되었다. 계시의 한 방편으로서의 꿈에 관하여는 앞의 마태복음 2:12 주석을 보라. 다음에

이스라엘 땅으로 가라 아기의 목숨을 찾던 자들이 죽었느니라 하시니.

헤롯은 죽었다. 요셉은 아기의 목숨을 찾던 다른 모든 자들도 역시 죽었다는 사실을 알아야 한다.[195] 요셉에게 임한 주의 사자의 지시의 일반적인 성격을 주목하여 보라. 요셉은 이스라엘 땅의 어느 곳으로 가라는 구체적인 지시를 받지 않았다. 그 지시는 이제 잠시 뒤(22절 하반절)에 내려질 것이다.

[21] 요셉이 일어나 아기와 그의 어머니를 데리고 이스라엘 땅으로 들어가니라.

언제나 그리하였듯이 요셉은 이번에도 순종한다. 이스라엘 땅에 들어온 그는 아마도 베들레헴에 정착하기로 작정했을 것이다. 애굽으로 내려가기 전에 그는 베들레헴에서 여러 친구들과 친척들 그리고 일거리를 찾아냈을 것이 틀림없다.

그뿐만 아니라 그들의 아기 때문에도 역시 요셉과 마리아가 그곳에 정착하기로 결심했을 것이다. 베들레헴은 유대 신앙 생활의 중심지요 또한 성전이 세워져 있는 "거룩한 도성" 예루살렘에 가까이 위치해 있지 않은가? 그러나 요셉의 계획을 변경시키는 어떤 일이 일어났다.

195) "아기의 목숨을 찾던 자" 대신에 복수 "…찾던 자들"은 이해하기가 좀 어렵다. 그래서 "헤롯과 그의 군병들"이 제안되었다. 그러나 그의 모든 군병들이 다 죽었다는 말인가? Gram.N.T.(Bl.-Debr), par. 141에서 "암시적인 복수"라는 용어가 언급되었다. 아마도 천사들은 아기의 목숨을 찾던 자들이 절대적으로 하나도 남지 않았다는 사실을 강조하고자 했을 것이다. *ψυχή*("목숨")의 의미에 관하여는 6:25 주석을 보라.

[22] 그러나 아켈라오가 그의 아버지 헤롯을 이어 유대의 임금 됨을 듣고 거기로 가기를 무서워하더니 꿈에 지시하심을 받아 갈릴리 지방으로 떠나가.

이 구절을 이해하기 위해서는 먼저 헤롯 대왕이 죽기 전에 여러 차례 그 내용을 번복했던 유언장을 남겼다는 사실을 명심해야 할 것이다. 그 유언장의 마지막으로 고친 내용은 로마 정부의 승인을 받아 그대로 이행될 수 있었다.

그리하여 헤롯이 죽자 그의 아내 말다게에게서 낳은 아들 헤롯 안디바스(Herod Antipas)는 갈릴리와 베레아 지역을 다스리는 **분봉왕**이 되었고, 말다게에게서 낳은 다른 아들 헤롯 아켈라오(Herod Archelaus)는 유대와 사마리아와 및 이두매의 **통치자**가 되었으며, 헤롯의 다른 아내 예루살렘의 클레오파트라(Cleopatra of Jerusalem: 훨씬 더 널리 알려진 이집트의 클레오파트라와 혼동하지 말라)에게서 낳은 아들 헤롯 빌립(Herod Philip)은 북쪽 영토 곧 이두래(Iturea), 드라고닛(Trachonitis), 가울라닛(Gaulanitis), 아우라닛(Auranitis) 그리고 밧다내(Batanea) 지역을 다스리는 **분봉왕**이 되었다. 여기서 왕(king: 헤롯 대왕), 통치자(ethnarch: 헤롯 아켈라오 임금), 분봉왕(tetrarch: 헤롯 안디바스와 및 헤롯 빌립)은 각각 그 순위대로 권위와 특권에 차이가 있었음을 알아야 한다.

아켈라오가 그의 아버지 헤롯을 이어 유대의 임금이 되었다는 말을 듣고, 요셉은 베들레헴에 정착하기를 두려워했다. 요셉이 이처럼 두려워한 이유는 다음의 설명에서 분명해질 것이다. 곧, 헤롯 대왕은 그의 생전에 예루살렘 성전의 문 위에 거대한 황금 독수리 상을 세우도록 명한 일이 있었다. 신앙을 절대적으로 신중하게 여기는 유대인들에게는 이것이 증오의 대상이 되었다. 그 이유는 a. 이 같은 일은 그들이 해석하는 바와 같이 출애굽기 20:4에 대한 위배행위이며 b. 더욱이 독수리 상은 로마의 위엄을 상징하는 우상이기 때문이었다. 로마 군병들은 그들의 군기에 장엄한 독수리 상을 달고 있었다. 로마인들의 신전에도 역시 독수리 상들이 진열되어 있었다. 헬라인뿐만 아니라 로마인들도 마찬가지로 그들의 주신(헬라인들의 주신은 제우스요, 로마인들의 주신은 주피터이다)과 독수리 사이를 밀접하게 연관시켰던 점으로 미루어 보아, 그들은 어떤 의미에서 그들의 신에 대한 상징적인 존재로 독수리를 강력하게 부각시켰던 것이 아닐까?

모든 경건한 유대인들에 의해서 하나님의 율법 전문가로 인정받았던 두 사람의 유명한 유대교 선생 유다스(Judas)와 맛디아스(Matthias)는, 그들의 제자들에게 용기를 북돋워 주며 성전 문 위에 세워진 이 독수리상을 파괴하도록 권하였다. 존경하는 선생들로부터 부추김을 받은 몇몇 젊은 제자들은, 어떠한 희생을 치르고서라도 그 일을 해내기로 굳게 결심했다. 그리하여 이들은 한밤중에 성전 지붕 위로 기어올라 가서 그 독수리 상을 끌어내린 후 도끼로 가루를 만들었다. 그러나 이 젊은이들은 곧 체포되어 헤롯 앞으로 끌려가게 되었다.

와병 중에 있던 헤롯 대왕은 예루살렘에서 폭동이 일어날 것을 우려하여, 이들을 여리고로 데리고 가서 그곳에서 심문하도록 명하였다. 헤롯 대왕은 극심한 고통 중에 있었음에도 불구하고 몸소 여리고까지 따라갔다. 결국 그 젊은이들은 가벼운 형벌을 받았으나 그 선생들은 처형되었고 그들의 시체는 수치스럽게 매장되었다.

이윽고 헤롯 대왕은 죽었다. 그러고 나자 유월절이 다가왔다. 이 절기 중에, 그 존경받던 두 율법 선생이 처형당한 일로 증오심을 품고 있던 유대인들이 예루살렘에서 큰 폭동을 일으켰다. 헤롯 대왕의 대를 이어 예루살렘의 새 통치자가 된 아켈라오는 아버지의 기질을 그대로 물려받았던 것 같다. 아켈라오는 이 반란을 진압하기 위하여 매우 가혹한 방법을 사용했고, 그 결과 예루살렘에서 약 3천 명의 백성이 죽었다. 이 죽은 무리 가운데는 유월절에 참석하기 위해 먼 곳에서부터 온 순례자들도 적지 않게 섞여 있었다.

요셉이 갈릴리 지방으로 떠난 후에도 아켈라오는 여전히 그의 포악성을 드러냈다. 결국 아켈라오의 포악한 통치에 견디다 못한 유대 및 사마리아 지도자들은 로마에 불만을 호소하기에 이르렀고, 그 결과 아켈라오는 그의 통치 9년 만에 폐위되고 말았다(A.D. 6). 그 후 로마 정부는 아켈라오의 자리에 "총독"을 임명했다. 이 총독의 자리에 앉았던 인물들 가운데 가장 널리 알려진 자가 바로 예수를 십자가에 못 박도록 선고한 본디오 빌라도(Pontius Pilate: 마 27:2, 26)였다.

이 같은 아켈라오의 잔인성은 요셉이 왜 유대 정착을 재고하게 되었는가를 잘 설명해 준다. 그럼에도 불구하고 앞서 언급한 바와 같이, 그들의 정착지로서 베들레헴이 강력히 요셉의 마음에 떠올랐다. 분명히 요셉으로서는 이 문제를 결정짓기가 매우 힘들었을 것이다. 주저하던 요셉은 꿈에 확실한 결론을 얻었다. 이번에는 앞서 있었던 세 차례의 꿈에서처럼 천사가 나타나지 않았다. 이 꿈에서 요셉은 갈릴리 지방으로 가라는 지시를 받았다. 그는 이 지시에 순종했다.

[23] 나사렛이란 동네에 가서 사니 이는 선지자로 하신 말씀에 나사렛 사람이라 칭하리라 하심을 이루려 함이러라.

이 구절은 다음과 같이 풀어서 설명할 수 있다. 곧, "갈릴리에 도착한 요셉은 자발적으로, 그러나 하나님의 섭리의 지시 아래 그가 이전에 거주했던 곳 나사렛이란 동네로 되돌아갔다"(눅 2:4, 39).

이는 요셉이 그의 가족과 함께 나사렛에 와서 정착하는 이 행위 안에서 구약성경의 예언, 곧 메시아가 멸시와 배척을 당하리라는 예언이 성취될 것이기 때문이다. 나사렛은 한낱 보잘것없는 동리로 여겨졌으므로 그곳 주민들 역시 그러한 취급을 받았다.

그래서 당시 예수를 향하여 나사렛 사람이라고 지칭하는 말에도 역시 일종의 경멸과 무시의 의미가 포함되어 있었음을 알 수 있다. 다음의 성경 구절에 메시아가 사람들에게 멸시를 당하고 배척을 받으실 것을 분명히 예언하고 있다. 곧, 시편 22:6-8, 13; 69:8, 20, 21; 이사야 11:1; 49:7; 53:2, 3, 8; 다니엘 9:26 등이다. 예수께서 이 지상에 계시는 동안 무시당하는 나사렛 사람으로 알려지셨고 베들레헴 사람으로는 알려지지 않으셨음이 요한복음 1:45, 46; 7:42 등과 같은 구절들에서 분명해진다. 예수는 참으로 "멸시를 받아서 사람들에게 버림"받으셨는데 이것에 관하여는 다음의 성구를 참조하라. 마태복음 12:24; 27:21-23, 63; 누가복음 23:11;

헤롯 대왕의 가계 도표(신약성경 연구에 필요한 범위 내에서)

헤 롯 대 왕				
출신을 모르는 도리스(Doris) 에게서	알렉산더의 딸 마리암네 I세에게서 (pp. 261–262의 도표 참조)	시몬의 딸 마리암네 II세에게서	사마리아 여인 말다게에게서	예루살렘의 클레오파트라 에게서
안티파테르 (Antipater)	아리스토불루스와 알렉산더 → **헤롯 아그립바 I세** 행 12장 → 헤로디아(1) 마 14:3 헤롯 아그립바 I세 → **헤롯 아그립바 II세** 행 25, 26장 버니게 행 25:13, 23; 26:30 드루실라 행 24:24	헤롯 빌립(헤로디아(2)와 결혼) 마 14:3 → 살로메(1) 마 14:6	**헤롯 안디바스**와 **아켈라오** 마 14:1 마 2:22 눅 3:1 헤로디아(3)와 결혼 마 14:3	**빌립** 눅 3:1 살로메(2)와 결혼

1. 고딕체로 표기된 인물은 통치자를 가리킨다.
2. 헤롯의 열 명의 아내 가운데서 여기에는 단지 다섯만 나타나 있다. 요세푸스가 언급하는 다른 세 아내는 신약성경 역사에 아무런 중요성을 갖지 못한다. 나머지 두 아내의 이름은 알 수 없다.
3. 헤로디아(1), (2), (3)의 의미 : 먼저 (1)은 아리스토불루스의 딸이다. 다음에 (2)는 그 헤로디아가 헤롯 빌립과 결혼하여 그의 아내가 된 것을 뜻한다. 마지막으로 (3)은 헤롯 안디바스가 자기 아내와 이혼하고 빌립의 아내인 그 헤로디아와 결혼한 것을 뜻한다.
4. 헤로디아가 중혼한 사실이 신약성경에 언급되어 있으므로 이 도표에서도 역시 표시했다. 너무 복잡하지 않도록 하기 위해서 살로메의 결혼은 그 초혼만 언급했다. 더 상세한 도표에 관하여는 S.H.E.R.K. Vol.V, p.245를 보라. 헤롯 대왕과 도리스의 결혼은 헤롯의 생애를 요약하는 가운데 도리스와 그 아들에 관하여 언급한 바 있으므로 이 도표에 표시했다.
5. 살로메(1),(2)의 의미 : 먼저 (1)의 살로메는 헤롯 빌립이 헤로디아에게서 낳은 딸이었다. 다음에 (2)의 살로메는 분봉왕 빌립과 결혼했다.

요한복음 1:11; 5:18; 6:66; 9:22, 24. 예수는 또한 “나사렛 이단의 우두머리”라는 칭함을 받으셨다. 이것에 관하여는 사도행전 24:5을 참조하라.

그러므로 우리는 여기서 다시 한 번 예언의 분명한 성취를 보게 된다. 그러나 그것은 구약성경의 어떤 특정한 구절에 대한 성취가 아니라 “구약 선지자들”의 일반적인 메시아 예언에 대한 성취이다.[196]

마태복음에 나오는 그리스도의 탄생 기사와 누가복음에 나오는 탄생 기사를 대조시켜 보면, 틀림없이 영감으로 기록된 그 두 내용들이 고상하게 일치하고 조화를 이루는 사실을 알 수 있다. 마태복음은 그리스도가 베들레헴에서 탄생하신 사실이 어떻게 해서 점차 잊히게 되었는가를 보여 준다. 헤롯의 살인 행위는 그 거룩한 가족을 일단 애굽으로 피신하게 하였다가 그 후에 나사렛으로 돌아와 그곳에 정착하게 했다. 그래서 마태복음은 예수께서 비록 베들레헴에서 탄생하였으나(마 2:1) **나사렛 사람으**

---

196) 부정확한 견해들 :

1. 마태는 분명한 한 구절 곧 히브리어 **네체르**(*netser*)라는 말의 사용에 있어서, **나사렛**을 가리키고 있는 이사야서 11:1을 생각하고 있다.

답 : 이 히브리어 단어와 헬라어 단어 *Ναζαρέτ* 사이에 어떤 어원적인 관련이 있음을 보여 줄 수는 없다. 그 외에도 마태는 “그 선지자”라 하지 않고 “그 선지자들”이라고 말한다. 또 그는 어떤 구절을 인용하려는 듯이 “말씀하신 바”라는 말을 덧붙이고 있지 않다. 그러므로 아마도 여기서 사용되고 있는 *ὅτι*는 그 다음에 따옴표로 묶여지는 문장을 수반하거나, 혹은 관계대명사 that으로 해석할 것이 아니라, “이는” 혹은 “왜냐하면”으로 해석해야 할 것이다. 이 모든 것은 이사야서 11:1이 마태가 언급하고 있는 구절들의 목록에서 배제되어야 할 것을 의미하지는 않는다. 그 구절이 마땅히 포함되어야 할 것이나, 그 구절이 직접적으로 나사렛을 언급하리라고 가정하는 이유에서가 아니라, 그 구절이 다른 여러 구절들과 함께 메시아의 낮은 신분에 관해 언급한다는 이유에서 포함되어야 할 것이다. 그러나 예수를 “나사렛 사람” 혹은 “나사렛 출신”으로 부르는 것이 **필연적으로** 경멸을 암시하는 것은 아니라는 점이 즉시 덧붙여져야 할 것이다. 사실상 대부분의 경우들에 있어서 그 명칭은 *Ναζαραῖος*(마 26:71 등)의 형태를 취하든지 아니면 *Ναζαρηνός*(막 1:24 등)의 형태를 취하든지 간에 좋지 않은 의미를 포함하고 있지는 않다. 예수께서도 자기 자신에 대하여 이 명칭을 사용하신 적이 있다(행 22:8).

2. **나사렛 사람**(*Nazarene*)은 **나실인**(*Nazirite*), 곧 특별히 자신을 여호와께 구별하여 드린 사람을 가리킨다. 민수기 6장을 보라.

답 : 문맥은 어디까지나 **나사렛 사람**을 **나사렛**에 연관시키고 있는 것이며, 특별히 자신을 여호와께 구별하여 드린다는 개념과는 아무런 연관을 맺고 있지 않다.

로 불리신 사실(마 2:23; 21:11; 26:71; 요 1:45, 46; 7:42)을 말하고 있다. 한편 누가복음은 예수께서 비록 나사렛에서 자라나셨으나(눅 2:4, 51) 사실은 **베들레헴**에서 탄생하셨음을 밝혀 준다(눅 2:4, 7). 이 두 장소(베들레헴과 나사렛)는 예수께서 진정 구약성경의 모든 예언이 가리켜 말씀한 그리스도이심을 보여 주는 일에(마 2:5, 6; 2:23) 협력하고 있다.

2장의 종합

1. 동방 박사들(1-12절)

박사들의 여행(1절)

"동방"(메대-바사? 바벨론?)으로부터 박사들이 예루살렘에 도착한다. 박사들이 모두 몇 명이나 왔으며, 저들이 무슨 복장을 하고 있었는지, 저들의 이름이 무엇이었으며, 그 뒤로는 어떻게 되었는지, 저들이 언제 죽었으며 그리고 저들이 어느 곳에 장사되었는지에 관해서는 알려진 바 없다.

박사들의 질문(2절)

박사들은 "유대인의 왕으로 오신 이가 어디 계시냐?" 하고 묻는다. 이들이 동방의 지평선 위 하늘에서 처음 보았던 그 이상한 "별"은 이들에 의해서 정확하게 유대인의 왕 메시아의 탄생을 가리켜 주는 것으로 해석되었다. 이 발광체의 정확한 성질 혹은 정체에 관해서는 알려진 바 없다. 또한 무엇이 박사들로 하여금 그 "별"의 출현을 그리스도의 탄생에 연관시키게 만들었는지에 관해서도 역시 분명하지 않다. 한 가지 중요한 사실은 박사들이 먼 곳으로부터 새로 나신 그 왕께 경배드리기 위하여 왔다는 것이다. 그 아기께 경배드리기 위해서는 먼저 박사들이 그가 계신 곳을 찾아내야만 했다.

박사들이 불러일으킨 소동(3절)

헤롯 왕은 간교하고 시기 질투가 가득하며 잔인하고 의심이 많으며 피로 얼룩진 생애를 살았다. 헤롯 왕은 죽음을 눈앞에 두었으나 여전히 자기의 권좌를 노리는 자들에 대하여 사악한 생각으로 경계를 게을리하지 않던 중에, 박사들의 질문을 듣고 놀라 소동한다. 온 예루살렘도 역시 그 말을 듣고 이번에는 또 누가 그리고 얼마나 많은 사람들이 저 사악한 헤롯의 광기에 희생될 것인가를 생각하고 소동한다.

박사들이 불러일으킨 회합(4-8절)

박사들이 이 같은 회의를 주선한 것이 아니라, 이들의 도착과 질문이 결과적으로 이 같은 회의를 불러일으킨 것이었다. 두 차례의 회의가 있었는데 두 번 다 병적으로 겁을 먹은 헤롯 왕에 의해서 소집되었다.

첫 번째 회합은 헤롯과 유대 최고법정인 산헤드린 공회와의 회의였다. 이 모임에서 헤롯은 그리스도가 예언에 따라 어디서 태어날 것인가를 알고자 한다. 자기 권좌에 대한 잠재적인 위험인물을 죽이기 위해서는 먼저 그가 어디에 있는가를 알아내야만 했다! 왕은 산헤드린 공회로부터 "베들레헴에서"라는 대답을 듣는다. 헤롯 왕과 산헤드린 공회뿐만 아니라 마태 자신도 역시, 구약성경 미가서 5:2이, 분명히 한 인물 곧 그 당시 미가 선지자의 때가 아니라 그보다 훨씬 뒤에 탄생할 인물을 가리킨다는 사실을 인정했다.

자기가 바라던 정보를 얻어낸 헤롯은 은밀히 박사들과 만난다. 자기의 본 의도를 숨기고 헤롯은 박사들에게 그 별이 처음 나타난 때를 자세히 묻는다. 그는 새로 탄생한 그 아기의 나이를 정확히 알고 싶어 했다. 이는 그 아기에 대하여 더 자세히 알면 알수록 그만큼 처치하기가 용이하기 때문이었다! 유대인의 왕 메시아가 탄생한 때와 장소를 알아낸 헤롯은 박사들을 베들레헴으로 보내며 거짓으로 말하기를, "가서 아기에 대하여 자세히 알아보고 찾거든 내게 고하여 나도 가서 그에게 경배하게 하라"고 지시한다.

박사들이 받은 인도(9, 10절)

박사들이 왕의 말을 듣고 베들레헴을 향해 가던 중, 갑자기 동방에서 보던 그 별을 다시 발견하고 크게 기뻐한다. 그 별은 박사들의 앞에서 인도하여 가다가 아기 있는 곳 위에 머물러 선다.

박사들이 드린 경배(11절)

그 집에 들어가 박사들은 "아기와 그의 어머니 마리아가 함께 있는 것"—순서상 아기가 그의 어머니 마리아보다 먼저 언급되고 있음에 유의하라—을 본다. 아기를 보는 순간 박사들은 엎드려 그 아기께 경배드린다. 다시 일어난 박사들은 그들이 가져온 보배합을 열어 아기께 세 가지 예물—"왕에게 드리는 황금, 죽은 자에게 드리는 몰약, 하나님께 드리는 유향"(오리겐)—을 드린다. 박사들이 어느 정도까지 그들이 엎드려 경배한 아기의 본성을 이해하였으며, 또 그들이 드린 예물들이 아기께 얼마나 합당한가를 깨달았는지에 관해서는 나타나 있지 않다. 그러나 의심할 여지 없이 박사들이 아기께 드린 경배와 예물은 하나님께서 받으실 만한 것이었다.

박사들이 받은 지시(12절)

박사들은 꿈에 헤롯에게로 돌아가지 말라는 지시를 받는다. 그들은 그 지시에 따라 다른 길(여리고와 요단강을 지나는 길?)로 고국에 돌아간다. 질문 : 박사들이 그리함으로써 헤롯 왕과의 약속을 깨뜨리는 잘못을 범하지 않았는가? 답 : a. 박사들이 다시 돌아가겠다고 헤롯에게 약속했다는 사실이 증명될 수 있는가?(9절) b. 만일 박사들이 헤롯과 그러한 약속을 했다 하더라도 그것이 사악한 약속임을 깨닫고 그 약속을 깨뜨린 것이 무슨 잘못이겠는가?

중요한 교훈 : 유대인뿐만 아니라 이방인들도 역시 하나님의 구속 계획 안에 포함되어 있다(마 8:11; 28:19. 참조. 롬 10:12).

2. 애굽으로의 피신(13–15절)

주의 사자의 분부(13절)

시몬이 말한 그 칼(눅 2:34, 35)은 이미 마리아의 마음을 찌르기 시작했다. 이는 꿈에 주의 사자가 요셉에게 지시하기를, 즉시 일어나 아기와 그의 어머니를 데리고 애굽으로 피하여 다시 지시가 있을 때까지 거기 있으라고 했기 때문이다. 요셉이 그의 가족을 데리고 애굽으로 피해야 할 이유는 헤롯이 아기를 찾아 죽이려 했기 때문이며, 또한 애굽은 팔레스타인에서 그리 멀지 아니한 곳에 위치했기 때문이었다. 그 밖에도 애굽에는 유대인 동포들이 많이 살고 있었다. 또한 헤롯의 통치권 밖에 있었다. 이 구절에서 하나님의 친절한 돌보심과 보호, 헤롯의 지독한 잔인성 그리고 그 아기의 대리적인 낮아지심의 또 한 단계가 나타나고 있다.

요셉의 순종(14절)

예수 그리스도의 탄생 기사에서 요셉은 이행하기 어려운 분부에도 말없이 순종하는 것으로 묘사된다. 요셉은 밤중에 일어나서 즉시 아기와 그의 어머니를 데리고 애굽을 향하여 길을 떠난다.

예언의 성취(15절)

마태는 이 애굽으로의 피신과 그 후에 있는 애굽으로부터의 귀환에서, 호세아 11:1의 내 아들을 "애굽에서 불렀다"라는 말씀이 성취된 사실을 본다. 옛적 모세 시대에 이스라엘 백성이 출애굽할 그때, 이스라엘 백성뿐만 아니라 어떤 의미에서는 메시아도 함께 불러냄을 받았다. 이는 만일 이스라엘 백성이 애굽에서 망했다면 창세기 22:18; 26:4; 28:14 그리고 49:10 등의 메시아에 관한 예언들이 성취될 수 없었을 것이기 때문이다. 이제 그리스도의 성육신에 관련하여 그의 애굽으로의 피하심, 그곳에 잠시 머물러 계심(13-15절) 그리고 애굽으로부터의 귀환(마 2:20, 21)에서 옛 역사가 다시 재현된다. 이스라엘 백성이 애굽에서 겪은 일들이 그리스도 안에서 요약되고 있다.

구속사에 있어서 모든 일들이 하나님의 영원하신 계획에 따라 진행되어 간다는 사실을 아는 것은 위안이 된다. 그러므로 우리의 구원은 확고한 기초 위에 근거를 두고 있다.

3. 유아들의 살육(16-18절)

헤롯의 살육 행위(16절)

박사들이 헤롯에게로 돌아가지 않은 일은 헤롯을 심히 노하게 한다. 헤롯의 명령에 따라 베들레헴과 그 모든 지경 안에 있는 사내아이가 두 살부터 그 아래로 다 죽임을 당한다. 이 얼마나 잔인한 행위란 말인가! 이 얼마나 무모한 일이란 말인가! 헤롯의 분노의 주된 대상이 된 그 아기는 이미 그의 칼을 피하여 안전히 애굽으로 향하여 내려가고 있지 않은가!

이 기사의 역사성이 어떤 이들에 의해서 배척되는데, 그들은 이 기사를 헤롯에 대한 초대교회의 적대 감정을 나타낸 표현으로 간주한다. 그러나 마태복음의 이 기사는 다른 자료들로부터 수집한 헤롯 왕의 생애에 관한 증거들과 일치된다.

예언에 비추어 본 헤롯의 행위(17, 18절)

유아들을 살육한 헤롯의 잔인한 행위에서 마태는 예레미야 31:15의 "라마에서 슬퍼하며 통곡하는 소리가 들리니 라헬이 그 자식을 위하여 애곡하는 것이라 그가 자식이 없으므로 위로받기를 거절하는도다" 하는 말씀이 성취된 사실을 본다. pp. 300-302의 주석을 보라.

"유대인의 왕 헤롯"과 "유대인의 왕 예수"의 비교

헤 롯	예 수
이기적이며 제멋대로임	자기 부정적이며 자기 희생적임 (16:24; 20:28. 참조. 요 10:11, 15)
사탄에게 굴복함	사탄을 정복하심 (마 4:1-11. 참조. 요 12:31, 32)
파괴자요 살인자	구주 (마 1:21. 참조. 눅 19:10; 요 3:16; 딤전 1:15)
심지어 유아들에게까지 잔인무도한 자	어린아이들에게도 역시 친절하신 분 (마 15:32; 19:14; 눅 23:24)

모든 것을 잃은 자	모든 것을 가지셨으며 하늘과 땅의 모든 권세를 소유하신 분 (마 11:27; 28:18)

4. 애굽으로부터의 귀환과 나사렛 정착(19-23절)

귀환 지시(19, 20절)

약속한 대로 주의 사자는 애굽에서 요셉에게 다시 현몽하여 아기의 목숨을 찾던 자들이 죽었으니, 일어나 아기와 그 모친을 데리고 이스라엘 땅으로 가라는 지시를 내린다.

귀환(21절)

이스라엘 땅으로 들어온 요셉은 그의 가족과 함께 분명히 베들레헴으로 향했을 것이다.

나사렛 정착(22, 23절)

요셉은 그의 아버지 헤롯 못지않게 잔인한 아켈라오가 이제 유대의 임금이 되었다는 소식을 듣는다. 그래서 요셉은 꿈에 지시하심을 받아 갈릴리 지방으로 떠나가, 그가 이전에 살았던 곳 나사렛이란 동네에 와서 정착한다. 그러므로 예수께서는 무시당하는 나사렛 동리의 주민으로("나사렛 사람") 알려지게 된다. 이리하여 그는 "멸시를 받아 사람들에게 버림" 받기에 이른다(사 53:3. 참조. 사 11:1; 시 22:6, 7, 13 등).

제3장의 개요

Matthew

3

주제 : 아버지께서 아들에게 맡기신 사역

3:1–12 세례 요한의 사역

3:13–17 예수께서 세례 받으심

제 3 장

세례 요한의 사역 (3:1-12)

마가복음 1:3-8; 누가복음 3:4-18; 요한복음 1:6-8, 15-18[197] 참조

1-12절

1 그때에 세례 요한이 이르러 유대 광야에서 전파하여 말하되 2 회개하라[198] 천국
이 가까이 왔느니라하였으니 3 그는 선지자 이사야를 통하여 말씀하신 자라 일렀으
되 광야에 외치는 자의 소리가 있어 이르되 너희는 주의 길을 준비하라 그가 오실
길을 곧게 하라 하였느니라 4 이 요한은 낙타털 옷을 입고 허리에 가죽 띠를 띠고
음식은 메뚜기와 석청이었더라 5 이때에 예루살렘과 온 유대와 요단 강 사방에서
다 그에게 나아와 6 자기들의 죄를 자복하고 요단 강에서 그에게 세례를 받더니 7
요한이 많은 바리새인들과 사두개인들이 세례 베푸는 데로 오는 것을 보고 이르되
독사의 자식들아 누가 너희를 가르쳐 임박한 진노를 피하라 하더냐 8 그러므로 회
개에 합당한 열매를 맺고 9 속으로 아브라함이 우리 조상이라고 생각하지 말라 내
가 너희에게 이르노니 하나님이 능히 이 돌들로도 아브라함의 자손이 되게 하시리
라 10 이미 도끼가 나무뿌리에 놓였으니 좋은 열매를 맺지 아니하는 나무마다 찍혀
불에 던져지리라 11 나는 너희로 회개하게 하기 위하여 물로 세례를 베풀거니와 내
뒤에 오시는 이는 나보다 능력이 많으시니 나는 그의 신을 들기도 감당하지 못하겠
노라 그는 성령과 불로 너희에게 세례를 베푸실 것이요 12 손에 키를 들고 자기의
타작마당을 정하게 하사 알곡은 모아 곳간에 들이고 쭉정이는 꺼지지 않는 불에 태
우시리라

1 그 무렵, 세례자 요한이 나타나서, 유대의 광야에서 전도를 시작하였습니다. 2 요
한은 이렇게 말했습니다. "회개하시오. 하늘나라가 가까이 왔습니다." 3 세례자 요
한은 예언자 이사야가 말한 바로 그 사람입니다. "광야에서 외치는 한 사람의 소리

197) 다른 복음서들에 대한 이 교차 언급은 단순히 대조를 위한 목적으로 표시해 두었다. 이 참조 구절들은 그 내용이 마태복음 3:1-12의 전체 내용과 병행되어 있다거나, 아니면 반영되어 있다는 개념을 전달하기 위한 의도로 표시한 것이 아니다. 그 유사성의 정도나 그 분량을 제시한 것도 아니다.

198) 혹은, "생각과 마음을 근본적으로 변화시키라." 이 구절에 해당되는 주석을 보라.

가 있다. '주님의 길을 준비하고, 주님의 길을 곧게 펴라.'" 4 요한은 낙타털로 만든
옷을 입고, 허리에 가죽띠를 둘렀습니다. 그는 메뚜기와 들에서 나는 꿀을 먹고 살
았습니다. 5 예루살렘과 유대 지방과 요단 강 주변에 사는 사람들이 모두 요한에게
나아왔습니다. 6 그들은 자신이 지은 죄를 고백하고, 요단 강에서 요한에게 세례를
받았습니다. 7 수많은 바리새파 사람과 사두개파 사람들이 세례를 받으러 왔습니
다. 요한은 그들을 보고 이렇게 말했습니다. "독사의 자식들아! 누가 너희들에게 다
가올 하나님의 벌을 피하라고 일러 주었느냐? 8 너희는 회개의 열매를 맺어라. 9 속
으로 '아브라함이 우리의 조상이다'라고 생각하지 마라. 하나님께서는 이 돌로도
아브라함의 자손이 되게 하실 수 있다. 10 도끼가 이미 나무뿌리에 놓여 있다. 좋은
열매를 맺지 못하는 나무들은 모두 찍혀 불에 던져질 것이다. 11 나는 물로 회개의
세례를 준다. 내 뒤에 오실 분은 나보다 능력이 더 많으신 분이다. 나는 그분의 신발
을 들고 다닐 자격도 없다. 그분은 너희에게 성령과 불로 세례를 주실 것이다. 12 그
분은 손에 키를 들고 타작마당을 깨끗이 하여 알곡은 곳간에 두시고, 쭉정이는 꺼지
지 않는 불에 태우실 것이다." _아가페 쉬운성경

제1장과 2장에서 마태는 우리에게 다윗의 참된 자손이시며, 동방으로부터 온 박사들의 경배를 받으신 위대하신 그리스도의 모습을 나타내 보여 주었다. 왕, 특히 **그와 같은** 왕이 자기의 가까이 오셨음을 알리기 위해 사자를 보낸다는 것은 지극히 당연한 일이다. 이 왕의 사자는 세례 요한이었다.

[1] 그때에 세례 요한이 이르러 유대 광야에서 전파하여 말하되.

"그때에"라는 표현은 매우 분명하지 못하다. 분명히 "그리스도께서 지상에 체류하실 때에"를 의미하는 데 지나지 않을 것이다. 더 정확한 연대기록에 관하여는 누가복음 3:1, 2을 보라. 만일 세례 요한이 예수 그리스도의 경우처럼(눅 3:23) 30세쯤 되었을 때 처음으로 사람들 앞에 공식 출현한 것이었다면, 요한이 예수보다 6개월 앞서 탄생하였고(눅 1:26, 36), 또 예수께서 A.D. 26년 말기 혹은 27년 초기[199]에 그의 사역을 시작하셨을 것으로 추정되므로, 요한이 무리들에게 회개의 세례를 전파한 때는 그 해(A.D. 26년) 여름 어느 때였을 가능성이 높다.

---

199) p.243을 보라.

요한에 관한 모든 것이 다 놀라웠다. 그의 갑작스러운 출현, 의복, 음식, 설교 그리고 세례 등 어느 하나 놀랍지 않은 것이 없었다. 복음서 기자 누가는 먼저 제사장 사가랴와 역시 제사장의 후손인 그의 아내 엘리사벳 사이에서 요한이 이적적으로 출생하게 된 경위를 상세히 설명하고 있다(눅 1:5-25, 41, 57-79). 그러고 나서 누가는 요한의 출생과 그의 사역의 시작 사이의 전 기간을 다음 한마디로 메우고 만다. 곧, "아이가 자라며 심령이 강하여지며 이스라엘에게 나타나는 날까지 빈 들에 있으니라"(눅 1:80). 그날 갑자기 요한은 완전히 다 자란 어른의 모습으로 큰 무리들을 대면하게 되는데, 그의 전격적인 첫 출현은 무리들에게 엘리야를 연상시켰다(왕상 17:1).

세례 요한은 "유대 광야"에서 메시지를 전파하고 있었다. 이 광야는 서쪽으로 유대 산지와 동쪽으로 요단 저지대, 남쪽으로 사해, 북쪽으로 얍복 강이 요단 강과 합류되는 지점에까지 펼쳐져 있었다. 이 광야는 석회질의 토양 위에 자갈과 바위 부스러기가 널려 있고 암벽으로 이루어져 있으며 기복이 몹시 심한 그야말로 황량하고 쓸쓸한 불모지대로서, 여기저기 띄엄띄엄 키가 작은 잡목이 눈에 띄고 뱀들이 기어 다니는 그러한 곳이었다.[200] 이 점을 감안하고 7절을 보라. 그러나 세례 요한의 활동무대가 요단 강 동편 지역에까지 확장되었던 사실이 본 복음서 3:5(요 1:28 참조)에서 분명해진다. 그의 활동무대는 요단 강 주변 전 지역-곧 요단 강 양편 전 지역-을 다 포함했다.[201]

그가 전파하여 말하되

[2] 회개하라.

세례 요한의 메시지는 장황하지 않고 간결했으며, 위로보다는 철저한 회개를 촉구하는 내용이었으며, 듣는 이의 비위를 맞추는 것이 아니라 간

---

200) L.H. Grollenberg, *op.cit.*, p.11의 반대편 지도 2를 보라. 또한 p.16의 그림 25 역시 보라.

201) 문자 그대로 원문에 ἡ περίχωρος τοῦ Ἰορδάνου로 되어 있다. R.W. Funk, "The Wilderness", *JBL* LXXVIII, Part III(1959년 9월호), pp.205-214 역시 보라.

담을 서늘하게 하는 것이었다. 세례 요한은 임박한 진노와 심판(7, 10절)을 외치는 한 사람의 전파자였다. 그가 경고하는 심판은 오직 생각과 마음을 근본적으로 개혁함으로써만 피할 수 있는 것이었다. 세례 요한의 메시지의 요지가 이곳 2절에 소개되고 있다. 그러나 오늘날 우리의 여러 번역본(영문판)에서 발견되는 바 "Repent"("참회하라")-A.V., A.R.V., R.S.V. 등-라는 말은 아마도 최선의 번역은 아닐 것이다. 그 번역은 a. "부적절하다"(W.D. Chamberlain), b. "그 말은 감정적인 요소에 부당한 우세를 보이므로 원문에 충실하지 못한 번역이다"(L. Berkhof), c. "어찌할 도리가 없는 오역이다"(A.T. Robertson), 그리고 심지어는 d. "신약성경 가운데 최악의 번역이다"(J.A. Broadus) 등의 지적을 받고 있다. 필자는 a.와 b.의 견해에 대해서는 의견을 같이하나 c.와 d.의 경우에 있어서는 그들이 너무나 가혹한 비판을 한다고 생각한다. 그 번역이 그 정도로 나쁜 것은 아니다. 세례 요한의 간결한 충고에는 분명히 *Repentance*(**참회**)의 개념이 포함되어 있다. 진심으로 죄에 대하여 슬퍼할 것과 과거의 악과 관계를 끊고자 하는 진지한 결심이 강조되어 있다(특히 마 3:6, 눅 3:13, 14). 그러나 참회란 그것이 비록 기본적인 것이긴 하나 진정한 회개의 일면만을 나타내는 말이다. 참회는 회개의 소극적인 면이라 할 수 있다. 회개의 적극적인 면은 그 참회에 합당한 열매를 맺는 일이다(마 3:8, 10). 원문에 사용된 말[202]은 뒤뿐만 아니라 앞도 내다보고 있다. 그러므로 "Repent"("참회하라")보다는 "Be converted"("회개하라")가 원문에 더 충실한 번역일 것이다. 더욱이 회개는 감정뿐 아니라 생각과 의지에까지도 영향을 미치는 행위이다. 원문에서 세례 요한이 사용하는 말은 **생활의 완전한 전환으로 이끌어 주는 생각과 마음의 근본적인 변화**[203]를 가리킨다. 고린도후서 7:8-10; 디모데후서 2:25 참조하라. 이같이 회개할 것을

202) *μετανοεῖτε*. *μετανοέω*의 제2인칭 복수 현재 명령법. 이 동사는 마태복음에서 다섯 번(3:2; 4:17; 11:20, 21; 12:41), 마가복음에서 두 번, 누가복음에서 아홉 번, 사도행전에서 다섯 번, 고린도후서에서 한 번(12:21), 그리고 요한계시록에서 열한 번 나온다. 그리고 동일 어족 명사 *μετάνοια* 역시 마태복음 3:8, 11로 시작하여 빈번히 나타난다.

촉구하는 세례 요한의 메시지는 사람들에게 엘리야를 연상시키고 있지 않은가?(왕상 18:18, 21, 37; 말 4:5, 6; 마 11:14; 17:12, 13; 막 9:11-13; 눅 1:17)

비록 요한이 세례를 상당히 중시했고, 많은 사람에게 세례를 베풀었으며, 그 일로 인하여 세례 요한으로 불리게 된 것도 사실이나, 그는 이 의식이 회개가 지적하는 생활의 근본적인 변화 없이도 어떤 구원적인 의미가 있다고는 생각지 않았음이 강조되어야 한다. 세례 요한이 가장 큰 강조점을 둔 것은 바로 생활의 근본적인 변화였다(특히 7, 8절).

요한은 "회개하라"는 말에 **"천국이 가까이 왔느니라"**를 덧붙이고 있다. 이 "천국"의 개념에 관하여는 4:23에서 더 자세히 논의할 것이다. 여기서는 다만 요한이, 메시아 예언의 성취를 통하여(pp. 137-138을 보라), 천국(곧 하나님)의 통치가 사람들의 마음과 생활 속에서 이전 어느 때보다도 더욱 강력하게 나타나는 새 시대가 바야흐로 시작되려 한다는, 아니 어떤 의미에서는 지금 도래했다는 사실을 뜻했다고 말하는 것으로 충분하다. 하나님의 절대 주권적인 은혜로 말미암아 자기의 죄를 고백하고 그 죄의 길에서 떠나 이제부터는 하나님의 영광을 위하여 살고자 하는 모든 자들을 위하여 엄청난 복들이 예비되어 있었다. 그러나 한편으로 회개하지 않는 자들에게는 하나님의 무서운 진노가 임박해 있었다. 절대 주권을 가지신 주 하나님께서는 구원과 멸망의 양자 모두에 대하여 가장 강력하게 그의 주권을 행사하려고 하셨다. 세례 요한은 구원 문제를 빼놓지는 않았으나(12절) 멸망의 문제를 더욱 강조했다(7, 8, 10-12절). 하나님의 무서운 심판을 피하고 그가 예비하신 복을 받기 위해서는 먼저 앞서 설명한 것과 같은 근본적인 변화가 있어야만 한다. 마태는 계속한다.

[3] 그는 선지자 이사야를 통하여 말씀하신 자라 일렀으되 광야에 외

---

203) W.D. Chamberlain, *The Meaning of Repentance*, Philadelphia, 1943, p.22를 보라. B.B. Warfield는 *μετάνοια*를 "뉘우침을 불러일으키며 동시에 그것이 새로이 변혁된 삶을 가져다주는 마음의 내적 변화"로 정의한다(*Biblical and Theological Studies*, Philadelphia, 1952, p.366).

치는 자의 소리가 있어 이르되 너희는 주의 길을 준비하라 그가 오실 길을 곧게 하라[204] 하였느니라.

이사야 40:3-5은 오랜 세월 동안의 포로 생활에서 풀려나 그리워하던 고국으로 돌아갈 이스라엘 백성의 행렬을 인도하실 목적으로 여호와께서 가까이 임하시는 장면을 상징적으로 묘사하고 있다. 바벨론과 팔레스타인 사이에 끼어 있는 수리아 사막에 여호와께서 임하실 길이 예비되어야만 했다. 그래서 한 사자("외치는 자")가 소리 높여 백성들에게 다음과 같이 외친다.

"너희는 광야에서 여호와의 길을 예비하라.
사막에서 우리 하나님의 대로를 평탄하게 하라."

바로 이 사자의 비유는 마태가 요한을 그리스도의 사자로 적용하는 비유이다. 세례 요한은 자신이 "나는 선지자 이사야의 말과 같이 주의 길을 곧게 하라고 광야에서 외치는 자의 소리로라"고 말함으로써, 그가 마태의 이 해석에 동의하고 있음을 보여 준다(요 1:23). 예수께서도 역시 이 해석에 의견이 일치하신다(마 11:10). 사실은 B.C. 6세기 말에 그리고 그 이후로 이스라엘 백성들이 고국으로 돌아올 때 그들에게 허락되었던 해방은, 다름 아닌 그리스도를 구주로 영접하는 모든 자들을 위하여 예비된 훨씬 더 영광스러운 해방의 상징이었음을 보여 준다. 달리 말하자면, 광야에서 외치는 자의 소리에 관한 이사야의 예언은, 메시아의 사자와 메시아 자신이 현장에 나타나기 전에는 **완전히** 성취될 수 없었다.[205]

이사야 40:3을 세례 요한에게 적용시키는 일의 정당성이 다음 사실에

---

204) p.64 역시 보라. 복음서들(마 3:3; 막 1:3; 눅 3:4)과 상당히 차이가 나는 70인역 본문에서, "광야에"라는 구절은 히브리어 원문 이사야 40:3의 마소라식 강조법에서와 같이 "예비하라"를 수식하지 않고 "외치는 자의 소리"를 수식한다. 마소라식 강조법의 문장 구조는 "광야에서 예비하라"와 "예비하라 광야에서"의 병행 관계에 의해서도 역시 지지를 받는다. 그러나 복음서들과 히브리어 원문의 차이점들은 그리 중요하지 않은 것들이다. 이는 광야에서 외치는 자는 자기를 보내신 분의 대변자로서 광야에서 주의 길을 예비하기를 원한다고 보는 것이 당연하기 때문이다.

205) 구약성경에서 **여호와**에 관하여 말씀된 바가 신약성경에서는 **그리스도**에 관하여 언급된 것이라는 사실은 아무런 놀라움도 불러일으키지 않을 것이다. 여호와로부터 그리스도에게로의 이러한 전이와 유사한 예들에 관하여는 출애굽기 17:6을 고

서 분명해진다. 곧 a. 세례 요한은 광야에서 전파하고 있었고(1절), b. 그의 유아 시절(눅 1:76, 77), 아니 그보다 더 일찍이(눅 1:17, 말 3:1) 요한에게 부여된 직임은 정확히 메시아의 사자 혹은 길 예비자가 되는 것이었다. 요한은 사람들에게 주의 "소리"가 될 자였다. 그러나 그는 주의 **소리**에 그쳤지 그 **이상의 무엇**은 아니었다(요 3:22-30 참조). 그런 만큼 요한은 그리스도께서 가까이 임하신 사실과 눈 앞에 나타나신 사실을 사람들에게 알려야 할 뿐만 아니라, 또한 그들을 독려하여 그들로 하여금 **주의 길을 준비하도록** 해야만 했다. 이 길은 사람들의 생각과 마음을 완전히 변화시키실 수 있는 하나님의 주권적 은혜와 능력을 통해서 준비될 수 있었다(2절). 이것은 사람들이 **주가 오실 길을 곧게 해야** 할 것을 가리켰다. 주가 오실 길을 곧게 한다는 것은 주께서 그들의 마음과 생활 속에 쉽게 들어오시도록 마음의 길을 예비함을 뜻하였다. 그들에게 하나님의 거룩한 뜻과 **일치하지 않고** 부정한 것이 있다면 그것이 무엇이 되었든지 올바로 해야 했다. 그들은 주께서 임하실 길에 놓여진 장애물들을 모두 다 말끔히 치워야 했다. 그 장애물에 해당되는 것들로서는 스스로의 행위로 세운 의와 독선적이고 배타적인 자만심("아브라함이 우리 조상이라", 9절)과 탐욕과 강탈과 거짓 고발 등(눅 3:13, 14)이 있었다.

선지자 이사야의 글과 마태복음에 기록된 세례 요한의 전파에 나오는, 주를 위해서 길이 준비되어야 할 "광야"란 결국 모든 악으로 기울어진 사람들의 마음인 것이 분명하다. 광야라는 말에 문자적인 의미가 없는 것은 아니나, 현재의 구절에서는 문자적인 의미가 비유적 의미 안에 흡수되었다. 그러나 그 근본 개념은 확실히 실제의 광야이다. "문자적인 광야의 풍경은 우둔하고 마음이 굳어진 사람들에게 강력한 인상을 주어 그들로 하여금 자기들이 그때까지 죽은 상태에 처해 있었음을 깨달아 그들에게 제시된 구원의 약속을 받아들이도록 했을 것임에 틀림없다"(마 3:3에 관한 John Calvin의 주석).

린도전서 10:4과, 이사야서 6:1을 요한복음 12:41과, 시편 68:18을 에베소서 4:8과, 시편 102:25-27을 히브리서 1:10-12과 각각 비교해 보라. 여호와께서 자기 백성 중에 거하시기 위하여 오신 것은 임마누엘 안에서이다.

이제 세례 요한의 생활 모습이 다음과 같이 소개된다.

[4] 이 요한은 낙타털 옷을 입고 허리에 가죽 띠를 띠고 음식은 메뚜기와 석청이었더라.

곧 세례 요한이 길게 걸쳐 입은 낙타털로 짠 겉옷은 다소 설명의 차이가 있기는 하나(마태복음 3:4과 열왕기하 1:8을 비교하여 보라) 우리에게 엘리야의 털옷 같은 것을 연상시켜 준다. 그와 같은 소박한 옷차림은 어쩌면 선지자 직분에 대한 하나의 상징으로 간주되었을지도 모른다. 스가랴 13:4(삼상 28:14 참조)은 그 점을 지적해 주는 것으로 보인다. 어쨌든 그처럼 거친 옷차림은 광야생활에 적합한 것이었다. 낙타털 옷은 또한 질기고 경제적인 의복이기도 했다. 예수께서는 특별히 세례 요한이 부드러운 옷을 입지 않았다는 사실에 대하여 언급하셨다(마 11:8). 세례 요한은 귀족의 자녀로 호사스럽게 양육받지도 않았을 뿐만 아니라 또한 멋을 내는 사람도 아니었다. 세례 요한의 옷차림은 그의 메시지와 일치되었다. "부드러운 옷 입은 사람"(마 11:8)이 "선지자"[206]였다고 상상해 보라! 이 준엄한 전파자에게는 거친 복장이 더 어울렸다. 허리에 띤 가죽 띠는 그 털옷이 바람에 날려 찢어지지 않도록 해줄 뿐만 아니라 걷는 데에 지장이 없도록 옷자락을 걷어 올려주는 역할을 했다. 이 점에 관하여 필자의 에베소서 주석 6:14 부분을 보라.

세례 요한이 먹었던 음식은 그의 옷차림만큼이나 간단한 것이었다. 그는 메뚜기와 석청을 먹고 생활했다. 석청은 광야에서 흔히 발견할 수 있는 꿀이었음이 분명하다. 광야에서 발견되는 그러한 꿀은 별로 문제될 것이 없다. 그 꿀은 단순히 감미료(현재 우리가 흔히 사용하는 설탕과 같은 것. 그것은 설탕보다 더 흔했을 것이다)가 아니라 식품의 하나였다. 석청은 광야 바위 틈이나 바위 밑에서 쉽게 찾아낼 수 있었을 것이다(신 32:13). 삼손(삿 14:8, 9, 18)과 요나단(삼상 14:25, 26, 29)의 이야기 가운데 나오는 석청이 어떤 용도로 사용되었는지에 관해서는 너무나 잘 알려

206) 참회의 전파자. 앞에서 지적한 바와 같이(p.321) 참회는 분명히 세례 요한의 메시지 가운데 포함되어 있었다. 참회는 회개에 있어서 아주 기본적인 것이었다.

져서 설명이 필요 없을 것이다.

그러나 **메뚜기**는 어떠한가! 혹 우리 중에는 메뚜기의 다리와 날개를 떼어낸 다음 그 몸통을 불에 굽거나 또는 볶아서 약간의 소금을 곁들여 실제로 **먹는다**고 할 때, 그것을 끔찍스럽게 생각하여 몸서리를 치는 이도 분명히 있을 것이다. 그럼에도 불구하고, 하나님께서는 이스라엘 백성들에게 "메뚜기"라고 부르는 곤충을 먹도록 **허락**—그리고 넌지시 **장려**—하신 사실이 레위기 11:22에 분명히 나와 있다. 오늘날에도 어떤 아랍 부족들은 메뚜기를 즐겨 먹고 있다. 그런데 무엇이 이상하다 말인가? 라틴 속담에 *"De gustibus non disputandum est"*("취미에 대하여 이러쿵저러쿵하지 말라")가 있는데 그것은 여전히 옳은 말이다. 새우와 조개와 굴 그리고 달팽이와 개구리 뒷다리를 즐겨 먹는 사람들이 메뚜기를 즐겨 먹는 사람들에게서 흠을 잡으려 들어서는 안 된다.

그러나 본 4절이 우리에게 세례 요한이 먹었던 음식 전부에 대한 완전한 식단표를 제시하는 것으로 결론을 내릴 필요는 없다. 그 요점은 음식과 의복에서 분명해지는 바와 같이, 세례 요한은 그의 소박한 생활양식으로써, 모든 이기심과 방종에 대해서 뿐만 아니라, 또한 많은 사람들을 파멸로 치닫게 하는 경솔하고 부주의하며 잘못된 무사안일주의에 대해서도 역시 항의하는 생활을 했다는 사실이다. 세례 요한은 이기주의와 방종 그리고 무사안일주의에 빠져 있는 자들에게 하나님의 무서운 진노가 임박했다는 사실을 그의 메시지와 생활을 통해서 전파했다(7, 10, 12절을 보라). 마태복음 24:37-39과 누가복음 17:27-29을 비교해 보라.

열정적이며 담력이 있는 세례 요한의 설교는 큰 효과를 나타냈다.

[5] 이때에 예루살렘과 온 유대와 요단 강 사방에서 다 그에게 나아와.

예루살렘과 온 유대 지방과 요단 강 사방(1절을 보라)에 사는 주민들 가운데 수많은 사람들이 세례 요한을 만나 보기 위하여, 또 그의 전파하는 메시지를 듣기 위하여 그에게 나아갔다. "모든 사람"이 그를 선지자로 알았다(마 21:26).

[6] 자기들의 죄를 자복하고 요단 강에서 그에게 세례를 받더니.

죄를 자복함이 없이는 세례도 있을 수 없다! 진실로 자기 죄의 상태와 악한 행실을 자복하는 자들에게, 세례는 죄 사함을 얻고 하나님의 권속이 되게 하는, 보이지 않는 은혜에 대한 보이는 표와 인(롬 4:11 참조)이 된다. 그러나 세례 그 자체만 독립될 때는 아무런 의미도 지니지 못한다.

입교자 세례—비유대인으로서 유대교에 입교한 자들에게 베푸는 세례—와 요한의 세례 사이에는 아무런 관계가 없다고 보는 어떤 이들[207]의 견해와 반대가 되는 이론도 그 나름대로 상당한 증거가 있는 것으로 보인다. 랍비 힐렐(Rabbi Hillel)은 확실히 B.C. 1세기 후반에서 A.D. 1세기 초반까지 살았던 것으로 추정된다. 랍비 샴마이(Rabbi Shammai)는 그와 동시대 사람이었다. 이들 두 랍비의 제자들은 "유월절 전야에 입교한 비유대인이 유월절 식사에 참예하는 것이 옳은 일인가?" 하는 질문에 대하여 서로 반대되는 답을 제시하였다. 삼마이 학파는 그러한 입교자는 "반드시 목욕을 한 연후에" 유월절 식사에 참예함이 적절하다는 답변을 하였다. 힐렐 학파는 이것을 인정하지 않았다. 이 서로 반대되는 답변에서 그 두 랍비가 서로 대립하는 사이였던 사실을 소급하여 추정해 보는 것은 부당한 일인가? 그러므로 입교자 세례는 세례 요한이 베푼 세례보다 앞서 행해졌던 것으로 보인다. 또 다른 이유로 하여 각각의 경우에 있어서, 단 한번 생활의 근본적인 변화를 상징하는 것—요한의 세례와 곧 뒤이어 행해진 기독교의 세례[208]—이 역사적으로 입교자의 세례보다 **앞서 행해졌던 것으로** 보기는 어렵다. 그 이유는 유대교의 의식인 입교자 세례가 유대인들이 가증스러운 적으로 여기는 기독교인들 가운데서 행해지던 어떤 의식으로부터 모방된 것으로 보는 것은 과연 생각이나 할 수 있는 일인가 하는 것이다. **결론** : "입교자 세례는 기독교의 세례보다 앞서 행해졌던 것임에 틀림없다.[209]

207) 예를 들면 Lenski, *op. cit.*, p.99.

208) 요한의 세례와 기독교의 세례 사이의 관계에 대하여는 L. Berkhof, *Systematic Theology*, pp.623, 624를 보라. F.F. Bruce는 요한의 세례를 기대의 세례로, 기독교의 세례를 성취의 세례로 말하고 있다.

이미 앞서 언급한 바와 같이, 입교자 세례는 계속적으로 반복되게 행해지는 의식이 아니라 유대교의 신앙 교제 안으로 받아들여지는, 일생에 단 한 번 있는 법적 행위였다. 따라서 그와 마찬가지로 세례 요한이 유대인들에게 회개하고 세례 받을 것을 촉구했을 때, 그들이 옳게 받아들이기만 했다면, 그 세례가 그들의 이전 생활양식에 대한 분명하고도 공개적인 포기를 상징했던 사실을 깨달았을 것임에 틀림없다. 세례 요한의 청중들에게 있어서 새롭고 놀라왔던 것은, 생활의 근본적인 변화의 상징으로서의 그러한 세례 의식이었다기보다는, 오히려 **그러한 근본적인 변화 및 그 표와 인(세례)이 유대교에 입교하고 입교 세례를 받은 이방인뿐만 아니라 심지어 아브라함의 자손들에게까지도 요구된다는 사실이었다! 아브라함의 자손들도 역시 부정했던 것이다! 그들도 역시 솔직히 이것을 시인해야만 한다! 그들도 역시 생각과 마음이 근본적으로 변화되어야만 한다!**

벌써 많은 사람들이 세례 요한에게 나아와 자기의 죄를 자복하고 요단강 에서 그에게 세례를 받았다. 그에게 나아왔던 무리들 가운데 몇 퍼센트가 그의 세례를 참되게 받았는지, 또 몇 퍼센트가 순전히 통회하는 마음 없이 거짓되게 받았는지에 관하여는 물론 우리가 판단할 수 없다. 거기에 분명한 위선의 위험이 도사리고 있었던 것이 다음 절에서 확실해지고 있다.

[7] 요한이 많은 바리새인들과 사두개인들이 세례 베푸는[210] 데로 오는 것을 보고 이르되 독사의 자식들아.

바리새인들과 사두개인들

209) 이 추론에 관하여는 Th.D.N.T., A. Oepke, art., *βάπτω* Vol. I, p.535; K.G. Kuhn, art., *προσήλυτος*, Vol. VI, pp.738, 739를 보라.

210) 혹은 "그의 세례를 (받기) 위하여." 그러나 이 상이한 번역에 대한 본문의 증거는 결정적인 것으로 보이지 않는다. 본질적으로 그것은 아무런 차이가 없다.

〈그들의 기원〉

이들 두 파가 정확히 언제 어떻게 해서 발생되었는지는 분명하지 않다. 그러나 바리새인들이 **하시딤**(ḥaṣidhim), 곧 **경건한 자들** 혹은 **성직자**들의 후예였을 것으로 믿어질 만한 근거는 있다. **하시딤**은 마카비 반란 중에(pp. 208, 255), 심지어 그 이전부터 헬라 문물과 관습을 받아들이는 일에 강력히 반대하던 경건한 보수파 유대인들이었다. 마카비 일파가 그들의 영웅적인 투쟁에 있어서 주로 신앙적 원리들이 동기가 되어 움직이는 한, 그들이 **하시딤**의 완전한 후원을 받았을 것이다. 그러나 특히 요한 힐카누스와 그의 추종자들의 시대에 유대 통치자들의 강조점이 영적인 영역에서 세속적인 영역으로 옮겨졌을 때는, **하시딤**이 그들에 대하여 흥미와 관심을 잃고 소극적으로 뒤로 물러났거나 아니면 적극적으로 이전에 한때 지지했던 자들의 후예들을 반대하였으리라는 것은 이해할 만하다. 분리주의자들이라는 의미의 바리새인들은 그들의 기원에 있어서 또 다른 이름의 **하시딤**, 곧 **개혁파** 혹은 **재건파 하시딤**이었을 것이 분명하다. 이들은 이교도와 세리와 죄인들로부터 뿐만 아니라 또한 심지어는 일반적으로 평범한 유대인들, 곧 그들이 경멸적으로 "율법을 알지 못하는 이 무리"(요 7:49)라 부른 모든 동족들로부터도 자기들을 분리시켰다. 이들은 의례적으로 자기들을 부정하게 할 사람이나 물건은 무엇이든 접촉하거나 대면하지 않음으로써 그 부정에 오염되는 것을 피하고자 열심히 노력했다.

사두개인들은 여러 면에서 바리새인들과 반대되는 자들이었다. 이들은 타협주의자들로서 비록 겉으로 보기에는 여전히 율법에 굳게 매달린 것처럼 보였으나, 진정으로 헬라 문물이 퍼지는 것을 반대하지는 않은 자들이었다. 이들은 일반적으로 대제사장들이 속한 성직자들의 당이었다. 사두개(Sadducees)라는 이름이 사독(Zadok, 70인역에서는 Sadok)에서 유래된 것으로 널리 알려지게 된 것은 놀랄 일이 못 된다. 어쩌면 그 어원 설명이 옳을지도 모른다. 이 사독은 다윗의 통치 시대에 아비아달과 함께 대제사장의 직분을 행하던 인물(삼하 8:17; 15:24; 왕상 1:34)이었고, 그 후 솔로몬에 의해서 단독 대제사장으로 임명된 자(왕상 2:35)였다. 마카비 시대에 이르기까지 사독의 자손들은 대제사장의 직분을 계승했다.

〈그들의 상호 적대 관계〉

이들 두 파가 상호 충돌한 한 가지 중요한 논점이 사도행전 23:6-8에서 분명히 드러나고 있다.

"바울이 그중 일부는 사두개인이요 다른 일부는 바리새인인 줄 알고 공회에서 외쳐 이르되 여러분 형제들아, 나는 바리새인이요 또 바리새인의 아들이라. 죽은 자의 소망 곧 부활로 말미암아 내가 심문을 받노라. 그 말을 한즉 바리새인과 사두개인 사이에 다툼이 생겨 무리가 나누어지니 이는 사두개인은 부활도 없고 천사도 없고 영도 없다 하고, 바리새인은 다 있다 함이라." 우리는 요세푸스로부터 사두개인들이 육체의 부활과 함께 영혼의 불멸성도 부인했던 사실을 듣는다.

이들이 각기 반대 견해를 보인 또 다른 논점은 정경에 관한 것이었다. 바리새인들은 교리와 율례에 대하여 기록으로 내려온 구약 정경과 구전으로 내려온 전통, 이 두 가지의 표준 혹은 기준을 인정했다. 이들은 전통을 모세가 직접 장로들에게 전해 주었고 그 장로들은 다시 다음 세대에게 전해 줌으로써 구전의 형식으로 오늘에 이르게 된 것으로 믿었다. 이들은 전통을 기록된 율법에 대한 하나의 추가 사항으로 생각하기보다는, 실제에 있어서는 오히려 그 기록된 율법에 대한 하나의 특수한 해석으로 간주했다. 이들은 전통을 그처럼 중시하여 자주 그 전통에 그들의 강조점을 둠으로써 "그 전통으로 하나님의 말씀을 폐하는"(마 15:6; 막 7:13) 결과를 초래했다. 한편 사두개인들은 그와 반대로 성경 이외의 것은 일체 용납하지 않았다. 이들은 모세오경을 선지서들보다 더 높이 평가했다.

마지막으로 만일 19세의 나이에 공식적으로 바리새파에 가입한 요세푸스의 말을 믿을 수 있다면, 이들 두 파 상호 간에는 예리하게 대립된 또 하나의 논점이 있었다. 곧, 바리새인들은 인간의 자유와 자기 자신의 행위에 대한 책임을 믿었을 뿐만 아니라 하나님의 섭리도 역시 믿었다.

한편 사두개인들은 하나님의 섭리를 배격했다(Josephus, *Jewish War* Ⅱ. 162-166; *Antiquities* XIII. 171-173, 297, 298; XVIII. 12-17).

〈그들의 상호 협력 관계〉

바리새인들과 사두개인들은 비록 현저히 상반되는 견해를 가지고 있었으나, 기본적으로는 이들 중 다수가 완전히 의견을 같이하고 있었다. 이는 결국 모두 스스로의 노력으로 안전을 얻고자 노력했기 때문이다. 이들이 추구한 안전은 각각 달랐다. 대지주들 혹은 성전 안에서 행하는 장사에서 많은 수입을 올리는 부호들이 다수 있었던 사두개인들은, 죽음 **이편**의 세상적인 재물에서 얻어지는 안전을 추구했다. 반면에 전력을 다하여 스스로의 노력과 행위를 통해서 하늘나라로 들어가고자 분투하던 바리새인들은 죽음 **저편**(그러나 이들은 적어도 이 세상에서의 안일 역시 추구했다)의 안전을 추구했다. 무엇이 되었든지 자기들 나름대로 안전을 추구했던 점에서는 서로 일치를 보였다. 이들에게 있어서 종교란 스스로의 노력을 통해서 어떤 표준에 도달하기 위한 표면상의 복종이었다.

그러므로 예수께서 역사의 현장에 나타나셔서 마음의 종교와 유일한 구원자이신 하나님에 관하여 강조하실 때, 이 두 파에게 배척을 당하신 것은 그리 놀랄 일이 못 된다. 바리새인들은 예수께서 이들이 박하와 회향과 근채의 십일조는 드리면서도 율법의 더 중한 바 "정의"와 "긍휼"과 "믿음"은 저버리며(마 23:23), 잔과 대접의 겉은 깨끗이 하면서도(마 23:25) 그 안에는 탐욕과 방탕으로 가득하게 한다고 호되게 책망하셨기 때문에 배척했다. 사두개인들은 예수께서 성전을 깨끗하게 하신 일, 곧 성전 안에서 매매하는 모든 자들을 내쫓으시며 돈 바꾸는 자들의 상과 비둘기 파는 자들의 의자를 둘러 엎으신 일에 불만을 품고 배척했다. 또한 이들은 아마도 예수의 주장하신 말씀들을 유대 민족의 현재 상태에 대한, 자신들의 영향력 있는 지위에 대한 위협으로 받아들였기 때문이었을 것이다. 그 밖에도 이들 바리새인과 사두개인들이 예수를 시기했다는 사실은 이해할 만하다(마 27:18).

그리하여 드디어 바리새인과 사두개인들은 예수를 죽이고자 하는 일에 상호 협력하게 되었다(16:1, 6, 11; 22:15, 23; 26:3, 4, 59; 27:20). 뒤에 가서 이들은 심지어 예수의 부활을 믿지 못하도록 방해하려는 시도에서 완전히 상호 연합하기에 이르렀다(27:62). 그러므로 예수께서 때때로 한

꺼번에 이들 두 무리를 모두 다 정죄하신 것은 전혀 놀랄 일이 아니다 (16:6 이하).

이제 본 3:7에 의하면, 바리새인들과 사두개인들이 요한에게 세례 받기 위하여 그에게로 함께 나아오고 있다. 이것은 이상하게 보일 것이다. 비록 모든 주석가들이 다 의견의 일치를 보이는 것은 아니나 이제까지 그 두 무리에 대하여 언급된 바에 비추어 볼 때, 본 절에 있어서 이들의 행동은 아마도 이들 자신의 이기심에 의해서 가장 잘 설명될 수 있을 것이다. 이들은 요한에게 세례받기 위하여 떼를 지어 모여드는 수많은 무리에 대해서 자기들의 세력을 잃게 되기를 원치 않았다. 혹시라도 이 곳이 바로 그러한 일이 일어나는 장소라고 할 때, 이들은 가능하다면 자기들의 지도력을 가장해 보이기 위해서라도 세례의 대열에 참예하기를 원했을 것이다. 그러나 세례 의식에 복종하는 것은 곧 죄의 자복을 뜻하는 것이 아닌가? 하지만 이들은 필요하다면 "목적을 달성하기 위해서는 굴욕이라도 기꺼이 참아내는" 자들이었다. 물론 이들은 신실하지 않았고 진심에서 우러나오는 자복도 전혀 없었으며, 또한 실제에 있어서 생각과 마음의 근본적인 변화를 체험하는 것을 바라지도 않았다. 이들은 기만적이고 위선적이었다. 마태복음 16:1; 22:15을 참조하라.

이러한 관점에서 볼 때, 우리는 "독사의 자식들아!" 하고 말한 세례 요한의 준엄한 책망을 이해할 수 있다. 요한은 사막의 뱀들을 익히 잘 알았다. 이 뱀들은 크기가 매우 작을 뿐만 아니라 또한 매우 **기만적인 동물**이었다. 때때로 그러한 뱀들은 죽은 막대기로 오인되기 십상이었다. 이 뱀들은 죽은 듯이 움직이지 않고 가만히 있다가는 갑자기 덤벼들어 상대방을 공격했다(행 28:3 참조). 그러므로 세례 요한의 비유는 적절한 것이었다.[211] 사탄은 거짓말쟁이요, 거짓의 아비요(요 8:44) 또한 **뱀**이라 불리는

211) 이 바리새인과 사두개인들이 단순히 "독사들"로 불리지 않고 "독사의 자식들"로 불린 것은 그들이 조상들의 죄에 빠졌기 때문이라는 생각(Lenski, *op. cit.*, p.103)은 아마도 지나친 해석일 것이다. "독사의 자식들아"란 표현은 이와 유사한 다른 셈어 계통의 표현들, 곧 "선지자의 자식들", "벨리알의 자식들", "음악의 딸들" 등과 일

자(계 12:9; 20:2)가 아니던가? 저들은 사탄의 도구가 아니던가?

세례 요한은 덧붙여 말한다.

"누가 너희를 가르쳐 임박한 진노를 피하라 하더냐"

이 구절에 관련하여 다음에 열거하는 사상들은 주목할 만한 가치가 있다.

첫째로, 이 임박한 진노 혹은 쌓인 진노는 본질상 중생하지 못한 자들 위에 머물러 있다(엡 2:3). 그 진노는 이미 현재에도 관련되어 있다(요 3:18, 36; 롬 1:18).

둘째로, 이 진노는 장차 미래의 어느 때에 최후로 임할 것이다(엡 5:6; 골 3:6; 살후 1:8, 9; 계 14:10).

셋째로, 이 마지막 진노의 날(습 1:15; 2:2)은 메시아의 재림과 관련되어 있다(말 3:2, 3; 4:1, 5).

넷째로, 진정한 회개 없이는 아무도 그 진노를 피할 수 없다. "누가 너희를 가르쳐 임박한 진노를 피하라 하더냐?" 이 말은 분명히 "누가 너희를 속여서 눈가림으로 하나님을 피할 수 있다는 생각이 들게 하더냐? 그리고 누가 너희를 부추겨서 그리하라 하더냐?"의 의미일 것이다. 시편 139편과 요나 1:3을 참조하라.

다섯째로, 진심으로 회개한 자에게는 그 진노를 피할 길이 있다.

[8] 그러므로 회개에 합당한 열매를 맺고.

이미 앞서 지적한 바와 같이(2절 주석을 보라), 참회는 그것이 진실된 것이라면 반드시 그 참회에 합당한 열매를 수반해야만 한다. 이것이 온전한 회개이다. 만일 단순히 외적인 죄의 자복으로 그친다면 그것은 회개라 할 수 없는 것이다. 마치 세례의식이 요술쟁이의 요술이나 되는 것처럼 생각하여 세례를 받고자 한다면 그 세례에는 긍정적인 가치가 전혀 없다. 회개에는 반드시 외면적으로 회개에 **합당한** 열매, 곧 하나님을 영화롭게 하는 행위가 나타나는 내면적인 변화가 일어나야 한다. 누가복음 3:10–

치되고 있음이 틀림없다. 여기 3:7에서 "너희 뱀들아"(*Good News for Modern Man*)라는 번역은 틀린 번역이 아니다.

14에 의하면 이 회개에 합당한 열매에는 관용과 공평과 분별이, 마태복음 23:23에 의하면 정의와 긍휼과 믿음이, 그리고 세례 요한이 바리새인들과 사두개인들을 묘사해서 "너희 독사의 자식들아!"라고 외친 바에 의하면 정직함이 각각 다 포함되어야만 한다. 이러한 열매 맺는 일에 관하여는 마태복음 5:20; 7:16–19; 12:33; 13:8, 23; 16:6, 11, 12; 23장; 누가복음 13:6–9; 요한복음 15:1–16; 갈라디아서 5:22, 23; 에베소서 5:9; 빌립보서 1:22; 4:17; 골로새서 1:6; 히브리서 12:11; 13:15 그리고 야고보서 3:18을 보라.

"독사의 자식들"이라는 말을 들은 자들에게는 통탄할 만큼 열매 맺는 일이 없었음이 다음 절에서 분명해진다.

[9] 속으로 아브라함이 우리 조상이라고 생각하지 말라 내가 너희에게 이르노니 하나님이 능히 이 돌들로도 아브라함의 자손이 되게 하시리라.

바리새인들과 사두개인들이 파멸로 치닫는 원인은, 자기들이 아브라함의 자손이라는 사실에 영원한 안전의 기초를 두었기 때문이었다. 갈라디아서 3:1–9을 참조하라. 또한 필자의 갈라디아서 주석 해당 부분을 보라. 세례 요한은 육신으로 좇아 난 아브라함의 자손이라고 해서 아브라함의 참 자손이라는 보증을 받는 것은 아니라는 사실을 충분히 알고 있었다. 그는 또 그러한 육신의 혈통을 떠나서도 하나님이 아브라함에게 자손들을 주실 수 있다는 사실 역시 알고 있었다. 땅의 티끌을 취하여 아담을 지으신 하나님께서는 아마도 세례 요한이 손가락으로 가리켜 보였을 그 광야의 돌들로도 역시 아브라함의 자손이 되게 하실 수 있다. 요한의 말에 함축된 상징적인 의미는, 하나님께서는 돌 같은 마음들을 그 민족이나 혹은 국적에 전혀 상관없이 순종하는 마음으로 변화시키실 수 있다(겔 36:26)는 것이다.

구원에 관한 한 구약시대의 차별이 점차 사라지고 있었다. 그러나 이것은 구원의 선포와 교회가 모이는 순서에 있어서 그러한 차별이 없다는 것을 뜻하지는 않는다. 영원부터 하나님의 계획이 반영된 역사의 흐름은 분명히 구원의 순서가 "먼저는 유대인에게요 그리고 헬라인에게"였음을 보여 주고 있다(롬 1:16; 참조. 행 13:46; 롬 3:1, 2; 9:1-5). 이 순서는 또한 마태복음(10:6; 15:24)에서도 역시 분명히 드러난다. 하지만 "유대인과 헬라인 사이에 아무런 차별이 없게 될" 새날이 밝아 오고 있었다. 마태복음 2:1-12; 8:11, 12; 22:1-14; 28:19, 20; 사도행전 10:34-48; 로마서 9:7, 8; 10:12, 13; 고린도전서 7:19; 갈라디아서 3:7, 16, 17, 29; 4:21-31; 6:15, 16; 에베소서 2:14-18; 빌립보서 3:2, 3; 골로새서 3:11; 요한계시록 7:9, 14, 15을 보라.

회개하지 않는 자들에 대하여 세례 요한은 다음 절에서 계속하여 엄중한 경고의 말을 하고 있다.

[10] 이미[212] 도끼가 나무뿌리에 놓였으니.

심판이 임박해 있다. 도끼가 심판할 목적으로 나무들을 차례로 찍어 넘기기 위해서 나무뿌리 바로 앞에(*πρός*), 혹은 우리가 보통 말하듯이 "뿌리"에 벌써 놓였다. 그러므로 **바로 지금이** 회개하고 믿을 기회이다. 이 점에 관련하여 시편 95:7, 8; 이사야 55:6; 누가복음 13:7, 9; 17:32; 요한복음 15:6; 로마서 13:11; 고린도후서 6:2; 요한일서 2:18; 요한계시록 1:3 역시 보라. 계속하여,

"…좋은 열매를 맺지 아니하는 나무마다 찍혀 불에 던져지리라."

이 구절에 대하여 다음과 같이 질문을 제기할 수 있을 것이다. 곧 "그러나 악한 자들에게 임할 하나님의 진노의 마지막 날이 실제로 그처럼 임박해 있었던가? 세례 요한이 그 말을 한 지가 이미 수세기나 지났고 주께서는 여전히 아직도 심판하시기 위하여 돌아오지 않으신 것이 사실 아닌가?" 이 질문에 대해서는 다음과 같은 사실들을 명심해야 할 것이다.

첫째로, 요한은 사람들에게 마지막 날 혹은 메시아 시대에 관하여 말함에 있어서, 마치 여행하는 사람이 멀리 산맥을 바라보듯이 때때로 미래를 내다보던 구약 시대의 선지자를 연상시키고 있다. 그는 두 산봉우리가 실제로 멀리 떨어져 있는 지점에서는 완전히 겹쳐 보이므로 마치 산봉우리

212) *ἤδη*이 문장 맨 앞에 위치해 있음을 주의하라.

하나가 솟아 있는 것으로 생각한다. 이처럼 그리스도의 초림과 재림의 산봉우리 역시 하나로 보이는 것이다. 그래서 우리는 구약성경에서 다음 구절들을 대하게 된다. 곧, "이새의 줄기에서 한 싹이 나며 그 뿌리에서 한 가지가 나서…그의 입의 막대기로 세상을 치며…"(사 11:1-4). "주 여호와의 영이 내게 내리셨으니 이는 여호와께서 내게 기름을 부으사 가난한 자에게 아름다운 소식을 전하게 하려 하심이라. 나를 보내사 마음이 상한 자를 고치며 포로된 자에게 자유를, 갇힌 자에게 놓임을 선포하며 여호와의 은혜의 해와 우리 하나님의 보복의 날을 선포하여 모든 슬픈 자를 위로하되"(사 61:1, 2). "그 후에 내가 내 영을 만민에게 부어 주리니 너희 자녀들이 장래 일을 말할 것이며 너희 늙은이는 꿈을 꾸며 너희 젊은이는 이상을 볼 것이며 그때에 내가 또 내 영을 남종과 여종에게 부어 줄 것이며 내가 이적을 하늘과 땅에 베풀리니 곧 피와 불과 연기 기둥이라 여호와의 크고 두려운 날이 이르기 전에 해가 어두워지고 달이 핏빛같이 변하려니와 누구든지 여호와의 이름을 부르는 자는 구원을 얻으리니 이는 나 여호와의 말대로 시온 산과 예루살렘에서 피할 자가 있을 것임이요 남은 자 중에 나 여호와의 부름을 받을 자가 있을 것임이니라"(욜 2:28-32). 말라기 3:1, 2을 참조하라. 이것은 "예언적 원근 통시법"("prophetic foreshortening")으로 해석할 수 있다.

둘째로, 예루살렘 멸망(A.D. 70)이 위험스럽게 다가오고 있었고 또 그것은 최후의 심판을 예시해 주었다.

셋째로, 회개하지 않는 것은 사람을 강퍅하게 만드는 경향이 있어서, 자주 그러한 사람들로 현재의 잃어버린 상태에 계속 머무르게 한다. 진정한 회개가 없는 자에게는 피할 수 없는 죽음과 심판이 "문 앞에" 다가와 있다.

넷째로, "주께는 하루가 천 년 같고 천 년이 하루 같다는 이 한 가지를 잊지 말라"(벧후 3:8).

다섯째로, 앞에서 제시한 참고 구절들(p. 335, 시 95:7, 8로 시작하여)이 언급하는 것과 같이, 세례 요한은 회개하지 않는 자들에게 임할 심판, 또는 지금 당장에 회개해야 할 필요성을 강조한 유일한 사람이 결코 아니었다. 그러므로 만일 이 점에서 세례 요한을 책잡는다면, 우리는 또한 시편 기자와 선지자들과 사도들과 심지어는 주님까지도 나무라야 할 것이다! 정녕 진실한 신자라면 이 같은 일을 선뜻 나서서 할 사람은 아무도 없을 것이다.

여섯째로, 이 모든 내용은 세례 요한이 항상 현재와 미래를 바로 보았음을 필연적으로 의미하지는 않는다. 11:1-3 주석을 보라. 그것은 다만 성령께서 요한을 지도하셨으므로 **여기에 기록되어 있는 바 요한의 실제적인 전파에 있어서** 그가 그렇게 말할 완전한 권한을 가졌음을 뜻하는 것이다.

좋은 열매를 맺지 않는 나무마다 찍혀 던져지게 될 "불"은 분명히 악한 자들에게 임할 하나님의 마지막 진노를 가리키는 표현일 것이다. 말라기 4:1; 마태복음 13:40; 요한복음 15:6 역시 보라. 예수께서는 "지옥불"에 관하여 말씀하셨다(마 5:22, 29; 18:9; 막 9:47). 이 불은 꺼지지 않는 불이다(마 3:12; 18:8; 막 9:43; 눅 3:17). 요점은 곧 지옥에는 단지 항상 꺼지지 않는 불이 있는 것으로 그치지 않고, 또한 악한 자들과 마귀와 그 사자들을 위하여 예비된 영원한 불로 하나님께서 그들을 태우시리라는 것이다(마 3:12; 25:41).[213]

이에 대하여 다음과 같은 질문이 제기될 수 있다. 곧, "그런데 만일 세례 요한이 그처럼 지옥과 파멸의 전파자였다고 한다면, 어떻게 해서 그가 하나님의 지시에 따라 '여호와는 **은혜로우시다**'의 의미인 '요한'(눅 1:13)이라는 이름으로 불릴 수 있었겠는가?" **답** : 세례 요한은 사람들에게 하나님의 진노가 임박했다는 것과 그들이 만일 회개하고 믿지 않는다면 그 진노가 정녕 그들에게 임하리라는 사실을 전파하였는데, 이것이 은혜로운 행위가 아니고 무엇이겠는가? 이것은 곧 하나님이 잔인하지 않으시며 징벌하기를 원치 않으시며 오래 참으시는 분이심을 의미하고 있지 않은

213) **게헨나**와 **하데스**의 의미와 완전한 멸절, 혹은 영원한 형벌, 이 영원한 불을 문자 그대로의 의미로 받아들여야 할 것인가 아니면 상징적인 의미로 받아들여야 할 것인가, 그리고 하나님께서 지옥에 임재해 계신가 아니면 지옥에서 벗어나 계신가 등에 관한 그 이상의 질문들에 대해서는 필자의 *The Bible on the Life Hereafter*, pp.79-87; 195-199에서 그 해답을 찾아볼 수 있을 것이다. 또한 다음의 3:12 그리고 5:22, 29 주석 역시 보라.

가? 하나님께서는 노아의 홍수 이전에 살던 사람들(창 6:3; 벧전 3:20)에게와 롯(창 19:12-22)에게와 다윗(삼하 23:5)에게와 이스라엘 백성(출 33:12-17; 사 5:1, 2; 63:9; 렘 8:20; 겔 10:19—"그들이 여호와의 전으로 들어가는 동문에 머물고"—18:23; 33:11)에게와 그리고 시몬 베드로(요 21:15-17)에게 이같이 오래 참으심을 보여 주지 않으셨던가? 열매 없는 무화과나무의 비유(눅 13:8 "금년에도 그대로 두소서")와 베드로후서 3:9("주께서는 너희를 대하여 오래 참으사")에서와 로마서 9:22("하나님이…오래 참으심으로 관용하시고")에서와 요한계시록 2:21("내가 그에게 회개할 기회를 주었으되")에서와 그리고 요한계시록 8:1("하늘이 반 시간쯤 고요하더니")에서도 역시 하나님의 오래 참으시는 은혜가 영광스럽게 나타나고 있지 않은가?

이제 다시 전체 무리를 향하여 요한은 계속 선포한다.

[11] 나는 너희로 회개하게 하기 위하여 물로 세례를 베풀거니와.

그러나 "회개하게 하기 위하여"란 이 구절은 6-10절에 분명히 암시되어 있는 바 사람이 세례 받기 전에 먼저 회개해야만 한다는 진리에 상반되는 개념이 아닌가? 답 : 전혀 그렇지 않다. 이는 세례로 말미암아 진정한 회개가 강력히 촉구되며 강화되기 때문이다. 세례가 외적인 표와 인이 된다는 의미를 깨닫고 바른 태도로 받는—"하나님을 향한 선한 양심의 간구"(벧전 3:21)— 사람은 더욱더 감사에서 나오는 진실된 마음으로 하나님께 자신을 복종시킬 것이다. 더욱이 용납하시며 용서하시며 깨끗하게 하시는 하나님의 은혜가 세례의 표와 인으로 상징된 사실을 생각할 때 어떻게 그것이 회개 아닌 어떤 다른 결과를 가져오겠는가? 이러한 자세로 세례 받는 사람에게는 그 세례의 외면적인 표와 인이 그의 육체에 적용되며 동시에 내면적인 은혜가 그의 마음에 적용된다. 이 점을 입증해 주는 성경 구절 가운데 다음 예를 들 수 있다. 곧, "맑은 물을 너희에게 뿌려서 너희로 정결하게 하되 곧 너희 모든 더러운 것에서와 모든 우상 숭배에서 너희를 정결하게 할 것이며 또 새 영을 너희 속에 두고 새 마음을 너희에게 주되 너희 육신에서 굳은 마음을 제거하고 부드러운 마음을 줄 것이며"(겔 36:25, 26); "우리가 마음에 뿌림을 받아 악한 양심으로부터 벗어나고 몸은 맑은 물로 씻음을 받았으니 참 마음과 온전한 믿음으로 하나님께 나아가자"(히 10:22) 등이다.

이 같은 회개의 이중적인 면 곧 a. 실제로 세례를 받기 이전에 이미 시작되는 회개와, b. 그 회개로 말미암아 더욱 강화되는 회개 역시 여러 성인 세례 의식서들 가운데 아름답게 표현되어 있다. 그중 하나에 다음 구절이 들어 있다.

"세례는 그 자체나 혹은 그 의식을 수행하는 자의 어떤 덕으로 말미암아서가 아니라, 오직 그리스도의 은총과 그것을 믿음으로 받아들이는 자 안에서 행하시는 성령의 사역으로 말미암아, 효력 있는 구원의 방편이 된다"(The Constitution of the Presbyterian Church in the United States of America, Philadelphia, 1941, p.448).

그러나 결국 이처럼 풍성한 결과는 세례 의식을 베푸는 사람—그가 세례 요한이라 할지라도—에 의해서 초래되는 것이 아니다. 요한이 할 수 있는 일이란 고작 그의 청중들에게 회개의 절박한 필요성을 깨우쳐 주는 것이었다.

세례에 관하여 요한은 그 외면적인 표만을 제공할 수 있었다. 그 외면적인 표에 내면적인 은혜의 효력이 있게 하는 데는 그보다 능력이 많으신 이가 필요하였다. 그래서 요한은 "나는 너희로 회개하게 하기 위하여 물로 세례를 베풀거니와" 하고 말하고 나서 이제 계속한다. 곧, **"내 뒤에 오시는 이는 나보다 능력이 많으시니 나는 그의 신을 들기도 감당하지 못하겠노라 그는 성령과 불로 너희에게 세례를 베푸실 것이요."** 세례 요한으로서는 자기 자신과 그리스도 사이에서 이러한 대조를 이끌어 내는 것이 불가피했다. 왜냐하면 사람들이 이미 세례 요한 자신이 그리스도가 아닐까 생각하기 시작했기 때문이었다(눅 3:15. 참조. 요 1:19, 20; 3:25-36). 그러므로 세례 요한은 자기 자신과 시간적으로 자기 뒤에 오시는 이 사이의 대조가 너무나 크게 드러나므로, 자기는 그의 뒤에 오시는 이의 **신발끈을 풀어**(막 1:7과 눅 3:16에서만 발견되는 표현), **벗겨서 다른 곳에 치워두는 일**[214]도 감당하지 못한다고, 곧 자기 뒤에 오시는 이가 너무 크시므로 자기는 그에게 종으로서 수종들 자격조차 없다고 말한다. 지상 생애에 있어서는 탄생뿐만 아니라 공생애의 시작도 역시 예수께서 세례 요한보다 뒤에 시작하신 것이 사실이었다(눅 1:26, 36; 3:23). 그러나 그리스도와 세례 요한 사이에는 무한하신 하나님과 유한한 인간, 영원과 순간, 태양 본래의 빛과 달의 반사빛 사이의 차이와 같은 질적인 차이가 있었다(요 1:15-17 참조).

세례 요한은 물로 세례를 베풀고 있으나 예수께서는 성령으로 세례를 베푸실 것이다.[215] 주께서는 그의 성령과 성령의 은사들을 자기를 따르는 자들에게 임하게 하실 것이며(행 1:8), 부어 주실 것이며(행 2:17, 33), 내려오게 하실 것이다(행 10:44; 11:15).

그러므로 이제 어두움에서 하나님의 놀라운 빛으로 나아와 세례를 받는 자는 어느 때를 막론하고 성령과 불로 세례를 받게 되는 것이 사실이다. 이와 같이 칼빈도 마태복음 3:11에 관한 그의 주석에서 중생의 영을 주시는 이는 그리스도이시며, 이 성령은 불과 같이 우리에게서 죄의 오염을 제거하심으로써 우리를 깨끗하게 하신다는 점을 분명히 한다. 그러나 베드로가 상기시키는 바(행 11:16) 그리스도 자신의 말씀에(행 1:5, 8) 따르면, **특별한 의미에 있어서** 이 예언은 오순절 날에 그 예언에 소개된 지역에서 성취되었다. 그렇다면 성령의 강림하심으로 말미암아, 그리스도를 따르는 자들의 생각이 성령의 조명으로 전례 없이 밝아져 모든 것을 알게 되었고(요일 2:20), 저들의 의지가 전에 없이 강해져서 대하는 무리에게 비길 데 없는 용기와 담대함을 보여 주게 되었으며(행 4:13, 19, 20, 33; 5:29), 저희의 마음이 전에 볼 수 없는 깊은 사랑으로 충만하여 뜨거운 열심을 보여 주게 된 것(행 2:44-47; 3:6; 4:32)이 분명하다.

불에 관한 언급("그는 성령과 불로 너희에게 세례를 베푸실 것이요")은

---

214) 동사 *βαστάζω*의 다양한 용법에 관하여는 필자의 갈라디아서 주석 각주 171)을 보라.

215) 문자적으로는 "영으로" *ὕδατι*와 같이 *πνεύματι*라는 말은, a. 요한 자신이 행하고 있는 바와 b. 장차 그리스도께서 성령으로 말미암아 행하실 바 사이의 대조를 가능한 한 뚜렷하게 나타내 보임으로써, 성령의 사역과 비교할 수 없는 특성을 강조하기 위하여 관사 없이 사용하고 있다.

오순절 날에 있었던 사건을 보여 주는 사도행전 2:3의 "불의 혀처럼 갈라지는 것들이 그들에게 보여 각 사람 위에 하나씩 임하여 있더니" 하는 말씀과 일치를 보인다. 불은 어두움을 밝혀 준다. 불은 또한 깨끗하게 정화하는 역할도 한다. 성령께서는 이 두 가지 일을 다 하신다. 그럼에도 불구하고 세례 요한의 말에 대한 궁극적인 성취는 불로 땅을 깨끗하게 하기 위하여 그리스도께서 영광 중에 재림하실 때까지 기다려야 한다는 사실(벧후 3:7, 12. 참조. 말 3:2; 살후 1:8)이 현재의 문맥(앞뒤의 문맥, 10절과 12절을 보라)과 요엘 선지자의 오순절에 관한 예언(욜 2:30. 참조. 행 2:19) 및 그 문맥(욜 2:31)에서 분명해진다.

성경에서 불은 자주 **진노**를 상징한다.[216] 그러나 불은 또한 **은혜**의 사역을 나타낸다(사 6:6, 7; 슥 13:9; 말 3:3; 벧전 1:7). 그러므로 이 말이 오순절의 은혜와 새 시대를 가리키는 좋은 의미로뿐만 아니라 다가오는 심판 날의 두려움을 가리키는 무서운 의미로도 역시 사용될 수 있음은 그리 이상할 것이 못 된다. 의로운 자들을 **정결하게 하시고** 이 땅의 쓰레기들, 곧 악한 자들을 **깨끗이 쓸어 버리시는** 이는 그리스도이시다. 더욱이 앞으로 보여 주겠지만(마 10:23), 만일 구약 선지자들이 예언적 원근 통시법에 의해서 예수 그리스도의 초림에 속한 사건들(포괄적인 의미로 오순절까지도 포함하여)을 그의 재림에 속한 사건들에 결합시키고 있다면, 왜 그 동일한 특색이 그처럼 여러 면에서 구약 선지자들과 닮은 세례 요한의 예언적 형식에는 적용될 수가 없겠는가? 그러므로 여기 3:11에서 **불**이라는 말이 오순절과 최후의 심판에 모두 관계된다고 보는 해석이 더 유력한 것은 분명하다.[217]

세례 요한이 말하는 불 세례가 최후의 심판에 관계되었다고 보는 견해의 타당성이 다음 구절에서 분명해진다.

[12] 이 절은 그 큰 날에 관하여 이와 같이 언급하고 있다.
"손에 키를 들고 자기의 타작마당을 정하게 하사 …"

---

216) 신명기 9:3로 시작되는 p.344에 제시된 구절들을 보라.

여기서 기초적인 비유로 제시되는 것은 키질을 하고 있는 타작마당이다. 타작마당에는 자연적인 것과 인공적인 것이 있다. 전자의 경우라면 바람이 잘 불어오는 언덕 위의 평평한 바위 위에 자리잡고 있는 것이 보통이다. 후자의 경우라면 전자와 비슷한 야외에 직경 30-50피트의 터를 잡아, 바닥에 깔린 돌들을 골라내고 고운 흙을 덮고 물을 뿌려서 단단히 다진 다음, 한가운데를 중심으로 둘레를 약간 높고 경사지게 다듬고 곡식이 밖으로 나가지 못하도록 돌로 주위를 빙 둘러가며 턱을 만들어 둔 것이 보통이다. 곡식을 타작하는 과정을 살펴본다면, 먼저 곡식단(보리나 혹은 밀)을 그 타작마당에 펼쳐 놓고 그 위로 타작기를 끄는 소가 맴돌게 하여 곡식알들이 줄기에서 떨어지게 한다. 소가 끄는 타작기는 밑에 돌을 부착한 썰매 모양으로 되어 있다. 그러나 이때 쭉정이와 티끌, 먼지, 검부러기 등의 잔재물들이 알곡과 함께 타작마당에 남게 된다. 이제부터는 12절에 언급된 키질이 시작된다. 팔레스타인에서는 5월부터 9월까지 보통 오후가 되면 지중해로부터 미풍이 불어온다. 타작하는 농부들은 이 미풍을 이용하여 손에 키를 들고 타작마당을 깨끗하게 한다. 곧 키로 공중에 던져진 타작마당의 곡식은 바람을 맞아 쭉정이, 티끌, 먼지, 검부러기 같이 가벼운 것들은 멀리 날아가서 떨어지고 알곡은 무거우므로 곧장 밑으로 떨어진다. (여기서 독자는 팔레스타인, 특히 유대 농부들이 타작마당을 깨끗하게 하기 위하여 사용한 키가 우리 한국 아낙네들이 사용해 온 흔히 집에서 곡식을 까부를 때 이용하는 키와 모양이 동일한 것으로 혼동하지 않도록 유의해야 한다. 유대 농부들의 키는 끝에 삼지창과 비슷한 날이 두 개 혹은 그 이상이 달린 큰 삽 모양으로 되어 있으며 바람이 불지 않을 때는 사용하기가 곤란하다. 그러나 우리의 키는 바람이 전혀 불지 않아도 사용에 아무런 지장이 없다. 엄밀히 말해서 목적은 비슷하나 용도에는 약간 차이가 있다. 영어로는 "winnowing shovel"이다—역주)

---

217) 이 문제에 관하여 주석가들은 다음 세 그룹으로 나뉜다. 곧, a. "불"을 최후의 심판에 대한 언급으로만 해석하는 그룹(F.W. Grosheide) b. 그것을 오로지 오순절에만 연관시키는 그룹(예로 R.C.H. Lenski) 그리고 c. 그것을 양자 모두에 연관시키는 그룹(예로서 H.N. Ridderbos). 필자가 보기로는 앞서 제시된 이유들로 미루어 c.의 입장이 옳은 것으로 생각된다.

이렇게 하여 알곡과 쭉정이가 나뉘게 된다. 키질하는 일은 타작마당이 완전히 깨끗하게 될 때까지 쉬지 않고 계속된다.

이와 마찬가지로 그리스도께서도 역시 재림하실 때 심판이 행해질 그 곳을 완전히 깨끗하게 하실 것이다. 아무도 피하지 못할 것이다. 주께서는 지금도 선한 자들과 악한 자들을 갈라놓는 데 필요한 만반의 준비를 완전히 갖추고 계신다.[218] 계속하여

"알곡은 모아 곳간에 들이고 쭉정이는 꺼지지 않는 불에 태우시리라."

이제 다시 기본적인 비유로 돌아가 보자. 타작하여 키질한 알곡은 모아 곳간, 곧 문자적으로는 **물건들을 저장(혹은 보관)해 두는 장소**에 들인다.

알곡은 그것이 매우 가치가 있고 또 귀한 것이기 때문에 **곳간에 들인다.** 이 기본적인 비유에서 우리는 실제적인 문제로 들어가 보자. 성경에서는 심지어 **신자들의 죽음까지도** 매우 위로가 넘치는 말로 묘사되고 있다. 신자들의 죽음이란 "여호와께서 보시기에 귀중한 것"(시 116:15)이요, "천사들에게 받들려 아브라함의 품에 들어가는 것"(눅 16:22)이요, "낙원에 들어가는 것"(눅 23:43)이요, "그리스도와 함께 있는 것"(빌 1:23)이요, "몸을 떠나 주와 함께 있는 것"(고후 5:8)이요, "유익함"(빌 1:21)이요, "훨씬 더 좋은 일"(빌 1:23)이요, 또한 "(주 안에서) 잠드는 것"(요 11:11; 살전 4:13)이다. 그렇다면 분명히 하나님의 자녀가 들어가게 될 영화의 **최종 단계**—이때는 육체와 영혼이 함께 이 복에 참예하게 될 것이다—는 가장 값진 것, 곧 "거할 곳이 많은 아버지의 집에"(요 14:2) 가는 것이요, 바로 그리스도가 계신 곳으로 영접되는 것("가서 너희를 위하여 거처를 예비하면 내가 다시 와서 너희를 내게로 영접하여 나 있는 곳에 너희도 있게 하리라", 요 14:3)이요, 모든 죄의 얼룩과 모든 저주의 흔적들이 말끔히 제거될 "의가 있는 곳인"(벧후 3:13), "하나님의 장막이 사람들과 함께 있으

---

218) 어떤 주석가들은 그 분리 작업이 현재가 아니라 세대 끝에 일어난다는 사실에 주의를 환기시키고 있다. 마태복음 13:30; 요한계시록 14:14-20을 보라. 비록 그 자체에 있어서는 이것이 사실이나, 세례 요한이 강조하는 것은 이 점이 아니다. 그는 오히려 사람들을 회개하고 믿도록 하기 위해 임박한 심판("손에 키를 들고")을 강조하고 있다.

매 하나님이 그들과 함께 계시리니 그들은 하나님의 백성이 되고 하나님은 친히 그들과 함께 계셔서 모든 눈물을 그 눈에서 닦아 주시니 다시는 사망이 없고 애통하는 것이나 곡하는 것이나 아픈 것이 다시 있지 아니할"(계 21:3, 4), 새 하늘과 새 땅에서 영원히 거하는 것이요, 또한 이사야 11:6–9("그때에 이리가 어린 양과 함께 살며…")과 요한계시록 21:9–22:5(새 예루살렘)의 예언이 그 **궁극적인 성취**에 이르는 때가 될 것이다.

다시 한 번 기본적인 비유로 돌아가 보자. 이제 알곡에서 눈을 돌려 쭉정이를 살펴보자. 키질할 때 알곡에서 멀리, 혹은 이곳저곳에 흩어져 떨어진 쭉정이들은 모두 다 한 곳으로 모아 불에 태워진다. 마찬가지로 선한 자들에게서 분리된 악한 자들 역시 꺼지지 않는 불의 처소인 지옥에 던져질 것이다. 이들이 받을 형벌은 영원히 끝나지 않고 계속될 것이다.

요점은 지옥에는 항상 타는 불이 있을 뿐 아니라 악한 자들과 마귀와 그 사자들을 위하여 예비된 영원한 불(마 25:41), 곧 꺼지지 않는 그 불이 이들을 태우게 되리라는 것이다. 거기는 구더기도 죽지 않을 것이다(막 9:48). 저들은 수치를 당하여서 영원히 부끄러움을 당할 것이다(단 12:2). 저들의 결박도 역시 마찬가지일 것이다(유 6, 7). 저들은 거룩한 천사들 앞과 어린 양 앞에서 불과 유황으로 고난을 받을 것이며 그 고난의 연기가 세세토록 올라갈 것이며…누구든지 밤낮 쉼을 얻지 못할 것이다(계 14:9–11. 참조. 19:3; 20:10).

이 "불"은 어떤 의미로 이해되어야 할 것인가? **답** : 비록 어떤 의미에서 물리적인 실제의 불에 대한 관념이 배제될 것까지는 없겠으나, 성경에 의하면 문자적인 의미가 그 용어의 뜻하는 바 내용 전부는 아니다. 영원한 불이 "마귀와 그 사자들을 위하여" 예비되었다. 하지만 이 "마귀와 그 사자들"은 **영물들**이며 따라서 문자적인 의미의 불로는 태울 수 없다. 더욱이 성경 자체가 불을 상징적인 의미, 곧 회개하지 않는 자들에게 임하는 하나님의 **진노**와 그 결과로 말미암는 저들의 고통으로 해석하도록 방향을 지시해 주고 있다(신 9:3; 32:22; 시 11:5, 6; 18:8; 21:9; 89:46; 사 5:24, 25; 렘 4:4; 나 1:6; 말 3:2; 마 5:22; 히 10:27; 12:29; 벧후 3:7; 계 14:10, 11; 15:2).

앞서 설명한 바와 같이(p. 338), 세례 요한의 경고는 비록 극단적이고 두려운 것으로 보일지 모르나 사실은 자비로 가득 차 있다.

예수께서 세례 받으심 (3:13-17)

마가복음 1:9-11; 누가복음 3:21, 22; 요한복음 1:32-34 참조

13-17절

13 이때에 예수께서 갈릴리로부터 요단 강에 이르러 요한에게 세례를 받으려 하시
니 14 요한이 말려 이르되 내가 당신에게서 세례를 받아야 할 터인데 당신이 내게로
오시나이까 15 예수께서 대답하여 이르시되 이제 허락하라 우리가 이와 같이 하여
모든 의를 이루는 것이 합당하니라 하시니 이에 요한이 허락하는지라 16 예수께서
세례를 받으시고 곧 물에서 올라오실새 하늘이 열리고 하나님의 성령이 비둘기같
이 내려 자기 위에 임하심을 보시더니 17 하늘로부터 소리가 있어 말씀하시되 이는
내 사랑하는 아들이요 내 기뻐하는 자라 하시니라

13 그때, 예수님께서 갈릴리로부터 요단 강에 오셨습니다. 예수님께서는 요한에게
오셔서 세례를 받으려고 하셨습니다. 14 그러자 요한은 이를 말리면서 말했습니다.
"제가 예수님께 세례를 받아야 되는데, 도리어 예수님께서 제게 오셨습니까?" 15
예수님께서 대답하셨습니다. "지금은 그렇게 하자. 우리가 이와 같이 하여 모든 의
를 이루는 것이 옳다." 그제서야 요한이 예수님의 말씀을 따랐습니다. 16 예수님께
서 세례를 받으시고 물 밖으로 나오시자, 하늘이 열렸습니다. 예수님은 하나님의 성
령이 비둘기처럼 자신에게 내려오는 것을 보셨습니다. 17 그때, 하늘로부터 "이는
내 사랑하는 아들이며, 내가 기뻐하는 아들이다"라는 소리가 들려왔습니다.

_아가페 쉬운성경

[13] 이때에 예수께서 갈릴리로부터 요단 강에 이르러 요한에게 세례를 받으려 하시니.

마태는 예수께서 세례 받으신 상황을 기록함에 있어서 그 때와 장소를 분명히 밝히고 있지 않다. 그는 다만 "이때에…요단 강에 이르러…"로만 언급한다. 앞의 문맥(1-12절)과 누가복음 3:21에 대한 내용과 일치시켜

생각할 때, 여기 13절의 "이때에"라는 말은 "요한의 세례 베푸는 활동이 절정에 이르렀을 때"를 의미할 가능성이 높다. 여기에 언급된 때에 대해 다른 구절에서 얻은 자료에 관하여는 pp. 243-319를 보라. 이러한 다른 구절을 근거로 하여 예수께서 요한에게 세례 받으러 나아오신 것은 필시 A.D. 26년의 후반기, 혹은 A.D. 27년의 초기 어느 때였을 것으로 결론 내림이 타당해 보인다.[219]

예수께서는 "갈릴리로부터"(마태) 오셨다. 마가는 이보다 약간 더 분명하게 "갈릴리 나사렛으로부터" 오셨다고 말한다. 사도 요한은 여기에 이 때 세례 요한이 "요단 강 건너편 베다니에서"(요 1:28) 세례를 베풀고 있었다는 사실을 덧붙이고 있다. 이 베다니는 필시 사해 가까운 곳에 위치하지 않고 훨씬 더 북쪽에 위치했을 것이다. 필자의 요한복음 주석 상권을 보라.

예수 그리스도의 공생애는 여기서 시작된다. 여기 3:13에 사용된 "이르러"라는 말은 "공적으로 나타나다"의 의미로서, 세례 요한이 그의 사역을 시작한 것과 관련해서도 역시 그 동일한 동사가 사용되었다(1절). 예수께서는 세례 요한에게 세례 받으실 분명한 목적을 가지고 요단 강에 나아오셨다. 그래서 이제 예수께서는 요한에게 다가가 말이나 몸짓으로 세례 베풀 것을 요구하신다.

다음 절은 세례 요한의 반응을 기록하고 있다.

[14] 요한이 말려.

요한은 깜짝 놀란다. 요한은 필시 마음속으로 이렇게 생각했을 것이다.

---

219) 그러나 누가복음 3:21에 대한 자기들 나름의 해석에 근거하여, 자기들이 하나의 부차적인 설교 제목을 제시할 수 있을 것으로 믿는 이들이 있다. 다시 말해서 저들은 예수가 다른 모든 자들이 다 세례를 받을 때까지 참을성 있게 서서 기다리셨다는 설명을 덧붙인다. 곧 예수께서 세례 받는 대열의 맨 뒤에 가서 서심으로써 모든 자들에게 주는 하나의 교훈으로 자기의 겸손을 보이셨다는 것이다. Phillips와 더불어 그들은 누가복음 3:21을 "모든 백성이 다 세례를 받았을 때"로 번역한다. 그러나 이 번역은 누가복음 그 구절의 관사가 붙은 단순과거 부정법(*ἐν τῷ βαπτισθῆναι*)에 그것이 편리하게 전달할 수 있는 이상의 의미를 부여한다.

곧, "아니, 그토록 고귀하고 거룩하신 분이 세례를 받으려 하시다니! 그러나 분명히 이분에게 세례를 베풀 자가 있다면 그는 나처럼 지극히 낮고 거룩하지 못한 인물이 아닐 것이다. 나는 이분에게 세례를 베풀어서는 안 되거니와 또 그럴 수도 없다. 오히려 그 반대로 내가 이분에게 세례를 받아야 할 것이다!" 그래서 요한은 예수께 **이르되**

내가[220] 당신에게서 세례를 받아야 할 터인데 당신이 내게로 오시나이까

요한과 예수는 서로 친족 간이었다(눅 1:36). 요한의 어머니 엘리사벳은 마리아의 맏아들에 관하여 잘 알고 있었을 뿐만 아니라, 그가 아직 마리아의 복중에 있을 때 그를 가리켜 "내 주"(눅 1:42, 43)라고 말한 적까지 있었다. 엘리사벳이 자기 아들 요한에게 그 지식을 전해 주지 않았을 것으로 믿기는 어렵다. 세례 요한은 지금 자기 앞으로 세례 받으러 나아오시는 분이 앞서 자기가 그에 관하여 말한 바 있는(11, 12절) 바로 그 메시아이신 것을 깨닫고는 그처럼 완강히 거절한 것이었다.

이 모든 사실에 비추어 우리는 그 후에 세례 요한이 "나도 그를 알지 못하였으나"(요 1:31)라고 한 말을 어떻게 설명해야 할 것인가? 유대에서 나서 자라난 세례 요한이 이 광야에서 여러 해를 지냈으므로(눅 1:80) 갈릴리에서 자라나신 예수를 이전에 한 번도 본 적이 없었다고 말하는 것으로 충분할까? 그렇게 보기는 어렵다. 왜냐하면 비록 이러한 추측이 그럴듯해 보이기는 하나, 요한복음 1:33은 그리스도의 사자 세례 요한이 "나도 그를 알지 못하였다"고 말할 때, 그가 무엇보다도 직접적인 안면이 있는 것 그 이상의 무엇을 생각하고 있었음을 지적하기 때문이다. 필시 세례 요한의 말은 이분이 바로 그리스도이시라는 사실이 하나님에 의해서는 아직 그에게 드러나지 않았음을 의미했을 것이다. 그렇지만 한 가지 약속이 그

220) 원문에서 "내가"는 하나의 독립된 대명사로서 완전하게 기록되었으며 문장 서두의 강조적 위치에 놓여 있다. 그러므로 "바로 나인데"이다. 영어에 있어서 "I who needs"와 "I who need"는 서로 대조가 되는 번역이나, 이것은 개인적인 선택의 문제에 불과하다. B. Evans & C. Evans, *A Dictionary of Contemporary American Usage*, New York, 1957, p.23을 보라.

에게 주어져 있었다. 그 약속은 곧, "성령이 내려서 누구 위에든지 머무는 것을 보거든 그가 곧 성령으로 세례를 베푸는 이인 줄 알라"(요 1:33)는 것이었다.

세례 요한은 낮은 자가 높은 자에게서 복을 받는 것이 마땅하며(히 7:7 참조) 그 반대가 되어서는 안 될 것이라고 생각했다. 세례 요한은 자기가 예수에게 세례 받아야 할 필요성을 의식하고 예수의 요청을 피하려는 의도에서, "내가 당신에게서 세례를 받아야 할 터인데 당신이 내게로 오시나이까?" 하고 말한다. 비록 요한은 이미 모태로부터 성령의 충만함을 받았으나(눅 1:15), 그는 성령의 내주하심과 그의 주시는 은사들을 더욱 풍성히 받기를 원하고 있다. 그러나 한편 **예수**께서는 아직 갖지 못하신 것과 또한 세례 요한에게서 받으실 것이 있었다.

[15] 예수께서 대답하여 이르시되 이제 허락하라 우리가 이와 같이 하여 모든 의를 이루는 것[221]이 합당하니라 하시니.

이 구절은 예수께서 요한의 만류를 어떻게 뿌리치셨는가를 보여 주고 있다. 그러나 예수께서 "**이제** 허락하라" 그리고 "우리가 이와 같이 하여 **모든 의를 이루는 것**이 합당하니라"고 말씀하신 이유는 무엇이었을까? 그 답은 우리에게 특별히 구체적으로 제시되지는 않으나 전체 문맥 및 이와 관련된 다른 구절들—이제 뒤에 지적하겠지만—에 비추어 볼 때, 예수께서 마음속에 이와 같은 생각을 하신 것이 아니었을까? 곧 "일반적으로는 네가 하는 말이 옳다. 그러나 너와 나의 생애에 있어서 내가 나의 공생애를 시작하려는 이 특별한 순간에는 세례를 받음으로써 '세상 죄를 지고 가리라'(요 1:29)는 나의 결의(시 40:6, 8; 엡 1:4; 히 7:22; 벧전 1:20; 계 13:8)를 **재확증하는** 것이 합당하다. 그 밖에도 네게 주신 약속(요 1:33)이 이루어지게 함으로써 네가 더욱 설득력 있고 더욱 충실하게 나를 사람들에게 전파할 수 있도록 해야 할 것이다. 이상의 이유로 우리가 이와 같이 하여 **모든 의**, 곧 내가 **재확증하는 바** 의의 요구와 네가 **세례를 베풀고 전파하는 바** 의의 요구를 이루는 것이 합당하니라." 이것이 예수께서 마음

221) 문자적으로는 "모든 의를 이루기 위하여"이다.

속에 품고 계셨던 생각이 될 수는 없을까?

물세례는 부정, 곧 죄씻음을 상징했다. 예수께서는 죄가 없으신 분이었으므로 그는 세례 받으실 필요가 없으셨다. 따라서 그가 세례 받으시는 것은 부당했다는 반대가 제기될 수도 있을 것이다. 그 대답은 결국 예수께서 세상 죄, 곧 **우리의 죄**를 담당하셨기 때문에 세례를 받으셨다는 것이다. 이 대답은 이사야 53:6("우리는 다 양 같아서 그릇 행하여 각기 제 길로 갔거늘 여호와께서는 우리 모두의 죄악을 그에게 담당시키셨도다"); 마태복음 20:28; 마가복음 10:45; 요한복음 10:11; 고린도후서 5:21; 베드로전서 3:18 등과 같은 구절들에서 분명히 제시되고 있다. 또한 자기 자신의 세례에 암시된 바에 의해서(요 1:29) 예수께서 세례 요한의 세례를 정당화시키신 사실이 간과되어서는 안 된다. 이는 요한의 세례가 예수께서 받으신 세례를 떠나서는 전혀 무의미하기 때문이다.

세례 요한은 자기 앞에서 말씀하시는 이의 위엄에 깊이 감명을 받았다. 그는 예수께서 옳으시다는 사실을 확신하게 되었다. 이제 반대할 이유가 없어졌다. 그러므로 **이에 요한이 허락하는지라.**

[16] 예수께서 세례를 받으시고 곧 물에서 올라오실새 (보라!) 하늘이 열리고.[222]

본문은 세례의 형식에 관하여, 예수께서 요단 강 둑 아래로 내려가셔서 발목이 잠기는 곳까지 물로 들어가시자 세례 요한이 예수의 머리에 물을 부었는지 혹은 뿌렸는지, 아니면 더 깊은 곳에 들어가 온몸이 물속에 잠

222) 필자는 *εὐθύς*가 비록 문법적으로는 *ἀνέβη*에 속하나 그 의미에 따라 하늘이 열림과 관련되도록 헬라어 원문을 구성한 데는 그럴 만한 적절한 이유가 있다고 본다. 그 이유들 : a. 여기에서는 강조점이 세례 위에 놓여 있다기보다는 오히려 하늘이 열림과 관련하여 일어난 사건들 위에 놓여 있음이 이 절과 그 다음 절 모두에서, 또 누가복음 3:21, 22에서도 역시 분명해진다. b. 예수께서 물속에 잠시 더 머물러 계시지 않고 곧 물 밖으로 나오셨다고 말한 것이라면, 그 말을 하는 목적이 무엇이겠는가? 필자가 이 구절에서 채택한 번역은 H.N. Ridderbos, *op. cit.*, pp.62, 64의 번역과 일치한다. "자기에게 열리고"라는 번역에 관하여는 "자기에게"라는 말이 원본에 기록되어 있었을 것인가 하는 점에 의심이 간다.

기게 했는지는 밝히고 있지 않다. 예수께서 요단 강 둑 아래로 내려가셔서 적어도 물속으로 걸어 들어가셨을 것으로 생각하는 것은 자연스럽다. 본문 16절은 우리에게 예수께서 세례를 받으시고 곧 다시 물에서 올라오셨음을 알려 준다. 이것이 우리가 아는 바 전부이다. 성령께서는 신약성경 시대 동안에 시행되었던 세례의 형식에 관하여 우리에게 어떤 세밀한 설명을 기꺼이 제공해 주시지는 않았다.

영어 성경에서 보면, "look, 보라!"는 말로 서두를 시작함으로써 마태는 우리에게 하늘이 열렸다는 극히 중대한 사실에 특별히 주목하도록 했다. 이것은 단순히 예수의 마음속에서만 있었던 주관적인 체험이 아니었다. 그것은 요한과 예수와 함께 그곳에 있던 모든 사람들이 다 똑똑히 보는 가운데 일어났던 분명한 이적이었다. 선지자 에스겔도 역시 하늘이 열리는 광경을 보지 않았던가?(겔 1:1) 스데반 역시 보지 않았던가?(행 7:56) 그리고 밧모 섬에 있던 사도 요한도 역시 보지 않았던가?(계 4:1; 11:19; 19:11. 참조. 사 64:1; 고후 12:1-4)

하나님의 성령이 비둘기같이 내려 자기 위에 임하심을 보시더니.

마가복음 1:10; 누가복음 3:22; 요한복음 1:32-34을 참조하라. (개역개정 한글 성경 16절은 주어가 예수로 되어 있다. 마가복음 1:10도 주어가 예수로 되어 있다. 그러나 요한복음의 경우는 분명히 주어가 세례 요한으로 되어 있다. 요 1:32, "내가 보매 성령이 비둘기같이 하늘로부터 내려와서 그의 위에 머물렀더라." 저자는 본 절을 "세례 요한이 하나님의 성령이 비둘기같이 내려 예수의 위에 임하심을 보더니"로 번역한다. 원문의 주어를 세밀히 분석해 보라. 그러나 예수께서도 역시 성령이 자기 위에 임하시는 것을 주목하신 것이 분명하다. 저자의 마가복음 주석 1:10, 11 부분을 보라. 마가복음 1:10의 주어는 예수 그리스도로 보아야 할 것이다. 저자의 마가복음 주석 각주 18)을 보라-역주) 갑자기 하늘이 "갈라져 열렸다." 그리고 이때 세례 요한은 성령을 본 것이었다! 물론 성령께서는 육체를 입지 않으신 영이므로 보통의 육안으로는 볼 수 없다. 그러나 분명히 본문은 우리에게 성령께서 자신을 세례 요한에게 나타내 보여 주신 것은 비둘기 형체로서였음을 밝히고 있다. 육안으로 보인 바는 비둘기 같은 형체였다. 그 형상이 예수에게로 내리시는 모습이 보였다. 하나님께서 성령을 나타내시는 데 왜 비둘기 형상을 선택하셨는지에 관하여는 성경에 분명히 밝힌 바가 없다. 어떤 주석가들은 성령과 그리스도를 특징지어 주는 속성인 **순결, 온유, 평화** 그리고 **은혜**가 제한된 범위 내에서 비둘기의 **순결성과 온순성** 혹은 **정중함**으로 대표될 수 있음을 지적한다(참조. 시 68:13; 아 2:14; 5:2; 마 10:16). 이와 같이 자격과 자질을 갖추신 그리스도께서는 이제 아버지께서 자기에게 맡기신 어려운 사역을 수행하실 수 있게 되셨다. 우리를 죄에서 구원하시기 위해서는 주님 자신이 **순결하셔야** 했다. 고통을 견디고, 우리의 죄와 허물을 용서하시며, 우리의 연약한 점들에 대하여 길이 참으시기 위해서는 그에게 **온유**와 **관용**과 **은혜**가 필요했다. 주께서는 이러한 속성들 역시 풍성히 가지셨으며 또한 자기를 따르는 자들에게 하나님의 은혜와 능력으로 말미암아 이 동일한 은사들을 받아서 실제로 그와 같이 행할 것을 말씀하셨다(마 11:29, 30; 12:19; 21:4, 5; 눅 23:34; 고후 10:1; 빌 2:5-8; 벧전 1:19; 2:21-25; 그리고 구약성경 중에서 사 40:11; 42:23; 53:7; 슥 9:9). 세례 요한은 성령을 상징하는 비둘기 형상이 한동안 예수의 위에 **임하여 계시는 것**을 알아차렸다(요 1:32, 33). 비둘기 형상은 즉시 사라지지 않았다. 이 일은 세례 요한과 모든 세대와 모든 교회의 마음속에, 이 예수가 참으로 그리스도이실 뿐만 아니라 또한 성령께서 이제 **지속적으로** 그의 위에 임하여 계심으로써, 아버지께서 그에게 맡기신 가장 어려우나 또한 가장 영광스러운 사역을 수행하기 위한 자격을 확증해 주신 사실을 분명히 심어 주기 위한 것이 아니었을까? 우리는 비록 그리스도의 신성은 강화될 필요도 또한 강화될 수도 없는 것이지만, 그의 인성에 관해서는 그렇지 않았다는 사실을 늘 명심해야 할 것이다. 그리스도의 인성은 역시 강화될 수도 또한 강화될 필요도 있었다(마 14:23; 17:1-5; 26:36-46. 참조. 막 14:36; 요 12:27, 28 특히 히 5:8).[223] 예수께서 여기서 성령으로 **기름부음**을 받으신 사실(시 45:7; 사 61:1-3; 눅 3:22; 4:1, 18-21)은 그가 앞서 이 동일하신 성령의 능력으로 마리아의 태중에 **잉태하신** 사실(마 1:20; 눅 1:35)과 어떤 면에

223) 이와 관련하여 누가복음 2:42, 43 역시 자주 언급된다. 그러나 거기에는 본문상의 문제점이 있다.

서도 전혀 상충되지 않는다. 이 두 사건은 서로 아름답게 조화를 이룬다.

여기까지 우리는, 세례 요한에게 세례를 베풀라 하신 **아들**(성자)의 요청과 그가 실제로 세례를 받으신 일, 그리고 그리하심으로써 자기가 온전히 기쁘게 "세상 죄를 지고"(요 1:29) 가시고자 하는 결의를 재확증하신 일과, 또한 **성령**께서 그의 위에 임하여 계심으로써 그에게 그토록 엄청나고도 지고한 사역을 수행하실 수 있는 자격을 부여해 주신 일에 대하여 살펴보았다. 이제 여기에 **아버지**(성부)의 진심에서 나온 승인과 기쁨의 음성이 더해짐으로써 죄인들을 구원하시고자 하는 일—죄인들을 구원하시는 일은 **전적으로** 하나님께서 행하신다—에 있어, 삼위께서 하나이신 사실이 분명히 드러나는 것은 아주 적절하다고 할 수 있다. 그러므로 이제 다음 절이 뒤따른다.

[17] 하늘로부터 소리가 있어 말씀하시되 이는 내 사랑하는 아들이요 내 기뻐하는 자라 하시니라.

삼위는 항상 하나이시다. 예를 들면, 아들은 아버지께서 자기에게 "주신 자들"("those whom")—문자적으로 더 나은 본문에 의하면 "주신 자"("that which")—을 위하여 죽으시는 것이다(요 10:29). 또한 이들은 바로 성령께서 진리와 영광 가운데로 인도하시는 자들이다(요 14:16, 17; 16:14; 롬 8:26-30). 또한 본 문맥에서도 삼위는 하나이시다. 마가복음 1:11과 누가복음 3:22("**너는** 내 사랑하는 아들이라. 내가 **너를** 기뻐하노라")에 나타나 있는 바와 같이, 하늘이 열리고 예수께서 친히 그 음성을 들으신 것이 분명하다. 이 음성은 또한 세례 요한도 역시 듣게 하심으로써(그러므로 마태복음에서는 "너는 내 사랑하는 아들이라"가 아닌 "**이는** 내 사랑하는 아들이요") 그가 보고 들은 일을 더 잘 증거하도록 하셨음이 분명하다(요 1:33, 34 참조). 이미 앞서 지적한 바와 같이, 아들이 전심으로 그처럼 무한히 무거운 죄 짐을 지고 가는 일을 수행하고자 하는 결의에 대한 자발적인 재확증과 관련하여, **이 기쁨에 찬 승인**의 음성은 적시적소에 들려왔다.

그것은 누구의 음성이었는가? 본 절에 그 말씀을 하신 분의 이름은 밝혀져 있지 않다.[224] 그 이름은 밝힐 필요가 없었다. 왜냐하면 "이는 내 사랑하는 아들이요" 하는 구절 자체가 그 말씀을 하신 분이 바로 아버지시라는 것을 밝혀 주기 때문이다. 더욱이 그의 메시아로서의 공식적인 자격에 있어서뿐만 아니라 영원한 세대를 통해 역시 아버지와 성령과 함께 하나님의 본체를 온전히 공유하는 분은 아버지의 사랑하시는 자인 예수 그리스도이시다(요 1:14; 3:16; 10:17; 17:23). 아버지께서 자기 아들을 향하여 품고 계시는 사랑보다 더 고귀한 사랑은 있을 수 없다. 동사에서 파생된 형용사 아가페토스(*agapetos*: 사랑하는)에 의하면, 이 사랑은 하나님의 마음같이 위대하고 깊고 완전한 사랑을 뜻한다. 그것은 또한 하나님의 생각같이 지성적이며 의도가 분명한 사랑이다. 그것은 곧 온유하고 광대하며 무한한 사랑이다![225]

이 사랑에 대한 또 다른 속성은 **영원성**이다. 그것은 곧 모든 일시적인 범주를 뛰어넘는 무궁한 사랑을 의미한다. 어떤 이들은 의견을 달리하고 있으나 "내 기뻐하는(현재시제) 자라"는 번역이 옳은 것으로 간주되어야만 한다.[226] 영원 전에 아들은 항상 아버지 앞에 무한한 기쁨의 대상이 되셨다(잠 8:30 참조).

세례를 받음으로써 죄에 빠진 세상을 구원하기 위하여 자신의 피를 흘려야 될 것을 재확증하신 아들의 행위는, 아버지의 그 기쁨과 사랑을 조금도 감소시키지 못했다. 그것이 곧 아버지께서 아들에게 말씀하시고자 하는 것이었다. 그것은 또한 아버지께서 세례 요한과 우리 모든 사람들에게도 역시 말씀하시고자 하는 것이었다.

---

224) **하나님의 기쁘신 뜻**에 관한 주제와 관련하여, 본 구절은 이 기쁘신 뜻을 행사하시는 분의 이름을 밝히지 않은 유일한 구절은 결코 아니다. 그 예로 누가복음 2:14; 빌립보서 2:13 그리고 골로새서 1:19을 역시 보라. 에베소서 1:5은 누구의 기쁘신 뜻을 의미하는지를 분명히 밝히고 있다. 다른 경우들에 있어서도 각 문맥이 그 점을 밝히고 있다.

225) *ἀγαπάω*와 *φιλέω* 사이의 차이점과 그 각각의 파생어들에 관하여는 필자의 요한복음 주석 하권, 각주 306)을 보라.

226) 이것은 시간의 제약을 받지 않는 단순과거의 뛰어난 한 예이다. Gram.N.T., p.837을 보라. 마태복음 17:5; 마가복음 1:11; 그리고 누가복음 3:22 역시 그러하다.

이 구절은 아들과 세례 요한에게뿐만 아니라 모든 하나님의 자녀들에게도 큰 위로가 된다. 이 구절은, **아들이** 자기를 따르는 자들을 대신하여 지옥의 고통을 기꺼이 받으실 만큼 그들을 사랑하고 계실 **뿐만 아니라, 성령께서도 역시** 이 사역을 감당하실 수 있도록 아들을 강화시킴으로써 이 일에 온전히 협력하시며, **또한 아버지께서도 역시** 그 사역을 맡은 아들을 싫어하여 얼굴을 돌리는 대신에 그를 너무 기뻐하셨기 때문에, 하늘을 여시고 그의 기쁨이 충만한 음성이 땅 위에 들리게 하지 않으실 수 없었던 사실을 나타내고 있지 않은가![227] 성부, 성자, 성령 이 삼위께서는 모두 똑같이 우리의 구원에 관심을 갖고 계시며 또한 이 삼위는 하나이시다.

3장의 종합

1-12절은 이사야 40:3의 예언에 대한 성취로서 그리스도의 사자 혹은 길 예비자의 갑작스런 출현을 기록하고 있다. 요한은 유대 광야에서 전파하며 세례를 베푸는 모습으로 소개되고 있다. 유대와 그 주변의 모든 지역으로부터 허다한 무리들이 요한을 만나 보고 또한 그의 전파하는 바를 듣기 위하여 나아온다. 세례 요한의 거친 옷차림과 금욕적인 생활양식 그리고 오직 마음과 생각의 근본적인 변화를 통해서만 피할 수 있다는 임박한 진노의 메시지("회개하라…")는 많은 사람들로 하여금 자기들의 죄를 자복하고 요단 강에서 세례를 받도록 하는 반응을 불러일으킨다.

세례 받기 위하여 요한에게 나아오는 무리들 가운데는, 많은 바리새인들(허세를 부리는 왜곡된 율법주의자들)과 사두개인들(부요하고 세상적인 제사장들과 지주들)도 역시 섞여 있다. 이들을 향하여 세례 요한은 "독사의 자식들아!" 하고 외친다. 그가 말한 나머지의 내용은 다음과 같이 바꾸어 설명할 수 있을 것이다. 곧, "누가 너희를 속여서 생각과 마음의 진

---

227) 그리스도의 세례에 관한 전 주제에 대하여서는 다음 것도 보라. A.B. Bruce, "The Baptism of Jesus," *Exp.* 5th ser., 7 (1898), pp.187-201; 그리고 W.E. Bundy, "The Meaning of Jesus' Baptism", *JR*, 7 (1927), pp.56-71.

정한 변화 없이 하나님의 임박한 심판을 피할 수 있을 것으로 믿게 하더냐? 그러므로 진정한 회개에 합당한 열매를 맺도록 하라. 너희는 아브라함의 육신적인 혈통이 마치 너희를 구원할 수 있기라도 한 것처럼 그것을 의뢰하지 말라. 만일 하나님께서 그 이름에 합당한 **아브라함의 자손들**을 원하신다면 너희를 필요로 하지 아니하시리라. 하나님께서는 여기 있는 이 돌들로도 능히 아브라함의 자손이 되게 하시리라."

세례 요한은 도끼가 이미 나무뿌리에 놓인, 곧 하나님의 심판이 임박한 사실을 강조한다. 귀하고 값진 알곡(회개한 자들)과 아무 쓸모없는 쭉정이(회개하지 않은 자들) 사이에 최후의 구별을 지을 하나님의 심판의 때가 임박해 있다. 알곡은 모아 곳간에 들이고 쭉정이는 꺼지지 않는 불에 태우실 것이다.

진실로 회개한 자에게는 수없이 많은 복이 있는 "천국"이 가까이 임하여 있다. 이 의미는, 사람의 마음과 생활 속에서와 그 영향을 받는 모든 것 속에서와 심지어 인간의 육신적인 존재에까지도 영향을 미치는 하나님의 통치가, 이전 어느 때보다도 더욱 강력하게 나타나는 시대가 바야흐로 시작되려 한다는 것이다. 그러나 복과 화 그 어느 것도 세례 요한 자신의 개인적인 뜻에 달려 있지 않다는 사실을 명심해야 한다. 세례 요한이 (전파하는 일 외에) 할 수 있는 것이란 겨우 **물로** 세례를 베푸는 일이다. 요한보다 훨씬 크신 이가 이제 곧 현장에 나타나시려 하고 있다. 아니, 어떤 의미에서는 이미 도착하셨다. **성령과 불**로 마지막 단번에 일소하는 심판과 오순절을 다 포함하여 예언된—세례를 베푸실— 이는 바로 그분이시다.

13-17절은 세례 요한의 활동이 그 절정에 이르렀을 때에 예수께서 공적으로 모습을 드러내시고 요한에게 세례 베풀 것을 요청하신 바를 진술하고 있다. 세례 요한은 자기는 세례 베풀 자격이 없으며, 오히려 자기가 그의 오심을 위하여 길을 예비해 왔던 바로 그 메시아에게 세례를 받아야 마땅하다고 예수님을 만류한다. 예수께서는 "이제 허락하라. 우리가 이와 같이 하여 모든 의를 이루는 것이 합당하니라" 하는 말씀으로 물리치신다. 자신의 몸을 많은 사람을 위한 대속물로 주리라 약속하신 주께서 세례 의식에 복종하심으로써 이 약속을 확증하신 것은 당연한 일이었다. 예

수께서는 세례 받으심으로써 세상 죄를 지고 가시고자 하는 결의와 자원의 뜻을 재확증하셨다. 세례의 물은 죄 씻음에 대한 표와 인이다. 예수께서는 이 성례로써 자기 자신을 죄를 지신 자로 나타내신다. 따라서 세례 요한이 예수께 물로 세례를 베푸는 것도 역시 옳았다. 그는 예수께 세례를 베풂으로써 하나님께 순종하여 자기의 임무를 수행했고 또한 예언을 성취했다.

무한히 어려운 사역의 수행을 위해서 중보자께서는 성령으로 기름부음을 받으실 필요가 있었다. 이는 그가 하나님의 아들이신 동시에 또한 사람의 아들 곧 인자이시기 때문이었다. 참된 하나님이신 삼위일체의 제이위께서는 신성과 인성, 이 두 품성을 소유하고 계신다. 그의 신성은 강화될 필요가 없으나 그의 인성은 강화될 필요가 있다. 그러므로 중보자께서 세례 받으실 때, 비둘기의 형상으로 상징된 성령께서 그의 위에 임하시는 순간 모든 필수적인 자격과 자질이 그에게 부여되었다.

아들이 그토록 고통스러운 사역을 자신이 기꺼이 담당하시고자 하는 결의를 세례 받으심으로써 재확증하자, 아버지의 진심에서 우러나오는 사랑의 반응이 즉각적으로 나타나 하늘이 열리고 소리가 있어 말씀하시기를 "이는 내 사랑하는 아들이요 내 기뻐하는 자라" 하신다. 그 이상 영광스러운 승인의 표와 인은 생각할 수가 없다.

이와 같이 아버지와 아들과 성령은 인간의 구원을 이루는 일에 상호 협력하신다.

3:4에 관한 부가적인 첨가

"음식은 메뚜기와…" 단백질을 풍부하게 함유하고 있는 곤충을 먹기 싫어하는 것이 교양 있는 처사가 될지는 모른다. 그러나 다른 나라들에서는 곤충이 식품의 일부로 되어 있다. 멕시코 시티에서는 불에 구워 소금을 친 메뚜기를 살 수 있다. 먹을 수 있는 곤충들이 오스트레일리아의 원주민들을 기아에서 구해 주고 있다. 미국 내에서도 미식가들을 위하여 초콜릿을 입힌 벌과 개미를 파는 음식점이 있다. 세례 요한은 메뚜기와 그 밖의 다른 곤충들이 미래의 빈곤을 채워 주리라는 것을 내다 본 자로서 우리보다 얼마간 앞선 사람이었다고 볼 수 있지 않은가?

제4장 1-11절의 개요

Matthew 4

주제 : 아버지께서 아들에게 맡기신 사역

예수께서 광야에서 시험받으심

제 4 장

예수께서 광야에서 시험받으심 (4:1-11)

마가복음 1:12, 13; 누가복음 4:1-13 참조

1-11절

1 그때에 예수께서 성령에게 이끌리어 마귀에게 시험을 받으러 광야로 가사 2 사십
일을 밤낮으로 금식하신 후에 주리신지라 3 시험하는 자가 예수께 나아와서 이르되
네가 만일 하나님의 아들이어든 명하여 이 돌들로 떡덩이가 되게 하라 4 예수께서
대답하여 이르시되 기록되었으되 사람이 떡으로만 살 것이 아니요 하나님의 입으
로부터 나오는 모든 말씀으로 살 것이라 하였느니라 하시니 5 이에 마귀가 예수를
거룩한 성으로 데려다가 성전 꼭대기에 세우고 6 이르되 네가 만일 하나님의 아들
이어든 뛰어내리라 기록되었으되 그가 너를 위하여 그의 사자들을 명하시리니 그
들이 손으로 너를 받들어 발이 돌에 부딪치지 않게 하리로다 하였느니라 7 예수께
서 이르시되 또 기록되었으되 주 너의 하나님을 시험하지 말라 하였느니라 하시니
8 마귀가 또 그를 데리고 지극히 높은 산으로 가서 천하 만국과 그 영광을 보여 9 이
르되 만일 내게 엎드려 경배하면 이 모든 것을 네게 주리라 10 이에 예수께서 말씀
하시되 사탄아 물러가라 기록되었으되 주 너의 하나님께 경배하고 다만 그를 섬기
라 하였느니라 11 이에 마귀는 예수를 떠나고 천사들이 나아와서 수종드니라

1 그 후, 예수님께서는 성령에게 이끌려 광야로 가셔서, 마귀에게 시험을 받으셨습
니다. 2 예수님께서는 사십 일 내내 금식하셔서, 매우 배가 고팠습니다. 3 시험하는
자가 예수님께 와서 이렇게 말했습니다. "만일 당신이 하나님의 아들이라면, 이 돌
에게 빵이 되라고 명령해 보시오." 4 예수님께서 대답하셨습니다. "성경에 '사람이
빵으로만 살 것이 아니라, 하나님의 입에서 나오는 모든 말씀으로 살 것이다' 라고
기록되어 있다." 5 그러자 마귀는 예수님을 거룩한 성으로 데리고 가서 성전 꼭대기
에 세웠습니다. 6 마귀가 말했습니다. "만일 당신이 하나님의 아들이라면 뛰어내리
시오. 성경에 '하나님께서 당신을 위해 천사들에게 명령하실 것이다. 그들은 손으
로 당신을 붙잡아 발이 돌에 부딪히지 않도록 할 것이다' 라고 기록되어 있소." 7 예
수님께서 마귀에게 대답하셨습니다. "성경에 '주 너의 하나님을 시험하지 마라' 고
기록되어 있다." 8 다시 마귀는 예수님을 높은 산으로 데리고 갔습니다. 마귀는 예

수님께 세상의 모든 나라와 그 영화로운 모습을 보여 주었습니다. 9 마귀는 이렇게
말했습니다. "만일 당신이 나에게 절하고 경배한다면, 이 모든 것을 주겠소." 10 예
수님께서 마귀에게 말씀하셨습니다. "사탄아, 썩 물러가거라! 성경에 '오직 주 너
희 하나님께만 경배하고, 그를 섬겨라!' 고 기록되어 있다." 11 그러자 마귀가 예수
님에게서 떠나가고, 천사들이 예수님께 와서 시중을 들었습니다. _아가페 쉬운성경

1. 시험의 전후 관계

본 복음서 1:1-3:12에서 강조된 것은 그리스도의 왕으로서의 신분이었다. 그러나 3:13에서 그의 신분에 변화가 생긴다. 곧 왕의 신분으로부터 죄를 짊어진 죄인의 신분을 취한다. 그리스도께서는 세례를 받으심으로써 자기 몸을 많은 사람들을 위한 대속물로 주고자 하시는 결의를 재확증하신다. 따라서 **이 왕은 또한 제사장이시다.** 그는 "멜기세덱의 반차를 따른 영원한 제사장"(시 110:4; 히 6:20)이시다.

자기 몸을 주신다는 것은 고난받으실 것을 뜻한다. 주께서는 **대속적으로** 고난을 받으신다. 이 고난의 형태 중 하나가 바로 시험(4:1-11)이다. "그가 시험을 받아 고난을 당하셨은즉 시험받는 자들을 능히 도우실 수 있느니라"(히 2:18).

그러나 비록 강조점이 그리스도의 왕의 직분에서 그의 제사장의 직분으로 옮겨지기는 하지만, 그의 왕의 직분은 결코 소홀히 되거나 무시되지 않는다는 사실을 중시해야 한다. 이곳에서 예수 그리스도는 "시험을 받아 고난을 당하시는" 제사장의 모습으로 나타날 뿐만 아니라, 또한 매우 분명하게 그의 주된 대적자에게 도전하여 당당히 승리를 거두시는 왕으로도 나타나고 있다.

여기서 그리스도의 선지자 직분도 역시 무시되지 않는다. 왜냐하면 마귀에 대한 완전한 반격과 특히 세 차례나 성경 구절을 인용한 대답으로써 그의 선지자 직분을 훌륭히 행하셨기 때문이다. 사실상 본 장에서의 강조점은 치료자이실 뿐만 아니라 가르치시는 자요 또한 복음을 전파하시는 자이신 그리스도(23절)에게로, 그리고 바로 뒤따라 나오는 산상설교(5-7

장)로 점차 옮겨진다. 마태복음이 다른 어떤 복음서보다도 선지자로서의 그리스도에 대해 강조점을 둔다는 사실은 이미 앞서 언급한 바 있다(pp. 139-140). 그러므로 주께서 행하시는 그 세 직분을 각기 따로 분리하는 일은 불가능하다. 그리스도의 세 직분은 **하나로 된 삼중적** 메시아 직분을 구성하는 것으로 간주될 수 있다.

[1] 그때에 예수께서 성령에게 이끌리어 마귀에게 시험을 받으러 광야로 가사.

이 구절의 어법은 이 부분이 바로 앞부분과 밀접하게 관련되어 있음을 보여 준다.

(예수께서) 하나님의 성령이 비둘기 같이 내려 자기 위에 임하심을 보시더니 (3:16).	그때에 예수께서 성령에게 이끌리어 (4:1).
(보라), 하늘로부터 소리가 있어 말씀하시되, 이는 내 사랑하는 아들이요 (3:17).	네가 만일 하나님의 아들이어든 (4:3).

예수께서는 세례 받으셨던 요단 강에서 인접한 고지로 **이끌려** 가셨다. 그가 이끌려 가신 것은 성령의 인도하심에 의해서였다. 바로 이 성령께서는 그리스도께서 이 시험을 받으실 필요가 있다는 사실을 아셨을 뿐만 아니라, 또한 자신이 이 시험의 현장에 절대적으로 그리고 적극적으로 임재하여 계신 것이 그리스도로 하여금 그 시험을 물리치고 승리하실 수 있는 능력을 갖추어 주는 것임을 역시 아셨다. 예수께서는 "광야로" 이끌리어 가사(마 3:1 주석을 보라) 거기서 "들짐승과 함께"(막 1:13) 계셨다. 예수께서 **디아볼로스**, 곧 마귀에게 시험을 받으신 것은 바로 이곳에서였다. **디아볼로스**는 **마귀**, **대적자**, **참소하는 자**(욥 1:9; 슥 3:1-2. 참조. 계 12:9-10) 그리고 (**사탄**을 **디아볼로스**로 번역하고 있는 70인역의 영향으로) 엄밀하게 말해서 **사탄**을 의미하는 대적자(벧전 5:8), **훼방자**를 가리킨다.

마태는 "악의 왕자"(악마)의 인격적 존재를 믿었음이 분명하다. 그 밖의 다른 사도들과 영감을 받은 성경 기자들뿐만 아니라 예수께서도 그 존재를 믿으셨다. 마태복음 4:1, 5, 8; 13:39; 25:41 그리고 바로 위에서 언급한 구절들 외에 요한복음 8:44; 13:2; 사도행전 10:38; 에베소서 4:27; 6:11; 야고보서 4:7; 요한일서 3:8, 10; 유다서 9; 요한계시록 2:10 그리고 20:2도 역시 보라.

하늘로부터 내쫓김을 당한 마귀는 분노와 시기로 가득 차 있다. 그의 증오는 하나님과 그의 백성들에게 대한 것이다. 마귀는 특히 **하나님께서 예수 그리스도 안에서 자기 백성의 구원을 나타내시려 할 때** 더욱 광포하게 날뛴다. 따라서 마귀의 목적은 결국 자기의 큰 적수 메시아를 유혹하고 속여서 메시아와 함께 그의 나라(4:23)를 파멸에 빠뜨리고자 하는 것이다. 마귀의 궤계는 매우 간교하다(엡 6:11). 이 주제에 관하여는 필자의 주석 에베소서 1:3을 보라.

2. 시험의 성격

그리스도의 시험과 관련하여 다소 철학적인 질문들이 끊임없이 제기되었다.

첫째로, "예수께서 시험에 패배할 가능성이 있었는가?"

그 답은 "분명히 없었다"이다. 예수께서는 죄가 없으실 뿐만 아니라 죄를 지으실 수도 없으셨다(사 53:9; 요 8:46; 고후 5:21). 사실상 그는 적극적인 선, 곧 거룩하심, 용서를 베푸시는 사랑, 병자와 마귀에게 눌린 모든 자를 고치시며 하나님을 아는 참 지식을 전해 주시고자 하는 열망으로 충만하신 분이었다(사 53:5; 마 5:43-48; 14:14; 15:2, 3; 눅 23:34; 행 10:38).

둘째로, "예수께서 만일 죄를 지으실 수가 없었다면, 과연 그의 받으신 시험이 실제적인 것이었겠는가?"

그렇다, 예수께서는 "모든 일에(혹은 **모든 면에서**) 우리와 똑같이 시험을 받으신 이로되 죄는 없으시다"(히 4:15). 곧 죄에 빠지지는 않으셨다. 예수께서는 신자들까지 포함한 일반 사람들이 당하는 여러 다양한 시험을 받으셨다. 이 모든 시험에서 예수는 사탄으로부터 악을 범함으로써 선한 것을 받을 수 있을 것이라는 유혹을 받으셨다.

그러나 히브리서 4:15 말씀은 시험받는 동안의 심리적인 과정에서 예수 그리스도의 경우와 일반 사람들의 경우가 정확한 의미에 있어서 동일했다고 말하지 않는다. 신자들을 포함한 일반 사람들의 경우에 있어서는 먼저 죄에 빠지도록 유혹하는 사탄의 은밀한 속삭임이나 시험의 음성이 들린다. 또 그뿐만 아니라 시험을 받는 자의 마음속에는 사탄의 유혹에 끌리게 하는 내적인 욕구("욕심")도 역시 도사리고 있다. 이와 같이 각 사람은 "자기 욕심에 끌려 미혹됨"(약 1:14)으로써 죄에 빠지게 된다. 그러나 그리스도의 경우는 이와 다르다. 그리스도의 경우에 있어서도 외부적인 유혹—주님 자신의 심령에서 비롯된 것이 아니라 다른 자의 음성이 있었다는 의미의 **외적인** 유혹—은 있었다. 하지만 그에게는 이 사탄의 음성에 동조하여 범죄하고자 하는 **내적인** 악한 충동이나 욕심이 없었다. 그럼에도 불구하고 필요에 대한 느낌과 사탄이 이 필요를 만족시키도록 유혹하고 있다는 사실에 대한 의식, 그 시험하는 자를 물리쳐야 한다는 생각 그리고 이러한 문제 의식에서 비롯되는 갈등을 유발하는 그 시험은, 예수 그리스도에게 있어서도 역시 실제적인 것이었다.

우리 주님의 심령은 부싯돌처럼 단단하거나 고드름처럼 차갑지 않았다. 그의 심령은 온갖 종류의 고통에 영향을 받고 괴로움을 느끼는 철저히 인간적이며 아주 감수성이 예민한 심령이었다. "나는 받을 세례가 있으니 그것이 이루어지기까지 나의 답답함이 어떠하겠느냐"(눅 12:50)라고 말씀하신 분이 바로 그리스도이셨다. 예수께서는 애정(마 19:13, 14)과 연민(마 23:37; 요 11:35)과 용서(마 12:32)와 노(怒)(마 17:17)와 감사(마 11:25)와 그리고 아버지를 영화롭게 하기 위하여(요 17:1-5) 잃어버린 죄인들을 찾아 구원하시기를 열망하는 마음(마 11:28; 23:37; 눅 15장; 19:10; 요 7:37)을 표현하실 때가 있었다. 하나님이실 뿐만 아니라 또한 **사람**이시기에 그리스도께서는 곤하고(요 4:6) 목마른(요 4:7; 19:28) 것이 무엇인지를 아셨다. 그러므로 예수께서 "사십 일을 밤낮으로 금식하신 후에" 몹시 시장하셨을 때에, 시험하는 자가 나아와서 "이 돌들로 떡덩이가 되게 하라"고 제의한 것은, 예수께 있어서 실제적인 시험이었다는 사실에 우리는 그리 놀랄 것이 없다.

그러나 여기서 또 다른 질문이 제기될 수 있다. 곧 "하지만 그리스도의 이같이 예민하고 빈틈없는 마음은 사탄이 그에게 시험한 세 가지 제안들(3, 6, 9절)이 모두 악한 것임을 즉시 분별하지 않으셨던가?" 어떤 저술가는 "악이 어떻게 그의 마음을 끌 수 있었을 것인가? 그리고 만일 그것이 그의 마음을 끌지 못하는 것이었다면 과연 시험의 소재는 어디에 있었겠는가?"(A. Plummer)라고 질문했다. 모든 사실의 내용을 전적으로 낱낱이 밝히라는 식의 그러한 질문에 답하는 것은 불가능한 일임을 인정해야만 한다. 완벽하신 구주께서 받으신 시험의 주제는 신비에 싸여 있다. 그러나 이것이 일반적으로 받아들여지는 교리인 것만은 사실이 아닌가? 사실상, "신비는 교의학에 없어서는 안 될 절대적인 요소이다. 하나님께서 자연 세계와 성경에 자기를 계시하신 진리는 인간의 지각과 이해를 훨씬 더 능가한다."[228]

그리스도께서 시험받으실 때 그의 마음속에 시시각각으로 무슨 생각이 스쳐 지나갔는지를 우리가 낱낱이 분석하는 일은 불가능하다. 또한 우리는 어떻게 해서 아담의 죄없는 마음에서 죄가 유래되었으며, 어떻게 해서 죄책이 죄인들로부터 구주에게로 "전가"될 수 있으며, 어떻게 해서 구주의 의가 그를 따르는 자들에게 전가될 수 있으며, 그리고 어떻게 해서 우리 주께서 (그의 신성에 있어서) 전지하신 동시에 또한 (그의 인성에 있어서) 전지하지 못하신지 등에 관해서도 알지 못한다. 그러므로 그리스도의 시험은 그것이 여기 광야에서 시험받았던 것이든 아니면 그 후에 다른 곳에서 시험받았던 것이든 간에 우리의 이해를 초월한다는 사실에 놀랄 것까지는 없다. 영감으로 기록된 성경 본문의 내용에 기초하여, 우리는 그리스도의 시험이 실제적이며 심각한 체험이었을 것으로 믿는다. 그리고

228) H. Bavinck, *The Doctrine of God* (필자가 네덜란드어로부터 영역), Grand Rapids, 1955, p.13.

성경에 내포되어 있는 깊은 진리들이 우리의 지각과 이해를 초월한다는 사실에 관하여 생각해 볼 때, 성경이 진정으로 **하나님의 말씀**일진대 이 점은 정확히 우리가 기대할 수 있는 바가 아니겠는가?

3. 시험의 단계적 진행

첫 번째 시험

[2] 사십 일을 밤낮으로 금식하신 후에 주리신지라.

이 구절을 대할 때 모세가 호렙 산 위에서 겪은 체험(출 34:2, 28; 신 9:9, 18)과 그 동일한 산을 향하여 달려갈 때 엘리야가 겪었던 체험(왕상 19:8)이 즉시 마음에 떠오른다. 누가복음 4:2은 그리스도의 금식이 부분적인 것이 아니라 완전한 것이었음을 보여 주고 있다("이 모든 날에 아무것도 잡수시지 아니하시니"). 주께서 이 사십 일 동안에 아버지께서 자기에게 맡기셨고 또한 자기가 기꺼이 맡으신 그 사역을 준비하시기 위하여 기도와 묵상으로 시간을 보내신 것으로 보는 것이 합당하지 않겠는가? 칼빈은 그의 주석 마태복음 4:1, 2에서 말하기를, "그리스도께서 광야로 이끌려 가신 데는 두 가지 이유가 있었다. 첫째로, 그 이유는 사십 일 간의 금식 후에 예수께서 새 사람, 혹은 하늘의 사람으로서 나타나사 그의 맡으신 직분을 수행하시기 위함이었다. 둘째로, 그 이유는 예수께서 그토록 힘들고 고귀한 직분을 수행하시기 전에 먼저 시험을 받아 훈련을 쌓으시기 위함이었다"라고 하였다. 우리는 여기서 불붙은 떨기나무 앞에 선 모세(출 3:1-4:17)와 바울의 아라비아 은거를 연상하게 된다. 필자의 갈라디

---

229) 현저히 차이가 나는 견해로서는 Lenski, *op. cit.*, p.136을 보라. 그는 예수께서 **사십 일 내내** 시험을 받으셨으며, 이 일이 바로 그로 하여금 음식을 잊어버리게 했다고 믿는다. 또한 이 기간은 하나님과의 교제를 위한 은거 기간은 아니었다고 생각한다. 그는 자기 견해의 근거를 마가복음 1:13과 누가복음 4:2에 나오는 현재분사 *πειραζόμενος*의 용법에 크게 의존하고 있으며, 이 분사를 사십 일의 전 기간 내내 예수께서 시험을 받으셨다는 의미로 해석한다. 그의 이 같은 견해는 여러 다른

아서 주석을 보라.[229]

예수께서는 하나님이신 동시에 또한 완전한 인간이시므로 이 사십 일간의 금식 후에 그가 몹시 주리신 것은 분명히 놀랍지 않은 사실이다. 따라서 마귀가 이 순간을 그의 황금의 기회로 삼은 것은 당연하다. 그러므로 본문은 계속된다.

[3] 시험하는 자가 예수께 나아와서 이르되 네가 만일 하나님의 아들이어든 명하여 이 돌들로 떡덩이가 되게 하라.[230]

주석가들, 즉 J.M. Gibson, *The Gospel of St. Matthew (The Expositor's Bible)*, Grand Rapids, 1943, Vol. 4, p.700; S. Greijdanus, *Het Heilig Evangelie naar de Beschrijving van Lucas (Kommentaar op het Nieuwe Testament)*, Amsterdam, 1940, Vol. I, p.193; 그리고 E.P. Groenewald, *Die Evangelie volgens Markus*, p.30 등에서도 역시 찾아볼 수 있다. 그 분사에 대한 이러한 해석이 실제로 가능하다. 또 "세 차례의" 기록된 시험들이 훨씬 더 긴 일련의 시험들 가운데서 일종의 절정을 이루는 시험이었다는 것을 암시한다고 볼 수도 있다. 그러나 이것이 그렇게 번역할 수 있는 유일한 의미는 아니다. 그 의미는 또한 "…광야에 계셔서 그곳에서 마귀에게 시험을 받으시더라"가 될 수도 있다. 복음서들에 제시된 바(마가복음에는 매우 간략히 요약되어 있다) 그 기사에 대한 합당한 해석은 당연히 다음과 같을 것이다. 곧, a. 예수께서는 성령에게 이끌려 시험받으실 목적으로 광야로 가셨다. b. 그는 그곳에 사십 일을 계셨으며 그동안 금식하셨다. c. 이 사십 일이 다 지났을 때 그는 몹시 주리셨다. 그리고 d. 마귀는 이 기회(그리스도의 주리고 쇠약해진 육체적 상태)를 이용하여 그를 시험하였다. 필자에게는 이 해석 역시 그 현재분사의 의미에 대하여 충분한 정당성을 가지는 것으로 보인다. 마태복음의 기사를 있는 그대로 읽을 때, 예수께서 사십 일의 전 기간 내내 시험을 받으신 것을 암시하고 있지는 않다. 후자의 설은 마가복음과 누가복음에 기록된 내용에 대한 두 가지 가능성이 있는 해석 중 하나에서 나온 것이며, 그리고 그 해석을 마태복음에 다시 결부시킴으로써 얻어진 것이다. 일단 먼저 이렇게 생각하고 난 연후에 그 밖의 여러 가지 생각들—예수께서 끊임없이 시험을 받으셨으므로 음식이나 혹은 하나님과의 교제에 대하여 생각할 겨를이 없으셨다는 등—이 덧붙여진다.

230) 이것은 제1급 조건문이다(조건절의 내용이 진실임이 가정/추정되는 조건문). 조건절에서는 직설법(여기서는 현재)과 더불어 εἰ가 나오고, 주절에서는 명령법 εἰπέ(λέγω의 제2단순과거로 사용됨)가 나온다. 사탄은 예수가 하나님의 아들임을 부인하지 않으면서, 예수에게 그 사실을 입증하라고 도전하고 있다.

"시험하는 자가 예수께 나아와서" 하는 말로 미루어 시험이 외부로부터 왔던 것이 분명하다. 이미 앞서 지적한 바와 같이, 우리는 오직 이 점에서만 그리스도께서 시험을 받으신 것으로 생각해야 한다. 데살로니가전서 3:5에서도 역시 마귀는 "시험하는 자"로 불린다. 그리고 마태복음 4:1; 마가복음 1:13; 누가복음 4:2; 고린도전서 7:5에서도 역시 마귀가 시험하는 자라는 사실을 암시한다. 마귀의 비열함은 특히 그가 사람을 시험하여 죄에 빠지도록 하는 데 있다. 마귀는 사람을 유혹하여 죄에 빠지게 한 다음 그 죄에 빠진 사람을 참소한다. 다시 말하자면, 시험하는 자가 참소하는 자로 둔갑하는 것이다. 더욱이 마귀는 자기의 시험에 미혹되어 죄에 빠진 자를 참소하되, 이전에 이미 용서받은 죄까지도 들추어내어 밤낮 쉬지 않고 하나님 앞에 참소할 것이다(슥 3:1-5; 계 12:10).

그 시험하는 자가 "네가 만일[231] 하나님의 아들이어든 명하여 이 돌들로 떡덩이가 되게 하라"고 말한 것은 조롱하는 투였을 것임에 틀림없다. 마귀가 한 말의 의미는 필시 "그것(이는 내 사랑하는 아들이요)이 만일 네가 세례 받을 때에 아버지가 네게 말씀하신 바요(마 3:17) 또한 네 자신이 믿는 바거든, 당당한 권세를 이용하여 이제 주린 고통을 면하라"였을 것이다. **하나님의 아들이 굶주리다니** 이 얼마나 어이없는 일이란 말인가! 그러니 네가 만일 하나님의 아들이어든[232] 명하여 이 돌들로 떡덩이[233]가 되게 하라.

231) 빈번히 사용되는 바와 같이(마 6:30; 7:11; 눅 11:13; 12:28; 요 12:24; 10:35 등 참조) 인과관계를 나타내는 *εἰ*.

232) "하나님의 아들"("God's son")이란 번역은 Beck와 Williams의 번역이다. 또한 "하나님의 그 아들"("the Son of God")이란 번역(A.V., A.R.V., N.A.S., R.S.V., N.E.B. 등) 역시 옳다. *υἱός*가 관사를 갖지 않는 것은 사실이나, 이 점이 그리 중시될 수 없는 것도 사실이다. 왜냐하면 a. *υἱός τοῦ Θεοῦ* 앞에 관사가 없어도, 이것이 하나의 명칭 혹은 호칭으로 간주될 경우에는 한정적인 의미를 가지기 때문이며, b. 일반적으로 그렇게 추정되듯이, 사탄이 세례 시에 들린 아버지의 음성을 흉내낸 것이라면, 3:17에 *ὁ υἱός*로 되어 있으므로 그가 분명히 한정적인 칭호를 염두에 두었을 것이기 때문이다. 따라서 필자는 관사를 빠뜨림으로써 사탄이 "간교하게 아버지의 말씀을 변경시키고 있다"(*op. cit.*, p.138)라고 한 Lenski와는 의견을 달리한다.

물론 그것은 1. “마지막 아담”(고전 15:45)으로서 “첫 사람 아담”이 실패한 것과 똑같이—양자의 시험에 있어서 모두 먹는 음식과 관련되었다—실패하게 하려는 악한 시험이었다. 성령께서 예수로 시험받게 하신 이유들 가운데 하나는, 모든 자기 백성의 대표자와 구주로서 첫 사람 아담처럼 마귀의 시험에 굴하지 않고 확고히 승리하도록 하시기 위함이 아닌가? 더욱이 그 시험하는 자의 입장에서 볼 때, 이것은 2. 자기를 뒷받침해 주시는 바 아버지의 뜻과 능력에 대한 아들의 신뢰를 깨뜨리려는 사악한 음모였다. 그 시험하는 자가 예수께 요구한 행위는 예수로 하여금 자기 아버지를 불신하게 하고 또 모든 문제들을 전적으로 자기 손으로 처리하도록 부추기는 것이었다.

이미 앞서 지적한 바와 같이, 우리가 알 수 없는 깊은 진리에도 불구하고, 예수께 있어서 이 시험이 매우 실제적인 것이었다는 사실은 부인할 수 없다. 예수께서는 자신이 이적을 행할 수 있는 능력으로 옷입고 있음을 아셨다. 또한 여기서 예수께서는 자기 자신을 위하여 그 능력을 사용할 기회를 만나셨다. 이때 예수께서는 몹시 주리셨음에 틀림없다. 시험의 실제성과 시련의 가혹함은 이 **마지막 아담**의 처지와 **첫 사람 아담**의 처지를 비교해 볼 때 더욱 분명히 드러날 것이다. 두 아담 모두 사탄에게 시험을 받았다. 그러나 시험의 비중에 있어서의 차이점이 다음의 삼중적인 대조에서 분명히 드러난다.

a. 창세기 3:1-7의 아무 곳에서도 우리는 구약성경의 아담이 얼마의 기간 동안 식음을 전폐하고 지냈다는 구절을 찾아볼 수 없다. 그러나 예수께서는 사십 일을 밤낮으로 금식하신 후 몹시 주리셨다.

---

233) 혹은 “떡덩이들.” 원문은 두 경우 모두에서 복수를 사용한다. 따라서 사탄이 의중에 “돌들이 떡덩이들이 되게 하라”는 뜻을 품고 있으리라고 보는 것은 전적으로 가능하다. 돌들과 떡덩이 사이에는 그 모양에 있어서 유사점이 있었을 것이다. 한편, 문맥은 강조점을 그 모양 혹은 형태에 두는 것이 아니라, 배고픔을 해소시키는 데 소용되는 음식인 **떡**에 두고 있음을 암시하는 것으로 보인다. 그러므로 대부분의 번역가들과 더불어 필자는 “떡”이라는 번역을 택한다. 영어의 “Loaves”(“덩이들”)는 정확한 번역이 못 된다. 왜냐하면 이 영어 단어는 일반적으로 원문의 뜻과는 전적으로 다른 의미를 가지기 때문이다.

b. 인류의 시조는 설사 주렸다 할지라도 쉽게 그의 주린 배를 채울 수 있었을 것이다. 왜냐하면 아담은 "동산 각종 나무의 열매는 네가 임의로 먹으라"(창 2:16)는 하나님의 허락을 받았기 때문이다. 예수께는 그러한 여건이 허락되지 않았다.

c. 하와의 남편은 시험받을 당시에 모든 것이 유리한 여건을 갖추고 있었다. 이는 그가 낙원에 살았기 때문이다. 그러나 예수께서는 그의 시험의 때에 이 황량한 광야에 머물러 계셨던 것이 아닌가! 그럼에도 불구하고 예수께서는 시험에 지지 않으시고 이겨 내셨다.

[4] 예수께서 대답하여 이르시되 기록되었으되 사람이 떡으로만 살 것이 아니요 하나님의 입으로부터 나오는 모든 말씀으로 살 것이라 하였느니라 하시니.

"기록되었으되"라는 표현에 주의하라. 이 말은 여기 4절에서뿐만 아니라 7절과 10절에서도 역시 나오는데, 매번 신명기에서 말씀을 인용하고 있다. 이로 미루어 예수께서는 신명기를 신앙심을 강화하기 위한 방편으로 보신 것이 아니라 분명히 하나님의 참된 말씀으로 보신 것이 확실하다. 그리스도의 고상한 성경관에 관하여 언급하는 다른 구절들로는 누가복음 24:25-27, 44-47; 요한복음 5:39 그리고 요한복음 10:35 등이 있다. 그리스도에게 있어서 구약성경은, 자신이 친히 해석하신 바와 같이 생활과 교리를 위한 진리의 기초요 사리판단을 호소할 최종 법정이었다.

첫 번째 인용 구절은 신명기 8:3로부터 인용한 것이다. 그 구절은 모세가 이스라엘 백성들에게 그들의 광야 생활 사십 년 동안에 여호와께서 자기 백성들에게 베푸신 바 온유하신 사랑과 돌보심을 상기시키는 모습을 보여 준다. 특별히 그 구절은 여호와께서 저들과 저들의 조상들이 이전에 전혀 알지 못하던 만나를 어떻게 저들에게 먹이사 저들로 "사람이 떡으로만 사는 것이 아니요 여호와의 입에서 나오는 모든 말씀으로 사는 줄을" 알게 하셨는가를 보여 준다.

그러므로 예수께서 말씀하신 바의 의미를 다음과 같이 쉽게 풀어서 설명할 수 있다. "시험하는 자여, 너는 사람이 주린 배를 채우고 생명을 부지하기 위해서는 떡이 절대적으로 필요하다는 잘못된 가정하에 시험을 행하고 있구나. 이 잘못된 생각에 대하여 내가 이제 선언하노니, 떡이 아니라 내 아버지의 창조적이며 활력적이며 보존적인 능력이 나와 일반 사람의 생명과 복지에 없어서는 안 될 유일의 원천이니라."

"여호와의 입에서 나오는 모든 말씀"[234)]은 그의 능력의 말씀을 가리킨다. 그것은 창조와 보존에서 나타나는 하나님의 전능하신 능력의 말씀이다. 그것은 그의 **효력적인 명령**의 말씀이다. 이는 그 예로서 "하나님이 이르시되 빛이 있으라 하시니 빛이 있었고"(창 1:3), 또한 "여호와의 말씀으로 하늘이 지음이 되었기"(시 33:6) 때문이다.

예수의 입장에서 마귀의 충고에 대한 이 대답은 아버지의 돌보심에 대한 아들로서의 확고부동한 신뢰를 입증하는 표현이었다. 옛적 이스라엘 백성이 광야 여행 중에 떡이 없을 때, 그들에게 만나를 내려 먹게 하신 하나님께서 바로 얼마 전에 "이는 내 사랑하는 아들이요, 내 기뻐하는 자라" 말씀하신 자기의 사랑하시는 자를 이 시련의 시간에 쓰러지게 버려 두지 않으신다는 것은 분명하다!

두 번째 시험

다음 두 구절에서는 그 시험하는 자가 마치 "그래, 네가 네 아버지를 그처럼 신뢰하고 있단 말이지? 좋아, 그렇다면 어디 한 번 그것을 입증해 보아라!" 하고 말하는 것과도 같다.

---

234) 분명히 70인역을 반영한 번역. 소위 이 확대된 본문이 더 짧은 본문("하나님의 모든 말씀")보다 더 나은 것인지 어떤지는 결정짓기 어려운 문제이다. Codex D는 그 짧은 본문을 가지고 있다. 누가복음 4:4 참조. Western 본문이 일반적으로 단축 대신에 첨가한 본문으로 특징지어지는 것이 사실이므로, 어떤 이들이 **해당 경우**에 있어서 더 짧은 본문을 택하는 것은, 원본이 더 긴 본문을 포함하고 있지 않다는 사실을 입증해 주는 것으로 주장된다. **본질적으로** 그 의미는 동일하다. 왜냐하면 "하나님의 모든 말씀", "하나님의 입으로 나오는 모든 말씀" 그리고 "여호와의 입에서 나오는 모든 것"(히브리어 원문)이 모두 다 창조와 만물의 보존에 능동적으로 나타나는 하나님의 전능하신 능력을 언급하기 때문이다.

[5] [6] 이에 마귀가 예수를 거룩한 성으로 데려다가 성전 꼭대기에 세우고 이르되 네가 만일 하나님의 아들이어든 뛰어내리라 기록되었으되 그가 너를 위하여 그의 사자들을 명하시리니 그들이 손으로 너를 받들어 발이 돌에 부딪치지 않게 하리로다 하였느니라.

마태복음 4:5-10에 기록된 마지막 두 번의 시험 순서가 누가복음 4:5-12에서는 뒤바뀌어 나오는 점을 들어, 어떤 자들은 마태복음과 누가복음 사이에 모순점이 존재하는 것으로 생각한다. 그 답은 이러하다. 곧, 5절("이에 마귀가 예수를 거룩한 성으로 데려다가…")과 11절("이에 마귀는 예수를 떠나고")에서 "이에"라는 말을 사용하고 있을 뿐만 아니라, 이미 앞서 살펴본 바와 같이 첫 번째 시험과 두 번째 시험 사이에 내적인 연관성이 있는 점에서도 분명해지듯이, 마태는 확실한 시간적 순서에 따라 시험에 관한 기사를 기록하는 한편, 누가는 그러한 시간적인 연결 관계에 관하여는 암시조차 하지 않는다는 사실이다. 누가는 그 세 차례의 시험들을 단순히 "또"(4:5, 9)라는 접속사로써만 연결시킨다. 그뿐만 아니라 그 시험들이 그와 같은 시간적 순서를 따라 시도되었다고 언급하지도 않았고, 또 어떤 곳에서도 그 점에 대하여 암시한 바도 없다. 그러므로 마태복음과 누가복음 사이에는 전혀 아무런 모순점이 존재하지 않는다.

"마귀가 예수를 데려다가" 하는 말은 8절에도 나오는데, 이 말이 어떻게 이해되어야 할 것인가 하는 문제는 8절에 가서 생각하기로 한다. 우리는 유대인인 마태가 예루살렘을 "거룩한 성"(27:53 참조)으로 부르는 것에 그리 놀라지 않는다. 예루살렘은 그렇게 불리도록 되어 있었다(시 46:4; 48:1-3, 9-14; 122편; 137편; 마 5:35). 소중히 간직되어 온 수많은 추억들이 예루살렘 혹은 시온에 관련되어 있다. 그리스도의 조상 다윗이 그의 왕위를 든든히 했던 곳이 바로 이 성이 아닌가? 하나님께서는 이곳에 거하시리라 약속하지 않으셨던가? 이곳에는 "성소"와 "지성소"가 있는 하나님의 성전이 세워져 있지 않은가? 예루살렘은 이스라엘의 열두 지파가 여호와의 성호에 감사드리기 위하여 올라왔던 거룩한 성이 아닌가?

하나님이 허용하심으로써 마귀는 이 성으로 예수를 데려다가 전체 성전 건물의 외벽(문자적으로는 **날개벽**: wing) 꼭대기에 세워 두었다. 그 정확한 지점은 본문에 언급되지 않았다. 그 지점이 어쩌면 요세푸스가 지적하는 바와 같이(*Antiquities* XV. 412), 기드론 골짜기 위로 불쑥 내어민 헤롯이 세운 웅장한 행각의 약 450피트나 되는 "아찔한 높이"의 지붕 가장자리였을지도 모른다. 이 지점은 성전 뜰 남동쪽에 위치해 있다. 전승에 의하면, 주의 형제 야고보가 필시 그 지점 혹은 거기서 가까운 어느 지점에서 골짜기 아래로 던져졌던 것으로 보인다. 유세비우스의 교회사에 나오는 매우 흥미 있는 기사를 보라(Eusebius, *Ecclesiastical History*, Ⅱ. xxiii).[235]

시험하는 자는 "네가 만일 하나님의 아들이어든(3절에서와 똑같이) 뛰어내리라"고 말한다. 이때 시험하는 자의 추론은 필시 이러했을 것이다. 곧 "이렇게 함으로써 너는 네가 방금 넌지시 표명한 바(4절) 아버지의 보호에 대한 네 신뢰를 입증할 수 있을 것이다. 그 외에도 또 네가 그처럼 거침없이 인용하는 성경이 만일 참된 것일진대 아무런 해도 네게 미칠 수 없을 것이다. 이는 성경에 기록되기를 '그가 너를 위하여 그의 사자들을 명하시리니 그들이 손으로 너를 받들어 발이 돌에 부딪치지 않게 하리로다' 하였기 때문이다. 그의 사자들은 단순히 네가 떨어지는 것을 붙들어 주는 것으로 그치지 않을 것이다. 그들은 그 이상의 일을 할 것이다. 그들은 손으로 너를 받들어 샌들만을 신은 네 발이 저 아래 골짜기에 엄청나게 널려 있는 날카로운 돌에 부딪쳐 상하는 일이 없도록 해 줄 것이다."

이 구절은 시편 91:11, 12에서 인용된 것이다. 여기 마태복음 4:6의 번역은 70인역에 따른 것이다(시 91:11, 12). 그러나 마귀가 인용한 구절에는 생략된 부분이 있다. 어떤 이들은 그것을 중요한 것으로 생각하나 다른 이들은 하찮은 것으로 생각한다. 히브리어 원문의 시편 91:11은 "네 모든 길에 너를 지키게 하심이라"는 말로 끝을 맺는다. 한편 마태복음 4:6에는 이 말에 해당하는 부분이 전혀 없다. 누가복음 4:10에는 단순히 "너를 지키게 하시리라"만 덧붙여 있다. 그러므로 마태복음과 누가복음에는 모두 "네 모든 길에"가 빠져 있다. 이 말이 포함될 때는, 하나님께서 의인을

235) 사도행전 12:2은 또 다른 야고보, 곧 요한의 형제 야고보의 죽음을 언급한다. 그러나 Lenski, *op. cit.*, p.144를 보라.

그의 모든 의의 길에서 지키실 것을 약속하신다. 이는 그것이 바로 지존자의 은밀한 곳에 거하며, 전능하신 자의 그늘 아래 거하며, 여호와를 자기의 피난처와 요새 및 자기의 의뢰하는 하나님으로 삼으며, 그에게 자기의 사랑을 두는 사람의 길이기 때문이다. 따라서 그것은 성도들의 길(잠 2:8)이요 또한 선한 자의 길(잠 2:20)이다. "그가 너를 위하여 그의 천사들을 명령하사 네 모든 길에서 너를 지키게 하심이라"(시 91:11)는 구절이 적용되는 것은 바로 그러한 사람에게 대하여서이다. "네 모든 길에"라는 이 말이 **빠지게 될** 때는, 그 구절이 마치 **무슨 일을 행하든지 간에** 하나님께서 의인을 지키시리라는 약속이기나 한 것처럼 잘못 해석되기 쉽지 않겠는가? 그런 식으로 읽는다면, 그 구절은 마귀가 예수께서 행하기를 은근히 바라던 바와 더욱 밀접하게 부합되는 것으로 보일 것이다.

그러나 이 점은 필시 그리 중요하지 않을 것이다. 왜냐하면 사탄이 생략하는 바는 한 인용 구절 안에서의 몇 마디보다 훨씬 더 많기 때문이다. 사탄은 하나님이, 분별없이 전적으로 부당한 위험에 성급히 뛰어 들어 그의 영원하신 섭리를 우롱하는 행위를 관대히 용납하지 않으시고 오히려 정죄하시며 징벌하신다는 성경 진리에 관하여는 전혀 아무런 언급도 하지 않는다(창 13:10, 11; 시 19:13; 에 5:14; 7:9, 10; 단 4:28-33; 5:22, 23; 롬 1:30; 벧후 2:10).

마귀는 자기의 제의에 따르도록 유혹했다. 그는 예수에게 자기가 한 말을 행동으로 입증해 줄 것을 요구했다. 이러한 마귀의 시험에 있어서, 어떠한 일을 행함으로써 어떤 점을 입증하도록 요구받을 때, 먼저 "무슨 권리로 이 시험하는 자가 나에게 그것을 입증하라고 요구한단 말인가?" 하고 스스로 반문해 보아야 할 터인데도, 그렇게 하는 대신에 마치 자기가 그 요구에 즉시 응해야만 하는 것으로 생각하는 사람이 있다. 그러나 예수께서는 이 함정에 빠져들지 않으셨다. 예수께서는 마귀가 자기에게 대하여 재촉하는 바를 행하는 것이 자기로서는 확고한 믿음을 막연한 가정으로, 하나님의 인도하심에 대한 복종을 뻔뻔스러운 거역으로 대치하는 것이 된다는 사실을 잘 알고 계셨다. 그것은 자기 파멸을 무릅쓰고 모험하는 것이나 다를 바 없었다. 마귀가 그의 **두 번째 시험**에서 예수에게 요구하는 바 아버지에 대한 **그릇된 신뢰**는, 마귀가 그의 **첫 번째 시험**에서 제의했던 **불신**보다 더 나을 것이 없었다.[236] 그것은 아버지를 **시험하는** 행위가 될 것이다.

어떤 랍비 전승에는 "왕이신 메시아께서 자신을 나타내실 그때에 그가 오사 거룩한 곳 지붕 위에 서시니라" 하는 구절이 기록되어 있다.[237] 이 전승에 근거하여 어떤 주석가들은, 시험하는 자가 예수에게 그가 성전 꼭대기에서 뛰어내림으로써 자신을 참 메시아로 확증할 수 있으리라는 사실을 암시하려 했다는 견해를 취한다. 그 이유는, 예수가 그처럼 높은 곳에서 몸을 던져 이적적으로 전혀 상한 곳이 없이 안전하게 땅에 내려서게 된다면, 숨을 죽이고서 그 뛰어내리는 광경을 지켜보던 무리들이 "보라, 저가 상한 곳이 없도다! 저가 메시아임에 틀림없도다!" 하고 외칠 것이었기 때문이다. 예수의 입장으로서는 이것이 그를 성공으로 이끌어 주는 쉬운 길이었을 것이며, 그렇게 했다면 십자가를 피할 수 있었을 것은 물론이려니와 분투 노력이나 고난을 당하는 일이 없이도 면류관을 쓸 수 있었을 것이라는 견해이다.

이것은 흥미 있는 하나의 가설이다. 그러나 이 설을 더 이상 뒷받침해 줄 만한 근거는 아무것도 없다. 복음서의 해당 기사에는 구경꾼들이 언급조차 되지 않았다. 더욱이 예수께서는 그의 대답에서 그와 같은 일에 관하여 아무런 언급도 하지 않으셨다. 그러므로 필자는 이 설의 전체 사상이 깨끗이 잊혀야 할 것으로 생각한다. 누가복음 16:31 역시 이 설에 대하여 반론을 제기하고 있다.

예수께서 마귀의 제의를 단호히 거절하신 이유는 이미 앞서 언급한 바 있다. 그 이유는 또한 다음 절에서 분명하게 진술된다.

[7] 예수께서 이르시되 또 기록되었으되 주 너의 하나님을 시험하지[238] 말라 하였느니라 하시니.

이것은 신명기 6:16로부터 인용된 구절로서, 옛적에 이스라엘 백성들

---

236) 이 점에 관한 Lenski, *op. cit.*, p.146 하단의 훌륭한 논평을 보라.

237) S.BK. Vol. I, p.151.

이 맛사 또는 므리바라 하는 곳에서 마실 물이 없으므로, 어떻게 하나님을 시험하고 모세를 거역하였는지 그 형편을 묘사하는 출애굽기 17:1–7을 반영시켜 준다. 그 당시 백성들은 모세를 대하여 "당신이 어찌하여 우리를 애굽에서 인도해 내어서 우리와 우리 자녀와 우리 가축이 목말라 죽게 하느냐" 하고 원망했다. 저들은 당장에라도 모세에게 돌을 던질 태세를 취했다. 백성들은 아이처럼 순진한 태도로 "하나님의 보좌 앞에 저들의 원하고 바라는 모든 것을 아뢰는" 대신에, 노여움을 살 무례한 태도로 방자하게 "여호와께서 우리 중에 계신가 안 계신가"라고 대들었다. 예수께서는 불필요하게 자신을 위험에 처하게 함으로써 아버지의 반응이 어떻게 나타날 것인지, 과연 아버지께서 자기와 함께 계신지 안 계신지를 알아보고자 하는—옛적 이스라엘 백성들의 행위와 다를 바 없는— 악한 행위는 중한 죄가 될 것이라는 사실을 잘 알고 계셨다. 또 예수께서는 시편 91편에 약속된 하나님의 보호적인 돌보심을 겸손히 신뢰하는 것이 그러한 행위와는 전혀 별개의 것임을 잘 알고 계셨다. 그러므로 그는 신명기 6:16을 인용하심으로써 시험하는 자에게 매우 적절하게 대답하신다.

우리 주변의 일상생활은 마귀가 예수를 시험하여 행하게 부추겼던 것과 비슷한 **그릇된 신뢰**의 예들을 제공하고 있다. 어떤 사람은 주께서 자기에게 건강의 복을 베풀어 주실 것을 열심히 구하면서도 한편으로는 위생상 지켜야 할 규칙들을 아주 무시한다. 또 어떤 사람은 하나님께 자기 영혼을 구원해 주실 것을 간절히 구하면서도 한편으로는 성경을 연구하고 교회에 출석하며 성례에 참예하고 하나님께 영광을 돌릴 수 있도록 이

238) 6절의 단수들 이후에 7절에서 인용된 동사가 히브리어 원문의 신명기에서처럼 복수를 취하는 대신에 역시 단수를 취한 것은 극히 자연스럽다. 그 외에도 신명기의 그 구절에서 70인역 역시 단수를 취한다. 마태복음 4:7에 사용된 동사는 4:1에 사용된 동사와 비록 그 둘이 매우 밀접한 관련은 맺고 있으나 동일하지는 않다. 7절의 동사는 *ἐκπειράζω*의 제2인칭, 단수, 미래, 직설법, 능동태이나, 1절의 동사는 *πειράζω*의 단순과거, 부정법, 수동태이다. 어떤 번역본들(A.V., R.S.V., 본문에서 N.A.S., Phillips)은 1절과 7절에서 모두 동일한 동사를 사용한다. 다른 번역본들(A.R.V., Williams, Goodspeed, Weymouth, Berkeley, Besk, N.A.S.와 N.E.B. 방주[본문 옆에 다는 주석])은 1절보다 7절에서 다른 동사를 사용함으로써 원문에 좀 더 정확성을 기한다.

웃의 유익을 위하여 행동하는 것 등 은혜의 방편들을 생활하는 일은 아주 소홀히 한다. 또 어떤 사람들은 하나님께서 자기 자녀들에게 영적으로 육적으로 큰 복을 베푸어 주실 것을 간구하면서도 한편으로는 자기 자녀들을 주의 법도로 양육하는 일을 게을리한다. 어떤 교인은 그가 어떤 서커스에서 보여 주는 타락한 막간 쇼에 현혹되어 구경을 갔던 일로 훈계를 받았을 때, "내가 그곳에 갔던 일은 부인할 수 없습니다. 하지만 나는 구경하는 동안 내내, '내 눈을 돌이켜 허탄한 것을 보지 말게 하시고 주의 길에서 나를 살아나게 하소서'(시 119:37 A.V.) 하고 기도했었단 말입니다" 하고 변명했다. "주 너의 하나님을 시험하지 말라." 이것이 이와 같은 부류의 모든 사람들에게 대하여 응수할 수 있는 대답이다.

세 번째 시험

마귀는 드디어 가면을 벗는다. 자기의 적을 정복하고자 하는 앞선 두 번의 시도에서 비참하게 실패한 마귀는, 이제 목적을 성취하기 위한 야비하고 필사적인 마지막 한 가지 시도에 모든 것을 다 건다.

[8] [9] 마귀가 또 그를 데리고 지극히 높은 산으로 가서 천하만국과 그 영광을 보여 이르되 만일 내게 엎드려 경배하면 이 모든 것을 네게 주리라.

두 번째 시험에서 마귀가 예수를 거룩한 성으로 **데려다가** 성전 꼭대기에 세웠고, 또 이제 세 번째 시험에서는 그가 예수를 **데리고** 지극히 높은 산으로 갔는데, 이 점은 어떻게 이해해야 할 것인가? 어떤 이들은 이 두 경우 모두 문자적인 의미 그대로 받아들여야 한다고 주장한다. 곧 그들의 주장에 의하면, "예수께서 성전으로 옮기우신 것은 실제적인 사건이었다. … '마귀가 예수를…**데려다가**…**세웠다**'는 사실 자체는 바로 마귀가 원동력을 제공하고 있다"라는 것이다.[239] 우리가 이 점을 어떻게 생각해야 할 것인지에 관하여는 설명되지 않았다. 마귀가 육신의 몸을 취했을까?(창

239) Lenski, *op. cit.*, pp.143–144; p.149를 보라.

3:1. 참조. 요 8:44) 그리고 둘—예수와 마귀—이서 나란히 광야를 지나 예루살렘에 입성하여 성전 꼭대기에 올라갔을까? 마귀가 예수께 "천하만국과 그 영광을" 보여 줄 수 있었던 "지극히 높은 산"에는 이들이 어떻게 하여 도달할 수 있었을까? 유대 광야나 혹은 예루살렘 근처의 어느 산이 바로 그 "지극히 높은 산"이었을까? 마귀가 엔진 역할을 하여 공중으로 유유히 날아서 올라갔을까? 둘이서 에베레스트 산까지 내내 날아서 갔을까? 그러나 설사 그곳까지 날아갔다 할지라도 마귀가 거기서 예수께 "천하만국"을, 그것도 희미한 윤곽으로서가 아니라 뚜렷하게 보여 줌으로써 "그 영광"(또는 광채)까지도 확실히 볼 수 있도록 하고, 또한 그 모든 것을 서서히 장시간에 걸쳐서 보여 준 것이 아니라, 누가가 덧붙여 말하는 바와 같이 "순식간에" 보여 주는 데는 적어도 어떤 이적을 필요로 했음이 틀림없지 않은가?

이것은 성경을 믿을 것인가 믿지 아니할 것인가 하는 문제와는 전혀 별개의 문제이다. 이것은 어떻게 하면 우리가 전적으로 받아들일 수 있는 최선의 **해석을 할 것인가** 하는 문제이다. 필자는 칼빈의 해석보다 더 만족을 주는 해결책은 아무 데서도 찾아 볼 수 없었다. 칼빈은 그의 마태복음 주석에서, 그리스도의 당하신 첫 번째 시험을 두 번째 시험에 그리고 다시 세 번째 시험에 반영시켜서 다음과 같이 설명한다.

"예수가 실제로 이 높은 장소에 옮겨지셨는가, 아니면 그것이 하나의 환상이었는가… 하는 질문이 제기된다. 여기에 덧붙여 **천하만국**이…순식간에…그리스도에게 보여진 사실은 다른 어떤 설보다도 그것이 하나의 환상이었다는 설이 더 적절한 것으로 여겨진다. 그러나 의심이 되고 또 그것을 모른다 해도 별 위험이 없는 문제에 있어서는, 논쟁하기 좋아하는 사람들에게 논쟁을 위한 또 하나의 변명을 제시하기보다는 차라리 나의 판단을 보류하는 쪽을 택하겠다."

칼빈은 매우 신중한 태도를 취한다. 그는 환상의 개념을 지지하고 있음이 분명하다. 그러나 한편으로 칼빈은 그것을 고집하지 않고 누구라도 **이치에 맞는** 정당한 해석을 달리 제시할 수 있도록 여지를 남겨 둔다. 필자는 성경에서 어떤 사람을 높은 산으로 "데려갔다" 혹은 높은 산 위에 "내려놓았다"는 두 구절이 기록되어 있다는 사실을 덧붙여 두고자 한다. 그 두 구절이란 에스겔 40:2과 요한계시록 21:10이다.[240] 에스겔은 이 일이 "하나님의 이상 중에" 일어났음을 명백히 밝혔다. 밧모 섬의 사도 요한에게는 그가 "성령에 감동되어" 환상이 보였다(계 1:10). 그리스도께서 크고 높은 산으로 데려감을 당한 것은 "성령의 감동하심을 입은 중에"였다. 따라서 칼빈의 견해는 매우 신중하게 고려해 볼 가치가 있다.[241] 만일 그리스도의 시험(두 번째와 세 번째의 시험만, 혹은 아마도 셋 모두라고 하는 편이 더 나을 것이다)이 환상 가운데서 그에게 임하였다면, 그 시험들은 실제적인 것이 되지 못했을 것이라고 하는 반대 주장은 근거가 없다. 선지자 에스겔의 체험은 그것이 비록 환상 중에 있었던 일이었지만 실제적인 것이 아니었던가? 황금 보석으로 꾸민 새 예루살렘에 관한 사도 요한의 진술도 역시 환상 가운데서 본 것이기 때문에 가치가 없다는 말인가? 그 외에도 한낱 꿈이라 할지라도 그것이 너무나 생생할 때는 그 결과로 사람이 실제 죽은 예까지도 있었음이 기록상으로 전해지고 있다. 그렇다고 한다면, 시험하는 자가 예수께 나아와 그를 시험한 것이 환상 중이었다고 해서 그리스도께서 시험받으신 체험이 실제적인 것이 못 되었을 것이라고 말할 수 있는가?

이 견해는 그리스도께서 받으신 시험들이 단지 주관적인 성질의 것이었다는 견해와 혼동되어서는 안 된다. 마귀가 예수께 나아온 것이 설사 환상 중에 일어났다 할지라도 그 큰 대적자는 실제적인 존재였으며, "이 돌들로 떡덩이가 되게 하라", "뛰어 내리라", " 만일 내게 엎드려 경배하면 이 모든 것을 네게 주리라"고 말한 것은 예수가 아니라 마귀였다. 예수께서 이 같은 일들을 행하도록 마귀에게 시험을 받으신 것이 환상 중이었다고 해도, 우리는 그 환상 중에 일어났던 일이 예수의 마음에는 전혀 환상이 아니라, 모든 것이 문자 그대로 일어난 것처럼 실제적이었을 것이라

---

240) 높은 산을 말하고 있는 다른 구절들은 그 문맥들에 의해서 전적으로 성질이 다른 것으로 나타나고 있다(사 40:9; 57:7; 렘 3:6; 마 17:1; 막 9:2).

241) H.N. Ridderbos, *op. cit.*, pp.69-72에 나오는 이 견해에 관한 훌륭한 자료 역시 참조하라.

고 확신할 수 있다.

지극히 높은 산 위에서(그것이 환상이었든지 환상이 아니었든지 간에 차이가 없다) 마귀는 예수께 천하만국과 그 영광을(혹은 영광 가운데) 보여 주었다. 그 모든 것이 예수 앞에 생생히 전개되었다. 우리가 이미 살펴본 바와 같이, 누가에 의하면 바로 그 중요한 순간(순식간)에 그 모든 것이 한꺼번에 다 보인 것이다. 예수 앞에 펼쳐진 전경에 포함되었을 것이 틀림없는 그 내용을 어느 정도 파악하기 위해서는 다음 세 곳의 본문을 주의 깊게 읽어 보는 것이 현명하지 않겠는가? 사탄은 그리스도에게 단 한 번 엎드려 경배하는 대가로, 역대하 9:9-28; 전도서 2:1-11; 요한계시록 18:12-13에 묘사된 것 같은 모든 부귀영화를 제공한다는 것이다. 만일 예수께서 마귀에게 엎드려 경배한다면(2:11, 참조. 2:2, 8), 그는 그 모든 것을 얻으실 수 있다는 것이다. 예수께서 천하만국을 그의 소유로 삼고 그 모든 것을 그의 권세 아래 두실 수 있다는 것이다(눅 4:6 참조). 그러나 사탄이 과연 천하만국과 그 영광의 실제 소유자였는지 아니었는지, 그리고 과연 사탄이 그 모든 것을 자기가 원하는 자에게 줄 수 있을 정도로 실제 지배권을 갖고 있었는지 그렇지 않은지에 관하여 질문이 제기된다. 이 질문에 대해서는 사탄을 "공중의 권세 잡은 자"로 부르는 에베소서 2:2과, "하늘에 있는 악의 영들"이라고 언급하는 에베소서 6:12과, "온 세상은 악한 자 안에 처한 것"이라고 진술하는 요한일서 5:19과, 그리고 저 큰 대적자가 자신을 그 모든 것의 합법적인 소유자요 통치자로 말하는 누가복음 4:6 등에 호소하여 긍정적으로 대답한 바 있다. 더 나아가 이처럼 긍정적인 입장을 취하는 주석가들은 예수께서 많은 말로 마귀의 주장을 논박하지 않으셨다는 사실(마 4:10)에서 그 실증을 찾고 있다.

이 구절들은 과연 그들의 주장을 참으로 입증해 주는가? 필자는 그렇게 생각하지 않는다. 첫 세 구절은 단지 마귀가 악한 사람들과 또한 그를 주인으로 시인하는 모든 악령들에 대하여 강력하게 악의 영향을 미치고 있음을 입증해 줄 뿐이다. 그 구절들은 마귀가 천하만국을 그의 기뻐하는 자에게 줄 수 있는 권리와 능력을 가진 이른바 최고 소유자요 통치자이기 때문에, 예수 그리스도는 적어도 현시대 동안만큼은 마귀의 다음 자리에

물러앉으셔야 하는 것을 입증하는 구절이 아니다. 창세기 3:15; 시 2편; 마태복음 11:27; 28:18; 로마서 16:20; 에베소서 1:20-23; 골로새서 2:15; 요한계시록 12장; 20:3, 4, 10 등과 같은 구절들에 의해서 충분히 입증되는 바와 같이 오히려 그 반대의 사실이 진리이다. 만일 이 구절들 가운데 몇몇이 그리스도의 승귀의 신분에서 그에게 부여된 권세에 관하여 언급하는 것으로 주장한다면, 그 답변은 곧, 마태복음 4:11과 복음서들이 일반적으로 증거하는 바와 같이 (귀신 추방: 마 12:29; 눅 10:18; 요 12:31), 그리스도께서 비하의 신분으로 계신 동안에도 마귀는 그리스도가 그에게 허용하신 것 이상의 일은 행할 수 없었다는 것이다. 그리고 마귀의 자랑(눅 4:6)에 관하여는 그 내용 자체가 너무나 터무니없는 것이어서 대답할 가치도 없다. 그러나 좀 더 명확한 어떤 대답이 요구된다면 요한복음 8:44을 제시할 수 있겠다.

그러므로 겉으로 보기에는 세 번째 시험이 그리스도에게 있어서 전혀 시험 같아 보이지 않을지도 모른다. 예수께서는 마귀가 거짓말을 한다는 사실을 훤히 알고 계셨다. 다시 말하면, 예수께서는 마귀가 남에게 내어 줄 만한 찬란한 왕국들을 전혀 가지고 있지 않다는 사실을 잘 알고 계셨다. 예수께서는 또 마귀가 그러한 왕국들을 소유했다 하더라도, 마귀는 자기의 그러한 약속을 이행할 자가 결코 아니라는 사실 역시 알고 계셨다. 그렇다면 어떤 의미에서 우리는 마귀의 **세 번째** 시도가 그리스도에게 있어서 실제적인 시험이었다고 말할 수 있겠는가? 필자가 보는 바로는, 오직 이 의미, 곧 마귀가 제의한 그 특별한 시험의 형식에는 그리스도의 생각과 마음에 호감을 줄 만한 내용이 전혀 포함되지는 않았지만, **십자가의 고난을 당하지 말고 면류관을 쓰도록 해 보라**는 함축된 제안은 그리스도의 심중에 심각한 갈등을 빚어내게 했을 것이다. 그 갈등은 그리스도로 하여금 죄를 짓게 하거나 혹은 죄를 짓게 하는 지경까지 이끌어갈 정도는 아니었지만 고뇌에는 처하게 했을 것이다. 그렇지 않고서야 우리가 어떻게 주께서 겟세마네 동산에서 기도하시는 중에, "내 아버지여, 만일 할 만하시거든 이 잔을 내게서 지나가게 하옵소서. 그러나 나의 원대로 마시옵고 아버지의 원대로 하옵소서"(마 26:39) 하신 말씀을 설명할 수 있겠는가? 또는 우리가 어떻게 누가복음 12:50(…그것이 이루어지기까지 나의 답답함이 어떠하겠느냐)을 설명할 수 있겠는가? 그러므로 이 세 번째 시험 역시 그리스도에게 있어서는 매우 실제적인 것이었음이 분명하다.

마귀는 그가 마땅히 들을 만한 대답을 들었다. 곧,

[10] 이에 예수께서 말씀하시되 사탄아 물러가라 기록되었으되 주 너의 하나님께 경배하고 다만 그를 섬기라 하였느니라.

"사탄아, 물라가라"는 표현—사탄은 이 명령에 복종하였다(11절)—은 그리스도께서 사탄의 제의에 혐오를 느끼셨음을 보여 줄 뿐만 아니라 그리스도께서 사탄보다 뛰어난 분이심을 또한 보여 준다. 그리스도의 대답은 신명기 6:13을 반영한다.[242] 그것은 또 항상 아버지의 원하시는 바를 행하시는 그리스도(요 5:30; 6:38)와, 그리스도와 정반대의 목적을 가지고 있으며(창 2:17, 3:4 참조; 슥 3:1, 2; 요 8:44; 살전 2:18; 벧전 5:8; 요일 3:8; 계 12장; 20:8, 9) 예수 그리스도로부터 **대적자**라고 불린 그 이름에 꼭 어울리는 사탄 사이에는 실로 예리한 대조를 보여 주는 것이다.

242) 비록 예수의 말씀이 히브리어 원문에서든 아니면 70인역에서든 간에 어떤 **단일 구절**의 엄격한 번역은 아니지만, 그 말씀은 분명히 양자의 의미와 완전히 일치된다. 왜냐하면 양자 모두에서 다음 구절들이 나오기 때문이다. 곧, "네 하나님 여호와를 경외하며 그를 섬기며…"(신 6:13), 그 다음 14절에 "너희는 다른 신들 곧 네 사면에 있는 백성의 신들을 따르지 말라." "(너는) 그것들(새겨 만든 우상들)에게 **절하지** 말며 그것들을 **섬기지** 말라. 나 네 하나님 여호와는 질투하는 하나님인즉" (신 5:9); 여기에 "그러나 네가 거기서 네 하나님 여호와를 찾게 되리니 만일 마음을 다하고 뜻을 다하여 그를 찾으면 만나리라"(신 4:29)는 구절을 추가할 수 있을 것이다. 비록 이 구절들 중 아무 곳에서도 "다만"(마 4:10)이라는 말이 나오지 않지만 그 각 경우에 있어서 그 의미는 분명히 암시되어 있다. 곧, 첫 두 예에서는 문맥이 그 의미를 암시하며, 마지막 예에서는 "만일 마음을 다하고 뜻을 다하여"라는 구절이 그 의미를 암시한다. 그러나 "다만"이라는 말이 사무엘상 7:3("그만을 섬기라")에 나온다. 이 구절 역시 마태복음 4:10에 영향을 주었을 것이다. 신명기 5:9에서와 마찬가지로 마태복음 4:10에서도 역시 **경배하고**…**섬기라**가 연이어 나오고 있음에 주의하라. 그 외에도 "주 너의 하나님께 경배하라" 하신 그리스도의 말씀은 "만일 내게 경배하면 이 모든 것을 네게 주리라" 한 사탄의 말에 대한 직접적인 응수이다.

다음 절에서 분명해지는 바와 같이 그리스도의 명령에 마귀는 완전히 패배하여 그리스도를 떠난다.

[11] 이에 마귀는 예수를 떠나고.

마귀는 또 다른 기회가 오기를 기다리며 한동안은 더 이상 예수를 공격하지 않았다(눅 4:13을 참조하여 보라). 그러나 마귀가 그 후에 다시 공격을 시작했음은 마태복음 16:23; 누가복음 22:28과 같은 구절들에서 분명해진다. 히브리서 2:18에 비추어서 마태복음 26:36-46; 마가복음 3:21, 31; 8:32, 33도 읽어 보라.

환상들—만일 그 시험들이 환상들이었다면—은 사라졌다. 예수께서는 자신이 광야에 있다는 사실을 의식하셨다.

천사들이 나아와서 수종드니라.

천사가 구체적으로 정확히 어떻게 수종들었는지에 관하여는 성경에 언급되어 있지 않다. 환상의 개념을 배격하는 주석가들은 무엇보다도 먼저 천사들이 그 지극히 높은 산에서 이제 막 세 번째 시험이 끝난 예수를 부축하여 내려왔을 것이라고 말한다.[243] 천사들은 그것이 무엇이 되었든지간에 아들이 필요로 하는 것을 공급하도록 아버지께로부터 보내심을 받았다고 하는 일반적인 진술이 아마도 최선의 답일 것이다. 천사들의 봉사에는 육신적으로 영양을 공급하는 일도 역시 포함되었을 것이라는 추측은 타당한 것으로 보인다.

4. 시험이 주는 교훈

1. 예수께서 세 번 연속하여 시험을 이기신 것처럼 성경에 호소하여 마귀를 대적하라.

2. 예수께서 자기 백성의 대표자로서, 인류의 대표자인 아담이 실패한 순종을 대리적으로 온전히 이루신 사실을 확신하라.

---

243) Lenski, *op. cit.*, p.154.

3. 우리와 똑같이 시험을 받으심으로써 우리가 시험에 처할 때 우리를 도우실 수 있는 큰 대제사장이 계시다는 사실(히 4:14-16)에서 위로를 받으라.

4. 예수께서는 마귀의 제의를 **무시하심으로써** 그 마귀가 제시한 복을 누리실 수 있으셨던 사실에 주의하라. 그러나 예수께서 육체적으로 지탱할 힘과 천사의 수종과 천하만국의 권세를 받으신 것은 그보다도 훨씬 더 영광스러운 의미이며 또한 그에게 대한 아버지의 호의로 말미암아서이다.

4장 1-11절의 종합

아담은 시험받을 때 실패했다. 그래서 그리스도 또한 시험을 받으셔야 했는데, 이는 시험과 그 시험하는 자를 물리쳐 이기심으로써 자기를 믿는 모든 자들을 위하여, 아담의 실패로 인한 결과를 원상태로 되돌리도록 하시려는 것이었다. 그러므로 예수께서 세례받으실 때 그의 위에 임하사 떠나지 않으신 성령께서 그를 이끌어 광야로 가서 거기서 마귀에게 시험을 받게 하신 것이었다.

예수께서 사십 일을 밤낮으로 금식하신 후 주리셨을 때 마귀의 세 가지 시험에 직면하셨다. 마귀는 예수에게 "네가 만일 하나님의 아들이어든"—아마도 "만일 그것이 네가 세례받을 때 아버지가 네게 말한 바요 또한 네가 믿는 바이어든"의 의미였을 것이다— "명하여 이 (사막의) 돌들로 떡덩이가 되게 하라"고 시험했다. 그리스도가 아버지를 더 이상 의지할 필요가 어디 있단 말인가? 하나님의 아들로서 능력을 부여받은 그가 어찌하여 자기 손으로 문제를 해결하려고 하지 않는단 말인가? 하고 마귀는 이런 함축적인 의미로 예수께 도전한 것이다.

그러나 예수께서는 신명기 8:3을 인용하여 "사람이 떡으로만 살 것이 아니요 하나님의 입으로부터 나오는 모든 말씀으로 살 것이라"고 대답하셨다. 이 말씀의 의미는 사람의 생명은 근본적으로 떡에 의존하는 것이 아니요 생명을 창조하시며 보존하시는 하나님의 능력과 사랑에 의존하는 것일 뿐만 아니라, 예수께서는 하나님의 독생자이시므로 하나님 아버지께서 그에게 필요한 모든 것을 공급해 주시며 그를 붙들어 주신다는 것이다.

두 번째 시험에서 마귀는 마치 "이 성전 꼭대기에서 뛰어내려 네가 아버지를 신뢰하는 바를 입증해 보라" 하고 말하는 것과 같다. 예수 그리스도를 고무시켜 그렇게 행하도록 하기 위해서, 마귀는 확고한 신앙을 막연한 가정으로 대치시켜 놓은 채, 시편 91:11, 12의 구절들이 모험으로 뛰어드는 행위를 정당화시켜 주기라도 한 것처럼 인용하고 있다. 그러나 신명기 6:16의 "주 너의 하나님을 시험하지 말라"는 말씀에 호소하여 예수 그리스도께서는 그 시험을 물리치셨다.

마지막으로 세 번째 시험은 어쩌면 그중 가장 큰 시험이었을지도 모른다. 마귀는 적어도 **말로써는** 천하만국에 대한 자기의 지배권과 강력한 영향권을 기꺼이 포기하고, 그 모든 권세와 천하만국의 모든 영화와 부귀를 함께 예수에게 넘겨주어 다스리게 할 용의가 있다고 밝힌다. 마귀는 단 한 가지 조건하에서, 곧 "만일 내게 엎드려 경배하면" 그렇게 하리라고 말한다.

실상 메시아께서는 전혀 고난을 받지 않으실 수도 있었다. 가시 면류관도 수욕과 십자가도 피하실 수 있었다. 그러나 마귀의 이러한 유혹에 대하여 마치 시위를 벗어난 화살과도 같이 그리스도의 대답이 마귀에게로 날아간다. 곧, "사탄아 물러가라. 기록되었으되 '주 너의 하나님께 경배하고 다만 그를 섬기라' 하였느니라."

메시아의 말씀에 완전한 패배를 자인한 마귀는 한동안 예수를 떠난다. 이에 천사가 나아와서 그 승리하신 왕 예수 그리스도께 수종든다.

예수 그리스도께서 받으신 이 세 가지 시험이 주는 교훈에 대해서는 pp. 382-383에 요약해 놓았다.

Matthew

아버지께서 아들에게 맡기신 사역

Ⅱ. 사역의 진행 또는 계속

4장 12절- 20장 34절

제4장 12-25절의 개요 *Matthew*

주제 : 아버지께서 아들에게 맡기신 사역

A. 갈릴리 대(大)사역

4:12-17 갈릴리 대사역의 시작

4:18-22 네 어부를 부르심

4:23-25 그리스도의 가르치심과 전파하심과 병 고치심

4

갈릴리 대(大)사역의 시작 (4:12-17)

12-17절

12 예수께서 요한이 잡혔음을 들으시고 갈릴리로 물러가셨다가 13 나사렛을 떠나 스불론과 납달리 지경 해변에 있는 가버나움에 가서 사시니 14 이는 선지자 이사야를 통하여 하신 말씀을 이루려 하심이라 일렀으되 15 스불론 땅과 납달리 땅과 요단강 저편 해변 길과 이방의 갈릴리여 16 흑암에 앉은 백성이 큰 빛을 보았고 사망의 땅과 그늘에 앉은 자들에게 빛이 비치었도다 하였느니라 17 이때부터 예수께서 비로소 전파하여 이르시되 회개하라 천국이 가까이 왔느니라 하시더라

12 예수님께서 요한이 감옥에 갇혔다는 소식을 들으시고, 유대에서 갈릴리로 돌아가셨습니다. 13 예수님께서는 나사렛을 떠나, 스불론과 납달리 지역의 갈릴리 호숫가에 있는 가버나움으로 옮기시고, 거기서 사셨습니다. 14 이렇게 하여, 예언자 이사야의 말이 이루어졌습니다. 15 "스불론 땅과 납달리 땅, 호수로 가는 길목, 요단강 건너편, 이방 사람들이 사는 갈릴리, 16 이곳 어둠에 사는 백성들이 큰 빛을 보았다. 죽음의 그늘과 같은 땅에 앉아 있는 사람들에게 빛이 비취었다." 17 이때부터, 예수님께서 "회개하라. 하늘 나라가 가까이 왔다"라고 외치며 전도를 시작하셨습니다.

_아가페 쉬운성경

본문 13-16절은 마태복음에만 나오는 부분이다. 본 주석 서론 부분 p. 34를 보라. 12절과 17절에 관하여는 마태복음 11:2; 14:3-5; 마가복음 1:14, 15; 6:17-20; 눅 3:19-20; 4:14-15 역시 보라. 그리고 요한복음 4:1-3, 43, 44을 참조하라.

[12] 예수께서 요한이 잡혔음을 들으시고 갈릴리로 물러가셨다가.

마태복음의 새 단원이 본 절에서 시작되고 있다. 그러므로 이 부분에서 새 장이 시작되었더라면 매우 적절했을 것이다. 마태는 이 구절과 바로 앞부분(예수의 세례와 시험에 관한 기사) 사이에 아무런 시간적 연결 관계도 밝히고 있지 않다. 요한복음 1:19-4:42에 기록된 사건들이 일어나

는 동안에 어쩌면 1년 정도의 세월이 흘렀을지도 모른다.[244)]

만일 그렇다면 예수께서 갈릴리에 오셔서 그의 갈릴리 대사역을 시작하신 때는 분명히 A.D. 27년 12월경 아니면 그보다 조금 뒤였을 것으로 생각된다.

그러나 이 초기의 사건들과 후기 사건들 사이에 이와 같이 시간적인 간격이 있다 하더라도, 이제부터 마태가 말하고자 하는 내용은 그 초기 사건들과 매우 밀접한 관계를 맺고 있다. 아버지께서 아들에게 맡기신 사역은 그 준비를 이미 마치고 개시되었다. 그 사역의 시작은 이미 성취되었다. 예수께서 다윗의 자손이신 동시에 또한 다윗의 주이신 사실이 확증되었다(1장). 동방으로부터 온 박사들에게서 예수는 만왕의 왕, 만주의 주께서 받으시기에 합당한 존귀와 영광을 받으셨다(2장). 예수는 자기 사자 세례 요한을 앞서 보내서 자기의 임하실 길을 준비하셨고, 또한 세례를 받으심으로써 세상 죄를 친히 지고 가시려는 그의 결의를 확증하셨다(3장). 예수는 자기 백성을 그들의 죄에서 구원할 구주로서의 자격을 입증하셨다. 이는 예수께서 광야에서 우리의 대표자로서 마귀의 시험을 물리치고 승리하심으로써 아담이 실패한 것을 성취하셨다. 그러므로 이제 아무것도 아버지께서 아들에게 맡기신 그리고 동시에 아들이 자발적으로 맡으신 사역을 수행하는 일을 막을 수 없다.

따라서 예수께서 유대로부터 갈릴리로 물러가실 때가 이르렀다. 예수께서 갈릴리로 물러가신 것은 마태가 지금 막 기록하려는 바와 같이(14-16절) 예언의 성취였다. 그러나 12절이 보여 주고 있듯이, 그 일은 또한 세례 요한이 잡힌 일과도 다소 관련이 있었다. 이미 앞서 지적한 바와 같

---

244) 필자는 이 가능성을, 예수께서 갈릴리를 향하여 떠나신 후 갈릴리에 들어가셔서 마태복음에 언급된 갈릴리 대사역을 시작하신 것이, 요한복음 4:3, 43이 언급하는 바와 동일하다는 가정에 기초하고 있다. 요한복음에서는 갈릴리 대사역 직후에 필시 그리스도의 공생애 중 **두 번째**로 맞았을 유월절(요 5:1)이 뒤따르고 있다. 그러므로 그것은 요한복음 2:13, 23에 언급된 **첫 번째** 유월절보다 일년 뒤인 A.D. 28년의 유월절이다. pp.296, 319 또한 보라. 그리고 필자의 N.T.C. on the Gospel according to John, Vol. I, pp.36, 173, 188, 189와 *Bible Survey*, pp.61, 62, 69도 보라.

이, 세례 요한은 A.D. 26년 여름에 처음으로 공식 출현하였다. 그리고 이제 약 18개월 뒤에 그는 마태복음 14:3, 4에 진술된 이유로 잡혀 옥에 갇혔다. 유대 종교 지도자들, 특히 요한이 그의 사역의 절정에 이르렀을 때 질투로 가득 차 있었고, 또 요한에게 호된 책망을 받았던(3:7) 예루살렘의 종교 지도자들은 이 일로 크게 기뻐했을 것임에 틀림없다. 그러나 이들의 기쁨은 오래가지 못했다. 왜냐하면 이들의 귀에 또 다른 깜짝 놀랄 소식이 들려왔기 때문이었다. 그것은 곧 예수의 주위에 몰려드는 무리의 수효가 그의 사자 세례 요한을 따르던 무리의 수효보다 훨씬 더 많더라는 소식이었다. 사실상 세례 요한이 잡히기 전에도 사람들은 예수께로 더 많이 몰려들었다(요 3:22-26). 그러므로 유대 종교 지도자들의 입장에서 볼 때는 일이 잘 되기는커녕 더 고약하게 된 것이었다. 그래서 이제 예수께서는 요한이 잡혔음을 들으시고(마 4:12), 또 예루살렘에 본거지를 두고 있는 바리새인들이 "예수께서 제자를 삼고 세례를 베푸시는 것이 요한보다 많다" 하는 말을 들은 줄을 아시고는(요 4:1), 유대를 떠나 갈릴리로 향하셨다. 예수께서는 왜 갈릴리로 향하셨을까? 갈릴리 지방은 바로 세례 요한을 잡아 옥에 가둔 분봉왕 헤롯이 다스리는 영토가 아니던가? 그것은 사실이었다. 하지만 우리는 그렇게 생각하는 것이 매우 특별한 이유로 잘못된 판단임을 명심해야 한다. 이는 우리가 성경에서, 예수께서는 요한이 했던 바와 같이 개인적으로 헤롯을 책망하셨다는 구절을 읽을 수 없기 때문이다. 세례 요한이 잔인하게 죽임을 당한 후에 헤롯은 예수를 "죽은 자 가운데서 살아난 세례 요한"으로 확신했다. 이때 예수께서는 왕의 직접적인 주목에서 벗어나 **따로 한적한 곳**으로 피신하셨다(마 14:1, 2, 13).

본 복음서 4:12에 지적된 그때에, 예수께서 피신하실 필요가 있었던 것은, 헤롯 안디바스에게서가 아니라 유대 땅에 있는 유대 종교 지도자들에게서였다. 그러나 "하지만 도대체 예수께서 피신하셔야 할 이유가 어디 있었단 말인가? 두려워서였을까? 용기가 부족해서였을까?" 하는 질문이 제기될 수 있을 것이다. 그런 생각은 아예 집어치워야 한다! 예수께서 피신하신 진정한 이유는 바로 이것이었다. 곧, 주께서 자기가 유대 지방에서 그처럼 크게 "알려지는 것"이, 유대 종교 지도자들의 예민한 질투심을 자극하여 급기야는 그들의 증오로 말미암아 시기적으로 너무나 이른 위기를 초래하게 될 것이라는 사실을 잘 알고 계셨기 때문이었다. 주께서는 자신의 생애에 있어서 모든 사건들에 대하여 하나님의 섭리 가운데 예정된 때가 있음을 알고 계셨다. 그리고 주께서는 또한 자신이 목숨을 버리실 적절한 순간이 아직 이르지 않은 것도 알고 계셨다. 그 순간이 이르는 즉시 스스로 자원하여 자기 목숨을 버리실 준비를 갖추고 계셨다(요 10:11, 14, 15, 18; 13:1; 14:31). 주께서는 그때를 기다리셨다. 그러나 그때가 오기 전에는 죽음을 피하셔야 했다. 그 외에도 갈릴리 지방에는 우리 안으로 인도해 들여야 할 잃은 양들이 많이 있었다. 그러므로 주께서는 이제 유대 땅을 떠나셔야만 했다.

예수께서 갈릴리 지방에 이르셨을 때 정확히 어디로 향하셨을까? 이전에 사시던 나사렛 동리의 자기 집으로 직행하셨을까? 마태는 자기 복음서의 독자들이 예수께서 그리하셨을 것으로 기대하리라는 사실을 알고 있었다(2:23). 그러나 주께서는 일단 나사렛에 들렀다가 그와 정반대 방향으로 가셨다. 분명히 주께서 나사렛을 잊지 않으셨고 또 때가 이르면 그곳을 다시 방문하실 것이었으나(13:53-58; 막 6:1-6; 눅 4:16-30) 나사렛이 그의 활동 근거지가 될 수는 없었다. 이제부터는 나사렛이 그의 거주지가 아니었다. 다음 절이 이 점을 지적해 주고 있다.

[13] 나사렛을 떠나 스불론과 납달리 지경 해변에 있는 가버나움에 가서 사시니.

가버나움은 **나훔의 동리**를 의미할 수도 있다. 그렇다 하더라도 그곳이 니느웨의 멸망을 예언한 구약 선지자 나훔의 이름을 따서 명명한 동리인지는 전혀 확실하지 않다. 원래 그 명칭은 구약 선지자가 아닌 다른 어떤 인물의 이름을 따서 붙인 것이었을지도 모른다. 아니면 나훔이 **자비로운, 불쌍히 여기는**의 뜻을 지니고 있으므로, 그 명칭은 또한 "자비의 동리" 혹은 "위로의 동리"로 해석될 수도 있을 것이다. 그 정확한 뜻은 아무도 모른다. 그러나 확실한 바는 본 복음서의 기자 마태가 한때 이곳에서 세리의 일을 본 적이 있었다는 사실이다. 마태가 밝히고 있는 바와 같이(마

9:9) 그는 세금을 징수하는 "세리" 혹은 세무관이었다.

예수께서 그의 첫 제자들을 부르신 것이 바로 이 동리 근처에서였다(요 1:35-42). 뒤에 베드로와 안드레, 야고보와 요한이 "사람을 낚는 어부"가 되도록 부름을 받은 곳 역시 이 동리였다(마 4:18-22). 가버나움은 그리스도의 활동 중심지, 곧 그의 갈릴리 대사역 기간 동안의 근거지가 되었다. 예수께서 수많은 이적들을 행하신 곳이 바로 여기였다(11:23, 참조. 8:5-17; 9:1-8, 18-34; 12:9-13; 17:24-27; 눅 4:23, 31-37; 7:1-10). 또한 주께서 자기의 규례대로 회당 예배에 참석하셔서 생명의 떡에 관한 말씀(요 6: 24-65)을 비롯하여 여러 메시지를 전파하신 곳 역시 여기였다. 마태는 가버나움을 그리스도의 "본 동네"로 부르고 있다(9:1).

가버나움에서 한 회당의 폐허가 발굴된 적이 있다. 그 회당은 부분적으로 복구되었다. 그 건물의 연대는 A.D. 2세기 혹은 3세기경까지 거슬러 올라간다. 그 회당은 유대 민족을 사랑한 백부장이 지었던 곳으로(마 8:5, 6; 눅 7:5, 6), 바로 그곳에서 예수께서 가르치시기도 했던 곳이며, 더 오래된 예배당의 무너진 터 위에 세워졌을 것으로 생각되었다. 로마군의 파견부대가 가버나움에 주둔했었던 것은 분명하다. 예수께서 병을 고치신 일이 있는 왕의 신하의 아들에 관한 기사(요 4:46-54)는 가버나움이 또한 그 지역 일대의 정치 행정의 중심지였음을 나타내고 있을지도 모른다.

1905년도에 갈릴리 바다 북서 해안에 위치한 텔 훔(Tell Hum)에서 발굴이 시작되었다. 그 발굴은 성 프란체스코 수도회(the Franciscans)에 의해 완료되었다. 이들 발굴단은 요단 강이 북으로부터 갈릴리 바다로 흘러 들어오는 곳에서 서쪽으로 약 2마일 반 정도의 거리에 위치한 텔 훔이 옛 가버나움의 터임을 보여 주는 증거를 제시해 주었다.

예수와 그의 제자들에게 있어서 그 위치는 전도 전략상 매우 중요한 곳이었다. 왜냐하면 스불론과 납달리 지경에서 이 지점은 갈릴리와 그 주변의 대부분의 동리와 마을에 쉽게 연결될 수 있는 요지였기 때문이다. 이 지역의 동리들은 가버나움에서 육로나 수로 어느 것을 이용해서도 쉽게 연결될 수 있었다. 이는 가버나움이 인구가 조밀한 해변 지역에 위치해 있었고 또한 다메섹과 지중해를 연결하는 국제 도로상에 자리 잡고 있었기 때문이다.

예수께서 그의 자비와 권능을 이 지역 일대에서 가장 많이 베풀고 또한 모든 은혜의 말씀들을 전파하셨음에도 불구하고, 가버나움의 주민들이 도무지 회개하지 않았기 때문에 저들의 심판을 예언하셨다. 이 점에 관하여는 뒤에 설명이 될 것이다(마태복음 11:23-24 주석을 보라). 가버나움 동리 자체의 파괴에 관하여 살펴보건대, 그 파괴가 너무나 처참한 형국이어서 수세기 동안에 걸쳐 가버나움의 위치조차 밝혀지지 않아, 그것이 하나의 논쟁거리가 되어 왔었던 점을 지적할 수 있다.[245]

성령의 지도하심으로 마태는 여기서 우리에게 이사야 9:1, 2에 대한 자기 자신의 번역을 제시한다. 마태는 그리스도의 가버나움 정착을 또 다른 예언의 성취로 본다. 곧,

[14]-[16] 이는 선지자 이사야를 통하여 하신 말씀을 이루려 하심이라 일렀으되 스불론 땅과 납달리 땅과 요단 강 저편 해변 길과 이방의 갈릴리여 흑암에 앉은 백성이 큰 빛을 보았고 사망의 땅과 그늘에 앉은 자들에게 빛이 비치었도다[246] 하였느니라.

하나님께서는 그의 주권적인 은혜로 사람들이 전혀 기대하지 못하던

245) 가버나움에 관하여는 다음 문헌들을 참조하였다. 곧 W.H.A.B., p.86; G.E. Wright, *Biblical Archaeology*, Philadelphia, London, 1957, p.237, 발굴된 가버나움 회당의 사진과 함께; E.G. Kraeling, *Rand McNally Bible Atlas*, 1966, New York, Chicago, San Francisco, pp.373-379; L.H. Grollenberg, *op. cit.*, consult Index, p.146; W. Ewing, article on Capernaum in I.S.B.E., Vol. I, pp.566, 567; J.S. Irvine, article on Capernaum in *Encyclopaedia Britannica*, 1969 edition, Vol. Ⅳ, p.826.

246) 히브리어 원문의 이사야 9:1, 2에서는 첫 두 항목 "스불론 땅과 납달리 땅"이 "해변 길과 요단 저편 그리고 이방의 갈릴리" 이 세 항목과 서로 분리되어 있다. 이 다섯 항목들은 두 동사의 목적어로서, 그 첫 두 항목은 "멸시를 당하게 하셨더니"에 걸리며, 마지막 세 항목은 "크게 하다"—여기서는 필시 "영화롭게 하다", "영광을 얻게 하다"의 의미일 것이다—에 걸린다. 그러나 마태복음에서는 다섯 항목 모두가 서로 밀접하게 연결된 한 그룹을 이루고 있다. 여기서는 필시 다섯 항목 모두를 술부가 "큰 빛을 보았다"인 "흑암에 앉은 백성"과 동격 주어들로 보는 것이 최선의 방법일 것이다. "사망의 땅과…"로 시작되는 마지막 두 행은 병행 관계에 놓여 있

일을 행하셨다. 하나님께서는 주로 예루살렘의 상류층에게뿐만 아니라 특히 심한 병으로 고생하며 멸시를 받고 무시당하던—이방인과 유대인이 섞여 살고 있는— 갈릴리 지방의 허다한 무리들에게도 역시 자기의 아들을 보내셨다. 예수께서 지상에서 그의 성육신의 생애 대부분을 보내신 곳은 바로 이곳 갈릴리와 그 주변 지역에서였다. 예수께서 어려서부터 자라나신 곳이 바로 여기였고, 또 그 후에 이 마을 저 동리로 다니시며 자비를 베푸시고 위로와 용기를 불어넣으시고 병자들을 고치시며 그리고 무엇보다도 잃어버린 자들을 찾아 구원하시던 곳 역시 이 지역이었다. 주께서 해변을 거니시며 자기에게 나아온 허다한 무리들을 가르치신 곳이 여기였다. 주께서 그의 제자들을 자기 곁으로 불러 모으신 곳 역시 이 지역 일대였다. 그리스도의 생명과 복, 훈계와 위로의 말씀이 널리 그리고 멀리, 아버지로부터 아들에게로 퍼져 나간 곳이 바로 팔레스타인의 이 북부 지역에서부터였다.

여기 15절에 언급된 다섯 항목은 대(大) 갈릴리 전 지역의 각기 다른 다섯 구역을 가리킬 것이다. 이 지역 일대를 보여 주는 지도를 참조하라. **스불론 땅**은 갈릴리 바다 서편에 위치하고 있고 북으로는 **납달리 땅**과 경계를 이룬다. **요단 강 저편** 지역은 요단 동편 지역을 가리킨다. **해변 길** 지역은 북으로부터 남에 이르는 지중해 해변 지역으로서 위에 언급한 지역들의 서편에 위치하고 있다. 인구 분포상 이방인들이 많이 살고 또 그들의 영향을 강하게 받고 있는 이유로 **이방의 갈릴리**라 불리는 지역(구약시대에는 **갈릴**)은 흔히 납달리로 불리는 지역의 최북단 일대를 가리킨다. 구약시대에 이 지역 일대의 주요 성읍 중 하나가 게데스(수 20:7; 21:32)였다. 갈릴(Galil)(사 9:1 개역개정 한글 성경에는 갈릴리로 번역되었다. 원문을 보라)이라는 이름은 갈릴리(Galilee)로 바뀌게 되었고 후에는 헤롯

다. 여기서는 "빛"은 주어이고 "비치었도다"가 술부이다. 마태복음의 재배열된 문장은 70인역에서 발견되는 어설픈 번역과 거의 아무런 관계도 없음을 보여 준다. 마태는 그 자신의 독창적인 방법으로 이사야서의 사상을 능숙하게 재현시켰다. 본질적으로 이사야서와 마태복음은 완전히 일치한다. 그 핵심 사상은 이전에 흑암 가운데 사는 사람들에게 빛이 비치었다(혹은 **밝게 비치었다**)는 것이다.

안디바스가 통치하는 거대한 영토 전역을 대표하는 명칭이 되었다.

15절의 "땅"이라는 용어는 근본적으로 그 땅에 거주하는 사람들을 가리키는 것이 분명하다. 예레미야 22:29의 "땅이여, 땅이여, 땅이여, 여호와의 말을 들을지니라" 하는 말씀을 참조하라. 이것은 또한 다른 세 명칭, 곧 "요단강 저편" "해변 길" 그리고 "이방의 갈릴리"에 대해서도 역시 적용된다. 팔레스타인의 이 북부 5개 지역 전 주민은 "흑암에 앉은 백성"으로, 또 "사망의 땅과 그늘에 앉은 자들"로 묘사된다. 수세기 동안이나 이 넓은 지역에 사는 백성들은 북으로부터(수리아 혹은 아람, 앗수르 등) 정치적으로 군사적으로 침략을 받았고, 또 이교적인 환경으로부터 도덕적으로 종교적으로 부패한 영향을 받았다. 이들은 예루살렘과 그 주변 지역에 사는 백성들보다도 훨씬 더 대규모적인 외국 군대의 침략을 받았고, 또 패망의 위기들을 겪었으며 대부분이 포로로 끌려갔고 끝내는 망하고 말았다(왕하 15:29; 사 8:4을 보라). 의심할 여지 없이, 갈릴리 지방의 수많은 거민들에 대하여, 특별히 사마리아인들에 관한 열왕기하 17:33의 "이와 같이 그들이 여호와도 경외하고 또한 어디서부터 옮겨왔든지 그 민족의 풍속대로 자기의 신들도 섬겼더라"는 말씀 역시 적용될 수 있을 것이다.

흑암과 사망의 땅과 그늘에 앉았다 함은, 도움받을 자 없이 멀리 떨어져 있는, 위험과 공포와 절망의 처지를 가리킨다. 성경에서 흑암이라는 명칭이 상징적으로 사용될 때는 혼미(생각과 마음이 어두워짐: 고후 4:4, 6; 엡 4:18 참조), 타락(행 26:18) 그리고 낙담(사 9:2 그리고 그 문맥 3절을 보라) 중 어느 하나 혹은 그 이상을 가리킨다. 분명히 이 세 가지 의미가 모두 본 경우에 다 포함되었을 것이나, 이미 앞서 설명한 바와 같이, 그 셋 중 마지막 의미(절망, 낙담)에 강조점이 놓여져 있을 것임에 틀림없다.

흑암의 반의어는 **빛**이다. 따라서 **빛**은 진정한 지식(하나님을 아는 지식, 시 36:9)과 하나님께 영광 돌리는 생활(엡 4:15, 24; 5:14), 그리고 기쁨(시 97:11)을 가리킨다. 이 세 가지 의미가 모두 다 본 경우에 포함되어 있을 것이나, 아마도 이 셋 중 마지막 의미에 강조점이 놓여져 있을 것이다.

따라서 인용 구절의 실제적인 의미는 이것이다. 곧, 예수 그리스도께서 자신의 임재 및 자비와 능력의 말씀과 행위로 말미암아 갈릴리 지방에서 자기를 따르는 모든 자들의 마음을 구원의 기쁨으로 가득 채우시리라는 것이다. 저들은 이제 더 이상 낙담과 절망 가운데 버려진 무리가 되지 않을 것이다. 예수께서 갈릴리에 오셔서 거기서 대사역을 시작하실 때 다음의 널리 알려진 찬송가의 가사 내용이 효력을 발하였다.

"온 세상이 죄로 어두워 캄캄하였더니,
이 세상 밝은 빛은 예수."

마태는 이 문단을 다음 말로 매듭짓고 있다.

[17] 이때부터 예수께서 비로소 전파하여 이르시되 회개하라 천국이 가까이 왔느니라 하시더라.

이 구절에 대하여 다음 몇 가지 점을 주의해야 한다.

a. <u>본질적으로</u>—비록 세세한 점에 있어서 그러한 것은 아니다— 그리스도의 메시지는 세례 요한의 메시지와 동일하다. 3:2에서 그리스도의 사자 세례 요한의 메시지가 그리스도의 메시지와 동일한 말로 요약된 사실이 이를 증거한다. 그러므로 이미 설명한 바를 되풀이할 필요는 없다. 그러나 4:23 주석을 보라.

b. 앞의 문맥과 관련하여(4:13-16) 볼 때, 여기 17절의 의미는, 세례 요한이 이전에 전파하지 못했던 더 광범위한 지역에 예수께서 이제 이 천국 복음을 전파하기 시작하셨다는 것이다. 이 기쁜 소식은 더 넓은 지역으로 전파되기 시작했다. 백성들에게 회개할 것을 요구하는 이 복음은 이전에 전파되지 않았던 지역에서도 이제 들을 수 있게 되었다.

c. 그리스도의 오심이 이 땅에 진정 그처럼 엄청난 변화를 가져다 주어 수많은 심령들이 흑암의 세계에서 빛의 나라로 옮겨진 사실은 "천국이 가까이 왔느니라"는 선언이 완전히 정당한 것임을 보여 준다.

d. 이 메시지가 세상에 즉시 혹은 단번에 전파된 것은 아니었다. 처음부터 이 복음의 전파는 점진적으로 진행되도록 되어 있었다. 첫째는 유대인에게요(10:5, 6) 또한 점차 더 나아가 모든 민족들에게 전파될 것이었다

(24:14; 28:19; 행 13:46; 롬 1:16). 그러므로 "천국이 가까이 왔느니라"는 선언이 맨 처음 세례 요한의 입에서 나왔고, 다음에 예수 그리스도에 의해서 확증되었으며, 또한 그리스도의 명령에 따라 그 복음이 온 세상 모든 민족에게 전파되도록 사도들에 의해서 반복된(마 10:7) 사실은 그리 놀랄 일이 못 된다. 복음은 땅끝까지 전파될 것이며 그때에 가서 세상 끝날이 이를 것이다.

네 어부를 부르심 (4:18-22)

마가복음 1:16-20 참조. 그리고 마태복음 4:19 하반절과 마가복음 1:17 하반절을 누가복음 5:10 하반절과 대조하여 보라.

18-22절

18 갈릴리 해변에 다니시다가 두 형제 곧 베드로라 하는 시몬과 그의 형제 안드레가
바다에 그물 던지는 것을 보시니 그들은 어부라 19 말씀하시되 나를 따라오라 내가
너희를 사람을 낚는 어부가 되게 하리라 하시니 20 그들이 곧 그물을 버려두고 예수
를 따르니라 21 거기서 더 가시다가 다른 두 형제 곧 세베대의 아들 야고보와 그의
형제 요한이 그의 아버지 세베대와 함께 배에서 그물 깁는 것을 보시고 부르시니 22
그들이 곧 배와 아버지를 버려두고 예수를 따르니라

18 예수님께서 갈릴리 호숫가를 거니시다가 두 형제, 베드로라고 하는 시몬과 그의
동생 안드레가 호수에 그물을 던지는 것을 보셨습니다. 그들은 어부였습니다. 19 예
수님께서 그들에게 말씀하셨습니다. "나를 따라오너라. 내가 너희를 사람을 낚는
어부로 삼겠다." 20 그 즉시, 시몬과 안드레는 그물을 버려두고 예수님을 따랐습니
다. 21 예수님께서는 계속 거니시다가, 또 다른 두 형제, 세베대의 아들 야고보와 그
의 동생 요한이 배 안에서 아버지 세베대와 함께 그물을 수선하고 있는 것을 보았
습니다. 예수님께서 그들을 부르셨습니다. 22 그들도 그 즉시, 배와 아버지를 버려
둔 채, 예수님을 따랐습니다.

_아가페 쉬운성경

[18]-[20] 갈릴리 해변에 다니시다가 두 형제 곧 베드로라 하는 시몬과 그의 형제 안드레가 바다에 그물 던지는 것을 보시니 그들은 어부라 말씀하시되 나를 따라오라 내가 너희를 사람을 낚는 어부가 되게 하리라 하시니 그들이 곧 그물을 버려두고 예수를 따르니라.

17절에 대한 주석에서 말한 바와 같이(특히 앞의 d.를 보라), 하나님 나라의 놀라운 복음은, 그리스도께서 이 땅에 계시며 그의 사역을 수행하시는 동안에 살던 사람들만을 위한 것이 아니었다. 그것은 모든 세대를 위한 복음이었다. 그러므로 예수께서 지상 사역 초기에 그의 행하시는 일을 영속시키고 또한 그의 메시지를 계속 전파하도록 하기 위하여, 그 일을 나누어 맡길 사람들을 택해서 그들의 말과 글로 증거를 삼으신 것은 전혀 놀랄 만한 일이 아니다. 선생에게 일반 청중들뿐만 아니라 한 무리의 특별히 **가까운 동반자들** 혹은 **제자들**이 있는 것은 새로운 일이 아니다. 소크라테스에게는 제자들이 없었던가? 세례 요한에게는 없었던가? 바리새인들은 어떠했던가? 또 유대 랍비들은 제자들을 거느리지 않았던가? 그리스도의 제자들은 그리스도와 그의 교회 사이를 연결해 주는 교량 역할을 하게 될 일꾼들이었다. 그들은 황금 보석으로 꾸민 새 예루살렘(계 21:19, 20)의 값진 기초석들이 될 인물들이었다. 그 한 예로 마태와 요한과 베드로 같은 제자들이 복음서 형성에 있어서 얼마나 중요한 역할을 담당했는지 생각해 보라. 이들이 전해 준 신약성경에서 우리가 예수 그리스도에 관한 지식의 주요 자료들을 얻지 않는가! 따라서 갈릴리 해변으로 지나가시다가 예수께서 자기를 따라오도록 몇몇 어부들을 부르신 것이다.

주의 부르심에는 제자로 부르심 및 사도직과 밀접하게 관련한 부르심 등 몇 차례의 부르심이 있다.

a. 요한복음 1:35-51에 언급한 부르심. 필자의 요한복음 주석 해당 부분을 보라.

b. 여기에 언급한 부르심(마 4:18-22; 막 1:16-20).

c. 누가복음 5:1-11에 언급한 부르심.

d. 마태복음 9:9-13; 마가복음 2:13-17; 누가복음 5:27-32에 언급한

부르심.

e. 마태복음 10:1-4; 마가복음 3:13-19; 누가복음 6:12-16에 언급한 부르심.

이상 다섯 차례의 부르심은 각기 다른 의미를 지닌다. 필시 다음과 같이 구분이 될 것이다(위에 제시된 a.-e.에 대한 해석).

a. 이 부르심은 A.D. 27년 2월경 안드레와 이름이 밝혀지지 않은 다른 제자(아마도 사도 요한이었을 가능성이 높다)가 받은 것으로서, 이때 이들은 나사렛 예수를 메시아로 영접하고 영적으로 그를 따르는 자가 되도록 부르심을 받았다. 안드레는 그의 형제 시몬(베드로)을 예수께 데리고 왔다. 분명히 사도 요한도 그의 형제 야고보를 예수께 데리고 왔을 것이다. 그 뒤 얼마 있지 않아 빌립과 나다나엘(빌립을 통해서)이 그 명단에 가입되었다. 그러나 이 부르심을 받은 제자들은 이따금씩 기회를 따라 예수와 함께 그의 전도여행에 동반했으나 각기 자기의 이 세상 직업에 계속 종사했다.

b. 이 부르심은 그로부터 약 1년 뒤에 있었다. 그러니까 A.D. 28년 2월경이 될 것이다. 요한복음 1:35-41에 언급된 네 제자(베드로, 안드레, 야고보 및 요한)는 이제 더욱 확고한 주의 동반자가 되고 또한 자기들이 사도 곧 "사람을 낚는 어부"가 되는 훈련을 받게 된다는 사실을 더욱 확신하게 되었다. 그러나 마태복음 4:20과 22절은 이들이 이 세상의 어부 직업과 마지막 결별을 한 것으로 해석되기는 어렵다. b.에 관하여는 이제 곧 더 자세한 설명이 있을 것이다.

c. 이 부르심은 좀 더 뒤에 있었다. 이 부르심은 이적적으로 고기를 잡은 일에 관한 기사를 포함하고 있다. 누가복음 5:10 하반절은 마태복음 4:19 하반절과 마가복음 1:17 하반절과도 비슷하다. 다시 말해서 "사람을 취하리라"와 "사람을 낚는 어부가 되게 하리라"는 마태복음과 마가복음의 구절들은 **노력**을 강조하고, 한편 누가복음의 구절들은 그 **성공**을 강조해서 서로 동일하지는 않을지도 모르나 아무튼 비슷하다. 그러나 이 비슷한 구절을 제쳐 두면 두 기사는 전적으로 다르다. 마태-마가복음의 기사에서는 예수께서 갈릴리 호숫가를 거닐고 계시나 누가복음의 기사에서는

서 계신다. 마태-마가의 기사에서는 시몬과 안드레, 야고보와 요한이 모두 이름으로 언급되고 또 예수께서 네 사람 모두에게 말씀하셨다. 한편 사랑받는 의원 누가의 기사에서는 예수께서 베드로를 향하여 그에게만 말씀하신다. 안드레는 그 자리에 함께 있었을 것이나 언급조차 되지 않았다. 마태-마가복음의 기사에서는 시몬과 안드레가 바다에 그물을 던지고 있다. 이들이 고기를 잡고 있다. 한편 야고보와 요한은 그들의 그물을 깁고 있다. 누가복음에서는 이 어부들이 그들의 그물을 씻고 있다. 마태-마가복음에서는 베드로와 안드레가 곧 그물을 버려두고 예수를 따랐다. 또 이와 마찬가지로 야고보와 요한도 역시 곧 배와 부친을 버려두고 예수를 따랐다. 그러나 누가복음에서는 제자들이 **모든 것을 버려두고** 예수를 따랐다. 다시 말해서, 이때로부터 이들은 이 세상의 어부 직업과 결별하고 그리스도의 지상 사역 중 십자가에 못 박히기 이전의 전 기간 동안 계속 예수를 따랐다.

d. 이것은 본 복음서 저자인 세리 마태(레위)가 받은 부르심이다. 이 부르심은 분명히 어부들인 베드로, 안드레, 야고보, 요한의 부르심 직후에 있었을 것이다. 그 증거에 관하여는 누가복음 5:11, 27을 보라. 마태 역시 "모든 것을 버려두고" 예수를 따랐다.

e. 이 부르심은 열두 제자 전체 무리와 관련되어 있다. 이들 모두에 대하여 이것은 제자-사도직으로의 공식적인 부르심이었다. 마가복음 3:13-19(눅 5:27-32 참조)과 마태복음 10:1 이하 사이에는 필시 짧은 간격이 있었을 것이다.

예수께서 그의 직접적인 동반자가 되게 하기 위해서 택하신 제자들은 사도로서의 훈련을 받을 필요가 있었다. 변덕스러운 사람 시몬은 반석과도 같이 굳건한 사람 베드로가 되어야 했다. 나머지 모든 제자들에게 있어서도 그와 비슷한 과정이 필요하였다. 우리가 이 사람들을 처음 대하게 될 때나 훨씬 뒤에 가서 대하게 될 때도 여전히 이들은 여러 면에서 자질이 부족했음을 볼 수 있다. 즉 깊은 영적 통찰력(마 13:6; 15:33; 16:7-12, 22, 23; 17:10-13; 19:10-12, 23-30; 24:3)과 뜨거운 동정심(14:15, 16, 23; 19:13-15)과 깊은 겸손(18:1-4)과 기꺼이 용서하는 정신(18:21, 22)과 계속적인 기도생활(17:16-21)과, 그리고 굽힐 줄 모르는 용기와 신의(26:56, 69-75)의 부족을 드러냈던 것을 알 수 있다. 그럼에도 불구하고 그들 편에서 볼 때 그리스도를 따르는 자가 되어 유대 종교 지도자들을 포함한 많은 사람들의 반대에 부딪치는 일은 적잖은 용기를 필요로 했다. 열두 제자에 대한 보다 더 상세한 설명에 관하여는 10:1-4 주석을 보라.

이 점에 관련하여 한 가지 간과되어서는 안 될 사실이 있다. 예수를 따르기로 작정한 **그들의** 결심은 한편으로 **주의** 위대성을 보여 준다. 다시 말하면, 사람들의 생각과 마음을 사로잡는 주의 강권적인 영향력은 그들로 하여금 주의 부르심에 즉시 응하게 한 것이었다. 주의 넓으신 동정심과 위대한 능력이 여기에서 또한 엿보인다. 주께서 그처럼 평범하고 배운 것이 없으며 미신을 섬기고 편협한 마음을 가진 저 갈릴리의 네 어부들을 제자로 택하셔서, 수많은 사람들의 구원을 위하여 봉사하는 도구들로 변화시키시고, 그들의 증거를 통하여 온 세상을 발칵 뒤집어 놓을 지도자들로 삼으실 수 있었던 것이 이상스러운 일이겠는가?

본문 18-22절에 언급된 네 제자들은 이러하다.

성급한 사람 베드로(마 14:28-33; 16:22, 23; 26:33-35; 요 18:10). 그는 열두 제자의 지도자가 된다. 그리고 모든 제자들의 명단에서 머리에 언급된다(마 10:2-4; 막 3:16-19; 눅 6:14-16; 행 1:13).

베드로의 형제 안드레. 그는 사람들을 항상 예수께로 데리고 온다(요 1:40-42; 6:8, 9, 참조. 마 4:18; 요 12:22).

세베대의 아들 야고보. 그는 열두 제자 중에서 맨 먼저 순교자의 면류관을 쓴다(행 12:1, 2).

야고보의 형제 요한. 그는 "예수의 사랑하시는 제자"(요 13:23; 19:26 등)로 불렸다. 확실히 주께서는 모든 "자기 사람들"을 사랑하시되 끝까지 매우 깊고 뜨겁게 사랑하셨다(요 13:1). 그러나 주님과 요한 사이의 사랑과 이해의 관계는 그 어느 제자보다도 가장 밀접했다.[247]

---

247) A.B. Bruce, *The Training of the Twelve*, Garden City, New York, 1928, C.E. Macartney, *Of Them He Chose Twelve*, Philadelphia, 1927에서 많은 지식을 얻을 수가 있다.

좀 더 상세한 내용이 이제 18-20절에 나온다. 베드로와 안드레는 바다에 그물을 던지고 있었다. **그물**에 관하여 마태는 세 가지 각기 다른 용어를 사용한다. 그 하나는 20절과 21절에서 사용하고 있는 **딕크튀온**이다. 이 말은 무엇보다도 가장 의미가 넓은 혹은 일반적으로 사용되는 용어로서, 사냥용 그물이나 혹은 새 잡는 그물 등 그물이면 무엇이나 다 가리킬 수 있다. 그러나 신약성경에서는 그 용어가 어떤 모양이 되었든지 모두 다 고기 잡는 그물에만 국한된다. 다음에 **싸게네**가 있는데 이것은 예인망(曳引網) 혹은 **저인망**(底引網)을 가리킨다. 매우 적절하게 이 용어는 마태복음 13:47에서 사용된다(주석 참조). 세 번째 용어는 여기 4:18(그리고 막 1:16)에 사용되는 **암피블레스트론**, 곧 **투망**(投網)이다. 이 투망은 보통 어깨 위로 던져지며 이것이 물 위에 떨어질 때는 원을 그리면서 펼쳐진다. 그물의 가장자리에는 추들이 부착되어 있어서 빨리 밑바닥으로 가라앉으므로 고기들이 미처 달아나지 못하고 그 안에 사로잡히게 된다. 그물이 다 가라앉은 다음에는 그것을 잡아당겨서 고기들을 끌어올린다.[248] 이것은 예수께서 해변에 다니시다가 베드로와 안드레에게 "나를 따라오라. 내가 너희를 사람을 낚는 어부가 되게 하리라"고 말씀하실 때 저들이 고기 잡고 있던 그물 종류이다. 주께서는 저들에게 그의 주권을 행사하시되 저들이 하던 일을 다 마칠 여유조차 주지 않으셨다. 주께서 부르실 때 저들은 즉시 따를 준비를 갖추어야만 했다. 8:21, 22; 10:37을 참조하라.

시몬과 안드레는 벳새다 사람이었다(요 1:44). 그러나 베드로는 최근에 가버나움으로 이사해서 그곳에 정착했다(마 4:13; 8:5, 14, 15; 막 1:21, 29, 30; 눅 4:31, 33, 38). 이때쯤 이들 형제는 예수를 알게 되었다. 왜냐하면 요한복음 1:35-42에 기록된 바 메시아를 만난 잊을 수 없는 사건이 있은 이후로 일년이라는 세월이 경과했기 때문이다. 그러므로 이제(마 4:19) 주께서 그들에게 "나를 따라 오라. 내가 너희를 사람을 낚는 어부가 되게 하리라" 말씀하실 때, 저들이 지금 종사하는 일보다 훨씬 더 명예로운 일을 맡기기 위하여 그들을 훈련시키겠다고 하시는 주의 약속에 큰 용

---

248) R.C. Trench, *Synonyms of the New Testament*, Grand Rapids, 1948, par. lxiv를 보라.

기를 얻어 곧 그물을 버려두고 주를 따른 것이었다. 식사 용도로 고기를 잡는 대신에, 이제 저들은 하나님 나라를 위하여 사람을 낚게 될 것이었다.

"내가 너희를 사람을 낚는 어부가 되게 하리라"는 약속을 통하여, 예수께서는 성령의 영감을 받은 잠언서 기자의 "지혜로운 자는 사람을 얻느니라"(잠 11:30)는 말씀을 확증하셨고, 다니엘 12:3의 "많은 사람을 옳은 데로 돌아오게 한 자는 별과 같이 영원토록 빛나리라"는 말씀을 굳게 하셨다. 그리고 "내가 여러 사람에게 여러 모습이 된 것은 아무쪼록 몇 사람이라도 구원하고자 함이니"(고전 9:22)라고 한 사도 바울의 인상적인 말에 주님 자신의 권위를 부여하셨다. "수고하고 무거운 짐 진 자들아 다 내게로 오라 내가 너희를 쉬게 하리라"(마 11:28)는 후에 주께서 하실 영광스러운 초청의 말씀을 미리 실천하신 것이라는 사실 역시 놓쳐서는 안 된다.

예수의 다른 두 제자들에게도 동일한 요구와 약속이 주어졌다.

[21] [22] 거기서 더 가시다가 다른 두 형제 곧 세베대의 아들 야고보와 그의 형제 요한이 그의 아버지 세베대와 함께 배에서 그물 깁는 것을 보시고 부르시니 그들이 곧 배와 아버지를 버려두고 예수를 따르니라.

야고보와 요한 이 두 형제는 베드로와 안드레처럼 고기잡이를 하지 않고 그물을 깁고 있었다. 그러나 이들도 베드로 및 안드레와 동일한 부르심을 받았다. 이때 이들 역시 새로운 교제의 단계(b.의 단계 pp. 398-399: 확고한 주의 동반자가 되고 제자가 되기 위한 본격적인 훈련에 들어감)로 들어갈 준비를 갖추어야만 했다. 곧 a. 그리스도와의 불규칙적인 교제의 단계(요 1:39의 단계: 이따금씩, 기회를 따라 예수와 함께 전도여행에 동반하였으나 세상 직업에 계속 종사)로부터 c. 세상의 직업과 결별하고 제자로서의 항구적인 교제의 단계(눅 5:11의 단계: 모든 것을 버려두고 예수를 따르며 예수의 지상사역에 동참)로 들어가야만 하는 것이다. 이들은 곧 배와 아버지를 버려두고 예수를 따라야만 한다. 누가복음 5:10이 보여 주는 바와 같이, 예수께서 가버나움에 활동 근거지를 두고 계시는 한,

이들이 이따금씩 고기잡이를 할 수 있는 가능성이 배제되지는 않았다. 그러나 사람 낚는 어부의 새 직업이 저들의 영구한 본업이 될 때가 다가와 있었다(눅 5:11). 지금 당장 저들은 사도로서의 진지한 훈련을 시작해야만 했다.

야고보와 요한은 즉시 순종하였다. 저들은 배와 아버지를 버려두었다. 세베대의 일은 어찌 되었을까? 그의 일은 그대로 계속되었을 것이다. 세베대는 가난한 사람이 아니었다. 그는 자기 일을 계속 도와줄 품꾼을 둘 수 있었다. 그러므로 그의 아들들이 자기를 도울 수 없을 때는 언제라도 그 품꾼들로 아들들을 대신하여 자기 일을 도와주도록 할 수가 있었다(막 1:20). 모든 일에 대해서 만반의 준비가 갖추어져 있었다.

그리스도의 가르치심과 전파하심과 병 고치심 (4:23-25)

마가복음 1:39; 누가복음 4:44 참조

23-25절

23 예수께서 온 갈릴리에 두루 다니사 그들의 회당에서 가르치시며 천국 복음을 전파하시며 백성 중의 모든 병과 모든 약한 것을 고치시니 24 그의 소문이 온 수리아에 퍼진지라 사람들이 모든 앓는 자 곧 각종 병에 걸려서 고통 당하는 자, 귀신 들린 자, 간질하는 자, 중풍병자들을 데려오니 그들을 고치시더라 25 갈릴리와 데가볼리와 예루살렘과 유대와 요단 강 건너편에서 수많은 무리가 따르니라

23 예수님께서 갈릴리 모든 곳을 다니시며 유대인들의 회당 안에서 가르치시고, 하늘나라에 대한 기쁜 소식을 전해 주셨습니다. 그리고 사람들의 갖가지 병을 고쳐 주셨습니다. 24 예수님에 대한 소문이 시리아 전역으로 퍼졌습니다. 사람들은 병든 사람을 모두 데리고 예수님께 나아왔습니다. 그들은 여러 가지 병으로 고통받고 있었는데, 통증에 시달리는 사람, 귀신 들린 사람, 간질병에 걸린 사람, 그리고 중풍에 걸린 사람들이었습니다. 예수님께서 그들을 고쳐 주셨습니다. 25 그리하여 갈릴리, 데가볼리, 예루살렘, 유대, 그리고 요단 강 건너편에서 온 많은 사람들이 예수님을 따랐습니다. _아가페 쉬운성경

예수께서 갈릴리 대(大)사역 기간 중에 행하신 사역의 형태가 이제 간략히 요약하여 소개된다. 그의 사역은 가버나움에만 국한되지 않았다. 다음 절이 그 점을 말해 주고 있다.

[23] 예수께서 온 갈릴리에 두루 다니사 그들의 회당에서 가르치시며 천국 복음을 전파하시며 백성 중의 모든 병과 모든 약한 것을 고치시니.

여러 면에서 예수의 활동과 세례 요한의 활동은 차이가 난다. a. 세례 요한은 야외에서 전파했으나 예수께서는 회당에서 전파하셨다. b. 요한은 전파했으나 예수께서는 가르치셨다. c. 요한은 그의 메시지 가운데서 임박한 진노를 보아 회개의 필요성을 강조했으나 예수께서는—물론 그 점을 소홀히 하지는 않으셨으나— 긍정적이며 적극적인 메시지에 더 큰 강조점을 두셨다. 곧 주께서는 **천국 복음**을 전파하셨다(필자의 주석 빌립보서 1:27-30을 보라) d. "요한은 와서 먹지도 않고 마시지도 않았으나", "인자는 와서 먹고 마셨다"(11:18, 19). 그리고 마지막으로, e. 요한은 전파하고 물로 세례를 베풀었으나 예수께서는 전파하시며 병 고치는 이적들을 베푸셨다.

전파함과 가르침 사이에는 차이가 있다. 하지만 훌륭한 전파는 곧 가르침인 것이 사실이다. 그럼에도 불구하고 그 강조점은 동일하지 않다. **전파하시며**로 번역된 원문의 동사는 **포고하다, 알리다, 선포하다**를 의미한다(필자의 주석, 딤후 4:3, 4 참조). 한편 **가르치시며**는 그 전파하신 바에 관한 지식을 더 자세히 풀어 말씀하심을 뜻한다. 예수께서는 회당에서 전파하시며 가르치실 기회가 있을 때마다 그 기회를 놓치지 않으시고 충분히 이용하셨다(13:53-58; 막 6:1-6; 눅 4:16-31).

"천국 복음"이라는 구절에서 "천국"이 의미하는 바는 무엇인가? 이 문제에 관하여는 이미 앞서 논의된 바 있으므로 설명을 다시 할 필요가 없을 것이다(본 주석 pp. 146-147, 3:2, 4:17 참조). 그 가장 넓은 의의에 있어서 **"천국"**, **"하나님 나라"**, 혹은 단순히 **"그 나라"**(이 경우는 문맥상 그것이 분명히 "천국" 혹은 "하나님 나라"를 의미하는 것으로 밝혀질 때)는, 하나님의 백성들 마음속에서 인식되며, 그들의 생활 속에서 효력을 미치고, 저들의 **온전한 구원**을 이루며, 저들의 구성체로서 교회를 조직하게 하며, 그리고 마지막으로 **구속받은 우주**를 이룩하시는 **하나님의 왕권, 통치권**, 혹은 **절대주권**을 가리킨다. 특히 다음 네 개념에 주의하라.

a. **하나님의 왕권, 통치권**, 혹은 **공인된 절대주권**. 이것은 누가복음 17:21의 "하나님의 나라는 너희 안에 있느니라" 하는 말씀과 마태복음 6:10의 "나라가 임하시오며 뜻이 하늘에서 이루어진 것같이 땅에서도 이루어지이다" 하는 말씀의 의미가 될 것이다.

b. 하나님께서 우리의 마음속에서 왕으로 시인되시고 또 우리가 그에게 복종할 때 이루어지게 되는 **완전한 구원** 곧 영적이며 물질적인 복—다시 말해서 영육 간의 복. 이것은 그 문맥에 의하면 마가복음 10:24–26의 "하나님의 나라에 들어가기가 얼마나 어려운지 낙타가 바늘귀로 나가는 것이 부자가 하나님의 나라에 들어가는 것보다 쉬우니라 하시니 제자들이 매우 놀라 서로 말하되 그런즉 누가 구원을 얻을 수 있는가" 하는 말씀의 의미가 될 것이다.

c. **교회**. 곧 마음속에 하나님을 왕으로 시인하는 사람들로 이루어진 공동체. 이러한 의미로 사용될 때는 하나님의 나라와 교회가 거의 동등하다. 이것은 마태복음 16:18, 19의 "너는 베드로라 내가 이 반석 위에 내 교회를 세우리니 음부의 권세가 이기지 못하리라. 내가 천국 열쇠를 네게 주리니 네가 땅에서 무엇이든지 매면 하늘에서도 매일 것이요 네가 땅에서 무엇이든지 풀면 하늘에서도 풀리리라" 하는 말씀의 의미가 될 것이다.

d. **구속받은 우주** 곧 모든 영광으로 충만한 새 하늘과 새 땅, 그러나 아직 미래의 어떤 것, 즉 하나님의 구원 능력의 최종적 실현이다. 그러므로 이것은 마태복음 25:34의 "내 아버지께 복 받을 자들이여, 나아와 창세로부터 너희를 위하여 예비된 나라를 상속받으라" 하는 말씀의 의미가 될 것이다.

이상의 네 가지 의미들은 각기 분리되어 있지 않으며 서로 무관하지 않다. 그 모든 의미들은 하나님의 통치, 곧 구원 능력의 영역에 있어서의 그의 최고권에 관한 중심 사상에서 나온 것이다. **하늘나라** 혹은 **왕권**(헬라 말은 이 두 가지 의미를 다 지닌다)은 마치 점차 크게 자라나는 작은 겨자씨와도 같다. 그러므로 천국은 현재와 미래의 양면성을 동시에 지니고 있다(막 4:26-29). 천국은 현재적이다. 마태복음 5:3; 12:28; 19:14; 마가복음 10:15; 12:34; 누가복음 7:28; 17:20, 21; 요한복음 3:3-5; 18:36을 연구해 보라. 또한 천국은 미래적이다. 마태복음 7:21, 22; 25:34; 26:29을 연구해 보라.

예수께서는 우리 구원의 초자연적 성격과 기원 그리고 목적을 나타내시기 위하여 구원 사역을 천국 혹은 그 나라의 통치로 말씀하신다. 우리의 구원은 하늘에서 시작되어 결국에는 다시 하늘에 계신 아버지의 영광으로 되돌아가게 될 것이다. 그러므로 이 용어를 사용하심으로써 그리스도께서는 모든 것이 다 하나님의 영광을 위한 것이라는 매우 값진 진리를 변호하셨다.

예수께서는 전파하시며 가르치셨을 뿐 아니라 또한 병을 고치기도 하셨다. 주께는 심하여 못 고치실 병이 없었고 너무 어려워 못 고치실 허약 증세도 없었다. 그러므로 본문은 말씀하기를 "백성 중의 모든 (종류의) 병과 모든(종류의) 약한 것을 고치시니"라고 하였다.

그리스도의 병 고치시는 이적들은 삼중적인 의미를 지닌다. 곧 a. 그 이적들은 그리스도의 메시지를 확증해 준다(요 14:11). b. 그 이적들은 예수가 예언에 말씀한 참 메시아이심을 보여 준다(사 35:5; 53:4, 5; 61:1; 마 11:2-6). c. 그 이적들은 어떤 의미에서 천국이 이미 이르렀음을 입증해 준다. 이는 이미 앞서 언급한 바와 마찬가지로 그 "천국"의 개념은 영적인 복만 아니라 육신의 복도 함께 포함하기 때문이다. 복음서들은 어느 곳에서나 **하나님의 나라**와 **이적들** 사이에 매우 밀접한 연관을 맺고 있다(마 9:35; 10:7, 8; 12:28; 눅 9:1, 2; 참조. 행 8:6, 7, 12).

예수께서 유대인과 이방인들이 함께 섞여 사는 갈릴리 **온 지경**을 두루 다니시며 "백성 중의 모든 병과 모든 약한 것"을 고치셨다. 이때 예수께서 병자에게 "네가 유대인이냐? 아니면 이방인이냐?" 하는 질문을 한 번도 하지 않으셨던 사실로부터 그리스도의 병 고치심의 보편적인 성격이 밝혀진다. 주께서는 인종이나 국적을 초월하여 **모든** 병자를 다 고치셨다.

진실로 예수는 과거와 현재와 미래에도 "세상의 구주"이시다(요 4:42; 요일 4:14).

그리스도께서 갈릴리 지방에서 이 모든 병을 고치신 활동의 결과가 이제 다음 절에서 언급되고 있다.

[24] 그의 소문이 온 수리아에 퍼진지라.

예수의 소문은 삽시간에 퍼져 나가서 수리아 지방에 사는 사람들까지도 그리스도에 관한 이야기를 듣게 되었다. 여기서 "수리아"라는 지명은 A.D. 70년에 이르기까지 팔레스타인을 포함한 로마의 한 행정구역 전체를 의미하는 것이 아니라, 다만 갈릴리 북부 안디옥과 다메섹 지방을 가리킨다. 많은 유대인들이 이 북부 성읍들에 흩어져 정착했다. 일부는 자원하여 그리하였고 일부는 강제로 한 지역에서 다른 지역으로 옮겨졌다. 경제적, 사회적, 종교적 인연이 이 지역 유대인들의 마음과 갈릴리와 유대 지방에 사는 이들의 친척과 친지들의 마음을 하나로 묶어 주었다. 더욱이 이 지역에 흩어져 있는 여러 성읍들 사이에는 훌륭한 도로들이 연결되어 있었다. 우리는 앞서 갈릴리 가버나움이 다메섹으로부터 뻗어 내려온 대로상에 위치해 있었던 사실을 살펴본 바 있다. 안디옥과 다메섹 역시 이와 비슷하게 연결되어 있었다. 그리고 또 안디옥으로부터 뻗어 내려와 두로와 갈릴리와 가사를 지나 애굽으로 내려가는 해변 길도 있었다.[249]

그러므로 이 북부지역 일대의 원근 각처에서 사람들이 모든 병자들을 예수께 데려와 고침을 받게 한 것은 전혀 놀랄 일이 못 된다.

사람들이 모든 앓는 자 곧 각종 병에 걸려서 고통 당하는 자, 귀신 들린 자, 간질하는 자, 중풍병자들을 데려오니 그들을 고치시더라.

"병에 걸려서 고통 당하는"은 일반적인 용어로, 예수께서 무슨 병이든지 모두 다 능히 고치실 수 있었음을 보여 준다. 주께서 한 번 손을 대시는

249) 이 모든 길들과 더 많은 다른 길들이 V.W. Von Hagen, *The Roads That Led to Rome*, Cleveland and New York, 1967, p.18, 19에 생생한 설명과 함께 지도로 표시되어 있다. 특히 pp.18, 19의 지도를 보라.

것으로 혹은 단순히 능력의 말씀을 한 번 발하시는 것으로 고통이 물러갔다. 다음에 귀신 들린 자, 간질하는 자, 중풍병자들이 특별히 언급되고 있다. 귀신 들린 자에 관하여는 9:32-34 주석을 보라. 이 구절에서는 **귀신 들린 자**가 구체적으로 병명을 밝힌 병자 목록 맨 앞에 나오고 있다. 귀신 들린 상태는 그 밖의 다른 다양한 고통의 증세를 초래하는 원인으로 간주되었으므로(9:33; 12:22; 17:15, 18; 막 9:25; 눅 13:10-12, 16) 목록의 맨 앞에 언급되는 것이 매우 타당하다는 사실을 지적하는 것만으로 충분하다.

많은 번역가와 주석가들과 일치하게 필자도 **간질하는 자**(*epileptics*)로 번역한 용어는 어원적으로 달과 관련되어 있다. 따라서 어떤 이들은 "moon-struck persons" 혹은 "lunatics"("실성한 사람" 혹은 "미치광이", 옛적에 별을 연구하는 점성가들이, 사람이 실성한 것은 달빛의 영향을 받았기 때문이라고 생각한 데서 비롯된 용어-역주)라는 번역을 더 좋아한다. 그러나 그 동일한 용어가 사용되고 있고 또 그 증세가 생생하게 소개된 17:15은 그 용어가 발작 증세로 고통받는 사람, 그러므로 간질하는 자를 가리키고 있음을 분명히 하는 것으로 보인다. 어원이 중요한 것이기는 하나, 그것이 병 증세에 관한 상세한 설명보다 더 우선적인 의미가 될 수는 없다. 요점은 이러한 병자들 역시 주께서 즉시 그리고 단번에 완전히 고치셨다는 것이다. 그리고 이것은 **중풍병자들**에 대해서도 마찬가지였다. 이러한 병 고치심의 괄목한 만한 예들이 8:5-13(눅 7:1-10 참조)과 9:1-8(막 2:1-12; 눅 5:17-26 참조)에 기록되어 있다.

그러므로 하나님의 아들 예수 그리스도께서는 싸움을 하고 계신 것이 분명하다. 주께서는 가르치시고 전파하시며 성령의 권능으로 귀신을 쫓아내시고 각종 병자들을 고치셔서 그들로 영육 간에 온전하게 하시며 이 땅에 하나님의 나라를 점점 더 확고히 세우심으로써(마 12:28) 마귀의 일들을 파멸시키고 계셨다.

마지막 결과 :

[25] 갈릴리와 데가볼리와 예루살렘과 유대와 요단 강 건너편에서 수

많은 무리가 따르니라.

갈릴리에서 수많은 무리가 예수를 따른 것은 당연하다. 그러나 또한 **데가볼리 곧 열 성읍들**의 지역에서도 역시 수많은 무리가 예수를 따랐다. **데가볼리**는 대부분 사마리아 북동부와 및 갈릴리 북동부까지도 상당 부분을 포함하는 연방지역으로 다메섹(Damascus), 카나타(Kanata), 디온(Dion), 힙보(Hippos), 가다라(Gadara), 아빌라(Abila), 스구도볼리(Scythopolis), 벨라(Pella), 거라사(Geresa) 그리고 빌라델비아(Philadelphia) 등 열 성읍으로 이루어져 있다.

예루살렘 및 사실상 유대 온 땅도 역시 북부에서 일어나고 있는 일에 대하여 들었다. 그러므로 남부로부터도 역시 허다한 무리가 올라와 예수를 따랐다. 무리들은 예수 그리스도의 말씀을 친히 듣고 또한 그가 행하시는 이적들을 목도했다.

그중에 많은 사람들이 예수의 이적으로 은혜를 입었다. 심지어 베레아, 곧 요단강 동편의 대부분 데가볼리 남부에 위치한 지역으로부터서도 허다한 무리가 나아왔다. 예수를 따른 이 사람들은 헤아릴 수 없는 큰 무리였을 것이 틀림없다.

4장 12-25절의 종합

4:12-17. 이 짧은 부분은 예수의 갈릴리 대(大)사역의 시작을 서술하고 있다. 아마도 3:13-4:11에 기록된 일들(세례와 시험)이 일어난 지 일년 뒤에 예수께서 "갈릴리로 물러가셨을" 것이다. 갈릴리에 오신 예수께서는 그가 30세의 나이가 되기까지 거주하셨던 나사렛을 떠나 갈릴리 바다 북서부해안에 위치한 가버나움에 가서 그곳에 정착하셨다. 그가 이렇게 하신 것은 이사야 9:1-2 예언의 성취였다.

세례 요한은 잡혀 옥에 갇혔다. 예수께서는 얼마 동안 백성들 가운데 사역을 행하셨다. 유대 백성들은 이제 세례 요한이 소개한 저들의 크신 은인에게로 주의를 집중했다. 이에 예수께서는, 시기로 가득 찬 바리새인들과 사두개인들과 더불어 남부에 더 이상 머물러 있게 되면, 그 일이 결국 시기적으로 너무 이른 위기를 초래하게 될 것임을 아셨다. 그러므로 예수께서는 갈릴리로 향하신다. 예수께서는 예정된 때가 이르기 전에 죽으실 수 없으셨다.

갈릴리에 오신 예수께서는 가버나움을 활동 근거지로 정하시고 그곳을 중심으로 북부 온 지역을 두루 다니시며 가르치시고 전파하시고 또 각종 병자를 고치셨다. 그리하심으로써 이전에 절망의 어둠 속에 살던 자들에게 구원의 빛을 비추셨고 또 그리하여 천국이 이 땅 위에 굳게 서고 점차 확장되도록 하셨다.

4:18-22. 갈릴리 호숫가에 다니시다가 베드로와 안드레를 부르셨다. 이들은 고기를 잡고 있다가 예수께서 “나를 따라오라. 내가 너희를 사람을 낚는 어부가 되게 하리라” 하시는 말씀을 들었다. 이들은 즉시 순종했다. 잠시 뒤에 그물을 깁고 있던 야고보와 요한도 역시 이와 비슷한 부르심을 받고 즉시 순종했다.

이들 네 어부는 이미 주님을 알게 된 지가 아마 일년 정도는 되었을 것이다. 그동안 이들은 이따금씩 얼마 동안 주님과 전도여행에 동행했을 것이다. 그러나 이제 저들은 사도로서의 진지한 훈련에 들어간다. 다시 말하자면, 기쁜 소식을 전파하기 위하여 보내심을 받을 본격적인 준비에 들어간다.

4:23-25. 그리스도의 가르치심과 전파하심과 그리고 병 고치심에 관한 소문은 삽시간에 널리 그리고 멀리 퍼져 나갔다. 북으로 수리아와 동으로 데가볼리와 베레아 그리고 심지어는 남으로 유대로부터도 수많은 무리가 나아와 갈릴리 대사역 기간의 전도여행 중에 예수를 따랐다. 주께서는 귀신 들린 자와 간질하는 자와 중풍병자들을 포함한 각종 병든 자들을 모두 다 고치셨다.

주께서는 이들을 즉시 단번에 그리고 완전히 고치셨다. 얼마 뒤에 가서 이차적인 치료를 할 필요는 전혀 없었다. 주께서 저들을 온전히 회복시키신 것은 저들을 동정하셨고 또한 사랑하셨기 때문이다.

그리스도의 병 고치시는 능력을 보여 주는 여러 초상화 작품들 가운데 다음 몇 점들에 대하여서는 특별히 언급해 둘 만한 가치가 있다. 곧 “그리스도여, 우리에게 자비를 베푸소서!"라고 제목을 붙인 디이트리히(A. Deitrich)의 유화 작품(Cynthia P. Maus의 *Christ and the Fine Arts,* New York, 1959, pp. 248–250에 인쇄 및 설명이 되어 있음)과 "그리스도께서 병자들을 고치시다"라고 제목을 붙인 호프만(J.M.F.H. Hofmann)의 데생 작품(Albert E. Bailey의 *The Gospel in Art,* Boston, 1946, pp. 188–192에 복사 및 설명이 되어 있음)과 그리고 마지막으로 그러나 무시할 수 없는 동일한 제목의 작품들 중 중심이 되는 렘브란트 판 레인(Rembrandt van Rijn)의 "백 길더짜리 판화"("the hundred guilder print," guilder는 네덜란드의 통화 단위–역주)로 불리는 기억에 길이 남을 만한 아름다운 에칭 작품(Robert Wallace와 Time–Life Books의 편집자들이 엮은 *The World of Rembrandt,* New York, 1968, pp. 154–157에 복제 및 난외주가 붙어 있음) 등이 그것이다.

제5-7장의 개요

Matthew

5-7

주제 : 아버지께서 아들에게 맡기신 사역

산상설교

첫 번째 대강화(大講話)

제 5-7 장

산상설교 (5:1-7:29)

누가복음 6:17-49 참조

5-7장

5 1 예수께서 무리를 보시고 산에 올라가 앉으시니 제자들이 나아온지라 2 입을
열어 가르쳐 이르시되 3 심령이 가난한 자는 복이 있나니 천국이 그들의 것임이
요 4 애통하는 자는 복이 있나니 그들이 위로를 받을 것임이요 5 온유한 자는 복이
있나니 그들이 땅을 기업으로 받을 것임이요 6 의에 주리고 목마른 자는 복이 있나
니 그들이 배부를 것임이요 7 긍휼히 여기는 자는 복이 있나니 그들이 긍휼히 여김
을 받을 것임이요 8 마음이 청결한 자는 복이 있나니 그들이 하나님을 볼 것임이요
9 화평하게 하는 자는 복이 있나니 그들이 하나님의 아들이라 일컬음을 받을 것임
이요 10 의를 위하여 박해를 받은 자는 복이 있나니 천국이 그들의 것임이라 11 나
로 말미암아 너희를 욕하고 박해하고 거짓으로 너희를 거슬러 모든 악한 말을 할
때에는 너희에게 복이 있나니 12 기뻐하고 즐거워하라 하늘에서 너희의 상이 큼이
라 너희 전에 있던 선지자들도 이같이 박해하였느니라 13 너희는 세상의 소금이니
소금이 만일 그 맛을 잃으면 무엇으로 짜게 하리요 후에는 아무 쓸데없어 다만 밖
에 버려져 사람에게 밟힐 뿐이니라 14 너희는 세상의 빛이라 산 위에 있는 동네가
숨겨지지 못할 것이요 15 사람이 등불을 켜서 말 아래에 두지 아니하고 등경 위에
두나니 이러므로 집 안 모든 사람에게 비치느니라 16 이같이 너희 빛이 사람 앞에
비치게 하여 그들로 너희 착한 행실을 보고 하늘에 계신 너희 아버지께 영광을 돌
리게 하라 17 내가 율법이나 선지자를 폐하러 온 줄로 생각하지 말라 폐하러 온 것
이 아니요 완전하게 하려 함이라 18 진실로 너희에게 이르노니 천지가 없어지기 전
에는 율법의 일점일획도 결코 없어지지 아니하고 다 이루리라 19 그러므로 누구든
지 이 계명 중의 지극히 작은 것 하나라도 버리고 또 그같이 사람을 가르치는 자는
천국에서 지극히 작다 일컬음을 받을 것이요 누구든지 이를 행하며 가르치는 자는
천국에서 크다 일컬음을 받으리라 20 내가 너희에게 이르노니 너희 의가 서기관과
바리새인보다 더 낫지 못하면 결코 천국에 들어가지 못하리라 21 옛사람에게 말한
바 살인하지 말라 누구든지 살인하면 심판을 받게 되리라 하였다는 것을 너희가 들
었으나 22 나는 너희에게 이르노니 형제에게 노하는 자마다 심판을 받게 되고 형제
를 대하여 라가라 하는 자는 공회에 잡혀가게 되고 미련한 놈이라 하는 자는 지옥

불에 들어가게 되리라[250] 23 그러므로 예물을 제단에 드리려다가 거기서 네 형제에게 원망들을 만한 일[251]이 있는 것이 생각나거든 24 예물을 제단 앞에 두고 먼저 가서 형제와 화목하고 그 후에 와서 예물을 드리라 25 너를 고발하는 자와 함께 길에 있을 때[252]에 급히 사화하라 그 고발하는 자가 너를 재판관에게 내어 주고 재판관이 옥리에게 내어 주어 옥에 가둘까 염려하라 26 진실로 네게 이르노니 네가 한 푼이라도 남김이 없이 다 갚기 전에는 결코 거기서 나오지 못하리라 27 또 간음하지 말라 하였다는 것을 너희가 들었으나 28 나는 너희에게 이르노니 음욕을 품고 여자를 보는 자마다 마음에 이미 간음하였느니라 29 만일 네 오른 눈이 너로 실족하게 하거든[253] 빼어 내버리라 네 백체 중 하나가 없어지고 온몸이 지옥에 던져지지 않는 것이 유익하며 30 또한 만일 네 오른손이 너로 실족하게 하거든 찍어 내버리라 네 백체 중 하나가 없어지고 온몸이 지옥에 던져지지 않는 것이 유익하니라 31 또 일렀으되 누구든지 아내를 버리려거든 이혼 증서를 줄 것이라 하였으나 32 나는 너희에게 이르노니 누구든지 음행[254]한 이유 없이 아내를 버리면 이는 그로 간음하게 함이요 또 누구든지 버림받은 여자에게 장가드는 자도 간음함이니라 33 또 옛사람에게 말한 바 헛맹세를 하지 말고 네 맹세한 것을 주께 지키라 하였다는 것을 너희가 들었으나 34 나는 너희에게 이르노니 도무지 맹세하지 말지니 하늘로도 하지 말라 이는 하나님의 보좌임이요 35 땅으로도 하지 말라 이는 하나님의 발등상임이요 예루살렘으로도 하지 말라 이는 큰 임금의 성임이요 36 네 머리로도 하지 말라 이는 네가 한 터럭도 희고 검게 할 수 없음이라 37 오직 너희 말은 옳다 옳다, 아니라 아니라 하라 이에서 지나는 것은 악으로부터 나느니라 38 또 눈은 눈으로, 이는 이로 갚으라 하였다는 것을 너희가 들었으나 39 나는 너희에게 이르노니 악한 자를 대적하지 말라 누구든지 네 오른편 뺨을 치거든 왼편도 돌려 대며 40 또 너를 고발하여 속옷을 가지고자 하는 자에게 겉옷까지도 가지게 하며 41 또 누구든지 너로 억지로 오 리를 가게 하거든 그 사람과 십 리를 동행하고 42 네게 구하는 자에게 주며 네게 꾸고자 하는 자에게 거절하지 말라 43 또 네 이웃을 사랑하고 네 원수를 미워하라 하였다는 것을 너희가 들었으나 44 나는 너희에게 이르노니 너희 원수를 사랑하며 너

---

250) 21절과 22절을 번역 및 주석함에 있어서 필자는 Th.D.N.T., Vol. VI. pp.973-976에 나오는 J. Jeremias의 *ῥακά*에 관한 논문에 도움을 받았다. 그러나 서로 대조해 보면 역시 차이점들이 많이 나타날 것이다.

251) 문자적으로는 "네 형제가 너를 대적할 만한 일이 있는가"이다. 그러나 이 번역은 자칫 잘못된 해석을 유발하기 쉽다. 이 구절 주석을 보라. 그러므로 필자는 N.E.B.가 채택한 번역을 취한다.

252) 문자적으로는 "네가 그와 함께 길에 있을 때에"이다. 곧 "때가 너무 늦기 전에"의 의미이다.

253) 혹은 "함정에 빠뜨리거든." 30절에서도 역시 마찬가지이다.

254) 혹은 "간통."

희를 박해하는 자를 위하여 기도하라 45 이같이 한즉 하늘에 계신 너희 아버지의 아
들이 되리니 이는 하나님이 그 해를 악인과 선인에게 비추시며 비를 의로운 자와
불의한 자에게 내려주심이라 46 너희가 너희를 사랑하는 자를 사랑하면 무슨 상이
있으리요 세리도 이같이 아니하느냐 47 또 너희가 너희 형제에게만 문안하면 남보
다 더하는 것이 무엇이냐 이방인들도 이같이 아니하느냐 48 그러므로 하늘에 계신
너희 아버지의 온전하심과 같이 너희도 온전하라

6 1 사람에게 보이려고 그들 앞에서 너희 의를 행하지 않도록 주의하라 그리하지
아니하면 하늘에 계신 너희 아버지께 상을 받지 못하느니라 2 그러므로 구제할
때에 외식하는 자가 사람에게서 영광을 받으려고 회당과 거리에서 하는 것같이 너
희 앞에 나팔을 불지 말라[255] 진실로 너희에게 이르노니 그들은 자기 상을 이미 받
았느니라 3 너는 구제할 때에 오른손이 하는 것을 왼손이 모르게 하여 4 네 구제함
을 은밀하게 하라 은밀한 중에 보시는 너의 아버지께서 갚으시리라 5 또 너희는 기
도할 때에 외식하는 자와 같이 하지 말라 그들은 사람에게 보이려고 회당과 큰 거
리 어귀에 서서 기도하기를 좋아하느니라 내가 진실로 너희에게 이르노니 그들은
자기 상을 이미 받았느니라 6 너는 기도할 때에 네 골방에 들어가 문을 닫고 은밀한
중에 계신 네 아버지께 기도하라 은밀한 중에 보시는 네 아버지께서 갚으시리라 7
또 기도할 때에 이방인과 같이[256] 중언부언하지 말라 그들은 말을 많이 하여야 들으
실 줄 생각하느니라 8 그러므로 그들을 본받지 말라 구하기 전에 너희에게 있어야
할 것을 하나님 너희 아버지께서 아시느니라 9 그러므로 너희는 이렇게 기도하라
하늘에 계신 우리 아버지여 이름이 거룩히 여김을 받으시오며 10 나라가 임하시오
며 뜻이 하늘에서 이루어진 것같이 땅에서도 이루어지이다 11 오늘 우리에게 일용
할 양식을 주시옵고[257] 12 우리가 우리에게 죄지은 자를 사하여 준 것같이 우리 죄
를 사하여 주시옵고 13 우리를 시험에 들게 하지 마시옵고 다만 악에서[258] 구하시옵
소서 (나라와 권세와 영광이 아버지께 영원히 있사옵나이다 아멘) 14 너희가 사람
의 잘못을 용서하면 너희 하늘 아버지께서도 너희 잘못을 용서하시려니와 15 너희
가 사람의 잘못을 용서하지 아니하면 너희 아버지께서도 너희 잘못을 용서하지 아
니하시리라 16 금식할 때에 너희는 외식하는 자들과 같이 슬픈 기색을 보이지 말라
그들은 금식하는 것을 사람에게 보이려고 얼굴을 흉하게 하느니라 내가 진실로 너
희에게 이르노니 그들은 자기 상을 이미 받았느니라 17 너는 금식할 때에 머리에 기
름을 바르고 얼굴을 씻으라 18 이는 금식하는 자로 사람에게 보이지 않고 오직 은밀
한 중에 계신 네 아버지께 보이게 하려 함이라 은밀한 중에 보시는 네 아버지께서

255) 혹은 "너희 앞에 나팔을 불지 말라."

256) 혹은 "이방인들이 행하는 것과 같이."

257) 혹은 "오늘날 우리에게 오늘의 양식을 주옵시고"; 혹은 "…우리의 필요한 양식을 주옵시고."

258) 혹은 "악한 자에게서."

갚으시리라 19 너희를 위하여 보물을 땅에 쌓아 두지 말라[259] 거기는 좀과 동록이
해하며 도둑이 구멍을 뚫고 도둑질하느니라 20 오직 너희를 위하여 보물을 하늘에
쌓아 두라 거기는 좀이나 동록이 해하지 못하며 도둑이 구멍을 뚫지도 못하고 도둑
질도 못하느니라 21 네 보물 있는 그곳에는 네 마음도 있느니라 22 눈은 몸의 등불
이니 그러므로 네 눈이 성하면 온몸이 밝을 것이요 23 눈이 나쁘면 온몸이 어두울
것이니 그러므로 네게 있는 빛이 어두우면 그 어둠이 얼마나 더하겠느냐 24 한 사람
이 두 주인을 섬기지 못할 것이니 혹 이를 미워하고 저를 사랑하거나 혹 이를 중히
여기고 저를 경히 여김이라 너희가 하나님과 재물을 겸하여 섬기지 못하느니라 25
그러므로 내가 너희에게 이르노니 목숨을 위하여 무엇을 먹을까 무엇을 마실까 몸
을 위하여 무엇을 입을까 염려하지 말라[260] 목숨이 음식보다 중하지 아니하며 몸이
의복보다 중하지 아니하냐 26 공중의 새를 보라 심지도 않고 거두지도 않고 창고에
모아들이지도 아니하되 너희 하늘 아버지께서 기르시나니 너희는 이것들보다 귀하
지 아니하냐 27 너희 중에 누가 염려함으로 그 키를 한 자라도 더할 수 있겠느냐 28
또 너희가 어찌 의복을 위하여 염려하느냐 들의 백합화가 어떻게 자라는가 생각하
여 보라 수고도 아니하고 길쌈도 아니하느니라 29 그러나 내가 너희에게 말하노니
솔로몬의 모든 영광으로도 입은 것[261]이 이 꽃 하나만 같지 못하였느니라 30 오늘
있다가 내일 아궁이에 던져지는 들풀도 하나님이 이렇게 입히시거든 하물며 너희
일까보냐 믿음이 작은 자들아 31 그러므로 염려하여 이르기를 무엇을 먹을까 무엇
을 마실까 무엇을 입을까 하지 말라 32 이는 다 이방인들이 구하는 것이라 너희 하
늘 아버지께서 이 모든 것이 너희에게 있어야 할 줄을 아시느니라 33 그런즉 너희는
먼저 그의 나라와 그의 의를 구하라 그리하면 이 모든 것을 너희에게 더하시리라 34
그러므로 내일 일을 위하여 염려하지 말라 내일 일은 내일이 염려할 것이요 한 날
의 괴로움은 그날로 족하니라

7 1 비판을 받지 아니하려거든 비판하지 말라 2 너희가 비판하는 그 비판으로 너희
가 비판을 받을 것이요 너희가 헤아리는 그 헤아림으로 너희가 헤아림을 받을 것
이니라 3 어찌하여 형제의 눈 속에 있는 티는 보고 네 눈 속에 있는 들보는 깨닫지 못
하느냐 4 보라 네 눈 속에 들보가 있는데 어찌하여 형제에게 말하기를 나로 네 눈 속
에 있는 티를 빼게 하라 하겠느냐 5 외식하는 자여 먼저 네 눈 속에서 들보를 빼어라
그 후에야 밝히 보고 형제의 눈 속에서 티를 빼리라 6 거룩한 것을 개에게 주지 말며
너희 진주를 돼지 앞에 던지지 말라 그들이 그것을 발로 밟고 돌이켜 너희를 찢어 상
하게 할까 염려하라 7 구하라 그리하면 너희에게 주실 것이요 찾으라 그리하면 찾아
낼 것이요 문을 두드리라 그리하면 너희에게 열릴 것이니 8 구하는 이마다 받을 것이
요 찾는 이는 찾아낼 것이요 두드리는 이에게는 열릴 것이니라 9 너희 중에 누가 아들

259) 혹은 "너희를 위하여…쌓아 두는 일을 그치라."
260) 혹은 "염려하는 일을 그치라"; 혹은 "걱정하는 일을 그치라."
261) 혹은 "치장한 것."

이 떡을 달라 하는데 돌을 주며 10 생선을 달라 하는데 뱀을 줄 사람이 있겠느냐 11 너
희가 악한 자라도 좋은 것으로 자식에게 줄 줄 알거든 하물며 하늘에 계신 너희 아버
지께서 구하는 자에게 좋은 것으로 주시지 않겠느냐 12 그러므로 무엇이든지 남에게
대접을 받고자 하는 대로 너희도 남을 대접하라 이것이 율법이요 선지자니라 13 좁은
문으로 들어가라 멸망으로 인도하는 문은 크고 그 길이 넓어 그리로 들어가는 자가
많고 14 생명으로 인도하는 문은 좁고 길이 협착하여 찾는 자가 적음이라 15 거짓 선
지자들을 삼가라 양의 옷을 입고 너희에게 나아오나 속에는 노략질하는 이리라 16 그
들의 열매로 그들을 알지니 가시나무에서 포도를, 또는 엉겅퀴에서 무화과를 따겠느
냐 17 이와 같이 좋은 나무마다 아름다운 열매를 맺고 못된 나무가 나쁜 열매를 맺나
니 18 좋은 나무가 나쁜 열매를 맺을 수 없고 못된 나무가 아름다운 열매를 맺을 수
없느니라 19 아름다운 열매를 맺지 아니하는 나무마다 찍혀 불에 던져지느니라 20 이
러므로 그들의 열매로 그들을 알리라 21 나더러 주여 주여 하는 자마다 다 천국에 들
어갈 것이 아니요 다만 하늘에 계신 내 아버지의 뜻대로 행하는 자라야 들어가리라
22 그날에 많은 사람이 나더러 이르되 주여 주여 우리가 주의 이름으로 선지자 노릇
하며 주의 이름으로 귀신을 쫓아내며 주의 이름으로 많은 권능을 행하지 아니하였나
이까 하리니 23 그때에 내가 그들에게 밝히 말하되 내가 너희를 도무지 알지 못하니
불법을 행하는 자들아 내게서 떠나가라 하리라 24 그러므로 누구든지 나의 이 말을
듣고 행하는 자는 그 집을 반석 위에 지은 지혜로운 사람 같으리니 25 비가 내리고 창
수가 나고 바람이 불어 그 집에 부딪치되 무너지지 아니하나니 이는 주추를 반석 위
에 놓은 까닭이요 26 나의 이 말을 듣고 행하지 아니하는 자는 그 집을 모래 위에 지
은 어리석은 사람 같으리니 27 비가 내리고 창수가 나고 바람이 불어 그 집에 부딪치
매 무너져 그 무너짐이 심하니라[262] 28 예수께서 이 말씀을 마치시매 무리들이 그의
가르치심에 놀라니 29 이는 그 가르치시는 것이 권위 있는 자와 같고 그들의 서기관
들과 같지 아니함일러라

---

5 1 예수님께서 사람들을 보시고 산으로 올라가 앉으셨습니다. 그러자 제자들이
예수님께 다가왔습니다. 2 예수님께서 입을 열어 사람들을 가르치셨습니다. 3
"마음이 가난한 사람은 복이 있다. 하늘나라가 그들의 것이다. 4 슬퍼하는 사람은
복이 있다. 그들이 위로를 받을 것이다. 5 마음이 온유한 사람은 복이 있다. 그들이
땅을 상속받을 것이다. 6 의를 위해 주리고 목마른 사람은 복이 있다. 그들이 배부
를 것이다. 7 자비로운 사람은 복이 있다. 그들이 하나님의 자비를 입을 것이다. 8
마음을 깨끗이 한 사람은 복이 있다. 그들이 하나님을 볼 것이다. 9 평화를 위해 일
하는 사람은 복이 있다. 그들이 하나님의 아들이라고 불릴 것이다. 10 의롭게 살려
고 하다가, 박해를 받는 사람은 복이 있다. 하늘나라가 그들의 것이다. 11 사람들이
나 때문에 너희를 모욕하고 박해하고 온갖 나쁜 말을 할 때, 너희에게 복이 있다. 12

262) 혹은 "그 무너짐이 크니라."

기뻐하고 즐거워하여라. 하늘에서 너희의 상이 크다. 너희보다 먼저 살았던 예언자들도 이처럼 박해를 받았다." 13 "너희는 세상의 소금이다. 만일 소금이 그 맛을 잃으면, 무엇으로 짠맛을 내겠느냐? 맛을 잃은 소금은 아무 쓸모가 없게 되어 밖에 버려져 사람들에게 밟힐 뿐이다. 14 너희는 세상의 빛이다. 산 위에 있는 도시는 숨겨질 수 없다. 15 등불을 됫박 안에 두지 않고 등잔대 위에 놓는다. 그래야 등불이 그 집에 있는 모든 사람에게 빛을 비추게 될 것이다. 16 이와 같이 너희 빛을 사람들에게 비춰라. 그래서 사람들이 너희의 선한 행동을 보고 하늘에 계신 너희 아버지께 영광을 돌리게 하여라." 17 "내가 모세의 율법이나 예언자들의 말씀을 깨뜨리러 온 줄로 생각하지 마라. 나는 그들의 말씀을 깨뜨리러 온 것이 아니라 완성하러 왔다. 18 나는 너희에게 진정으로 말한다. 하늘과 땅이 없어지기 전에는 율법의 아무리 작은 부분이라도 사라지지 않고, 반드시 다 이루어질 것이다. 19 그러므로 누구든지 이 계명 가운데에 가장 작은 것 하나라도 어기거나 다른 사람에게 그렇게 하라고 가르치는 사람은 하늘나라에서 가장 작게 될 것이다. 그러나 누구든지 계명을 지키고 가르치면 하늘나라에서 크게 될 것이다. 20 내가 말한다. 너희 의가 율법학자들이나 바리새파 사람보다 훨씬 낫지 않으면, 하늘나라에 들어가지 못할 것이다." 21 "예전에는 '살인하지 마라. 누구든지 살인을 하는 사람은 재판을 받을 것이다' 라는 계명을 받았다고 너희가 들었다. 22 그러나 나는 너희에게 말한다. 자기 형제에게 화를 내는 사람은 재판정에 설 것이며, 자기 형제에게 나쁜 말을 하는 사람도 산헤드린 법정에 설 것이다. 또한 자기 형제에게 바보라고 하는 사람은 지옥 불에 던져질 것이다. 23 그러므로 네가 제단에서 예물을 드릴 때, 네 형제가 너에게 나쁜 감정을 갖고 있는 것이 생각나거든, 24 제단에 예물을 놓아 두고, 가서 먼저 네 형제와 화해하여라. 그 후에 다시 와서 예물을 바쳐라. 25 너를 고소하는 사람이 함께 길에 있을 때에 빨리 화해하여라. 그렇지 않으면 그가 너를 재판관에게 넘기고, 재판관이 너를 간수에게 넘겨줘, 감옥에 갇히게 될 것이다. 26 내가 진정으로 너희에게 말한다. 너희가 마지막 한 푼까지 다 갚기 전에는 그 감옥에서 나오지 못할 것이다." 27 " '간음하지 마라' 는 계명을 너희가 들었다. 28 그러나 나는 너희에게 말한다. 누구든지 음란한 생각으로 여자를 바라보는 사람은 이미 마음속으로 그 여인과 간음한 것이다. 29 만일 네 오른쪽 눈이 죄를 짓게 하거든, 그 눈을 빼어 던져 버려라. 네 몸 전체가 지옥에 던져지는 것보다 신체 중 하나를 잃는 것이 낫다. 30 만일 네 오른손이 죄를 짓게 하거든, 그 손을 잘라 내어 던져라. 네 몸 전체가 지옥에 던져지는 것보다 신체 중 하나를 잃는 것이 낫다." 31 " '누구든지 아내와 이혼하는 사람은 이혼증서를 주어야 한다' 라는 계명을 너희가 들었다. 32 그러나 내가 너희에게 말한다. 음행한 경우 외에 자기 아내와 이혼하는 사람은 아내로 하여금 간음하게 하는 것이다. 이혼한 여자와 결혼하는 사람도 간음하는 것이다." 33 "또한 예전에는 '거짓 맹세를 하지 마라. 주께 한 맹세는 꼭 지켜야 한다' 라는 계명을 받았다고 너희가 들었다. 34 그러나 내가 너희에게 말한다. 결코 맹세하지 마라. 하늘을 두고 맹세하지 마라. 하늘은 하나님의 보좌이기 때문이다. 35 땅을 두고 맹세하지 마라. 땅은 하나님의 발을 두시는 곳이기 때문이다. 예루살렘을 두고 맹세하지 마라. 예루살렘은 위

대한 왕의 성이기 때문이다. 36 네 머리를 두고 맹세하지 마라. 너희는 머리카락 하
나도 희게 하거나, 검게 할 수 없기 때문이다. 37 너희는 '그렇다' 라고 할 때만 '예'
하고, 아닐 때는 '아니오' 라고 말해라. '예' 나 '아니오' 이상의 말은 악한 생각에서
나오는 것이다." 38 "너희는 '눈에는 눈으로, 이에는 이로' 라는 말을 들었다. 39 그
러나 내가 너희에게 말한다. 나쁜 사람과 맞서지 마라. 만일 누가 네 오른쪽 뺨을 때
리거든 다른 뺨도 돌려 대라. 40 만일 누가 너희를 재판에 걸어 네 속옷을 가지려고
하거든 겉옷까지 내어 주어라. 41 만일 누가 너를 강제로 약 1.5킬로미터를 가게 하
거든 그와 함께 약 3킬로미터를 가 주어라. 42 네게 달라고 하는 사람에게 주어라.
네게 꾸러 온 사람을 거절하지 마라." 43 "너희는 '네 이웃을 사랑하고 원수를 미워
하라' 고 말하는 것을 들었다. 44 그러나 나는 너희에게 말한다. 너희의 원수를 사랑
하여라. 너희를 박해하는 사람들을 위해 기도하여라. 45 그러면 너희가 하늘에 계신
아버지의 아들이 될 것이다. 너희 아버지는 악한 사람이나 선한 사람 모두에게 햇
빛을 비추시고, 의인과 죄인에게 비를 내려주신다. 46 만일 너희를 사랑하는 사람만
사랑한다면, 무슨 상을 받을 수 있겠느냐? 심지어 세리도 그만큼은 하지 않느냐? 47
만일 너희 형제들에게만 인사한다면, 다른 사람들보다 너희가 더 나을 것이 무엇이
냐? 심지어 이방 사람들도 그만큼은 하지 않느냐? 48 그러므로 하늘에 계신 너희 아
버지가 완전하신 것처럼 너희도 완전하도록 하여라."

6 1 "남들에게 보이려고 다른 사람들 앞에서 의를 행하지 않도록 주의하여라. 그
렇지 않으면 하늘에 계신 아버지께 아무런 상도 받지 못할 것이다. 2 자선을 베
풀 때, 위선자들처럼 네 앞에 나팔을 불지 마라. 그들은 사람들로부터 영광을 얻으
려고 회당이나 길에서 나팔을 분다. 내가 너희에게 진정으로 말한다. 그들은 이미
자기 상을 다 받았다. 3 자선을 베풀 때에는 네 오른손이 하는 일을 왼손이 모르게
하여라. 4 아무도 너의 구제함을 모르게 하여라. 그러면 숨어서 보시는 네 아버지께
서 네게 갚아 주실 것이다." 5 "기도할 때에 위선자들처럼 하지 마라. 그들은 사람
들에게 보이려고 회당이나 길모퉁이에 서서 기도하기를 좋아한다. 내가 너희에게
진정으로 말한다. 그들은 이미 자기 상을 다 받았다. 6 기도할 때에 골방에 들어가
문을 닫고, 숨어 계시는 네 아버지께 기도하여라. 숨어서 보시는 네 아버지께서 네
게 갚아 주실 것이다. 7 기도할 때에 이방 사람들처럼 아무 의미 없는 말을 되풀이
하지 마라. 그들은 많이 말해야 하나님께서 들어주실 것으로 생각한다. 8 그들을 닮
지 마라. 너희 아버지께서는 구하기도 전에 너희에게 무엇이 필요한지 이미 아신
다. 9 그러므로 이렇게 기도하여라. '하늘에 계신 우리 아버지, 아버지의 이름이 거
룩하게 여김을 받으소서. 10 아버지의 나라가 이루어지게 하소서. 아버지의 뜻이 하
늘에서처럼 이 세상에서도 이루어지게 하소서. 11 오늘 우리에게 필요한 양식을 주
소서. 12 우리에게 잘못한 사람을 우리가 용서해 준 것처럼 우리의 죄를 용서하여
주소서. 13 우리들을 시험에 빠지지 않게 하시고, 악으로부터 구원해 주소서.' (아버
지는 나라와 권세와 영광을 가지고 계십니다. 아멘) 14 만일 너희가 다른 사람의 잘
못을 용서하면, 하늘에 계신 너희 아버지께서도 너희의 죄를 용서해 주실 것이다.
15 그러나 만일 다른 사람을 용서하지 않는다면, 너희 아버지께서도 너희들의 잘못

을 용서하지 않으실 것이다." 16 "금식할 때에 위선자들처럼 초췌한 모습을 보이지
마라. 그들은 자신들이 금식하는 것을 사람들에게 보이려고 초췌한 모습을 드러내
려 한다. 내가 너희에게 진정으로 말한다. 그들은 이미 자기의 상을 다 받았다. 17
너는 금식할 때에 머리에 기름을 바르고 얼굴을 씻어라. 18 그렇게 하여 다른 사람
들에게 금식하는 것을 나타내지 말고 오직 숨어 계시는 아버지께만 보여라. 숨어서
보시는 네 아버지께서 네게 갚아 주실 것이다." 19 "너희를 위하여 세상에 재물을
쌓아 두지 마라. 땅에서는 좀이 먹거나 녹슬어 못 쓰게 되고 도둑이 와서 훔쳐 갈 것
이다. 20 그러므로 너희의 재물을 하늘에 쌓아 두어라. 하늘에서는 좀이 먹거나 녹
슬지 않으며 도둑이 들어와 훔쳐 가지도 못할 것이다. 21 네 재물이 있는 곳에 네 마
음도 있다." 22 "눈은 몸의 등불이다. 만일 네 눈이 밝으면, 네 온몸이 밝을 것이다.
23 그러나 네 눈이 나쁘면, 온몸이 어두울 것이다. 그러므로 네 안에 있는 빛이 어두
우면, 그 어두움이 얼마나 심하겠느냐?" 24 "아무도 두 주인을 섬기지 못한다. 한쪽
을 미워하고 다른 쪽을 사랑하든지, 한쪽을 귀중히 여기고 다른 쪽을 업신여길 것이
다. 너희는 하나님과 재물을 같이 섬길 수 없다." 25 "그러므로 내가 너희에게 말한
다. 너희 목숨을 위하여 무엇을 먹을까, 또는 무엇을 마실까 걱정하지 마라. 몸을 위
하여 무엇을 입을까 걱정하지 마라. 목숨이 음식보다 훨씬 소중하지 않느냐? 몸이
옷보다 훨씬 소중하지 않느냐? 26 하늘에 있는 새를 보아라. 새는 심지도 않고, 거두
지도 않고, 창고에 쌓아 두지도 않는다. 그러나 하늘에 계신 너희 아버지께서 새들
을 먹이신다. 너희는 새보다 훨씬 더 귀하지 않느냐? 27 너희 중에 누가 걱정해서
자기의 수명을 조금이라도 연장할 수 있느냐? 28 너희는 왜 옷에 대해 걱정하느냐?
들에 피는 백합꽃이 어떻게 자라는가 생각해 보아라. 백합은 수고도 하지 않고, 옷
감을 짜지도 않는다. 29 그러나 내가 너희에게 말한다. 온갖 영화를 누린 솔로몬도
이 꽃 하나에 견줄 만큼 아름다운 옷을 입어 보지 못하였다. 30 하나님께서 오늘 있
다가 내일이면 불 속에 던져질 들풀도 이렇게 입히시는데, 너희를 더 소중하게 입히
시지 않겠느냐? 믿음이 적은 사람들아! 31 그러므로 '무엇을 먹을까?', '무엇을 마
실까?', 혹은 '무엇을 입을까?' 하면서 걱정하지 마라. 32 이런 걱정은 이방 사람들
이나 하는 것이다. 하늘에 계신 너희 아버지께서는 너희에게 이 모든 것이 필요한
줄을 아신다. 33 먼저 아버지의 나라와 아버지의 의를 구하여라. 그러면 이 모든 것
들이 너희에게 덤으로 주어질 것이다. 34 그러므로 내일 일을 걱정하지 마라. 내일
일은 내일 걱정할 것이고, 오늘의 고통은 오늘로 충분하다."

7 1 "비판을 받지 않으려면, 비판하지 마라. 2 너희가 비판한 그대로 비판을 받을
것이며, 너희가 판단한 기준에 따라 너희도 판단받을 것이다. 3 어찌하여 네 형
제의 눈 속에 있는 작은 티는 보면서, 네 눈 속에 있는 나무토막은 보지 못하느냐? 4
네 눈 속에 나무토막이 있으면서, 어떻게 네 형제에게 '네 눈 속에 있는 작은 티를
빼주겠다' 라고 말할 수 있느냐? 5 위선자들아! 먼저 네 눈 속에 있는 나무토막을 빼
내어라. 그 후에야 잘 보여서 네 형제의 눈 속에 있는 티를 빼낼 수 있을 것이다. 6
거룩한 것을 개에게 주지 마라. 진주를 돼지 앞에 던지지 마라. 개나 돼지는 그것을
짓밟고, 뒤돌아서서 너희를 물어 버릴 것이다." 7 "구하라, 그러면 너희에게 주실 것

이다. 찾아라, 그러면 발견할 것이다. 두드려라, 그러면 문이 너희에게 열릴 것이다.
8 구하는 사람은 누구든지 받을 것이다. 찾는 사람은 찾을 것이다. 그리고 두드리는
사람에게는 문이 열릴 것이다. 9 아들이 빵을 달라고 하는데, 너희 중에서 누가 돌
을 주겠느냐? 10 아들이 생선을 달라고 하는데, 누가 뱀을 주겠느냐? 11 비록 너희
가 나쁜 사람이라 할지라도, 자녀에게 좋은 것을 주려고 하는데, 하물며 하늘에 계
신 너희 아버지께서 구하는 사람에게 좋은 것을 주시지 않겠느냐?" 12 "다른 사람
이 너희에게 해 주었으면 하는 대로, 너희가 다른 사람들에게 모두 해 주어라. 이것
이 율법과 예언서의 내용이다." 13 "좁은 문으로 들어가거라. 멸망으로 가는 문은
넓고 그 길이 쉬워, 많은 사람들이 그곳으로 들어간다. 14 그러나 생명으로 가는 문
은 작고 그 길이 매우 좁아, 그곳을 찾는 사람이 적다." 15 "거짓 예언자들을 조심하
여라. 그들은 양의 옷을 입고 너희에게 다가온다. 그러나 그 속은 굶주린 늑대이다.
16 그들의 열매를 보고, 그들을 알 것이다. 가시나무에서 포도를 딸 수 있느냐? 엉겅
퀴에서 무화과를 딸 수 있느냐? 17 마찬가지로 좋은 나무는 모두 좋은 열매를 맺고,
나쁜 나무는 나쁜 열매를 맺는다. 18 좋은 나무가 나쁜 열매를 맺을 수 없고, 나쁜
나무가 좋은 열매를 맺을 수 없다. 19 좋은 열매를 맺지 못하는 나무는 모두 잘려서
불 속에 던져진다. 20 그러므로 열매를 보고 그들을 알 것이다." 21 "나에게 '주님,
주님'이라고 말하는 사람 모두가 하늘나라에 들어가는 것은 아니다. 하늘에 계신
내 아버지의 뜻대로 행하는 사람만이 하늘나라에 들어갈 것이다. 22 그날에 많은 사
람이 나에게 이렇게 말할 것이다. '주님, 주님, 우리가 주님의 이름으로 예언하고,
주님의 이름으로 귀신을 내쫓고, 주님의 이름으로 많은 기적을 베풀지 않았습니
까?' 23 그때, 내가 분명하게 그들에게 말할 것이다. '나는 너희를 모른다. 악한 일
을 행하는 자들아, 내게서 썩 물러나라.'" 24 "내 말을 듣고, 그대로 행하는 사람은
바위 위에 집을 지은 지혜로운 사람과 같다. 25 비가 내리고, 홍수가 나고, 바람이
불어 그 집에 몰아쳐도 그 집은 무너지지 않았다. 왜냐하면 그 집은 바위 위에 지어
졌기 때문이다. 26 내 말을 듣고도 행하지 않는 사람은 모래 위에 집을 세운 어리석
은 사람과 같다. 27 비가 내리고, 홍수가 나고, 바람이 불어 그 집에 몰아쳤을 때, 그
집은 쉽게 무너졌는데, 그 무너진 정도가 심하였다." 28 예수님께서 이 모든 말씀을
마치셨습니다. 사람들은 예수님의 가르침에 놀랐습니다. 29 그것은 율법학자들과
는 달리 예수님께서 권위를 지닌 분처럼 가르치셨기 때문입니다. _아가페 쉬운성경

앞에서 언급한 바와 같이(pp. 50–54) 한 주제를 소개하고 나서 그 주제를 상세히 전개해 나아가는 것이 마태복음의 특징이다. 그 강은 점차 넓어져 하나의 호수를 이룬다. 여기서도 역시 마찬가지이다. 그리스도의 전파하심과 병 고치심에 관하여는 앞에서 소개한 바 있다(각각 4:12–17, 23상; 4:23 하반절, 24). 그러므로 이제 이 가르치심의 표본이 5:1–7:29에 제시되고 또한 그의 병 고치심의 표본이 8:1–9:34에 제시되고 있다.

이제 먼저 산상설교가 소개된다. 이 설교는 A.D. 28년 봄 어느 날 예수께서 온밤을 지새워 기도하신 후에 행하셨음이 분명하다(눅 6:12). 예수께서는 열두 제자를 택하시기 전에 밤새 기도하셨다(막 3:13-19; 눅 6:13-16; 마 10:1-4을 보라). 그리고 제자를 택하신 일 다음에는 수많은 병자를 고치신 일이 뒤따랐다(눅 6:17-19). 그러고 나서 산상설교가 행해졌다(눅 6:20 이하).

산상설교의 서론

널리 알려져 있는 표제가 암시하는 바와 같이 이 설교를 행하실 때 예수께서는 "산" 위에 계셨다.

[1] [2] 예수께서 무리를 보시고 산에 올라가 앉으시니 제자들이 나아온지라 입을 열어 가르쳐 이르시되.

마태복음 8:5과 누가복음 7:1에 비추어 볼 때, 여기에 언급된 산은 대체로 가버나움 근처에 있었던 것으로 추측된다. 원문의 정관사(단순히 "한" 산이 아니라 "그" 산)는 분명히 그것이 잘 알려진 산임을 보여 주고 있다. 핫틴의 뿔이 아니었을까? 핫틴의 뿔(*Horns of Hattin*)이라는 이름은, 그 산을 멀리서 바라볼 때 그 봉우리가 두 개의 뿔 비슷하게 보인 데서 유래된 것이다. 이 산은 갈릴리 바다 서편으로 4마일 정도 그리고 가버나움 남서편으로 8마일 정도의 거리에 위치해 있다. 아니면 그 동일한 방향으로 가버나움에서 더 가까운 어떤 산이었을까? 만일 그렇다면 그것은 타브가(Tabgha) 서편의 경사가 완만하고 풀이 뒤덮인 비탈이었을 수도 있다.[263)]

예수께서 산상설교를 행하신 장소에 관련하여 또 하나의 문제가 있다. 그것은 곧 누가복음에는 그 설교가 "평지"에서 행해졌다고 되어 있으나 (6:17) 마태복음에는 "산 위"에서 행해진 것으로 되어 있다는 점이다. 겉

263) Howard La Fay, "Where Jesus Walked," *National Geographic*, Vol. 132, No. 6 (1967년 12월호), p.763을 보라.

으로 보기에 모순이 되는 것처럼 보이는 이 문제는, 예수께서 산 위의 평지에서 설교를 행하신 것으로 생각하거나, 아니면 주께서 산꼭대기에서 그의 제자들을 택하신 다음, 그들을 데리고 산 아래 평지로 내려와 그곳에서 병자들을 고치신 뒤에, 다시 제자들과 함께 산꼭대기로 되돌아가신 것으로 생각할 때 해결이 된다(마가복음 3:13; 누가복음 6:17 그리고 마태복음 5:1을 그 순서대로 읽어 보라). 만일 후자의 견해를 채택하게 된다면, 주께서 그 당시 널리 행해지던 관습을 따라(막 4:1; 9:35; 13:3; 눅 4:20) 평지에서는 병자들을 고치시기 위하여 **서서 계셨고**, 산 위에서는 설교를 행하시기 위하여 **앉아 계셨다**는 사실이 분명해질 것이다. 어떤 견해를 취하든지 간에, 마태복음과 누가복음 사이의 어떤 충돌을 증명할 수는 없다는 것이 분명한 사실이다.

마태복음 5:1–7:29과 누가복음 6:17–49은 분명히 이 두 부분에 포함된 말씀의 전 내용이 **일시에** 전달되었으며, 따라서 **하나의 설교**를 이루고 있다는 인상을 풍기고 있다. 그 강화(講話) 전체는 "입을 열어 가르쳐 이르시되"라는 말 다음에 시작되어(마 5:2, 참조. 눅 6:20) "예수께서 이 말씀을 마치시매"라는 말 앞에서 끝맺고 있다(마 7:28, 참조. 눅 7:1).

마태가 그의 복음서에 기록한 설교(5:1–7:29)와 누가가 그의 복음서에 기록한 설교(6:17–49)는 동일한 것임이 분명하다. 양자의 경우에 있어서 역사적 배경(장소와 시간)이 동일하다. 곧, 두 복음서(마태복음과 누가복음)에서 모두 큰 무리가 예수께 병 고침을 받기 위하여 나아온 일에 관한 기사 다음에 이 설교가 나오고 있다. 그리고 이 설교 다음에는 예수께서 어떤 백부장의 하인을 고치신 일에 관한 기사가—누가복음에서는 즉시, 마태복음에서는 거의 즉시— 뒤따라 나온다. 또한 두 복음서 모두에서 상당한 정도까지 사상의 연결이 동일하다. 곧 그 연결을 보면 팔복, 사랑의 계명의 최고성, 그리고 두 건축자의 비유 순으로 되어 있다. 마태복음 5:3–12을 누가복음 6:20–23과 마태복음 5:43–48을 누가복음 6:27–38과 그리고 마태복음 7:24–27을 누가복음 6:47–49와 각각 비교해 보라.

그럼에도 불구하고 두 기사의 내용이 결코 동일하지 않은 사실이 시인된다. 마태복음 기사의 분량은 누가복음에 비하여 세 배도 더 된다. 이것은 복음서 기자들이 한낱 기계적인 대필자(혹은 필사자)가 아니었다는 사실을 보여 준다.

저들은 각기 자기 자신의 배경과 성격 그리고 천부적인 재능에 따라 성령의 지도하심 아래서 성경을 기록했다. 각 저자가 자기 자신의 특수한 목적에 일치되도록 성경을 기록했다는 사실이 아마도 더 중요할 것이다. 그러므로 마태가 그의 복음서에 그가 힘써 그리스도에게로 이끌고자 노력하였던 **유대인** 독자들의 특별한 관심을 사로잡을 다양한 자료 내용들을 포함시킨 것은 놀랄 일이 못 된다(그 예로서 5:17–42; 6:1–6, 16–18을 보라). 누가는 주로 유대인들을 의식하고 그의 복음서를 기록한 것이 아니었기 때문에 그와 같은 자료들은 생략했다. 한편 누가의 기사는 마태복음의 그 동일한 형식에서 발견되지 않는 다른 자료들(6:24–26, 38–40)을 포함하고 있다(여기서도 때로는 비슷한 점이 있다. 누가복음 6:38을 마태복음 7:2 하반절과 비교하여 보라). 앞서 지적한 바와 같이(p. 65) 산상설교에서 발견되는 말씀의 상당 부분이 주께서 이곳저곳으로 여행하시는 중에 그 자신에 의하여 다시 되풀이되었을 가능성이 크며 아마 그리하셨을 것으로 생각된다.

팔복을 말씀하신 산은 모세가 하나님의 율법을 받은 호렙 산과 자주 비교 및 대조되어 왔다. 한편으로 호렙 산은 춥고, 쓸쓸하고, 메마르고, 거의 접근할 수 없이 험하며, 무서운 뱀들이 득실거리는 황량한 광야 가운데에 위치해 있다. 다른 한편으로 팔복 산은 절로 미소 짓게 하는 시원한 풍경과 풀 덮인 경사지들로 이루어져 있으며, 여기저기 피어 있는 백합, 들국화, 히아신스 그리고 아네모네 등의 꽃들이 함박웃음으로 모든 사람을 따뜻하고 밝게 맞아 주는 듯이 보이는 산이다. 호렙 산에서는 하나님께서 빽빽한 구름과 천둥과 번갯불 가운데 나타나셔서 백성들을 두려움으로 사로잡으셨다. 갈릴리에서는 임마누엘 예수 그리스도께서 제자들 가운데 앉으셨고, 백성들은 주의 입술로부터 나오는 은혜와 진리의 말씀을 두려움이나 떨림이 없이 귀담아듣고 있다.

그러나 우리는 주의하지 않으면 안 된다. 비록 호렙 산에서 여호와께서 그의 위대하신 위엄과 영광을 드러내신 것은 사실이나, 그럼에도 불구하고 그 율법은 사랑과 관련하여 주신 것이었다(출 20:2; 신 5:2, 3, 6, 28, 29, 32, 33; 6:3-5). 또한 시내 산에서 선포된 바를 예수 그리스도께서 폐하신 것이 아니라 오히려 영적으로 깊이 해석하여 완전하게 하셨다(마 5:17 참조).

예수께서 이 설교를 행하실 때 직접으로든 혹은 간접으로든 그의 마음 속에 오늘날의 교회를 생각하지 않으셨으며, 또 이 설교의 개념들은 오늘날의 실생활 속에서 실천할 수 없을 뿐더러 이 현대의 일반적인 상황과는 "맞지 않는" 내용이라고 주장하는 자들이 있다.

그러나 이러한 견해는 5:29, 30, 34과 같은 구절들을 우둔하게 문자 그대로만 해석할 경우에 주장될 수 있다. 그러나 산상설교의 핵심사상은 해석상의 이러한 오류에 대하여 반박하고 있다(5:21-48을 보라). 예수께서는 그의 전 사역을 통하여 그러한 오류를 반박하셨다. 그리스도를 따르는 자나 배척하는 자나 마찬가지로 상징적인 의미로 해석해야 할 예수의 이러한 값진 말씀들을 항상 문자 그대로의 의미로 받아들이는 오류를 범했다(요 2:19, 20; 3:3, 4; 4:10, 11, 32, 33; 6:51, 52; 11:11-13; 14:4-6). 그 외에 예수 자신께서도 자기의 모든 가르침을 문자적으로 수행하지 않으셨다. 그 예로서 마태복음 5:34을 26:63, 64과 비교하여 보라. 그 구절들은 주께서 정당한 상황하에서는 맹세하는 것을 반대하지 않으신 사실을 보여 준다.

여기에 제시된 다양한 교훈들은 각기 그 특수한 문맥에 비추어 그리고 또 그 교훈들이 각기 지닌 바 주요한 영적 목적에 따라 해석되어야 할 것이 분명하다. 이같이 해석할 때, 이 강화 중에 그리스도께서 취급하신 이 근본적인 행위의 원리들은, 주님 자신이 친히 증언하신 대로(5:17, 18) 모든 세대에 동일한 효력을 발하는 것으로 남아 있다는 사실이 분명해질 것이다. 그의 기도 가운데서도 예수께서는 자신의 영역을 자신의 지상 체류 기간 동안에 살았던 당시의 사람들에게만 국한시키지 않으셨다(요 17:20, 21).

그리스도의 지혜는 과거에뿐만 아니라 오늘날에도 역시 마찬가지로 적용된다. **그 당시**에뿐만 아니라 **지금**에도 역시 심령이 가난한 자…등은 여전히 복이 있는 것이다(5:1-12). 오늘날에도 역시 주 예수 그리스도를 믿는 신자들은 세상의 소금이요 또한 세상의 빛이다(5:13, 14). 또 이 시대에도 역시 외적인 살인 행위뿐만 아니라 실제의 살인 행위를 유발할 수 있는 내적 증오는 하나님 보시기에 심판을 받을 만한 것이다(5:21, 22). 그때뿐만 아니라 지금도 역시 간음은 외적인 행위만이 아니라 음란한 마음과 정욕적인 눈이 문제가 된다(5:27, 28).

그리스도의 이 강화(講話)가 한 세대에만 의미가 있고 다른 세대에는 의미가 없다거나, 혹은 어떤 특정한 부류의 사람들—예를 들면 아직 회개하지 않은 사람들—에게만 적용되고 다른 부류의 사람들에게는 적용되지 않는다는 주장은 사실이 아니다. 여기에 선언된 원리들은 모든 세대의 모든 사람들에게 항상 적용될 수 있다. 회개하지 않은 사람은 자신이 이 원리들을 지켜 행할 능력이 전적으로 없음을 깨닫고 그리스도께 피하여 피난처를 찾을 수 있도록 이 말씀에 귀를 기울여야 한다(마 11:28-30; 요 3:16). 신자들은 주의 능력과 그의 은혜를 힘입어 "감사하는 마음으로" 그 말씀들을 순종하여 지킬 수 있도록 여기에 가르친 교훈을 명심해야 한다.

마치 이 강화(講話)가 역사상 어떤 특정 시기에 살던 어떤 특수 부류에만 적용되었던 것처럼 **과소**평가하는 태도는 마땅히 정죄되어야 한다. 또한 **과대**평가 역시 마찬가지로 정죄되어야 한다. 그 정죄되어야 할 과대평가는 다음의 말로 요약될 수 있다. 곧, "우리는 신학을 믿지 않는다. 그 대신 우리는 산상설교를 믿는다. 산상설교는 우리가 그리스도인으로서 살아가는 데 필요한 모든 지식을 다 포함하고 있기 때문이다. 산상설교는 보혈 신학도 없고 교리도 없고 다만 그리스도인의 윤리만이 있을 뿐이다."

답변 : 어떤 이들이 그리스도의 산상설교는 **받아들이면서도 그 동일하신 그리스도**께서 현재의 구주와 장래의 심판주이심을 믿어야 할 것을(마 16:16-20; 22:42-45; 25:31-46; 요 14:1 이하 등) 거부하고, 또 피흘림(보혈)으로 말미암는 구속의 교리를 명백히 가르치시는(마 20:28; 막 10:45; 요 6:53, 55 등) 말씀들을 **배격하는** 처사는 확실히 매우 심한 독단이다. 그 외에도 산상설교 자체가 그리스도의 위엄을 선포하지 않은가?

특히 5:17; 7:21-23, 28, 29을 보라. 구속의 교리가 여기서 특별히 제시되지 않는 이유는 아마 제자들까지도 아직은 그 교리를 받아들일 준비가 되지 않았기 때문일 것이다. 그것은 뒷날로 미루어져 있었다.

그러나 그 이유가 **무엇이 되었든지** 간에 우리는, 그리스도의 가르침 가운데서 이것은 배격하고 저것은 받아들이거나, 그중 마음에 맞는 것만을 고르거나 뽑아내어 믿을 수 있는 권한을 가지고 있지 못하다. 그 외에도 산상설교에 제시되어 있는 길과 **십자가의 길**은 서로 충돌하는 것이 아니라 아름답게 조화를 이루고 있다(마 5:3-5, 10-12을 16:24-26; 요 15:20과 비교하여 보라). 본질적으로 그 둘은 동일하다.

산상설교 종합

산상설교 자체는 구성이 매우 잘 되어 있다. 이것은 복음서에 기록된 우리 주님의 **모든** 강화(講話)에 대해서도 마찬가지 사실이다. 설교하는 이들은 **각기 자신의** 설교를 행할 때 이 점을 주의해야 한다. 예수께서는 결코 장황하게 설교하지 않으셨고 **주제**를 선정하셨다. 이 경우에 있어서 그 주제는 분명히 **천국 복음**(4:23)이다. 본 강화(講話)의 내용 전체를 통하여 천국이 거듭 언급되고 있다(5:3, 10, 19, 20; 6:10, 33; 7:21). 이 용어가 내포하는 의미는 이미 언급된 바 있다(본 주석 pp. 404-406).

본 설교는 또한 대지 혹은 요점들이 잘 분류되어 있다. 이 분류들은 딱딱하거나 형식에 치우친 것이 아니고—"짜임새가 돌출되지 않는다"— 유기적인 것이어서, 한 소지는 점차 다른 소지로 발전 혹은 연결되어 넘어간다.

첫째로, 예수께서는 **천국 백성들**에 관해(5:2-16) **그들의 특성과 받을 복**(2-12절), 그리고 **그들의 세상에 대한 관계**(13-16절)를 말씀하신다. 그들은 세상의 소금이요 또한 세상의 빛이다.

둘째로, 주께서는 왕이 요구하시는 바 지고한 생활의 표준인 **천국의 의**에 관하여 말씀하신다(5:17-7:12). 우리는 이 의가 구약성경에서 선언된 도덕적 원리들과 완전히 일치되는 것이며(5:17-19), 하나님의 거룩한 율법에 대하여 일반적이고 유전적인(랍비적인) **해석** 및 **적용**과는 일치되지 않는 것임(20-48절)을 여기서 보게 된다. 이 의는 옛적 유대 해석가들(랍비들)의 의만이 아니라, 예수 당시의 서기관과 바리새인들의 의를 능가한다. 이러한 대조는 구약의 몇몇 계명들과 관련하여 분명히 제시된다.

사람이 하나님과 맺어야 할 관계에 대한 천국의 의의 본질은 "무엇보다고 하나님을 사랑하라"(6장)는 이 한마디로 요약된다. 하나님께 대한 은밀한(드러내지 않는) 헌신과 무조건적인 신뢰가 요구된다. 단순히 외적인 행위로써 사람들의 주의를 끌고 그들에게 영광을 얻으려는 것보다, 마음으로부터 우러나오는 은밀하고 진실한 헌신은, 구제와 기도와 금식과 같은 일들에서 나타나야 한다(1-18절). 그리고 하나님을 무조건적으로 신뢰한다는 것은, 황금만능주의 및 세상적인 염려와는 상반되며, 오직 하나님의 나라와 그의 의를 구하는 자에게는 하나님께서 필요한 모든 것을 풍족히 채워 주신다는 사실을 확신하는 데 그 기초를 둔다(19-34절).

사람이 사람과 맺어야 할 관계에 대한 천국의 의의 본질은 "네 이웃을 네 몸같이 사랑하라"(7:1-12)는 이 구절로 요약된다. 이것은 이웃을 편벽되이 비판하고 헐뜯기 좋아하는 마음 자세를 완전히 버릴 것을 의미한다. 올바로 판단하는 지혜와 그 외에 필요한 모든 것은 기도로써 얻어진다. 12절은 "그 황금률"에 대한 그리스도 자신의 설명을 포함하고 있다.

셋째로, 예수께서는 그의 설교를 천국에 들어가라는 진지한 권면으로 끝맺고 계신다(13-27절). 주께서는 천국으로 들어가는 길의 시작(13, 14절)과 그 길로 계속 진행해 나아가는 과정(15-20절)과 그 길의 끝에 관하여 말씀하신다. 주께서는 결국에 가서 단지 **말뿐인 자**가 당할 일을 **행한 자**가 당할 일과 대조시켜서(21-23절), 혹은 단지 **듣기만 한 자**의 당할 일을 **행한 자**의 당할 일과 대조시켜서(24-27절) 말씀하신다. 이 마지막 네 절들은 두 건축자 곧 그 집을 반석 위에 지은 지혜로운 사람과 그 집을 모래 위에 지은 어리석은 사람에 관한 아주 생생한 비유를 포함하고 있다.

그리스도의 이 산상설교가 청중에게 끼친 효력이 28절과 29절에 생생하게 기술되어 있다.

산상설교의 배경

갈릴리 대(大)사역 기간 중에 예수께서는 자주 무리에게 말씀을 가르치셨다. 여기서도 역시 그리하신다(5:1). 큰 무리를 보실 때마다 항상 주의 마음은 저들에게 필요한 것을 채워 주시고자 하는 의욕과 동정심으로 가득하였다(9:36; 14:14; 15:32; 막 6:34; 8:2; 눅 9:13). 저들이 주릴 때는 배불리 먹이셨고 저들이 병자들을 데려오면 그 모든 병자들을 고치셨다. 또한 언제든지 저들이 가르침 받아야 할 필요가 있을 때 주께서는 저들을 가르치셨다. 본 구절은 주께서 "무리"를 보셨으며 또한 그의 제자들이 그에게로 나아온 일에 관하여 언급하고 있다. 마가는 "열두 제자"에 관하여 말하고 있고(막 3:14), 누가는 "그 제자의 많은 무리"와 "많은 백성"에 관하여 말하고 있다(눅 6:17, 참조. 20절). 아마도 우리는 그 장면을 이렇게 상상해야 할 것이다. 곧, 예수께서 한 곳에 앉으셨고, 그 주위에 열두 제자들이 둘러앉았으며, 그 바깥 주위에 다른 제자들의 큰 무리가 둘러앉았고, 또 그 저편에 관심과 호기심에 찬 다른 수많은 청중들의 무리가 나아와 자리 잡고 있었을 것으로 상상할 수 있다.

이에 예수께서 입을 여셔서 수세기에 걸쳐 고통과 비참에 빠져 있던 자들에게 위로와 용기를 주는 이 값진 말씀들을 가르치셨다. "복되도다!"—혹은 "복이 있나니"("Blessed")—는 말이 자주 나오는 연유로 해서, 이 산상설교(the Sermon on the Mount)는 일반적으로는 "팔복"("The Beatitudes": 엄밀히 말하자면 산상설교 중 팔복에 관한 가르침만을 뜻한다-역주)으로 널리 알려져 있다.

천국 백성들: 그들의 특성과 받을 복(팔복) 그리고 세상에 대한 그들의 관계: 소금과 빛

그날에 예수께 귀를 기울이고 있던 사람들은 처음부터 그의 가르치시는 말씀에 매료되었을 것이 틀림없다. 저들은 그 처음 시작하는 말씀에 그만 마음이 사로잡혔을 것이 분명하다. 왜냐하면 예수께서, 사람들이 얼른 듣기에 매우 불합리한 일을 말씀하셨기 때문이다. 예수께서는 실제로 부자와 즐거워하는 자와 배부른 자와 자유한 자가 아니라, 오히려 가난한 자와 애통하는 자와 주리고 목마른 자와 박해를 받은 자들이 복이 있다고 말씀하셨다. 확실히 마태복음에서는—누가복음에서 보다 더욱— 이 서술들 중 몇몇에 수식어들이 덧붙여 있다. 그러므로 모든 가난한 사람이 아니라 **심령이** 가난한 사람이 그리고 그저 주리고 목마른 사람이 아니라 **의에** 주리고 목마른 사람이 복이 있다고 선언되었다. 그러나 사실 이 말씀은 모든 인간적인 평가와는 정반대가 되는 진리인 것이다.

그 말씀들의 역설적인 성격은 서술 형용사 "복이 있나니" 혹은 "축복받은"의 의미를 고려해 볼 때 더욱 분명히 드러난다. 이 형용사가 문장의 초두에 나오고 또 바로 연달아서 적어도 아홉 번—연속적으로 **아홉 번** 혹은 사상의 유사성으로 인하여 10-12절을 하나로 묶어 생각한다면 **여덟 번**, 따라서 **팔복**—이나 반복 사용되고 있음에 주의하라. 이후부터는 이 전체의 복들이 일단의 **팔복**으로 간주될 것이다.

복이 있나니라는 말에 대한 분명한 강조점은 의심할 여지가 없다. 구약성경 시편 기자들과 같은 정신에서, 주께서는 "심령이 가난한 자들과 애통하는 자들과 온유한 자들… 등이 복이 있음이여!" 하고 말씀하신다. 시편 32:1에 나오는 다윗의 "허물의 사함을 받고 자신의 죄가 가려진 자는 복이 있도다"—문자적으로는 "복되도다…가리움을 받은 자는!" 혹은 "오…가리움을 받은 자의 복이여"—라는 활기 넘치는 외침을 생각해 보라.

마태복음 5:1-12의 말씀은 무한한 감동과 함께 산 위에서부터 울려 퍼졌을 것이 틀림없다. 예수께서 말씀하시는 내용은 다름 아닌 이것이다. 곧, 비록 모든 사람들이 예수의 제자들을 가장 가엾고 불운한 자들로 여길지도 모르고, 또 비록 제자들도 자신들의 현 처지를 항상 낙관적으로 여기지 않을지도 모르지만, 천국의 관점과 그 나라의 표준에 의하면 예수의 제자들이야말로 진정 행복한 자들이라는 것이다. 그렇다. 제자들은 행복이란 말의 가장 고상한 의미의 "행복"을 소유한 자들이었다. 그러므로 이들이야말로 가장 복이 있는 자들이라 말씀하신 것이다.[264] 이 말씀은 이들을 위하여 예비해 둔 장래의 복을 놓고 볼 때—이 장래의 복도 역시 본문에 암시되었다. 특히 5:12의 "하늘에서 너희의 상이 큼이라" 하신 말씀을 보라— 더욱 참될 뿐만 아니라 또한 이들의 현재 상태를 놓고 보더라도 역시 이 말씀은 참되다. 이미 하늘의 은총이 이들 위에 임해 있다. 바로 지금 이 순간에도 이들이 받을 장래의 지복(至福)의 빛이 이들에게 비치고 있다. 지금 이들이 비록 멸시를 당한다 할지라도 복된 자라는 사실은 참된 사실이다. 이는 영광의 성령, 곧 하나님의 성령께서 이들 위에 계시기 때문이다(벧전 4:14).

각각의 복은 a. 복의 선언("복이 있도다")과 b. 이 복에 합당한 사람에 대한 설명, 곧 그 사람의 특징 혹은 조건("심령이 가난한 자", "애통하는 자", "온유한 자" 등)과 c. 이 복을 받는 이유에 대한 설명("천국이 그들의 것임이요", "그들이 위로를 받을 것임이요" 등), 이렇게 세 부분으로 이루어져 있다.

성경에서 언제나 모순과 불일치점들을 찾아내려는 자들은 팔복에 관한 마태복음과 누가복음의 기사 사이에 충돌되는 점이 있다고 본다. 현재 두 기사 사이에 충돌되는 점이 있음은 사실이다. 그래서 마태복음 5장은 (적어도) 팔복을 기록하고 있으나, 누가복음 6장은 다만 사복(四福)만을 기록한 다음 네 가지 화를 언급하고 있다. 또한 마태복음에서는 마지막 말씀을 제외한 나머지 모든 말씀들이 제3인칭으로 서술되고 있으나 누가복음에서는 제2인칭으로 서술되고 있다. 마지막으로 마태복음의 "심령이 가난한 자"로 언급된 곳(5:3)에서 누가복음은 단순히 "너희 가난한 자"로 기록하고 있다(6:20. 참조. 마 5:6; 눅 6:21). 그러므로 마태복음의 기록에서는 천국 백성의 영적 자질을 강조하나, 누가복음에서는 외적 조건을 전면에 좀 더 부각시킨다고 말할 수 있다. 그러나 이러한 차이점들이 곧 모순점들이라고 할 수 있는가? 결코 그럴 수는 없다. 누가복음 어느 곳에서도

---

264) 시편 1:1; 2:12; 32:2; 33:12; 34:8; 40:4; 41:4 등 참조. 이 첫머리에 나오는 서술 형용사의 강조와 그 완전한 의미는, 네덜란드어 성경 번역 *Welgelukzalig*(복이 있도다)에 아름답게 표현되어 있다. Th.D.N.T., Vol. IV, pp.367-370에 나오는 F. Hauck의 *μακάριος*에 관한 논문에서 유용한 지식들을 많이 찾아볼 수 있다.

예수께서 단지 사복만을 말씀하셨다고는 단언하지 않는다. 또 예수께서는 말씀하실 때 제3인칭과 제2인칭 모두 다 사용하셨는데, 제3인칭을 사용하시면서도 예수께서는 바로 앞에 있는 제자들에게 눈길을 주심으로써 ("예수께서 눈을 들어 제자들을 보시고 이르시되," 눅 6:20) 주님의 위로는 특히 지금 말씀을 듣고 있는 제자들에게 주시는 말씀임을 행동으로서 보여 주시기도 하셨다. 이 중 어느 경우에서도 누가복음이 제2인칭("너희 가난한 자")을 사용하는 것은 전적으로 타당한 것이 아니겠는가? 끝으로 예수께서는 분명히 세상 재물이 없어 가난한 모든 자들이 단지 가난하다는 그 이유 때문에 "복이 있는 자"로 인정된다는 뜻으로 말씀하시지는 않으셨으며, 또 주의 말씀이 그러한 뜻으로 해석될 수도 없다. 누가복음 역시 그 함축된 의미는, 세상 재물이 없어 가난한 사람들에게 천국이 저희 것이 되는 이유는 그들의 "인자"를 믿는 믿음 때문이라는 것(눅 6:22)이다. 결론은 마태복음과 누가복음 사이에 실제적인 모순 혹은 충돌되는 점은 존재하지 않는다는 사실이다. 그리고 소위 이 모순과 불일치점들에 대하여는 앞에서 언급한 바를 참조해 보라(pp. 130–132).

예수께서는 심령이 가난한 자와 애통하는 자, 온유한 자 등에 대해서 말씀하실 때, 서로 다른 여덟 부류의 사람들, 곧 어떤 부류의 사람은 심령이 가난하고, 또 어떤 부류의 사람은 애통하고, 또 다른 사람은 온유하고…등을 가리킨 것이 아니라, 동일한 무리를 가리키셨음은 새삼 말할 필요도 없다. 더욱이 예수께서는 이 무리에 속한 자들이 동시에 세상적인 영역이 아닌 하늘의 영역에 속한 자들이요, 육신에 속한 나라가 아닌 분명한 영적 나라에 속한 자들이며, 유일하고 참되신 하나님 예수 그리스도의 아버지께서만 통치자로 군림하시며 경배를 받으시는 그 나라에 속한 자들임을 말씀하셨다. 누가복음 17:21; 요한복음 18:36; 로마서 14:17을 참조하라.

어떤 이들은 이 팔복에 언급된 복의 성격들이 너무나 소극적이고 너무나 자기 희생적인 것들이어서 우리가 살고 있는 현시대적 요구에는 적합하지 않다고 주장하기도 한다. 세상이 도덕적 혼란과 영적 타락의 늪 속으로 빠져들고 있지 않은가? 과학의 진보는 종교적인 발전을 훨씬 더 앞

지르고 있지 않은가? 그러므로 오늘날에 요구되는 것은 앞에서 기술된 가난하고 소극적인 생활 대신에 아주 열성적인 그리스도인의 활동과 여러 선교 계획과 사회의 개혁에 깊이 관여하는 생활이 아니겠는가? 우리의 문제에 대한 실제적인 해답은 유순하고 순박하며 차라리 겁약하다고 해야 할 심령의 가난과 애통과 온유와 마음의 청결 대신에 활동적이며 진취적인 정신이 아니겠는가? 라고 질문할 수도 있다.

답변 : 그러나 엘리야가 살던 세상도 역시 매우 사악했다. 그런데도 여호와께서는 바람 가운데에 계시지 아니하며 지진 가운데에도 계시지 아니하며 불 가운데에도 계시지 아니하더니 불 후에 "세미한 소리"(문자적으로는 "부드럽고 고요한 소리")로 엘리야에게 임하셨다(왕상 19:11-13). 스가랴에게는 "이는 힘으로 되지 아니하며 능력으로 되지 아니하고 오직 나의 영으로 되느니라"(슥 4:6하) 하는 메시지가 임했다. 이사야 선지자를 통해서는 "너희가 … 잠잠하고 신뢰하여야 힘을 얻을 것이거늘"(사 30:15)이라는 주의 말씀이 우리에게 전달되었다. 이 팔복에 언급된 복의 성격을 가볍게 생각하는 자는 자신의 이 견해에 책임을 져야 한다. 그는 다시는 "자비의 본질은…베푸는 자와 받는 자가 복되다는 데 있다"라든지 "붓은 칼보다 강하다"라든지 "몸을 굽혀 굴욕을 참고라도 목적을 성취하라"라는 말을 해서는 안 된다. 또한 그는 다시는 고린도전서 13장의 내용에 대하여도 열광해서는 안 된다. 그리스도인의 여러 활동에 참여하는 주목적이 하나님의 영광을 위한 것이라면 얼마든지 좋다(마 5:16; 고전 10:31)! 모든 빈궁하고 혜택을 받지 못하는 인류에게 개인적으로, 혹은 단체 활동을 통해서 도움을 베푸는 일 역시 같은 조건하라면 좋다. 창세기 47장; 잠언 14:21; 19:17; 마태복음 25:34-40; 고린도후서 8:1-9; 에베소서 2:10; 야고보서 2:6, 8, 13; 5:1-6 등의 구절을 읽어 보라. 이 구절들은 그러한 노력이 서술되어 있거나 강조되어 있는 구절들의 긴 목록 중 단지 일부에 지나지 않는다. 하지만 오직 "그 중심이 옳을 때", 곧 그러한 노력이 다른 사람들의 유익을 위해서나 하나님의 영광을 위해서일뿐, 사람 앞에 칭찬을 받기 위해서나 자기 자신의 이기심을 채우기 위해서가 아닐 때, 비로소 하늘의 상급을 받을 것이다. 산상설교 가운데서 정죄를 받는

것은 위선의 정신, 곧 **나쁜**(숨은) 동기에서 비롯된 소위 **선한** 행위인 것이다(특히 6:1-18을 보라). 책망의 대상이 되는 것은, 자기는 **행하지 않으면서**도 그것을 남에게 **전파하는** 행위이다(마 23:4; 눅 11:46을 보라).

여기에서 우리는, 예수께서 온유한 자에게 복을 선언하신 것은 그 자신이 친히 모든 사람들 중에 가장 온유하신 분으로서 그와 같이 말씀하신 사실을 결코 잊어서는 안 된다(마 11:29; 12:17-21과 사 42:1-4 비교. 마 21:5과 슥 9:9 비교). 또한 긍휼히 여기는 자는 긍휼히 여김을 받으리라 하신 것은 그 자신이 가장 자비로우신 분(눅 23:34)으로서 친히 하신 약속임을 역시 잊어서는 안 된다. 마음이 청결한 자는 하나님을 볼 것이라 하신 것도 역시 자기 자신에 대하여 기탄 없이 "너희 중에 누가 나를 죄로 책잡겠느냐?"(요 8:46) 하고 말씀하실 수 있는 분이 하신 보증임을 기억해야 한다. 그리고 화평하게 하는 자는 "하나님의 아들"이라 일컬음을 받으리라는 말씀에서 이들에게 이 명예로운 칭호를 부여해 주시는 분은 그 자신이 친히 평강의 왕이시요, 화평하게 하는 가장 위대하신 분이심을 명심해야 한다(사 9:6; 요 14:27; 20:19-21; 엡 2:14). 예수께서 다른 사람들에 대하여 요구하신 그 훌륭한 자질들은 주님 자신이 친히 무한히 소유하고 계신 것들이다. 예수의 가르치심이 과거와 현재에 있어서 그처럼 위력이 있는 이유가 바로 그 점에 있다. 이것은 기독교에 대해서도 역시 효력을 지닌다. 이 팔복에서 우리 앞에 제시되는 이 같은 자질들이 결여된 기독교(?)는 생명력이 없는 기독교이다. 한편 모든 면에서 이 은혜들을 소유하고 또 나타내 보이는 기독교라고 할 것 같으면, 그러한 기독교야말로 인류에게 진정한 복을 전달해 주는 매개체가 될 것이다.

이제 마지막 질문이 대답을 요구하고 있다. 우리는 이 팔복을 하나하나 독립된 수많은 모래알로 보아야 하는가, 아니면 각각의 고리 혹은 적어도 각 그룹의 고리가 유기적으로 다른 것들과 서로 연결된 것으로 보아야 하는가? 그 상호 연결 순서는 첫 번째 복과 여덟 번째 복 그리고 두 번째 복과 여섯 번째 복, 이런 식으로 연결이 될 수 있는가? 아니면 분간할 수 있는 순서적 배열이 되어 있는가? 어떤 주석들에서는 이 문제가 아예 거론조차 되지 않는다. 이제 물론 팔복 중에서 서로 중복되는 어떤 부분이 있음은 인정해야만 한다. 그 예로서 "심령이 가난한 자"와 "온유한 자"를 비교해 보라. 여기에는 한 계단 한 계단 진보해 나아가는 엄격한 단계가 있어서, 각각의 복(첫 번째 복 이후부터)은 그리스도인의 성품 혹은 체험에 있어서 점차 위로 향상되어 감을 가리키고 있으리라는 점은 실로 입증하기가 불가능할 것이다. 비록 그것이 사실일지는 모르나 긍휼히 여김, 마음의 청결 그리고 화평하게 함이 절정을 이루어 가는 단계적 순서를 나타낸다는 점을 입증하기란 아마도 불가능할 것이다. 하지만 한 단계 한 단계 앞으로 전진해 나아가는 일반적 경향이 있음을 발견하기는 그리 어렵지 않다.

따라서 우리는 여기 마태복음과 또한 누가복음에서도 역시 "심령이 가난한 자"(마태복음에서처럼) 혹은 단순히 "너희 가난한 자"(누가복음에서처럼)가 복이 있다고 선언하는 것으로 시작해서, 또한 이 두 복음서 모두에서 그 전체의 복이 비방과 박해를 당하는 하나님의 자녀들이 기뻐하고 즐거워한다는 권면으로 끝맺고 있음을 본다. 더욱이 다른 곳에서도 마찬가지로 주께서는 인간이 처해 있는 상태와 처지를 서술함에 있어서 팔복이 시작되는 곳에서 시작하고 계신다. 예수께서는 죄인을 본래 처음부터 죽은 자요(마 8:22; 눅 9:60; 15:24, 32; 요 6:53; 11:25, 26), 전적으로 잃어버린 자요(마 10:6; 15:24; 18:12, 눅 15:4, 6, 9, 24, 32; 19:10), 또한 단순한 개과천선 정도가 아니라 중생이 요구되는 자(요 3:3, 5)로 일관성 있게 서술하신다. 죄인은 이미 설명한 바 있는 그러한 의미(pp. 320-322)에서 회개해야만 한다(마 4:17; 눅 13:3, 5). 그렇다면 예를 들어 탕자의 비유(눅 15장, 특히 17절) 가운데 나오는 탕자가 그리하였던 것처럼, 자기 자신의 빈궁과 결핍을 철저히 깨달은 자에게 처음 세 가지 복이 선언된 것이 이상한 일이겠는가? 다음으로 그 탕자가 자기의 비참한 처지를 깨닫고 자기가 마땅히 책망을 받을 만하다는 사실을 놓고 깊이 생각하다가 뉘우치는 마음이 불일 듯하였을 때, 그는 "아버지, 내가 하늘과 아버지께 죄를 지었사오니 지금부터는 아버지의 아들이라 일컬음을 감당하지 못하겠나이다"(눅 15:18, 19) 하고 아버지께 말씀드릴 기회를 찾기 위하여 주리고 목말라 하지 않았던가? 이 탕자가 열망하고 있는 주요 목적은 하나님과의

바른 관계를 회복하고자 하는 것이 아니었던가? 이 의에 대한 열망을 네 번째 복과 비교해 보라. 그리고 긍휼히 여김을 입고 나서는 그가 이제 다른 사람을 긍휼히 여김으로써 이전에 받은 긍휼보다 더 많은 긍휼을 입게 될 것이 아니겠는가?(마 5:44-48; 18:21-35; 눅 6:36) 그리고 또 그가 하나님의 은혜와 능력을 힘입어 오로지 하나님을 의지하고 청결한 마음을 갖기 위하여 분투노력하지 않겠는가?(마 6:22; 눅 11:34) 그리고 모든 지각에 뛰어난 평강을 받고 나서는 그가 이제 화평하게 하는 자가 되지 않겠는가?(막 9:50; 눅 10:5, 6; 빌 2:1 이하) 달리 말해서, 다섯 번째와 여섯 번째 그리고 일곱 번째의 복이 그에게 적용되지 않겠는가?

마지막으로, 그리스도를 위하여 **박해**를 받는 자들에게 선언된 복이 전체의 복 중 여덟 번째와 그리고 마지막 복으로서 **연속적으로** 이어져 있음에 주의하라. 신앙생활에 있어 이것 또한 참된 사실이 아닌가? 일반적으로 박해를 받는 자는 이제 막 "거듭난(중생한)" 사람이라기보다 이미 새 사람으로서 자신을 외적으로 증거해 보이기 시작한 사람이다. 탕자의 비유에서 보면, 스스로 의롭게 여기는 탕자의 형이, 회개하고 돌아온 탕자에 대하여 불만을 표시한 사실이 그 비유 끝 부분에서 언급되고 있다(눅 15:30). 이와 비슷하게 그리스도의 유월절 다락방 강화도 역시 (대제사장이신 주의 감동적이고 아름다운 기도 직전에) "세상에서는 너희가 환난을 당하나 담대하라. 내가 세상을 이기었노라"(요 16:33하) 하는 말씀으로 끝맺고 있다. 마태복음 10:1-13상 **이후에** 10:13하-42을 참조하라.

그러므로 적어도 그 일반적인 경향에 있어서, 팔복은 새로운 삶을 전개해 나아가는 실제적인 과정을 따르고 있으며, 또 대체적으로 그 순서는 다른 곳에 나오는 예수의 말씀과 강화들에서 볼 수 있는 것과 병행을 이루고 있음이 분명하다. 그러나 비록 이 선언들이 천국 백성의 믿음의 시초와 그 진보와 이 믿음이 초래하게 될 박해와 그리고 믿음의 발전에 따라 그리스도인이 지녀야 할 특성의 다양한 양상을 보여 주고 있지만, 꽃봉오리가 이미 꽃을 포함하고 있는 것과 마찬가지로 시초의 은혜, 곧 영적으로 자신이 가난하다는 사실을 인식하는 초보적 은혜 역시 그 속에 나머지 다른 은혜들을 다 포함하고 있다. 그리고 이 은혜가 결코 상실되지 않고 오히려 나머지 다른 모든 덕과 온전히 조화를 이루어 아름다움과 매력을 더하여 마침내는 꽃을 피우고 열매를 맺게 되는 것이다.

첫 번째 복

[3] 심령이 가난한 자는 복이 있나니 천국이 그들의 것임이요.

세상은 이와 정반대로 "부자는 복이 있나니" 등으로 말한다. 예수께서는 "가난한 자, 애통하는 자, 온유한 자가 복이 있다"라고 말씀하신다. 그 이유는 어떤 사람의 외형적인 조건이 모든 이들이 부러워할 정도로 좋다 해도 결국에는 꿈같이 사라지고 말 것이기 때문이다. 하나님께서 영혼을 결코 작게 지으신 것이 아니므로 온 세계라도 그 영혼을 만족시킬 수는 없다. 그러나 영혼의 내적인 상태와 그 특성은 영원히 변하지 않는다. 눅 12:15; 고전 7:31을 참조하라.

그리고 이들 대부분이 비록 가난한 사람들이기는 하나, 이들이 물질적으로 가난하기 때문에 예수께서 복이 있다고 선언하시는 것은 아니다. 이들은 **심령이** 가난하기 때문에 복 있는 자로 불린다. 심령이 가난하다는 것은 그들의 영적 경건이 모자라서 가난하다는 뜻이 아니라 그들의 심령과 "관련해서" 가난하다는 뜻이다. 곧, **그들은 그들의 영적 가난을 자각하게 된 자들이다.** 그들은 자신의 비참과 결핍을 인식하게 되었다. 그들의 옛 교만은 무너졌다. 그들은 "하나님이여, 불쌍히 여기소서, 나는 죄인이로소이다"(눅 18:13) 하고 외치기 시작했다. 그들은 회개하는 심령으로 하나님의 말씀 앞에서 떤다(사 66:2 참조. 57:15).[265] 그들은 자신의 전적

265) 만일 여기에 사용된 **가난하다**(*πτωχός*)는 말이 경우에 따라 그 일차적 혹은 기본적 의미로 사용되고 있다면, 그것은 가난해서 그날 벌어 그날 먹고 사는(*πένης*) 극빈자를 가리키는 것이 아니라, 아예 다른 사람의 도움에 의존하여 먹고 사는 거지를 가리키는 것이다. 부자와 나사로의 비유(눅 16:19-31; 특히 20, 21절을 주의하여 보라)에 나오는 거지 나사로를 생각해 보라. *πτωχός*와 *πένης* 사이의 이러한 구분에 관하여는 R.C. Trench, *op. cit.*, par. xxxvi을 보라. 하지만 그러한 의미의 차이가 가능성이 있다고 해서 강요되어서는 안 된다. 왜냐하면 *πτωχός*가 그

무력(全的無力)을 깨닫고(롬 7:24), 자신에게서는 아무것도 기대하지 않으며, 오직 하나님에게서만 모든 것을 기대한다.

천국은 바로 지금 그들의 것, 오직 **그들만**의 것이다. 천국은 곧 하나님이 마음과 삶을 지배하시는 왕으로 인정될 때 그 결과로서 임하는 복과 은총의 총합인 완전한 구원을 가리킨다. p. 405의 b항에 나오는 정의를 보라. **원칙적으로** 천국은 바로 지금 그들의 것이다. 그러므로 그들은 **복이 있다**고 선언된다.

요한계시록은 이 말씀과 연관 있는 생생한 구절 둘을 포함하고 있다. 그 구절들은 각각 a. 사람이 자신은 비록 부요하다고 생각할지라도 심령이 가난하게 될 수 있는 것과 b. 자신의 가난 가운데서도 참으로 심령이 부요하게 될 수 있는 것을 보여 주고 있다. 부활하시고 또한 높임을 받으시고 교회를 권고하시는 분, 곧 예수 그리스도께서는 미지근한 라오디게아 교회에게 다음과 같이 말씀하신다.

"네가 이같이 미지근하여 뜨겁지도 아니하고 차지도 아니하니 내 입에서 너를 토하여 버리리라. 네가 말하기를 나는 부자라 부요하여 부족한 것이 없다 하나 네 곤고한 것과 가련한 것과 가난한 것과 눈먼 것과 벌거벗은 것을 알지 못하는도다"(계 3:16-17).

그러나 예수께서는 서머나 교회를 기뻐하여 다음과 같이 말씀하신다.

"내가 네 환난과 궁핍을 알거니와 실상은 네가 부요한 자니라"(계 2:9). 그렇다면 가난한 자가 어떻게 부요한 자로 불릴 수 있단 말인가? 그 답은 "나의 소유가 족하다" 혹은 "내가 모든 것을 가졌다"(야곱이 에서에게 한

말로 호칭된 사람이 굽실거리며 구걸하여 먹고 사는 가난한 거지라는 것을 필연적으로 암시하지 않고, 단순히 가난한 사람을 의미할 수도 있기 때문이다(마 26:11; 막 14:7; 눅 14:13, 21 등). 그 외에도 *πένης*는 신약성경 전체에서 단 한번 나오나(고후 9:9) *πτωχός*는 30번 이상이나 나온다. 한편 그리스도께서 죄인을 있는 그대로의 상태로 보셨기 때문에, 결국 여기서(마 5:3) *πτωχός*란 용어를 그 일차적인 의미로 사용하셨는지도 모른다. 곧 주께서 그 말을 모든 자활 수단이 없는 전적으로 아무것도 소유하지 못한, 특히 이 경우에 있어서는 스스로 자신을 그와 같이 여기는 자라는 의미에서 사용하셨는지도 모른다. 영적인 의미에서("심령이 가난한 자"에 주의하라) 이 뜻은 확실히 문맥에 들어맞는다.

말, 창 33:11); 또 "하나님을 사랑하는 자, 곧 그의 뜻대로 부르심을 입은 자들에게는 모든 것이 합력하여 선을 이루느니라"(롬 8:28) 등과 같은 의미 깊은 구절들에서 찾아볼 수 있다. 이 영광스러운 진리에 대한 그 이상의 확증을 위하여는 시 23:1-6; 63:1; 73:23-26; 81:10; 116:1-19; 잠 15:16; 16:8, 19; 19:1; 요 1:16; 14:1-3; 17:24; 롬 8:31-39; 고전 3:21-23; 고후 4:8; 엡 1:3; 벧전 1:3-9; 요일 5:4; 계 7:9-17; 17:14; 21:1-7을 보라.

두 번째 복

[4] 심령이 가난한 자들은 또한 애통하는 자들이다. 두 번째 복에서 두각을 나타내는 것이 바로 그들의 삶과 행동에서 볼 수 있는 이 모습이다.

애통하는 자는 복이 있나니 그들이 위로를 받을 것임이요.

"나는 여기서 주려 죽는구나" 하고 말한 다음, 이어서 "내가 하늘과 아버지께 죄를 지었다"고 말하는 자는 참으로 복이 있다. 사람들은 질병, 고통, 사별, 물질의 손실, 자존심의 침해 등 여러 가지 이유로 애통한다. 그러나 본 문맥에서는 근본적으로 종류가 다른 애통이 고려의 대상이 된다. 여기서 강조하는 것은 자신의 영적 파탄을 깨닫고(첫 번째 복) 의에 주리고 목마른, 혹은 의에 주리고 목말라 하는 찰나에 있는 자들의 애통이다. 확실히 사람이 자신의 죄를 한탄할 때에는 그 죄의 결과에 대해서도 또한 애통하게 된다(계 21:4). 육신의 고통을 포함한 수많은 삶의 역경에서 어떤 것도 제외시킬 필요는 없다. 그러나 그러한 고난은 그 성격상 죄의 결과로 간주된다. 따라서 여기서 애통하는 모든 자가 다 복이 있는 자로 불리는 것은 결코 아니다(고후 7:10 참조).

하지만 이 애통을 자신의 개인적인 죄, 곧 자신의 죄로 하나님을 슬프게 해 드린 경우에 일어나는 애통에만 제한시킬 필요는 없다. 그러한 유형의 슬픔은 실로 예리한 것일 수 있다(시 51:4). 하지만 틀림없이 그 이상의 무엇이 포함되었을 것이다. 중생한 사람들은 "모든 경건하지 않은 자가 경건하지 않게 행한 모든 경건하지 않은 일과 또 경건하지 않은 죄인들이 주를 거슬러 한 모든 완악한 말"(유 15)을 인하여 울 정도로 하나님을 사랑하는 법을 배우게 된다. 그러므로 그들의 애통은 사람 중심의 애통이 아니라 하나님 중심의 애통이다. 그들은 자기 자신의 죄를 인하여서만이 아니라 악인들이 권세를 부려서 의인을 박해하는 일을 인하여서도(합 1:4; 딤후 3:12) 역시 "탄식하며 운다." 또한 그들은 "예루살렘…그 가운데에서 행하는 **모든** 가증한 일로 말미암아 탄식하며 운다"(겔 9:4). 하나님 곧 그들이 사랑하는 바로 **그들의** 하나님의 이름이 더럽혀진 사실이 그들을 슬프게 한다(시 139:21 참조). "하나님의 영광을 위한" 이 같은 유형의 슬픔은 시 119:136의 "그들이 주의 법을 지키지 아니하므로 내 눈물이 시냇물같이 흐르나이다"라는 구절에도 두드러지게 표현되었다. 에스라서 10:6도 보라. 가장 감동적인 9장에서 다니엘은 죄를 인하여 애통하며 고백할 때, 자신의 개인적인 죄와 자기 백성의 죄를 함께 고백한다(단 9:1-20; 특히 20절). 다니엘은 "주여 들으소서 주여 용서하소서 주여 귀를 기울이시고 행하소서 지체하지 마옵소서 나의 하나님이여 주 자신을 위하여 하시옵소서 이는 주의 성과 주의 백성이 주의 이름으로 일컫는 바 됨이니이다"(19절) 하고 탄원한다.

시 119편과 다니엘서 9장과 같이 마음을 쏟아 놓는 이 강렬한 격정은 본 문맥에 잘 들어맞는다. 이는 두 번째 복에서 애통한다는 말이 마음에서부터 시작하여 그 사람 전체를 사로잡고 외부로 나타나는 슬픔을 가리키기 때문이다.[266)]

이 백성의 복됨은 **그들이 위로를 받을 것**이라는 바로 이 사실에 있다. 경건한 슬픔은 영혼을 하나님께로 향하게 한다. 이때에 하나님께서는 자기에게 도움을 요청하는 자들에게 위로를 베풀어 주신다. 용서하시고, 구원하시며, 격려하시고, 확신시키시는 이가 바로 그분이시다(시 30:5; 50:15; 사 55:6, 7; 미 7:18-20; 마 11:28-30). 그러므로 눈물은 빗방울이 되어 땅에 떨어졌다가 다시 꽃으로 피어오른다(시 126:5; 전 7:3; 요 14

266) *πενθέω*에 관하여는 R.C. Trench, *op. cit.*, par. lxv를 보라.

장; 고전 10:13; 고후 1:3, 4; 계 7:14–17; 21:4).

때로는 고난 그 자체가 물러가는 데에 위로가 있다(대하 20:1–30; 32:9–23; 시 116편; 사 38장; 행 12:5 이하 등). 그러나 그보다는 더 자주 고난이 얼마 동안 그대로 머물러 있을지라도 영광의 무게가 슬픔을 압도하는 수도 있다(고후 4:17; 12:8, 9). 로마서 8:28도 생각해 보라. 로마서 8:28–39을 함께 생각하는 것이 더 나을 것이다. 이 "위로"는 하이델베르크 교리문답서의 "주의 날"에 관한 항목 제1문에 가장 아름답게 요약되어 있다.

문 : "삶과 죽음에 있어서 그대의 유일한 위로는 무엇인가?"

답 : "삶과 죽음에 있어서 나의 육신과 영혼이 나의 것이 아니라 나의 신실하신 구주 예수 그리스도께 속해 있다는 사실과, 그리스도께서 그 고귀한 피로 나의 모든 죄악을 완전히 속죄하셔서 마귀의 모든 권세에서 나를 구원하셨다는 사실과, 그리하여 하늘 아버지의 뜻이 아니고서는 머리털 하나도 나의 머리에서 떨어질 수 없도록 나를 보전하시며, 또 만사가 다 나의 구원에 도움이 되게 하시고, 그의 성령으로 나에게 영생이 있음을 확신시켜 주셔서, 내가 충성된 마음으로 기꺼이 그를 위하여 살도록 해 주신다는 사실에 있습니다." 여기에 딤후 1:12; 4:7, 8; 계 17:14; 19:7을 덧붙여 생각하라.

세 번째 복

[5] 온유한 자는 복이 있나니 그들이 땅을 기업으로 받을 것임이요.

"심령이 가난한" 것과 "온유한" 것 사이에는 별 차이가 없다. 하지만 거기에는 작은 구분이 있는데 그것은 이러하다. 곧 "심령이 가난한" 것은 자기 자신의 상태인 자신의 상한 심령을 나타내고 있는 반면에, "온유한" 것은 보다 분명하게 자신과 하나님과의 관계 및 자신과 이웃과의 관계를 나타내고 있다.

여기서 온유한 자들에 관하여 언급하는 것은 시 37:11의 반향이다(시 37:22, 29, 34). 그러므로 "온유한 자"라는 표현이 뜻하는 바를 알아내기 위해서는 최선을 다하여 그 시편에서 말하는 이 용어의 개념을 파악해야 한다. 그 시편은 분을 잘 내지 않는 사람을 묘사하고 있다. 그는 악의를 품지 않는다. 자기가 입은 해를 두고두고 생각하는 대신에, 그는 주 안에서 위안을 찾고 자기의 길을 전폭적으로 주께 의탁한다. 더욱이 그는 모든 자기의 의[自己義]에 대하여 죽었으므로 이같이 행한다. 그는 자기가 하나님 앞에서 아무런 공로도 내세울 수 없음을 잘 안다(시 34:18; 51:17 참조). 하나님의 은총만이 그의 모든 것이 되므로, 그는 "더 낫고 영구한 소유가 있는 줄 알아 자기의 소유를 빼앗기는 것도 기쁘게 당한다"(히 10:34). 그러나 **온유한 것이 연약한 것을 의미하지는 않는다.** 온유한 것은 줏대가 없는 것을 뜻하지도 않는다. 줏대가 없는 것은 어떠한 미풍 앞에서도 이리저리 쉽게 굽히는 사람의 특징이다. 온유는 화낼 만한 일을 당할 때에도 그 화를 부드럽게 참아내는 것이며, 해나 악을 그대로 **갚기**보다는 차라리 기꺼이 **참는** 것을 뜻한다. 온유한 사람은 사랑하시고 돌보시는 하나님의 손에 모든 것을 맡긴다.

온유한 자의 복됨은 바로 "그들이 땅을 기업으로 받을 것이라"는 데에 있다. 어떤 의미에서 그들은 지금 그 땅을 기업으로 받은 상태에 있다. 이것은 다음 몇 가지 이유에서 그러하다. a. 이는 그들이 자기 자신을 부요하게 하는 데 지나친 관심을 쏟지 **않고**, 하나님 앞에서 그들의 의무를 충실히 이행하며 이 땅 위에서의 그들의 과업을 성실히 이루어 나가기 때문이다. 달리 말하자면, 그들이 무엇보다도 먼저 하나님의 나라와 그의 의를 구하기 때문이다. 그와 같이 행할 때에 "이 모든 것들"(음식, 옷 등)이 특별 선물로서 그들에게 풍성히 베풀어진다(마 6:33). 간접 수단으로서의 율법은 결코 죽은 것이 아니다. b. 그들의 온유함 자체가 그들의 이웃들에게 하나의 복이 되어, 그 이웃들 중 어떤 이들은 그에 대한 보답으로 그들을 축복할 것이기 때문이다(막 10:30; 행 2:44, 45; 16:15; 빌 4:18). c. 그들이 비록 이 땅이나 혹은 이 땅 위의 재물을 단지 조금밖에 차지하지 못했다 할지라도, 이것이 오히려 하나님의 축복과 은총이 없는 부요—그 부요가 아무리 크다 할지라도—보다 더 클 것이기 때문이다.

아주 형식적인 혹은 법적인 의미를 제외한다면, 자기 영혼이 임박한 심판에 대한 두려움으로 번민하는 사람이 참으로 그의 세상 재물을 **소유했다**고 할 수 있겠는가? 그가 세상 재물을 즐긴다는 의미로서 그 재물을 소유하는 것이겠는가? 물론 그렇지 않다! **그가 재물을** 소유하는 것이 아니라, **재물이 그를** 소유하는 것이다! 이사야서에 나오는 두 구절들을 비교해 보면 참으로 누가 땅을 기업으로 받은 사람들인가 하는 것이 판명된다.

"주께서 심지가 견고한 자를 평강하고 평강하도록 지키시리니 이는 그가 주를 신뢰함이니이다"(사 26:3).

"여호와께서 말씀하시되 악인에게는 평강이 없다 하셨느니라"(사 48:22).

로마서 8:28의 참된 사실을 아는 자들은 세상 사람들이 아니라 온유한 자들이다. 그러므로 온유한 자들만이 참으로 땅을 차지한 자들이다.

그러나 그 약속의 가장 완전한 성취는, 미래의 어느 때, 곧 그리스도께서 영광 중에 다시 오시고 온유한 자들이 새 하늘과 새 땅을 기업으로 받게 될 그때를 위하여 유보되었다. 그때에 모든 죄의 얼룩과 모든 저주의 잔재가 말끔히 지워진 새 우주에서 의인들이 주와 더불어 영원히 거하게 될 것이다(계 21:1 이하).

땅을 **기업으로 받을 것**이라는 말은 다음 사실들을 가리킨다.

a. 천국 백성은 은혜로 말미암아 이 기업에 대한 **권리** 혹은 **상속권**이 있다.

b. 그는 분명히 그 기업을 **아무에게도 양도할 수 없는** 보화로서 받게 된다.

c. 또한 그가 스스로 **그 기업을 얻을** 필요가—얻을 **수가**— 없다.

네 번째 복

영적 가난을 깊이 의식하고, 죄에 대해 애통하며 그리고 온유함으로 천국 백성들은 그들의 기본적인 영적 필요의 완전한 만족, 즉 의의 성취를 위하여 하나님께 부르짖는다. 그러므로 아주 자연스럽게 네 번째 복이 뒤따라 나온다.

[6] 의에 주리고 목마른 자는 복이 있나니 그들이 배부를 것임이요.

이 의는 하나님의 거룩한 율법, 곧 하나님의 뜻에 대한 완전한 순종에 있다. 그것은 일종의 **전가된** 의이다. "아브람이 여호와를 믿으니 여호와께서 이를 그의 의로 여기시고"(창 15:6). 사람은 하나님과의 이 바른 관계에 스스로 들어갈 수가 없다. 제아무리 선행을 많이 쌓는다 할지라도 사람이 그 선행으로 자신의 죄를 속할 수는 결코 없다. 사실상 "우리의 의는 다 더러운 옷 같다"(사 64:6). 무릇 어떤 방식으로든, 의식(儀式)으로든 아니면 그 밖의 다른 어떤 것으로도 사람이 죄를 깨끗이 씻어 없앨 수는 결코 없다. 이는 하나님께서 "네가 잿물로 스스로 씻으며 네가 많은 비누를 쓸지라도 네 죄악이 내 앞에 그대로 있으리니"(렘 2:22)라고 말씀하셨기 때문이다. 또 제아무리 허다한 제사를 드린다 할지라도 그 제물로 사람이 자신의 죄책을 말끔히 지울 수는 없다. 이는 주께서 "제사와 예물을 기뻐하지 아니하시며 번제와 속죄제를 요구하지 아니하시기"(시 40:6) 때문이다. 그리고 인간은 결코 그의 형제의 죄를 대속할 수도 없다. 이는 "아무도 자기의 형제를 구원하지 못하며 그를 위한 속전을 하나님께 바치지도 못할 것"(시 49:7)이기 때문이다. 실상 사람 자신에 관한 한 상황은 전적으로 절망적이다. 그러므로 모든 사람의 기본적이고 주된 그리고 대체할 수 없는 필수적인 일은 자신과 하나님과의 완전한 화해이다. 이것은 또한 인간이 결코 성취할 수 없는 목표이기도 하다. "인생이 어찌 하나님 앞에 의로우랴"(욥 9:2).

하나님의 아들 예수 그리스도께서는 그의 영광스러우시며 절대 주권적인 은혜의 자리에서 이 절망적이고 끔찍한 인간의 상황 속으로 들어오셨다. 다른 모든 방법과 수단이 다 실패로 돌아갔을 때, 인간에게 구원을 베푸시기 위하여 오신 이가 바로 그분(유일하신 참 하나님이신 성부와 성령과 더불어)이시다. "그때에 내가 말하기를 내가 왔나이다 나를 가리켜 기록한 것이 두루마리 책에 있나이다 나의 하나님이여 내가 주의 뜻 행하기를 즐기오니 주의 법이 나의 심중에 있나이다 하였나이다"(시 40:7, 8). 죄인의 구원이 성취되고 구원이 제공된 방식이 이사야서 53장에 분명히 서술되어 있다. "그가 찔림은 우리의 허물 때문이요, 그가 상함은 우리의 죄악 때문이라. 그가 징계를 받으므로 우리는 평화를 누리고 그가 채찍에 맞으므로 우리는 나음을 받았도다. 우리는 다 양 같아서 그릇 행하여 각기 제 길로 갔거늘 여호와께서는 우리 모두의 죄악을 그에게 담당시키셨도다"(5, 6절). 그래서 임마누엘은 "여호와 우리의 공의"(렘 23:6)로 일컬음을 받으시게 되었다. 우리의 속전이 되시는 그리스도를 통해서 그의 백성의 죄악들이 값없이 사함을 받게 되었다. 그래서 다윗은 "허물의 사함을 받고 자신의 죄가 가려진 자는 복이 있도다"(시 32:1) 하고 노래할 수 있었다.

물론 "의에 주리고 목마른 자는 복이 있다" 말씀하실 때, 예수께서는 이 모든 것을 알고 계셨다. 지상에 체류하고 계시는 동안, 예수께서는 **대속자**로서의 자신의 직무를 충분히 인식하고 계셨다. 예수께서 그의 하늘 집을 떠나오신 것은 바로 그 직분을 수행하시기 위함이 아니었던가?(고후 8:9) 또한 마 20:28에 관한 주석을 보라(막 10:45 참조). 또 그가 자신의 피를 쏟으시고자 하신 것은 **자기 백성을 위함**이 아니었던가?(눅 22:19, 20; 고전 11:24, 25; 참조. 요 10:11, 28; 행 20:28; 엡 1:7, 14; 골 1:14; 히 9:12; 벧전 1:19; 계 5:9). 더욱이 사람의 의가 하나님의 자비에 그 기초를 두고 인간적인 공로나 행위에 두지 않는다는 사실은 그것이 선포되기까지 사도 바울을 기다릴 필요가 없었던(롬 4:3, 9; 갈 3:6) 진리이다. 모세가 그 진리를 알았을 뿐만 아니라(창 15:6), 다윗도 역시 알았으며(시 32:1), 예수께서도 역시 분명히 알고 계셨다. 예수께서는 바리새인과 세리의 비유에서 분명히 그 진리를 가르치셨다(눅 18:9–14; 특히 13, 14절). 사도 바울은 구약성경과 예수 그리스도의 가르치심에 관한 교리를 이방인들에게 보다 폭넓고 훨씬 더 상세하게 설명하고 해석해서 가르쳤다.

그럼에도 불구하고, 여기 마태복음 5:6에서는 그리스도께서 단순히 **전가**(轉嫁)된 의뿐만 아니라 또한 **전달**(傳達)된 의까지, 단순히 법적 상태의 의뿐만 아니라 또한 윤리적 행위의 의까지 언급하신 사실이 마태복음 6:1

의 "사람에게 보이려고 그들 앞에서 너희 의를 행하지 않도록 주의하라"는 말씀에서 분명해진다. 또한 마 5:10, 20-48도 보라. **그 두 의는 불가분의 관계에 놓여 있다.** 선행으로는 그 누구도 의롭게 될 수 없지만, 의롭다 함을 받은 사람이 선행 없이 살아간다는 것 또한 있을 수 없는 일이다. 그리스도께서 사용하신 "의"라는 말은 그러므로 매우 포괄적인 용어로서, 법정적인 의(the forensic righteousness)와 윤리적인 의(the ethical righteousness)를 모두 포함한다.

그리스도께서 말씀하신 "의"와 "바리새인의 의" 사이의 관계를 살펴보면, 전자는 내적인 의요 후자는 일반적으로 외적인 의다. 전자는 마음의 의나 후자는 주로 외면의 의다. 전자는 순수한 의나 후자는 너무도 자주 겉치레나 가장에 그친다. 마 5:20-6:18을 참조하라.

"**그들이** 완전히 만족할(문자적으로는 배부를) 것임이요."[267] 그러나 "뭔가 잘못된 것"을 단순히 느끼는 자들이 아니라 오직 "의에 주리고 목마른" 자들이 배부를 것에 유의하라. 하나님에 의해서 전가되고 전달된 의는 강렬한 소원과 간절한 동경 그리고 갈급한 추구의 대상이 되어야 한다. 시 42:1, "하나님이여, 사슴이 시냇물을 찾기에 갈급함같이 내 영혼이 주를 찾기에 갈급하니이다" 사 55:1; 암 8:11; 요 4:34; 6:35; 7:37; 계 22:17을 참조하라.

이 의에 대한 주림과 목마름은 어떻게 완전히 만족을 얻게 되는가? 그리스도의 공로의 전가로 말미암아서이다. 그리스도의 공로로 말미암아서 우리는 신분상의 의를 얻는다. 그것은 또한 성령의 성화시키시는 사역으로 말미암은 것이다. 성령의 성화시키시는 사역으로 말미암아 우리는 내

267) *χορτάζω*. 본동사(여기서는 제3인칭, 복수, 미래시제, 직설법, 수동태 *χορτασθήσονται*)는 처음에는 동물들을 먹이고 살찌게 하는 일에 대하여 사용되었다(이 의미는 요한계시록 19:21의 "모든 새가 그들의 살로 **배불리더라**"는 말에 반영되어 있다). 또 주로 풍자 시인들에 의해서 사람들에게 적용되었으나, 시간이 흐름에 따라 점차 그 경멸적인 의미를 잃게 되어 여기서는 단순히 **풍족하다, 배부르다, 완전히 만족하게 되다**의 동의어로 사용되었다. 마태복음 14:20; 15:33, 37; 마가복음 6:42; 7:27; 8:4, 8; 누가복음 6:21; 9:17; 15:16; 16:21; 요한복음 6:26; 빌립보서 4:12; 야고보서 2:16을 참조하라.

적인 상태와 외적인 행실의 의를 얻는다. 로마서 8:3-5; 고린도후서 3:18; 데살로니가후서 2:13을 참조하라. 그리스도의 공로와 성령의 성화시키시는 사역은 상호 불가분의 관계에 놓여 있다. 그리스도께서 위하여 죽으신 자들은 성령으로 말미암아 성화된다. 그러므로 죄사함을 받은 자들은 감사의 제사를 드리게 된다.[268)]

다섯 번째 복

다섯 번째와 여섯 번째 그리고 일곱 번째의 복은 하나님께서 성령을 통하여 자기 자녀들의 마음속에서 행하시는 성령의 사역의 열매들을 서술하고 있다. 그러므로 이 세 가지 복들은 앞서 나온 복들과 매우 밀접하게 연결되어 있다. 네 번째 복에 의하면, 그들에게 베푸신 하나님의 긍휼의 결과로 "배부르게 된" 혹은 "완전히 만족하게 된" 자들이, 이제는 그들의 이웃들에게 긍휼을 베풀게 된다(다섯 번째 복). 성령의 성화시키시는 영향을 체험한 자들은 마음이 청결하게 된다(여섯 번째 복). 그리고 물론 평화의 왕으로 말미암아 구원을 얻은 이 동일한 백성은 이제 화평하게 하는 자들이 된다(일곱 번째 복).

앞에서 언급했던 바와 같이, 긍휼히 여기는 것과 마음이 청결한 것 그리고 화평하게 하는 것이 점층적(漸層的)으로 연결되는 것들이지만, 이것이 신자들의 생활 속에서 단계적으로 점차 발전되어 간다는 것을 입증하

268) 다른 이들은 여기에 언급된 의를 달리 정의한다. 예를 들면, "모든 권세와 불의 그리고 비진리를 종식시키시고 억눌린 자들을 옹호하시는 하나님의 절대적인 의의 계시"(H.N. Ridderbos, *op. cit.*, Vol. I, p.94)가 그러하다. 필자는 이와 관련하여 Lenski의 논평이 적절하다고 본다. 곧 "여기에서의 '의'는 인간사에 있어서 일반적으로 통용되는, 혼탁한 세상에서의 의의 권세를 의미하는 것이 아니다." 왜냐하면 "그들이 배부르게 될 것이라"는 수동태는 하나님 보시기에 '의로운' 어떤 자들에게 주시는 하나님의 선물임을 말해 주기 때문이다(*op. cit.*, p.184). 그러나 필자는 필자가 지적한 이유들로 인해서 이 의를 단지 전가된 의에만 국한시키는 Lenski와 의견을 같이하지는 않는다.

기란 불가능한 일이다. 확실히 그 관계가 다음과 같을 것으로 생각해 보는 것은 가능한 일이다.

그들의 긍휼이 아직 죄와 섞여 있다는 사실을 깨닫게 된 긍휼히 여기는 자들은 더욱더 마음의 청결을 추구하게 된다. 또한 "오직 위로부터 난 지혜는 첫째 성결하고 다음에 화평하다"(약 3:17)는 의의 순서에 의하여 화평하게 하는 것이 바로 그 뒤에 언급되었을 가능성도 있다. 그러나 로버트슨(A.T. Robertson)이 추종하는 플라머(A. Plummer)가 말한 바와 같이, 야고보가 이 두 가지를 언급하는 순서는 시간적이기보다는 오히려 논리적인 것이라고 할 수 있다.[269] 따라서 다섯 번째 복에서 일곱 번째 복까지 기술되는 그 순서들을 설명해야 할 이유가 분명하지 않으므로, 그 복들은 단순히 하나님의 구속의 은혜에 대한 병행적인 반응들로 간주되어야 한다.

[7] 긍휼히 여기는 자는 복이 있나니 그들이 긍휼히 여김을 받을 것임이요.

긍휼은 비참한 처지에 있는 자들에 대한 사랑이요, 죄인에 대한 용서의 정신이다. 긍휼은 친절한 마음과 친절한 행위를 모두 포함한다. 우리는 이 긍휼이 선한 사마리아 사람의 비유(눅 10장)에 잘 나타나 있음을 본다. 우리는 특히 "자비하고 신실한 대제사장"(히 2:17)이신 예수 그리스도 안에서 이 긍휼의 참된 모습을 구체적이고도 확실하게 볼 수 있다.

하나님의 사랑을 베풀고자 하시는 의향으로 인하여, 우리의 온 주변에 심지어는 중생하지 못한 자들의 세계에서도, 수를 헤아릴 수 없이 많은 (기억된 그리고 기억되지 못한) 동정과 친절의 행위들이 분명히 나타나 있다는 사실을 부인하는 것은 비현실적인 일이 된다 할지라도, 이 복에서 언급되는 긍휼은 "하나님의 긍휼에 대한 개인적인 체험에서"(Lenski) 비롯된다. 그러므로 이 긍휼은 팔복에 언급된 다른 특성들과 마찬가지로 그리스도인들만의 덕성이며, 여덟 가지 복들이 다 천국 백성들의 자질을 가리킨다. 그 문제에 관하여는 로마인들이 네 가지 기본 덕성을 말할 때 지

269) A.T. Robertson, *Studies in the Epistle of James,* New York, 1915, p.185.

혜, 정의, 절제, 용기는 말하였으되, 그 가운데 긍휼은 포함시키지 않은 사실을 결코 잊어서는 안 된다. 그리고 대체로 세상에서의 이 덕성에 대한 구별점을 바로 알기 위해서는 사도행전 28:2과 잠언 12:10의 "악인의 긍휼은 잔인이니라"는 말씀을 바로 비교해야 할 것이다.

성경이 거듭 신자들에게 신자 자신이 입은 긍휼에 대한 감사의 표시로서 형제에게 긍휼을 베풀어야 할 것을 권면하는 것에 유의해야 한다. 무자비하고 악한 종의 비유(마 18:23-35)는 긍휼에 대한 두드러진 예이다. 마 25:31-46; 롬 15:7, 25-27; 고후 1:3, 4; 엡 4:32; 5:1; 골 3:12-14도 보라.

이 긍휼은 "믿음의 가정"(갈 6:10)에 속한 자들에게 베풀어져야 하지만 그들에게만 국한되어서는 안 된다. 사실 그것은 신자를 미워하고 박해하는 자들까지도 제외시키지 않은 "모든 사람들"에게 베풀어져야 한다(마 5:44-48). 다섯 번째 복이 함축하는 뜻을 신자들이 보다 열심히 일관성 있게 실천에 옮기게 된다면, 복음 전파가 훨씬 더 효력을 얻게 될 것은 자명한 일이라 하겠다. 이렇게 된다면 인류에게 얼마나 복된 결과가 되겠는가!

"그들이 긍휼히 여김을 받을 것임이요." 그들, 오직 긍휼을 베푼 그들만이 주께로부터 긍휼을 베푼 데 대한 상급 혹은 보상을 기대할 수 있다. 이것은 앞에서 언급한 구절들 가운데 몇몇 구절에서뿐만 아니라 삼하 22:16; 마 6:14, 15; 약 2:13에서도 역시 분명해진다. 이 황금 씨앗을 뿌려야만 비로소 풍성한 수확을 거둘 수 있다(마 7:2; 눅 6:38).

여섯 번째 복

[8] 마음이 청결한 자는 복이 있나니 그들이 하나님을 볼 것임이요.

마음이 청결한 자는 신실하고 정직한 사람, 곧 성실한 사람이다. 시 24:3, 4은 이 점을 확증해서 보여 준다.

> "여호와의 산에 오를 자가 누구며 그의 거룩한 곳에 설 자가 누구인가

곧 손이 깨끗하며 마음이 청결하며 뜻을 허탄한 데에 두지 아니하며 거짓 맹세하지 아니하는 자로다."

마음이 청결함은 시 73:1에서도 역시 언급하고 있다. 이와 마찬가지로 디모데전서 1:5에는 **청결한**이라는 말과 그 동의어인 **거짓이 없는**이라는 말이 나오고 있다. 딤후 2:22과 벧전 1:22도 보라. 이 모든 사실들은 여섯 번째 복에서 복이 있다고 선언된 백성은 더 이상의 아무런 수식어가 필요 없는 신실한 사람들, 곧 위선 혹은 외식함이 없이 생각하고 말하며 행동하는 사람들이라는 결론으로 쉽게 이끌어 낼 수 있다.

이제 신실함과 정직함 그리고 거짓이 없는 상태가 여기서 참으로 강조된다는 사실에 대해서는 의심의 여지가 없다. 바리새인들의 외식이든지 아니면 다른 어떤 것이든지 간에 모든 인간적인 거짓 혹은 표리부동에 반대하여, 예수께서는 외적인 표현과 내적인 의향이 일치되는 자들에게 그의 복을 선언하신다.

그럼에도 불구하고, 앞서 언급한 각 참고 구절들의 문맥을 연구해 보면 뭔가 덧붙일 것이 있음이 분명해진다. 신실함 혹은 정직함은 본래 그 자체만 가지고서는 충분하지 못하다. 사람이 **올바른 면에서 신실할** 수가 있으나 또한 **그릇된 면에서 신실할** 수도 있다. 바알의 선지자들이 송아지를 취하여 잡고 아침부터 낮까지 저희 규례를 따라 피가 흐르기까지 칼과 창으로 저희 몸을 상하게 하면서, 큰 소리로 계속 "바알이여, 우리에게 응답하소서!" 하고 부르짖을 때(왕상 18:26-28), 그들은 틀림없이 매우 신실한 자세였을 것이다. 그러나 그들은 그릇된 면에서 신실했다. 여섯 번째 복에 대한 설명으로 자주 언급되는 창세기의 한 구절(창 20:6)에서도, 하나님께서는 아비멜렉이 역시 **온전한 마음으로** 아브라함에게서 사라를 취하여 갔던 사실을 친히 증언하신다. 그러나 하나님께서는 그 왕이 행한 일을 승인하시지 않고 사라를 그 남편인 아브라함에게 돌려보내지 않으면 반드시 죽으리라고 그에게 말씀하셨다(7절). 이와 마찬가지로 시 73:1의 "마음이 정결한 자"는 신실하게 "주의 교훈"으로 인도함을 받는 자이다(24절). 디모데전서 1:5의 **거짓이 없는 믿음은** "바른 교훈"을 좇는 믿음이다(10절). 그리고 베드로가 언급하고 있는 백성(벧전 1:22)은 "진리를 순종함으로 자기 영혼을 깨끗하게 한" 자들을 의미한다.

그러므로 여섯 번째의 복은 신실한 사람이라면 누구에게나 제한이 없이 선언되는 것이 아니라, 성경에 계시된 진리에 따라 참 하나님을 경배하며 위선이 없이 그의 뜻을 따르며 그를 영화롭게 하기를 힘쓰는 자들에게 선언되고 있음이 분명하다. 오직 이들만이 "마음이 청결한 자들"이다. 이들은 "영과 진리로"(요 4:24) 하나님을 예배하며, 고전 13장; 갈 5:22, 23; 엡 4:32; 5:1; 빌 2:1-4; 4:8, 9; 골 3:1-17 등에 언급된 덕들을 깊이 묵상하고 또한 실천에 옮기기를 즐거워하는 자들이다. 감정과 사고뿐만 아니라 의지의 자리 혹은 중심이기도 한 저희의 마음(마 15:19; 22:37; 엡 1:18; 3:17; 빌 1:7; 딤전 1:5)은 하나님의 마음과 화합이 된다.

그러므로 마음이 청결한 자는 "하나님을 볼 것"이며, 더욱이 이것이 그들이 받을 복의 본질이라는 사실은 전혀 놀랄 일이 못 된다. 하나님께 속한 일들에다 **진실로** 자기 기쁨을 두지 않는 자들은 그리스도 안에서 죄인들을 향하신 하나님의 사랑을 헤아릴 수 없다. **유사점이나 공통점은 개인적인 교제와 이해의 필요 불가결한 요소이다.** 하나님을 알기 위해서는 먼저 하나님과 같이 되거나 하나님을 닮아야 한다. 음악적인 지식과 이해가 결여된 사냥꾼에게는, 숲 사이를 스치고 지나가는 세찬 바람 소리는 산토끼들이 놀라 그 은신처에서 뛰쳐나오게 하여 산토끼들을 쉽사리 붙잡게 해 주는 소음에 불과했지만, 그 사냥꾼의 친구였던 모차르트에게는 이 동일한 큰 바람 소리가 오히려 하나님의 거대한 오르간에서 흘러나오는 장엄한 화음으로 들렸다. 그와 같이, 불경건한 혹은 청결하지 못한 자들에게는 하나님께서 자신을 알리지 않으시지만, "하나님께서 사랑하시는 자녀로서 하나님을 본받고 사랑 가운데서 행하는" 자들에게는 자신을 계시하신다.

이처럼 하나님을 보게 되는 것, 곧 하나님의 존재와 그의 속성들에 대한 영적 인식과 그에 대한 기쁨은 그것이 장차 변화한다는 데 있다(고후 3:18). 여기 이 땅 위에서는 "거울을 보는 것같이 희미하나"(고전 13:12) 새 하늘과 새 땅에서는 천국의 광경이 땅에서도 이루어질 것이므로(계

21:10), 물이 바다를 덮음같이 여호와를 아는 지식이 세상에 충만할 것이다(사 11:9). 결국 이 복된 비전은 모든 구속함을 받은 자들의 영혼이 그리스도 안에서 하나님으로 더불어 얼굴과 얼굴을 대하여 보는(고전 13:12) 영원한 교제에 이르게 되며, 죄가 없는 상태에 이르게 될 것이다.

"내가 마침내 의 가운데 거할 때,
주의 영광스러운 얼굴을 뵈올 것이요.
지루한 밤이 다 지나고 내가 주와 함께 깰 때에,
영원히 변치 아니하는 영광들을 보리니,
그때에, 그때에 내가 만족하리이다."
(F. F. Bullard, 시 17:15에 기초한 시)

이리하여 "아버지여 내게 주신 자도 나 있는 곳에 나와 함께 있어 아버지께서 창세 전부터 나를 사랑하시므로 내게 주신 나의 영광을 그들로 보게 하시기를 원하옵나이다"(요 17:24) 하신 예수 그리스도의 기도가 이루어지게 될 것이다.

일곱 번째 복

[9] 화평하게 하는 자는 복이 있나니 그들이 하나님의 아들이라 일컬음을 받을 것임이요.

여기서는 십자가로 말미암아 하나님과 화목하게 되어 이제 자기의 메시지와 행실로써 이 동일한 선물을 다른 사람들에게 전달해 주기 위해 힘쓰는 모든 자들에게 한 가지 복이 선언되고 있다. 그와 같이 화평하게 하는 자들은 말과 모범으로써 하나님을 사랑하고, 형제 간에 서로서로를 사랑하며, 원수까지도 사랑할 뿐만 아니라 또한 그들 가운데에 화평을 촉진시키는 자들이다.

이 복은 화평을 파괴하는 이 세계에서 실로 기독교가 얼마나 적합하고, 얼마나 필요하며, 또 얼마나 강력한 힘인가를 보여 준다. 비방하는 자들은 자주 이 방면에 있어서 마치 교회의 영향력이 형편없이 약하기라도 한 것처럼 "교회"를 향하여 비난의 화살을 퍼붓는다. 만일 "교회"라는 말이 사용될 때, 그 언급이 죽은 정통밖에는 전혀 아무것도 남아 있지 않은 하나의 기관을 가리키는 것이라면 그 비난은 타당하다고 할 수 있다.

한편 만일 그 언급이 "그리스도의 군대", 곧 모든 세대와 종교와 인종 가운데서 구속함을 받은 모든 참 그리스도의 군병들로서, 의와 진리를 위하여 악을 대항해서 싸우는 자들의 총체를 가리키는 것이라면, 그 대답은 하나의 반문 형식으로서 다음과 같이 말할 수 있겠다. "이 강력한 군대의 영향력이 아니었더라면 세상의 형편이 오늘날 얼마나 더 악화되었겠는가? 교회는 바른 세상이 가라앉지 않고 그대로 떠 있게 하는 부표가 아니겠는가?"(창 18:26, 28-32)

참으로 화평하게 하는 자들은, 가능한 한 모든 사람들과 평화할 것을 말씀으로 독려하시고(롬 12:18; 히 12:14), 평안의 복음을 선포하시며(엡 6:15), 평화의 왕을 본받아 살게 하시는(눅 19:10; 요 13:12-15, 참조. 마 10:8) 화평의 하나님(고전 14:33; 엡 6:15; 살전 5:23)을 저희의 지도자로 모신 모든 자들이다.

그러나 화평의 복음은 동시에 또한 십자가에 달리신 그리스도를 전파하는 복음이기도 하다(고전 1:18). 본래 사람은 자기의 의를 세우고 싶어하여 이 복음 받아들이기를 꺼려하는 경향이 있다(고전 1:23). 그러므로 복음의 선언은 사람의 마음속에 싸움을 불러일으킨다. 만일 하나님의 은혜로 죄인이 마침내 굴복하여 평화의 왕을 자신의 구주로 영접하여 들일 때, 그는 또 다른 싸움, 곧 신앙 문제로 인한 가족들과의 싸움에 직면할 수 있다. 화평하게 하는 자들이 복이 있다고 선언하신 예수께서 또한 "내가 세상에 화평을 주러 온 줄로 생각하지 말라. 화평이 아니요 검을 주러 왔노라. 내가 온 것은 사람이 그 아버지와, 딸이 어머니와, 며느리가 시어머니와 불화하게 하려 함이니 사람의 원수가 자기 집안 식구리라"(마 10:34-36)고 하신 말씀이 모순에 빠지지 않는 것은 바로 이 이유에서이다. 그러나 이 같은 상황에 처하게 되는 것은 그리스도의 잘못 때문이 아니라 사람의 잘못 때문이다. 사람들로 자기 안에서 화목과 영구한 화평을 찾도록 계속 독려하시는 이가 바로 그리스도 안에 계신 하나님이시다(마 11:27-30; 고후 5:20). 화평은 더욱이 어떤 값을 지불하고 살 수 있는 것이 아니다. 그것은 "사랑"(?)이라는 구실 아래 진리와 타협함으로써 얻어지는 것도 아니다. 그와는 정반대로 이 화평은 오직 사랑 안에서 **참된 것**을 하는, 혹은 **진리**를 말하는 모든 자들의 마음에 가장 값진 것이다(엡 4:15).

말과 모범으로써 이 화평을 꾀하는 자들은 복있는 자들이라 일컬음을 받는다. 그들의 칭호는 "하나님의 아들"이며, 이것은 존귀와 위엄이 내포된 명칭이며, 그들이 화평을 도모함으로써 바로 그들이 아버지 자신의 활동 영역 안에 들어갔음을 보여 주는 이름이다. 화평하게 하는 자들은 그들의 아버지의 동역자들이다. 그들의 신실한 태도와 하나님께 대한 감사의 표로서 그의 영광을 위하여 행한 많은 선행들을 통하여, 그들은 도처에서 사람들의 마음을 모든 선한 것들과 고상한 것들로 가득 채움으로써, 그들에게서 악을 제거시키는 일에 관여하는 주의 사신들이 된다(롬 12:21; 빌 4:8, 9). 그들은 말하자면 하나님 자신의 "평화의 군대"이다. **이미** 그들은 하나님의 아들들이다(요일 3:1). 심판날에 그들의 양자된 영광스러운 사실이 밝히 드러날 것이다(롬 8:23; 요일 3:2).

여덟 번째 복

[10] 의를 위하여 박해를 받은 자는 복이 있나니 천국이 그들의 것임이라.

하나님의 자녀들의 믿음이 외부로 나타날 정도로 원숙해져서, 그들과 함께 그 믿음을 나누지 않는 자들이 그 점을 주시하기 시작할 때쯤이면 박해가 일어나게 된다. 예수께서 언급하신 박해는 사회적, 인종적, 경제적 혹은 정치적 원인에서 비롯되는 것이 아니라 순전히 종교에 그 뿌리를 두고 있다. 그것은 분명히 "의를 위하여" 받는 박해이다. 여기서 언급되는 자들이, 무슨 일이 닥친다 할지라도 계속 믿음을 지켜 나가며 박해를 감내하는 것은, 그들이 하나님의 거룩한 뜻에 따르기를 원하고 또 그 뜻 가운데서 살아가고자 하기 때문이다.[270] 여기서 "의"라는 말의 정의를 바꿀 필요는 없다. 여기서의 "의"는 6절에서의 "의"와 동일하다. 악인들은 하나님이 "의롭다고" 여기시는 자들에 대하여 참지 못한다. 악인의 성품은 그들과 반대되는 신자들의 성품과 항상 맞부딪친다. 그러한 이유로 "세상"은 하나님의 자녀들을 **미워한다**(마 10:22; 24:9; 요 15:19; 요일 3:12, 13). 이 증오는 마태복음 5:10이 말하고 있는 박해의 기초를 이루고 있다.

예수께서는 박해를 당하는 자에게 그들이 **복된 자들**임을 확신시키신다. 우리는 아마도 우리의 어릴 적부터 (어떤 언어로였든지 간에) 이미 이 복을 암기해 오는 동안에 너무나 익숙해져 있어서, 이 구절에 대한 본래의 영향력을 상실해 버린 감이 없지 않다. 사실 예수의 말씀을 직접 들었던 자들이 받은 감명은 실로 엄청났을 것이다. 이는 박해를 포함한 모든 고난은 하나님께서 기뻐하지 않으신다는 뜻의 암시요, 또 그와 같이 고난을 당하는 자의 특별한 악을 드러내는 증거라는 사상이 유대인들 가운데 상당히 널리 퍼져 있었기 때문이다. 여기서 그리스도께서는 그 사상을 완전히 뒤엎으신다. 그러나 단지 **의**를 위하여(10절), **그**를 위하여("나로 말미암아" 11절), **천국**을 위하여(19:12) 박해를 받은 자들에 한해서만 그러하다.

우리는 이 복의 깊은 뜻이, 본 주석에 쓰이고 읽히는 **오늘날**에도 그리스도께 대한 충절로 박해를 당하는 자들에게는 여전히 임하고 있다는 말을 덧붙일 수 있다. 우리는 우리의 기도에서와 그 밖에 우리가 그들에게 유익을 줄 수 있을 때마다 박해를 받은 자들을 결코 잊지 말아야 한다. 예수께서는 "천국이 그들의 것임이라"고 말씀하심으로써 첫 번째 복(3절)의 결론인 복의 선언으로 되돌아가신다. 그리스도를 통해서 하나님이 절대 주권자로서 인정을 받으시고 그에게 순종이 돌려질 때에, 모든 은혜와 영광이 현재에도 계속해서 점점 더 풍성하게 그들의 것이 될 것이다.

---

270) 원문은 완료, 수동태, 분사 *δεδιωγμένοι*: "그들은 박해를 견디어 냈다."

[11] [12] 나로 말미암아 너희를 욕하고 박해하고 거짓으로 너희를 거슬러 모든 악한 말을 할 때에는 너희에게 복이 있나니 기뻐하고 즐거워하라 하늘에서 너희의 상이 큼이라 너희 전에 있던 선지자들도 이같이 박해하였느니라.

여기서 제3인칭이 제2인칭으로 바뀌어 본 산상설교의 뒷부분에서는 거의 너희 혹은 너란 단어가 계속 사용되고 있음을 유의하라. 그러나 본질상 11절과 12절은 여덟 번째 복의 연속이다. 예수를 믿는 그들의 변함없는 믿음을 인하여 박해를 받은 자들은 "복이 있다"는 일컬음을 받을 뿐만 아니라 또한 기뻐하라는 권면을 받는다. 그렇다. 그들은 단순히 기뻐할 것이 아니고 무한한(넘치는) 기쁨으로 충만해야(뛰놀아야) 한다.

"기뻐하라"에 덧붙여 있는 명령법을 A.V.는 "크게 기뻐하라"; 필립스(Phillips)는 "무척 기뻐하라"; 그리고 윌리엄스(Williams)는 "계속하여 … 기뻐 뛰라"로 각각 번역했다. 그것은 오순절에 행한 베드로의 설교에 있는 바와 같이, 여호와께서 항상 그의 우편에 계신 사실을 인하여 다윗이 기뻐한 기쁨(행 2:26)이요, 회개한 빌립보 감옥의 간수와 그의 온 집이 하나님을 찬송한 기쁨(행 16:34)이요, 아브라함이 그가 그리스도의 날(혹은 때)을 보리라는 반가운 소식을 맞이한 기쁨(요 8:56)이요, 베드로가 이제 보지 못하는 예수 그리스도의 은혜와 영광을 깊이 묵상하면서, 이 묵상을 자기와 함께 나누는 수신자들에게 서술하는 바 "말할 수 없는 영광스러운 즐거움으로 기뻐하는"(벧전 1:8) 기쁨이요, 또한 승리한 하늘의 큰 무리가 어느 날 신부를 데려가기 위하여 임하시는 신랑의 재림에 응답하여 "우리가 즐거워하고 크게 기뻐하며 그에게 영광을 돌리세 어린 양의 혼인 기약이 이르렀고 그의 아내가 자신을 준비하였으므로"(계 19:7) 하고 말한 기쁨이다.

여러 가지 형태의 박해

a. 비난 : 신자들에게 모욕을 주는 경우. 예를 들면, "네가 온전히 죄 가운데서 나서 우리를 가르치느냐"(요 9:34). 분명히 예수께 대하여 "우리가

너를 사마리아 사람이라 또는 귀신이 들렸다 하는 말이 옳지 아니하냐"(요 8:48) 하는 말을 서슴없이 한 자들은 예수의 제자들에게 대하여서도 역시 서슴없이 욕을 퍼부을 것이다(요 15:20 참조).

b. **중상** : "인자로 말미암아 사람들이 너희를 미워하며 멀리하고 욕하고 **너희 이름을 악하다** 하여 버릴 때에는 너희에게 복이 있도다"(눅 6:22). 예수의 말씀에 깊은 감명을 받고 이 말씀을 받아들이는 용기를 가졌던 사람들에 관하여, 바리새인들은 "율법을 알지 못하는 이 무리는 저주를 받은 자로다"(요 7:49)라고 하였다. 그 후 교회의 초기 박해 기간 동안에 그리스도인들은 눈에 보이는 신들을 섬기지 않았으므로 **무신론자들**로 취급을 받았다. 그리고 그들이 빈번히 은밀한 집회소에서 모임을 가졌으므로 **부도덕한 자**들로 취급을 받았다. 그리스도인들은 그리스도를 그들의 왕으로서 충성을 고백했고 섬겼으며, 황제 섬기기는 거부했으므로 **비애국자**로 칭함을 받았다.

c. **실제적인 박해** : 비록 여기에서는 이 점에 관한 언급이 없으나 필자의 주석 마태복음 10:16-36을 보라.

그리스도로 말미암아 박해를 받은 자들로 하여금 크게 기뻐하도록 권고하신 이유

a. 그것은 이 박해가 저희 믿음의 순수한 특성을 나타내 주기 때문이다. "너희 전에 있던 선지자들도 이같이 박해하였느니라." 눅 21:13; 벧전 4:13을 참조하라. 저스틴 마터(Justin Martyr)는 그의 저서(*Dialogue with Trypho*)에서 유대인들이 이사야를 나무톱으로 켜서 무참히 죽인 일을 고발했다. 히브리서 11:37에 이 일에 대한 언급이 포함되었을지도 모른다.[271] 예레미야는 계속해서 학대를 받았다(렘 12, 20, 26, 36, 37, 38, 43장). 만일 전승되어 오는 기사가 믿을 수 있는 것이라면, 예레미야는 함께 애굽에 내려가기를 강요했던 자들의 돌에 맞아 끝내 순교하였

271) TB *Yebamoth* 49b ; *Sanhedrin* 103b; Tertullian, *On Patience* 14 : "이사야는 갈가리 찢겼으나 주께 관하여 말하기를 그치지 아니하니라"를 또한 보라.

다.[272] 에스겔 역시 그보다 별로 낫지 않은 생애를 마쳤다(겔 2:6; 20:49; 33:31, 32). 아모스는 도망하여 다른 곳에 가서 그의 예언들을 전파하라는 말을 들었다(암 7:10-13). 스가랴의 품삯은 그가 일한 참 가치에 따라 평가된 것이 아니었다(슥 11:12).

선지자들에 대한 그와 같은 배척은 예외적인 일이 아니고 통상적인 일이었다. 이 같은 사실은 여기 5:12에서뿐만 아니라 또한 마 23:31, 37; 눅 6:23; 11:49-51; 13:33, 34; 요 12:36-43(사 53:1 참조) 등에 나오는 예수의 말씀들을 통해서도 역시 알 수 있다.[273] 그리고 모세, 사무엘, 엘리야 및 엘리사와 같은 인물들도 역시 "선지자들"이 아니었던가? 저들은 달리 대우를 받았던가?

b. 그것은 그리스도인의 성품이 고난을 통해서 정화되고 또 성숙되기 때문이다(롬 5:3, 4; 약 1:3, 4; 욥기).

c. 그것은 박해를 견딘 자들에게 하늘에서 큰 상급이 따르기 때문이다. 이 상급은 사람의 공로로 얻어진다기보다는 순전히 은혜로 주어지는 것이다. 이 상급은 우리의 희생에 비례한다. 아니, 우리의 희생보다 훨씬 더 크다(롬 8:18; 고후 4:17, 18).

11, 12절을 말씀하실 때 예수께서는 자신의 가르침이 예언의 말씀들과 모순되지 않고 일치된다는 사실을 분명히 암시하셨다. 예수께서는 예언들을 폐하거나 취소하러 오신 것이 아니라, 완전하게 하러 오셨다(5:17).

소금과 빛

팔복에서는 천국 백성의 성격과 복이 서술되었다. 마지막 여덟 번째 복은 그 성격에 있어서 과도적인 것이었다. 그것은 주 예수 그리스도를 믿

272) Tertullian, *Antidote for the Scorpion's Sting 8.*

273) 사도행전 7:52 참조. 그리고 C.C. Torrey, *Legendary Lives of the Prophets*, Philadelphia, 1946; 그리고 H.J. Schoeps, "Die jüdischen Prophetenmorde," *Aus frühchristlicher Zeit* (Tübingen, 1950), p.126 이하를 보라.

는 신자들에 대한 세상의 태도를 서술했다. 이제 여기서 소개되는 "두 가지 상징" 곧 소금과 빛은 그와 정반대로 세상에 미치는 천국의 영향 혹은 그리스도를 따르는 자들이 저희를 박해하는 자들에게 보여 주는 반응을 묘사해 준다. 이 두 가지 상징 혹은 은유에 의해서, 서기관과 바리새인들의 거짓 경건의 세계를 포함한 "세상"이 가장 미워하는 자들은, 세상이 가장 빚을 진 자들이라는 중요한 진리가 계시되고 있다. 천국 백성들이 아무리 경멸을 받고 또 아무리 보잘것없어 보인다 할지라도, 서기관과 바리새인들이 아닌 **오직 저들만**이 세상의 **소금**이요 세상의 빛이다.

5:13-16의 말씀은 이 두 가지가 세상과는 얼마나 다르며, 그러면서도 신자들이 세상과 얼마나 밀접하게 관련되어 있는지를 보여 준다. 여기서 명예와 이익을 뒤좇는 마음이나 세속화가 정죄를 받으며 동시에 무관심 혹은 고립주의도 역시 정죄를 받는다. 소금은 순수한 소금으로 남아 있을 때 비로소 요긴한 것이 된다. 빛도 역시 참 빛일 경우에 한해서 유익한 것이 된다. 그러나 소금은 음식에 뿌려져야 하고 빛은 어두움을 밝혀야만 한다. 그 빛이 숨겨서는 안 되는 것이다.

[13] 너희는 세상의 소금이니.

소금이 흰빛을 띠고 있고, 짠 맛을 내주며, 보존시켜 주는 역할을 하는 등 여러 가지 특징을 지니고 있으나, 여기서 강조되는 것은 특히 마지막 특성, 즉 부패를 방지하고 지연시키는 방부제로서의 기능일 것이다. 하지만 맛을 내주는 부차적인 기능 역시 분명히 배제하지는 않는다(레 2:13; 욥 6:6; 골 4:6).

그렇다면 소금은 **소극적인** 기능을 가지고 있다 하겠다. 소금은 부패와 싸운다. 이와 마찬가지로 그리스도인들은 자신이 참으로 그리스도인인 것을 몸소 보여 줌으로써 끊임없이 도덕적이고 영적인 부패와 맞서 싸운다. 신자가 갑자기 세상적인 사람들로 이루어진 무리 안에 발을 들여놓을 때, 그들은 서로 주고받던 음탕한 농담을 삼가게 되고, 하나님을 모독하는 말을 그치게 되며, 또 악한 계획을 멈추게 되는 그런 경우를 우리는 얼마나 자주 경험했는가.

확실히 하나님만은 악한 세상에서 성도들의 모범된 생활과 기도가 얼마나 큰 방부제 역할을 하고 있으며, 신자가 아니었다면 세상이 **얼마나 더** 타락했을지를 알고 계신다(창 18:26-32; 왕하 12:2).

소금은 **은밀히** 작용을 한다. 우리가 비록 소금이 그 기능을 발휘하는 것을 눈으로 볼 수는 없을지라도 부패와 싸우는 소금의 영향력은 매우 실제적이다.

계속해서 **소금이 만일 그 맛을 잃으면 무엇으로 짜게 하리요 후에는 아무 쓸데없어 다만 밖에 버려져 사람에게 밟힐 뿐이니라.**

사해 바다의 습지나 개펄 혹은 그 근처의 바위에서 나는 소금은 석고 등의 불순물이 섞여 있어서 쉽사리 변질되거나 알칼리성의 맛을 내게 된다.[274)]

그렇게 되면 문자 그대로 "아무 쓸데없어" 다만 밖에 버리워 사람에게 밟히게 된다(겔 47:11 참조). 예수께서 세상에 계셨을 때, 많은 서기관과 바리새인들이 옛 선지자들이 주의 이름으로 선포한 참 종교 대신에 형식적이며 율법적인 종교를 주창하는 것을 보셨다. 이와 같이 소금은 대부분 이스라엘의 신앙 생활에서 그 맛을 잃고 있었다. "그 나라의 본 자손들"이 쫓겨난 것이었다(마 8:12).

---

274) 매우 일반적인 이 의견은 여러 사람들에 의하여 제안되었다. 그 가운데 Hauck, art. ἅλας, Th.D.N.T., Vol. I, p.228, 229; 그리고 "사해에서도 소금을 채취했다는 것은 사리에 맞는 의견이다. 그러나 여기서 채취한 소금은 질이 떨어지며 지중해산 소금보다도 더 쉽게 상한다"고 평한 A. Sizoo, *Die Antieke Wereld en Het Nieuwe Testament*, Kampen, 1948, p.28이 있다. art. *Salt*, W.D.B., p.525 또한 보라.

그러나 다른 이들은 순수 식염은 질이 떨어지지 않으므로 본 구절(마 5:13)이 분명한 잘못을 포함하고 있다고 주장한다. 필자가 수년 전에 참석한 과학 클럽의 한 모임에서 어떤 화학 교수와 이야기를 나눈 적이 있다. 또 다른 이들은 비록 본문에 잘못이 있음을 시인하기를 꺼리면서도, 예수께서 의도적으로 "자연계에서는 불가능한 어떤 것에 대한 비유를 사용하신 것"으로 생각한다(Lenski, *op. cit.*, p.194가 그러하다. 그는 "소금이 그 맛을 잃는다는 개념이라니!"라는 말을 덧붙이고 있다). J. Schniewind, *Das Evangelium nach Matth äus* (*Das Neue Testament Deutsch*, Vol. II), Göttingen, 1960, p.51은 그와 동일한 견해를 갖고 있다. F.W. Grosheide는 이 견해로 기울어지고 있다(*op. cit.*, p.51) .

본 절의 함축적인 의미는 분명하다. 소금이 그 맛을 잃으면 다시 제맛을 낼 수가 없는 것과 마찬가지로 진리의 말씀을 맛보았으나 성령의 권면들을 단호히 거역하고 그 마음이 완악하게 된 자들 역시 회개할 수 없다는 것이다(마 12:32; 히 6:4-6). 그러므로 소금이라 칭하는 것은 참 소금이라야 한다! 성경을 한 번도 읽지 않았던 수많은 사람들조차도 끊임없이 우리를 관찰하고 있다! 만일 우리의 품행이 우리를 부르신 부르심에 충실하지 못한다면 우리의 말은 전혀 쓸데없을 것이다.

우리는 소금이 주로 소극적인 기능을 가지고 있으며 또 은밀히 작용한다는 것을 살펴보았다. 그와는 달리 빛은 **적극적인** 기능을 가지고 있으며 공공연히 드러내는 일을 한다. 그러므로 소금과 빛, 이 두 은유법은 상호 보완적이다. 빛에 관하여 예수께서는 이렇게 말씀하신다.

[14상] 너희는 세상의 빛이라.

성경에서 빛은 하나님을 아는 참 지식(시 36:9, 참조. 마 6:22, 23)이요, 모든 착함과 의로움과 진실함(엡 5:8, 9), 기쁨과 즐거움과 참된 행복(시 97:11, 참조. 사 9:1-7; 60:19)을 뜻한다. 빛은 지식과 사랑 그리고 기쁨에

필자는 정중히 이상의 견해들과 의견을 달리한다. 필자가 이들과 의견을 달리하는 이유는 다음과 같다.

a. 문법적으로 수식어구 "소금이 만일 그 맛을 잃으면"이 실제 조건과 모순되지 않는 것이 사실일 뿐만 아니라, 또한 그것은 "너희 중에 누가 아들이 떡을 달라 하는데 돌을 주며"(마 7:9)와 같은 형식과는 상당히 차이가 난다. 이 경우 그 함축된 의미는 "그와 같은 사람은 없다"는 것임이 곧 명백해진다.

b. "후에는 아무 쓸데없어 다만 밖에 버려져 사람에게 밟힐 뿐이니라"는 결론은 마치 그러한 경우들이 실제로 일어났던 것처럼 들린다. 더욱이 이 마지막 표현, 즉 "사람에게 밟힐 뿐이니라"에서 그 기본적인 비유는 분명히 소금을 가리킨다. 그것이 직접적으로 사람을 가리킨다고는 보기 힘들다.

c. 앞서 제시한 바와 같이(위에서 언급한 Th.D.N.T.에 나오는 항목들을 보라), 여기에 언급된 바 "소금"이 그 맛을 잃는다는 것은 분명히 입증된 사실이다. 확실히 "**순수한** 소금은 소금으로 남아 있게 된다." 그러나 소금이 그 맛을 잃게 되는 것에 대한 언급은 불순물이 섞이고 오염이 되거나 침투되어 가는 경우를 가리킨다. 소금이 그 맛을 잃게 되는 것은 불순물 곧 이물질들이 그 소금에 섞여 있기 때문이다.

있어서 최선의 상태를 상징한다. 한편 이와는 대조적으로, 어두움은 우울함과 부패 그리고 절망에 있어서 최악의 상태를 상징한다. 빛이 언급될 때 때로는 어떤 특성(예를 들면, 계시된 지식)이 강조되지만 그 밖의 또 다른 특성은 각각 그 문맥에 의해서 결정된다. 어떤 경우에서는 "빛"이라는 말의 의미가 어느 한 특성을 가리키는 것보다도 더 넓게 쓰이는 수가 있다. 그 말이 "구원"의 모든 복을 다 포함할 정도로 포괄적인 의미를 지닌다고 할 수 있다(시 27:1; 눅 1:77-79 참조). 그러므로 어쩌면 여기 5:14에서도 역시 마찬가지일 것이다.

"너희는 세상의 빛이라"는 말씀은, 천국 백성들이 빛과 같은 복들을 부여받은 자들일 뿐만 아니라 또한 그 복들을 저희 주위에 있는 다른 사람들에게 전하기 위하여 하나님께서 사용하시는 방편이라는 사실을 뜻한다. 빛을 소유한 자들은 빛을 전하는 자들이 된다. 신자들은 집합적으로는 "빛"이고, 개체적으로는 "빛들"(광명체들, 별들, 빌 2:15)이다. 비록 집합적인 의미를 강조하지만 예수께서 하신 말씀에는 이 두 가지 의미가 다 포함되어 있다.

그러나 그리스도인들은 결코 스스로 된 빛이 아니다. 그들은 "주 안에서"(엡 5:8)의 빛이다. 그리스도만이 진정한 참 "세상의 빛"이시다(요 8:12; 9:5; 12:35, 36, 46; 고후 4:6, 참조. 시 27:1; 36:9; 43:3; 사 49:6; 60:1; 눅 1:78, 79; 2:32). 신자들은 이차적인 의미 혹은 파생적인 의미에서 "세상의 빛"이다. 그리스도는 "비추는 빛"이시고(요 1:9) 신자들은 비추어진 혹은 반사된 빛이다. 그리스도는 태양이시며 신자들은 태양의 빛을 반사하는 달과도 같다. 그리스도를 떠나서는 신자들이 빛을 비출 수가 없다. 전구는 제 스스로의 힘으로는 빛을 발할 수가 없다. 전원 스위치를 올려서 발전소에서 만들어진 전류가 그곳으로 흐르게 할 때에야 비로소 빛을 발하게 된다. 그러므로 그리스도를 따르는 자들이 원 빛에 실제적으로 연결되어 있을 경우에 한해서만 그들이 다른 사람들에게 대해서 빛의 역할을 할 수 있는 것이다(요 15:4, 5 참조).

이제 예수를 위하여 빛을 비추는 것이 교회의 직무이므로, 이 본래의 사명이 변질되거나 악화되어서는 안 된다. 교회가 경제적, 사회적, 정치적 문제들에 관한 모든 견해들을 전문적으로 다루거나 밝히는 것이 그 직무는 아니다. "오늘날 사회에 대한 큰 희망은 개개의 그리스도인 수가 증가해 간다는 데 있다. 하나님의 교회는 그 점에 주의를 집중하고 교회 밖의 문제들에 대해서는 그 시간과 노력을 낭비하지 말아야 한다."[275] 이것은 특별히 신학적인 문제가 아닌 이런저런 것들에조차 복음의 뜻을 나타내려는 교회의 견해가 항상 정죄를 받아야 한다는 말은 아니다. 그와 같이 분명한 공적 증언이 바람직하고 또한 필요하게 될 경우들이 있을 수도 있다. 이는 복음이 "아주 충분히" 전파되어야 하고 또 편협하게 영혼의 구원에만 제한되어서는 안 되기 때문이다. 그러나 교회의 주된 의무는 잃은 자를 찾도록(눅 15:4; 고전 9:16, 22; 10:33), 이들 돌아온 자들이 믿음에 굳게 서도록(엡 4:15; 살전 3:11-13; 벧전 2:2; 벧후 3:18), 그리고 하나님께서 영광을 받으시도록(요 17:4; 고전 10:31) 구원의 메시지를 전파하는 것이다. 신자들의 모범과 메시지 그리고 기도를 통해서 그리스도께로 돌아온 자들은, 선한 일에 그들의 전력을 쏟음으로써, 그들의 믿음과 사랑의 진실된 특성을 보여 주게 될 것이다.

[14하]-[16] 산 위에 있는 동네가 숨겨지지 못할 것이요 사람이 등불을 켜서 말 아래에 두지 아니하고 등경 위에 두나니 이러므로 집 안 모든 사람에게 비치느니라 이같이 너희 빛이 사람 앞에 비치게 하여 그들로 너희 착한 행실을 보고 하늘에 계신 너희 아버지께 영광을 돌리게 하라.

빛의 비유와 관련하여 여기서 두 가지 개념이 결합되고 있다. 곧, 그리스도를 따르는 자들은 **눈에 드러나야** 하는 동시에 또한 **빛나야** 한다는 것이다. 그들은 "빛 가운데" 있어야 하며 또한 빛을 발하여야 한다. 첫 번째 개념은 산 위에 있는 동네에 의해서 전달이 된다. 성벽과 요새로 된 그러한 동네는 "숨겨질 수가 없다." 그것은 모든 사람의 눈에 밝히 드러난다.

---

275) D.M. Lloyd-Jones, *Studies in the Sermon on the Mount,* Grand Rapids, Michigan, 1959, Vol. I, p.158. 두 권으로 된 이 훌륭한 저서는 모든 사람의 서재에 다 소장되어야 한다.

두 번째 개념은 등경 위에 두는 등불("촛대 위에 꽂은 촛불"이 아닌, A.V.)의 비유에서 드러난다. 그러한 등불은 "빛을 발한다." 그리고 "빛을 비춘다." 우리는 오늘날 큰 박물관이나 여러 사람들의 개인 소장품들 가운데서 그 당시의 등(燈)들을 볼 수 있다. 필자는 지금 적갈색의 질그릇으로 된 접시 모양의 등잔을 바라보고 있다. 이 등잔은 길이가 대략 5인치 반, 폭이 4인치 그리고 높이가 1인치 반 정도이다. 이 등잔 한쪽 끝에는 손잡이가 달려 있고 다른 한 쪽 끝에는 심지를 놓기 위한 주둥이 모양의 가는 구멍이 뚫려 있다. 등잔 위쪽 표면 꼭대기에는 두 개의 구멍이 나 있는데, 하나는 기름을 채우기 위한 것이고 다른 하나는 공기를 통하게 하기 위한 것이다.

그렇다면 예수께서 말씀하고 계신 바는 분명히 주위 사방을 밝히기 위해서 그러한 등불을 켠 다음, 즉시 그것을 말(곡식, 액체, 가루 따위의 분량을 되는 데 쓰는 그릇—역주)[276] 아래에 둘 정도로 어리석은 바보는 아무도 없다는 것이다. 지각이 있는 사람이라면 물론 등불을 켜서 등경 위에 둘 것이다. 그러한 등경은 일반적으로 매우 간단하게 만들어져 있다. 그것은 방 한가운데에 있는 기둥(평평한 지붕의 큰 대들보를 떠받치고 있는 기둥)에 설치한 하나의 선반일 수도 있고, 벽에서 방안으로 튀어나온 단순한 돌일 수도 있으며, 혹은 등잔을 올려놓을 목적으로 적절한 곳에 만들어 둔 금속 받침일 수도 있다. 요점은 이미 불이 켜져서 등경 위에 놓여진 등불은 "집 안 모든 사람에게 비춘다"는 것이다.

예수께서 말씀하시는 것을 듣고 있던 바로 그 가난한 사람들(눅 6:20)의 집은 단지 방이 하나밖에 없었다고 생각할 때, 이 점은 쉽게 이해가 될 것이다. 등불이 집안을 밝히는 것과 같이 그리스도인들도 세상에 빛을 비추어야 한다. 켜진 등불은 빛을 비출 기회를 잡아야 한다. 이와 마찬가지로 예수를 따르는 자들은 사람들이 그들의 행실, 곧 그들의 "착한 행실"을 보도록 하기 위하여 "빛을 비추어야 한다." 예수께서 강조점을 두신 것은 믿음의 열매로 간주되는(16절) 이 행실이다. 이는 "행동은 말보다 더 힘있

---

276) 라틴어 *modius*에서 온 헬라어 *μόδιος*. 용적의 단위로서 16 sectarii, 약 8.75 liters 혹은 거의 정확한 1 peck.

게 말하기 때문이다."

본 문맥에서 율법의 크고 첫째 되는 계명 강령을 따라 행해진 행실과 둘째 계명 강령에 따라 행해진 행실 사이를 구분 짓는 것은 전혀 불필요한 일이며 또 권장할 일도 못 된다. 예수의 가르침에서 이 두 계명은 비록 첫 번째의 것이 기본적인 계명임에는 틀림이 없으나 서로 병행한다(마 22:34-40; 막 12:30, 31; 눅 10:25-28). 어떤 유의 것이 되었든 간에, 믿음으로 말미암아 은혜로 얻은 구원에 감사해서 그와 같이 뛰어난 일들을 행할 때, 그들은 하나님을 기쁘게 해 드리는 셈이 된다. 그 착한 행실이 기도 중에 하나님을 굳게 붙드는 일(마 6:6, 참조. 사 64:7)이나 하나님을 신뢰하는 일(마 6:24-34)이 되었든, 아니면 도움을 필요로 하는 자들을 도와주고(마 25:34-40) 자기 원수까지도 사랑하는 일(마 5:44)이 되었든 간에 이것은 사실이다.

이 착한 행실 가운데 어떤 것이 사람들 눈에 띈다는 것은 어쩔 수 없는 일이다. 불신자들도 때로는 하나님의 자녀들이 부르는 찬송 소리에 귀를 기울일 것이다. 시련과 절망의 때에 신자들이 보여 주는 하나님께 대한 묵묵한 신뢰를 불신자들은 유의하여 볼 것이다. 불신자들은 또한 때때로 신자들이 병든 자들과 죽어 가는 자들에게 도움을 베풀기 위하여, 위험과 희생과 심지어는 죽음까지도 무릅쓰는 모습을 놀라움으로 바라볼 것이다.

터툴리아누스(Tertullian, A.D. 200년경에 활약했던 인물)는 다음과 같이 기록했다. "그러나 많은 사람들이 우리에게 좋은 낙인을 찍게 되는 것은 주로 우리의 아주 고상한 사랑의 행실들로 말미암는다. 그들은 곧 이렇게 말한다. '보라, 저희(그리스도인들)가 서로 얼마나 사랑하는가!' 이는 그 자신들(비기독교인들)이 서로에 대한 미움으로 가득 차 있기 때문이다. 그들은 또 이렇게도 말한다. 곧, '보라 그들이 서로를 위하여 죽는 일까지도 서슴지 않는구나!' 이는 그 자신들은 오히려 서로를 죽이려 하기 때문이다."(*Apology* XXXIX).

이 착한 행실이 사람들의 눈에 띄는 것은 좋은 일이다. 이것이 바로 정확히 예수께서 원하시는 바이다. 잘 생각해 보면, 이것은 또한 그와 같은 착한 일을 행하는 자들이 원하는 바이기도 하다. 그러나 이것은 자기 자신의 명예를 얻기 위하여 6:1, 5, 16의 의미로 행하는 것이 아니라, 예수께서 말씀하신 바 "하늘에 계신 너희 아버지께 영광을 돌리게 하라"는 의미에서 그와 같이 행하는 것이다. 그러므로 그러한 착한 행실을 보이는 **목적**과 또한 어느 정도까지 그 **결과**는 성령의 감화를 받은 사람들이 하나님께 영광을 돌리고자 하는 것이다. 이 영광을 인간의 삶에서 빛을 비추게 하신 하나님께서 받으시는 것은 합당한 일이다(사 24:15; 25:3; 시 22:23, 참조. 고전 10:31).[277]

복음서들 가운데서 처음으로 여기 사용된 "하늘에 계신 너희 아버지"라는 어구에 대해서는 한마디 덧붙여 둘 것이 있다. 높이 존경을 받는 한 주석가가 이렇게 쓰고 있다. "구약성경에서도 때때로 하나님이 아버지로 언급되신 것은 참된 사실이다. 하지만 그 당시에는 그 명칭이 하나님과 개개의 신자들 사이의 개인적인 관계를 표시하는 것이 아니라, 하나님과 언약 백성 이스라엘 사이의 관계를 표시하는 것이었다. 그 예로서 이사야서 63:16을 비교하여 보라."[278] 필자는 이 말이 정확하다고 보지 않는다. 구약성경에서도 하나님은 단지 민족의 아버지로서만이 아니라(사 63:16; 사 64:8; 말 1:1, 6, 참조. 민 11:12), 개개 신자들의 아버지로서 저희를 그의 사랑의 품에 안으시고 돌보시는 분으로 언급되었다. "그의 거룩한 처소에 계신 하나님은 고아의 아버지시며 과부의 재판장이시라"(시 68:5), "그가 내게 부르기를 주는 나의 아버지시요 나의 하나님이시요 나의 구원의 바위시라 하리로다…그를 위하여 나의 인자함을 영원히 지키고 그와 맺은 나의 언약을 굳게 세우며"(시 89:26, 28). 비록 시 103:13에서 하나님이 직접 "아버지"로 언급되지 않는 것이 사실이나 개개인들에 대한 관계에 있어서 그가 아버지 되시는 사실이 암시되어 있다. "아버지가 자식을 긍휼히 여김같이 여호와께서 자기를 경외하는 자를 긍휼히 여기시나니." 각 신자들에게 있어서 하나님은 이 세상의 어떤 아버지보다도 더욱 귀한 분이시다. "내 부모는 나를 버렸으나 여호와는 나를 영접하시리이다"(시

277) **영광**의 개념에 관하여는 필자의 주석 빌립보서 1:11에 대한 각주 43)을 보라.

278) H.N. Ridderbos, *op. cit.*, Vol. I, p.100.

27:10). 또한 삼하 7:14, 15도 보라(대상 28:6 참조). 이제 예수께서는 이 구약성경에 기초하고 계신다. 구약성경에 영감을 불어넣어 주신 분이 바로 주님의 성령이 아니셨던가? 예수께서는 또 복음서들 가운데서 아버지라는 명칭을 하나님께 적용시키심으로써, 그의 **온유하심**("아버지")과 **위엄**("하늘에 계신")을 드러내신다(마 6:9). 유대인이거나 이방인이거나 간에 예수를 자기의 주와 구주로 영접한 자들은 모두 다 하나님을 가리켜 "하늘에 계신 우리 아버지"로 부를 특권을 부여받은 자들이다.

그 나라의 의

그 나라의 왕께서 요구하시는 삶의 높은 표준이 이제 제시된다. 첫째로 우리는 다음 사실을 대하게 된다.

이 의는 구약성경이 선언하고 있는 도덕적 원리들과 완전히 일치된다.

예수께서는 이제 막 그의 청중들에게 각자 자기의 빛이 사람 앞에 비치게 하여 그들로 그 착한 행실을 보고 하늘에 계신 아버지께 영광을 돌리게 하라는 권면을 하셨다. 그런데 그와 같은 행실들은 하나님의 거룩한 율법에 일치되는 것들이다. 서기관과 바리새인들은 율법의 수호자들로 평판이 나 있었다. 하지만 예수께서는 이들이 외식하는 자들임을 드러내고자 하셨다(5:20; 6:1, 2, 5, 16; 그리고 더 나아가서 15:1-9; 16:1-4; 22:15-22; 23장). 그렇다면 이것은 예수께서 율법과 그 율법을 재차 단언한 선지자들의 권위를 손상시키시기에 이르렀음을 뜻하는가? 예수께서는 이렇게 대답하신다.

[17] 내가 율법이나 선지자를 폐하러 온 줄로 생각하지 말라 폐하러 온 것이 아니요 완전하게 하려 함이라.

그리스도를 반대하는 자들은 이제 이미 그를 과거와 관련된 것은 무엇이나 다 파괴하고 싶어하는 파괴적인 혁명가 혹은 인습타파주의자로 간주하기 시작했다(요 5:18). 그들은 결코 예수에 대한 이 같은 태도를 바꾸지 않았고 오히려 반감은 더 심각해져 갔다(마 26:59-61). 사도 바울에 대한 그와 비슷한 태도에 관하여는 사도행전 21:21을 보라.

잘못은 대적자들에게 있었다. 서기관과 바리새인들이 선행을 요구하였던가? 예수께서도 그리하셨다(5:16). 그들이 모세를 높이 존중하였던가? 예수께서도 그리하셨다(8:4; 막 7:10; 눅 16:31; 24:27, 44; 요 5:46). 예수께서 선언하신 의는 새로운 것이 아니었다. 그것은 구약성경 안에 선언되어 있는 의, 곧 "율법과 선지자들" 안에 선언되어 있는 의와 완전히 일치되는 것이었다(눅 16:16 참조).[279] 그러나 여기 마태복음 5:17에서는 율법과 선지자들을 각각 똑같이 강조하기 위해서 "율법이나 선지자"(곧, 모세오경이나 그 나머지 구약성경)라는 용어가 사용되고 있다.

그런데 예수께서는 "그 나라의 의"를 말씀하시기에 앞서, 그가 새것들을 선포하는 자라는 그의 원수들의 비난을 일축하시고, 그의 사역은 구약성경과 충돌하는 것이 아니라 일치하는 것이며, 사실상 그가 없이는 구약성경이 불완전하고 성취되지 않은 채로 남아 있게 되리라는 사실을 보여주신다. 베드로 역시 오순절에 그들을 둘러싸고 일어났던 기이한 일들을 예언의 성취로 해석했다(행 2장). 사도 바울 또한 믿음을 통해서 은혜로 얻어지는 칭의의 교리가 전혀 새것이 아니라 구약성경의 가르침에 확고히 뿌리를 박고 있음을 밝혀 줌으로써 새것을 옛것에 연결시켜 주고 있다(롬 3:21; 4장; 7:7 이하; 9-11장; 갈 3:6-22; 4:21-31 등).

---

279) "구약성경"을 가리키는 다른 용어로서는 "모세의 율법과 선지자의 글과 시편"(눅 24:44)이 있으며, 또 다른 용어로서는 "모세와 선지자들"(눅 16:29, 31; 24:27)이 있다. 구약성경 전체를 가리키는 명칭들 중 가장 짧은 것으로는 "율법"(마 5:18, 참조. 요 12:34)이 있다. 요한복음 10:34의 "너희 율법"은, 그것이 비록 앞서 말한 명칭만큼 많은 부분을 포함하지는 못하고 직접 시편 82:6을 언급하고 있으나, 역시 비슷한 명칭이다. 고린도전서 14:21에서의 "율법"은 이사야서 28:11을 가리킨다. 그리고 로마서 3:19의 언급은 시편과 선지서들로부터 인용한 구절들 전체를 가리킨다. 이러한 사실들은 "율법"이라는 용어가 때로는 우리가 "구약성경"이라고 말하는 곳에 사용되고 있음을 입증해 준다.

칼빈은 마 5:17 주석에서 다음과 같이 적용하고 있다. “우리가 만일 무질서한 상태에 처해 있는 일들을 개혁하고자 한다면, 우리는 항상 사람들에게 우리가 하나님의 영원한 말씀을 반대하거나 성경에 상충되는 어떤 것을 도입하지 않는다는 사실을 확신시켜 줄 정도의 절제와 신중을 기해야 한다. 우리는 그와 같은 성경과의 상충에 대한 어떤 혐의가 경건한 자들의 믿음에 손상을 끼치지 않도록, 또 분별없는 사람들이 새것을 가장하여 끼어들지 않도록 유의해야 한다.”

실제로 예수께서 “율법이나 선지자”에게 표하신 경의는 서기관과 바리새인들의 그것보다도 훨씬 더 높은 것이었다. 그들은 하나님의 말씀을 유전의 무거운 짐 속에 묻어 버렸고, 또 율법 행하는 것을 구원을 얻는 유일한 길로 간주했다. 그러므로 사실상 그들은 구약성경을 버린 자들이었다. 예수께 있어서는 전혀 경우가 달랐다. 예수께서 착한 행실을 요구하실 때(5:16)에는 앞에서 “복이 있다”고 선언된 자들(마 5:1-12; 눅 6:20-23)에게 하셨다. 팔복에 의하면, 이 백성들은 자기 심령의 가난을 깨닫고 애통하면서 자기 죄를 고백하고 하나님께로부터 전가된 의와 전달된 의를 받은 자들이다. 이 문맥에서 “착한 행실”은 이미 받은 구원에 대한 감사에서 나온 행실이다. 이와 같이 하여 율법은 원칙적으로 완전하게 된다. 선지자들도 마찬가지이다. 선지자들(구약성경 중 모세오경을 제외한 나머지 책들) 안에는 율법(모세오경)이 재확증되어 있다. 그러므로 “내가 율법이나 선지자를 폐하러 온 것이 아니요 완전하게 하러 왔노라”고 확언할 권리를 가지신 분은 대적자들이 아니라 예수 그리스도이셨음이 분명하다. 예수 그리스도께서는 자기를 참으로 따르는 신자들의 삶 가운데서 구약성경의 영적인 요구가 바로 이루어지도록 하는 것이 그의 목적이었다. 다시 말해서 율법의(그러므로 또한 선지자들의) 요구의 그릇이 신자들의 삶 가운데서 넘치도록 채워지게 하는 것이 주님의 목적이었다.

그러나 현재로서는 필자가 보기에 지금까지 제시한 설명이 본 절의 의미를 충분히 만족시켜 주지는 못하는 것 같다. 예수께서 “내가 폐하러 온 것이 아니요 완전하게 하려 함이라”고 말씀하실 때, 그가 단지 자기를 따르는 자들 안에서의 성취만을 염두에 두셨을 것으로 보기는 어렵다. 예수께서는 "자기 자신의 체험에서와 더 나아가서 그를 따르는 자들의 체험에서"의 율법의 성취를 언급하셨을 것으로 보인다(C.R. Erdman, *op. cit.*, p. 48). "자기 자신의 체험에서"라는 문구에 주의하라. 이 본 절은 예수께서 자기 자신을 가리켜 구약성경의 성취로 표현하신 그의 다른 말씀들과 일치된다. 그것은 예수께서 훨씬 뒤에 하신 말씀들(마 26:56; 눅 18:31; 24:25-27, 44)뿐만 아니라 또한 특히 본 산상설교를 행하시던 해(年)에 하신 말씀들과도 일치된다.

그때에 사마리아 여자에게 자기 자신을 인류 소망의 실현으로 나타내신 분(요 4:25, 26, 42)이, 그리고 얼마 후 세례 요한과 나사렛 사람들에게 자기 자신을 가리켜 예언의 성취로 말씀하신 분(마 11:1-6; 눅 4:16-30)이, 본 산상설교에서는 **자기 자신 안에서의** 어떤 실현 혹은 성취를 전혀 생각함이 없이 구약성경을 성취하는 일에 대하여 말씀하셨을 것으로는 믿기 어렵다.

이제 만일 그 성취가 주님 자신과 관계되는 것이라면, 그것은 율법의 참 의미를 밝히고 또 자기 자신을 구약의 예표들과 예언들의 성취로 나타내심으로써 그가 **대선지자**(신 18:15, 18)로 드러나시는 그의 **가르침의 권위**를 위한 것이었을까? 아니면 그의 능동적이며 수동적인 순종을 통해서 그가 자기 백성의 **긍휼 많으신 대제사장**(시 40:6, 7; 렘 23:6)으로서 율법의 요구를 만족시키시는 그의 **대속적인 고난과 죽으심에만** 관계된 것이었을까? 아니면 **전적으로** 자기 백성을 원수의 권세에서 구원해 내시고 그들의 **영원한 왕**으로서 그들의 삶을 다스리시는(창 49:10; 삼하 7:12, 13; 시 72편) 그의 왕적 통치에만 관계된 것이었을까? 하지만 어찌 그 세 가지에 다 관계되지 않을 이유가 있겠는가? 구약성경 자체가 오실 구속자를 묘사함에 있어서 항상 그가 **단 한 가지** 직분을 행하시는 모습으로만 제한하지 않음으로써 "메시아의 성취" 개념에 대하여 보다 완전한 해석의 길을 열어주지 않는가? 시 110:4; 사 53장; 슥 6:13을 보라. **결론** : 예수께서는 자기가 맡으신 직분과 행하실 **모든 일**에 있어서 구약성경을 버리거나 폐하러 오신 것이 아니라 그것을 성취하며 완전하게 하러 오셨다. 문맥은 이 위엄 있는 문장(5:17)의 의미에 대하여 어떤 제한을 가할 것을 요구하지 않는다(아마도 "허용하지 않는다"라고 해도 틀린 말은 아닐 것이다). 더욱이 본 절은 이접적(離接的) 접속사 "…이나(or)"에 의해서 그 의미의 폭이 강조되고 있다. 그것은 두 개의 구별된 부분에 대해서 다소 차이를 두고 주목하게 만든다. 분명히 그것은 예수께서 율법의 요구를 폐하거나 아니면 예언들을 포함한 선지자들의 말들을 무효화하기 위하여 오신 것이 아니라는 사실을 확인해 줄 것이다. 예수께서는 그 두 가지를 다 완전하게 하시고 성취하시기 위하여 오셨다.

"내가 왔노라"고 예수께서는 말씀하셨다. 이 말씀은 예수께서 자신의 메시아적 사명을 완전히 의식하고 계셨으며, 이와 밀접하게 관련하여 그의 선재 사실(先在事實)을 시사하고 계셨음을 의미한다. 그러므로 그리스도의 선재 교리(先在教理)는 요한(1:1-14; 3:17; 5:36, 43; 6:38; 8:58; 16:28; 18:37)과 사도 바울(고후 8:9; 갈 4:4, 5; 엡 4:9, 10; 빌 2:5 이하 등)에게만 국한되는 것이 아니다. 비록 충분치는 못하다 할지라도, 그리스도의 선재 교리는 공관복음도 역시 분명하게 가르쳐 주고 있다(마 5:17; 눅 12:49; 19:10).

17절 주석에서 제시된 설명을 기초로 삼는다면 다음 절을 이해하기가 보다 용이할 것이다.

[18] 진실로 너희에게 이르노니 천지가 없어지기 전에는 율법의 일점 일획도 결코 없어지지 아니하고 다 이루리라.

엄밀하게 문자적으로 번역한다면, "진실로 내가 너희에게 이르노니 천지가 없어지기 전에는 율법에서 '요타'(*iota*) 하나 혹은 '케라이아'(keraia) 하나도 결코 없어지지 아니하고 다 이루리라"가 된다. 이것은 히브리어나 헬라어에 익숙하지 않은 독자에게는 별 의미가 없는 번역일 것이다.

원문의 "아멘"에 관하여, 그 말은 일반적으로 **진리**와 **신실**의 개념을 내포한다. 단순형(*Qal*)에 있어서 그 동사는 **신실하다, 확실하다**를 뜻한다. **단순재귀형**(Niph'al)에 있어서는 **견고하게 되다, 확증되다, 확립되다**를 뜻한다. 사역형(Hiph'il)에 있어서는 **굳건한 태도를 취하다, 신뢰할 만한 것으로 간주하다, 믿다**를 뜻한다. 이 말은 어떤 엄숙한 진실을 확언 확증하는 말에서 나타난다. 구약성경에서 "아멘"이 한 단어로 나오는 구절로는 신 27:15, 16-26; 왕상 1:36; 대상 16:36; 느 5:13; 시 106:48; 렘 28:6 등이 있다. 또 "아멘"이 두 번 겹쳐 나오는 구절로는 민 5:22; 느 8:6; 시 41:13; 72:19; 89:52 등이 있다. 신약성경에서는 "아멘"이라는 말이 부사대격(副詞對格)으로서 신실성과 엄숙성의 개념을 아울러 내포한다. A.V.의 "verily"="in very truth"("참으로" 혹은 "진실로")라는 번역은 분명히 나쁘지 않다. 하지만 그 말은 오늘날 다소 고어체에 속하는 감이 있다. "truly"(R.S.V., N.A.S.)가 그와 동일한 의미를 충분히 나타내는지 혹은 "yours truly"와 같은 문구와 관련하여 그 말이 일반적으로 "verily"와 관련된 강세나 엄숙성이 다소 감소되는지 어떤지 하는 문제에 대해서는 의견이 분분하다. 신약성경에서 이 말이 나타나는 모든 사례들—독자가 이 점은 직접 성구사전을 찾아보기 바란다—에 있어서, 그 말은 하나의 진리나 사실, 예를 들면 2×2=4와 같은 사실뿐만 아니라 많은 경우들에 있어서 일반적인 견해나 기대와는 일치되지 않는, 아니면 적어도 어떤 놀라움을 야기시키는 **중대하고 엄연한** 사실을 제시하는 진술을 나타내 준다. 필자가 개인적으로 "내가 엄숙히 너희에게 선언하노니"[280]로 된 번역을 "내가 진실로 너희에게 이르노니"보다 더 좋아하는 것은 바로 그러한 이유에서이다.

사도 요한이 그의 복음서에서 항상 두 번 아멘(헬라어: "아멘, 아멘" A.V.: "Verily, verily")을 사용하는 반면에, 공관복음서에서는 항상 한 번 아멘을 사용하는데, 그 정확한 이유는 분명하지 않다. 어떤 이들은, 요한의 두 번의 아멘은 아람어를 사용하신 예수께서 말씀하신 바를 문자 그대로 재현한 것으로 추측한다. 그리고 마태와 마가와 누가는 헬라어로 번역함에 있어서 한 번의 아멘으로 그리스도의 말씀의 엄숙성을 재현하기에 충분하다고 간주했던 것이 아닌지 추측한다. 모든 경우에 있어서 그리스도께서 뜻하신 바가 충분히 전달되는 일에 관한 한 이것은 별 차이가 없다.

280) Williams : "내가 엄숙히 이르노니"를 참조하라.

그런데 예수께서는, 자기가 율법을 폐하러 온 것이 아니요 완전하게 하러 왔다고 말씀하신 바로 앞절과 관련하여, 이제 대적자들이 틀림없이 자신의 태도에 대하여 비판했을 것을 예리하게 반박하시면서, 하나님의 신성한 말씀에 대한 그의 완전무결한 충성을 재확증하신다. 현재 상태의 천지가 없어질지라도(시 102:25, 26; 사 34:4; 51:6; 마 24:35; 롬 8:21; 히 1:12; 벧후 3:7, 10-13; 계 6:14; 21:1-3)[281] 성취를 요하는 말씀은 구약성경의 지극히 작은 부분이라 할지라도 결코 성취되지 않고 넘어가는 법이 없다. 모든 예표(豫表)들은 그 원형(原型)으로 대치될 것이다. 모든 예언들이 다 실현될 것이며, 율법의 요구가 완전히 이루어질 것이다.

요타(A.V., "jot") 하나 혹은 **케라이아**(A.V., "tittle") 하나조차도(일점일획도) 그 사명이 성취되기 전에는 율법, 곧 구약성경에서 없어지지 않을 것이다. 구약성경은 본래 히브리어로 기록이 되었는데, 히브리어 중 가장 작은 글자는 영어의 "young"에서처럼 "y"음가를 가진 **요드**(*yodh*) 자이다. 헬라어에서는 그 말과 매우 유사한 가장 작은 글자인 **요타**로 대체된다. **케라이아**는 히브리어에 있어서 한 글자를 다른 글자와 구분 짓는 아주 작은 돌출부 혹은 작은 꼬리를 가리킨다. 영어의 "b" 혹은 "bh"에 해당하는 음가를 가진 히브리어 알파벳의 두 번째 글자인 **베드**(*beth*) 자는 오른편 밑쪽에 아주 작은 돌출부를 가지고 있어서 **카프**(*kaph*) 자와 구분이 된다. 히브리어의 **베드** 자는 ב이고 **카프** 자는 כ이다. 그렇다면 본 절의 의미는, 곧 구약성경은 그 지극히 작은 부분이라 할지라도 반드시 다 성취되리라는 것이다. 그것은 마치 우리가 그 성취에 관하여 "'t' 자 하나라도 가로 긋지 않은 채로 남아 있지 아니할 것이요, 'i' 자 하나라도 점이 찍히지 않은 채로 남아 있지 아니하리라"고 말하는 것과도 같다.

예수께서 말씀하신 바와 같이, 구약성경의 어떤 부분들, 예를 들면 성육신과 같은 부분들은 이미 성취되었다. 다른 부분들은 성취되어 가고 있었고 또 다른 부분들은 곧 성취될 것이었다. 즉 십자가에 못 박히실 때와 부활하실 때 그리고 승천하실 때 이루어질 것이었다. 또 남은 부분들은

281) 하늘과 땅은 "없어질 것"이 아니라 영광스럽게 변화될 것이다. 필자의 *The Bible on the Life Hereafter*, Chap. 48, pp.205-207을 보라.

그 뒤 오순절 이후에 그리고 마지막으로 그리스도께서 영광 중에 다시 오실 때 성취될 것이다.

새 하늘과 새 땅에서는 기록된 책으로서의 "율법"이 더 이상 필요하지 않을 것이다. 사실상 기록된 성경, 곧 구약과 신약은 불필요한 책이 될 것이다. 그러나 그날이 오기까지는 그 어떤 부분도 이루어짐이 없이 지나쳐 버리는 일이 결코 없을 것이다. 그리스도와 교회와 일반 인류 그리고 우주에 대한 하나님의 계획은 아주 완벽하게 수행될 것이다(사 40:8).

예수께서 하나님의 율법을 매우 존중하신 사실이 여기에서 분명해진다. 그러므로 우리는 다음과 같이 계속하시는 말씀에 놀랄 것이 없다.

[19] 그러므로 누구든지 이 계명 중의 지극히 작은 것 하나라도 버리고 또 그같이 사람을 가르치는 자는 천국에서 지극히 작다 일컬음을 받을 것이요 누구든지 이를 행하며 가르치는 자는 천국에서 크다 일컬음을 받으리라.

비록 모든 것이 다 은혜로 말미암고 천국 백성의 공로에 의해서 획득된 것은 전혀 아무것도 없다 할지라도, 천국에서의 그의 지위 혹은 위치는 하나님의 거룩한 율법에 대한 그의 존중에 따라 좌우되며 또 그것에 비례한다.

그 율법의 모든 계명이 다 동등한 중요성을 가지는 것은 아니다. 랍비들은 율법을 613계명으로 나누었다. 그들은 이 중 248계명을 적극적 혹은 긍정적인 것으로, 365계명을 소극적 혹은 부정적인 것으로 간주했다. 그들은 보다 중하고 또 보다 경한 계명들에 대해서 길게 논의했다. 어떤 랍비들은 신명기 22:6, 7 "길을 가다가 나무에나 땅에 있는 새의 보금자리에 새 새끼나 알이 있고 어미 새가 그의 새끼나 알을 품은 것을 보거든 그 어미 새와 새끼를 아울러 취하지 말고 어미는 반드시 놓아 줄 것이요 새끼는 취하여도 되나니 그리하면 네가 복을 누리고 장수하리라"를 모든 율법 중에서 "가장 작은"(가장 덜 중요한) 것으로 간주했다.[282] 모든 계명 중에서 가장 중한 혹은 가장 큰 계명은, 주님의 질문에 대한 율법교사의 대답에 언급되었다(눅 10:27). 예수께서 그와 의견을 같이하신 사실이 그의 반응에서 분명해졌다(눅 10:28, 참조. 마 22:34-40; 막 12:28-34).

그리스도의 율법에 관한 가르침이 랍비들의 사소하고 부질없고 무미건조한 율법주의와 괴로움을 주는 세세한 규례들과는 전혀 동떨어진 것이었음은 분명한 사실이다. 그러나 그리스도 역시 율법의 어떤 요구들은 다른 것들보다 더 중요한 의의를 지니는 것으로 간주하셨다. 이 사실은 위에서 인용한 19절과 예수께서 가장 큰 계명에 관하여 하신 말씀뿐만 아니라 또한 "율법의 더 중한 바 정의와 긍휼과 믿음"(마 23:23)에 관하여 하신 말씀에서도 역시 분명해진다. 그럼에도 불구하고 주께서는 참 하나님의 도덕적 율법—5:21 이하에서 이제 보다 상세하게 논의하고자 하시는 그 율법—의 **모든** 계명이 다 지켜져야 한다고 주장하신다. 그중 아무것도 폐하여지거나 취소되어서는 안 된다.

다른 면에서는 제아무리 뛰어나다 할지라도 무릇 의도적으로 율법의 지극히 작은 계명을 버리고 다른 사람들을 가르쳐 자기를 본받게 하는 자는 "천국에서(pp. 404-406) 지극히 작은 자가 될 것이다." 그러나 다른 한편으로 무릇 이 계명들을 (그리스도께서 해석하신 바대로) 행하며 가르치는 자는 그 나라에서 크다 "일컬음을 받을 것이다"("실제로 큰 자가 되리라"는 뜻, 요일 3:1 참조). 성경이 확증하는 바와 같이, 이 원리는 땅 위와(마 18:1-4 참조) 하늘에서의 그리스도의 통치에 관련하여 유효하다. 그 이후에도 역시 적용이 될 것이다. 구원은 오직 **은혜로 믿음을 통해서**만 이루어지는 것이 아니라 또한 **행위에 따라서** 이루어진다. 이 행위 문제에 관한 보다 자세한 논의를 위하여는 전도서 12:14; 마태복음 25:35-45; 로마서 2:16; 고린도후서 5:10; 계시록 20:12, 13을 보라. 신실성의 정도에 있어서 하나님의 자녀들은 여기서도 차이가 난다. 그러므로 영광의 정도에 있어서도 그들은 하늘에서와 부활 시에 차이가 날 것이다(고전 15:41, 42).

율법을 지키고 마땅히 가르칠 바대로 그것을 가르치는 것이 매우 중요하다는 사실이 19절에서 분명히 밝혀진다. 이것은 또한 20절에서도 분명해지는 사실이다. 20절 머리에 나오는 접속사 "for"(이에-개역개정 성경

282) S.BK. I, p.249를 보라.

에는 번역되지 않음-역주)는 그리스도의 청중들이 이제 곧 듣게 될 것으로, 그가 방금 말씀하신 바에 대한 확증과 보다 상세한 설명이었음을 암시해 준다.

그러나 비록 19절과 20절 사이에 이러한 관계가 있긴 하지만, 여기에는 또한 서로 밀접한 관계가 있으면서도 한편으로는 새로운 주제로 넘어가는 전환점이 자리 잡고 있다. 예수께서는 지금까지 그 나라의 의가 구약성경에 선언된 도덕적 원리들과 완전히 일치된다는 점을 보여 주셨다. 이제 예수께서는 다음 사실을 보여 주고자 하신다.

이 의는 하나님의 거룩한 율법에 대한 당시의 유전적인 해석 및 그 적용과는 일치되지 않는다.

[20] (이에) 내가 너희에게 이르노니 너희 의가 서기관과 바리새인보다 더 낫지 못하면 결코 천국에 들어가지 못하리라.

"(이에) 내가 너희에게 이르노니"로 된 강조적인 도입화식(導入話式)에 주의하라. 예수께서는 서기관과 바리새인들의 의가 다른 의, 곧 하나님께서 기뻐하시는 의와는 상반되는 것으로 간주하신다는 말씀을 하고자 하신다. 이 말씀을 하신 직후에 예수께서는 그 내용을 매우 상세히 설명하실 것이다.

예수께서는 "살인하지 말라"는 계명이 랍비들에 의해서 해석되어 온 바와, 그 계명이 실제로 의미하는 바를 보여 주시고 나서, 다음으로 "간음하지 말라"는 계명이 옛 사람들에 의해서 어떻게 설명이 되었는지(서기관과 바리새인들은 이들의 설명을 채택해 왔다)와 그 계명의 본래 의도는 무엇이었는지 그리고 그 적절한 적용은 어떻게 해야 할 것인지를 보여 주실 것이다. 그러므로 예수께서는 맹세하는 일과 보복하는 일과 이웃 사랑하는 일을 하나씩 하나씩 논의하심으로써 율법에 대한 거짓 해석과 참 해석을 대조해 나가고자 하셨다.

이 논의는 5장 끝까지 계속될 것이다. 그러나 6장과 7장의 많은 부분들까지도 이 의도적인 대조를 반영해 줄 것이다.

따라서 20절에서 언급된 말씀은 그 다음에 나오는 설명들의 기초가 된다. 예수께서 요구하신 의는 다름 아니라 마음을 다하고, 목숨을 다하고, 뜻을 다하여 하나님의 거룩한 율법을 **완전히** 준행하는 것이다(마 22:34-40, 특히 37절). 그러한 의는 곧 외적인 행위가 아니라 내적인 마음의 상태가 의로워야 할 것을 뜻한다. 의롭되 하나님 보시기에 의로워야 한다. 더욱이 이 의는 하나님이 주신 의로서 여기 이 땅에서는 원리상으로 의로우나 장차는 완전한 의가 될 것이다. 이와는 대조적으로 서기관과 바리새인들은 외적인 순종의 의를 받아들였고, 스스로 분투노력함으로써 자기들의 목표에 도달할 수 있을 것으로 믿었으며, 또 사실상 그 실현 단계에 접어들고 있다고 믿거나 혹은 믿는 체하였다.

예수께서 **한 직업**(서기관들)과 **한 종파**(바리새인들)를 하나로 묶어서 말씀하신 것은 매우 당연한 일이었다. 서기관들은 구약성경에 대한 인정받는 해석가요 또한 율법교사였다. 바리새인들은 자신들이 서기관의 가르침에 굳게 집착한다는 사실을 다른 이들에게 알리려고 무진 애를 쓰는 자들이었다.

간단히 말해서 복음서들 가운데서 예리하게 대조되는 그 두 종류의 의는 다음과 같이 묘사될 수 있다. 각 경우마다 분명한 증거 구절들을 덧붙여 두었다.

a. 서기관과 바리새인들의 의는 **마음을 충족시켜 주지 못한다.** 그 의는 형식적이고, 외적이며, 피상적인 의로서 완전함으로부터 거리가 먼 것이다. 예수께서 권하신 의는 **마음을 충족시켜 준다.** 그 의는 순수하고 내적이며, 깊이 뿌리가 박힌 의로서 완전하다.

"마음이 청결한 자는 복이 있나니 그들이 하나님을 볼 것임이요"(마 5:8).

"너희는 사람 앞에서 스스로 옳다 하는 자들이나 너희 마음을 하나님께서 아시나니 사람 중에 높임을 받는 그것은 하나님 앞에 미움을 받는 것이니라"(눅 16:15).

"화 있을진저 외식하는 서기관들과 바리새인들이여 잔과 대접의 겉은 깨끗이 하되 그 안에는 탐욕과 방탕으로 가득하게 하는도다"(마 23:25).

b. 서기관과 바리새인들의 의는 **심령을 만족시켜 주지 못한다.** 그 의는 거짓되고, 그르치기 쉽고, 단순히 "영리한" 추론에 근거한 의요 또한 쉼을 얻지 못하는 마음에서 나온 의다.

예수께서 권하신 의는 **심령을 만족시켜 준다.** 그 의는 정직하고 믿을 만하며 건전한 추론과 일치되는 의요 또한 쉼을 얻은 혹은 얻고 있는 마음에서 나온 의다.

"수고하고 무거운 짐 진 자들아 다 내게로 오라 내가 너희를 쉬게 하리라"(마 11:28).

제정신이 든 후의 "탕자"의 **건전한** 추론에 유의하라(눅 15:17-19).

허울만 좋은 추론의 예를 우리는 마 15:3-5에서 찾아볼 수 있다. 예수께서는 이렇게 평하고 계신다. "너희의 전통으로 하나님의 말씀을 폐하는도다"(마 15:6).

c. 서기관과 바리새인들의 의는 **자기에게서 난 의다.** 이 사람들은 "스스로 의롭다" 하는 자들이었다. 예수께서 권하신 의는 **하나님께서 주신** 의다.

"의에 주리고 목마른 자는 복이 있나니 그들이 배부를 것임이요"(마 5:6).

"또 자기를 의롭다고 믿고 다른 사람을 멸시하는 자들에게 이 비유로 말씀하시되, 두 사람이 기도하러 성전에 올라가니 하나는 바리새인이요 하나는 세리라. 바리새인은 서서 따로 기도하여 이르되 하나님이여 나는 다른 사람들 곧 토색, 불의, 간음을 하는 자들과 같지 아니하고 이 세리와도 같지 아니함을 감사하나이다. 나는 이레에 두 번씩 금식하고 또 소득의 십일조를 드리나이다 하고, 세리는 멀리 서서 감히 눈을 들어 하늘을 쳐다보지도 못하고 다만 가슴을 치며 이르되 하나님이여 불쌍히 여기소서 나는 죄인이로소이다 하였느니라. 내가 너희에게 이르노니 이에 저 바리새인이 아니고 이 사람이 의롭다 하심을 받고 그의 집으로 내려갔느니라. 무릇 자기를 높이는 자는 낮아지고 자기를 낮추는 자는 높아지리라 하시니라"(눅 18:9-14).

d. 서기관과 바리새인들의 의는 **자기를 영화롭게 하는 의다.** 그 의는

자기를 과시하는 교만한 의다. 예수께서 권하신 의는 **하나님을 영화롭게 하는 의**다. 그 의는 자기를 나타내지 않는 겸손한 의다. 이 점도 역시 방금 위에서 인용한 구절들(눅 18:9-14)에서 분명해진다. 그것은 또한 다음 구절들에 의해서도 입증된다.

"이같이 너희 빛이 사람 앞에 비치게 하여 그들로 너희 착한 행실을 보고 하늘에 계신 너희 아버지께 영광을 돌리게 하라"(마 5:16).

"사람에게 보이려고 그들 앞에서 너희 의를 행하지 않도록 주의하라 그리하지 아니하면 하늘에 계신 너희 아버지께 상을 받지 못하느니라. 그러므로 구제할 때에 외식하는 자가 사람에게서 영광을 받으려고 회당과 거리에서 하는 것같이 너희 앞에 나팔을 불지 말라 진실로 너희에게 이르노니 그들은 자기 상을 이미 받았느니라"(마 6:1, 2).

기초적인 원리(20절, 어떤 의미에서는 17-20절)를 제시한 다음에 이제는 그 근본적인 진리를 여러 가지 계명들에 적용하고 있다. 여섯 차례에 걸쳐 예수께서는 서기관과 바리새인들의 교훈에 대하여 그 자신의 권위 있는 판단을 내리시는 동시에, 저희를 거슬러 올라가서 오래전 시대의 현인들의 잘못된 해석에 대해서도 그의 판단을 내리시고자 하셨다. 여섯 차례에 걸쳐서 예수께서는 "…을 너희가 들었으나 나는 너희에게 이르노니…" 하는 말씀을 하셨다(5:21, 27, 31, 33, 38 그리고 43). 우리는 이 말씀들을 여섯 반론(反論)이라 칭할 수 있다.

첫 번째 반론: 제6계명, 살인

예수께서 모든 교훈의 날[刃]을 예리하게 세우신 사실이 분명해지게 된다. 예수께서는 범죄의 밑바닥에 자리하는 마음의 악한 의향을 지적하고 그것을 정죄한 다음 그것에 대하여 적극적인 계명을 주심으로써 이와 같이 하신다. 이 점은 제6계명에 대한 그의 해석에서 즉시 분명해진다. 그 머리말은 이렇게 시작된다.

[21] 옛사람에게 말한 바 살인하지 말라 누구든지 살인하면 심판을 받게 되리라 하였다는 것을 너희가 들었으나.

"…을 너희가 들었으나"로 된 형식은 하나의 난제를 야기시킨다. 이는 "옛사람**에게**"라는 구(句) 자체만을 두고 생각할 때, 그것은 "옛사람**에게**"(R.S.V.: "이전 사람에게")로나 아니면 "옛사람에 **의해서**" 중 어느 하나로 해석될 수 있기 때문이다. 많은 번역가들과 주석가들은 **에게**를 채택한다. 그 밖의 몇몇 사람들은 **의해서**를 채택한다.[283] 첫 번째 견해에 의하면, 예수께서는 모세가 조상들에게 율법 가운데 뭔가를 말했다고 생각하신다는 의미로, 예수께서 이제 "모세의 규례들 위에 뛰어난 논조로 말씀하시는 것"을 뜻하는 결과가 된다(A.T. Robertson, *Word Pictures,* Vol. I, p. 44). 예레미아스(J. Jeremias)는 각주 250)에 언급한 논문에서, "예수께서는 성경말씀에 대하여 '그러나 나는 너희에게 이르노니' 라는 말씀으로 반론을 제시하실 때, 하나의 새로운 하나님의 율법을 제정하고 계신다"라고 진술하는 중에 이제 말한 견해를 더욱더 강력한 어조로 피력한다.

두 번째 견해에 의하면, 예수께서는 옛사람에 **의해서**, 즉 율법 해석가들인 랍비들에 **의해서** 해석이 제시되었다고 보셨다는 것이다. 비록 그 당시의 서기관과 바리새인들은 그 해석에 대해 의견의 일치를 보였지만(20절에 분명히 암시된 바와 같이), 예수께서는 의견을 달리하시거나 그것이 위험할 정도로 불완전하다고 생각하셨다는 것을 뜻한다.

첫 번째 해석("에게")을 버리고 두 번째 해석("의해서")을 채택하는 이유는 다음과 같다.

a. 이제 방금 가장 강조적인 말로, 율법이나 선지자를 폐하러 온 것이 아니라 완전하게 하러 왔다고 확언하신 예수께서 돌연히 태도를 바꾸어 이와 같은 일을 하신다는 것은 매우 이상한 일이 될 것이다.

b. 만일 예수께서 모세가 율법 가운데서 명했던 바를 언급하셨다고 한다면, 그는 다른 말을 사용하셨을 것이다. 예를 들면, "모세가 명한"(마

283) "옛사람에 의해서"(A.V.; 또한 비슷하게 F.W. Grosheide, *op. cit.*, p.57; H.N. Ridderbos, *op. cit.*, Vol. I, pp.107, 108; 그리고 D.M. Lloyd Jones, *op. cit.*, Vol. I, pp.211, 212).

8:4)이나 아니면 "기록되었으되"(마 4:4, 7, 10; 눅 2:23; 4:4)와 같은 표현을 사용하셨을 것이다.

c. 후기 유대 문헌들에서 힐렐과 삼마이 같은 유명한 랍비들은 "옛 선조들"로 불렸다.[284] 따라서 "옛사람"이라는 명칭은 기록된 구약성경을 구전적으로 해석했던 사람들을 가리키는 뛰어난 명칭이다.

d. "말한 바"라는 표현은 비록 어떤 기록된 문헌을 뜻할 수도 있겠으나 기록상으로 남은 것보다는 구전적인 교훈과 유전에 보다 쉽게 연관이 된다.

e. 예수께서 "…을 너희가 들었으나 나는 너희에게 이르노니"(5:21, 22, 27, 28, 33, 34, 38, 39, 43, 44) 하고 말씀하실 때, 그는 서로 예리하게 상반되는 두 견해 사이에서 하나의 대조를 이끌어 내시는 것이 분명하다. 이 대조는 그 두 반대되는 구절들이 "너희가 들었으나 나는 이르노니"를 뜻하는 "옛사람**에게** 말한 바…를 너희가 들었으나 나는 너희에게 이르노니"보다, "**너희가**…말하였으나 나는 이르노니"를 뜻하는 "옛사람에 **의해서** 말해진 바…를 너희가 들었으나 나는 너희에게 이르노니"가 될 때 더욱 분명히 드러난다.

그런데 옛 해석가들은 제6계명을 인용할 때 "살인하지 말라"고 하였다. 여기에 무슨 잘못이 있었던가? 이것은 결국 정확히 하나님께서 율법 중에서 돌판에 새겨 주신 계명(출 20:13; 신 5:17)이 아니었던가? 그들은 여기서 "누구든지 살인하면 (죽음의) 심판을 받게 되리라"는 말을 덧붙였다. 또 여기에는 무슨 잘못이 있었던가? 엄밀히 말해서 이것은 저들 스스로 덧붙인 사항이었던 것이 사실이다. 우리는 출애굽기 20:13에서나 신명기 5:17에서 그 말을 찾아볼 수 없다. 그러나 이 추가 사항이나 해석의 요지가 창세기 9:6의 "다른 사람의 피를 흘리면 그 사람의 피도 흘릴 것이니 이는 하나님이 자기 형상대로 사람을 지으셨음이니라"는 말씀에서 분명히 발견된다. 이 구절에서 또한 옛사람이 언급한 형벌은 극형이나 사형이었다는 결론이 된다.[285]

---

284) 그 예로 Mishna, Eduyoth I. 4를 보라. 그리고 B. Pick, *The Talmud, What It Is*, New York, 1887, p.23을 보라.

그러므로 겉보기에는 옛사람들이 제6계명을 해석한 방식에서는 아무런 잘못도 찾아낼 수 없는 듯하다. 그러나 그들의 잘못은 그들이 말한 데에 있는 것이 아니라, 그들이 말하지 않고 유보해 두거나 적어도 강조하지 않은 데에 있었다. 이것은 또한 예수 그리스도 당시의 서기관과 바리새인들에게도 해당되었다. 이는 이미 지적한 바와 같이, 그들이 옛사람들의 전통을 그대로 받아들였기 때문이다. 따라서 그들도 역시 살인에 관한 율법의 완전한 요지를 제시하지 않았다. 그들의 해석은 비록 그들이 말한 데까지는 옳았으나 그것만으로는 충분하지 않았다. 그것만으로는 극히 불충분했다. 이 계명에 관하여 설교하면서, 무기나 곤봉이나 자동차를 사용할 때 극히 주의하라는 경고에 그치는 오늘날의 복음 전도자를 생각해 보라. 심지어 그는 시시한 마약 사용에 대해서 경고할지도 모른다. 하지만 그가 **살인을 낳게 하는 영적 원인**을 지적하지 못하고 **그것**에 대하여 경고만 하고 있는 한, 그는 실패한 전도자가 아니겠는가? 하나님의 율법이 단지 세상의 형법에 지나지 않는다는 말인가?

이 **한 가지** 교훈, 곧 오염된 샘에서는 신선한 물을 기대할 수 없다는 교훈이 다음 절의 예수님의 말씀에서 요약되고 있다.

[22] 나는 너희에게 이르노니 형제에게 노하는 자마다 (죽음의) 심판을 받게 되고 형제를 대하여 라가라 하는 자는 공회에 잡혀가게 되고 미련한 놈이라 하는 자는 지옥 불에 들어가게 되리라.

예수께서 전통적인 해석에 대하여 반론을 제기하시는 각 진술의 머리에 나오는 바 아주 강조적으로 표현된 **나는**(ego)이라는 말에 주의하라 (22, 28, 32, 34, 39, 44절).

여기 22절에서 예수께서 말씀하신 바는 말하자면 *Principiis obsta*, 곧 "발단(發端)을 저지하라"는 것이다. 살인의 외적 행위의 발단은 죄악된 분

---

285) Josephus, *Antiquities* I. 102에서도 역시 그러하다. 곧, "나는 너희에게 권하노니…너희 자신들을 살인죄로부터 순결히 지키라, 그러한 죄를 범하는 자는 심판을 받을 것이니라." 여기서의 의미는 그 언급이 창세기 9:6에 대한 것이므로 "사형에 처하게 될 것이니라"가 틀림없다.

노인 증오이다(야고보서 4:1 참조). 형제에 대한 그와 같은 험악하고 악의에 찬 태도는 사실상 제6계명을 범하는 죄이며, 그러한 죄는 (죽음의) 형벌을 받을 만하다고 예수께서는 말씀하신다.

이러한 경멸적인 태도와 철저한 증오감을 갖고 무릇 자기 형제를 대하여 "이 멍청아!"(혹은 "이 골 빈 녀석아!")를 뜻하는 아람어 욕설인 "라가"라 하는 자는, (유대의) 최고 법정(산헤드린 공회)에 의해서 (죽음의) 정죄를 받을 만하다. 이와 마찬가지로 같은 마음과 생각을 가지고 "미련한 놈"(혹은 "바보"나 "백치")이라 하는 자는 사형에 해당한다. 더욱이 주께서는 단지 육체적인 죽음뿐만 아니라 또한 영적인 죽음까지도 생각하시는 것이 "지옥(게헨나) 불에 들어가게 되리라"는 말씀에서 분명해진다. 게헨나에 관한 보다 상세한 것은 필자의 주석 마태복음 10:28을 보라.

만일 본 절에 대한 이 해석이 받아들여진다면 모든 것이 다 아주 단순하게 풀릴 것이다. 예수께서는 단 **한 가지** 매우 중요한 교훈을 가르치신다. 죄악된 분노, 곧 악한 말을 유발시키는 분노는 본질상 살인이라고 말씀하신다. 그것은 마음속에서 범한 살인이다. 이 같은 태도를 가지고도 회개하지 않는 그 사람은 지옥에서 영원한 형벌을 당하게 될 것이다. 그가 사람의 눈에는 어떻게 보이든지 간에 하나님 앞에서는 정죄당한 자이며 끝없이 죽음을 향하여 나아가는 자이다. 그러므로 서기관과 바리새인들은 마치 외적인 행위만이 정죄를 받아야 할 것인 양 그 외적인 행위에 강조점을 두는 반면에, 예수께서는 그 행위를 거슬러 올라가 마음의 밑바닥에 도사린 악한 성향을 들추어내신다.

그러나 본 절에 대하여서는 또 다른 해석이 있다. 부분적으로 그 해석은 다음과 같이 요약될 수 있다. "예수께서는 사람이 자기 형제에 대하여 노한 것에 대하여는 지방법정에 의해서 심판을 받아야 하고, 그보다 더 심한 죄, 곧 노한 중에 자기 형제를 멍청이나 무익한 자라고 말한 것에 대하여는 최고법정에 의해서 처벌을 받아야 하며, 그중 가장 심한 죄, 곧 자기 형제를 바보 혹은 천치라 욕한 것에 대하여는 극형 즉 영원한 멸망을 받아야 할 것을 말씀하신다"라고 보는 해석이다.[286)]

반론 :

a. 사람을 바보라 하는 죄와 사람을 멍청이라 하는 죄의 차이를 비교하여 랍비들이 쓸데없이 즐겨 따졌으리라고 짐작이 되나, 예수께서 이 같은 일을 하셨을 것 같지는 않다. 예수께서 옛사람들과 그 추종자들의 해석을 신랄하게 비판하시는 설교에서 그러셨을 것으로는 더욱 보기 어렵다.

b. 헬라어 **크리시스**가 여기 22절 혹은 21절과 22절에서 "지방법정"을 의미한다는 견해[287]는 분명히 잘못된 견해이다. 그러한 견해는 c. 항에 언급된 반론에 부닥친다. 그뿐만 아니라 또한 5:21, 22을 제쳐 두고서라도 신약성경에서 40회가 족히 넘게 그 용어가 사용되는 사례들 가운데, 단 한 곳에서도 그러한 의미를 뜻할 수가 없다는 사실 앞에 부닥치게 된다. 자주 그 용어는 결정, 판단, 혹은 판결을 뜻한다. 때로는 이 말이 **…에 거슬러** 내린 결정을 뜻하기도 하는데, 이러한 경우에는 정죄 혹은 형벌을 의미한다. 필자의 요한복음 주석 요 3:17-19 부분을 보라.

c. 말이나 행위로 이 같은 노를 표현하지 않고 형제에게 노한 일이 어떻게 해서 사람을 "지방법정"으로 끌고 갈 조건이 되는지 이해하기가 어렵다.

d. 이 "죄와 형벌의 3등급"설은 여기 살인에 대한 예수의 가르침에 있어서뿐만 아니라 또한 본 장의 남은 부분에서 계속되는 가르침에 있어서도 역시 한 가지 핵심적인 교훈은 다음과 같다. 곧 악의 뿌리가 자리 잡고 있는 마음속의 증오와 무관심이 사랑으로 바뀌어야 하고, 외식과 이기심이 성실로 바뀌어야 한다는 교훈을 강조하신 사실을 모호하게 만든다.

---

286) F.W. Grosheide, *op. cit.*, p.58은 예수께서 죄의 단계를 제시하시며, 미련한 놈이라는 욕(*Μωρέ* 참조)은 아무짝에도 쓸모없는 놈이라는 욕(*῾Ρακά* 참조)보다도 더 나쁜 것이라고 말씀하신다. 이와 비슷하게 C.R. Erdman은 말하기를, "예수께서는 이 악을 세 가지로 표현하시며 그 각각에 대하여 형벌이 점차 가중된다는 사실을 암시하신다"(*op. cit.*, p.49)라고 하였다. A. Plummer, *op. cit.*, p.79는 그와 비슷한 제안을 했다. 곧, "표현되지 않은 증오, 표현된 경멸, 그리고 표현된 욕설"이다. 그러나 그는 이것으로 완전히 만족하지 않았다. 또한 "필시 그리스도께서는 풍자적으로 랍비들이 지어 놓은 궤변적인 구분들을 암시하시는 것이다…"라고 말했다. 5:22에 관하여 Calvin도 역시 그의 주석에서 그리스도께서 정죄의 세 등급을 정하고 계신다고 말했다.

287) L.N.T (A. and G., p.54)에 의해서도 역시 채택된 견해이다.

제6계명에 대한 해석에 있어서 옛사람들과 의견의 일치를 보였던 예수님 당시의 서기관과 바리새인들은 주요 교훈을 빠뜨렸다는 사실에 대해서는 변명의 여지가 없다. "모세"는 하나님께 대한 사랑(신 6:5)과 사람에게 대한 사랑(레 19:18)을 강조했다. 그뿐만 아니라 최초의 가정불화에 관한 기사인 가인과 아벨의 이야기에서는 매우 감명적인 기법으로 살인의 원인이 되는 시기에 찬 분노의 악을 지적했다(창 4:1-16; 특히 6절과 7절). 그와 동일한 교훈이 뒷날에 기록된 성경들 안에서 재차 강조된다(잠 14:17; 22:24; 25:23; 전 7:9; 욥 5:2; 욘 4:4). 따라서 예수께서는 폐하시기는커녕 오히려 철저히 행하심으로써 완전하게 하신 제6계명에 대한 해석에서 그 계명이 최초에 의미했던 것이 무엇인가를 보여 주신다.

그러나 사람의 일상적인 행위 가운데서 이 사랑의 원리가 제대로 충분히 적용되지 않을 때에는 어찌 되겠는가? 자기 형제와 화목하게 지내지 않는 자가 무슨 일을 하겠는가? 아무튼 이 뒤틀린 관계는 하나님께 대한 그의 예배에 영향을 미치지 않겠는가? 아니면 우리가 별개의 두 영역을 취급하는 것이겠는가? 이것은 그 당시뿐만 아니라 오늘 우리의 시대에 있어서도 역시 매우 실제적인 질문이 아닐 수 없다! "이것(나의 이웃, 나의 가족, 나의 사업, 나의 조국 등)은 나의 신앙과 아무 상관이 없다"라는 핑계를 우리는 너무나 자주 들어오지 않았던가?

예수께서는 다음과 같은 이견(異見)으로 예리하게 대답하신다.

[23] [24] 그러므로 (네가 만일) 예물을 제단에 드리려다가 거기서 네 형제에게 원망들을 만한 일이 있는 것이 생각나거든 예물을 제단 앞에 두고 먼저 가서 형제와 화목하고 그 후에 와서 예물을 드리라.

여기에 제2인칭 복수가 단수로 바뀌는 중요한 변화가 나온다. 21절에서 "너희가 들었으나"와 22절에서 "나는 너희에게 이르노니"의 "너희"가, A.V.("you"에서 "thou"로)에서와 필자의 23절 번역에서 "그러므로 (네가 만일) …네 형제에게"의 "네"로 그 변화가 나타난다. 오늘날의 영역본들은 복수에서 단수로 바뀐 이 변화를 언급하지 않아서 다소 원문의 생동감이 떨어진다. 이 변화를 의식할 때, 예수께서 이제 매우 개인적인 말씀을 하신 사실을 보다 분명하게 파악할 수 있다. 예수께서는 각 사람에게 개별적으로 말씀하신다. 각 사람은 이제 자기 자신의 마음을 살펴보아야만 한다.

"그러므로"라는 말은 예수께서 이제 말씀하고자 하시는 바가 그가 바로 방금 하신 말씀에서 연유된 것임을 보여 준다. 마음을 증오와 분노 대신에 항상 사랑으로 충만하게 하는 것은 그 원리의 적극적인 적용이 된다. 그 말은 또한 하나님을 사랑하고 예물을 드리면서 자기 형제는 미워하고 그와 화목하지 않은 상태가 병존할 수 없다는 사실을 보여 준다. "누구든지 하나님을 사랑하노라 하고 그 형제를 미워하면 이는 거짓말하는 자니 보는 바 그 형제를 사랑하지 아니하는 자는 보지 못하는 바 하나님을 사랑할 수 없느니라"(요일 4:20).

예수께서 제시하신 예화는 유대의 관습에 따라 제단에 예물을 가져오는 사람에 관한 것이다(창 4:3-5; 출 25:2; 레 1:2 이하; 시 66:13 참조). 그가 만일 합당한 자세로 이 일을 행한다면, 그는 자연히 자기에게 향하신 하나님의 선하심을 깊이 묵상할 것이다. 그가 묵상하는 중에 "하나님께서 나에게 그처럼 선을 베푸셨은즉 내가 형제에게 어떻게 대해야 할 것인가?" 하는 생각이 떠오를 것이다. 아마 그때 갑자기 "요나단(이름이야 어떻든 상관이 없을 것이다) 형제와 나는 사이가 틀어져 더 이상 말도 하지 않고 지내지 않는가! 그와 나 사이에는 그가 나를 탓할 만한 어떤 정당한 이유가 있다고 생각하고 있음이 분명해. 만일 그럴 만한 것이 있다면 내가 그 일에 대해서 어찌한다?" 하는 마음이 들 것이다.

이러한 상황하에서 예수께서는 그가 방금 표명하신 원리에 철저히 일치시켜서 이렇게 말씀하신다. "네 예물 드리는 일을 끝내지 말라. 네 예물을 제단 앞에 두고 즉시 가서 너에 대하여 이와 같은 유감을 품고 있는 사람을 만나 보라. 그 두(*διά*) 행위 **사이에 또 다른 관계**, 곧 전적으로 다르고 또한 더욱 친밀한(*ἄλλος*) 관계를 유지하도록 하라. 다시 말해서 네 형제와 **화목하도록 하라.**[288] 그 후에 돌아와서 네 예물 드리는 일을 마치라."

---

288) *διαλλάσσομαι*에서 온 *διαλλάγηθι*.

엄밀히 원문에 따른다면, 예수께서는 "만일…네가 네 형제에게 뭔가 거슬리는 일이 있는 것이 생각나거든…" 하고 말씀하셨다. "뭔가"는 무엇을 뜻하는가? 만일 네가 너의 지극히 작은 결점을 찾아낸 사람을 알고 있다면, 그가 너를 용인하기 전에는 예물을 드릴 수 없다는 뜻이겠는가? 만일 그것이 사실이라면 경배와 예물 드리는 일의 회수가 얼마나 줄어들겠는가! 필자는 그처럼 비실제적인 어떤 의미가 내포되었다고는 보지 않는다.

다음은 "화해할 목적으로 그 사람에게 대해서 어떤 노력을 기울여야 할 어떤 필요를 생각하기에 앞서, 과연 그 사람의 불만이 **정당한** 불만인가?, 곧 그 사람이 불만을 품을 만한 **정당한** 이유가 있는가?" 하는 것이 문제이다. 렌스키(Lenski)는 긍정적인 답변을 하는 사람들의 대표자로 볼 수 있다(*op. cit.*, p.214). 한편 리더보스(Ridderbos)는 부정적인 답변을 하는 사람들의 대표자이다(*op. cit.*, Vol. I, p. 110). 필자의 의향은 리더보스 쪽으로 기울어진다. 내 형제가 나에 대해서 불만을 품을 정당한 이유가 있다고 **생각한다**는 사실을 만일 내가 알고 있다면, 그와 화목하고자 애쓰지 않아도 될 이유(핑계?)를 찾기란 얼마나 쉬운 일이겠는가?

또한 23절과 24절에 관련하여, 예수께서는 제6계명의 참된 영적 의미를 재차 강조하신다. 구약성경은 도처에서 어떤 상황하에서는 예물이 하나님께 열납되지 **않는다**는 사실을 가르쳐 준다(창 4:5; 삼상 15:22; 사 1:11; 렘 6:20; 암 5:22; 미 6:6 등). 예물은 그 예물을 드리는 자의 마음에서 그 가치를 찾는 법이다(막 12:41–44; 눅 21:1–4; 히 11:4).

23절과 24절에 나오는 비유는 사람이 제단에 예물을 가져올 때까지 혹은 교회에 들어갈 때까지 화목이 보류될 수 있음을 뜻하는가? 결코 그렇지 않다. 화목의 시기는 언제나 **지금 당장**이다. 내일이면 너무 늦을지도 모른다. 이것은 다음 절에서 분명해지는 사실이다.

[25] [26] 너를 고발하는 자와 함께 길에 있을 때에 급히 사화하라 그 고발하는 자가 너를 재판관에게 내어 주고 재판관이 옥리에게 내어 주어 옥에 가둘까 염려하라 진실로 네게 이르노니 네가 한 푼이라도 남김이 없이 다 갚기 전에는 결코 거기서 나오지 못하리라.

비유가 약간 달라진다. 제6계명에 대한 앞 절들(23, 24절)에서의 적용에 있어서는 화목해야 할 형제가 "네게 대하여 뭔가 거슬리는 것(불만)이 있는 자"로 묘사되었다.

여기(25, 26절)에서는 그 상대자가 사실상 이미 의중에 품고 있을지도 모르는 바 법적인 절차[289]를 생각하는 것으로 묘사되었다. 앞의 경우에서와 같이 여기에서도 역시 이 상대자가 도덕적으로 정당한 위치에 있는지 어떤지는 언급되지 않았다. 또 비록 26절 하반절("네가 한 푼이라도 남김이 없이 다 갚기 전에는")이 재정적인 빚을 암시하는지는 모르되, 다툼 중에 있는 문제의 성질이 무엇인지도 분명히 진술되어 있지 않다.

어떤 사건에서나 예수께서 말씀하고 계시는 "너"는 그 상대자에게 대해서 "호의적"(문자 그대로)인 태도를 취하도록 최선을 다해야만 한다. "너"는 그와 더불어 친해지도록 노력해야 한다. "너"는 재판관 혹은 법정을 끌어들이지 않고 개인적으로 그와 더불어 해결할 기회가 아직 있을 때에, "법정 밖에서" 그 문제를 해결하기 위해서 온갖 노력을 다 기울여야 한다. 만일 "네가" 이와 같이 힘쓰지 않는다면, 그 고발이 법정에까지 비약될 때 그 판결이 "너에게" 미치게 될 것이다. 그 결과 재판관이 "너"를 그의 "아랫사람" 혹은 서기보에게 넘겨주고, "그 사무관"은 재판관의 명령을 수행할 것이다. 그렇게 되면 "너"는 옥에 갇혀서 최후의 한 푼[290]까지 남김이

289) *ἀντίδικος*라는 말에 관하여는 누가복음 12:58; 18:3 그리고 베드로전서 5:8을 보라. 그 말의 개념은 사탄에게도 역시 적용된다(욥 1:6 이하; 슥 3:1; 벧전 5:8; 롬 8:31 참조). 그 말에 관한 더 많은 지식을 위하여는 필자의 학위 논문, *The Meaning of the Preposition ἀντί in the New Testament*, Princeton Seminary, 1948, pp.67-69를 보라.

290) 원문에는 라틴어 *quadrant*에서 온 외래어 *κοδράντης*라는 말이 있다. 1 quadrant는 1 "as" 혹은 "assarius"의 1 "quarter"(4분의 1)이다. 후자("assarius": 앗사리온)는 1 denarius(데나리온)의 16분의 1 가치에 해당한다. 데나리온은 노동자의 하루 품값에 해당한다(마 18:28; 20:2, 9, 13; 22:19). 끊임없이 변하는 화폐 가치로 말미암아 이러한 성경의 화폐 단위가 오늘날 미국이나 영국에서 통용되는 지폐나 동전의 어느 것에 해당하는지 정확히 산정하는 일은 불가능하다. 만일 데나리온이 미국 화폐의 16-18센트(cents)에 해당하는 것으로 본다면, 앗사리온은 1 센트에 그리고 쿼드런트는 단지 4분의 1센트에 해당될 것이다. 그러나

없이 다 갚기까지 거기에 머물게 될 것이다. 곧 "너"는 결단코 거기서 나오지 못할 것이다!

예수의 말씀에는 깊은 뜻이 담겨 있음이 분명하다. 결국 예수께서는 세상의 재판관이 아닌 하늘의 재판관에 대해서 말씀하신다. 또 그는 세상의 감옥이 아닌 지옥에 대해서 말씀하신다. 이것이 바로 본 절의 의미이며 22절 하반절만이 아니라 또한 18:30과 18:35과의 대조에서도 분명히 드러난다. 바로 서야 할 것은 **마음**이다. 모든 사람들을 향한 사랑의 마음은 바로 **내적 의향**에서 발현되어야 한다. 그것이 바로 제6계명을 성취하고 완전하게 하는 유일의 길이다.

25, 26절의 예수의 말씀을 이렇게 요약해서 말할 수 있다. "네가 화목하라는 나의 명령의 긴박성에 대해서 놀라지 말라. 이는 네가 만일 네 형제로 더불어 여전히 불화한 마음을 가지고 이 세상을 떠난다면, 네가 개선해 보고자 노력조차 하지 않았던 그 상태로 인하여 심판날에 그 잘못이 네게 대하여 증거할 것이니라. 더욱이 네 마음속에 여전히 증오심을 품고 죽으면 너는 결코 지옥을 면할 수 없으리라."

"그 책임 혹은 부담이 나에게만 있고 나를 반대하는 상대방에게는 전혀 없는 것인가?" 하는 질문을 할 수도 있다. 아니면 좀 다르게 표현하여 "설사 내가 죄인이라 치더라도, 적어도 상대방이 나를 보는 견해가 그렇다 하더라도 용서해 주는 것이 **그의** 의무가 아니겠는가?" 하고 물을 수도 있다. 그에 대한 대답은 마 6:12, 14; 18:21-35 등과 같은 구절에서 제시된다. 이들 동일한 구절은 또한 내가 최선을 다하여 화목을 꾀하고자 온갖 노력을 기울였는데도, 상대방이 공정한 태도를 취하기를 거부하고 용서해야 할 것임에도 용서하지 않을 때에는, 그 죄책이 그에게만 있다는 것을 보여 준다.

그렇다면 제6계명은 단순히 외적인 행위만이 아니라 마음까지도 포함하는 문제로 볼 수 있다. 또 그것은 모든 계명에 대해서도 마찬가지이다.

그것을 반드시 현대의 화폐 가치로 정확하게 환산할 필요는 없다. 여기에서 요점은 화해를 위한 진지한 노력을 거부하는 사람은 결단코 그의 빚을 갚을 수 없다는 것이다.

따라서 다음에 나오는 제7계명도 역시 그러하다.

두 번째 반론: 제7계명, 간음

[27] [28] 또 간음하지 말라 하였다는 것을 너희가 들었으나 나는 너희에게 이르노니 음욕을 품고 여자를 보는 자마다 마음에 이미 간음하였느니라.

사람들은 예수 그리스도 당시의 서기관이나 바리새인들처럼 제7계명을 있는 그대로 정확하게 인용했다. 제6계명과 관련하여 언급한 바와 마찬가지로, 그들은 여기서도 그 문제를 충분히 설명하는 데에 이르지 못했다. 앞의 경우에서와 같이, 잘못은 율법 자체에 있었던 것이 아니라 랍비의 해석에 있었다.

제7계명은 제10계명의 "네 이웃의 아내…를 탐내지 말라"(출 20:17; 신 5:18)는 말씀에 비추어 해석되었어야 했다. 만일 그리하였다면, "마음에서 나오는 것은 악한 생각과 살인과 간음과 음란과 도둑질과 거짓 증언과 비방이니"(마 15:19)라는 사실이 충분히 밝혀졌을 것이다. 그리스도의 대적자들은 외적인 행위를 정죄했다. 그들이 강조점을 둔 것은 바로 외적인 행위였다. 그 외적인 행위가 그들의 문제점에 해당될 때에는 문자적인 의미의 간음죄를 범한 자들에 대하여 매우 가혹한 행동을 취할 수 있었다(요 8:1-11). 그러나 예수께서는 그가 앞서 마음의 증오를 살인으로 보신 바와 같이 **마음의 악한 정욕**을 간음으로 보신다.

결혼한 **남자**에게 해당되는 것은 또한 결혼한 **여자**에게도 해당된다는 사실은 덧붙여 말할 필요가 없다. 결혼 계약상의 부정(不貞)은 언제나 잘못이다. 이것은 물론 그와 같은 부정을 야기시키는 유혹, 예를 들면 결혼하지 않은 사람이 결혼을 파탄에 이르게 하려는 시도는 결국 제7계명을 범하는 죄와 동일하다.

좀 더 자세히 살펴본다면, 28절에 서술된 사람이 전혀 무죄하지 않다는 사실을 알게 될 것이다. 그는 악한 의도가 없이 우연히 이성을 **본** 사람이 아니다. 그는 그 여자에 대하여 음욕을 품기[291] 위해서,[292] 그 여자를 완전히 소유하고 지배하기 위해서, 그 여자를 자기의 쾌락의 도구로 삼기 위해서, 그 여자를 **쳐다보고 있는**, 응시하고 있는, 훑어보고 있는 사람이다. 확실히 "…보는 자마다"라는 표현은 그 자체만을 놓고 본다면 완전히 중성이다. 원문에 사용된 동사의 형태는 매우 일반적으로 사용되는 형태이다. 그러나 우리가 이곳 28절에서 보는 바는 **음욕을 품기 위해서** 쳐다본다는 의미이다. 그와 같이 쳐다보는 데는 죄가 없을 수 없다. 그것은 이기적인 욕망으로 쳐다보는 것이다. 정상적이며 정당한 상황하에서 성생활은 하나님이 주신 놀라운 선물이다. 그러나 음란과 호색은 핑계할 수가 없다. 결혼한 사람에게만이 아니라 결혼하지 않은 사람에게 대해서도 역시 항상 잘못이다.

그렇다면 정욕적인 마음과 눈에 대하여는 어떤 조처를 취해야 할 것인가? 그 답은 다음 절에서 발견된다.

[29] [30] 만일 네 오른 눈이 너로 실족하게 하거든[293] 빼어 내버리라 네 백체 중 하나가 없어지고 온몸이 지옥에 던져지지 않는 것이 유익하며 또한 만일 네 오른손이 너로 실족하게 하거든 찍어 내버리라 네 백체 중 하나가 없어지고 온몸이 지옥에 던져지지 않는 것이 유익하니라.

이 명령은 문자적인 의미로 받아들여서는 안 된다. 이는 비록 사람이 문자 그대로 그의 오른 눈을 빼어 내버린다 할지라도, 그는 여전히 그의

---

291) 필자의 주석 디모데전후서 · 디도서 2:12에 대한 각주 147)에 나오는 *ἐπιθυμία*의 어휘 연구를 보라. 명사 *ἐπιθυμία*와 마찬가지로 동사 *ἐπιθυμέω*와 더불어서도 역시 "(간절히) 바라다", "사모하다", "열망하다" 등 좋은 의미를 가질 수 있다(마 3:17; 눅 22:15; 딤전 3:1; 히 6:11; 벧전 1:12). 그러나 여기 "간음"과 관련하여서는 그 말이 "음욕을 품다"의 의미로 해석되어야 한다.

292) *πρὸς τό* : in order to 부정사에 주의하라.

293) 헬라어 *σκανδαλίζετε*. *σκάνδαλον*은 함정 혹은 덫의 미끼가 달린 막대기이다. 그것은 덫을 작용시키는 구부러진 막대기이다. 그러므로 덫 혹은 **올무, 죄의 유혹, 미혹**을 의미한다(마 18:7; 눅 17:1). 그것은 또한 "거리낌의 대상", "십자가의 거치는 것"도 역시 의미한다(고전 1:23; 갈 5:11). 이와 비슷하게 그 동사는 기본적으로 **실족하게 하다, 죄에 빠지게 하다, 미혹하다**를 의미한다(마 5:29; 18:6 등).

왼 눈으로 죄를 범할 것이기 때문이다. 예수께서는 친히 그 해석에 대한 열쇠를 우리에게 제공해 주셨다. 곧 마 18:7-9에 보면 다소 다른 형태로 이 명령이 반복되어 나온다. 그 구절들에서 사람을 실족하게 하는, 곧 죄에 빠지게 하는 눈과 손은 "실족하게 하는 원인들"을 상징하며 대표한다. 혹은 **잘못을 저지르게 하는 유혹**이나 **미혹하게 하는 꾀임**이라고 표현할 수도 있다. 본 절의 일반적인 의미는 다음과 같다. "너를 죄 가운데로 유혹하는 것은 무엇이나 다 제거하도록 단호한 조치를 취하라." 이 점에 있어서 특히 유의해야 할 것은 제7계명을 범하는 죄이다.

좀 더 상세히 말하자면, 여기에서는 다음 교훈들을 내포하는 것으로 보인다.

a. 현재만이 우리의 생활 전체는 아니다. 우리는 영원히 살도록 정해져 있다. "온몸이 지옥에 던져지지 않는 것이 유익하니라"는 말씀에 유의하라.

b. 순간적으로 제아무리 값지게 보이는 것이라 할지라도(**오른** 눈과 **오른** 손을 생각하라) 그것이 우리의 영광스러운 운명을 어둡게 하도록 허용해서는 안 된다.

c. 죄는 그것이 매우 파괴적인 힘을 가졌으므로 제멋대로 하도록 방치해서는 안 된다. 우리는 그것을 "죽여야"(골 3:5)만 한다. 유혹은 **당장**에 그리고 **단호하게** 물리쳐야만 한다.[294] 꾸물거리는 것은 치명적인 실수이다. 적당히 얼버무리는 것은 일을 아주 망쳐 놓는 결과가 된다. **외과 수술은 철두철미**해야만 한다. 바로 이 순간에 조금도 주저하지 말고 외설 서적을 불태우고, 음화들을 찢어 버리고, 영혼을 파멸로 치닫게 하는 영화들을 정죄하고, 아주 깊은 연관을 맺고 있는 사회적인 사악한 인연들을 단호히 끊어 버리고, 해로운 습관들을 버려야만 한다. 죄와의 싸움에서 신자는 맹렬히 싸워야만 한다. 자기와의 싸움 또한 계속해야만 한다(고전 9:27).

물론 이와 같이 부정적인 의미에서 자기 몸을 쳐서 복종하게 하는 행위

294) *ἔξελε, βάλε* 그리고 *ἔκκοψον*의 명쾌한 단순과거, 명령법, 능동태에 주의하라.

들은, 마음과 생활 속에서 역사하시는 하나님의 성령의 강력한 성화와 변화의 사역을 떠나서는 결코 성공할 수 없다. 그러므로 산상설교 전체를 통하여 예수께서는 적극적인 면을 강조하신다. 예수께서는 앞서 팔복(5:1 이하)에서 그리하셨고, 조금 앞에서도(23-26절) 그리하셨거니와, 앞으로도 계속 그리하실 것이다(5:37, 39-42, 44-48 등, 눅 11:24-26). 구약성경에서 혼합하여 인용한 고린도후서 6:17, 18의 아름다운 구절들은 다음과 같은 의미를 가진다.

"그러므로 (주께서 말씀하시기를) 너희는 그들 중에서 나와서 따로 있고 부정한 것을 만지지 말라. 내가 너희를 영접하여 너희에게 아버지가 되고 너희는 내게 자녀가 되리라. 전능하신 주의 말씀이니라 하셨느니라" (고후 6:17, 18 그리고 14-16절을 보라).

"네 백체 중 하나가 없어지고 온몸이 지옥에 던져지지 않는 것이 유익하니라"는 말씀으로 예수께서는 이생의 악한 쾌락들을 즐기는(?) 것보다 영원을 위하여 준비하는 것이 비할 데 없이 절실한 것이며, 그것이 훨씬 더 유익한 것임을 강조하신다. 아무튼 예수께서는 문자적인 의미 그대로 자신의 수족을 찍어 내버릴 것을 권장하시거나 그와 같은 일을 허용하시는 것이 아니라, 성한 몸으로 게헨나(지옥)에 던져지는 것보다는 불구가 된 몸으로 생애를 지내는 것이 차라리 더 낫다는 말씀을 하고 계신다. 10:28과 16:26에 관한 주석도 보라.

"…너희는 너희 자신의 것이 아니라 값으로 산 것이 되었으니 그런즉 너희 몸으로 하나님께 영광을 돌리라"(고전 6:19-20).

제7계명에 관하여 계속해서 가르치시는 중에 예수께서는 중요한 주제, 곧 이혼에 관한 주제를 논의하신다. 암시로써 그는 결혼의 신성함을 변호하신다. 유전적인 가르침에 있어서 잘못된 바를 예수께서는 다음 반론에서 지적하신다.

세 번째 반론: 제7계명, 이혼

[31] [32] 또 일렀으되 누구든지 아내를 버리려거든 이혼 증서를 줄 것이라 하였으나 나는 너희에게 이르노니 누구든지 음행한 이유 없이 아내를 버리면 이는 그로 간음하게 함이요 또 누구든지 버림받은 여자에게 장가드는 자도 간음함이니라.

여기에는 두 가지 서로 대립되는 입장이 지적된다. 첫 번째 입장은 서기관과 바리새인들이 옛사람들이 제시한 견해에 근거하여 항상 이야기하고 논쟁한 것으로서, 사람이 아내를 버리려 할 때에는 마땅히 이혼 증서를 작성하여 그에게 주어야 한다는 입장이다. 그것은 마치 종이 조각 하나가 결혼 관계를 파기할 수도 있다는 입장이다! 두 번째 입장은 예수 그리스도의 입장이다. 예수께서는 "도대체 어찌하여 이혼을 한단 말이냐?" 하는 질문을 하신다. 그는 신성한 결혼 계약을 파기하는 것은 다름 아닌 간통이요 간음이라는 사실을 강조하신다.

앞서와 같이 여기에서 예수께서는 랍비들의 견해를 거슬러 올라가 율법 본래의 의도에까지 이르신 것이 분명하다(창 2:24; 24:67; 출 20:14; 신 5:18; 말 2:14-16). 이 모든 구절들을 엡 5:31, 32; 히 13:4와 비교해 보라. 이것은 마 5:32을 19:3-9과 연관시켜서 연구할 때 더욱 분명해진다. 마 19:4, 8의 "본래"라는 문구에 유의하고 또 그 전체 구절들을 읽어 보라. 율법은 결혼에 있어서 한 남자가 한 여자와 합하여 한 몸을 이루는 것이며 죽음만이 그 둘을 나눌 수 있다는 사실을 매우 분명히 밝히고 있다. 롬 7:2; 고전 7:39을 참조하라. 예수께서 마 5:32에서 언급하신 예외 규정은 오직 결혼 계약 당사자 중 하나, 여기서는 아내[295]가 부부의 신의를 저버리고 부정(不貞, fornication)을 저질러서 결혼 계약의 본질을 파기하였

295) 마태는 우선적으로 유대인들에게 이 복음서를 쓰고 있다. 그들 가운데 남편이 아내를 버리는 법은 잘 알려져 있어도 아내가 남편을 버리는 법은 생소한 것이었다. 이방인들에게 그의 복음서를 쓰고 있는 마가는 그 두 가능성을 다 포함시켰다(막 10:11, 12). 그러나 마태복음 5:32은 자기 아내를 버린 남편에게뿐만 아니라, 자기 남편을 버린 아내에게 대해서도 역시 적용되었다.

을 경우에 한해서("간음한 연고 외에는") 이혼을 허용한다.

그러나 다음과 같은 반대가 일어날 수도 있다. "하지만 모세는 보다 큰 영역의 자유를 누릴 수 있는 여지를 남겨 두지 않았던가? 신명기 24:1–4에 나오는 규례는, '네가 만일 네 아내와 이혼하기를 원하거든 네 좋은 대로 하라. 그러나 네 아내에게 이혼 증서만큼은 반드시 줄지니라' 는 뜻이 아니겠는가?" 그것이 바로 서기관과 바리새인들의 견해였던 것처럼 보인다. 하지만 그들 모두가 다 한결같은 생각을 가지고 있었던 것은 아니다. 이 점은 마 19:3–9의 해석이 지적해 줄 것이다.

그러나 실제로 모세가 이혼을 권장한 것은 결코 아니었다. 모세가 이혼을 전적으로 금한 것은 아니었으나 사실 크게 억제했다. 실로 많은 논란을 일으켜 온 히브리어 문구 '*erwath dābhār* (에르와트 다브하르)' "수치되는 일" (신 24:1; 마 19:3 주석 참조)의 의미가 무엇이 되었든지 간에, 신명기 24:1–4을 한 단위로 묶어서 생각할 때 이혼을 억제하는 것이 매우 분명해진다. 신 24장의 첫 네 구절들에 나오는 규례는 다음과 같이 요약될 수 있다. "남편아, 너는 네 아내를 버리기 전에 두 번 생각하는 것이 더 나으니라. 일단 네가 네 아내를 버리고 나서 그 여자가 남의 아내가 된 다음에는 네가 그 여자를 다시는 데려올 수 없다는 사실을 기억하라. 비록 그 다른 남편 역시 그 여자를 버렸다 할지라도 혹은 그 남편이 죽었다 할지라도 다시 데려올 수는 없느니라." 모세가 실제로 "이혼 증서"를 주는 일에 대해서 언급은 하였으나(신 24:1), 그것은 단지 내친김에, 곧 하나의 가정 아래, 경고의 뜻으로 그리한 것이었다. 그러나 서기관과 바리새인들은 마 5:31이 지적하는 바와 같이 모든 강조점을 이혼 증서에만 두었다. 한편 예수께서는 (32절에서) 강조점을 제 위치에 두셨다. **그들은** 이혼의 가능성을 비친 **예외 규정**의 중요성을 지나치게 과장했다. 그 예외 규정에 대하여서 그들은 항상 토론을 벌였다(19:3–9 참조). 한편 예수께서는 **그 원리**, 곧 남편과 아내는 **한 몸으로** 남아 있어야만 한다는 원리를 강조하셨다.

그리스도의 답변의 해석에 관하여 주석가들은 상당히 의견을 달리한다. 특히 일반적으로 "저로 간음하게 함이요"(A.V.) 혹은 "저로 간부(姦

婦)가 되게 함이요"(A.R.V., R.S.V. 참조)로 번역되는 부분에 대해서 그러하다. 독자는 종종 남편이 자기의 **무죄한** 아내와 이혼하는 행위가 어떻게 해서 **그 여자**로 간부가 되게 할 수가 있을까 하고 의아하게 생각했을 것이다! 마치 자기 남편에게 부당하게 버림을 받고 어쩔 수 없이 홀로 삶의 투쟁에 맞서 나아가야 하는 치욕만으로는 부족하기라도 한 것처럼, 저가 이제는 그 위에다 "간부"라는 오명을 뒤집어 써야만 한단 말인가? 이에 대한 답변은 그 문장을 이와 같이 해석하는 것은 잘못된 생각이라는 것이다. 예상하건대 그 문구는 다음 뜻으로 해석되어야만 한다. 그러한 여자는 쉽게 간부가 될 가능성이 있으므로 간부로 불리고 있다. 일반 독자가 "누구든지 음행한 이유 없이 아내를 버리면 이는 **그로 간음하게 혹은 간부가 되게 함이요**"라는 말씀을 그와 같이 해석할 것인가? 진정한 해결책은 원문을 훌륭하게 번역하는 일이 아니겠는가? 헬라어는 동사의 수동태를 사용해서 그 여자가 무엇이 되는가 혹은 무엇을 하는가를 나타내는 것이 아니라 그 여자가 무슨 일을 당하는가, 무슨 일을 겪는가, 어떤 상황에 처하게 되는가를 나타낸다. 그 여자는 부당한 일을 **당한다**. 그 남자는 부당한 일을 **저지른다**. 확실히 그 여자 자신도 역시 죄를 지을 수가 있다. 그러나 예수께서 강조하신 것은 그 점이 아니다. 그러므로 필자에게는 "누구든지 음행한 이유 없이 자기 아내를 버린 자는 그 여자로 간음에 접하게 함이요." 혹은 이와 비슷한 번역[296]이 훨씬 더 적절한 것으로 보인다.

그렇다면 예수께서 말씀하신 바는 다음과 같다. "누구든지 음행한 이유 없이 자기 아내를 버린 자는 그 결과로서 그 여자가 버림을 당한 상태에서 곧 다른 누구와 결혼하고자 하는 시험에 빠지게 될 경우 주된 책임을

296) 최선의 본문에 따른 헬라어는 *ποιεῖ αὐτὴν μοιχευθῆναι*이다. L.N.T., p.417, *μοιχάω* 항목은 "아내, 간음하게 되다, 타락하게 되다, 수동태. 마 5:32"로 언급되었다. 비록 근소한 차이는 있으나 F.W. Grosheide와 H.N. Ridderbos가 각기 그들의 주석에서 제시한 번역들도 이와 같은 성질의 것이다. 이 표현된 바는 역시 이 여자가 겪은 일이 여자가 당한 일임을 지적한다. H. Bouwman 역시 그 논문 *Echtscheiding*(Divorce) in *Christelijke Encyclopaedie*, Kampen, 1925, Vol. II, p.4에서 그와 같은 입장을 취한다.

져야만 하느니라." 잘못을 저지른 남편에게는 자기의 잘못을 시정할 기회가 주어져야만 한다. 곧, 자기 아내를 다시 데려올 기회가 주어져야만 한다. 이것은 또한 바로 뒤따라 나오는 구절, 곧 "또 누구든지 버림받은 여자에게 장가드는 자도 간음함이니라"는 구절을 설명해 준다. 예수께서는 그 당시에 널리 퍼져 있던 도덕 관념의 해이한 상태를 이렇게 반박하셨다.

이 구절들이 제시하는 그리스도의 가르침을 연구하면 할수록 우리는 그 가르침의 진가를 더욱 잘 깨닫게 된다. 예수께서는 이곳에서 단순한 몇 마디의 말씀을 가지고 이혼을 억제하시고, 율법에 대한 랍비들의 잘못된 해석을 반박하시고, 율법의 참 의미를 재확증하시고(마 5:17, 18 참조), 죄 있는 자를 질책하시고, 무죄한 자를 변호하시며, 하나님께서 정해 주신 결혼 계약의 존엄성과 불가침성을 지지하신다!

이제 다음 반론으로 넘어가 보자.

네 번째 반론: 맹세에 관한 계명

[33]-[37] 또 옛사람에게 말한 바 헛 맹세를 하지 말고 네 맹세한 것을 주께 지키라 하였다는 것을 너희가 들었으나 나는 너희에게 이르노니 도무지 맹세하지 말지니 하늘로도 하지 말라 이는 하나님의 보좌임이요 땅으로도 하지 말라 이는 하나님의 발등상임이요 예루살렘으로도 하지 말라 이는 큰 임금의 성임이요 네 머리로도 하지 말라 이는 네가 한 터럭도 희고 검게 할 수 없음이라 오직 너희 말은 옳다 옳다, 아니라 아니라 하라 이에서 지나는 것은 악으로부터 나느니라.

다시금 앞에서와 같이 이것도 옛사람들에게 말한 것은 틀린 것이 아니었다. 그것은 맹세에 관한 율법의 조항들을 공정하게 요약한 것이었다(레 19:12; 민 30:2, 참조. 신 23:21). 예수의 말씀으로부터 예수 그리스도 당시의 서기관과 바리새인들이 그 강조점을 잘못 두었다는 것이 분명히 드러난다. 각 문맥에서 분명해지는 바와 같이, 하나님께서 의도하신 강조점

(고딕체로 된 내용에 유의하라)은 다음과 같다.

"너희는 내 이름으로 **거짓 맹세함으로** 네 하나님의 이름을 **욕되게 하지 말라**"(레 19:12).

"사람이 여호와께 서원하였거나 결심하고 서약하였으면 **깨뜨리지 말고** 그가 입으로 말한 대로 다 **이행할 것이니라**"(민 30:2).

"네 하나님 여호와께 서원하거든 **갚기를 더디하지 말라**. 네 하나님 여호와께서 반드시 그것을 네게 요구하시리니 더디면 그것이 네게 죄가 될 것이라"(신 23:21).

주석가들의 의역에 따르면 다음과 같다.

"**너는 네 맹세를 파기하지 말지니** 네가 주께 한 맹세들을 **지킬지니라**."

각 경우에 있어서 강조점은 신실성 위에 있다. 사람이 맹세로써 자기의 약속을 엄숙히 했을 때에는 신실해야만 한다. 그는 진심으로 그와 같은 맹세를 해야만 한다. 그는 또한 그 맹세를 지키는 데 있어서도 신실해야만 한다. 곧, 그는 자기의 약속을 틀림없이 이행해야만 한다. 하나님께서 친히 맹세로써 확증하신 약속들에 있어서도 강조점은 그 신실성 위에 있다. 곧 "여호와께서 다윗에게 성실히 맹세하셨으니 변하지 아니하실지라"(시 132:11). 신자들이 크게 격려를 받는 바 "하나님이 거짓말을 하실 수 없는 이 두 가지 변하지 못할 사실"(히 6:18)에 있어서도 역시 강조점은 "하나님이 거짓말을 하실 수 없다"는 말씀 위에 두고 있다.

이제 이 "마음의" 혹은 "중심의", "거짓과 속임수"가 없는 신실성에 대한 강조(시 15:2; 51:6; 24:4)가 구약성경 도처에서 발견된다. 이미 앞서 모세오경과 시편에서 지적한 구절들에 덧붙여 잠 8:7; 12:19; 렘 5:3; 호 4:1; 슥 8:16; 말 2:6도 보라. 그리고 미 6:8을 참조하라.

저 전통주의자들이 그 강조점을 옮겨 놓음으로써 모세오경의 구절들이 다음과 같이 해석되기 시작했다는 것이 마태복음 5:34-36에 나오는 예수 그리스도의 말씀에서 분명해진다.

"너희는 **내 이름으로** 거짓 맹세…하지 말라"(레 19:12).

"사람이 **여호와께** 서원하였거나 결심하고 서약하였으면 깨뜨리지 말고 그가 입으로 말한 대로 다 이행할 것이니라"(민 30:2).

"네 하나님 여호와께 서원하거든 갚기를 더디하지 말라"(신 23:21).

요약 : "너는 네 맹세를 파기하지 말지니 네가 주께 한 맹세들을 반드시 지킬지니라."

달리 말해서, 서기관과 바리새인들 및 그들의 선구자들의 생각은 "주께" 한 맹세는 반드시 지켜야 하되, 주의 이름이 분명히 언급되지 않은 맹세는 보다 덜 중요하다는 것이었다. 그러한 맹세는 반드시 지키려고 노력할 필요가 없는 것이었다. 그리하여 일상생활 가운데서는 자연히 "하늘로", "땅으로", "예루살렘으로" 하는 맹세들이 자꾸만 늘어 가기 시작했다. 마 23:16, 18에 의하면, 심지어 "성전으로" 그리고 "제단으로" 하는 맹세까지 나타나기에 이르렀다. 사람이 상대에게 어떤 감명을 주기 위해서 "허풍"에 지나지 않는 맹세와 수많은 약속들을 남발할 수가 있었다. 그가 한 확언이 하나의 거짓말이었거나 그가 한 약속이 전혀 지켜질 것이 아니었다 하더라도, 그가 "주께" 맹세하지 않은 이상 그것은 그리 나쁠 것이 없었다.

예수께서는 이 외식을 금하신다. 그는 랍비들이 절대적인 구속력이 있는 맹세와, 구속력이 그리 강하지 않은 맹세와, 전혀 구속력이 없는 맹세로 분류하여 놓았든지, 또는 어떤 세목으로 분류하여 놓았든지 간에 그들이 설정해 놓은 미묘하고 사소한 구분들은 전적으로 조리에 맞지 않는다는 것을 보여 주신다. 예수께서는 저희에게 "하늘로" 하는 맹세는 신실한 것이어야 하고 또 지켜져야만 한다고 말씀하신다. 하늘은 하나님의 보좌가 아니던가? 그러므로 하늘로 맹세하는 사람은 곧 하나님을 두고 맹세하는 사람이다. 또한 "땅으로" 하는 맹세도 역시 마찬가지이다. 땅은 하나님의 발판이 아니던가?(사 66:1) 또 "예루살렘으로" 하는 맹세에 관하여는 예루살렘이 큰 왕의 성이 아니던가?(시 48:2) 달리 말해서, 이러한 대상들 중 어느 하나를 두고 맹세할지라도, 그들은 주의 이름으로 맹세한 때와 마찬가지로 분명한 책임이 저희에게 있다는 것이다.

심지어는 "자기 머리로" 맹세하는 자들까지 있었다. 자기 머리로 맹세한다는 것은 "만일 내가 당신에게 하는 말이 사실이 아니라면, 혹은 만일 내가 내 약속을 지키지 아니한다면 내 머리를 잃어도 좋소, 곧 내 생명을 잃어도 좋소"라는 뜻이다. 그러나 예수께서는 누구도 자기의 머리칼 한 터럭도 희고 검게 할 수가 없음을 지적하신다. 머리가 어느 때에 희어지거나 검어지게 할 지를 결정하시는 이는 오직 하나님뿐이시다. 이것이 사실이므로 자기 머리로 맹세하는 것조차도 하나님으로 맹세하는 것이 되며 그러한 맹세도 다른 형태의 맹세와 똑같은 구속력을 가지게 된다.

문제의 진정한 해결책은 마음에 있다. 그 마음속에서 진리가 강한 영향력을 가져야 한다. 그러므로 이웃과의 일상적인 대화에 있어서 아예 맹세하는 일이 없어야만 한다. 맹세하는 대신에 아주 성실하고 철두철미하게 신뢰받는 사람이 되어서 자기 말이 인정을 받도록 해야만 한다. 무엇을 확언하고자 할 때에는 단순히 "옳다" 혹은 "그렇다"라고 해야 한다. 그리고 무엇을 부인하고 싶을 때에는 단순히 "아니다"라고 해야 한다. 무릇 이보다 "더 강한" 것은 악으로 좇아난 것이다.

거짓말을 하는 자일수록 그는 더욱 자기가 말하는 것이 "복음서에 기록된 진리에 맞먹을 만한 진실"임을 강력히 주장하게 되는데, 이것은 정직하지 못하고 신용하지 못할 사람들에게서 흔히 볼 수 있는 특징이다. 그들은 대화 중에 맹세하는 습관에 젖어 있다. 예수께서는 그러한 허위적인 행위는 거짓의 창조자인 "악(악한 자)으로부터 난다"라고 말씀하신다(창 3:1, 4; 욥 1:9–11; 마 4:6, 10, 11; 요 8:44; 행 5:3 그리고 살후 2:9–11).[297]

예수님의 "도무지 맹세하지 말라"는 말씀은, 예수께서 법정에서 행하는

---

297) ἐκ του πονηροῦ가 중성일 수가 있으며, 따라서 "악으로부터 나느니라"를 의미할 수 있음도 사실이다. 이 번역을 택하는 이들은 "이에서 지나는 것은 악으로부터 나느니라"는 말(A.V., 그리고 이와 비슷하게 A.R.V., R.S.V. 본문 그리고 N.A.S.)은 맹세가 악, 곧 우리 사회에 만연한 불성실(혹은 거짓)에 그 근원을 두고 있다는 의미로 해석한다. "죄가 없는 세상에서는 맹세가 불필요한 것이나 현 세상에서는 필요하다"(G. Brillenburg Wurth, *De Bergrede en Onze Tijd*, Kampen, 1933, p.73). H.N. Ridderbos, *op. cit.*, Vol. I, p.115 역시 마찬가지이다. 비록 맹세가 필요하다는 이 해석이 옳다고는 보지만 필자는 본 문맥에서 그것이 과연 문제의 구절에 대한 적절한 해석인지 어떤지는 의문이 간다. 필자에게는 그와 같은 해석이 문맥에서 다소 벗어나는 것처럼 보인다. 그 외에도 그리스도의 의식 속에서 마귀는 매우 실재적인 존재였다(마태복은 4장과 그 병행 구절들에 언급된 그리스도에 대한 시험을 보라. 또한 마 12:27; 13:19, 39; 16:23; 25:41; 막 8:33; 눅 10:18; 11:18; 13:16; 22:31; 요 12:31; 14:30 그리고 16:11을 보라). 마지막으로 앞서 언급한 바와 같이 불성실(혹

맹세들까지도 금하신다는 의미인가? 그는 지금 인간 관계의 모든 영역에서 어떤 중요한 증언이나 약속을 확증하고자 할 때에 하나님의 이름으로 맹세하는 일을 금하라고 가르치고 계신가? 전혀 그렇지 않다. 그러한 견해는 성경의 가르침에 어긋난다. 아브라함이 소돔 왕과 아비멜렉에게 그의 약속을 확증한 것은 하나의 맹세였다(창 14:22–24; 21:23, 24). 아브라함은 또한 그의 종에게 맹세할 것을 요구했다(24:3, 9). 이삭(26:31), 야곱(31:53 그리고 28:20–22 참조), 요셉(47:31; 50:5), "회중 족장들"(수 9:15), 그리고 이스라엘 자손들(삿 21:5)에 관해서도 맹세가 언급되었다. 룻 1:16–18; 삼하 15:21; 왕상 18:10 그리고 대하 15:14, 15도 보라.

하나님께서 친히 하신 맹세들에 관하여는 이미 언급한 구절들에 창 22:16; 26:3; 시 89:3, 49; 110:4; 렘 11:5과 눅 1:73 등을 덧붙일 수 있다. 마지막으로 예수께서 자신을 하나님의 아들 그리스도로 선언하신 것은 대제사장이 시킨 맹세하에서였다(마 26:63, 64). 이 부정직하고 거짓된 세상에서 맹세는 때때로 어떤 중요한 증언이나 약속에 신실성이나 신빙성에 대한 보증을 덧붙일 때 필요하다. 여기 마 5:33–37에서나 성경 다른 아무 곳에서도 이러한 맹세를 금하지는 않는다. 히 6:16는 한마디의 반론도 없이 맹세를 승인한다. 여기 마 5:33–37(참조. 약 5:12)에서 우리가 느끼는 바는, 어떤 감명을 주거나 일상적인 대화에 풍취를 곁들이기 위하여 사용되는 경박하고 비속하며 불필요하고 종종 위선적이며 외식적인 맹세에 대한 정죄이다. 예수께서는 그러한 악에 맞서서 생각과 말과 행실에 거짓 없이 신실할 것을, 혹은 정직할 것을 권면하신다.

은 거짓)은 사탄의 매우 두드러진 특징이므로, 마귀에게 그 근원을 두고 그에게서 경박하고 또 (일반적으로) 거짓된 맹세들이 나오는 것은 결국 매우 자연스럽다고 할 것이다. "악한 자" 혹은 "마귀"라는 번역은 여러 다른 이들 가운데 The Amplified New Testament, Beck, Berkeley, Goodspeed, N.E.B., Weymouth, Williams 그리고 the new Dutch translation (*Bijbel, Nieuwe Vertaling*) 등에 의해서 채택되었다.

다섯 번째 반론 : 보복에 관한 계명

[38]-[42] 또 눈은 눈으로, 이는 이로 갚으라 하였다는 것을 너희가 들었으나 나는 너희에게 이르노니 악한 자를 대적하지 말라 누구든지 네 오른편 뺨을 치거든 왼편도 돌려 대며 또 너를 고발하여 속옷을 가지고자 하는 자에게 겉옷까지도 가지게 하며 또 누구든지 너로 억지로 오 리를 가게 하거든 그 사람과 십 리를 동행하고 네게 구하는 자에게 주며 네게 꾸고자 하는 자에게 거절하지 말라.

출애굽기 21:24, 25에서 우리는 "눈은 눈으로, 이는 이로, 손은 손으로, 발은 발로, 덴 것은 덴 것으로, 상하게 한 것은 상함으로, 때린 것은 때림으로 갚을지니라" 한 말씀을 보게 된다. 레위기 24:20에는 "상처에는 상처로"가, 신명기 19:21에는 "생명에는 생명으로"가 각각 덧붙여져 있다. 이것은 개인적으로 보복하는 일을 억제하기 위해서 정해 놓으신 것으로 민사 법정에서 시행할 율법이었다. 구약성경 구절들은 "네가 부당한 일을 당하였거든 언제라도 개인적으로 보복하라"는 뜻으로 말씀하고 있지 않다. 오히려 그와는 반대로 "네가 직접 보복할 것이 아니요 공적으로 공의가 시행되도록 하라"는 뜻으로 말씀하고 있다. 이것은 레위기 24:14의 "그 저주한 사람을 진영 밖으로 끌어내어 그것을 들은 모든 사람이 그들의 손을 그의 머리에 얹게 하고 온 회중이 돌로 그를 칠지니라" 하신 말씀에서 분명해진다. 신 19:15-21을 참조하라.

그러나 바리새인들은 이 율법에 호소하여 개인적인 보복과 분풀이를 정당화했다. 그들은 이 계명의 본래의 의도를 짓밟기 위하여 인용했다. 마 15:3, 6을 참조하라. 구약성경은 거듭거듭 개인적인 보복을 금하고 있다. "원수를 갚지 말며 동포를 원망하지 말며 네 이웃 사랑하기를 네 자신과 같이 사랑하라. 나는 여호와이니라"(레 19:18). "너는 악을 갚겠다 말하지 말고 여호와를 기다리라. 그가 너를 구원하시리라"(잠 20:22). "너는 그가 내게 행함같이 나도 그에게 행하여 그가 행한 대로 그 사람에게 갚겠다 말하지 말지니라"(잠 24:29).

그렇다면 예수께서 "악한 자를 대적하지 말라. 누구든지 네 오른편 뺨을 치거든 왼편도 돌려 대며…네게 꾸고자 하는 자에게 거절하지 말라"고 하신 말씀의 뜻은 무엇이겠는가? 그리스도의 말씀(39-42절)이 43-48절 바로 **앞에 나오는** 말씀에 비추어 해석될 때, 그리고 눅 6:29, 30의 병행 구절이 바로 **앞에 나오는** 27, 28절의 말씀에 근거해 해석될 때, 그 두 복음서에서 일치되는 핵심 구절이 "너희 원수를 사랑하라"(마 5:44; 눅 6:27)는 것이 분명해진다. 다시 말해서 예수께서는 무정함과 증오와 복수심을 정죄하신다는 것이다. 예수께서는 "사랑이 없고 용서하지 않고 무정하며 복수심에 불타는 마음으로 악한 자를 대적하지 말라"고 말씀하신다.

일단 이 점이 이해되면, "누구든지 네 오른편 뺨을 치거든 왼편도 돌려 대라"는 말씀은, 태도와 말과 행동에 있어서 원한에 사무친 것이 아니라 사랑이 넘쳐흐름을 보여 주라는 뜻인 것이 분명해진다. 로마서 12:19-21은 이 말씀에 대한 하나의 훌륭한 주석이다.

고발을 통해서 어떤 빚에 대한 보상으로 누군가의 "속옷"을 빼앗고자 하는 자에 대해서도 그와 비슷한 원리가 적용된다. 예수의 말씀을 듣는 청중이 고발하는 것이 아니라 그 대적자가 고발한다는 사실에 유의하라(고전 6:1 참조). 예수께서는 **분개하여** 고발에 맞서느니 차라리 원고(原告)로 하여금 겉옷까지도 가지게 하라고 말씀하신다. 이 겉옷은 개인에게 있어서 필요 불가결한 소지품으로 간주되었으므로, 그것을 전당물로 잡았을 때에는 해가 지기 전에 되돌려 주어야만 했다. 이는 그것이 밤에 잠잘 때에는 또한 이불이 되었기—자주 가난한 사람들에게 있어서만— 때문이다(출 22:26, 27; 신 24:12, 13; 겔 18:7; 암 2:8). 요약하면 우리는 우리의 소유를 빼앗고자 하는 자를 미워할 권리가 없다는 것이다. 그러한 자에게도 우리의 마음은 사랑으로 채워져야만 하며 그 사랑이 우리의 행동에서 실제로 나타나야만 한다.

"또 누구든지 너로 억지로 오 리를 가게 하거든"에서 첫 번째 동사(force)는 명령권 혹은 사역권(使役權)을 가리킨다. 그것은 바사의 언어(the Persian language)에서 온 차용어로서 필시 바벨론 사람들의 말에서 유래되었을 것이다. 유명한 바사국 왕실은 필요할 때에는 누구든지 혹은 누구의 동물이든지 징발할 권한을 가졌고, 왕의 명령을 시행함에 있어서는 지체함이 있을 수 없었다(에스더 3:13, 15; 8:10을 참조하라).

자주 일어나는 바와 같이, 여기에서도 마찬가지로 이 동사는 점차 일반화되어서 **억지로** 누구를 **시켜서 어떤 봉사를 하게 하다**의 뜻을 내포하기에 이르렀다. 그 동사는 그리스도의 십자가를 억지로 지게 되었던 구레네 시몬과 관련해서도 사용되었다(마 27:32; 막 15:21). 이제 예수께서 말씀하신 바는, 자기에게 억지로 어떤 짐을 지우고자 하는 자에게 괴로운 마음 혹은 성가신 마음을 드러내느니 차라리 웃으면서 그 일을 맡으라는 것을 뜻한다. 누가 너에게 자기의 짐을 지고 1마일[298]이나 되는 거리를 가 줄 것을 요구하였느냐? 그렇다면 그를 위하여 2마일을 가 줄지니라!

이와 마찬가지로 누군가가 곤경에 처해 도움을 요청할 때, 그의 부르짖는 소리에 귀를 막아서는 안 된다. 예수께서는 그러한 자에게 도움을 주되 마지못해서나 앞뒤를 재어서 줄 것이 아니요 관대하게 줄 것이며, 무엇을 빌려주되 이기적인 뜻으로 높은 이자를 바라고 빌려줄 것이 아니요(출 22:25; 레 25:36, 37) 아낌없이 너그럽게 빌려주라고 말씀하신다. 인자(仁慈)를 **보여 줄** 뿐만 아니라 인자를 **사랑하라**는 것이다(미 6:8, 참조. 신 15:7, 8; 시 37:26; 112:5; 잠 19:17; 행 4:36, 37; 고후 8:8, 9).

예수께서 권고하시는 정신을 보여 주는 성경의 실례들

a. 아브라함은 비록 그의 조카 롯이 상당히 욕심 많은 자임을(창 13:1-13) 알았지만 롯을 구하기 위해 달려갔다(창 14:14 이하).

b. 요셉은 자기를 매우 부당하고 불친절하게 대우한(창 37:18-28) 그의 형들을 너그럽게 용서했다(창 50:19-21).

c. 다윗은 자기 생명을 추적하는 사울 왕의 목숨을 두 번씩이나 살려 주었다(삼상 24장과 26장).

d. 엘리사는 자기 나라에 침입해 들어온 아람 군사들에게 떡과 물을 베

---

298) 원어는 *μίλιον*, 라틴 외래어(*mille*), 문자적으로는 일천 걸음=8 stadia(스다디온), 영 · 미 등의 약 0.92 법정 마일.

풀어 주었다(왕하 6장).

e. 스데반은 자기를 죽이려고 돌을 던지는 자들을 위하여 기도했다(행 7:60).

f. 바울은 회심한 이후에 로마서 12:21; 고린도전서 4:12; 고린도전서 13장을 기록하고 그것을 실천했다!

g. 누구보다도 예수께서는 "아버지 저들을 사하여 주옵소서 자기들이 하는 것을 알지 못함이니이다"(눅 23:34 참조. 사 53:12; 마 11:29; 12:19; 벧전 2:23) 하고 기도하심으로써 친히 모범을 보여 주셨다.[299]

이제 다음의 반론을 살펴보자.

여섯 번째 반론: 두 번째 돌판에 새겨진 율법의 요약

[43]-[47] 또 네 이웃을 사랑하고 네 원수를 미워하라 하였다는 것을 너희가 들었으나 나는 너희에게 이르노니 너희 원수를 사랑하며[300] 너희를 박해하는 자를 위하여 기도하라 이같이 한즉 하늘에 계신 너희 아버지의 아들이 되리니 이는 하나님이 그 해를 악인과 선인에게 비추시며 비를 의로운 자와 불의한 자에게 내려주심이라 너희가 너희를 사랑하는 자를 사랑하면 무슨 상이 있으리요 세리도 이같이 아니하느냐 또 너희가 너희 형제에게만 문안하면 남보다 더하는 것이 무엇이냐 이방인들도 이같이 아니하느냐.

"네 이웃을 사랑하고 네 원수를 미워하라"는 것은, 그리스도께서 그의 사역을 수행하시던 당시, 일반 이스라엘 백성이 두 번째 돌판의 율법을 요약하고, 친구와 원수로부터 자기 생명을 보호하던 일반적인 생활 방식이

299) 누가복음 23:34의 본문의 공적이 무엇이든지 간에 다른 구절들이 그와 동일한 정신을 나타내고 있지 않은가?

300) "…너희를 저주하는 자를 위하여 축복하며 너희를 미워하는 자를 선대하며"(A.V.)란 말은 필시 그 순서가 반대로 나오는 누가복음 6:27, 28로부터 삽입해 넣었을 것이다.

었음이 틀림없다.[301] 예수께서는 서기관과 바리새인들로부터 그 사실을 알게 되셨을 것이다. 하지만 예외 없이 그 모든 사실을 그들에게서 배우셨을 것으로 볼 것까지는 없다. 우리는 적어도 마가복음 12:32, 33에 나오는 **서기관**과 누가복음 10:25-27에 나오는 **율법교사**가 레위기 19:18을 인용할 때 "네 자신같이"를 주의하여 생략하지 않았음을 알 수 있다. 이 문구를 생략한 것보다도 더 나쁜 것(5:43을 보라)은 "네 원수를 미워하라"는 문구를 추가한 것이었다. 구약성경 어떤 곳에서도 그와 같은 문구는 찾아볼 수 없다. 사실상 이 문구의 추가로 말미암아 강조점은 맹세에 관한 계명에 있어서도 그리하였듯이(pp. 497-498을 보라) 율법의 본래 의도에서 다른 곳으로 옮겨지고 말았다. 레위기 19:18의 "원수를 갚지 말며 동포를 원망하지 말며 네 이웃 사랑하기를 네 자신과 같이 사랑하라 나는 여호와이니라"는 말씀은 **보복**하는 일에 맞서 **사랑**할 것을 강조한다. 그러나 그리스도 당시의 일반적인 요약에 있어서의 그릇된 해석은 **이웃**과 **원수** 사이를 날카롭게 대조시켰다. 마치 그 계명의 의도가 "이웃은 사랑하고 원수는 미워하라"는 것이기라도 한 듯 하였다. 그 결과로서 "그러면 내 이웃이 누구니이까?" 하는 질문이 나오게 되었다(눅 10:29). 이스라엘 사람만 이웃이었던가? 아니면 이스라엘 사람과 유대교로 개종한 사람만 이웃이었던가? 레위기 19:34을 보라. 그러나 그것이 사실이라면 어떠한 개종자만이 이웃이란 말인가? 오직 순수한 개종자, 곧 문자적인 의미로 아브라함의 자손이 아니라는 사실만 제외하고는 세례와 할례를 통해서 어디로 보나 유대인이 된 이방인만이 이웃이겠는가? 아니면 그 밖의 다른 개종자들도 포함되어야 하겠는가? 이 같은 질문들 중에 몇몇은 그리스도의 지상생애 중에 이미 제기된 것들이었다. 나머지 질문들은 잠시 뒤에 살펴보겠다.[302]

율법에 대한 이 끔찍한 오해의 결과로서 유대인과 이방인 사이에 분리의 담이 세워져 유대인은 사랑을 받고 이방인은 미움을 받기에 이르렀다고 보는 것은 맞는 견해이다. 그러나 이들의 오해는 여기서 그치지 않았

301) S.BK., Vol. I, p.353 참조.

302) S.BK., Vol. I, pp.553-568에 나오는 긴 논의를 보라.

다. 또 다른 장벽은 서기관과 바리새인 같은 **선한** 이스라엘 사람과, 배교자와 세리(46절을 보라) 및 일반적으로 율법을 알지 못하는 군중(요 7:49) 같은 **악한** 이스라엘 사람 사이에 세워졌다. 그러한 상황하에서는 증오가 사라질 수 없었다. 오히려 증오가 날로 더해가지 않을 수 없었다.

예수께서 그의 사역을 수행하신 환경은 바로 이처럼 말할 수 없이 마음이 좁고 배타적이며 아량이 없는 사회 환경에서였다. 예수의 주위에는 온통 이러한 장벽과 울타리가 둘러쳐 있었다. 예수께서는 이러한 장벽들을 무너뜨릴 목적으로 이 세상에 오셨다. 그 장벽들이 무너져서 사랑 곧 순결하고 온화하며 무한한 하나님의 사랑이, 하나님의 마음으로부터 그리고 주님 자신의 놀라운 마음으로부터 사람들의 마음속으로 곧장 흘러 들어갈 수 있게 되어야 했다. 예수의 사랑은 인종과 민족과 파당과 나이와 성별 등의 모든 한계를 초월하신다.

그가 "나는 너희에게 이르노니 너희 원수를 사랑하라"를 말씀하실 때 그의 청중들은 깜짝 놀랐을 것임에 틀림없다. 이는 주님께서 청중들이 전에는 들어본 적이 없는 간결하고 적극적이며 강력한 어떤 말씀을 하셨기 때문이다. 이에 관계된 모든 자료들을 철저히 조사 연구해 보면 다음 결론이 나오게 된다. "결론은 모든 인류를 **이웃**으로 볼 것이며, 따라서 모든 인류를 사랑 가운데서 영접할 것을 가르친 최초의 인물은 예수님 한 분이셨다는 것이다. 선한(문자적인 의미로는 자비로운) 사마리아인의 비유를 보라."[303] 아무튼 예수께서는 사람들에게 "그러면 내 이웃이 누구니이까?" 하는 질문조차도 하지 말고, 누가 되었든지 간에 도움을 필요로 하는 사람에게 자기가 그의 이웃임을 입증해 보여야 할 것을 가르치셨다. 누가복음 10:36을 보라.

비록 여기에 나오는 표현의 형식("나는 너희에게 이르노니 너희 원수를 사랑하라")에 있어서는 그리스도의 가르치심이 새로운 것이었으나, 그것은 율법과 상반되는 내용이 아니었다. 오히려 그것은 이전에 뿌린 씨앗의 결실이었다. 이미 앞서 지적한 바와 같이 구약성경은 보복을 금했다. 그러나 필요한 경우에는 언제라도 자기 원수에게 도움을 베풀어야 한다는

303) S.BK., *op. cit.*, Vol. I, p.354.

가르침은 구약의 가르침보다 더 높은 차원이다.

"네가 만일 네 원수의 길 잃은 소나 나귀를 보거든 반드시 그 사람에게로 돌릴지며 네가 만일 너를 미워하는 자의 나귀가 짐을 싣고 엎드러짐을 보거든 그것을 버려두지 말고 그것을 도와 그 짐을 부릴지니라"(출 23:4, 5).

"네 원수를 도우라"와 "네 원수를 사랑하라"는 말의 차이는 종이 한 장 차이이다. 예수께서는 그 종이 한 장을 제거하셨다. 그는 "너희를 박해하는 자를 위하여 기도하라"는 말씀을 덧붙이셨다. 신자들의 박해에 관해서는 마태복음 5:10-12 주석을 보라. 예수께서는 제자들에게 불가능한 일을 요구하지는 않으셨다. 예수께서는 제자들을 박해하는 자들을 좋아하라는 요구는 하지 않으셨다. 그러나 예수께서는, 본래 하나님의 원수들(롬 5:8, 10)이었지만 예수께서 그들을 위해 죽으셨던 것처럼, 바로 그들도 **그들의** 원수들의 구원을 위해, 곧 "저희를 박해하는 자들의 구원을 위해" 기도할 것을 분명히 요구하신다.

그 원수들을 사랑하고 또 그들을 위하여 기도함으로써, 그리스도를 따르는 자들은, 그들이 하늘에 계신 아버지의 참 아들들임을 그 자신에게와 다른 사람들에게 입증하는 것이다. "이같이 한즉 하늘에 계신 너희 아버지의 아들이 되리라"는 말씀을 "그와 같이 행함으로써 너희가 아들이 되며 아들의 신분을 얻으리라"는 의미로 보는 것은 이치에 맞는 견해이다. 은혜로써 그들은 이미 아들이 되었다. 그러나 그들이 아들 같은 혹은 자녀 같은 행동을 해야만 이 사실을 확증하게 되는 것이다. 이는 자녀는 그들의 아버지를 본받기 때문이다(엡 5:1, 2). 이것은 땅 위의 가족보다 하늘의 가족 안에서 더욱 분명해지는 사실이다. 이는 땅 위의 가족에 있어서는 결코 모든 아들이 다 아버지의 "정신"을 물려받는 것이 아니기 때문이다. 한편 하늘의 가족에 있어서는 모든 참 "아들"(은혜에 의하여 믿음으로 말미암아 구원을 받은 자, 엡 2:8)이 다 아버지의 영을 받는다. 아들이 거듭나고(요 3:15), 그리스도인으로서의 덕성과 그의 최종적인 완전을 향하여 자라나는 것은 바로 그 성령으로 말미암아서이다.

예수께서는 청중들에게 저희 원수들을 사랑하고 또 위하여 기도함으로써 "하늘에 계신 아버지"(이 용어에 관하여는 pp. 528-529를 보라)께 그들의 가족 관계를 입증하라고 권면을 하실 때, "하나님이 그 해를 악인과 선인에게 비추시며 비를 의로운 자와 불의한 자에게 내려주신다"라는 사실에 주의를 환기시키심으로써, 근본적이고도 능동적인 아버지의 사랑을 암시적으로 설명해 주신다. 이 말씀은 몇 가지 점에서 주목할 만하다.

a. "해가 뜨고" 또 "비가 내린다"라고 하는 것보다 "**그가 그의** 해를 비추시고" 또 "**그가** 비를 내려주신다"라고 하는 말이 훨씬 더 의미가 있다. 예수께서 말씀하신 그 표현법은, 우리로 하여금 해가 비춘다는 사실을 넘어서 그 해를 비추시는 이를 바라보게 하고, 비가 내린다는 사실을 넘어서 그 비를 내려주시는 이를 바라보게 하며, 또 그 원인을 생각하게 한다. 곧 인간에 대한 아버지의 사랑을 생각하게 한다.

b. 여기에는 정관사들이 생략되었다. 그러므로 여기서는 확실히 대부분의 번역본들과 같이 "**그** 악인과 **그** 선인에게…**그** 의로운 자와 **그** 불의한 자에게"의 의미가 아니라, "악인과 선인에게…의로운 자와 불의한 자에게"가 되어야 한다. 그러므로 강조점은 이 백성들의 성품 위에 놓여져 있다. 마치 "비록 아버지께서는 흠도 티도 없이 거룩한 분이시나 그는 악인과 선인 모두에게 그의 복과 은총들을 베푸시는 일을 축소하지 않으신다"라는 말씀과도 같다.

c. 놀라운 아버지의 사랑의 본질을 한층 더 분명히 드러내기 위하여 그 두 쌍의 대상들이 X자형으로 배열되어 있다. 그러므로 강조점이 악한 자에게도 선한 자에게도 치우치지 않았다. 다음 도표를 참조하라.

첫 번째 쌍에서는 "악인"이 먼저 언급되나 두 번째 쌍에서는 "의로운

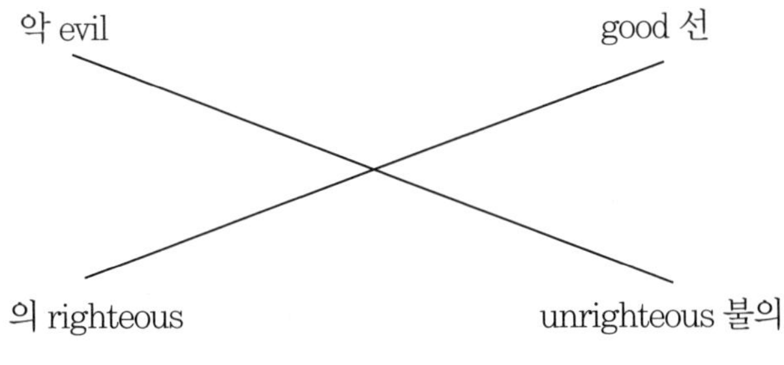

자”가 먼저 언급된다. 하나님께서는 햇빛과 비를 모든 자에게 똑같이 비추시고 내려 주신다. 그렇게 하심으로써 모든 자들이 하나님 아버지의 사랑의 대상임을 밝히 드러내신다.

하나님 아버지께서 그의 사랑을 나타내시는 방법에 의하여 그 사람들은 그 은총을 각기 다르게 받아들이는 것이 분명하다. 일반적으로 사람들은 그 은총에 대하여 감사하지 않는다. 그러므로 복음을 거절하는 자들에게는 하나님의 은총이 자신을 해치는 도구가 되는 것도 사실이다. 그러나 이것 때문에 이 땅에 거하는 자들에 대한 하나님의 사랑이 햇빛과 비의 축복과 그로 인한 복된 결과에서 공평하게 나타난다는 사실을 무효로 할 수는 없다. 자기가 지으신 자들에 대한 이 하나님의 사랑은 창 17:20; 39:5; 시 36:6; 145:9, 15, 16; 욘 4:10, 11; 막 8:2; 눅 6:35, 36; 행 14:16, 17; 롬 2:4; 딤전 4:10에서도 역시 분명히 나타난다. 이 구절들 가운데서 하나를 골라낸다면 요나서 4:10, 11을 지적할 수 있다. 그곳에 보면 니느웨 성 사람들과 그들의 어린아이들과 심지어는 가축들에 대해서까지도 관심을 두시는 하나님의 인자하신 사랑이 역력히 나타나 있다. 감동 없이 이 구절을 읽을 자가 그 누구이겠는가? 벌카우어(G.C. Berkouwer, *De Voorzienigheid Gods (Dogmatische Studiën)*, Kampen, 1950, p.97)가 이 점에 관하여 말한 바를 읽어 보라.

이 중에 어떤 구절도, 참으로 모든 사람에게 나누어지지 않는 하나님의 사랑이 있다는 사실을 부인하는 것으로 간주되어서는 안 된다. 창 17:21; 시 103:17, 18; 147:20; 마 20:16; 눅 12:32; 롬 8:1, 28-39과 같은 구절들을 비롯하여 그 밖의 수많은 구절들이 이 사실에 대하여 일체 의심의 여지가 없는 증거를 제시한다. 그러나 자기 아들들과 딸들을 특별히 극진하게 사랑하면서도, 마음속에 이웃의 자녀들과 세계의 모든 자녀들에 대해서까지도 애정을 갖는 세상의 아버지들과 마찬가지로, 하늘에 계신 아버지께서도 역시 그의 은혜로 자녀를 삼으신 자들에 대하여 세밀한 관심과 친밀한 우정의 특별한 관계를 유지하시면서도, 일반적으로 인류를 사랑하신다. 필자의 요한복음 주석 3:16 부분을 보라.

한편 자기의 원수들과 자기를 박해하는 자들을 그들의 사랑에서 제외시키려는 자들은, 그들 자신을 그들이 그처럼 철저히 경멸하던 사람들, 즉 그리스도 당시의 세리들이나 이방인들과 같은 도덕적 영적 수준에 올려놓는 자들이었다. 그 자신이 세리였으며(9:9 주석을 보라) 또 이 모든 사실들을 기록한 마태는, 특히 서기관과 바리새인들이 이 부류에 속하는 사람들에 대해서 가졌던 심한 증오심에 생소한 사람이 아니었다. 세금 징수 청부업자(tax-farmer)들은 로마정부에 일정액의 세금을 상납했고, 그 대신에 수출품과 수입품에 대해서 통관세를 징수했을 뿐만 아니라, 무릇 그 지역을 통과하는 상품들에 대해서도 역시 세금을 징수하는 특권을 가졌다. 유력한 세관들은 가이사랴와 가버나움 그리고 여리고에 자리 잡았다. 세금 징수 청부업자들은 "세리장들"(눅 19:2)에게 그들의 권한을 위임했고, 세리장들은 그들 수하에 직접 세금을 징수할 "세리들"을 두었다. 이 세리들은 무슨 상품에 대해서든지 통관세를 무겁게 징수했다. 그래서 세리들은 늑탈하는 자들이라는 평판을 얻었다. 그가 유대인일 경우에는 동족들에게 배반자 혹은 반역자로 간주되었다. 이는 그가 이방의 압제자를 위하여 일하기 때문이었다. 세리가 천대를 받았던 사실이 마 9:10, 11; 11:19; 21:31, 32; 막 2:15, 16; 눅 5:30; 7:34; 15:1; 19:7에서 드러난다. 세리와 죄인들은 하나로 묶어서 언급이 되었다. 이는 그 두 명칭이 동의어로 간주되었기 때문이다.

세리들이 경멸을 받았다면 이방인들도 역시 그러하였다. 구약시대에 이스라엘 사람들은 "나그네를 사랑하라"(신 10:19)는 명령과 그들 역시 "애굽 땅에서 나그네 되었었던" 사실을 기억하라(출 23:9)는 명령을 받았다. 그러나 포로 생활을 하는 중에 이스라엘 백성은 그들을 사로잡은 자들의 손에서 이루 말할 수 없는 화를 당했다. 그 후에도 신구약 중간기 동안에 안티오쿠스 에피파네스(Antiochus Epiphanes)는 그들의 신앙을 뿌리째 완전히 말살시키려는 위협을 가했고, 이방인들에 대한 유대인의 자세를 바꾸어 놓으려고 온갖 수단을 다 사용했다. 그 외에도 이방인들은 우상 숭배자들이 아니었던가? 그리고 우상 숭배는 이스라엘 백성을 포로로 잡혀가게 한 죄악이 아니었던가? 로마 사람들도 역시 이방인들이었으며 이방 압제자들이 아니었던가? 저희도 역시 이스라엘 백성을 신앙적으로 파탄에 이르게 하려고 노력하지 않았던가? 그러므로 신약시대에 이방인들은 세리들과 마찬가지로 극도의 모멸과 반감을 샀다. "경건한" 유대인들은 이방인들을 "부정한 자"로 간주했다. 사실상 그들은 "개들"로 취급받았다(마 15:26, 27에 암시되어 있다). 유대인에게 있어서는 할례 받지 않은 자와 한자리에 앉아서 식사를 한다는 것은 생각할 수조차 없는 일이었다(행 11:2).

이 증오가 일방적인 것이 아니라 상대적인 것이었음은 이해할 만하다. 이스라엘 백성이 이들 부정한 이방인을 경멸할 경우에는 저희 자신들도 역시 똑같은 경멸을 받았다(요 18:35; 행 16:20; 18:2). 그러므로 몇몇 예외를 제외하고서는(예를 들면 이스라엘 종교에 깊은 관심을 보였던 이방인들, 눅 7:1–5) 세리와 이방인들 그리고 유대인들은 각기 당파를 형성했다. 사마리아인들도 역시 그리하였다. 사마리아 여자는 유대인인 예수께서 자기에게 물을 달라고 하신 사실에 깜짝 놀랐다(요 4:9 참조. 눅 9:52, 53; 요 8:48). 사방에 분열이 일어났고 도처에 증오가 만연했다. 그런데 사랑은 어떠하였던가? 사랑에 있어서는 세리는 세리들을 사랑했다. 이방인은 이방인들에게만 충심으로 문안했다.[304]

우리는 이제 "너희가 너희를 사랑하는 자를 사랑하면 무슨 상이 있으리요 세리도 이같이 아니하느냐 또 너희가 너희 형제에게만 문안하면 남보다 더 하는 것이 무엇이냐 이방인들도 이같이 아니하느냐" 하신 그리스도의 (요약된) 말씀의 배경을 이해하게 되었다. 그러므로 주께서는 그의 청중들에게, 배타주의에 빠져 있는 세리와 이방인들의 예를 들어서, 그들이 단순히 도덕적이며 영적인 가치에 있어서 저희보다 훨씬 더 못하다고 간주한 자들에 비하여 더 나을 것이 없다는 사실을 보여 주신다. 그들은 예외적인 일을 전혀 하지 않았다. 곧 세리나 이방인보다 더 낫고 더 특별한 일을 전혀 하지 않았다. 하지만 상을 얻기 위해서는 그리스도의 제자가

304) *ἀσπάσησθε*가 단순히 "너희가 문안하다" 이상의 의미를 지닌다는 사실에 대한 증거는 L.N.T.(A. and G.), p.116에 제시되었다. 그 말은 "소중히 하다", "좋아하다"의 의미를 암시하고 있는데, 아마도 여기서는 "충심으로부터 나오는 문안으로 대하다"의 의미일 것이다.

되고 싶어 하는 자들의 의가 서기관과 바리새인들의 의보다 더 "나아야" 만 했다(20절).[305]

상을 바란다는 생각에는 아무 잘못이 없다. 그러나 (1) 주님을 위해서 행한 일이 마 25:37, 38의 정신에 따라 자발적으로 행해질 경우와 (2) 상이 공로에서 나는 것이 아니요 은혜로 말미암는다는 사실을 이해할 경우에만 그러하다(Heidelberg Catechism, Lord' s Day 24). 특히 마 6:1, 4, 5, 6; 눅 17:10; 고전 3:8; 4:7; 9:17; 빌 3:14; 히 12:2을 보라.

예수께서는 이 부분 전체(43-47절)를 다음과 같이 요약하신다.

[48] 그러므로 하늘에 계신 너희 아버지의 온전하심과 같이 너희도 온전하라.

이것도 역시 율법과 일치가 된다. "너는 이스라엘 자손의 온 회중에게 말하여 이르라. 너희는 거룩하라. 이는 나 여호와 너희 하나님이 거룩함이니라"(레 19:2). "너는 네 하나님 여호와 앞에서 완전하라"(신 18:13). 또한 레위기 11:44; 20:7, 26; 엡 5:1; 벧전 1:15, 16도 역시 보라. 이것은 예수 그리스도가 사람이 죽기 전에 무죄의 상태에 이를 수 있다고 가르치신 의미에 있어서 하나의 완전주의자이셨음을 뜻하는가? 팔복이 분명히 보여 주는 바와 같이, 그리고 주께서 제자들에게 "우리 죄를 사하여 주시옵고"(마 6:12) 하고 기도할 것을 가르치신 그 간구가 재확증하여 주듯이, 그것은 전혀 무죄한 상태의 완전을 의미하는 것이 아니다. 주께서는 사람이 죽기 전에 주기도문의 이 간구를 빼놓아도 좋을 때가 이를지도 모른다는 암시를 주신 일은 결코 없으시다. 위에서 지적한 의미에 있어서의 완전주의에 반대하는 구절로서 왕상 8:46; 욥 9:2; 시 130:3, 4; 잠 20:9; 전 7:20; 롬 3:10; 7:7-25; 갈 5:16-24; 약 3:2; 요일 1:8을 보라.

만일 "그렇다면 온전해지려고 노력해야 할 이유가 무엇이란 말인가?" 하는 질문을 한다면, 그 대답은 이미 앞서 지적한 바와 같이 "하나님이 명하신 바이기 때문이다"가 될 것이다. 또 예수를 따르는 자는 달리 행할 수

305) 여기 47절에 사용된 *περισσον*과 20절에 사용된 *περισσευση*라는 말은 같은 어원에 속한다.

없다. 그는 바울과 더불어 완전을 사모한다(빌 3:7-16). 지금 여기에서도 그는 전가된 의를 받은 자이다. 또한 전달된 의를 받았다. 그러나 전달된 의(외적인 의; pp. 444-447을 보라)는 현재의 삶에 있어서 완전하지 못하다. 외적인 의로써도 완전에 이르려는 분투 노력은 상을 받게 될 것이다. 그 푯대에 도달하고자 애쓰는 자들만이 승리가 보장된다. 그들이 영광스러운 영원의 해안에 이르게 될 때 그들의 이상은 실현될 것이다. 그것은 저희에게 주시는 하나님의 선물이 될 것이다(시 17:15; 빌 1:6; 3:12 하반절; 딤후 4:7, 8; 계 21:27 참조. 7:14).

그러나 여기서 "온전" 혹은 "완전"은 "완성에 달함, 완전한 성장, 아무것도 부족함이 없음"을 뜻한다.[306] 예수께서는 그 당시의 사람들뿐만 아니라 오늘 우리 시대의 사람들에게도, 역시 율법의 핵심을 간파하지 못했던 서기관과 바리새인들이 그러하였듯이, 사랑의 율법에 절반만 순종하는 것으로 만족해하지 말아야 할 것을 말씀하신다. 비록 어떤 의미에서 예수께서는 여기에서 45절("하늘에 계신 너희 아버지의 아들이 되리니")에 함축된 권면을 반복하고 계실지라도, 그는 지금(여기 48절에서) 보다 분명하게 우리가 본받고자 분투노력해야 할 것은, 바로 아버지의 **온전하심** 곧 여기서는 특히 (앞 문맥에서 지적한 바와 같이) 아버지가 모든 자들에게 대해서 보여 주신 사랑에 있어서의 온전하심인 것을 지적하신다. 하나님께서는 그 해를 악인과 선인에게 비추시며 비를 의로운 자와 불의한 자에게 내려 주시는 분이 아니시던가? 그는 또한 가인에게 온유하게 훈계하신 분이 아니시던가?(창 4:6, 7) 불순종하고 거역하는 백성들을 향하여 종일 그의 손을 펴신 분이 아니시던가?(사 65:2; 롬 10:21) 그러므로 이와 마찬가지로 하나님의 말씀을 받게 될 모든 자들도 역시 모든 사람들, 심지어는 자기를 미워하는 자들과 박해하는 자들까지도 사랑하지 않으면 안 된다! 양에 있어서뿐만 아니라 그 **질** 혹은 **특성**에 있어서도 그것은 아버지의 사랑을 본받는 사랑이어야 한다. 예를 들면, 인내와 온유와 진지함 등에 있어서 아버지를 본받는 사랑이어야 한다.

---

306) 바울 서신들에 나오는 *τέλειος*의 의미에 관하여는 필자의 주석 빌립보서 3:15, 16에 대한 각주 156)을 보라.

대부분의 장성한 신자들의 사랑이라 할지라도 그것은 유한하고 항상 그 상태로 남아 있게 될 것이나, 하나님의 사랑은 무한하다는 사실을 즉시 인정해야 한다. 그러므로 그같이 유한한 사랑은 아버지의 놀라우신 사랑의 그림자에 지나지 않는다는 사실을 덧붙여 두어야 할 것이다. 그럼에도 불구하고 이러한 유의 유한한 사랑을 우리가 얻을 수 있다. 우리가 그것을 어떻게 알 것인가? 하나님께서는 **우리의 하늘 아버지**시요, 또 그 이유로 인해서 그가 이 선물을 그의 자녀에게서 거두어 가지 않으신다는 바로 그 사실로 말미암아 알 수 있다.

제5장과 제6장 사이에는 밀접한 관계가 있다. 이것은 특히 다음 두 가지 사실에서 분명해진다. a. 예수께서는 그 나라의 의에 대한 말씀을 계속하신다(5:6, 10, 20을 6:1과 비교하여 보라). b. 예수께서는 잠시 순수한 의를 서기관과 바리새인들(5:20), 곧 외식하는 자들(6:2, 5, 16)에게 관련시켰던 의와 계속 비교하신다.

그럼에도 불구하고, 여기에는 또한 새로운 제목으로 넘어가는 분명한 전환점이 있다. 제5장에서는 참 신앙을 서기관과 바리새인들이 랍비들의 전통에 기초하여 **가르치고 있던 그것과** 대조시켰으나, 6:1-18에서는 참 신앙을 **그들이 행하고 있던** 바와 대조시킨 것이다. 6:19에서부터는 외식하는 자들이 언급되지 않는다. 분명히 그들이 시야에서 아주 사라졌다고 말하는 것은 잘못일 것이지만, 본 산상설교에서는 그들이 더 이상 특별히 언급되지 않는다.

6:1에서 시작하여 7:12까지 이르는 동안, 예수께서는 이전보다 더욱 적극적으로 그 나라의 의가 의미하는 바에 청중들의 주의를 집중시키신다. 간략히 말해서, 의로운 삶을 사는 것은 "무엇보다도 하나님을 사랑하고 네 이웃을 네 자신과 같이 사랑하라"는 계명에 자발적으로 순종하는 데 있다. 두 부분에 유의하라: a. 하나님을 사랑하라; b. 이웃을 사랑하라. 제6장은 주로 이 둘 중 하나님 사랑을 다루고, 7:1-12은 이웃 사랑을 다룬다. 제6장에서 예수께서는 하나님께 대한 마음으로부터의 신실한 헌신을 요구하시고(1-18절), 또 모든 환경 가운데에서 이 하늘 아버지를 완전히 신뢰할 것을 요구하신다(19-34절). 이는 사람이 만일 그 아버지를 신실하

게 사랑한다면 **그에게** 모든 것을 다 바치고 **그로부터** 모든 것을 다 기대할 것이기 때문이다.

서기관과 바리새인들에게서 주의를 돌려 점차 "너희 하늘 아버지"께로 향하고 계신 것이, 이 명칭 혹은 이와 비슷한 명칭인 "하늘에 계신 너희 아버지"가 5장에서는 불과 세 차례(16, 45, 48절) 밖에 나오지 않는 반면에, 5장에 비하여 다소 짧은 6장에서는 약간 다양한 형태들("너희 아버지", "네 아버지", "우리 아버지" 등)이긴 하나 무려 열두 차례나 언급된다는 사실에서 분명해진다. 1, 4, 6절에 두 번, 8, 9, 14, 15, 18절에 두 번 나온다. 26, 32절을 보라. 5:45, 48과 6:1이 시사하고 있는 바와 같이, 이 점에서도 역시 제5장에서 제6장에로의 전이(轉移)는 점진적이라고 할 수 있다.

따라서 새로운 장(제6장)의 제목은 다음과 같이 붙일 수 있다.

하나님께 대한 사람의 관계에 있어서의 의(義)의 본질

마음으로부터의 신실한 헌신 (6:1–18)

윤리적인 의미의 의(5:6에 포함된), 곧 참 신앙의 실천—여기에서는 특히 구제와 기도와 금식의 신앙적인 실천—에 표현된 의에 대하여 예수께서는 이제 이렇게 말씀하신다.

[1] 사람에게 보이려고 그들 앞에서 너희 의[307)]를 행하지 않도록 주의하라 그리하지 아니하면 하늘에 계신 너희 아버지께 상을 받지 못하느니라.

그러나 이 권면은 5:16의 "이같이 너희 빛이 사람 앞에 비치게 하여 그들로 너희 착한 행실을 보고 하늘에 계신 너희 아버지께 영광을 돌리게 하

307) 다른 독법은 *ἐλεημοσύνην* (A.V. "자선 기부금" 6:3,4 참조). 그러나 *δικαιοσύνην*(의)은 가장 강력한 본문의 지지를 받는다.

라"는 권면과 상충되지 않는가? 그렇지 않다. 이는 5:16에서의 목적은 "하늘에 계신 너희 아버지께 영광을 돌리는" 것이었기 때문이다(5:16 하반절을 보라). 한편 6:1 하반절에 나오는 외식하는 자들의 의도는 저희 스스로 영광을 얻고자 하는 것이었다. 그들은 "사람들의 주의를 끌기 위해"[308] 그들의 신앙적인 행동을 취했다. 그래서 외식하는 자들은 구제와 기도와 혹은 금식에 들어갈 때 자기를 주의 깊게 살피고 세심하게 시험했다. 아마도 그들의 그러한 모습을 바라보는 구경꾼들이 "서기관과 바리새인들은 얼마나 헌신적이고 또 그들의 경건은 얼마나 뛰어난가!" 하고 칭찬했을 것이다. **그처럼 의도적이고** 공개적인 과시는 마땅히 피해야만 한다.

"…그리하지 아니하면 하늘에 계신 너희 아버지께 상을 받지 못하느니라"는 말씀의 요지는 다음과 같다. "너희는 그때 **이미** 너희 상을 받았느니라. 실로 그러하니라. 너희는 너희가 명예와 칭송과 찬양의 상을 기대했던 바로 그 **사람들**에게서 너희 상을 완전히 다 받았느니라. 너희 중심에서 너희가 **하나님**을 기쁘시게 하고 그를 영화롭게 하고자 아니하였으므로 **그가** 너희에게 상을 베풀지 아니하실 것이니라. 더욱이 그러한 신앙적인(?) 실천들이 허위에 불과하기 때문에 이것이 사실일 것이니라. 너희가 만일 그러한 외식하는 일에 몰두해 있다면 너희는 더욱 너희의 진정한 동기를 감추고자 애쓸 것이니라. 너희는 외적인 행위를 뒤집어쓰고 있느니라. 너희는 시치미를 떼고 있느니라. 이는 하나님께 영광을 돌린다는 구실 아래 너희가 너희의 영광을 구하기 때문이니라. 너희는 마치 전능하신 이를 속이기라도 할 수 있을 것같이 행하는도다!" 그러한 경우들(1, 2, 5절 그리고 16절)에 있어서는 사람들에게서 받는 상은 장차 하나님께로부터 받을 상을 취소시켜 버린다. "하늘에 계신 너희 아버지"라는 표현에 대해 알고자 하면 pp. 466, 528, 529를 보고, "상"에 대해서는 pp. 512-513과 마태복음 10:42를 보라.

6:1에서는 일반 원리가 제시되었고 다음에서 다시 "의"와 의의 세 가지

---

308) 헬라어 *θεαθῆναι*. *θεάομαι*의 단순과거, 부정법, 수동태. 이에 관하여는 필자의 요한복음 주석 상권, 각주 33)과 함께 보라.

표현으로 간주되는 구제와 기도와 금식의 문제가 이제 하나씩 다루어질 것이다.

구제

구제의 문제에 관하여 예수께서는 다음 말씀으로 시작하신다.

[2] 그러므로 구제할 때에 외식하는 자가 사람에게서 영광을 받으려고 회당과 거리에서 하는 것같이 너희 앞에 나팔을 불지 말라.

가난한 자를 구제하는 일은 하나님의 율법이 요구하는 바이다(출 23:11, 30:15; 레 19:10; 신 15:7-11). 그것은 또한 선지자들의 권면(렘 22:16; 단 4:27; 암 2:6, 7)과 예수의 가르침(마 7:12; 눅 6:36, 38, 참조. 눅 21:1-4; 요 13:29; 갈 6:2)에서도 역시 요구하는 바이다. 구제는 또 하나님께 받은 은택에 대한 감사의 표현이기도 하다. 본 산상설교에서 예수께서는 이미 "긍휼히 여김을 받을" 자는 바로 긍휼히 여기는 자들이 될 것임을 지적하셨다(5:7). 그러므로 우리는 여기 6:2에서 예수께서 그러한 구제를 승인하시는 데 대하여 놀라지 않는다.

구제는 결코 예수의 제자들에게만 한정된 것이 아니었다. 예수를 자기의 구주와 주로 영접하기를 거부하는 자들조차도 구제를 자랑했다. 사실 그리스도 당시에 특권이 적은 자들에 대한 "구제"는 각자 능력껏 구제 기금을 부담하는 "종교적인" 단체에 의해서 제공되었다.[309] 이 구제 기금은 자발적인 기부금으로 보충되었는데, 이 복지를 위한 자선 기부금은 회당에서 공개적으로 공포되었다. 그리고 여기에서 언급하는 바와 같이, 가난한 사람들이 사는 근처의 거리 곧, 그들이 자주 모이는 곳에서도 공개되었다. 그러한 의연금을 내는 일을 나팔을 불어서 알렸는지 어떤지는 지금 단정을 내릴 수가 없으며, 회당에서는 이 같은 일이 허용되었을 것 같지 않다. 그 외에도 예수께서는 그의 말씀과 설교에서 상징적인 언어

309) S.BK., Vol. I, p.388.

를 사용하셨으므로, 이 경우에 있어서도 그러셨을 가능성이 있고, 또 바리새인들이 저희 구제하는 것을 널리 알리기 위해서 온갖 힘을 다 기울인다는 사실을 지적하시는 말씀이다. 예수께서 정죄하시는 것이 바로 이 같은 행동이다. 그것은 하나의 외식이었음을 의심할 여지가 없다. 그러므로 그러한 죄가 있는 자들은 바로 "외식하는 자들"로 불렸다. 그들은 **주는 체** 하였으나 실상은 **받고자** 하였으므로, 곧 사람에게서 존귀와 영광을 받고자 하였으므로 외식하는 자들이었다(15:1, 7; 23:1 이하 참조).

(내가) 진실로 너희에게 이르노니 그들은 자기 상을 이미 받았느니라. 그들은 미래에 받을 상급이 전혀 없었다. 6:1 주석을 보라. 외식하는 자들은 온갖 수단을 다 동원하여 때로는 뻔뻔스럽게 때로는 교묘하게 여전히 그들의 구제 행위를 선전했고, 또 그리함으로써 그들은 자신에게 임할 모든 진정한 상을 취소시키고 말았다.

그러므로 다른 사람에게서 칭찬을 듣고자 하는 것도 잘못이려니와 자기 자신을 칭찬하는 것도 역시 잘못이다.

[3] 너는 구제할 때에 오른손이 하는 것을 왼손이 모르게 하여.

두 손은 거의 언제나 일치된 행동을 한다. 자주 두 손은 함께 힘을 모아 물건들을 들어 올리고 나르고 붙잡는다. 일할 때에나 놀 때에나 보조를 같이한다. 그러므로 두 손은 서로를 철저히 알고 있는 것으로 볼 수 있다. 한 손이 무엇을 하든지 다른 손은 그것을 알고 있다. 그러므로 상징적으로 말해서 오른손이 하는 일을 왼손이 모른다는 것은 전혀 알지 못하고 전적으로 모른다는 말같이 느껴진다. 그렇지만 이 표현은 분명히 가능한 한 사람이 그의 자발적인 구제를 다른 사람에게 대해서뿐만이 아니라 자기 자신에게조차도 은밀히 행해야 한다는 것을 의미한다. 다시 말해서 구제하는 사람은 자기 마음속으로 "나는 얼마나 선한 사람인가!" 하고 말하는 대신에 자기가 한 그 일을 잊어버려야 한다는 것이다. 이 같은 해석은 마태복음 25:37-39의 지지를 받는다. 그곳에 보면 의인들이 자기의 과거에 행한 선한 행실들을 전혀 알지 못하는 것으로 되어 있다.

[4] 네 구제함을 은밀하게 하라 은밀한 중에 보시는 너의 아버지께서 갚으시리라.[310]

계산을 하고 상을 주시는 이는 하나님이시다. 하나님을 피할 수 있는 것은 하나도 없다(창 16:13; 시 139편; 히 4:13. 참조. 요 21:17). 심판날 깜짝 놀라게 한 자들에게 상을 주실 이가 바로 아버지이시다(마 25:34-36). 거기에는 또 선한 양심을 가진 자로서 예상하지 못한 보상을 받는 자의 즐거움이 있을 것이 아닌가?

문법에 관한 한, 바른 헬라어 본문은 "…그리고 보시는 분이신 네 아버지께서 네게 은밀히 갚으시리라"로도 역시 번역될 수 있다. 이 구문에 대한 반대: a. 사람들로 그들의 선행을 칭찬하도록 하기 위하여 최선을 다하여 외식하는 자들에 대하여 언급하고 있고, 또 예수께서 그의 청중들에게 이 같은 선행은 널리 선전을 할 것이 아니요 가능한 한 은밀히 할 것을 권면하고 계신 서론 다음에서, 우리는 선전되지 않은 은밀한 행위를 "은밀히 보시는 너의 아버지"께서 보시고 갚으시라는 말씀을 기대하고 찾게 된다. 아무런 수식어가 없는 "보시는 분"이신 아버지라는 소개는 여기서 별 의미가 없다. b. 성경은 도처에서 은밀히 행한 것까지도 포함되는 모든 말과 행위가 밝히 드러나게 되리라고 선언한다(전 12:14; 마 5:3-12; 10:26, 27; 막 4:22; 눅 8:17; 12:2, 3; 롬 2:16; 고전 3:13; 14:25; 계 20:12, 13). 가난한 사람들에게 은밀히 행해진 친절한 행위는 영원히 은밀한 가운데 남아 있게 되며, 그 받을 상까지도 은밀한 가운데 남아 있게 되리라는 생각은 이 중요한 가르침과 상충된다.

일반적인 기도

다음으로 예수께서는 이 주제를 바꾸어(4-15절) 이렇게 말씀하신다.

[5] 또 너희는 기도할 때에 외식하는 자와 같이 하지 말라 그들은 사람

310) 수식어 "공개적으로"(A.V.)는 하급 헬라어 본문에 기초한 것이다. 6절 역시 마찬가지이다.

에게 보이려고 회당과 큰 거리 어귀에 서서 기도하기를 좋아하느니라.

이것은 감사와 찬양, 경배, 죄의 고백, 개인적인 간구, 다른 사람들의 필요를 위한 중보기도 등을 포함하는 일반적인 기도에 대한 말씀이다. 유대인들 가운데에서는 비록 어느 때에라도 기도하는 것이 타당하였으나, 경건한 사람들이 헌신하고자 할 때에는 특별히 기도 시간을 정해 두는 관습이 있었다. 대개 기도 시간은 오전과 오후와 밤으로 정해 놓았다(시 55:17; 단 6:10; 행 3:1). 요세푸스(*Antiquities* XIV. 65)에 의하면, 기도를 포함한 제사는 "이른 아침과 제 9시에 하루 두 번씩" 성전에서 드려졌다. 또한 황혼예배도 있었다.[311] 자연히 사람이 예루살렘 근처에 살거나 머물고 있어서 제시간 안에 성전에 닿을 수 있을 경우, 그곳이 경건한 이스라엘 사람에게는 기도하기에 가장 좋은 장소였던 것으로 보인다(눅 18:9, 10; 행 3:1). 예루살렘 성전이 아니면 회당이나 거리에서도 기도하는 것이 가능했다.

이제 성경은 아무 곳에서도 공적인 기도(대하 6:14-42; 느 9장; 행 4:24-31)를 정죄하지 않는다. 그리고 공개된 장소에서 드려지는 개인적인 기도도 정죄하지 않는다. 바리새인과 세리도 성전에서 기도하는 것이 죄가 되지 않았다(눅 18:9, 10). 예수께서 여기서 정죄하신 것은 **과시하기 위한 기도**, 곧 사람들에게 보이고 영광을 얻을 목적으로 가장 번화한 장소에서 자기 개인의 문제를 놓고 기도하는 사적인 기도이다. 그리고 이것은 외식하는 자들이 습관적으로 행하던 기도였다. 그리스도의 유명한 비유에 나오는 바리새인(눅 18:9-14)은 성전에 올라갔을 때 **유의하여** 어느 구석이나 아니면 앞자리에서 멀리 떨어진 어떤 자리에, 곧 세리들이나 앉는 자리에 가지 **않았다**. 그는 그 자리에 참석한 모든 사람들이 볼 수 있는 맨 앞자리에 일어서 있었다. 성전에서 일어나는 일은 회당에서도 역시 일어났다. 그리고 심지어는 거리의 모퉁이에서도 그러하였다! 여기에 나오는 거리는 6:2의 거리가 아니라 가장 번화한 거리임을 주의하라. 외식하는 자들은 정확히 때에 맞춰 가장 눈에 띄는 자리에 나타났다. 그들의 기

---

311) E. Schürer, *History of the Jewish People in the Time of Jesus Christ*, 영역본 Edinburg, 1892-1901, Vol. II, p.290 이하.

도의 동기와 목적은 "사람에게 보이는 데"에 있었으며 사람들에게서 영광을 얻는 데에 있었다. 예수께서 정죄하신 것이 바로 이 점이다. 예수께서는 그 가르침에 있어서 바로 내적인 의도나 의향이라는 것에 주된 가치를 두셨다는 사실이 여기에서 분명해진다. 하나님을 향하여 진실하고 겸손하게 드리는 마음을 하나님께서는 즐겨 받으신다(요 4:24).

외식하는 자들과 또 그들의 헛된 선전에 관하여 예수께서는 조금 전에 하신 말씀(2절)을 되풀이하신다. **내가 진실로 너희에게 이르노니 그들은 자기 상을 이미 받았느니라.**

잘못된 행위에 대한 부정적인 정죄 다음에 옳은 행위를 따르라는 긍정적인 권면이 따라 나온다. 이것은 2절과 3절의 구제에 관한 말씀에서도 그러하였고, 16-18절의 금식에 관하여 하신 말씀에서도 그러하였다. 처음 시작하여 마칠 때까지, 본 산상설교는 매우 질서 정연하고 조직적이며 논리적인 방식으로 전개되고 있다.

[6] 너는 기도할 때에 네 골방에 들어가 문을 닫고 은밀한 중에 계신 네 아버지께 기도하라.

이것은 독립된 기도실이 있어야만 한다는 말씀이 아니다. 앞서 지적한 바와 같이 대부분 청중들의 집은 방이 하나밖에 없었다. 본 절이 뜻하는 바는 다음과 같다. 만일 독방이 있거든[312] 사용하라. 그렇지 않으면 가장 은밀한 구석을 택하여 기도하라. 네 자신을 나타내 보이려고 하지 말라. 그러나 예수께서 말씀하신 주요한 강조점은 기도하는 **장소**보다는 **기도하는 생각과 마음의 자세**를 지적하신 것이다. 바람직한 기도에 대한 기본적인 사상은 기도의 주요점을 기도의 은밀성에 두지 않고 기도의 신실성에 두고 있다. 그러나 예수께서 은밀한 장소를 언급하신 이유는, 신실하고

312) 헬라어 *ταμεῖον*. 아마도 동사 *τέμνω*(절단하다, 자르다, 분배하다, 구분하다)와 관련되었을 것이다. 명사와 관련된 것들로는 분배자, 회계원, 보물창고, 저장실 등이 있다. 값진 물건들을 두는 그러한 보고들은 자연히 가장 은폐된 곳에서 발견된다. 그러므로 시간이 흐름에 따라, 명사 *ταμεῖον*은 어떤 아주 은밀한 방이나 처소를 가리키는 말로 사용되었다.

겸손한 경배자가, 자기의 영광을 얻고자 사람 앞에 공개적으로 자신을 나타내는 데에 관심을 두는 일이 전혀 없이, 자기의 헌신과 간구를 가장 효과적으로 하나님께 드릴 수 있는 후미진 구석이나 굴 또는 골방을 찾도록 하기 위해서이다. 그가 세상과 절연하고 오직 하나님과만 함께 있을 수 있는 곳이 바로 그러한 장소이기 때문이다.

문을 닫는 것(왕하 4:33; 사 26:20 참조)은 은밀한 장소를 더욱 은밀하게 만들어 준다. 기도의 대상, 곧 하늘 아버지는 은밀한 중에 **보실** 뿐만 아니라(4절) 또한 은밀한 중에 함께 **계신다.** 하나님께서는 모든 은밀한 곳(공개된 곳뿐만 아니라)을 그의 임재로 가득 채우시되 모든 공간적인 제한을 초월하신다(왕상 8:27; 시 139:7-10; 사 66:1; 렘 23:23, 24; 행 7:48, 49; 17:27, 28).

여기서 은밀한 장소에 들어가 문을 닫는다는 사실을 선전하기 시작할 경우, 은밀한 장소를 찾는 그 목적은 실패로 돌아가게 된다는 점을 덧붙일 필요가 있다. 어떤 목사들은 예배를 시작할 때나 혹은 이따금씩 목회 기도 중에도 그와 같은 자기의 비밀을 선전하는 습관에 젖어 있다. 그들은 회중에게, 설교 준비를 하기 위하여 자리에 앉기 전에 자기 서재의 문을 잠그고 수십 분 동안이나 진지하게 기도했다는 점을 주지시키곤 하는 것이다.

바른 생각과 마음 자세로 기도하는 자가 복이 있다는 것은 4절에서 지적한 바와 같다. **은밀한 중에 보시는 네 아버지께서 갚으시리라.** 그와 같이 기도하는 사람은 생각과 마음의 평안을 누리게 될 것이다. 그는 아버지께서 그의 무한하신 사랑으로 자기 자신과 또 자기와 관계된 모든 사람들에게 가장 훌륭한 것으로 공급해 주신다는 사실을 알게 될 것이다. 그는 또한 이 동일하신 아버지께서 "우리가 구하거나 생각하는 모든 것보다도 훨씬 더 무한한 일을 행하실 수 있으시다"는 사실도 역시 알게 될 것이다(필자의 주석 엡 3:20, 21).

신실한 기도는 반드시 장황해야 할 필요가 없다는 것을 다음에서 보여 준다.

[7] 또 기도할 때에 이방인과 같이 중언부언하지 말라 그들은 말을 많이 하여야 들으실 줄 생각하느니라.

이 말씀을 하실 때 예수께서 "외식으로 길게 기도하는 자들"(막 12:40; 눅 20:47)인 서기관들을 염두에 두셨을 가능성이 있을까? 그야 어찌 되었든지 예수께서는 중언부언 길게 기도하는 것이 이방인에게나 어울리는 기도라고 정죄하고 계신다. 그러나 긴 기도라고 해서 항상 잘못된 기도는 아니다. 그러한 견해는 대하 6:14-42; 느 9장; 시 18, 89편 그리고 119편에 나오는 기도들에 의해서 즉각 정죄를 받게 될 것이다. 기도자는 기도의 **동기**를 항상 명심해야만 한다. 이방인들은 그들이 기도를 길게 하고 크게 하면 할수록, 그들이 바라는 일에 성공할 기회를 누릴 확률이 더 크다고 생각했기 때문에 계속해서 오래 기도했다. 바알 선지자들의 기도(왕상 18:25-29)는 이 같은 기도의 대표적인 예가 된다. "그들이 받은 송아지를 가져다가 잡고 아침부터 낮까지 바알의 이름을 불러…." 또 하나의 두드러진 예로는 티베트 불교도들의 기도문통(祈禱文筒)을 들 수 있다. 그들의 기도문통은 축이 달려 돌릴 수 있는 원통에 기도문을 적어 넣게 되어 있다. 천주경(天主經)으로 시작하여 송영(頌榮)으로 마치는 마리아경(Ave Maria)을 50번씩 한 단위로 묶어서 헤아리는 데에 사용하는 천주교(天主教)의 묵주(默珠)는 또 하나의 예가 아닌가? 마치 우리의 기도가 상달되고 안 되는 것이 적어도 부분적으로는 우리가 사용하는 단어의 수나 우리가 거침없이 드리는 기도의 횟수에 달려 있기라도 한 듯이 심각한 오류에 빠져 있지 않은가!

성경에 기록된 가장 두드러지고 열렬한 기도들 가운데 상당수는 간결하고 명료하다. 모세(출 32:31, 32), 솔로몬(지혜로운 마음을 얻기 위한 기도, 왕상 3:6-9), 엘리야(왕상 18:36, 37), 히스기야(왕하 19:14-19), 야베스(대상 4:10), 아굴(잠 30:7-9), 세리(눅 18:13), 죽어가던 강도(눅 23:42), 스데반(행 7:60) 그리고 바울(에베소 교인들을 위한 기도, 엡 3:14-19)의 기도가 그러하다. 느헤미야의 많은 단문(短文) 기도 혹은 순간적인 기도들(느 4:4, 5; 5:19; 6:9; 13:14, 29, 31) 역시 이러한 부류에 속한다. 그리스도의 대제사장적 기도 혹은 중보기도 역시 길다고 말하기는 어렵다(요 17장). 제자들에게 가르치신 주기도는 분명히 간명한 것이 그 특징이다(마 6:9-13; 눅 11:2-4). 계속해서

[8] 그러므로 그들을 본받지 말라 구하기 전에 너희에게 있어야 할 것을 하나님 너희 아버지께서 아시느니라.

예수께서 의미하시는 바는, "너희는 아버지께서 너희에게 있어야 할 것을 전혀 알지 못하신다고 생각하여, 너희의 처지를 낱낱이 설명해 드려야 한다는 생각으로 그의 앞에 나아가지 말라. 그와는 달리 너희가 아버지께 기도하는 일을 시작하기도 전에, 너희 아버지께서는 너희가 필요한 것을 이미 알고 계시느니라"와 같이 풀이될 수 있다.

어떤 이들은 "그렇다면 도대체 우리가 기도를 해야 할 이유가 어디 있겠는가?" 하고 반문하기도 한다. 그러나 그러한 반문을 하는 사람들은 요점을 간파하지 못하고 있다. 예수께서는 마음을 하나님께 쏟아놓는 것을 정죄하지 않으신다. 필요할 경우 그러한 마음의 기도는 주께 이미 알려져 있는 어떤 사실들에 관한 간략한 말들이 포함될 수도 있을 것이다(예로 여러 시편들을 보라). 사실 어린아이가 어머니나 아버지에게 가서 그의 있어야 할 것을 구하는 것은, 정확히 그 어머니나 아버지가 자기 자녀를 철저히 이해하고, 또 그 누구보다도 자기 자녀에게 필요한 것을 잘 알고 있기 때문이기도 하려니와, 그것이 바로 사랑하는 부모가 자녀에게 원하는 일이기도 하다. 그러므로 하늘 아버지에게 있어서는 **훨씬** 더 그러하시다(시 81:10; 마 7:7, 8; 요 15:7; 히 4:14-16; 약 4:2). 그리스도께서 정죄하고 계신 바도, 이방인들이 저희 신들을 철저히 알지 못하고 또 저희 요구들을 들어줄 만큼 치유되지 않았다고 생각하여 중언부언하는 기도를 하게 만드는 원인이 되는, 두려움과 불신의 정신이다.

모형적인 기도("주의 기도")

예수께서는 이 기도를 다음 말로 소개하신다.

[9상] 그러므로 너희는 이렇게 기도하라.

이 기도의 내용에 들어가기 전에 몇 가지 서론적인 요점을 살펴보는 것이 좋을 것이다.

a. 그리스도가 제자들에게 주기도를 가르치신 이유

원문을 문자적인 의미로 번역하면, "그러므로 이와 같이(이와 같은 식으로) 너희가 기도할지니라"이다. 어떤 이들은 제2인칭 복수 명령법 동사가 현재시제라는 사실에 강조점을 둔다. 그들은 이 현재시제가 계속적인 뜻을 가진 것으로 (너희는 계속 기도할지니라) 해석하고, 이 해석에 근거하여 예수께서 그가 친히 정해 주신 기도의 형식이 계속 반복되기를 원하셨다는 결론을 내린다. 이제 만일 경배자가 이 기도를 드릴 때에 그의 생각과 마음을 기울여 그같이 할 수만 있다면, 그 기도를 자주 드리는 것이 분명히 잘못은 아니다. 한편 **매우** 자주 그 기도를 드리는 일은, 주께서 정죄하셨던 바로 그 형식주의에 쉽게 빠져들 염려가 있다. 그 외에도 예수께서 "이와 같이" 혹은 "이런 식으로" 혹은 "이런 방법으로" 기도하라고 말씀하신 사실을 명심해야만 한다. 예수께서는 "정확히 이 말들만 사용하고 다른 말들은 사용하지 말라"고 말씀하지 않으셨다. 흔히 일컫는 "주기도"는 참으로 **모형적인 기도**이다. 이 말은 그 기도가 우리 기도의 한 모형이 되어야 한다는 뜻이다. 그 특징들은 우리의 기도에서도 역시 나타나야만 한다. 이러한 특징들 가운데 몇몇을 지적한다면 다음과 같다.

b. 간결성

주기도는 두 부분으로 이루어져 있다. 곧 서두에 나오는 기원("하늘에 계신 우리 아버지여")과 여섯 개의 간구로 이루어져 있다. 만일 결론("나라와 권세와 영광이 아버지께 영원히 있사옵나이다. 아멘")이 이 기도에 속하는 것으로 간주된다면 세 부분으로 구성되는 전체 대략 70 단어에 달하는 기도가 될 것이다.

c. 내용의 우선순위

구약과 신약에 따르면, 하나님의 영광이 나머지 다른 무엇보다도 중요하다는 사실과 일치하여 앞부분의 세 간구는 그 **아버지**의 이름과 그의 나라와 그의 뜻에 대하여 언급한다. **사람**의 쓸 것들 곧 일용할 양식과, 죄에 대한 용서와, 악한 자에 대한 승리 등은 그 뒤에 언급된다.

d. 범위 혹은 영역

여섯 개의 간구는[313] 다음과 같다.

하나님께 관련된 간구들		
하나님의 이름	첫 번째 간구	9절 하반절
통치	두 번째 간구	10절 상반절
뜻	세 번째 간구	10절 하반절

우리와 관련된 간구들		
우리의 일용할 양식	네 번째 간구	11절
죄 혹은 빚	다섯 번째 간구	12절
원수	여섯 번째 간구	13절

이 간구들의 포괄적인 혹은 총괄적인 본질은, 그 간구들이 하나님의 영광(앞 세 간구들)뿐만 아니라 우리의 필요한 것들(뒤 세 간구들)까지도 포함하고, 우리의 육체적인 필요(네 번째 간구)뿐만 아니라 우리의 영적인 필요(다섯 번째와 여섯 번째 간구)까지도 포함한다는 것이다. 우리의 현재의 필요(네 번째 간구)뿐만 아니라 우리의 과거와 관련된 필요(다섯 번째 간구)와 또한 우리의 미래의 필요(여섯 번째 간구)까지도 포함한다는 사실에서 분명히 드러난다. 마지막으로, 이 기도에서 경배자는 자기 자신의 것만이 아니라 그의 형제들의 짐까지도("우리가", "우리의", "우리에게" 등) 은혜의 보좌 앞에 가져다 놓는다. 이 모든 내용이 간략한 여섯 개의 간구 안에 다 포함되어 있다. 이것은 실로 우리 기도의 완벽한 모형이

313) 일곱이 아니다. "우리를 시험에 들게 하지 마시옵고 다만 악에서 구하시옵소서"는 분명히 **하나**의 간구로 간주되어야 한다. 필자가 보기에는 앞부분의 "세" 간구가 성삼위를 상징하고, 뒷부분의 "네" 간구는 그 네 방위와 함께 우주를 상징한다고 보는 견해는 오히려 가공적인 이야기로 여겨진다.

아닐 수 없다.

1. 주기도의 기원 혹은 서두

[9하] 하늘에 계신 우리 아버지여.

모든 사람이 다 하나님을 이와 같이 부를 수 있는 특권을 부여받은 것이 아니라는 사실은 즉시 분명해진다. 이것은 "그리스도 안에" 있는 자들만의 독점적인 특권이다(요 1:12; 롬 8:14-17; 갈 4:6; 고후 6:18; 요일 3:1, 2). 확실히 하나님께서 모든 사람들의 아버지로 바로 불릴 수 있는 어떤 의미가 있기는 하다. 하나님께서는 만물을 창조하셨고 또한 그 창조하신 만물을 보존하신다(말 2:10; 시 36:6). 그러나 그것은 성경에서 "아버지"라는 용어가 해석될 수 있는 일반적인 의미가 아니다. "산상설교"에서도 역시 그 용어는 분명히 구원적인 혹은 구속적인 의미, 곧 하나님은 모든 사람들의 아버지가 아니라(비록 그가 모든 사람들에게 친절한 분이시나, 5:45; 눅 6:35, 36) 어떤 특정한 사람들의 아버지이시라는 의미로 사용되고 있다. 하나님께서는 "너희 아버지"(또한 "너의 아버지")(마 5:16; 6:18 등)와 화평하게 하는 자의 아버지(마 5:9)와 자기 원수들까지도 사랑하는 자들의 아버지(마 5:44, 45)로 불리신다. 이와 마찬가지로 도처에 기록된 그리스도의 가르침에 따르면, 하나님을 거절한 자들은 하나님의 자녀가 아니라 마귀의 자식들이다. 요한복음 8:44; 요한일서 3:10을 보라.

일단 그 점이 이해가 되고 나면, 이 모형적인 기도가 오직 주 예수 그리스도 안에 있는 자들만을 위한 것이라는 사실이 분명해진다. 또한 "주기도"는 그것이 예수의 이름을 언급조차 하지 않기 때문에, 혹은 그것이 "예수의 이름으로 기도하나이다"라는 문구로 끝나지 않기 때문에 그리스도인의 기도가 아니라고 말하는 자들의 반대는 사실 무근이라는 결론도 된다. 주 예수 그리스도의 이름과 구속 사역은 주기도의 서두에 분명히 함축되어 있다. 그리스도로 말미암지 않고는 아무도 아버지께로 올 자가 없다(요 14:6).

서두 자체에 관하여는 우선 앞에서 말한 것을 보라(pp. 466-467). 하나님은 하늘나라의 왕이신 동시에 그 나라 백성의 아버지이신 것은 우리가 결코 지나쳐 버릴 수 없는 명확한 사실이다. 이 백성들은 바로 자녀들이다. 이 왕국은 아버지의 가정이다. 신약 주석 엡 3:14, 15 부분을 보라. 내재성과 초월성의 조화, 즉 겸손과 위엄의 조화에도 주의하라. "우리 아버지"는 하나님의 친밀하심을 나타낸다. 하나님은 자기 자녀와 가까이, 무한히 가까이 계신다. 그러므로 하나님의 자녀들은 안심하고 자기들이 바라고 소원하는 모든 것, 즉 아버지의 계시하신 뜻과 일치하는 모든 것을 아버지께 아뢰기 위하여 아버지의 보좌로 가까이 나아간다. 하나님은 그들을 사랑하시는 아버지이시기 때문에 두려워할 필요가 없다. 그러나 아직 하나님은 **하늘에 계신** 아버지이시다. 그러므로 우리는 경건하고 겸손한 경외심을 가진 심령으로 아버지께 나아가야 한다. 현대 "종교"의 일정한 형태로 표시되는 친밀함 또는 부담감 없는 친절함이라는 것은 분명히 반성경적인 것이다. 이런 잘못된 습관에 젖어든 사람들은 한번도 출 3:5, 사 6:1-5, 또는 행 4:24을 읽어 보지 못한 듯하다.

한편, "우리 아버지"라는 단어가 자기 자녀들의 찬양과 간구에 귀를 기울이시려는 하나님의 자원하심과 열망을 나타내는 반면에, "하늘에 계신"을 덧붙임으로써 자녀들의 요구에 응답하시는, 즉 자기의 무한한 지혜를 따라서 그 요구를 이루시는 하나님의 권능과 주권적 권리를 보여 준다. 결론적으로 "**하늘에 계신** 우리 아버지여"라는 말을 다시 숙고해 보라. 이 말씀은, 아버지의 자녀들이 스스로가 이 땅에서 나그네이며 진정한 고향은 여기가 아니라 하늘이라는 것을 느끼게 만든다. 자녀들이 아버지가 계신 곳에 있기를 소원할 뿐만 아니라 아버지도 또한 자녀들이 자기가 거하는 곳에 있기를 바라신다는 사실을 알기 때문에 우리는 위안을 받는다(시 73:23, 24; 렘 31:3 참조. 요 17:24). 시편 42:1은 자식이 노래하고 있는가? 단어를 조금만 바꾸면("하나님이여" 대신에 "나의 아들아") 시편 42:1은 하나님 자신이 노래하신다고도 할 수 있다. 자기 자녀들의 구원을 기뻐하면서 노래하시는 하나님에 대한 상상은 성경의 지지를 받고 있다(습 3:17). 이제 영광 중에 거하는 이 자녀들은 하나님을 영원히 자기들의 아버지라고 부를지언정, 장차 자기들이 아버지와 함께 거하리라는 것 때문에 더 이상 "하늘에 계신"이란 말을 덧붙여야 할 필요가 없다.

2. 주기도의 첫 번째 간구

[9하] 이름이 거룩히 여김을 받으시오며.

고대에는 일반적으로 이름이 어떤 사람을 다른 사람과 구별하기 위한 단순한 명칭으로 사용되기보다는, 그 사람의 순수한 특성이나 지위 등을 표현하는 데에 더 많이 사용되었다. 이것은 어떤 중요한 점에서 어떤 사람이 변화를 받으면 그 사람이 새 이름을 받을 정도로 분명했다. pp. 216, 226, 227을 보라. 이름은 어느 정도 인격과 동일시되었다. 이것이 하나님의 이름에 관해서는 특별히 그러하였다. 하나님의 이름들은 **하나님의 모든 사역에 계시된 그대로의 하나님 자신**이다. 이 사실은 오늘날도 **예수**라는 이름에 관하여, "저 아름다운 이름, 죄에서 우리를 풀어 줄 능력을 가진 저 아름다운 이름이여!"(Jean Perry가 지은 〈저 아름다운 이름〉이란 찬송가에서)라고 노래한 시구에 명백히 나타난 것처럼, 동일한 호칭법이 계속 사용되기 때문에 이해하기가 그다지 어렵지는 않다. 우리는 단순한 목소리가 어떤 사람을 풀어 주거나 구원할 수 없다는 사실을 잘 알고 있다. 그러나 유일하신 분만은 그렇게 하실 수 있고, 또한 그렇게 하고 계신다는 것도 우리는 잘 알고 있지 않은가!

하나님의 이름은 스스로 계신 분임을 나타내기 때문에, 우리가 그 이름들을 아는 것은 필요한 일이다. 더욱이 이 일은 대단히 가치 있는 일이다. 구약성경에서 사람들은 최고의 존재를 **엘**(*'El*), 즉 전지전능하신 분으로 여겨지는 하나님이라고 불렀다. 이 이름은 여러 가지 결합된 형태로 나타난다. **엘샤다이**(*'El-Shaddai*)는 자기 백성을 구원하는 구원의 원천인 전능자 하나님이시다(창 17:1; 출 6:3). **엘로힘**(*'Elohim*)(창 1:1)은 복수형으로 능력이 충만하신 하나님을 말한다. **엘룐**(*'Elyon*)은 지극히 높으신 분임을 나타낸다(민 24:16). **아도나이**(*'Adonai*)는 주인(정확하게는 "나의 주님"), 또는 주로서의 하나님을 가리킨다. "오 주여 나는 본래 말을 잘하지 못하는 자니이다"(출 4:10)와 비교해 보라. **여호와**(*Jehovah*)라는 이름의 의미는 출 3:13, 14와 참조. 6:2, 3에서 어느 정도 설명되었다. 존재하다라는 동사의 한 형태이며, "나는 스스로 있는 자니라"(I am that I am) 또는 "나는 스스로 존재하는 자니라"(I shall be what I shall be)를 의미한다고 해석해 왔다. 히브리 원문에 이 이름은 YHWH(יהוה)의 네 글자로 구성되었다. 그렇기 때문에 *tetragrammaton*(히브리어에서 하나님의 이름을 나타내는 네 글자)이라고 불렀다. B.C. 300년경에 한 시대가 도래했다. 그때 유대인들은 a. 그들의 하나님에 대한 경외심, b. 레 24:16에 대한 자기들의 해석, c. 신성 모독 죄를 범하는 것이 가져오는 두려운 결과 때문에 이 네 글자로 된 하나님의 이름을 소리 내어 부르는 것을 중지했다. 성경을 읽을 때 그들은 이 이름을 읽는 대신에 아도나이로 또는 가끔 엘로힘으로 바꾸어 읽었다. 맛소라 학자들이 이 네 개의 자음(YHWH)에다 아도나이(또는 엘로힘)[314]의 모음을 붙였다. 그들은 성경 원문의 전문가로서 마카비 시대 이전부터 1425년까지 계속 활동했으며, 특히 예루살렘 멸망(A.D. 70년)에서 10세기 사이에 활약했다. 여호와란 이름은 모음이 붙거나 음역(音譯)되었는데, 이 이름은 자기 백성을 향한 하나님의 변하지 않는 언약의 신실성을 강조한다. 이것은 출 6:2-4; 15:1-3; 시 83:18; 사 42:8; 호 12:5 그리고 말 3:6과 같은 구절들로 미루어 보면 충분히 이해가 간다.

이 이름과 관련하여 여러 가지 복합적인 형태가 나타난다. 아마도 가장 잘 알려진 것은 "만군의 여호와"(시 46:7, 11)와 "여호와 우리의 공의"(렘 23:6)라는 명칭일 것이다. 다른 복합 형태는 "여호와 이레"(여호와께서 준

314) 본래 히브리 말을 글로 기록하는 데는 자음들만 사용되었다. 그런데 히브리어 지식이 감소되자 모음이 결여되어 있는 사실이 본문을 이해하는 데 어려움이 따르게 되었다. 이는 자음만으로 된 본문을 읽을 때에 잘못된 모음을 붙여 읽음으로써 잘못된 해석을 하기 때문이었다. 이러한 이유로 해서, 자음만으로 된 히브리어 본문에 모음을 삽입 혹은 붙여 넣는 작업이 초기에 여러 각도로 시도되었다. 최종적으로 성공을 거둔 것은 티베리아 맛소라 학파(Masoretic School in Tiberias)의 시도였다. 구약성경의 표준 본문은 A.D. 10세기 전반에 Aaron ben Moses ben Asher가 교정을 한 양피지 사본이다. 널리 잘 알려진 R. Kittel이 편집한 *Biblia Hebraica*는 이 Asher 본문의 레닌그라드 사본이 기초가 되었다.

비하시리라, 창 22:14), "여호와 닛시"(여호와는 나의 깃발이시다, 출 17:15), "너희를 치료하는 여호와"(출 15:26), "여호와 살롬"(여호와는 평강이시라, 삿 6:24) 그리고 "여호와는 나의 목자시라"(시 23:1) 등이 있음을 볼 수 있다.

하나님의 이름을 거룩하게 한다 함은 그 이름을 경배함을 의미한다. 따라서 이 의미는 하나님을 경외하고 그에게 영광을 돌리고, 그를 영화롭게 하며 높인다는 것이다. 하나님의 이름을 거룩하게 하기 위해서는 하나님 이름들의 의미에 대한 단순한 지적 지식보다 훨씬 더 많은 것들이 요구된다. 겸손한 마음과, 감사하는 마음과, 기뻐하는 놀라움으로 바뀔 때까지 하나님의 역사하심에 관한 성실한 연구와 예배가 필수적이다. 시편 기자들은 하나님을 거룩하게 하는 것이 무엇을 의미하는지를 알고 있었다. 어디에서나—창조의 사역에서 그리고 역사적 사건들에서— 그들은 하나님의 권위에 관하여 주시했고 묵상하는 시간을 가졌다. 그들은 하나님을 적으로부터 자기들을 구원해 주시고 계속적으로 보호해 주시는 분으로 알았다. 그는 유일하신 한 분 하나님으로서 자기를 거절하고 자기의 백성을 핍박하는 자들을 향하여 진노를 쏟으신다. 말하자면, 바로 이 진노는 자기 백성을 향한 하나님의 포근하고 부드러운 사랑의 증거라고 할 수 있다(시 3, 4, 5, 7, 11, 13, 14, 18, 48, 50, 63, 97, 135장 등). 하나님의 포근하고 부드러운 사랑에 관하여 시편은 말하기를, 하나님은 자기를 의지하는 사람들을 위하여 기도를 듣는 분이시며, 폭풍우가 몰아칠 때에 피난처가 되시는 분이시며, 매일매일 돌보시는 분이시며, 죄를 도말하는 분이시고, 또 자기 백성을 결코 내버리지 않으시고 죽는 순간조차도 버리지 않는 분이시라는 사상으로 가득 차 있다(몇 구절만 든다면 시 16, 17, 23, 42, 73, 81, 89, 91, 92, 103, 111, 116, 118, 146장).

그러므로 "이름이 거룩히 여김을 받으시오며"라는 말씀은, 이 포근하고 부드러운 사랑의 아버지와 친교하는 사람은, 지금 모든 사람에게 이 사랑의 경험을 그와 같이 나누며, 이 영광스러운 하나님을 높이자고 요청하는 것이다. 이것은 기도하는 사람이 불경한 것과 싸우는 일에 자기의 최선을 다하는 것보다 훨씬 더 큰 것을 의미한다. 그것은 적극적인 내용을 포함한다. 기도자는 모든 피조물에게, 특히 인간에게 자기의 하나님을 찬양하도록 요청한다. 말하자면 기도자는 "**나와 함께** 여호와를 광대하시다 하며 **함께** 그의 이름을 높이세"라고 외친다(시 34:3). 기도자는 역사 가운데서 하나님의 발자취를 발견하고(시 76-80편, 특히 78편, 더 나아가서 106, 107, 118, 124, 126, 136편), 자기의 자손들과 모든 사람이 하나님의 놀랄 만한 역사하심을 인하여 하나님을 경배하고 찬양하기를 바란다. 또한 그 사람은 자기가 실제로 하나님의 지혜와 선하심을 발견할 때 감사와 놀라움으로 가득 차게 된다. 그리고 기도자는 다른 사람들이 자기가 발견한 놀라운 사실과 영원한 감상을 나누어 가짐으로써, 그들도 역시 땅 아래뿐만 아니라 하늘 위에도 있는 하나님의 영광스러운 속성들의 비췸을 보게 될 것과 또 자기가 "나의 하나님"이라 부르는 하나님으로 기뻐 뛰게 되기를 바란다(시 8, 19, 29, 63, 65, 104, 139, 145, 147, 150편).

이와 같이 오늘날에도 "이름이 거룩히 여김을 받으시오며"라는 기도가 의미하는 바를 아는 사람은, 하늘의 초원에 수많은 이슬 방울이 맺혀 있는 것처럼 반짝이는 무수한 별들로 수놓은 고요한 아름다움과 위엄이 가득 찬 별이 빛나는 푸른 하늘을 바라보면서 즐겁게 주를 찬양할 것이다. 그는 끊임없이 조잘거리는 아주 다채로운 흉내지빠귀의 노랫소리를 들을 때뿐만 아니라, 하나님의 영광이 비춰진 무지개의 부드럽게 조화를 이룬 색깔, 나무로 덮인 동산, 과일이 주렁주렁 열린 숲, 졸졸 흐르는 시내, 반짝이는 호수 그리고 구불구불 굽이쳐 흐르는 강을 보면서 하나님을 찬양한다. 그는 인간 육체에 나타난 하나님의 지혜에 대하여 깊이 묵상하면서 감탄해 마지 않는다(시 139:15, 16). 그가 일반계시에서 특별계시로 올라가서 사 53장; 요 3:16; 롬 5:8-11; 8:31-39; 그리고 고전 8:9과 같은 구절이 내포하는 의미를 깊이 숙고함으로써 그리스도를 통하여 자기의 아버지가 된 비교할 수 없는 하나님의 이름을 사랑하고 뜨겁게 찬미하는 데 온 마음을 쏟으며(고후 9:15; 엡 1:3 이하; 벧전 1:3 이하; 계 19:16, 17), 또한 다른 사람들에게 이와 같이 찬미하도록 촉구하는 것이 놀랄 일인가?

이 기도의 문체와 문법은 우리가 이 기도의 정신에 들어갈 수 있도록 도와준다. 마지막 세 가지 요청에 나오는 2인칭 동사들과 현저하고도 만족스러운 대조를 이루고 있는 앞부분의 세 간구("이름이 거룩히 여김을 받으시오며, 나라가 임하시오며, 뜻이 하늘에서 이루어진 것같이 땅에서도 이루어지이다")에 나오는 3인칭의 세 명령법 수동태 사이에는 차이가 있을 뿐만 아니라 단순 과거형으로 각 간구의 첫머리에 나오는 이 세 개의 뚜렷한 3인칭 명령법은 **긴급성**을 강조한다. 첫 번째 간구에서의 긴급성은, 예배자가 아버지의 이름을 경배하고 찬양하고 영화롭게 하려는 억제할 수 없는 열망으로 너무나 충만해져서, 아버지의 이름이 모든 사람의 입술과 마음과 삶으로부터 이러한 영광을 받기를 원하는 자기의 불타는 소원을 전달하는 것을 기다릴 수 없음을 의미한다.

하나님 아버지께서 왕으로서 세우신 규율이 인정받지 못한다면 아버지의 이름은 이 세상을 통하여 거룩하게 되지 못할 것이다. 이 문제는 두 번째 간구로 이끌고 있다.

3. 주기도의 두 번째 간구

[10상] 나라가 임하시오며,

"하늘나라" 또는 "하나님 나라"라는 개념이 의미하는 바에 관하여는 pp. 404-405를 보라. 두 번째 간구는 다음과 같은 사실을 내포한다.

a. 개인, 가정, 사회, 국가 그리고 세계에서 진실되고 영원한 개선이 기대될 수 있다면, 그것은 하늘에 계신 아버지께서 아들의 대속 사역을 기초로, 성령의 사역을 통하여 인간의 마음을 통치하실 때만이 가능하다(시 20:7; 슥 4:6).

b. 이것도 하나의 간구이다. 하나님의 통치가 인간 심령 안으로 들어오기 위하여는 성실한 기도가 요구된다는 것은 선교 역사 가운데서 거듭 증명되어 왔다(마 7:7; 막 9:29; 행 4:31; 13:3).

c. 예수께서 재림하는 순간까지 이 기도가 필요하다. 왜냐하면 하나님 나라가 이미 이 땅에 존재하지만(눅 17:21), 아직까지도 많은 사람의 마음에는 그 나라가 존재하지 않기 때문이다. 사실 복음화의 진행이 불법의 진행과 보조를 맞추고 있다는 것을 의심하는 데는 충분한 이유가 있다.

d. 인간의 간구가 "나의 나라여 오라" 하는 불타는 열망과 그리고 "나는 이미 나 자신의 노력으로 이 목표 달성을 위하여 나아가고 있다"는 자랑으로부터, "나라가 임하시오며" 하는 겸손한 간구로 바뀌기 전에, 먼저 마음을 변화시키는 하나님의 은혜와 능력이 요청된다. 교만한 자들과 그들의 타락에 관하여는 고라와 그에 속한 무리(민 16장), 산헤립(사 37:10-13, 37, 38), 느부갓네살(단 4:30-33), 에돔(옵 1-4절), 하만(에 3-7장; 특히 5:11, 12), 헤롯 아그립바 1세(행 12:21-23) 그리고 비유 중에 나타난 "어리석은 부자"(눅 12:18-20)를 생각해 보라.

e. 인간의 심령 안에 그리스도의 왕권을 성취하기 위한 기도는 사역의 필요성을 배제하지 않는다. 설교, 심방, 성경번역과 보급, 양육 등이 있어야 한다(행 20:17-38; 살전 2:9-12 비교).

f. "나라가 임하시오며"는 분명히 선교 활동의 진행을 위한 기도이다(계 6:2).

햇빛을 받는 곳마다
주 예수 다스리시고
이 세상 끝날 때까지
그 나라 왕성하리라.
(Isaac Watts, 찬송가 138장)

g. 하지만 기도자가 바라는 것은 하나님 나라가 광범위하게 임하는 것뿐만 아니라, 하나님 나라가 점점 더 철저하게 이루어질 것, 즉 자기 자신과 이미 개종한 모든 사람이 그리스도 안에서 자기들의 주권적 통치자로서 하나님을 더욱더 인정하는 일도 있다.

오 주 나의 하나님 나의 삶에 주님이 함께하소서.
나의 모든 것들에 찬양으로,
내게 속한 전체로 드러내야 할
주님과 주님의 가신 길을.
소리로만 부르는 찬양도 아니옵고,
마음만이 부르는 찬양도 아니옵고
나의 소원 삶으로 부르는 찬양 뿐이라.

나의 모든 것들이 찬양을 이루도록.

(Horatius Bonar)

첫 번째 간구가 이미 두 번째 간구를 내포했던 것과 마찬가지로 두 번째 간구도 세 번째 간구를 내포한다. 왜냐하면 하나님 나라는 그의 뜻이 성취되지 않고는 임하지 않기 때문이다. 그러므로 여기서 세 번째 간구로 넘어간다.

4. 주기도의 세 번째 간구

[10하] 뜻이 하늘에서 이루어진 것같이 땅에서도 이루어지이다.

여기서 언급되고 있는 바, 하나님의 뜻은 자기가 율법에 기술하신 "계시된" 뜻임이 분명하다. 하늘에서 이루어진 그 뜻은 아직도 이 땅에서 무언가 광범위한 것을 이루지 못하고 있다. 한편 하나님의 "명령", 혹은 "영원한 계획"에 관한 뜻은 하늘과 땅에서 다 같이 항상 실현되고 있어서 (단 4:35; 엡 1:11) 기도의 제목이 될 수 없다. (덧붙여 말하면 하나님의 계시된 뜻이 하늘에서 완전하게 순종되었다는 언급—하늘의 천사들뿐만 아니라 구원받은 무리도 순종하는 데서 유래—은 바로 그 순간 한 영혼이 죄 많은 땅에서 모든 죄의 흔적에서부터 벗어나 천국으로 옮겨지는 이 사실을 내포한다.) 주기도를 진실하게 기도하는 사람의 불타는 소원은, 하늘의 모든 백성이 변함없이 하나님 아버지의 뜻을 순종하는 것같이 땅에서도 그같이 **완전하게**, **마음에서부터** 그리고 **즉시** 하나님의 뜻을 순종하는 것이다.

"완전하게"에 관하여는 사울 왕의 이야기가 보여 준 바, 인간이 하나님께 대항하고 자기의 뜻에 마음을 쏟는 불완전한 순종은, 하나님의 인정을 받지 못하며 또 심각한 결과를 가져온다는 사실에서 설명된다(삼상 15:1-3, 7-9, 특히 22절과 23절 주의). "마음에서부터"에 관하여는, 신명기 26:16과 마태복음 22:37 말씀을 주의하라. 그리고 "즉시"에 관하여는, 에스겔의 환상 중 왕의 수레에 나오는 그룹들이, 하늘이 기뻐하는 순종은 어떤 것인가 하는 실감나는 실례를 제공한다. 이 환상에서 각 그룹은 네 얼굴을 가리고 있으며, 또 수레는 바퀴 안에 바퀴가 있어서 주께서 타시기를 원하시면 어느 곳에서나 타실 수 있도록 항상 준비되어 있다. 에스겔 1:10을 보라.

인간이 순종한 예는, 노아(창 6:22), 아브라함(창 11:28–32과 행 7:3을 비교. 창 12:1과 히 11:8을 비교. 창 22:2 이하와 약 2:23을 비교), 여호수아(수 5:13–15), 사무엘(삼상 3:1–10), 시몬(베드로)과 안드레(마 4:19, 20), 다시 한 번 더 시몬(베드로)(눅 5:5), 야고보와 요한(마 4:21, 22), 베드로와 사도들(행 5:29), 베다니의 마리아(요 11:28, 29), 바울(행 16:6–10; 26:19) 그리고 빌립보 성도들(빌 2:12)을 들 수 있다. 무엇보다 가장 훌륭한 모범은 예수 그리스도 자신이다(눅 2:51, 52; 요 15:10; 17:4; 빌 2:5–8; 히 5:8). 예수께서는 겟세마네 동산에서 기도하실 때에, "나의 원대로 마시옵고 아버지의 원대로 하옵소서"(마 26:39)라고 말씀하셨다. 순종이 보상받는 방식에 관하여는 열거할 수 있는 많은 구절들 중 다음 몇 구절들로 충분할 것이다. 수 1:8; 마 7:7, 8; 요 7:17; 8:29; 14:21, 23; 15:10; 빌 2:9, 10; 히 12:1, 2 그리고 계 3:20.

다음에는 인간이 필요한 것을 충족시키기 위한 간구가 이어진다. 비록 하나님과 관계되는 앞부분의 세 간구와 인간과 관계되는 나머지 세 간구 사이에 좀 더 명확한 구분이 있는 것은 사실이나, 이 둘이 완전히 따로 떨어진 것으로 생각되지 않는다. 만일 성도가 하나님 이름을 거룩하게 하는 데에, 그의 나라가 임하는 데에, 그리고 그의 뜻을 이루는 데에 대하여 능동적인 입장—앞 세 간구에서 분명히 암시하는 능동적 입장—을 취하려고 한다면 그 사람은 음식을 먹어야 한다(눅 10:7, 참조. 딤전 5:18; 갈 6:6; 엡 4:28; 빌 4:15, 16). 따라서 예수께서는 자기 제자들을 행복하게 하기 위하여, 그리고 하나님 나라 전파를 힘차게 수행할 수 있게 하기 위하여 제자들의 육체적 필요를 소홀히 여기지 않으셨다(마 6:25–34; 25:34–40; 막 10:29, 30을 보라. 참조. 행 24:17; 고후 8:8 이하; 약 2:15, 16). 이제 네 번째 간구를 소개한다.

5. 주기도의 네 번째 간구

[11] 오늘 우리에게 일용할 양식을 주시옵고.

예수께서 "일용할"(daily)이란 말로 무엇을 의미하시는가? 헬라 문헌에 이 말로 번역되는 단어는 극히 드물다. 실제로 너무 희소하기 때문에 그 단어가 전도자들에 의하여 만들어졌다고 생각하기 예사였다. 성경에는 이 단어가 주기도문에만 나타난다(본문과 눅 11:3에서). 비록 오늘날 이 단어가 복음서 저자들에게서 기원하지 않았다는 것이 분명할지라도, 그것을 설명하는 데에는 이의가 있다. 여러 가지 추측들을 과감하게 말한다면, 그중에는 "연속적인", "아주 풍부한", "즉시 쓸 수 있는", "미래의 사용을 위한", "생계 유지를 위한" 등이 있으나, "내일을 위한 충분한"이란 해석이 강력하게 지지를 받는다.[315] 나는 이 단어를 볼 때 다음 해석을 지지하는 하나의 훌륭한 논증을 이끌어 낼 수 있다. a. "이 날에 바로 오늘 우리에게 필요한 양식을 주시옵고"[316]와 b. "이 날에 우리에게 우리의 필요한 양식을 주시옵고", 즉 "우리가 살아가는 데 필요한 양식"[317]이란 두 가지 해석이다. 이 두 가지 해석(a와 b)은 쉽게 일치된다. 우리는 어떤 해석이라도 그 해석이 예수께서 바로 같은 장에서(31-34절) 가르치시는 음식에 관한 염려를 경계하는 교훈에 거슬리지 않는가 확인해야 한다. 특히 34절을 보라. 그러므로 개인적으로 나는 많은 사람에게 익숙해진 번역, 즉 "일용할"이란 번역에서 벗어나야 할 아무런 이유가 없다고 본다. 따라서 이 의미는 "오늘 우리에게 하루 동안 필요로 하는 몫을 주옵소서"[318]일

315) 이것은 J.H. Thayer, L.N.T., *ἐπιούσιος* 항목에서 채택되고 있다. 이 견해가 마태복음 6:34과 모순되지 않는다는 취지의 그의 논증은 필자에게 전적으로 확신을 주기보다는 오히려 교묘한 인상을 준다. 그리고 다른 이유들을 들어서 A.T. Robertson, *Word Pictures,* Vol. I, p.53 역시 이 해석에 의존한다.

316) 이 단어는 *ἐπὶ τὴν οὖσαν* (*ἡμέραν*)라는 명사구로 바꾸어 쓸 수 있다. L.N.T. (A. and G.)의 *ἐπιούσιος* 항목을 보라. 그 항목 역시 이 주제에 관하여 풍부한 참고 문헌을 제공하고 있다.

317) *ἐπιούσιος*가 *ἐπί*와 *οὐσία*에서 왔다는 설에 근거하여.

318) H.N. Ridderbos, *op. cit.,* pp.124, 134, 135에서 역시 *"Geef ons heden ons dagelijks brood"*를 택하고 있다.

것이다. 이제까지 말해 온 것은 예수께서 이 간구의 방법을 통하여 제자들에게 그들의 소원과 요청을 절제하라고 가르치심을 나타낸다. 이것은 "우리의 일용할 양식"이란 말이 첫머리에 나타나서 "일용할 양식을 주옵소서 우리에게 오늘"로 된 원문에서 더욱 뚜렷하게 드러난다. 예수의 제자들의 요청은 양식을 위한 것이지 사치품을 위한 요청은 허락되지 않았다. "나를 가난하게도 마옵시고 부하게도 마옵시고 오직 필요한 양식으로 나를 먹이시옵소서 혹 내가 배불러서 하나님을 모른다 여호와가 누구냐 할까 하오며 혹 내가 가난하여 도둑질하고 내 하나님의 이름을 욕되게 할까 두려워함이니이다"(잠 30:8-9, 아굴의 기도). 물론 "양식"이란 용어를 문자적 의미로만 해석해서는 안 된다는 것은 분명하다. 양식은 육체적 생활을 유지하기 위하여 필요한 모든 것을 의미한다.

이 구절이 가르치고 있는 것은 a. **절제**뿐만 아니라 또한 사랑하시고 돌보시는 하늘 아버지에 대한 b. **신뢰**, 즉 시 37:25에서 그렇게 아름답게 표현된 것처럼 어린아이 같은 신뢰이다. 그러나 여기서 정죄하는 것은, "미래를 위하여 예비하는 것"(창 41:33-36; 잠 6:6-8)이 아니고, 마치 하늘 아버지가 계시지 않는 것처럼 "미래에 관하여 염려하는 것"이다. 그 다음에는 마음에 c. **전적인 의존**의 확신으로 충만하도록 한다. 왜냐하면 가장 큰 부자를 비롯하여 모든 사람은 가지고, 쓰고, 음식을 즐기기 위하여 토양, 물, 기후 그리고 육체의 건강 등의 조건에 의존하기 때문이다. 게다가 가난한 사람들과 평범한 사람들은 먹기 위하여, 즉 자기들의 양식을 얻기 위하여 일을 해야만 한다. 그러므로 모든 사람은 일반적인 경제 사정과 그 경제의 분배 요소들 모두와 함께 환경, 사회, 정치 등의 요소들에 의존하게 된다. 이것은 결국 모든 사람이 우주를 주관하시는 하나님께 의존하고 있음을 말해 준다. 따라서 "우리에게…주시옵고"라는 d. **겸손**이 요청된다. 비록 기도자가 열심히 일하여 먹고 삶을 유지하고 있으며, 더구나 먹을 것을 위하여 돈까지 지불했지만, 그는 여전히 하나님께로서 오는 선물, 즉 은총의 산물로서 음식이 식탁 위에 놓인다는 것을 수긍해야 한다. 왜냐하면 하나님이 모든 복의 궁극적인 원천이 되실 뿐만 아니라(약 1:17) 또한 인간이 죄 때문에 모든 것을 잃었기 때문이다. e. **일에 대한 자발성**

도 또한 전제된다. 사람들은 매일의 생계 유지를 위하여 감히 엎드려 기도할 수밖에 다른 도리가 있겠는가?(살후 3:10 참조) 이 모든 것 위에 또 한 가지 특성, 즉 f. **관대성**을 덧붙여 보라. 그것은 "**나에게** 주시옵고"가 아니고 "…**우리에게** 우리의 일용할 양식을 주시옵고"이다. 세계 도처에 있는 모든 성도들의 필요도 여기에 포함된다. 왜냐하면 그들은 함께 하나의 하늘 가족을 구성하기 때문이다(엡 3:14). 그리고 갈라디아서 6:10의 정신에는 기도자의 시야가 "성도의 장막, 즉 사랑하는 도성"을 넘어서까지 확장되고 있지 않은가?[319]

인간은 하나님으로부터 육신과 영혼을 부여받았다(창 2:7). 그러므로 이 기도는 육신의 필요를 충족하려는 간구에서 이제 영혼의 요청을 충족하려는 간구로 진행한다. 앞에 나온 것(앞부분의 세 간구를 보라)이나 마지막에 나온 것(마지막 두 간구, 또는 그 두 간구에 찬미 부분을 덧붙여 보라)이나 다 영적인 간구이다.

6. 주기도의 다섯 번째 간구

[12] 우리가 우리에게 죄지은 자를 사하여 준 것같이 우리 죄를 사하여 주시옵고.

아주 간단히 읽을 수 있는 이 간구와 관련하여 몇 가지 질문이 제기된다.

a. "죄"(12절)와 "잘못"(14, 15절) 사이에는 어떤 차이가 있는가?

---

319) 기독교 시민으로서의 신자의 의무는 이와 관련해 볼 때 역시 매우 중요하다. 빈곤한 나라들은 도움을 받아야 한다. 하지만 이 일은 현명하게 처리되어야 한다. 이와 관련하여 W. and P. Paddock, *Hungry Nations*, Boston and Toronto, 1964에서 많은 것을 배울 수 있다. 이 두 저자는 이 분야에서 실제로 많은 경험을 얻은 이들로서, 그 경험들에 기초하여 소위 "도와주시오"라는 말이 너무나 낭비적으로 자주 사용된다고 보고 있다. 그 이유는 도움을 베풀어 줌으로써, 그 도움을 받는 빈곤한 나라들이, 그들 스스로의 자력으로 그들의 자원들을 근거로 하여 어떻게 해서든지 자기 나라를 개발하고 발전시켜 부강하게 되기 위해 노력할 것조차 망각하게 되기 때문이라는 사실을 지적했다.

답 : 주석 14절 부분을 보라.

b. 우리가 더 이상 죄를 짓지 않는데도 왜 죄 사함을 위하여 기도를 해야 하는가?

답 : 실제로 우리는 매일 죄를 짓는다. p. 514를 보라.

c. 우리가 죄를 지었다 하더라도 그리스도의 대속을 통하여 우리가 이미 깨끗해졌는데(의로워졌는데), 그 후에도 왜 매일 죄 사함을 받기 위하여 계속 기도해야 하는가?

답 : 우리가 매일 죄 사함 받는 근거는 예수의 대속적인 수단에 의하여 단번에 성취되었다는 것은 사실이다. 여기에 아무것도 더할 필요도 없고 또 더할 수도 없다. 하지만 우리가 매일 죄 짓는다는 단순한 이유 때문에 이 전체적이고 객관적인 깨끗게 함은 매일 적용할 필요가 있다. 어떤 아버지가 아들에게 많은 유산을 남겨 주었다고 예를 들어 보자. 그 유산은 그 아들의 것임이 아주 분명하다. 그렇지만 그 사실은, 아들이 즉시 은행에 가서 그 유산 전부를 돈으로 찾아서 일주일 동안에 그것을 다 써버리도록 허락받았음을 의미하지는 않는다. 아버지는 매우 지혜롭게도 찾아 쓸 수 있는 특권을 매달 풍족하게 쓸 수 있을 만큼의 일정한 액수로 제한하는 규정을 포함시켰다. 이와 마찬가지로 한 사람이 중생의 은혜를 받을 때, 그것은 그 사람이 그리스도께서 자기를 위해 베푸신 모든 은혜를 즉시로 다 체험했다는 것을 의미하지 않는다. 만일 그렇게 된다면, 그것은 그의 수용 능력을 압도하고 부스러뜨리는 것이 되지 않겠는가? 오히려 "하나님은 주시고, 주시며, 또 주신다." 요한복음 13:10을 보라.

죄 사함을 위한 기도는 기도자가 자기 죄를 씻을 수 있는 다른 아무런 방법이 없다는 것을 인식하고 있음을 내포한다. 그러므로 이것은 은혜를 구하는 하나의 탄원이다.

하지만 "**우리가 우리에게 죄 지은 자를 사하여 준 것같이** 우리 죄를 사하여 주시옵고"에 관하여 전혀 다른 문제점이 생긴다. 그것은 우리의 용서함이 하나님의 사하심을 가져온다는 것을 확실히 의미할 수 없다는 것이다. 우리의 죄를 사함 받는 것은 우리의 공로가 아니다. 어떻게 우리가 조그마한 공로라도 가질 수 있겠는가? 그것은 우리에게 적용된 그리스도의 공로에 근거한다. 따라서 우리의 관점으로 죄 사함은 하나님의 값없는(우리의 공로가 없는) 은총, 즉 하나님의 은혜(엡 1:7)와 긍휼(마 18:27), 그리고 자비(눅 18:13)에 근거한다. 그럼에도 불구하고, 우리가 용서해 주는 일은 대단히 중요하다. 실제로 용서해 주는 일 없이는 우리는 죄 사함을 받을 수 없다. 그것은 우리에게 있어서 죄 사함을 받는 데 절대적인 조건이다. 이 사실은 14절과 15절에서 분명하게 진술하는데, 그것은 18:21–35과 함께 6:12에 대한 사람이 할 수 있는 가장 훌륭하고 가장 간략한 설명이다. 죄 사함 받는 것이 일반적으로 구원과 일치하는 것처럼, 사함 받는 것은 용서하는 일과 일치한다. 마치 신앙이 무엇을 얻어내는 힘을 가지고 있는 것처럼, 우리의 신앙을 근거로 하여 구원받는 것은 아니다. 우리는 은혜로(엡 2:8) 구원을 받는다. 그러나 만일 우리가 구원받으려면 믿음을 선물로 받아야 한다(따라서 "믿음을 통한 은혜"로). 만일 구원과 구원의 구성 요소인 죄 사함을 우리가 받아야 할 것이라면, 신앙과 신앙의 표현들 중의 하나인 용서하는 일은 부딪치고 실천해야 할 필수적인 조건이다. 우리는 믿어야만 하고, 또 우리는 용서해야만 한다. 하나님은 우리를 위해, 우리를 대신하여 이런 일을 하시지 않는다. 그렇지만 우리의 마음속에 믿음과 용서하는 일의 씨를 심으시는 분은 하나님이시다. 더욱이 믿을 수 있는 힘과 용서할 수 있는 힘도 하나님으로부터 온 것이다. 시작과 진행 그리고 끝마침까지의 모든 과정에 걸쳐서 모든 발걸음마다 하나님께서 함께하시고 활동하신다. "항상 복종하여 두렵고 떨림으로 너희 구원을 이루라. 너희 안에서 행하시는 이는 하나님이시니 자기의 기쁘신 뜻을 위하여 너희에게 소원을 두고 행하게 하시나니"(빌 2:12, 13). 신약 주석 엡 2:8과 빌 2:12, 13 부분도 보라. 이것은 정확히 말해서 그레이다누스(Greijdanus)가 병행 구절인 눅 11:4("우리가 우리에게 죄 지은 모든 사람을 용서하오니 우리 죄도 사하여 주시옵고")의 주석에서 진술하는 바와 같다. 그는 "…이므로(for)에도 불구하고, 이 부분은 하나님께서 죄사함을 주시는 이유를 나타내는 것이 아니라, 우리의 죄를 용서하시는 하나님의 죄 사함에 기쁘게 응하는 자세로 우리가 용서해 주는 일을 수행해야 함을 나타낸다"라고 기록하고 있다.[320] 우리가 우리의 이웃에게 베푸는 진심에서 우러난 이 용서함은 기쁘게, 관대하게 그리고 최종적으로, 즉 마음속에 "내가 용서하겠지만, 나는 결코 잊지 않을 거야"라는 생각을 품지 말고 용서해 주어야 한다. 하이델베르크 교리문답서의 주의 날(Lord's Day 51 of the Heidelberg Catechism)은 다섯 번째 간구를 정확하고 간결하고 명료하게 설명해 준다. "불쌍한 죄인들인 우리에게 어떤 허물도 돌리지 않으시고, 또한 우리를 이간하는 악한 자에게도 그렇게 하지 않으시는 그리스도의 피를 인하여 기뻐할지어다. 왜냐하면 진심으로 우리의 이웃을 용서하는 것이 우리의 진정한 목적이 되므로, 우리가 우리 안에 있는 주님의 은혜로 말미암는 죄 사함 받은 증거를 발견하기 때문이다."

이 설명이 제기할 수 있는 반론에 대하여 간단히 언급해야겠다. "그렇다면 그것은 우리에게 해를 끼친 사람에 대한 우리의 친절한 행동이 우리에 대한 하나님의 호의보다 우선한다는 것을 의미하는가?"

답변 : 구원 과정에서 시작은 항상 하나님과 함께 온 것이지 결코 인간과 함께 온 것이 아니다. 요일 4:19, 참조. 요 13:15; 엡 4:32; 벧전 2:21을 보라. 그럼에도 불구하고 그리스도의 용서하시는 사랑은 우리가 그리스도와 이웃을 사랑하는 사랑에 선행할 뿐만 아니라 동반하기도 하며 또한 뒤따르기도 한다.

우리에게 해를 끼친 사람을 용서하는 우리의 진정한 목적 그리고 이와 같이 그리스도 안에서 하나님의 용서하는 사랑과 은혜에 대한 우리의 체험은 다음과 같은 고찰들을 통하여 향상될 수 있다.

다른 사람들을 널리 용서해야 하는 이유

(1) 하나님께서 그렇게 명령하셨다. 보복하는 일은 하나님께 속한 것이지 우리에게 속한 것이 아니다(신 32:35; 롬 12:19).

(2) 우리는 그리스도 자신이 우리에게 보여 주신 모범을 따라야 한다(눅 23:34; 요 13:12-15; 엡 4:32; 5:1, 2; 골 3:13).

(3) 이미 살펴본 바와 같이 용서하지 않고는 죄 사함을 받을 수 없다.

(4) 우리에게 해를 끼친 사람은 우리의 동정과 사랑이 필요하다. 우리는

---

320) *Het Heilige Evangelie naar de Beschrijving van Lucas* (*Kommentaar op het Nieuwe Testament*, Vol. I), p.523.

그에게 이 사랑을 베풀 의무가 있다(롬 13:8).

(5) 원한을 품는 것과 보복을 계획하는 것은 악할 뿐만 아니라 어리석은 행동이다. 왜냐하면 그런 일은 우리가 유익한 일을 하는 데 필요한 강력한 힘을 빼앗아 가기 때문이다. 우리는 앞을 내다볼 줄 알아야 한다(빌 2:13).

(6) 다른 사람들을 용서하는 일은 우리의 마음과 생각에 평강, 즉 모든 것을 이해하는 평강을 줄 것이다(빌 4:7, 9).

(7) 따라서 다른 사람을 용서하는 그것이 하나님을 영화롭게 하는 일이며, 우리가 무엇을 하든지 하나님을 영화롭게 하는 것이 우리의 목표가 되어야 한다(고전 10:31).

네 번째 간구와 다섯 번째 간구 사이와, 다섯 번째 간구와 여섯 번째 간구 사이에는 "**그리고**"(and)라는 접속사로 연결되었다. 세 가지는 모두 인간의 필요를 나타내며 서로 밀접한 관계가 있다. 네 번째와 다섯 번째 사이의 관계는 이미 언급했다. 그와 마찬가지로 다섯 번째와 여섯 번째 사이에도 아주 밀접한 관계가 있다. 이것은 최소한 다음과 같은 점에서 그러하다. 우리는 과거의 죄를 사함 받는 것이 필요할 뿐만 아니라 미래에 우리가 사탄의 유혹에 빠지지 않기 위해서도 하나님의 보호하심이 또한 필요하다.

"우리를 시험에 들게 하지 마시옵고"와 "다만 악에서 구하시옵소서"의 사이에는 접속사 "and"(**그리고**)가 없고 반대로 접속사 "but"(**다만**)이 나와서 이 간구가 계속 이어짐을 보여 준다. 즉 하나의 간구 안에 부정적인 요청이 긍정적인 요청을 통하여 균형을 잡고 있음을 보여 준다. 다시 말하면, 이 두 가지 요청은 동전의 양면과 같다. 따라서 필자는 일곱 가지 간구설[321]이 아닌 여섯 가지 간구설을 받아들이는 사람과 의견을 같이함을 밝혀두는 바이다.

7. 주기도의 여섯 번째 간구

321) 그러므로 이 점에서 필자는 Lenski(*op. cit.*, p.263)와는 의견을 달리하나, Calvin과는 의견을 같이한다. 본 절에 관한 그의 주석을 보라.

[13상][322] 우리를 시험에 들게 하지 마시옵고 다만 악에서 구하시옵소서.

이 말씀의 의미는, "만일 당신의 뜻이라면, 우리가 약하여 죄 짓기 쉬울지라도 세상의 생활 환경 가운데서 우리를 시험과 타락하는 상황으로 빠져들어 가게 내버려 두지 마시옵고(26:41 참조), 우리를 향한 당신의 길이 무엇이든지 다만 우리를 악한 자에게서 구하시옵소서"이다. 앞에서(5:37)처럼 "악에서"(from evil) 나온 중성명사와 "악한 자에게서"(from the evil)의 남성명사가 같이 쓸 가능성이 있다는 것과, 칼빈이 지적한 대로 "의미가 거의 동일하므로 이 점에 대하여 논쟁을 일으킬 필요가 없다"는 것은 사실이다. 그렇지만 그리스도의 의식 가운데 악은 바로 실체였다는 사실과(p. 502에 있는 증거를 보라), 이 간구에 언급된 **시험**이 자연스럽게 **시험하는 자**(특히 4:1을 보라)와 연결된다는 이유 때문에, 필자는 많은 다른 사람들[323]을 따라서 "악한 자"란 표현을 선호한다. 하나님 자신이 결코 인간을 죄짓도록 시험하지 않으신다는 것이 사실이지만(약 1:13), 우리가 스스로 시험에 빠져들도록 내버려 두지 말라고 하나님께 요청하는 데에도 충분한 이유가 있다는 것도 사실이다. 우리가 스스로 시험에 빠지게 되는 원인의 일례를 들어 보자. 위험스러울 정도로 세상과 가까운 연합, 즉 믿지 않는 자와 함께 "불균형한 멍에"를 메게 됨으로 이루어지는 것(고후 6:14-16)이 있고, 또는 이와 반대로 사회로부터 자신을 완전히 은폐시키는 것(마 5:14; 빌 2:15과 반대로)이 있다. 우리가 매일 계속되는 업무에 너무 몰두한 나머지 우리 가정의 영적인 분위기가 어떻든 무시해 버리는 것이 있고, 선한 목적의 모임에 너무 열심히 봉사하느라고 그보다 더 중요한 일에는 참여하지 못하는 것 등이 있다. 구원받은 죄인 각자가 얼마나 많은 시험에 견딜 수 있는지, 또 어느 정도 힘든 시험을 견딜 수 있는

322) 그 결론("나라와 권세와 영광이 아버지께 영원히 있사옵나이다")이 A.V.에서처럼 신빙성이 있는 것으로 간주한다는 전제하에서이다.

323) A.R.V., The Amplified New Testament, Berkeley, Goodspeed, Grosheide, N.E.B., Ridderbos (H.N.), Weymouth, Williams, and the Dutch translation, both old *(Statenvertaling)* and new *(Bijbel, Nieuwe Vertaling)*.

지를 아시는 분은 오직 하나님뿐이시다. 그것은 인간이 끊임없이 악(엡 6:12; 벧전 5:8)과 세상(요 15:19)과 자기 자신의 "육체"(즉, 자신 안에 있는 것이라고 해서 무엇이나 다 구속적인 은혜의 산물은 아니다. 롬 7:23; 갈 5:17)로부터 공격을 받기 때문이다. 이 싸움에서 패배하지 말고 어떤 사건에도 항상 주의를 기울여 악한 자를 완전히 이기고 승리하기를 바란다(롬 16:20; 살전 5:23). 사탄과 그의 교활한 방법들에 관한 더 많은 설명에 관하여는 신약 주석 에베소서 2:2과 6:11, 12 부분을 보라.

이 간구의 논리는 분명하다. 이와 비슷한 간구를 한다면 다음과 같다. "주여, 내가 건강의 규칙을 잘 지킴으로 내가 병들지 않게 하옵소서. 그러나 모든 일이 다 주님의 섭리 안에서 내게 일어나고 있나이다. 내 신앙이 실족하지 않도록 주님 편으로 나를 가까이 붙들어 주소서." 그러나 여기서도 역시 "나", "나의", "나를"이라고 하는 대신에 "우리", "우리의", "우리를"로 바꾸어야 한다. 기도자는 계속 자신의 기도에 다른 사람을 포함시켜야 한다.

8. 주기도의 결론

[13하] 나라와 권세와 영광이 아버지께 영원히 있사옵나이다 아멘.

이 문구가 중요한 사본들에서 빠져 있기 때문에, 이 문구는 주기도문에 포함시키지 않는 것이 일반화되어 있다. 이 견해의 정확성에 관하여 논박하지 말고, 고대에 기록된 몇몇 역본들에서 하나의 형태 또는 다른 형태의 기록이 발견되고 있음을 지적해 내는 것이 좋겠다. 많은 사람들에 의하여 2세기 전반기에 기록된 것으로 인정받는 **디다케**(*Didache*)나 **열두 사도의 가르침**(*Teaching of the Twelve Apostles*, VIII.2)은 "대개 권세와 영광이 아버지께 영원히 있사옵나이다"라고 단축된 형태의 결론 부분을 내포한다. 흠정역(A.V.)의 결론 형태가 근거를 두고 있는 헬라 문구의 신빙성에 대한 변호는 *The King James Version Defended* (E.F. Hills, Des Moines, 1956, pp. 97-102)에서 찾아볼 수 있다. Hills의 주장은, 가장 초기 시대로부터 교회의 예배에서 결론 부분이 주기도문의 주요 부분

(결론 이전 부분)에서 분리되었다는 것이다. 사람들은 이 기도의 주요 부분을 반복했으며, 성직자가 "아멘"을 제외한 결론 부분을 말한 다음에 사람들은 "아멘"으로 화답했다.[324] 그래서 그는 기도문의 분리 때문에 이 결론 부분이 몇몇 기독교인에 의하여 사람이 만들어 낸 답창으로 간주되기 시작했으며, 그리스도가 직접 가르친 원래의 기도에 속한 부분이 아니라고 논증한다.

고대 이스라엘에서나 사도 시대의 교회에서, 정기적인 모임이거나 특별한 모임이거나를 막론하고 예배를 위한 모임을 갖는 동안, 그 현장은 후기 기독교의 많은 교회에서 보다 더 (현대적인 경향을 제외하고) 생기 있고 감동적이었으며 훨씬 비형식적이었다는 것은 사실이다. 확실히 예배는 질서가 있었다. 예배의 질서를 어지럽히는 참여자는 정식으로 경고를 받기 마련이었다(고전 14:23-40). 그 조절은 지도자의 손에 달려 있었음이 확실하다. 하지만 회중의 답창은 있었다(신 27:15-26; 대상 16:36; 느 5:13; 8:6; 고전 14:16 참조. 계 5:14). 그럼에도 불구하고, 고대 예배 형식에 광범위하게 기초하는 이 형태에 관한 논의로서, 의문의 문구("대개 나라와 …등")가 본래적인 보존인지 또는 삽입인지에 관해, 대단히 부족한 사본의 지지를 채워 주기에 충분한지 그렇지 못한지는 논란의 여지가 있다. 전도자 누가는 주기도문의 기록에서 결론짓는 찬양에 관해 아무런 언급도 하지 않았다.

한편 흠정역(A.V.)의 결론 부분이 구약(대상 29:11; 느 9:5; 시 145-150편의 결론들)과 신약(요 8:50; 17:4; 고전 10:31; 딤후 4:18; 계 1:6; 4:11; 5:12, 13; 19:1 이하)의 정신을 반영하고 있음은 인정되어야 한다. 좀 더 적합한 결론을 고안해 내는 것은 참으로 어려운 일이다.[325] 기도자인 우리가 겸허한 **간구**를 결론 지을 때, 말하자면 찬양하면서 다시 우리의 눈

324) Dr. Hills는 이 자료를 C.A. Swainson, *The Greek Liturgies*, London 1884에 기초하고 있다. S.H.E.R.K., Vol. VI, pp.498-505에 나오는 논문 "Liturgics" 역시 흥미 있고 교훈적이다. 그리고 The Twentieth Century extension of S.H.E.R.K., pp.669-671에 나오는 두 논문 "Liturgical Movement"와 "Liturgical Worship, Recent Trends In"을 보라.

325) H.N. Ridderbos, *op. cit.*, p.136 역시 그러하다.

을 들어 위로 향하고(기도의 시작에서처럼), 기도를 들으시리라는 확신의 기초가 되는 하나님의 권위와 사랑의 마음과 뜻을 집중하는 것은 아주 잘 어울리지 않는가.[326] 그러므로 이 찬양의 문구를 볼 때, 어떤 경우에도 이 문구는 성경의 맥락과 철저한 조화를 이루며, 또 이 기도문과 뛰어날 정도로 적합한 결론을 구성하기 때문에, 몇 마디 주석을 붙이는 것이 적당하다. "나라가 아버지께 있사옵나이다"라는 구절은 선행하는 간구들 하나하나와 잘 어울리는 것으로 볼 수 있다. "나라가 아버지께 있사오니 이름이 거룩히 여김을 받으시오며", 즉 "아버지의 이름이 거룩히 여김을 받는 것은 왕으로서 아버지의 주권적 권한이기 때문입니다." 이런 식으로 "나라가 아버지께 있사오니 나라가 임하시오며", 즉 "모든 마음과 삶을 지배하는 아버지의 신적 권위가 정중히 인정받는 것은 합당하기 때문입니다", 또 "나라가 아버지께 있사오니 뜻이 이루어지이다", 즉 "아버지께서 왕이시므로 아버지의 뜻은 우리들과 모든 사람들에 의하여 순종되어야 합니다"라는 식으로 기도의 주요 부분 전체에 조화를 이룬다.

아버지께서는 모든 것 위에 뛰어난 왕이시므로 요청을 허락하시는 아버지의 **권한**뿐만 아니라 일을 이루시는 아버지의 **권세**도 또한 인식되고 있으며("권세와"), 이 권세도 역시 선행하는 모든 간구들의 기초가 된다. 이 기도를 하는 사람은 모든 권세, 즉 전 우주와 그 안에 있는 모든 것을 **지배하는** 권세뿐만 아니라 빛나는 태양에서, 불어오는 바람에서, 흘러내리는 강물에서 그리고 자라나는 식물에서 등 모든 것 안에 존재하는 권세에 이르기까지 다 아버지께 속한 것임을 인정한다. 악한 세력들이 행사하는 권세까지도, 비록 **자기들이** 그 권세를 악하게 사용한 데 대한 책임을 지지만, 그것은 하나님의 것이다. 권세가 아버지께 속한 것이 아니라면 아버지께서 어떻게 선을 위하여 우주를 지배하실 수 있겠는가?

마지막으로, 하나님의 모든 미덕은 자신의 본성을 따라서 자기의 창조와 구속 사역에 반영되었기 때문에, 아버지의 권세와 지혜와 선이 나타남으로 깊이 감동을 받는 아버지의 자녀들은, 이 세 가지—나라와 권세와

326) D.A. Schlatter, *Erläuterungen zum Neuen Testament*, Stuttgart, 1908, Vol. I, p.71을 보라.

영광— 모두를 현재뿐만 아니라 "영원히" 기쁜 마음으로 아버지께 돌려 드리기 때문에 "영광"[327]을 추가한 것이다. 그들은 자기들의 기도와 필요에 아버지께서 귀를 기울이실 것이라는 확신에 대한 진실성의 인증으로 "아멘"이란 경어로 기도를 끝맺는다.

이제 주기도문은 끝났지만, 예수께서는 다섯 번째 간구인 "우리가 우리에게 죄지은 자를 사하여 준 것같이 우리 죄를 사하여 주시옵고"의 설명을 덧붙일 필요가 있는 것으로 보셨다. 필자는 다섯 번째 간구의 설명에서 이미 14, 15절에 관하여 다루었기에 여기서는 약간만 덧붙인다.

[14] [15] 너희가 사람의 잘못을 용서하면 너희 하늘 아버지께서도 너희 잘못을 용서하시려니와 너희가 사람의 잘못을 용서하지 아니하면 너희 아버지께서도 너희 잘못을 용서하지 아니하시리라.

바울의 가르침(롬 3:24; 엡 2:8; 딛 3:5)뿐만 아니라 예수의 가르침(마 5:1–6; 18:27; 눅 18:13)에서도 구원은 인간의 공로에 의지하지 않고 다만 하나님의 은혜와 자비에 의지한다고 한다. 그러나 구원받은 사람들이 할 일이 전혀 없다는 말은 아니다.

12절에서 죄를 **빚**(debts), 한글 성경은 "죄"라고 부르고 있는데, 이것은 우리가 지불해야 할 의무를 가지고 있다는 것이다. 또 만일 우리 자신이나 다른 사람에 의하여 만족할 만한 지불이 없으면 우리가 형벌을 받아야 한다는 것이다. 여기 14절과 15절에서 죄는 **잘못**(trespasses)이라 불리고 있는데, 이것은 진리와 의[328]의 길에서 탈선하는 것을 의미한다. 그런데 이 탈선이 갈 6:1과 롬 5:15, 17, 18에서와 같이 조금 가벼운 것이든지 엡 1:7; 2:1에서와 같이 훨씬 중대한 것이든지 그것들은 용서받아야 한다. 더욱이 그렇게 하는 아버지의 권세인 만큼 예수를 따르는 자는, 14절과 15절이 바로 "사람"(men) 즉 인간(human beings)이라는 단어를 공히 기록하고 있다는 사실에서 분명히 나타난 것처럼, 주 안에 있는 자기 형제들뿐만 아니라 일반인들까지도 우리가 용서해 줄 사랑의 대상으로 만들어

327) 각주 277)을 보라.

328) *παράπτωμα*에 관하여는 R.C. Trench, *op. cit.*, par. lxvi를 보라.

야 한다.

"그러나 용서와 화해를 하는 과정에서 볼 때, 말씀을 거스려 죄를 용서하지 않은 사람만이 전적으로 책임이 있는가? 범죄자도 역시 책임이 있지 않는가?"라는 질문이 제기된다. 그 대답은 "범죄자도 참으로 책임이 있습니다"이다. 그는 회개해야 하고, 또한 회개하는 말을 직접 전해서 자기가 상처를 입혔던 사람의 마음을 기쁘게 해야 한다(눅 17:3, 4). 그러나 이것은 화해의 문을 활짝 열기 위하여 최선을 다해야 하는 피해자의 의무를 없애 주지는 않는다. 만일 그런 경우에 상대편에서 아무런 협력이 없다면, 그 책임은 해를 받은 사람이 아니라 본래 해를 입혔던 위반자에게 있다.

이곳에서 보여 주는 "의"의 세 가지 표현 중 구제와 기도를 지금까지 설명해 왔다. 이제 남은 것은 금식 문제이다.

금식

기도와 금식은 병행되기 마련이다(삼상 7:5, 6; 삼하 12:16, 21-23; 대하 20:3, 5 이하; 스 8:21-23; 느 1:4; 9:1 이하; 사 58:6, 9; 렘 14:12; 단 9:3; 눅 2:37; 행 13:2, 3; 14:23).

[16] 금식할 때에 너희는 외식하는 자들과 같이 슬픈 기색을 보이지 말라 그들은 금식하는 것을 (다른) 사람에게 보이려고 얼굴을 흉하게 하느니라.

여기서 의미하는 금식은 사람에게 억지로 강요된 조건을 말함이 아니고(고후 6:5; 11:27), 종교적인 훈련으로써 스스로 음식을 절제함을 말한다. 금식은 단순하게 또는 복합성을 띠고서 여러 목적에 기여했다. 따라서 금식은 괴로움의 표현, 즉 죄를 슬퍼하고 또 죄의 고백에 관련한 표현(레 16:29-34; 23:26-32; 민 29:7-11; 신 9:18; 왕상 21:27; 느 9:10 이하; 단 9:3, 4; 욘 3:5)이나 또는 이미 일어났거나—전쟁에 패했을 때(삿

20:26), 사별했을 때(삼상 31:13; 대상 10:11, 12; 삼하 1:12), 슬픈 소식을 들었을 때(느 1:4), 전염병에 걸렸을 때(욜 1:14; 2:12-15)— 위협되는(대하 20:3, 5 이하; 에 4:3; 9:31) 불길한 일들에 관한 **애통**의 표현이다. 다윗의 경우, 그는 아들이 죽음의 위협 아래 있다가 실제로 죽었을 때 금식을 끝마쳤다(삼하 12:16, 21-23). 슬픔 또는 걱정에 압도되어 입맛을 잃는 것은(삼상 1:7 참조) 이제까지 언급한 금식의 본질적인 기초였다.

때때로 선교사 파송(행 13:2, 3)이나 장로의 임명(행 14:23)과 같은 중요한 종교적 행사나 사건에 **전념**하도록 하기 위하여, 금식이 명령되어 지켜지든지 또는 명령되기만 하거나 지켜지기만 했다. 출애굽기 34:2, 28; 신명기 9:9, 18도 보라. 이와 관련하여 성경 전체에서 금식에 관한 가장 뛰어난 장(사 58장)이 어떤 장인가 하는 것은 특별히 언급할 만하다(특히 6-12절). 이곳 마태복음 6:16-18에서 나타나는 것처럼 예수께서 이사야 58장을 염두에 두셨음이 당연하다. 양쪽의 경우 모두 잘못된 종류의 금식이 정죄되었으며(왕상 21:9, 11; 슥 7:3-5 참조), 또한 정당한 종류의 금식도 정죄되었다.

하나님의 율법은 일년에 단 한 번 속죄일에 금식할 것을 제시한다(레 16:29-34; 23:26-32; 민 29:7-11, 참조. 행 27:9). 그러나 시간이 지남에 따라서, 금식은(항상 완전하지는 못함; 예를 든 성경 본문을 보라) 늘어나기 시작하여 지금 우리는 여러 다른 때에도 금식하였음을 보게 된다. 해가 뜰 때부터 질 때까지(삿 20:26; 삼상 14:24; 삼하 1:12, 3:35), 7일간(삼상 31:13), 3주간(단 10:3), 40일간(출 34:2, 28; 신 9:9, 18; 왕상 19:8), 다섯째 달과 일곱째 달에(슥 7:3-5), 그리고 넷째 달, 다섯째 달, 일곱째 달, 열째 달까지(슥 8:19) 하는 금식이 생겼다. 바리새인의 자랑이었던 "한 주일에 두 번씩" 하는 금식[329]은 그 절정을 이룬다(눅 5:33-35). 예수께서는 제자들에게 슬픈 환경에 대한 **애통**의 표현인 금식을 장려하지 않으셨다. 이와 반대로 예수께서는 자기 자신이 그들과 함께 있는 것으로 인하여 그들이 기뻐하기를 원하셨다(마 9:14-17; 막 2:18-20; 눅 5:33-35). 언급하였던 바와 같이, 예수께서는 아버지가 맡기셨던 사역 그리고 자신이 자

329) *Didache* VIII. I에 의하면 월요일과 목요일에.

발적으로 맡으셨던 그 사역에 전념하려는 목적으로 자기 자신도 장기 금식을 하셨다(마 4:2 그의 설명을 보라).

그러나 이곳 마태복음 6:16-18에서 고려되는 금식은 외식적인 것(16절)이든지 진실한 것(17, 18절)이든지 간에 모두 괴로움의 표현으로서의 금식이다. 외식하는 자들인 서기관들과 바리새인들(5:20; 15:1, 7; 23:13)은 얼굴에 재를 뒤집어 씀으로써(왕상 20:38) 자기 얼굴을 추하게 하고 침울한 표정을 나타낸다. 왜냐하면 주위에 있는 사람들에게 '저들이 죄 때문에 저렇게 사죄하는구나' 하는 것을 보여 줌으로써 '대단히 경건하구나!' 하고 감탄을 불러일으키기 위함이었다. 그들은 연극을 하고 있었다.

예수께서 말씀을 계속하신다.

내가 진실로 너희에게 이르노니 그들은 자기 상을 이미 받았느니라.

이 구절의 설명에 관하여는 6:1, 2 주석 부분을 보라. 그들은 변덕스러운 군중에게 감명을 주기 위하여 슬픈 기색을 보이려고 열심히 노력했다. 그들은 이제 자기들의 목표에 도달하지 않았는가! "그것은 얼마나 철저하게 어리석은 상급인가!"[330] 참된 상급보다 그런 것을 더 좋아하다니 얼마나 우스꽝스러운 일인가(6:1).

[17] 너는 금식할 때에 머리에 기름을 바르고 얼굴을 씻으라.

예수께서는 자기를 따르는 자들이 금식해야 한다고 하시지도 않으셨지만 그들이 금식하기를 원할 때 금하시지도 않으셨다. 예수께서는 사람들이 특별한 환경에서 금식하는 것은 아주 합당한 것으로 보셨다. 이미 앞에서 언급했던 것처럼 전혀 다른 이유이기는 하지만, 예수님 자신도 역시 금식하시지 않았던가? 예수께서 강조하신 점은, 자기를 따르는 자들이 금식해야겠다고 생각할 때, 그들이 머리에 기름을 바르고 얼굴을 씻고 금식함으로 해서, 가능한 한 사람들의 주의를 끌지 않는 자발적인 종교적 훈련으로 해야 한다는 것이다. 이 교훈은 구제(마 6:2-4)와 기도(마 6:5, 6)에 관한 교훈과 병행한다. 이러한 모든 종교적 행위들은 "은밀한 중에",

330) E. Trueblood, *The Humor of Christ*, New York, Evanston, and London, 1964, pp.15, 58을 보라.

즉 사람들의 눈에서 멀리 떨어져서 실시되어야 하며, 오직 하나님께만 헌신하는 신실한 행위여야 한다.

[18] 이는 금식하는 자로 사람에게 보이지 않고 오직 은밀한 중에 계신 네 아버지께 보이게 하려 함이라 은밀한 중에 보시는 네 아버지께서 갚으시리라. (설명은 6:4 주석 부분을 보라.)

속죄일 동안에 실행하는 금식은 이제 더 이상 종교적인 요구가 아니다. 골로새서 2:14을 보라. 그럼에도 불구하고, 여기에 그들이 과거에 실시했던 것처럼 오늘날도 계속한다는 교훈이 있는 것인가? 나는 다음과 같이 제시한다.

1. 그 밖의 모든 것에서와 마찬가지로 먹는 것을 절제할 것을 성경이 경고한다. 신약 주석 디도서 3:2-7을 보라. 게으르고 육신의 만족만을 구하는 그레데의 게으른 대식가는 온갖 비난을 다 받는다(딛 1:12). 십자가에 대한 원수의 징표는 "그들의 신은 배요"(빌 3:19, 참조. 롬 16:18)라는 것이다. 우리의 몸은 하나님께 영광 돌려야 할 성령의 전이라는 것을(고전 6:19, 20) 깨달으면서도, 자신의 육체적 욕구를 억제하지 않는(롬 8:13; 고전 9:27) 그 사람들은, 자기 자신을 포식과 방종에 빠뜨리고 말았다. 그들은 자기의 육체적 본능에 예배했다. 성경은 이것을 금지한다. 이 점과 관련된 흥미 있는 사실로서, 동물성 지방의 섭취를 줄이는 것이 건강에 좋다는 것은 현대 의학이 발견한 것이 아니다(레 3:17; 7:22-25).[331]

2. 그럼에도 불구하고, 성경에서 특별히 고려하는 금식의 효과는 육체적 건강의 보건적 효과에 있지 않다. 근본적인 것은 오히려 영적인 유익이다. 이미 언급한 바와 같이, 금식은 자주 죄에 대한 슬픔의 표현이었거나, 또는 마음과 중심을 물질적 요소에 집중하지 않고 온전히 하나님과 하나님이 맡기신 일에 전적으로 집중하게 하려고 준수되었다. 금식과 영적인 묵상과 명상 사이에 밀접한 관계가 있음은 잘 알려진 사실이다.

3. 하지만 예배하는 데 있어서 진정 필수적인 신실함은 이 단락 전체

331) S.I. McMillen, *None of These Diseases*, Westwood, New Jersey, 1963, pp.85-89를 보라.

(6:1-18)의 핵심이 되는 주제이다.

6:19-34과 이 설교 전체(산상설교)와의 관계, 특히 바로 앞에 나온 1-18절과의 관계에 대하여는 pp. 428, 515-516을 보라. 하나님과의 관계에서 "의"는 하늘에 계신 아버지께 대한 진실한 마음의 헌신(6:1-18)뿐만 아니라 어떤 환경하에서도 아버지를 신뢰하는 무한한 신뢰도 또한 요구한다. 그러므로 이제 다음 주제인 무한한 신뢰로 넘어가자.

무한한 신뢰(6:19-34)

첫째로, 이 진리(하나님께 대한 무한한 신뢰의 필요성)는 이 진리의 반대, 즉 하나님께 대한 신뢰의 부족, 곧 지나친 염려를 정죄함으로써 분명하게 된다. 이러한 신뢰가 없음은

a. 우상 숭배를 따르게 한다.

우상 숭배가 동반하는 제물에 집착하는 나머지 하나님으로부터 분리를 의미하기 때문이다(24절).

b. 영적 시력을 흐리게 한다.

물질적 부를 축적하는 데 마음을 빼앗기므로 물질적 부요가 우리의 진정한 존재 목적을 가리기 때문이다(22, 23절).

c. 가치들을 혼동하게 한다.

마치 음식이 목숨보다 중요하고 또 의복이 몸보다 중요한 것처럼(25절), 그것은 이차적인 것에 우선적인 중요성을 부여하거나 또는 그와 반대로 하거나 하기 때문이다.

d. 이성적 사고를 거부한다.

땅에 있는 보물을 위해 하늘에 있는 보물을 버린다. 즉, 멸망 받을 것을 위하여 멸망 받지 않을 것을 버린다(19-21절). 사람이 염려함으로 자기의 키를 한 자조차도 더할 수 없음을 잊어버렸다(27절). 마치 오늘 당하는 염려가 부족한 것처럼 내일의 염려를 빌어 온다(34절). 그리고 무엇보다 가장 잘못된 것은, 창조자인 하나님께서 새를 먹이시고 백합화를 입히신다면, 하늘에 계신 아버지인 하나님께서 자기의 자녀들을 분명히 돌보실 것이라는 사실을 생각해 보기를 거부하는 것이다(26, 28-32절).

둘째로, 이 진리(무한히 하나님을 신뢰해야 할 필요)는 긍정적으로도 기록되었다. 19, 25, 31, 34절의 부정적인 명령("…에 쌓아 두지 말라. …염려하지 말라. …을 할까 하지 말라")은, "너희는 먼저 그의 나라와 그의 의를 구하라. 그리하면 이 모든 것을 너희에게 더하시리라"고 하신 33절의 절정을 이루는 능력 있고 평안함을 주는 말씀에 근거를 두고서 20, 26, 28절의 긍정적인 명령("오직…에 쌓아 두라. …를 보라. …를 생각하여 보라")을 기록하기 때문이다.

[19] [20] 너희를 위하여 보물을 땅에 쌓아 두지 말라 거기는 좀과 동록이 해하며 도둑이 구멍을 뚫고 도둑질하느니라 오직 너희를 위하여 보물을 하늘에 쌓아 두라 거기는 좀이나 동록이 해하지 못하며 도둑이 구멍을 뚫지도 못하고 도둑질도 못하느니라.

부정적인 명령이 나온 다음에 긍정적인 명령이 나온다(6:5, 6, 7–9, 16, 17, 19, 20, 25, 26, 28, 31, 33절; 7:1, 5 참조). 예수께서 말씀하시는 바, 자신을 위하여 없어져 버릴 땅에 "보물"을 "쌓아 둔다는 것", 그리고 그렇게 함으로써 없어지지 않는 하늘의 부요를 잃는다는 것은 얼마나 어리석은 짓인가(앞 페이지에 나온 d를 보라)! 땅의 보물은 소멸과 횡령 때문에 해를 쉽다.

첫 번째 소멸에 관하여는 **좀**이 보물을 해한다고 한다. 좀, 팔랑나비 그리고 나비는 **나비목**(*Lepidoptera*)이라 부르는 곤충, 즉 비늘로 덮인 날개를 가진 곤충의 광범위한 목(目)에 속한다. 좀은 나비와 구별되어서 a. 이 목(目) 중에서 가장 광범위한 과(科)를 이루고 있으며 b. 대부분이 야행성이고 또 c. 방망이 모양이 아닌 더듬이를 가지고 있다.[332] 이곳 마태복음 6:19–21에 기록된 좀은 모직물에 알을 낳는 작은 곤충이다. 좀이 의복 등을 좀먹어 못쓰게 옷을 갉아먹는 시기는 애벌레 시기이다. 이사야 51:8; 누가복음 12:33; 야고보서 5:2을 참조하라. **동록**은 쇠붙이의 부식, 즉 화학적인 작용으로 쇠붙이가 녹이 스는 것을 나타낸다.

---

332) 1969년도판 *Encyclopaedia Britannica,* Vol. 4, pp.487–501에 나오는 항목 "Butterfly and Moth"를 보라.

하지만 "좀"과 "동록"이란 용어는, 이 땅의 보물들의 가치를 잃게 하고 마침내는 그 보물들이 자기들의 목전에 전혀 기여할 수 없게 만드는, 저들의 모든 작용과 과정을 묘사하고 있음이 틀림없다. 따라서 빵은 곰팡이가 생기고(수 9:5), 의복은 낡아지고(시 102:26), 밭(특히, 게으른 사람의 밭)은 잡초가 우거지고(잠 24:30), 성벽과 울타리는 무너지고(잠 24:31), 지붕은 가라앉아서 새고(전 10:18), 또 금과 은은 변하고 없어진다(벧전 1:7, 18). 흰개미 떼, 허리케인이나 태풍, 토네이도, 지진, 식물의 병 그리고 토양의 침식 등에 의하여 일어나는 막대한 황폐를 더하여 보라. 이런 것들을 열거하자면 한이 없다.

두 번째 횡령에 관하여는 도둑들이 부수고 들어와 도둑질한다고 한다. 예수께서 생각하셨던 집들의 토벽을 통하여 도둑은 쉽사리 입구를 뚫고 허술하게 감춰 놓은 보물을 도둑질한다. 물가 상승, 몰수하다시피 하는 세금 징수, 은행 거래의 부족, 증권 거래의 소강 상태와 붕괴, 질병의 만성화에 관련된 비용 그리고 이들과 유사한 재난은 동일한 결과를 가져온다. 한편 인간의 몸도 강인함에서 점점 쇠하여진다(시 32:3; 39:4-7; 90:10; 103:15, 16; 전 12:1-8). 사람이 죽을 때 그가 자기의 소망으로 여겼던 이 땅의 모든 보화는 자신의 생명과 함께 사라지고 만다.

"하늘에 있는 보물"(19:21 참조), 즉 천국에서 우리를 위하여 준비된 축복들(벧전 1:4)은 이와는 전혀 다르다. 그것은 성격상 천국에 있지만 지금도 우리는 그것을 조금씩 체험하고 있다. 예수님 자신이 천국 보물들을 설명하신 것처럼, 이제 그것에 대한 몇 가지 사실을 열거하는 것이 적절할 듯하다. 천국의 보물을 체험한 사람은 누구나 완전히 용서받은 존재로서, 하나님과 동행하는 우리의 신분(마 6:14), 응답 받는 기도(마 7:7), 우리의 이름이 하늘에 기록됨(눅 10:20), 아버지의 사랑(요 16:27), 천국에 있는 "저택"뿐만 아니라 구세주 자신의 진실한 환영(요 14:2, 3), 그리스도 자신의 평안(요 14:27)과 기쁨(요 15:11)과 승리(요 16:33)를 완전히 누림 그리고 성령의 완전한 내주하심(요 14:16, 26; 15:26)을 생각해 낸다. 팔복(마 5:1-12) 가운데 기록된 모든 영적인 축복들을 보라. 바울은 위와 동일한 보물을 생각하고 있다. 바울은 어떤 때는 예수님의 표현과 똑같이 표현하고 어떤 때는 자신의 용어로 표현한다. 즉 바울은 "믿음으로 의롭다 하심을 받은" 우리의 존재(롬 5:1), "응답 받는 기도"(고후 12:8, 9), "우리 마음에 부은 바 된 하나님의 사랑"(롬 5:5), 구세주께서 우리를 영접하심과 함께 "구세주께서 우리에게 의의 면류관을 씌워 주심"(딤후 4:8), "모든 지각에 뛰어난 하나님의 평강"(빌 4:7), "우리 주 예수 그리스도로 말미암아 하나님 안에서 즐거워함"(롬 5:11), "승리"(고전 15:57) 그리고 "그의 성령으로 속사람에 임하심"(엡 3:16; 참조. 롬 8:14, 16, 26, 27)이라고 표현한다. 이상 열거한 것은 몇몇의 예를 든 것이지 전부는 아니다.

영적인(물질적인 것에 반대되는 의미로) 축복이 구약에 비하여 신약에서 강조된다는 것은 정도의 차이이다. 다시 말하면 그리스도의 오심과 함께 천국이 이 땅과 연결된다.

천국에 있는 보물은 좀먹지 않고, 녹슬지 않고, 도둑질 못하도록 보호되어 있다는 것(20절), 다른 말로 바꾸면 보물은 하늘에 계신 아버지의 자녀들에게 속한 바 옮길 수 없는 소유물로, 모두가 자기들의 빛나는 광택을 영원히 지속한다는 것은 성경 전체의 가르침이다. 성경은 하늘에 있는 보물에 관하여 다음과 같이 말한다.

결코 제거될 수 없는 성실함 (시 89:33; 138:8)
결코 끝나지 않을 영생 (요 3:16)
이것을 마시는 자는 영원히 목마르지 않을 샘물 (요 4:14)
결코 잃어버리지 않을 선물 (요 6:37, 39)
결코 선한 목자의 양들이 탈취당하지 않을 인도 (요 10:28)
결코 깨어지지 않을 결합 (롬 8:29, 30)
결코 끊을 수 없는 사랑 (롬 8:39)
결코 철회되지 않을 소명 (롬 11:29)
결코 파괴되지 않을 기초 (딤후 2:19)
결코 쇠하지 않을 유업 (벧전 1:4, 5)

하지만 여기에 다음과 같은 질문이 생기는 것도 당연하다. "그러나 땅에서 보물을 쌓아 두는 것이 잘못이라면, 미래의 육체적 필요를 위하여 준비하는 것은 언제나 절대적으로 잘못이란 말인가?" "적어도 부분적으로는 이익을 추구하고 있는 무역, 상업 그리고 공업이 정죄받아야만 하는가?" "부자들은 모두 책망받을 것으로 보아야 하는가?" 이 세 가지 질문에 대한 대답은 "아니오"이다. 하나님은, 요셉이 바로에게 미래에 사용할 곡식을 비치해 놓도록 권면했다고 하여 그를 정죄하지 않으셨다(창 41:33-36). 또한 솔로몬과 아굴이, 겨울의 필요를 위하여 여름 동안 준비하는 것을 보여 주는 상징적인 예로 개미를 지적함은 잘못이 아니었다(잠 6:6; 30:25). 바울은 자기가 고린도후서 12:14 하반절과 디모데전서 5:8을 기록할 때 실수로 한 것이 아니었다. 사업과 저축은 그리스도의 비유 가운데서 은연중에 장려한다(마 25:14-30; 눅 19:11-23). 부자 아브라함은(창 13:2) 하나님의 벗이었다(사 41:8; 대하 20:7; 약 2:23). 부자 삭개오(눅 19:2)는 "아브라함의 자손"(눅 19:9)이라고 칭할 만큼 인정을 받았다. 그리고 부자 아리마대 요셉은 주님의 제자였다(마 27:57).

그럼에도 불구하고 부의 축적은 영적인 위험이 따른다(마 19:24; 눅 12:16-21; 딤전 6:10). 물론 돈 그 자체가 목적이 아니고 목적을 위한 수단, 즉 (1) 자기 가족이 다른 사람에게 누를 끼치지 않기 위하여(딤전 5:8), (2) 궁핍한 사람을 돕기 위하여(잠 14:21; 19:17; 행 4:36, 37; 11:27-30; 24:17; 롬 15:25; 고후 8:4, 9; 갈 2:10; 6:10; 엡 4:28) 그리고 (3) 국내외의 복음 사역을 장려하기 위하여(막 15:41; 눅 8:2, 3; 행 16:15, 40; 고전 9:9; 빌 4:15-17; 딤전 5:17, 18), 무엇을 하든지 하나님의 영광을 위한(고전 10:31) 하나의 수단이라면 큰 축복일 수 있다. 그러나 돈은 올무가 될 수도 있다(막 14:11; 눅 22:5; 행 8:18, 20).

만일 인간의 진정한 보물, 즉 자기의 최선을 다하는 목적이 이 세상에 속한 어떤 것—돈의 소유, 명성, 인기, 명예, 권세—이라면, 자기 생명의 근원이 되는 그 사람의 마음(잠 4:23)은 자연히 세속적인 목적에 완전히 빠지고 말 것이다. 소위 종교적인 활동까지도 포함한 그의 모든 행위가 이 한 목표를 추구하게 될 것이다. 한편 그와 반대로, 만일 하나님께 대한 진실하고 겸손한 감사에서 출발하여 하나님의 나라, 즉 자신의 삶과 모든 영역에서 하나님의 주권에 대한 즐거운 인식을 자기의 보물로 만들었다면, 역시 그곳에 그의 마음도 있을 것이다. 그 경우에 돈은 방해물이 아니라 도와주는 방편이 될 것이다. 예수께서 21절을 말씀하실 때 이런 중요한 본질을 염두에 두셨음이 틀림없다.

[21] 네 보물 있는 그곳에는 네 마음도 있느니라.

"마음"은 두 곳에 동시에 있을 수 없다. 마음은 어느 한쪽 주장에 속하지 않는가! 24절을 보라.

세속적인 보물을 쌓는 것은 영적 시력을 흐리게 한다(p. 554의 b를 보라). 예수께서는 거의 병행법에 가까운 비유적 표현을 써서 22절과 23절을 말씀하신다.

[22] [23] 눈은 몸의 등불이니 그러므로 네 눈이 성하면 온몸이 밝을 것이요 눈이 나쁘면 온몸이 어두울 것이니 그러므로 네게 있는 빛이 어두우면 그 어둠이 얼마나 더하겠느냐.

예수께서는 눈이 우리 몸을 위한 빛의 근원이라고 말씀하신 것이 아니라, 눈은 **빛으로 인도하는 자**, 즉 온몸의 조명과 인도를 위하여 의지하는 안내자라고 말씀하신다. 사람이 빛을 이용할 수 있는 것은 바로 눈 때문이다. 그러므로 눈이 빛으로 인도하는 안내자라는 의미에서 볼 때, 눈 자체는 몸의 빛, 또는 등불이라고 불릴 수 있다.

하지만 이것은 눈이 **바른 눈**, 즉 빛으로 인도하는 안내자라는 점에서 **아무 티도 없는 성한 눈**이어야 한다는 사실을 내포한다.[333] 눈은 명확하

333) 형용사 *ἁπλοῦς*의 기본적인 의미는 **단순한, 단 하나의, 복잡하지 아니한**이다. 그러나 일반적으로 용어들이 그러하듯이, 여러 다양한 의미들이 이 일차적인 의미에서 파생되어 나왔다. 예를 들면, 에베소서 6:5과 골로새서 3:22의 명사 *ἁπλότης*는 (마음이) 한결같음을 가리킨다. 그러므로 **진실**, **정직**, **고결**(대상 29:17)의 의미가 된다. 또한 고린도후서 11:3("**진실한 헌신!**")을 보라. 마음과 생각이 숨은, 혹은 이기적인 동기들로 혼합되지 않았다는 의미에서 성실한 기질을 가진 사람은 "너그러울 것"이라는 사실은 이해하기가 어렵지 않다. 그러므로 로마서 12:8; 고린도후서 8:2; 9:11, 13에서 그 의미는 **너그러움, 관대함**이며 야고보서 1:5에서는 부사 *ἁπλῶς*가 **후하게, 관대하게**를 의미한다.

또 마찬가지로 "단순한", "단 하나의"에서 "어떤 흠이나 티가 섞이지 않은", 그러

게 볼 수 있어야 한다. 만일 눈이 병들었다면 몸은 완전히 어두워서 제 기능을 다할 수 없게 된다. 태양, 달, 별, 등불 등으로부터 충분한 빛을 받지 못하면 사물을 보기가 힘들어진다는 사실은 잘 알려져 있다. 그러나 성한 눈은 어둠에 잘 적응한다. 반면에 만일 바로 그 빛의 기관(이미 설명된 의미로)인 눈 자체가 좋지 않은 상태에 있으면 어둠은 참으로 심각할 것이다. 그러한 경우에 비록 태양이 빛을 비추고 있다고 할지라도 그리 많은 빛을 받을 수 없을 것이다. 기껏해야 모든 것이 희미하고 매우 흐리게 보일 것이다.

19-23절의 교훈: 사람은 자기의 몸을 밝게 하기 위하여, 그리고 자기가 처한 세상 환경으로 자기를 인도하기 위하여 육신의 눈을 가지고 있는 것과 같이, 속사람을 밝게 하고 도덕적이고 영적으로 자기를 인도하며 또 하늘에 계신 아버지와 계속적으로 교제하게 하기 위하여 영적인 눈, 즉 마음을 가지고 있다. 만일 자기 안에 있는 그 빛이 어두워지면—예를 들

므로 **깨끗한**, **성한**, **건강한**의 의미로의 전이는 쉽게 이해가 간다. L.N.T.(A. and G.). *ἁπλοῦς* 항목, p.85를 보라. 그리고 여기(마태복음 6:22, 23)에 제시된 형용사 *ἁπλοῦς*와 *πονηρός* 사이의 분명한 대조는 필시 **빈약한 조건**의(혹은 **나쁜**)에 대하여 **성한**으로 보는 것이 최선의 해석일 것이다. 그러나 Lenski는 "사악한"에 대하여 "순전한"을 고집하고, 또 이 형용사들이 실제의 눈을 묘사한다는 사실을 부인한다(*op. cit.*, p.269). 그러나 본문은 분명히 본 절에서 묘사되는 것이 온**몸**의 등불인 **눈**임을 말한다. *σῶμα*, "몸"이라는 말은 22절과 23절에서 적어도 세 번이나 나타나고 있다. 그러므로 필자는 그 대조되는 두 형용사를 "밝은…나쁜"(N.A.S.), "성한…성치 않은"(Williams), "건강한…나쁜"(Beck), "성한…성치 못한"(R.S.V.), "성한…결함이 있는"(Berkeley), "성한…나쁜"(N.E.B.와 Ridderbos) 등으로 번역하는 절대 다수의 번역가들 및 주석가들과 의견을 같이한다. Calvin은 22, 23절의 주석에서, 눈은 여기에서 온몸의 횃불 혹은 등불로 간주되고 있음을 지적한다. 계속해서 그는 말하기를, "만일 손과 발이 어리석고 온당하지 못한 행동을 하게 되면, 그 책망은…마땅히 자기의 의무를 바로 수행하지 않은 눈에게 돌려져야 한다"라고 하였다. 그는 또 분명히 실제의 눈에 대한 이 언급이 여기서 하나의 비유로 사용되었음을 인식했다. 곧, "이제 우리는 이 대조를 마음에 적용시켜야만 한다…." 대부분의 다른 이들과 일치하여 필자가 생각하는 대로, 그것은 사리에 맞는 유일한 해석이다. 예수께서는 육체의 눈을 말씀하시고, 또 그 눈을 성하거나 혹은 나쁜 것으로 묘사하심에 있어서, 청중들이 이 예화를 각기 마음에 적용시키도록 여지를 남기셨다. 문맥에 비추어 볼 때 그 "요점"은 쉽게 파악된다.

어 이 땅의 보물을 위한 과도한 갈망으로 인해— 그때는 빛을 받아들이는 바로 그 기관 자체가 죄로 어두워졌다면 그 어둠이란 얼마나 심각할 것인가! 자기의 목적인 하나님의 영광을 드러내는 것을 잃어버림으로 이 사람은 모든 것을 잃어버리지 않는가?

두 가지 반대되는 목적(하나님을 영화롭게 하는 것과 육체의 욕망을 만족시키는 것)을 조화시키는 것은 거의 불가능한 일이다. 마태복음 6:24에는 이것이 대단히 간단하고 명료하게 설명되어 있다.

[24] 한 사람이 두 주인을 섬기지 못할 것이니 혹 이를 미워하고 저를 사랑하거나 혹 이를 중히 여기고 저를 경히 여김이라 너희가 하나님과 재물을 겸하여 섬기지 못하느니라.

좋지 않은 곳에 잘못 둔 마음(21절)과 잘못 인도된 마음(22, 23절)을 가진 사람은, 하나님의 뜻과 일치하지 않는 잘못 세운 뜻(24절)으로 인하여 괴로워한다. 그는 아마도 하나님을 영화롭게 하고 물질적 재산을 소유하는 두 가지 목적에 똑같이 충성할 수 있다고 생각하겠지만, 실상 그는 잘못 생각하는 것이다. 그는 이를 미워하고 저를 사랑하거나 혹은 이를 사랑하고 저를 미워하거나 할 것이다. "하나님"이란 말은 삼위일체로 묘사되며, 또 예수 그리스도에 의해 우리에게 나타나신 바 된 하늘에 계신 아버지를 의미한다. "재물"이란 말은 단어의 기원이 확실하지 않은데, 눅 16:5, 9, 11에서 분명하게 나타나는 것처럼 부요와 재산을 의미한다. 돈, 부동산, 식량, 의복 등을 생각해 보라. 그런데 눅 16:13에서뿐만 아니라 이곳 마 6:24에서도 재물은 인격화되었다. 즉, 재물이 사람들이 헌신하고 사랑하는 주인으로 표현되고 있다. 오늘날도 역시 "인간은 자기 소유물의 노예가 되어 있다"라고 말할 수 있다.

어떤 사람이 하나님을 사랑한다면, 그는 자기를 포기하고 하나님을 섬기기 위하여 모든 것—돈, 시간, 재능 등—을 하나님께 바치고 하나님께 맡김으로써 그의 사랑을 나타내 보일 것이다. 그러므로 하나님을 사랑하는 것은 감정적인 것뿐만이 아니라, 마음과 목숨과 뜻과 힘을(마 22:37; 막 12:30) 다하는 것임이 분명하다. 하나님을 사랑함에는 봉사와 희생까지도 요구된다(마 10:37-39). 그렇게 기록된 것으로 봐서도 이 최고의 것, 자기 희생, 열정적인 충성을 두 주인에게 공히 나누어 드릴 수 없다는 사실은 그만큼 더 분명해진다. 그것(최고의 것, 자기 희생, 열정적인 충성)을 주는 자는 예배자가 되며 그것을 받는 분은 자기의 하나님이 된다. 게다가 참 하나님은 오직 한 분이기 때문에, 물질을 섬김이 우상 숭배가 됨은 자연스러운 것이다(p. 554의 a를 보라).

잠시 동안 자기가 두 주인을 사랑하고 섬길 수 있으리라고 생각하는 사람의 영혼 속에 쌓이는 정신적 긴장은 너무 극심하므로, 견디다 못하여 즉시, 또는 잠시 후에는 태도와 말과 행동으로 자기가 진정으로 충성하고 섬기는 주인이 어느 쪽인지를 보여 주게 될 것이다. 비록 자신은 완전히 깨닫지 못하고 있었을지라도 실제로는 승리를 거둔 쪽이 그 동안도 계속하여 "승리자의 자리"를 차지했었던 것이다. 위급한 상태에 빠지게 되면 동요된 영혼은, 한 쪽 주인에 대한 사랑의 충정으로 다른 주인을 미워하는 감정을 내색하게 되고, 마침내는 그를 기꺼이 배반하는 때가 오고 만다. 가룟 유다를 생각해 보라. 그로 하여금 예수님을 원수의 손에 넘기도록 한 것은 물질이 아니었는가? 마 26:14-16; 요 12:6을 보라. 또 한편으로 바울을 생각해 보라. 과거에는 핍박자였던 바울이 이전에는 그렇게도 높이 평가했던 어떤 개인적인 공적이나 이 세상 재물 그리고 명예 등을 경멸하게 되었던 것이다. 이제 유익하게 생각했던 것은 무엇이나 해로 여기게 되었다(빌 3:7 이하).

앞에서 내포된 또 다른 점은 이제 좀 더 명확하게 드러난다. 즉, 하늘 아버지께 대한 결핍된 신뢰 때문에, 세상 보물을 쌓아 올리기 위하여 자기의 시간과 재능을 바치고, 이제는 재물의 신을 숭배하게 된 자는 가치 판단을 혼돈한다. 그는 우선순위에서 "모든 것을 뒤섞어 놓고" 있다. 그는 이차적인 자리에 제일 중요한 것을 놓기도 하고, 반대로 제일 중요한 자리에 이차적인 것을 놓기도 한다(p. 554의 c를 보라). 예수께서 이렇게 말씀하신다.

[25] 그러므로 내가 너희에게 이르노니 목숨을 위하여 무엇을 먹을까

무엇을 마실까 몸을 위하여 무엇을 입을까 염려하지 말라 목숨이 음식보다 중하지 아니하며 몸이 의복보다 중하지 아니하냐.

"그러므로"란 말은 앞 문장과 연관됨을 보여 준다. 앞에 나온 내용을 기초로 하여 다음에 나오는 내용을 연관시켜 볼 때, 이 말씀의 의미는 이러하다! 덧없는 세상의 보물은 만족함이 없고 그것에 마음을 빼앗기는 것은, 계속되는 천국의 기쁨의 상실을 내포하기 때문에(19-21절), 그리고 세상적인 부요를 위한 이러한 열망은 정신적이고 도덕적인 시각을 흐리게 하기 때문에(22, 23절), 또한 하나님과 재물 중 하나만을 택할 수 있기 때문에(24절) 살기 위해 먹을 것과 마실 것과 입을 옷 따위의 세상 물질에 더 이상 너희 마음을 빼앗기지 말라는 의미이다. 우리에게 목숨과 몸을 주시고, 또 그것들을 유지시켜 주시는 분은 하늘에 계신 아버지이시다. 가장 중요한 목숨과 몸을 우리에게 주신 아버지께서 먹을 것, 마실 것, 입을 것을 우리에게 공급해 주시지 않겠는가? 음식보다 목숨[334]이 더 중요하지 않은가? 또 의복보다 몸이 더 중요하지 않은가? 그러므로 우선적인 것과 부차적인 것을 혼동하지 말라는 말씀이다.

우리가 여기에서 볼 수 있는 것은 보다 중요한 것에서 덜 중요한 것으로 옮아가는 논법이다. 이것은 어떤 면에서 로마서 8:32의 "자기 아들을 아끼지 아니하시고 우리 모든 사람을 위하여 내주신 이가 어찌 그 아들과 함께 모든 것을 우리에게 주시지 아니하겠느냐"라는 말씀과 매우 유사하다.

예수께서는 "염려하지 말라"라고 말씀하신다. 여기에 명령법 현재형이

---

334) 25절 상반절과 25절 하반절에서 *ψυχή*라는 말은 육체에 생명을 주는 **목숨**을 의미한다(2:20; 16:26; 막 3:4; 눅 6:9 참조). 다른 때에는 복음서에서 사용된 경우, 육체적 존재 위에 있는 생명의 전 존재, 특히 **정서 활동**의 자리를 가리키거나(마 26:38; 막 12:30) 혹은 자신 곧 사람을 가리키는 수도 있다(마 11:29; 20:28; 막 8:36; 10:45).

신약성경에서의 *ψυχή*와 *πνεῦμα*의 다양한 용법과 그 상호 관계를 보여 주는 좀 더 충분한 설명에 관하여는, 필자의 주석 데살로니가전서 5:23의 각주 중 Theory f.를 보라. 또한 필자의 저서 *The Bible on the Life Hereafter*, pp.36-39 역시 보라.

사용되었기 때문에, 이 말씀의 의미는 "이런 나쁜 습관을 갖지 말라"라고 해야 될 것 같다. 하지만 이 말씀은 또한 "만일 너희가 이미 그런 습관에 빠져 있거든 이제 그런 습관을 깨뜨려 버려라. 염려하는 것을 중단하라"라는 의미도 될 수 있다. "염려하지 말라"라는 교훈이 있는 31절과 비교해 보라. 이 단어는 원래 "염려하는"의 의미 대신에 "마음이 어수선한"의 의미로 사용되었다. 예를 들어, 마르다가 한동안 "해야 될 한 가지 일"을 잊어버릴 정도로 마음이 분주하여 어수선했던 것을 이를 때 사용됐다(눅 10:38-42, 특히 41절에 주의하라. "네가 많은 일로 염려하고 근심하나").

또한 염려는 불합리한 일이기 때문에 피해야만 한다(p. 554의 d를 보라). 예수께서는 바로 지금(25절) 여기에서 목숨을 유지하기 위한 수단인 먹을 것과 마실 것에 관하여 지나치게 걱정하는 것을 경고하셨다. 그리하여 예수께서는 하늘의 새 떼를 가리키면서 말씀을 계속하신다.

[26] 공중의 새를 보라 심지도 않고 거두지도 않고 창고에 모아들이지도 아니하되 너희 하늘 아버지께서 기르시나니 너희는 이것들보다 귀하지 아니하냐.

팔레스타인과 그 인접 지역의 하늘에는 새들로 가득 차 있다. 성경은 새들 중 여러 종류를 언급한다. 7절밖에 안 되는 짧은 구절(레 11:13-19)에서 독수리, 솔개, 물수리, 말똥가리, 말똥가리 종류, 까마귀 종류, 타조, 타흐마스, 갈매기, 새매 종류, 올빼미, 가마우지, 부엉이, 흰올빼미, 사다새, 너새, 황새, 백로 종류, 오디새, 박쥐[335] 등 20종류나 되는 새들이 열거되고 있다. 구약의 율법에서는 이들 모두를 "가증[부정]한 것"으로 여겼다. 집비둘기와 산비둘기는 레 12:6에 기록되었고(눅 2:24 참조), 참새와 제비는 시 84:3에 기록되었다. 참새에 관하여는 마 10:29, 31; 눅 12:6, 7도 보라. 렘 8:7은 산비둘기와 제비에 두루미를 덧붙여 말하고 있다. 마 6:26의 병행 구절에서 예수께서는 이미 언급된 까마귀(눅 12:24)에게 청중들의 주의를 불러 모으신다. 농가의 뜰에서 기르는 닭이 있었음도 무시

335) 이는 R.S.V.에 따른 이름들이다. 그러나 이 중 몇몇의 정확성에 대하여 권위자들은 결코 의견을 같이하지 못한다.

되지 않는다. 암탉과 병아리들에 관한 아주 아름다운 문구와 베드로가 예수님을 부인한 이야기에서 수탉이 우는 부분을 주의해 보라(마 23:37; 26:34 이하와 병행 구절). 레 11장뿐만 아니라 구약 여러 곳에서 언급하는 독수리(신 32:11처럼 잘 알려진 구절을 비롯하여 시 103:5; 겔 17:3, 9)는 신약의 여러 부분에서 다시 언급된다(마 24:28 참조. 눅 17:37; 계 4:7; 12:14). 우리는 예수님의 세례에 관한 주석을 통하여 비둘기를 잘 알고 있다(pp. 350-351을 보라).

성경에 나타난 새들에 관해 자세히 알아보려면 아주 재미있고 흥미진진한 팔멜리(A. Parmelee)의 *All the Birds of the Bible*(New York, 1959)이라는 책을 보아야 할 것이다. 그 저자는 산상설교가 전해진 지방을 "새들이 이동하는 교차로"라고 부르고 있다.[336] 예수께서 6:26을 말씀하시는 바로 그때 수많은 새 떼가 무리를 지어 하늘을 날아가고 있었을까? 그럴 가능성이 아주 높다.

본문에서 예수께서 말씀하시는 것은 공중에 있는 새들이 심지도 않고 거두지도 않고 창고에 모아 들이지도 않지만, 자기들의 창조자에 의하여 여전히 먹고 살아간다는 것이다. 이 구절이 게으름을 조장시키는 것처럼 잘못 해석되어서는 안 된다. 예수께서는 새들이 결코 게으르지 않다는 사실을 청중들이 이미 알고 있다고 생각했기 때문에, 이 구절은 그렇게 해석될 수 없을 것이다. 새들은 자기들의 삶을 위하여 일한다. 그들은 나뭇가지에 앉아서 먹을 것이 뚝 떨어지기를 기다리지 않는다. 오히려 그들은 대단히 분주하다. 그들은 곤충과 벌레를 잡아오고 둥지를 틀고 어린 새끼를 키우고 또 그들에게 나는 법을 가르치는 등 부지런히 일한다. 새들 특히 철새들은 닥쳐올 뜻하지 않는 일들에 대해 어느 정도 "주의"를 하고 있다. 그것은 계절이 바뀜에 따라서 더 따뜻한 지방이나 더 추운 지방으로 이동하기 때문이다.

그럼에도 불구하고 다음 두 가지는 염두에 두어야 한다. 첫째로, 새들은 어떤 좋은 일에 지나친 욕심을 내는 죄를 범하지 않는다. 그들은 비유

336) p.300.

가운데 나오는 어리석은 부자와 같지 않다. 누가복음 12:16-21을 보라. 둘째로, 새들은 둥지를 틀고 새끼를 훈련시키고 이동하는 등의 일을 "본능적으로" 그렇게 한다. 이 사실은 새들이 어떤 자극에 대하여 단순히 본능적으로 활동하지만, 그들에게 이런 본능을 주심으로써 그들을 보호하시는 분은 바로 그들의 창조자이심을 실제로 증언하시는 것이 아니겠는가?

인간의 경우는 그와 반대다. 새가 아닌 인간은 심고 거두고 창고에 모아들일 뿐만 아니라, 이 모든 일을 하는 동안에도 하나님의 약속을 크게 저버림으로 종종 심각한 염려에 사로잡히기도 하지 않는가! 새들이 "태평한" 반면에 인간은 "근심 걱정으로 지쳐" 있다.

그리스도의 논법—덜 중요한 것으로부터 점점 중요한 것으로 논증해 가는, 25절과 대조하라—은 새와 사람을 비교한다. 즉, 어떤 참된 분별력을 가지고 앞일을 미리 계획할 수 없는 새들이 염려할 아무런 이유가 없다고 한다면, 이제 나의 제자인 너희는 지성을 부여받아 미래를 생각할 수 있으므로 결코 염려에 빠져서는 안 된다. 다시 말하면, 하나님께서 이와 같이 열등한 피조물을 위하여 준비하신다면, 자기의 형상대로 창조한 너희를 위하여는 이루 말할 수 없이 더 돌보아 주실 것이다. 특히 새들을 먹이시는 분이, 너희에게는 하늘 아버지이신 반면에 저들에게는 창조자이시라면, 너희의 염려함은 대단히 불합리한 것이 된다. 주께서는 "너희는 이것들보다 더 귀하지 아니하냐"라고 묻고 계신데, 원어의 뜻은 어떤 확고한 답변을 기대하는 질문이다.

염려하는 것이 어리석다는 사실은 다음 27절에서 더욱 분명해진다.

[27] 너희 중에 누가 염려함으로 그 키(수명)를 한 자라도 더할 수 있겠느냐.

"수명"(life-span; 헬라어 *ἡλικίαν*; 한글 성경 "키")이라고 번역된 이 단어는 나이, 높이 또는 키로 번역될 수 있다. 따라서 삭개오는 키가 작은 사람이었다(눅 19:3). 그러나 사라는 잉태할 나이가 훨씬 지났다(히 11:11). 그리스도께서 치유하신, 나면서 맹인된 사람은 법적으로 성숙한 나이에 달하였다(요 9:21, 23). 흠정역(A.V.)의 이곳 마 6:27에는 "키"라고 번역되었다(병행 구절과 비교, 눅 12:25).

그러나 주어진 문맥 속에서, 이것은 다음 두 가지 이유 때문에 올바른 번역이라 할 수 없다. a. 이 구절은 눅 12:26에서 "가장 작은 일"로 묘사되고 있으나, 실제로 약 18인치 혹은 46센티미터나 더 커진다는 것은 간단하게 보아 넘길 문제가 아니다. b. 비정상적으로 아주 작은 사람을 제외하고는 누가 자기의 키를 더하려고 마음을 졸이며 애원하겠는가?

그러므로 이 말씀의 참된 의미는 다음과 같다. "너희 중에 누가 염려함으로 자기의 수명을 조금이라도 연장할 수 있느냐?" 사람들은 때때로 생일을 맞이하여 "나는 이제 또 하나의 이정표에 도달했구나" 하고 말할 것이다. 70살이 되는 생일이면 70번째 이정표에 도달해 있을 것이다. 70마일 또는 10마일이라도 1큐빗(약 18인치)을 더한다는 것은 확실히 대단한 것이 되지 못한다. 그것은 지극히 작은 것에 지나지 않는다. 그러나 예수께서는 이렇게 작은 것조차도 염려함으로 성취할 수 있는 사람은 아무도 없다고 말씀하신다. 인간은 "자기 자신의 죽음에 관하여 염려할지도" 모른다. 그는 자신이 염려함으로 자기의 생명을 좀 더 연장할 수는 없다. 시편 39:4-6을 보라.

이제 예수께서는 자연 속에 있는 또 다른 예로 말머리를 돌리신다. 예수께서는 새들에 관하여 말씀하셨던 것(26절)과 병행시키면서 이제 백합화에 관하여 언급하신다(28-30절). 인간이 삶을 유지할 수 있도록 하나님이 먹을 것을 예비하신다는 가르침과 조화를 이루면서, 예수께서는 하나님께서 사람의 의복도 준비하신다는 것을 보이신다. 우리가 26-30절 전체를 이해함으로써 25절을 조리 있게 해석하고 그 결론을 파악할 수 있다는 사실을 알게 될 것이다. 그래서 예수께서는 사람들이 하늘에 계신 아버지를 전적으로 신뢰하도록 하기 위해 염려의 어리석음에 관하여 말씀을 계속하신다(p. 554의 d를 보라).

[28] [29] 또 너희가 어찌 의복을 위하여 염려하느냐 들의 백합화가 어떻게 자라는가 생각하여 보라 수고도 아니하고 길쌈도 아니하느니라

그러나 내가 너희에게 말하노니 솔로몬의 모든 영광으로도 입은 것이 이 꽃 하나만 같지 못하였느니라.

예수께서는 자기의 청중에게 "어찌 의복을 위하여 염려하느냐?" 라고 질문하시면서, "들의 백합화를 생각해 보라"—즉, 조심스럽게 주의하라, 면밀하게 연구하라—고 말씀하신다. 주께서 "들의 백합화"를 말씀하실 때 정확하게 어떤 종류의 꽃을 염두에 두셨는지는 단정할 수 없다. 어떤 사람들은 붓꽃, 수선화, 백합화[337] 또는 글라디올러스라고 추측한다. 굿스피드(Goodspeed)는 "들꽃"이라고 번역했다("들꽃이 어떻게 자라는가 보라"). 문맥상으로 보아 ("들풀도…"를 주의하라) 예수께서는 어떤 특정한 종류의 꽃을 언급했다기보다 말씀하시던 그 당시 그곳의 경치를 더해 주는 모든 아름다운 꽃들을 생각하셨을 가능성이 가장 높다.

"백합화가 어떻게 자라는가"라는 말은 문맥이 지적하는 뜻으로 말해야 한다. 즉, 어떠한 수고도 하지 않으며 어떤 사람의 아무런 돌봄도 없지만, "얼마나 편안하고 자유스러우며 또한 얼마나 화려한가!" 비록 "백합화"가 길쌈도 하지 않지만 솔로몬의 모든 영광으로도 입은 것이—이미 많이 인용했음. pp. 194, 281을 보라— 이 꽃 하나만 같지 못하다. 솔로몬의 가장 훌륭한 의복에 수놓은 것도 하나님의 손에서 나온 자연의 신선한 것을 모조한 것이며 거기서 유래된 것에 지나지 않는다. 자연의 순수한 아름다움과는 비교할 수조차 없다.

꽃들은 매년 봄에 일시에 활짝 피고 갑자기 진다. 오늘 이 꽃들은 살아서 풍성하게 들을 수놓고 있으나, 내일이면 이 "들풀", 즉 경작하지 않은 (경작물과 대조하여) 풀들은 모두 땔감이 충분하지 못한 곳에서 땔감 대신으로 사용된다.

이 교훈의 말씀은 다음과 같다.

---

337) Mrs. W. Starr Dana가 그녀의 흥미진진한 저서 *How to Know the Wild Flowers*, New York, 1922, pp.260, 262, 263에서 마태복음 6:28, 29과 연관시키는 것이 바로 이 키가 크고 몹시 아름다운 꽃이다. 이 꽃은 성장이 빠르고 어디서나 흔히 볼 수 있으며 "바람에 하늘거리는 환한 꽃"을 피운다. 그러나 그녀는 "백합"이라는 용어가 동양의 여러 시인들에 의해서 보통 아름다운 꽃에 적용되었던 사실을 조심스럽게 지적했다.

[30] 오늘 있다가 내일 아궁이에 던져지는 들풀도 하나님이 이렇게 입히시거든 하물며 너희일까보냐 믿음이 작은 자들아.

여기에는 다음 두 가지 논법이 있다.

a. 덜 중요한 것으로부터 점점 중요한 것으로 논증해 가는 논법 : 하나님께서 잠시 사는 풀을 위하여 준비하신다면, 영원한 영광을 위하여 예정하신 자기의 자녀들을 위하여 준비하실 것은 확실하다.

b. 더 중요한 것으로부터 덜 중요한 것으로 논증해 가는 논법 : 만일 하나님께서 그토록 대단히 아름다운 옷으로 들꽃을 장식하신다면, 자기 자녀들에게 그들이 필요로 하는 일반적인 옷으로 입히실 것은 틀림없다.

예수께서는 염려하는 제자들을 "믿음이 작은 자들"이라고 부르셨다. 예수께서 이 표현을 사용하신 구절들을 다음과 같다.

마 6:30과 병행 구절인 눅 12:28 (의복에 대한 염려)

마 8:26 (바다에서 폭풍을 만난 제자들의 두려움)

마 14:31 (위와 비슷한 베드로의 두려움)

마 16:8 (제자들이 이적을 행하시는 그리스도의 권세에 관한 교훈을 기억하지 못한 때)

이 구절들을 근거로 하여 살펴보면, "믿음이 작은 자들"로 묘사된 사람들이 그리스도의 임재, 약속, 능력 그리고 사랑으로부터 가져야 할 평안을 가슴속 깊이 간직하지 못했다는 진술은 그럴듯하다.

예수께서는 31절에서 음식과 의복을 위하여 염려하는 죄성과 어리석음에 관한 교훈을 요약한다.

[31] 그러므로 염려하여 이르기를 무엇을 먹을까 무엇을 마실까 무엇을 입을까 하지 말라.

앞에서 기록한 것과 같이(주석 25절 부분을 보라) 여기에는 약간의 변형이 있다. 습관적인 염려를 피해야 할 뿐만 아니라 그러한 습관에 첫발을 내딛는 것까지도 피해야만 한다. 이런 의미에서 "염려하지 말라[또는 염려를 키우지 말라]"이다.[338]

32절에서는 "염려하지 말라"라는 교훈에 두 가지 이유를 덧붙이고 있다.[339] 그것들은 다음과 같다.

[32] 이는 다 이방인들이 구하는 것이라 너희 하늘 아버지께서 이 모든 것이 너희에게 있어야 할 줄을 아시느니라.

하늘에 계신 아버지를 전혀 알지 못하고 영적인 초월자의 약속에 대해서도 완전히 무지한 이방인들은(엡 1:3; 2:11, 12), 당연히 양식과 의복에 마음을 빼앗기고 그것들을 염려한다. 물질적인 재산이야말로 그들이 애타게 소원하는 목적이다.[340] 그리스도를 따르는 자들은 이방인과는 완전히 다르기 때문에(마 6:7; 엡 4:17-24) 그들과는 다른 길을 걸어야 한다. 즉, 이방인과는 구별되어야 하며 그들의 생각과 같은 생각을 가져서도 안 된다. 그리스도를 따르는 자는 하늘 아버지를 신뢰해야 하며 염려해서는 안 된다.

"염려하지 말라"는 교훈에 관한 두 번째 이유는 첫 번째 이유와 밀접한 관계가 있다. "너희 하늘 아버지께서 이 모든 것이 너희에게 있어야 할 줄을 아시느니라." 그렇다. 하늘 아버지께서는 "구하기 전에 너희에게 있어야 할 것을"(8절), 음식과 의복이 있어야 할 것을 능히 아신다. 하늘 아버지께서 그의 자녀를 사랑하시므로, 그의 자녀가 필요한 것이 무엇인지 아신다는 것은, 곧 자녀들이 필요한 것을 모두 예비하고 계신다는 확신을 주게 되며, 이 이유 때문에 두 번째 이유야말로 우리가 필요로 하는 것의

---

338) *μεριμνήσητε*는 *μεριμνάω*의 제2인칭, 복수, 단순과거, 가정법이다.

339) 두 절 모두를 소개하는 *γὰρ*의 용법에 주의하라. 그러므로 *πάντα γὰρ ταῦτα*와 *οἶδεν γὰρ*가 된다. 이 두 절 모두를 "왜냐하면"으로 소개함으로써, 두 번째 절이 첫 번째 절의 이유를 진술하고 있다는 인상을 쉽게 줄 수 있다고 보는 것은 사리에 맞지 않다. 그러므로 필자에게는 32절을 "이는…그리고"로 번역하는 R.S.V.에 따르는 것이 더 나을 것으로 보인다. 필자는 "이는…또…"로 번역함으로써 그와 동일한 결론에 이른다. *γὰρ*가 모든 경우마다 예외없이 "왜냐하면" 혹은 "이는"으로 번역되어서는 안 된다는 사실은 이미 잘 알려져 있다. H.E. Dana and J.R. Mantey, *A Manual Grammar of the Greek New Testament*, New York, 1950, pp.242-244를 보라. 또한 필자의 갈라디아서 주석 1:10에 대한 각주 25)를 보라.

340) 문장의 초두에 나오는 *πάντα γὰρ ταῦτα*의 강조적 위치에 주의하라.

전부이다. 에베소서 3:20을 참조하라. 다음의 명령은 사람들이 하나님 아버지를 완전히 신뢰해야 한다는 교훈을 강화시킨다.

[33] 그런즉 너희는 먼저 그의 나라와 그의 의를 구하라 그리하면 이 모든 것을 너희에게 더하시리라.

그리스도를 따르는 모든 사람은 먹을 것, 마실 것, 입을 것 등을 구하는 이방인들과는 달리, 먼저 그의 나라와 그의 의를 구하도록 권고를 받는다. 구하다라는 동사는 무엇을 찾는 데 열중하는, 즉 어떤 것을 얻기 위한 끈질긴 노력을 내포한다(13:45 참조). 여기에 사용되는 동사의 형태는 "끊임없이 구하라"(골 3:1 참조)라는 번역도 가능하게 한다. 먼저 구하라, 즉 하나님께 우선순위를 두는 것이 마땅하다(고후 4:18).

신자들이 구해야 할 대상은 "하나님의 나라와 하나님의 의"이다. 그러므로 신자들은 하나님을 자신의 마음과 생활에 있어서 왕으로 인정하고, 다른 사람들의 마음과 생활에서도, 교육 · 정치 · 상업 · 공업 · 과학 등 모든 영역에서도 그를 왕으로 인정하여 모시도록 온 힘을 다하라고 강력히 권고하신다. "하늘나라"의 개념에 관하여는 pp. 445, 513-515를 보라. 이 두 가지(나라와 의)는 조화를 이룬다. 실제로 하나님 나라는 의이다[의를 의미한다, 의를 내포한다](롬 14:17). 그런데 그 의는 하나님 나라의 법적 신분과 윤리적 행위를 사람들에게 전가하기도 하고, 또 그들에게 전달해 주기도 한다.

하나님 나라와 그 나라의 의가 선물, 즉 하나님의 자비로 주어진 것이라 함은 사실이다. 이 선물들은 그의 나라와 그의 의이다.[341] 하지만 그것들은 또한 계속하여 부지런히 탐구하고 끊임없이 분투하는 노력의 산물이기도 하다. 선물이라는 것과 노력하여 얻는다는 것은 모순이 아니다. 그 사실을 우리는 자연 속에서 찾을 수 있다. 나무는 스스로 자신을 유지할 힘을 가지고 있지 않다. 말하자면 나무의 뿌리는 환경 속에 뻗쳐진 빈손이다. 나무는 태양과 공기와 구름 그리고 토양에 의존한다. 뿌리는 나

341) 여기서 "그들의 의"라 하지 않고 "그의 의"라 말함으로써 서기관과 바리새인들의 의에 대한 암시도 있을지 모른다.

무가 필요로 하는 영양분을 빨아들일 힘조차 가지고 있지 않다. 태양이 그 에너지의 원천이다. 그렇다면 이것은 나무가 활동하지 않는다는 것을 의미하는가? 전혀 그렇지 않다. 비록 나무는 전적으로 받아들이기만 하지만 뿌리와 잎은 대단한 활동을 하고 있다. 예를 들면, 어느 정도 큰 나무가 단 하루 동안 토양에서 잎으로 물과 미량의 원소를 끌어 올리기 위해 한 일의 총량은, 사람이 300통의 물을 열 계단 되는 층계에 동시에 두 통씩 운반하는 데 소비된 에너지의 총량과 같은 것으로 추정되었다. 잎들도 또한 공장이나 다름이 없다. 그들은 매우 엄청난 활동을 하고 있음을 알 수 있다.

그 나라의 시민들, 즉 천국 백성들에 대해서도 동일한 원리가 적용된다. 천국 백성들은 선물로서 그 나라를 받는다. 그러나 삶의 새로운 원리가 받아들여진 후에 그들은 대단한 활동을 하게 된다. 그들은 자기 자신들에게 있는 힘에 의해서가 아니라 성령에 의하여 자기들에게 계속적으로 공급되는 그 힘으로 열심히 일한다. 그들은 "자기들의 구원을 이루며", 또한 "자기(하나님)의 기쁘신 뜻을 위하여 너희에게 소원을 두고 행하게 하시는 이는 하나님이시기" 때문에 이 일을 할 수 있다(빌 2:12, 13; 마 7:13 참조. 눅 13:24; 16:16 하반절). 그들은 하나님의 약속을 신뢰하며 기도하고, 구원의 메시지를 전파하며, 또한 감사함으로 사람들을 유익하게 하고, 하나님을 영화롭게 하려고 선한 일을 한다.

은혜의 상급은 "이 모든 것을 너희에게 더하시리라"는 것이다. 천국 백성들이 그 나라와 그의 의, 즉 자기들을 위한 하나님의 선물에 주의를 집중하는 동안, 그들의 하늘 아버지께서는 그들이 먹고 마시고 입을 것을 해결하신다. 좀 더 자세한 설명에 관하여는 열왕기상 3:10-14; 마가복음 10:29, 30; 디모데전서 4:8을 보라.

앞에 나오는 말씀 전체에 근거한 결론은 34절이다.

[34] 그러므로 내일 일을 위하여[342] 염려하지 말라 내일 일은 내일이 염려할 것이요 한 날의 괴로움은 그날로 족하니라.

내일 일을 준비하는 것은 하나의 일이다. 어느 정도까지는 이것을 정죄

할 수 없다. 눅 16:8, 9을 보고 13절에도 주목하라. 내일 일을 **위하여 염려하는** 것은 항상 잘못이다. 염려하지 않는 동시에 내일 일을 위하여 준비할 수 있는 단 한 가지 정당한 방법은, 33절의 교훈("너희는 먼저 그의 나라와 그의 의를 구하라")을 오늘 순종하도록 주의를 기울이는 것이다.

예수께서는 내일 일을 위하여 염려하는 것이 왜 잘못이며 어리석은 일인지를 증명해 주는 모든 이유들을 제시하셨다. p. 554에 있는 요약을 보라. 오늘은 우리에게 주어진 날이다. 그러므로 이 날에 우리는 감사함으로 하나님께서 우리에게 명하신 일을 수행해야 한다. "너희가 오늘 그의 음성을 듣거든"(시 95:7). 이곳에서 내일 일은 염려하지 말게 하라. 예수께서 "한 날의 염려는" 허락하신다. 내일이 되면 새로운 염려들이 생기지만 힘도 또한 새로워진다. 하나님께서는 내일의 어려움을 감당하기 위한 힘을 오늘 우리에게 주시지 않았다. 우리가 "한 날의 괴로움은 그 날로 족하다"(또는 "한 날에 생긴 악한 것은 그 날로 족하니라" 즉 A.R.V.가 채용한 훨씬 문자적인 A.V.의 번역문)는 사실을 곰곰이 생각할 때, "여호와의 인자와 긍휼이 무궁하시므로…이것들이 **아침마다** 새로우니 주의 성실하심이 크시도소이다!"라는 예레미야애가 3:22, 23 말씀이 생각난다.

십계명은 두 돌판에 기록되었다(신 5:22). 예수께서는 "네 마음을 다하고 목숨을 다하고 뜻을 다하여 주 너의 하나님을 사랑하라…네 이웃을 네 자신같이 사랑하라"라는 십계명을 마태복음 22:37-39에서 요약하셨다. 주기도문도 이와 비슷하게 처음의 세 간구는 하나님과 관계하고 있고, 나중의 세 간구는 사람과 관계하고 있는 두 개의 큰 간구로 구성되어 있다. 이와 같은 구성은 산상설교에서도 전체적으로 살펴볼 수 있다. 하나님께 대한 사람의 의무를 요약하면서(6장), 이웃을 향한 사람의 의무를 진술한다(7:1-12). 이 두 가지 의무는 사람이 하나님의 형상이기 때문에(창 1:27)

---

342) 필자는 "그러므로 내일에까지 염려하지 말라"고 번역하는 Lenski(*op. cit.*, p.278)와 의견을 같이하지 않는다. 헬라어 전치사 εἰς는 항상 "안으로", "(속)에까지"를 의미하는 것은 아니며 본 문맥에서도 역시 그렇다. L.N.T.(A. and G.), p.228이 보여 주는 바와 같이 그 말이 얼마든지 "위하여"를 의미할 수가 있다. 에베소서 4:30; 빌립보서 2:16; 요한계시록 9:15을 참조하라.

서로 연관된다.

– 상권 끝 –

마 태 복 음 (중) 차 례

마 태 복 음 (하) 차 례

헨드릭슨 패턴 주석 시리즈

헨드릭슨 성경주석

마태복음(상)

초판 1쇄 발행 1989년 4월 20일
개정판 1쇄 발행 2016년 9월 7일

지은이 윌리엄 헨드릭슨
옮긴이 김만풍

펴낸이 정형철
펴낸곳 아가페북스
등 록 제321-2011-000197호

주 소 (06698) 서울시 서초구 효령로8길 5 (방배동)
전 화 (02) 584-4835 (본사) / (02) 522-5148 (편집부)
팩 스 (02) 586-3078 (본사) / (02) 586-3088 (편집부)
홈페이지 www.iagape.co.kr

ISBN 978-89-97713-70-7 (04230)
ISBN 978-89-97713-42-4 (세트) (04230)

「이 도서의 국립중앙도서관 출판예정도서목록(CIP)은
서지정보유통지원시스템 홈페이지(http://seoji.nl.go.kr)와
국가자료공동목록시스템(http://www.nl.go.kr/kolisnet)에서
이용하실 수 있습니다. (CIP제어번호: CIP2016020254)」

아가페북스는 (주)아가페출판사의 단행본 전문브랜드입니다.

아가페 출판사